# THE
# LONG
# GAME

미국을 대체하려는
중국의 대전략

# 롱 게임

러쉬 도시 지음 | 박민희·황준범 옮김

생각의힘

**일러두기**

1. 이 책의 원제는 《The Long Game》이며, 한국어판 제목은 《롱 게임》이다.
2. 단행본은 겹화살괄호(《》)로, 신문, 잡지, 논문 등은 홑화살괄호(〈〉)로 표기했다.
3. 이 책은 국립국어원의 표준어 규정 및 외래어 표기법을 따르되, 일부 인명, 기업명은
   관례와 원어 발음을 존중해 그에 따랐다.
4. 주는 모두 저자 주이며, 번호를 달아 미주로 처리하였다.
5. 본문의 강조는 독자의 이해를 돕기 위해 중국 대전략에 관한 주요 용어를 표시한 것이다.

커트에게
파르슈, 루파, 우다이, 소훈에게
그리고 제니에게

"저자는 시진핑과 그의 '늑대 전사 외교'가 제기하는 전략적 야심과 도전을 이해하기 위한 새로운 틀을 탁월하게 그려 냈다. 시진핑의 반성 없는 '중국 몽'의 역사적 논리를 가장 잘 설명하는 한 권의 책을 찾고 있다면,《롱 게임》이 바로 그 책이다.

— 오빌 셸Orville Schell, 아시아 소사이어티 미중정책센터 소장

"러쉬 도시는 방대한 중국어 자료들을 분석해 중국의 대전략의 진화에 대한 참신한 설명을 제시한다. 도시는 중국의 행동 변화가 지도자 개인의 성격이 아닌, 세력 균형의 흐름에 대한 중국공산당의 집단적 평가에 의해 추진되었음을 설득력 있게 논증한다. 그 함의가 우리의 불안을 없애 주지는 않는다. 미국을 대체하고 국제적인 시스템을 변화시키려는 중국의 공세적인 시도는 시진핑이 집권하기 이전부터 시작되었고, 시진핑이 물러난 뒤에도 계속될 것이다. 학자들과 정책 책임자들 모두가 읽어야 하는 책이다."

— 애런 프리드버그Aaron L. Friedberg, 프린스턴대학 정치학 교수

"중국이 아시아에서 미국의 리더십을 대체하려는 전략을 가지고 있는지에 대한 논쟁은 끝났다. 여기 그 전략이 무엇인지를 권위 있게 설명하는 첫 번째 책이 나왔다. 원문 자료들을 광범위하게 활용해, 러쉬 도시는 중국 대전략의 기원과 성공 가능성에 대해 전례 없는 정밀 분석을 해냈다."

— 마이클 그린Michael J. Green, 미국 전략국제문제연구소CSIS 부소장

"중국이 세계 최고 지위를 차지하려는 장기적이고 종합적인 전략을 추진해 왔는지에 대해 의문을 가지고 있다면, 러쉬 도시의 책을 읽으라. 이 뛰어나고 명확한 책에서, 도시는 중국이 추구하는 어젠다의 야망을 자세히 보여 준다. 세계 질서의 미래에 관심이 있는 모든 이들은 이 책을 당장 읽어야 한다. 그렇지 않으면 나중에 눈물을 흘리게 될 것이다."

— 할 브랜즈Hal Brands, 존스홉킨스대학 교수, 미국기업연구소연구원

 《롱 게임》은 냉전 이후 국제질서의 변화 속에서 중국이 어떤 대전략을 수립하고 실행해 왔는지를 치밀하고 꼼꼼하게 분석한 책이다. 지은이 러쉬 도시는 중국의 전략과 아시아 안보를 연구하는 학자이자, 2022년 현재 미국 바이든 정부의 백악관 국가안보회의NSC 중국 담당 국장으로 미국의 대중국 정책을 담당하고 있다. 바이든 행정부의 대중국 정책 담당자가 직접 중국의 전략을 연구하고, 그에 대한 미국의 대응 방안을 제시하고 있다는 점에서 2021년 원서(《The Long Game: China's Grand Strategy to Displace American Order》) 출간 당시부터 국제적으로 큰 관심을 받아온 책이기도 하다. 책장을 넘긴 독자들이라면, 최근 바이든 행정부의 인도·태평양 정책, 동맹을 규합해 만들어 가는 중국 견제 네트워크, 중국의 첨단기술을 겨냥한 공급망 재편 정책 등이 이 책의 제안과 맞닿아 있음을 알 수 있을 것이다.

 이런 맥락을 고려하면《롱 게임》을 읽는 데는 세 가지 관점이 필요하다. 중국의 대전략의 변화와 그 의미를 어떻게 이해할 것인가, 미국 대중국 정책의 방향과 상황은 어떠한가, 그리고 한국은 어떤 입장에서 이와 같은 국제 정세의 격랑에 대처해야 하느냐는 질문이다.

 지은이는 냉전이 끝난 이래 지난 30여 년 동안 중국이 처음에는 동아시아 지역에서, 현재는 세계적인 차원에서 미국식 질서를 대체하려는 대전략을 체계적으로 추진해 왔다고 주장한다. 이 대전략은 3단계로 진행되었는데, 그 기준은 중국과 미국의 힘의 격차에 대한 중국 지도부와 전략가들의 인식이다. 대전략은 군사적·경제적·정치적 측면에서 추진된다.

첫 단계는 1989~2008년까지의 '도광양회韜光養晦(능력을 감추고 때를 기다린다)'의 시기인데, 미국의 힘이 중국에 비해 월등하다는 사실을 인식하면서 위협에 대응해 중국이 조심스럽게 미국의 힘을 약화시키려는 전략을 추진했다는 것이다. 냉전 시기 동안 중국과 미국은 공동의 적인 소련에 대항한 준동맹을 형성했지만, 지은이가 "트라우마가 된 3대 사건"이라고 부른 1989년 톈안먼 시위 무력진압, 1990~1991년 걸프전에서 미국이 보인 압도적 군사력, 1991년 소련 붕괴는 미국에 대한 중국의 태도와 전략을 완전히 바꾸어 놓았다. 중국은 미국을 새로운 적으로 인식하고, 미국 주도의 질서를 약화시키고, 중국 특색의 새로운 질서를 만들기 위한 장기 전략을 마련하기 시작했다.

이 시기 뚜렷한 열세였던 중국은 미국의 리더십을 약화시키기 위한 비대칭 전략을 추구했다. 비용이 많이 들고 경계감만 일으킬 항공모함보다는 잠수함과 기뢰 부설, 대함 미사일처럼 상대적으로 비용이 덜 들면서도 미국이 중국 근해에서 군사력을 행사하는 것을 효과적으로 막아 낼 수 있는 무기체계에 집중 투자했다. 또한 미국이 국제기구를 활용해 중국을 포위할 능력을 약화시키기 위해 미국 주도로 만들어진 국제기구 안으로 들어갔다. 중국은 집요한 노력 끝에 2000년 항구적인 최혜국 무역 지위를 확보함으로써 미국이 중국에 대해 가지고 있던 경제적 레버리지를 약화시켰고, 1년 뒤 세계무역기구WTO에 가입했다. 덩샤오핑과 장쩌민 집권 시기부터 후진타오 집권 1기까지가 이 시기에 해당한다.

두 번째는 2009년부터 2016년 사이의 '유소작위有所作爲(적극적으로 성취하다)'의 시기인데, 아시아 지역을 중심으로 중국식 질서를 구축해 가는 단계이다. 2008년 미국발 글로벌 금융위기가 일어나자 이를 미국이 쇠퇴해 간다는 신호로 읽은 중국은 미국과의 국력 격차가 축소되었다는 결론 아래 아시아에서 미국의 영향력에 대한 도전을 시작한다. 2009년 후진타오는 국제 세력 균형에 중요한 변화가 나타났다며, 중국이 '유소작위'를 할 때라고 말했다. 중국의 군사적 초점은 중국 근해에서 미국의 영향력을 차단하는 것으로부터 스스로의 공세 능력을 강화하는 것으로 전환했다. 군사적으로는 항공모함에 대한 투자를 강화하고 남중국해의 섬들을 군사화하기 시작했다. 정치적으로는 중국이 주도하는 기구들을 만들었다. 아시아인프라투자은행AIIB을 출범시켰고 '아시아의 안보는 아시아인이 담당한다'는 구호 아래 이전에는 모호했던 '아시아 교류 및 신뢰구축회의CICA'를 강화했다. 일대일로 정책을 통해 이웃국가들에 대한 중국의 경제적·금융적 영향력을 확대해 나갔다. 후진타오 2기와 시진핑 1기의 정책이 여기에 해당한다.

세 번째는 2016년 이후부터 지금까지로, 중국이 '100년 만의 대변동'을 강조하며 전 세계를 대상으로 미국을 대체하는 중국식 질서 구축을 확대해 나가는 단계다. 2049년까지 미국을 넘어서는 세계 초강대국이 되는 것을 목표로 일사불란하게 움직이고 있는 중국은 2016년 말 도널드 트럼프 대통령의 당선을 미국이 쇠퇴의 길로 들어섰다는 결정적 신호로 해석했다. 시진핑 중국 국가주석은 그해 말 중국공산당 19차 당대회 연설에서 '신시대'가 왔음을 선언했고, 미국을 대체해 새로운 질서를 만들려는 공세적인 조치들을 과감하게 실행해 나갔다. 인공지능, 양자컴퓨터, 디지털 화폐, 바이오테크, 5G와 6G 기술에 대한 대규모 투자로 '4차 산업혁명'의 주도권을 장악하려 나섰다. 대만 무력 통일을 실현할 수 있을 만큼 군사적 능력을 강화해 가고 있고, 인도·태평양 지역을 넘어 전 세계에서 중국의 군사력을 구축하는 것을 목표로 동아프리카 지부티에 중국 최초의 해외 군 기지를 건설했다.

이 책은 중국식 국제 질서가 현실이 된다면, 한국과 일본에서 미군은 철수하게 되고, 미국의 지역 동맹은 끝이 나며, 중국 이웃 국가들의 억제력은 실질적으로 제거될 것이고, 중국은 자유주의 가치를 훼손하고 권위주의의 바람이 강해지는 형식으로 질서를 배치할 것이라고 주장한다.

지은이는 시진핑 주석의 공세적 외교 정책이 전임자들과 근본적으로 다르지 않다고 지적한다. 처음에는 미국의 압박에 대응하기 위해, 이후에는 미국을 추월하려는 명확한 대전략에 따라 중국이 '롱 게임'을 벌여 왔다고 주장한다. 시진핑 주석이 그 '롱 게임'을 가속화하고 더욱 과감하게 추진하고 있기는 하지만, 오래전부터 결정한 중국 대전략의 궤도를 따라가고 있다는 것이다.

이 책의 특징은 러쉬 도시가 이 모든 주장을 중국의 자료들을 통해 증명한다는 점이다. 그는 중국공산당과 중앙 정부의 방대한 문서들, 중국 지도자들을 비롯한 고위 관리들의 연설과 회고록, 저명한 학자들의 글들을 치밀하게 살피고, 외부 세계에서는 이해하기 어려운 암호 같은 용어로 적혀 있는 자료들을 해석해 중국의 대전략을 논증했다고 강조한다. 미국의 시각에서 일방적으로 쓰이거나 과장된 것이 아니라, 중국 당과 정부의 권위 있는 문헌 자료들을 통해 철저한 검증을 한 결과물이라는 것이다.

《롱 게임》은 미국 외교의 현재에 대해서도 많은 시사점을 준다. 러쉬 도시의 관점에는 오늘날 미국 엘리트들이 중국을 바라보는 입장이 명확히 담겨 있기 때문이다. 러쉬 도시는 커트 캠벨 국가안보회의 인도·태평양 조정관과 함께 바이든 행정부 내에서 대중국 강경 대응을 주도하는 대표적 인물이다. 《롱 게임》은 전임 국방부 당국자이자 공화당 내부의 대표적 중국 전문가인 마이클 필스버리가 2015년에 내놓은 《100년의 마라톤》과도 적지 않은 유사점이 있다. 《100년의 마라톤》은 중화인민공화국이 출범한 1949년부터 미국 패권을 무너뜨리고 중국이 세계 패권을 거머쥐겠다는 야심을 품고 대장정을 펼쳐왔다고 주장한다. 《롱 게임》은 《100년의 마라톤》과 중국에 대해 비슷한 관점을 공유하면서도, 중국의 방대한 자료를 활용한 학술적 연구로 논지를 더욱 탄탄하게 뒷받침하고 있다. 미국 의회 내 대표적인 중국통들의 잇따른 행보를 통해 정치권과 학계에서 중국에 대해 매우 강경한 입장이 자리를 잡았으며, 미국의 권력이 어느 쪽으로 바뀌더라도 중국의 부상을 견제하려는 정책의 기조가 바뀌지 않을 것임을 보여 준다.

미국과 유럽의 저명한 중국 전문가들과 외교 전문지들이 이 책을 높이 평가하고 있지만, 일각에서는 이 책이 가진 과도한 미국 중심주의를 지적하는 비판적 평가도 존재한다. 토드 홀Todd Hall 옥스퍼드대 교수는 〈인터내셔널 어페어스International Affairs〉(2021년 11월)에 쓴 서평에서 "러쉬 도시가 국제 질서와 미국의 '강압, 합의, 정통성' 유지를 동일시하고 있으며, 미국의 개입에 반대하거나 미국의 참여를 배제한 기구를 만들려는 행위를 포괄적으로 국제 질서에 대한 도전으로 제시하고 있다"며 "국제 질서에 대해 미국 중심적 이해를 하고 있다"고 지적한다. 중국의 자료들을 분석해 중국 대전략을 실증적으로 증명했다는 것이 강점으로 꼽히지만, 미국 중심주의 입장에서 자료를 취사 선택하고 해석한 면이 있다는 문제 제기도 있다.

이 책의 결론에서 지은이는 미국이 중국에 대항해 국제 질서에서 우위를 유지하기 위해 '비대칭적 전략'을 구사해야 한다고 제안한다. 그는 미국이 중국의 부상을 막거나 시진핑을 약화시키거나 중국의 정권 교체를 추진하는 것은 실현 가능하지 않다고 단언한다. 현실적으로 미국이 취할 수 있는 방안은 중국보다 비용을 덜 쓰면서도 효과적인 비대칭 전략을 활용해 경쟁하는 것이라고 주장한다. 국제 무대에서 중국이 주도하는 다자구도의 형성을 막고, 일대일로 정책을 통한 영향력 확대를 차단하는 등의 방식이다. 동시에 달러화의 기축통화 지위 유지, 첨단 과학·기술 분야 투자 확대, 인도·태평양 지역에서 동맹 네트워크와 미군 군사력 유지 등 미국의 '전통적 우위'를 지키기 위한 노력도 필요하다고 강조한다. 이는 중국이 그동안 미국에 취해 온 전략을 이번에는 미국이 따라하는, '미국식 롱 게임' 전략으로도 볼 수 있다.

미국이 현재 이런 '롱 게임'을 실행할 정치적·경제적 능력을 충분히 가지고 있느냐에 대해서는 많은 의문이 제기될 수밖에 없다. 국내 정치가 극심한 분열을 겪고 있고, 많은 미국 유권자들은 그들의 나라가 외부 세계에 개입하는 역할을 맡기를 원치 않고 있다. 아세안 국가들과 남미, 아프리카에서 중국의 압도적인 경제적 영향력을 견제할 수 있을 만큼 미국이 재정을 투입할 여력이 있는지에 대해서도 의구심이 가시지 않는다.

결국, '한국의 시각에서 어떻게 《롱 게임》을 읽을 것인가'라는 질문이 남는다. 이 책이 다루는 시기는 한중수교 이후 한국과 중국이 걸어온 30년과도 겹쳐 있다. 1992년 한중수교 이후 중국에 대한 한국의 대규모 투자와 중간재 수출을 중심으로 하는 분업 구조는 중국의 초고속 성장과 맞물리며 '윈-윈 구조'를 만들었다. 하지만 중국이 경제력에서 한국을 압도하고, 첨단기술 분야에서도 치열한 경쟁관계에 있거나 또는 이미 한국을 추월한 상태가 되었으며, 특히 중국이 중화주의를 기반으로 한 중국식 국제 질서를 구축하기 시작하면서 한중관계는 질적으로 변화하고 있다. 2016년 주한미군 사드 배치에 대한 중국의 보복 조치를 전환점으로 한국 사회에서 중국에 대한 우려가 커진 것도 이런 변화와 맞물려 있다. 부강해진 중국이 전 세계적으로 경제적 영향력을 확대하고 있으며, 이에 맞는 대전략을 짜는 것은 당연한 현상이다. 신흥 강대국이 기존 강대국이 짜놓은 국제 질서에 도전하는 것은 이전에도 반복되어 온 역사다. 그러나 지금 중국이 강력해진 경제력과 영향력에 합당한 대안적 질서를 제시하고 있느냐는 큰 물음표로 남아 있다. 중국이 노동·학생운동 등 아래로부터 변화의 움직임을 철저히 탄압하고 소수민족을 억압하며 전 사회를 대상으로 감시체제를 강화하고 있으며, 국제적으로는 '제국의 복원'을 염두에 둔 강대국 중심의 위계적 질서를 추구하는 대목은 분명 경계해야 한다. 보편적 가치가 아닌 '중화민족의 부흥'이라는 예외주의를 강조하면서, 대만 무력 통일 가능성을 내비치며 '강군몽'을 추구하는 중국이 아시아의 질서를 어떻게 바꾸려 할지에 대해 한국 사회는 더욱 깊이 고민해야 할 것이다. 중국의 변화를 직시하지 않고, 그간 익숙했던 방식으로만 중국을 바라보는 안일함에서 벗어날 필요가 있다.

동시에 미국이 동맹과 파트너를 규합해 중국 견제·포위망을 겹겹으로 짜고 있지만, 한편으로 미국 민주주의 위기로 인해 대외정책에도 그림자가 드리워진 상황에서 미국이라는 나라에 모든 것을 맡기고 따르려는 환상에 빠져서도 안 될 것이다. 국제 질서 전반이 흔들리고 있는 불확실하고 위태로운 시대다. 한국의 현실과 원칙을 냉철하게 살피고, 더 나은 방향의 국제 질서로 나아가는 데 한국이 어떤 역할을 해야 할지 고민하며, 한국의 대전략을 마련하고 실행해 나갈 책임이 우리 사회의 구성원들에게 있다.

이 책의 서문부터 1~6장은 박민희가, 7~13장은 황준범이 번역했다. 각각 베이징과 워싱턴 특파원으로서 중국과 미국을 취재했고, 지금은 정치와 외교, 국제 뉴스를 다루고 있는 우리는 이 방대한 책이 지난 30여 년간 중국의 변화와 미중관계를 한층 풍부하고 생생하게 들여다보는 데 도움이 되기를 바란다. 번역자로서 이 책의 모든 내용에 동의하는 것은 아니지만, 활발한 토론과 논쟁의 자료가 되었으면 한다. 한국 사회가 스스로의 눈으로 현재의 국제 질서를 더 깊이 들여다보고 한국의 길을 고민하는 데에 유용한 자료가 되기를 희망한다.

## 서문

1872년, 리훙장(이홍장)은 역사적 대격변의 시기에 글을 쓰고 있었다. 청조의 장군이자 관리였던 그는 인생의 많은 부분을 죽어가는 제국을 개혁하는 데 바쳤다. 리훙장은 그와 동시대 인물이자 독일 통일과 국력의 설계자였던 오토 폰 비스마르크와 종종 비교된다. 리훙장이 비스마르크의 초상화를 간직하며 영감을 얻고자 했다는 이야기도 있다.[1]

비스마르크처럼 리훙장도 군사 분야에 경력이 있었고, 이를 활용해 외교와 군사정책 등에서 큰 영향력을 발휘했다. 그는 14년 동안 계속된 태평천국의 난을 진압하는 데 중요한 역할을 했다. 19세기를 통틀어 가장 피비린내 나는 사건이었던 태평천국의 난은 청조 권위의 공백이 커진 상황에서 천년왕국적인 기독교 국가를 수립했으며 수천만 명의 목숨을 앗아간 내전으로 이어졌다. 이 반란을 진압하는 과정에서 리훙장은 서구 무기와 기술을 높이 평가하게 되었고, 유럽과 일본의 침략에 대한 두려움을 가지게 되었다. 그는 중국의 자강과 근대화를 실현하겠다는 의지를 다졌고, 가장 중요하게는 이를 위해 무엇인가를 할 수 있는 영향력과 특권을 손에 넣었다.

1872년 그가 보낸 많은 서신들 중 하나에서 리훙장은 자신의 생애에 걸쳐 목격한, 청조에 실존적 위협이 되었던 지정학적·기술적 전환에 대해 회고했다. 중국이 조선造船 분야에 더 많이 투자해야 한다고 주장한 회고록에서 그는 이후 여러 세대에 걸쳐 반복될 한 구절을 적었다. 중국이 "3,000년 동안 본 적이 없는 거대한 변화"를 겪고 있다는 말이었다.[2]

이 유명하고도 함축적인 발언은 많은 중국 민족주의자에게 이 나라가 겪고 있는 굴욕을 떠올리게 했다. 리훙장은 결과적으로 중국을 근대화하는 데 실패했고, 일본과의 전쟁에서 패배했으며, 그 결과 치욕적인 시모노세키 조약에 서명했다. 그러나 많은 이들이 느끼기에 리훙장이 쓴 이 구절은 선견지명이 있고 정확했다. 즉 중국의 쇠퇴는 지난 3,000년 동안 본 적 없는 지정학적·기술적 힘의 전환에 대비하지 못한 무능한 청조의 산물이었으며, 국제적 힘의 균형을 바꾼 세력은 끝내 중국을 "굴욕의 세기"로 이끌었다. 이는 리훙장의 노력으로도 바꿀 수 없었던 흐름이었다.

이제 리훙장의 구절은 중국 지도자 시진핑에 의해 중국의 '탈냉전 대전략'의 새로운 단계를 밟기 위한 목적으로 활용되고 있다. 2017년 이후 시진핑은 수차례의 주요 연설에서, 세계는 100년 만의 대변동百年未有之大變局을 겪고 있다고 말했디. 리훙장이 쓴 구절이 중국이 겪은 굴욕의 정점을 표현했다면, 시진핑의 발언은 부흥의 계기를 표현하고 있다. 리훙장의 구절이 비극을 떠올리게 한다면, 시진핑의 발언은 기회를 떠올리게 한다. 그러나 둘 모두 중요한 것을 포착하고 있다. 즉 전례 없는 지정학적·기술적 변화로 세계 질서가 위기에 처했으며, 이를 타개하기 위해서는 전략적 조정이 필요하다는 것이다.

시진핑에게 이러한 전환의 기원은 중국의 성장하는 힘과 자멸의 길로 들어선 것으로 보이는 서구의 상황이었다. 2016년 6월 23일 영국은 국민투표로 유럽연합EU을 탈퇴하기로 결정했다. 그리고 약 3개월이 지난 뒤, 포퓰리즘의 급류가 도널드 트럼프를 미국의 대통령으로 만들었다. 미국의 힘과 위협에 매우 민감한 중국의 관점에서 이 두 사건은 충격적이었다. 중국은 세계의 가장 강력한 민주주의 국가들이 그들이 앞장서 만든 국제 질서에서 후퇴하고 있고, 스스로 자국을 통치하는 데서도 어려움을 겪고 있다고 받아들였다. 2020년 코로나바이러스 팬데믹에 대한 서구의 대응과 2021년 극단주의자들에 의한 미국 의사당 폭동은 얼마 뒤 시진핑이 말한 것처럼 "시간과 동력은 우리 편에 있다"는 인식을 강화시켰다.[3] 중국 지도부와 외교정책 엘리트들은 전략적 초점을 아시아에서 더 넓은 세계와 그 통치 시스템으로 확장할 "역사적인 기회의 시대歷史機遇期"가 왔다고 선언했다.

지금 우리는 앞으로 일어날 일들의 초기 단계에 있다. 중국은 많은 강대국들처럼 지역적 영향력을 추구하고 있을 뿐 아니라, 에번 오스노스Evan Osnos가 주장했듯이 "미국이 20세기를 형성했던 것처럼 21세기를 형성하려는 준비를 하고 있다."[4] 패권을 둘러싼 경쟁은 전 세계적으로 벌어질 것이고, 다음의 10년이 그 결과를 결정하리라고 중국이 믿는 데는 충분한 이유가 있다.

이 험악한 경쟁의 시간으로 들어선 지금, 우리는 중요한 질문에 대한 답을 가지고 있지 않다. 중국의 야망은 무엇인가? 그리고 그들은 그것을 달성할 대전략을 가지고 있는가? 그렇다면 그 전략은 무엇이며, 무엇이 그것을 형성했고, 미국은 그에 대해 무엇을 해야 하는가? 이것은 이번 세기의 가장 큰 지정학적 도전에 고심하고 있는 미국의 전략가들이 물어야 할 기본적 질문들이다. 특히 상대의 전략을 아는 것이 그것에 맞서는 첫걸음이기 때문이다. 그러나 거대한 힘들 간의 긴장이 치솟은 지금까지도 이 질문들에 대한 합의된 답은 없다.

이 책은 어떤 답을 제시하려 시도한다. 이 책의 주장은 부분적으로 냉전 시기 미국의 대전략에 대한 연구에서 영감을 받았다.[5] 그 작업들은 냉전 시기 소련에 대한 미국의 "봉쇄 전략"의 이론과 실천을 분석했고, 이 책은 냉전 이후 미국에 대한 중국의 "대체 전략strategies of displacement"의 이론과 실천을 분석했다.

이를 위해 중국공산당 자료들—회고록, 전기, 고위 관리의 일일 기록들—의 원문 데이터베이스를 활용했다. 지난 몇 년 동안 대만과 홍콩의 도서관과 서점, 중국의 전자상거래 사이트에서 공들여 모아 디지털화한 자료들이다(부록을 참고할 것). 이 자료들은 당신을 중국공산당의 닫힌 문 뒤로 데려가, 중국의 대전략을 작성하고 실행하는 중국 정치지도자, 장성, 외교관 등 많은 인물들을 소개하고, 고위 외교정책 기구와 회의를 안내할 것이다. 어떤 주요한 문서도 중국의 대전략을 모두 담고 있지는 않지만, 광범위한 문서들을 종합하면 그 윤곽을 발견할 수 있다. 당은 주요 이슈들과 관련한 내부 합의를 보여 주는 위계질서가 분명한 성명들을 활용해 국가기구를 이끄는데, 이 발언들은 장기간에 걸쳐 지속적으로 추적할 수 있다. 이 가운데 가장 중요한 것은 당의 노선路線과 방침方針 그리고 최종적으로는 정책政策이다. 이것을 이해하려면 중국어 능력뿐 아니라 "변증법적 통일", "역사적 유물론"처럼 겉보기에는 난해하고 낡은 이데올로기 개념에도 익숙해야 한다.


## 간략한 주장


이 책은 냉전 이후 미-중 사이의 핵심적 경쟁이 지역 질서를 둘러싸고 벌어져 왔고, 이제는 세계 질서로 옮겨 왔다고 주장한다. 중국과 같은 신흥 세력이 미국과 같은 기존 헤게모니 국가를 대체하기 위해 사용하는 전쟁 이외의 전략들에 집중한다. 지역 및 세계 질서에서 패권(헤게모니) 국가의 위치는 다른 국가들의 행동을 규제하기 위해 사용되는 세 가지 광범위한 "통제 형태"에서 나타난다. 즉 (규정을 준수하도록 강요하는) **강압적 능력**, (인센티브를 제공하는) **합의 유도**, (합법적으로 지시하는) **정통성**이다. 신흥 국가가 패권 국가를 평화적으로 대체하는 방법은 일반적으로 두 개의 광범위한 전략을 연속해서 추구하는 것으로 이루어진다. 첫 번째 전략은 이러한 통제 형태를 실행하는 패권국의 능력을 **약화시키기**blunt인데, 특히 신흥 국가에게 미치는 통제를 약화시켜야 한다. 패권국이 뜻대로 할 수 있는 상태에 있다면 결국 어떤 신흥국도 패권국을 대체할 수 없다. 두 번째는 다른 국가들에 대한 통제 형태를 **구축하기**build다. 실제로 어떤 신흥 국가도 강압적 위협과 합의 유도 능력, 또는 정당한 정통성을 통해 다른 국가들의 존중을 확보하지 않고는 패권 국가가 될 수 없다. 신흥 국가가 먼저 패권을 약화시키지 않는다면 질서를 구축하려는 시도는 결실을 맺지 못하고 쉽게 반대에 부딪힐 것이다. 신흥 국가가 자국이 위치한 지역에서 상대를 약화시키고 질서를 세우는 작업을 어느 정도 성공적으로 해낼 때까지는 패권 국가의 영향력에 너무나 취약한 상태이기 때문에, 대담하게 제3의 전략으로 눈을 돌리기 어려울 것이다. 세계적 수준에서 패권 국가의 지도력을 대체하기 위해 약화시키기와 질서 구축하기를 동시에 추진하는 것이다. 지역적·세계적 수준에서 이 전략들을 함께 추진하는 것은 중국을 본래의 위치로 회복시키고, 서구의 강력한 세계적 영향력이라는 역사의 일탈을 되돌리고자 하는 중국공산당 내 민족주의자 엘리트들에게 상승을 위한 대략적인 방법을 제공했다.

이것이 중국이 지금까지 따라온 방법이다. 이 책은 중국의 대체 전략을 살펴보면서, 한 전략에서 그다음 전략으로의 전환이 중국의 대전략을 형성하는 가장 중요한 변수인 미국의 힘과 위협에 대한 인식에 따라 과거와의 매우 급진적인 단절을 통해서 이루어졌다고 주장한다. 중국의 첫 번째 대체 전략(1989~2008)은 중국에 대한 미국의 힘을, 특히 아시아에서 조용히 약화시키는 것이었다. 이는 톈안먼 광장, 걸프전쟁,

소련의 붕괴라는 충격적인 세 가지 사건으로 중국이 미국의 위협에 대한 인식을 급격하게 확대한 이후에 나타났다. 중국의 두 번째 대체 전략(2009~2016)은 아시아에서 지역 패권의 기반을 구축하는 것이다. 이는 전 세계 금융위기로 미국의 힘이 위축되고 있다고 판단하고, 좀 더 자신만만한 방법을 취할 만큼 대담해진 뒤에 시작되었다. 이제 중국은 브렉시트, 트럼프 대통령의 당선과 코로나19 팬데믹 이후 "100년 만의 대변동"이라는 구호와 함께 세 번째 대체 전략을 시작하고 있다. 약화시키기와 질서 구축의 노력을 세계로 확대해 글로벌 리더로서 미국을 대체하려는 것이다. 마지막 장에서 이 책은 중국의 전략에 대한 통찰력을 활용해 그에 대응할 비대칭적인 미국의 대전략을 제시한다. 이는 중국의 전략 가운데 일부를 활용한 것으로, 중국의 지역적·세계적 야심에 맞서 달러에는 달러, 선박에는 선박, 대출에는 대출 식으로 대응하지 않으면서 경쟁하고자 한다.

이 책은 또한 중국이 2049년 중화인민공화국 건국 100주년이 될 때까지 "중화민족의 위대한 부흥"이라는 목표를 달성할 수 있다면 중국식 질서는 어떤 모습일지 보여 주고자 한다. 지역적 수준에서 중국은 이미 아시아 GDP의 절반 이상을 차지하고, 아시아 군비 지출의 절반 이상을 쓰고 있다. 이런 상황은 지역이 균형을 잃고 중국의 영향권으로 향하도록 밀어 넣는다. 중국의 질서가 완전히 실현되면 결국 일본과 한국에서 미군은 철수하고, 미국의 지역 동맹은 끝나며, 서태평양에서 미국 해군이 효과적으로 철수하고, 지역 내에서 중국이 이웃 국가들로부터 존중을 얻게 되고, 대만과의 통일이 이루어지며, 동중국해와 남중국해의 영유권 분쟁은 해결될 것이다. 중국의 질서는 현재의 질서보다 더욱 강압적일 것이고, 유권자 대중을 희생시키더라도 엘리트들에게 우선적으로 이익이 되는 방식으로 합의에 이를 것이며, 직접적으로 보상을 받는 소수만이 정당하다고 여기는 형태일 것이다. 중국은 자유주의 가치를 훼손하고, 이 지역 전체에 권위주의의 바람이 강해지는 방식으로 이러한 질서를 배치할 것이다. 해외의 질서는 종종 국내 질서를 반영하는데, 중국의 질서 구축은 미국의 질서 형성에 비해 명백히 비자유주의적일 것이다.

전 지구적 수준에서, 중국식 질서는 "100년 만의 대변동"의 기회를 붙잡아 세계를 이끄는 국가로서 미국을 대체하는 것과 관련이 있을 것이다. 이를 위해 미국식 세계 질서를 지지하는 통제 형태를 약화시키고 중국식 대안을 지지하는 통제 형태를 강화함으로써, "대변동"에서 발생하는 주요한 위험, 즉 미국이 우아하게 쇠퇴를 수용하지는 않으리라는 점을 성공적으로 관리할 필요가 있을 것이다. 이러한 질서는 아시아에서 "상위의 영향력 지대"에 걸쳐 형성될 것이고, 개발도상국들 사이에서 "부분적 헤게모니"를 가지게 된 뒤 점진적으로 세계의 산업화된 중심지들을 포위하며 확대해 나갈 것이다. 중국의 유명한 작가들은 이런 구상을 마오쩌둥의 혁명 전략인 "농촌으로 도시를 포위한다農村包圍城市"로 표현한다.[6] 좀 더 권위 있는 소식통들은 이런 방법을 조금은 덜 압도적인 용어로 표현한다. 즉 중국식 질서가 중국의 **일대일로**와 **인류 운명 공동체** 전략을 통해 정착하게 될 텐데, 특히 일대일로 전략이 강압적 능력, 합의 유도, 통치 정통성의 네트워크를 만들게 될 것이라는 뜻이다.[7]

이런 세계 질서를 형성하기 위한 일부 전략은 이미 시진핑의 연설에 드러나고 있다. 정치적으로 중국은 글로벌 거버넌스와 국제기구에 지도력을 행사하려 할 것이고, 서구 동맹을 분열시키며, 자유주의의 규칙들을 약화시키면서 권위주의 규칙들을 진전시킬 것이다. 경제적으로는 중국이 미국의 헤게모니를 유지하는 금융 분야의 우위를 약화시키고, 인공지능부터 양자컴퓨터까지 "4차 산업혁명"의 주도권commanding height을 장악함으로써 미국은 "산업화되지 않은, 영어를 사용하는 라틴아메리카 공화국처럼 되어 원자재와 부동산, 관광과 다국적 조세 회피에 특화된 국가"로 쇠퇴해 갈 것이다.[8] 군사적으로는 인민해방군PLA이 대부분의 지역, 심지어 우주와 북극, 남극, 심해에 이르기까지 중국의 이익을 수호할 수 있는 세계 수준의 기지를 갖춘 군사력을 가지게 될 것이다. 이러한 비전들이 고위급의 연설에 등장하고 있다는 사실은 중국의 야망이 대만이나 인도-태평양을 지배하는 데 국한되지 않는다는 것을 보여 주는 강력한 증거다. 과거에는 아시아에 한정되었던 "지배력을 차지하기 위한 분투"는 이제 세계 질서와 미래에 대한 것으로 확장되었다. 패권국으로 향하는 길이 지역적인 것과 세계적인 것 두 가지가 있다면, 중국은 이제 두 가지 모두를 추구하고 있다.

중국식 질서의 가능성을 이렇게 언뜻 보는 것만으로도 충격을 받을지 모르지만, 놀랄 일은 아니다. 10여 년 전 현대 싱가포르의 건국자이자 중국 최고 지도자들과도 친분이 있던 선견지명이 있는 지도자 리콴유는 한 인터뷰에서 "중국 지도자들이 미국을 대신해 아시아와 세계에서 제1의 강대국이 되려는 생각을 진지하게 하고 있느냐"는 질문을 받았다. 그는 그렇다고 매우 단호하게 답했다. "물론이다. 왜 아니겠는가." 그리고 이렇게 말했다. "그들은 경제적 기적으로 가난한 국가를 세계 2위의 경제대국으로 변화시켰다. 지금은 세계 최대 경제대국이 되려는 과정에 있다. 중국은 4,000년의 문화와 13억 인구를 가지고 있고, 이 가운데서 대단한 인재들을 대규모로 선별할 수 있다. 어떻게 그들이 아시아 최고, 그리고 적절한 시기에는 세계 최고가 되겠다는 열망을 가지지 않을 수 있겠는가? 중국은 50년 전에는 상상도 할 수 없었던 속도로 성장하고 있고, 누구도 예상하지 못했던 극적인 변화를 이끌고 있다. 모든 중국인들은 강하고 부유한, 그리고 미국이나 유럽, 일본처럼 번영하고 선진적이며 기술적으로 유능한 국가를 원한다." 그는 날카로운 통찰력을 담아 인터뷰를 마쳤다. "다시 깨어났다는 이런 운명적 감각은 매우 강력한 힘이다. … 중국은 서구의 명예 멤버가 되기를 바라는 것이 아니라 중국이 되기를, 그렇게 받아들여지기를 원한다." 중국이 미국과 함께 "이 세기를 분점하기를" 원할 수는 있지만, "동등한 일원co-equals"으로서 그렇게 하기를 바랄 것이지 결코 신하가 되기를 원치는 않을 것이라고 그는 강조했다.[9]

## 대전략은 왜 중요한가

중국의 의도와 전략에 대해 현실에 근거해 이해해야 할 필요성은 어느 때보다도 절실하다. 중국은 지금 미국이 직면했던 어떤 도전보다도 큰 도전이 되고 있다. 한 세기가 넘도록 미국의 어떤 적이나 적들의 동맹도 미국 GDP의 60퍼센트에 도달한 적이 없다. 제1차 세계대전 시기 빌헬름 2세 치하의 독일, 제2차 세계대전 시기 일본제국과 나치 독일을 합한 국력 그리고 경제적 전성기를 맞이했던 소련도 이 문턱을 넘지 못했다.[10] 그러나 중국이 스스로 2014년에 조용히 이 선에 도달한 것은 중요한 이정표였다. 상품 가격을 비교해 환산하면, 중국 경제는 이미 미국 경제보다 25퍼센트 더 커졌다.[11] 그렇다면 중국은 지금 미국이 직면한 가장 중요한 경쟁자다. 이제 중국이 초강대국 지위로 부상하는 것을 미국이 어떻게 다루느냐가 다음 한 세기의 경로를 결정하게 될 것이다.

현재 미국은 중국이 대전략을 가지고 있는지, 그것이 어떤 내용일지 명확히 알지 못한다. 이 책은 대전략을 한 국가가 전략적 목표를 달성하는 방법에 대한 이론으로 정의한다. 그 전략적 목표는 의도적이고, 조율되어 있고, 군사·경제·정치적인 다양한 국정 운영 수단을 통해 실행된다. 대전략을 '크게' 만드는 것은 전략적 목표의 크기만이 아니라, 서로 다른 "수단"들이 그것을 실행하기 위해 함께 조율된다는 점이다. 이런 종류의 조율은 드물고, 따라서 대부분의 강대국들은 결과적으로 대전략을 가지고 있지 않다.

그러나 국가가 대전략을 가지고 있을 때 그들은 세계 역사를 새로 쓸 수 있다. 나치 독일은 이웃 국가들을 구속하기 위해 경제적 도구를 사용했고, 라이벌들을 위협하기 위해 군사적 역량을 강화했으며, 적들을 포위하기 위해 정치적 지지를 이용하는 대전략을 행사했다. 이를 통해 상당 기간 독일의 GDP가 경쟁국들의 3분의 1에도 미치지 못하는 상황에서도 그들을 능가할 수 있었다. 냉전 시기 미국은 소련의 공세를 억제하기 위해 때때로 군사력을 사용했고, 공산주의 영향력을 줄이기 위해 경제적 지원을 이용했으며, 자유주의 국가들이 협력할 수 있도록 정치적 기구들을 활용하는 대전략을 추진하여 미-소 전쟁을 벌이지 않고도 소련의 영향력을 제한했다. 중국이 어떻게 이런 식으로 통치 수단을 통합해 중요한 지역적·세계적 목표들을 추구할 것인지는, 그 엄청난 중요성에도 불구하고 추측만 무성할 뿐 철저한 연구는 거의 없는 영역으로 남아 있다. 대전략과 관련된 조율과 장기 계획이 있는 국가는 더 강한 체급과도 싸울 수 있다. 중국은 이미 중량급이기 때문에, 중국이 자국이 가진 14조 달러의 경제와 대양 해군과 전 세계적으로 강해지고 있는 정치적 영향력을 조율할 수 있다면, 그리고 미국이 이를 놓치거나 제대로 이해하지 못한다면, 21세기의 경로는 미국과 미국이 오랫동안 옹호해 온 자유주의적 가치에 불리한 상황으로 진행될지도 모른다.

미국은 뒤늦게 이런 현실을 받아들이는 법을 배우려 애쓰고 있으며, 그 결과 한 세기에 걸쳐 중국 정책에 대한 가장 중요한 재평가가 이루어졌다. 그러나 이 재평가 속에서 중국이 원하는 것과 향하는 방향에 대한 폭넓은 이견이 존재한다. 어떤 이는 중국이 세계적 야망을 가지고 있다고 생각하고, 다른 이는 중국이 대체로 지역에 초점을 맞추고 있다고 주장한다. 어떤 이는 중국이 100년의 계획을 만들어 왔다고 주장하고, 다른 이는 중국이 기회주의적이며 실수에 취약하다고 주장한다. 어떤 이는 중국이 대담한 수정주의 세력이라고 규정하고, 다른 이는 현재의 질서 안에서 냉정한 이익상관자stakeholder라고 생각한다. 어떤 이는 중국이 미국을 아시아에서 몰아내려 한다고 말하지만, 다른 이는 중국이 온건한 미국의 역할을 받아들일 것이라고 생각한다. 분석가들은 최근 중국이 보여 주는 공세적인 모습이 시진핑 중국 국가주석의 성격의 산물이라는 데 점점 동의하고 있는데, 이는 중국의 행동이 뿌리를 두고 있는 당의 오랜 합의를 무시한 잘못된 인식이다. 현재의 논쟁은 중국의 대전략과 관련한 많은 근본적 질문들에 대해 의견이 분열된 상태이고, 주요한 합의 영역에서도 부정확하다는 사실은 특히 각각의 질문이 매우 다른 정책적 함의를 가진다는 점에서 문제다.


## 해결되지 않은 논쟁

이 책은 회의론자들과 신봉자들로 분열돼 있는 중국의 전략에 대한, 대체로 해결되지 않은 논쟁을 다룬다. 회의론자들은 중국이 지역적 또는 세계적으로 미국을 대체하려는 대전략을 가지고 있다는 데 대해 납득하지 않는다. 이와 대조적으로 신봉자들은 이들을 설득하려는 시도를 제대로 한 적이 없다.

회의론자들은 광범위하고 매우 깊은 지식을 가진 그룹이다. 이들 중 한 명은 "중국은 아직 진정한 '대전략'을 형성하지 않았다"며 "우리가 물어야 할 것은 중국이 그것을 원하기는 하느냐다"라고 말한다.[12] 다른 이들은 중국의 목표가 "불완전"하고 중국은 "잘 정의된" 전략이 부족하다고 말한다.[13] 왕지쓰 전 베이징대 국제관계학원 원장 같은 중국 전문가들도 회의론자 진영에 있다. 그는 "우리 머리를 괴롭게 하면서 제안할 만한 국익의 모든 분야를 다룰 수 있는 전략이 없다"고 지적했다.[14]

다른 회의론자들은 중국이 지역적으로나 세계적으로 미국을 대체하기를 원하지 않으며 발전과 국내 안정에 주로 초점을 맞추고 있다고 주장하면서, 중국의 목표가 제한적이라고 믿는다. 경험이 풍부한 백악관 관리는 "미국을 아시아에서 몰아내고 미국의 지역 동맹을 파괴하려는 시진핑의 열망"에 대해 아직 확신하지 않고 있다.[15] 여러 저명한 학자들은 좀 더 강조해서 말한다. "심하게 왜곡된 (한) 주장은 중국이 미국을 아시아에서 내쫓고 그 지역을 종속시키려 한다는, 지금은 너무나 흔한 가정이다. 사실, 중국에 그런 목표가 존재한다는 결정적인 증거는 없다."[16]

이런 회의론자의 반대쪽에는 신봉자들이 있다. 이 그룹은 중국이 미국을 지역적·세계적으로 대체할 대전략을 가지고 있다는 데 동의하지만, 회의론자를 설득하려는 작업을 하지 않는다. 미국 정부 내에서 댄 코츠Dan Coates 전 국가정보국장을 비롯한 일부 고위 정보 담당 관리들은 공개적으로 "중국인들은 근본적으로 미국을 대체해 세계의 지도 국가가 되려 한다"고 말해 왔지만, 상세히 설명하지는 않았다(또는 하지 못했다). 그들은 이런 목표를 이룰 명확한 전략이 있는지에 대해서도 말하

지 않았다.[17]

정부 밖에서, 최근 몇 가지 작업들만이 이 사안을 구체적으로 설명하려 시도했다. 가장 유명한 것은 국방부 관리인 마이클 필스버리Michael Pillsbury의 베스트셀러인《백년의 마라톤》이다. 이 책은 중국이 1949년 이래 글로벌 헤게모니를 차지하려는 비밀스러운 거대한 계획을 추진해 왔다고 약간은 과장되게 주장하며, 주요 대목들에서 개인적 권위와 일화들에 많이 의존하고 있기는 하다.[18] 다른 많은 책들도 비슷한 결론을 내리고 있는데, 옳은 부분도 많지만 엄격한 실증적 연구보다는 직관에 의존하고 있다. 사회과학적인 방법과 증거들을 풍부하게 제시했다면 더 설득력이 있었을 것이다.[19] 중국의 대전략을 말하는 몇 권 안 되는 책들은 먼 과거나 미래를 강조하는 광범위한 관점을 가지고 있지만, 그 때문에 미중 경쟁이 벌어진 냉전 이후부터 현재에 이르는 중요한 시기에 대해서는 더 적은 시간을 할애한다.[20] 마지막으로 일부 작업들은 현재 중국의 대전략에 대해 실증적인 방법과 주의 깊고 정확한 주장을 결합해 냈다. 이 작업들은 이 책이 취한 방법론의 기초가 되었다.[21]

이 책은 매우 많은 이들의 연구를 활용했지만, 핵심적인 면에선 독자적인 입장을 취하려 했다. 대전략을 정의하고 연구하는 독특한 사회과학적 접근, 이전에는 거의 인용되지 않았거나 접근할 수 없었던 중국어 자료들을 대상으로 한 방대한 조사, 중국의 군사 · 정치 · 경제적 행위의 핵심적 부분들에 대한 체계적 연구, 전략적 조정에 영향을 미친 변수들에 대한 긴밀한 관찰 등이 그런 점들이다. 요컨대 이 책이 중국의 대전략을 체계적이고 엄밀하게 파헤치기 위한 고유의 방법들로 중국에 대한 논쟁에 기여하기를 바란다.

# 대전략 찾아내기

이질적인 행동에서 라이벌의 대전략을 읽어 내는 과제는 새로운 것이 아니다. 제1차 세계대전이 일어나기 전 영국 외교관 에어 크로우Eyre Crowe는 2만 자에 달하는, 중요한 문서인 〈프랑스 및 독일과의 영국의 관계 현황에 관한 비망록〉을 썼는데, 여기서 그는 부상하는 독일의 광범위한 행동을 설명하려 했다.[22] 크로우는 자신의 성장 배경으로 익숙한 영국-독일 관계에 열정과 관점을 가진 날카로운 관찰자였다. 라이프치히에서 태어나 베를린과 뒤셀도르프에서 교육을 받은 크로우는 절반은 독일인이었고, 독일어 억양이 있는 영어를 구사했으며, 21세의 나이에 영국 외교부에서 일하기 시작했다. 제1차 세계대전 동안 그의 영국과 독일계 가족들은 말 그대로 서로 전쟁을 벌였다. 그의 영국 국적 조카는 바다에서 목숨을 잃었고, 독일 국적 사촌은 독일해군 참모총장이 되었다.

크로우는 1907년에 자신이 쓴 비망록을 통해 이질적이고 복잡하며 정돈되지 않아 보이는 독일의 외교 행위를 체계적으로 분석해 그들이 이를 관통하는 "대전략"을 가지고 있는지에 대한 결론을 내리고, 상관에게 보고하고자 했다. 크로우는 작업에 사용한 틀을 설명하면서, "독일 외교정책에 대해 알려진 모든 사실에 부합할 이론을 만들고 받아들이기 위해 두 가지 가설 가운데 하나를 선택해야만 했다"고 했는데, 그 각각은 중국 외교정책에 대한 오늘날의 회의론자들과 신봉자들의 입장과 닮아 있다.[23]

크로우의 첫 번째 가설은 독일에는 대전략이 없으며, 그가 "모호하고 혼란스러우며 현실에 맞지 않는 정치력"이라고 부르는 전략만 있다는 것이었다. 이 관점에서 보면, "독일은 자신이 의도하고 있는 것을 실제로는 알지 못하며 갈팡질팡하는 행위와 모든 비밀스러운 음모들은, 잘 구상된 체계적인 정책으로 끈질기게 뒷받침되는 꾸준한 활동에 기여하지 못할 수 있다"고 크로우는 썼다.[24] 이런 주장은 오늘날 중국의 관료 정치, 파벌 간 권력 투쟁, 경제적 우선순위. 민족주의자들의 무조건적 반응 등이 중국이 중요한 전략을 수립하거나 실현하는 것을 막고 있다는 회의론자들의 주장과 비슷하다.[25]

크로우의 두 번째 가설은 독일 행위의 중요한 요소들은 대전략을 통해 서로 잘 조율되어 있으며, "독일의 헤게모니를 처음에는 유럽에, 결국에는 세계에 구축하려는 의도를 가지고 있다"는 것이다.[26] 크로우는 궁극적으로 이 가설의 좀 더 조심스러운 버전을 지지했는데, 독일이 영원히 영국에 종속적인 지위로 남아 있을 것이라는 전망에 불만을 가지고 있었기에 독일의 전략이 "두 나라 사이의 상대적 위상에 깊은 뿌리를 두고 있다"고 결론을 내렸다.[27] 이 주장은 중국의 대전략이 존재한다고 여기는 신봉자들의 입장과 비슷하다. 이는 또한 이 책의 주장과도 닮아 있다. 즉 중국은 지역적이고 세계적인 차원에서 미국을 대체하려는 다양한 전략을 추구해 왔으며, 근본적으로 중국과 미국의 상대적인 위상에 따라 추진되고 있다는 것이다.

크로우가 비망록에서 답을 찾으려 한 질문들이 우리가 오늘날 고심하는 질문들과 놀랄 만큼 비슷하다는 사실은 미국 관리들도 놓치지 않았다. 헨리 키신저는 《헨리 키신저의 중국 이야기On China》에서 크로우의 비망록을 인용했다. 맥스 보커스Max Baucus 전 주중 미국대사도 중국의 전략을 알아보려는 우회적인 방법으로 대화 상대에게 이 비망록을 자주 인용했다.[28]

크로우의 비망록은 독일에 대한 평가가 옳았는지에 대해서는 평가가 엇갈리기 때문에, 혼재된 유산을 남겼다. 그럼에도 불구하고 크로우가 설정한 과제는 오늘날에도 중요하며, 여전히 어렵다. 특히 중국은 정보를 수집하는 데 "만만치 않은 목표물"이기 때문이다. 사람들은 사회과학에 기초한 엄밀하고 반증 가능한 접근법으로 크로우의 방법을 향상시키기를 희망할 수도 있다. 다음 장에서 자세히 논의하듯, 이 책은 중국의 대전략의 존재, 내용, 적용을 확인하기 위해 연구자들이 ① 권위 있는 문서에서 대전략의 개념, ② 국가 안보 기구 내에서 대전략의 능력, ③ 국가의 행위에서 대전략적 행동에 대한 증거를 찾아내야 한다고 주장한다. 이러한 접근법 없이는 그 어떤 분석이라도 다른 강대국을 평가할 때 종종 발생하는 "인식과 오해"에서의 자연적인 편견에 사로잡히게 될 가능성이 높아진다.[29]

## 각 장 주요 내용

이 책은 냉전이 끝난 이래 중국이 처음에는 지역적 차원에서, 이제는 세계적 차원에서 미국식 질서를 대체하려는 대전략을 추진해왔다고 주장한다.

1장에서는 대전략과 국제 질서를 정의하고, 부상하는 강대국이 약화시키기, 질서 구축하기, 확장의 전략을 통해 패권 질서를 대체하는 방법을 살펴본다. 이는 기존 헤게모니 강대국의 힘과 위협에 대한 인식이 부상하는 강대국이 대전략을 선택하는 데 어떻게 영향을 주는지를 설명한다.

2장은 중국의 대전략과 관련해 (온몸에 퍼져 기관과 기관을 연결하는) 결합조직과 같은 제도적 역할을 하는 중국공산당에 초점을 맞춰 살펴본다. 청조 말기의 애국적인 격동으로부터 등장한 민족주의 조직으로서, 이제 중국공산당은 2049년 이전에 중국이 세계적 위계질서에서 합당한 위치를 회복하려는 목표를 추진하고 있다. 중앙집권적 구조와 도덕을 초월한 무자비함을 가진 레닌주의 조직이자 민족주의적 프로젝트를 담당하는 레닌주의 전위로서, 중국공산당은 부분의 이해관계 위에 군림하는 국가적인 이익을 추진하면서 다양한 통치 도구를 조율하는 "대전략적 능력"을 소유하고 있다. 이와 함께 당의 민족주의 지향은 중국 대전략의 목표를 설정하는 데 도움이 되었고, 레닌주의는 이를 실현할 도구를 제공한다. 이제 중국이 부상하면서, 냉전 시기 소련의 질서 안에서 불안해했던 당이 미국식 질서에서 종속적 역할을 영원히 용인하지는 않을 것이다. 마지막으로 이 장은 연구 주제로서 당에 초점을 맞추고, 중국공산당의 방대한 출판물을 세심하게 검토하는 것이 대전략 개념에 대한 통찰력을 제공할 수 있다는 점에 주목한다.

그런 다음, 책은 3부로 나뉘어 중국의 각각 다른 대체 전략을 파헤친다. 1부는 **"도광양회**韜光養晦(능력을 감추고 때를 기다린다)"의 지침 아래 미국의 세력을 약화시키려는 중국의 첫 번째 전략에 대해 논의한다.

3장에서는 중국공산당의 문헌을 이용해 탈냉전 시기 중국의 대전략 가운데 '약화시키기' 단계를 살펴본다. 중국이 미국을 소련에 대항하는 유사-동맹으로 여기던 것에서, 톈안먼 광장의 학살, 걸프전쟁, 소련의 붕괴라는 **트라우마가 된 3대 사건**으로 인해 가장 큰 위협이자 주적으로 인식하게 되었음을 보여 준다. 이에 대한 대응으로 중국 당국은 도광양회의 지침 아래 약화시키기 전략을 시작했다. 중요하고도 전술적인 전략이었다. 당 지도자들은 지침을 "국제 세력 균형"과 "다극체제" 같은 용어에서 표현된 미국의 힘에 대한 인식과 명시적으로 연결시켰고, 아시아 지역의 군사·경제·정치적 기구 전반에서 미국의 힘을 조용하게 또 비대칭적으로 약화시키려 했다. 각각의 분야에 대해서는 이어지는 세 개의 장에서 검토한다.

4장은 군사적 분야에서 약화시키기를 살펴본다. 중국이 3대 사건을 거치면서 원해로 해양 영토를 확보하는 데 집중했던 "해양 통제" 전략에서 벗어나, 중국의 근해에서 미군이 항해하고 통제하고 개입하는 것을 막는 데 초점을 맞춘 "해양 거부" 전략으로 나아가게 되었음을 보여 준다. 이러한 도전적인 변화에 따라 중국은 "일부 지역에서 추격하고 다른 지역에서는 추격하지 않겠다"고 선언하고, 이를 달성하기 위해 "적이 두려워하는 것은 무엇이든지" 건설하겠다고 서약했다. 궁극적으로 항공모함처럼 비용이 많이 들고 취약한 선박의 획득을 미루면서, 그 대신 저렴하고 비대칭적인 접근 거부 무기들에 투자했다. 중국 당국은 세계 최대의 기뢰 무기, 세계 최초의 대함탄도미사일, 세계 최대의 잠수함 전단 등을 구축해서 미국의 군사력을 약화시키려는 것이다.

5장은 정치적 분야에서 약화시키기를 검토한다. 세 개의 사건을 거치며 중국은 지역 기구에 가입하는 데 반대하던 이전의 태도를 뒤집었다. 중국 당국은 아시아태평양경제협력체APEC와 아세안지역안보포럼ARF 같은 다자주의 조직들이 자유주의 지역 질서나 아시아의 북대서양조약기구NATO를 구축하는 데 미국에 이용될 것을 우려했고, 그래서 미국의 세력을 약화시키기 위해 여기에 가입했다. 중국은 제도적 진보를 지연시키고, 미국의 행동의 자유를 제한하기 위한 제도적 규칙들을 행사했으며, 중국의 참여가 없었다면 미국 주도의 균형 동맹balancing coalition에 합류했을 경계심 많은 이웃 국가들을 안심시키기를 바랐다.

6장은 경제적 분야에서 약화시키기를 검토한다. 여기서는 특히 톈안먼 사건 이후 미국의 제재와 중국 경제에 심각한 타격을 줄 수 있는 최혜국 대우MFN 연장 문제와 관련한 위협을 거치면서, 중국이 미국의 시장과 자본, 기술에 의존하고 있는 상황이 적나라하게 드러났음을 논의한다. 중국은 미국과의 디커플링(탈동조화)이 아니라 미국의 경제력을 원하는 방법으로 구속하고자 노력했고, 이를 위해 APEC과 세계무역기구WTO에서의 협상을 레버리지로 삼아 "항구적 정상 무역 관계PNTR"를 통해 최혜국 지위가 미국 의회에서 논의되지 않도록 하는 데 공을 들였다.

당 지도자들이 약화시키기 전략을 미국의 힘에 대한 평가와 명백하게 연결시켰으므로, 이러한 평가가 바뀌었다는 것은 중국의 대전략도 바뀌었음을 의미한다. 2부에서는 지역 질서를 구축하는 데 초점을 맞춘 중국 대전략의 두 번째 단계를 들여다본다. 이 전략은 덩샤오핑의 "도광양회" 지침을 조정해, **유소작위**有所作爲(무언가를 성취하기)를 강조하는 상황에서 진행되었다.

7장은 질서 구축 전략을 당의 문건 안에서 살펴보면서, 글로벌 금융위기의 충격을 거치면서 미국이 약화되고 있다고 인식한 중국이 대담하게 질서 구축 전략으로 전환하게 되었음을 보여 준다. 중국의 "다극체제"와 "국제 세력 균형" 담론을 철저하게 검토하는 것으로 시작한다. 당이 지도자 후진타오가 제시한 수정된 지침인 "적극유소작위積極有所作爲" 아래, 강압적 능력, 당사자들이 합의하는 거래, 정통성 등 질서의 초석을 다지려 했음을 보여 준다. 이전 단계의 약화시키기처럼 이 전략 또한 약화시키기와 마찬가지로 군사·정치·경제적 측면의 다양한 통치 도구를 통해서 실행되었다.

8장은 군사적 분야에서 질서 구축 전략에 초점을 맞춘다. 글로벌 금융위기가 어떻게 중국의 군사 전략을 변화시켰는지, 요컨대 해양 거부를 통해 미국의 세력을 약화시키려 했던 것에서 벗어나, 해양 통제를 통한 질서 구축이라는 새로운 관점으로 어떻게 가속화시켰는지를 되돌아본다. 중국은 이제 멀리 떨어진 섬들을 확보하고, 항로를 보호하고, 이웃 국가들에 개입하고, 공공의 안보 물자를 제공하는 능력을 추구한다. 이를 위해서는 다른 힘의 구조가 필요했다. 미국에 취약하고 이웃국가들을 동요시킬 것이라는 우려가 있어 과거에 연기했던 이것은 지금은 더 자신만만해진 중국 당국이 기꺼이 감수해야 할 위험이었다. 중국은 항공모함, 고성능 선박, 수륙양용 작전, 해병대, 그리고 해외 기지에 대한 투자를 신속하게 늘렸다.

9장은 정치적 분야에서 질서 구축에 초점을 맞춘다. 여기서는 글로벌 금융위기가 어떻게 중국이 지역 조직 가입과 지연에 주력한 약화시키기 전략에서 벗어나, 자체적인 기구들을 출범시키는 질서 구축 전략으로 전환하게 했는지를 보여 준다. 중국은 아시아인프라투자은행AIIB을 출범시켰고, 이전에는 모호했던 아시아 교류 및 신뢰구축회의CICA를 강화하고 제도화를 진두지휘했다. 중국은 자국이 선호하는 방향으로 경제 및 안보 영역에서 지역 질서를 형성하려는 도구로서 이 기구들을 이용해 일부 성공을 거뒀다.

10장은 경제적 분야에서 질서 구축에 초점을 맞춘다. 글로벌 금융위기가 중국 당국이 미국의 경제적 영향력을 겨냥한 방어적인 약화시키기 전략에서 벗어나 중국 자체의 강압적이고 타협적인 경제적 능력을 구축하기 위한 공세적인 질서 구축 전략으로 전환하는 데 도움이 되었다고 주장한다. 이러한 노력의 중심에는 중국의 일대일로 계획이 있었는데, 이웃 국가들에 경제적인 국가 정책을 적극적으로 사용해 중국의 금융 영향력을 확대하기 위한 시도였다.

중국은 아시아에서 미국의 영향력을 제한하고 지역 패권의 기반을 다지기 위해 이러한 약화시키기와 질서 구축 전략을 사용했다. 이 전략의 상대적인 성공은 눈여겨볼 만했지만, 중국의 야심은 인도-태평양에만 국한되지 않았다. 미국이 또다시 비틀거리는 듯 보일 때, 중국의 대전략은 진화하여 이번에는 좀 더 세계로 향했다. 책의 3부는 이와 같은 중국의 세 번째 대체 전략인 세계적 확장에 초점을 맞춘다. 이 전략은 약화시키기를 추진하면서 특히 세계 질서를 구축하고자 하며, 미국의 지도적 위치를 대체하려 한다.

11장은 중국의 확장 전략의 시작을 설명한다. 이번에는 이 전략이 또 다른 세 개의 사건에 이어 등장했다고 주장한다. 브렉시트, 도널드 트럼프의 당선 그리고 코로나 팬데믹에 대한 서구의 서툰 초기 대응이다. 이 시기에 중국공산당은 역설적인 합의에 도달했다. 즉, 미국이 세계적으로는 쇠퇴하고 있지만 동시에 양국 관계에서는 중국의 도전을 알아채고 있다는 것이었다. 중국이 생각하기에 **"100년 만의 대변동"**이 진행되고 있었고, 다음 10여 년은 2049년까지 세계적 지도 국가로서 미국을 대체한다는 목표를 이루는 데 가장 중요해 보인다.

12장은 중국의 확장 전략의 '수단과 방법'을 살펴본다. 정치적으로는 중국이 글로벌 거버넌스와 국제기구들에서 리더십을 투사하고, 독재적 규범을 발전시키려 할 것임을 보여 준다. 경제적으로는 미국의 헤게모니를 지탱하는 금융 우위를 약화시키고 "4차 산업혁명"의 경제적 주도권을 장악하려 할 것이다. 그리고 군사적으로는 인민해방군이 전 세계에 해외 기지를 두고 진정으로 글로벌한 중국의 군사력을 발휘하려 할 것이다.

마지막 장인 13장에서는 지역 및 세계 질서에서 미국을 대체하려는 중국의 야망에 대한 미국의 대응을 간략하게 설명한다. 대립이라는 역효과를 내는 전략이나 대타협을 옹호하는 타협주의자들을 비판한다. 둘 다 각각 미국의 국내 역풍과 중국의 전략적 야망을 과소평가하고 있다. 대신 이 장에서는 비대칭적 경쟁 전략을 주장하는데, 이에 따르면 중국에 대해 달러에는 달러로, 선박에는 선박으로, 대출에는 대출로 대응할 필요가 없다.

이 비용 대비 효과가 높은 접근법은 중국이 위치한 지역에서 중국의 헤게모니를 부정하고, 그들이 실행해 온 약화시키기 전략의 요소들을 모방해 아시아와 전 세계에서 헤게모니를 구축하려는 중국의 노력보다 더 적은 비용을 들이는 방법으로 그 노력들을 약화시키는 것을 강조한다. 동시에 미국은 질서 구축도 함께 추구함으로써 중국이 약화시키려 하는 미국식 세계 질서의 기초를 재창조해야 한다고 주장한다. 이 논의는 미국이 국내외에서 도전에 직면하더라도, 여전히 자국의 이익을 확보하고, 비자유주의 영향권의 확대에 저항할 수 있음을 정책 담당자에게 확신시키려 한다. 그러나 상대편의 전략을 꺾기 위한 열쇠는 우선 그것을 이해해야만 한다는 것을 인식하고 있느냐에 달려 있다.

차례

# 1장

# 사고와 행동이 일관된 조직

대전략과 헤게모니 질서

"우리는 특별한 국가다. 우리는 문제가 경제적이거나 정치적이거나 군사적이라고 생각하는 경향이 있다. … 우리가 동시에 군사적이고 정치적이고 경제적으로 행동할 수 있어야만 한다는 점을 이해하기란 어렵다."[1]

── 헨리 키신저, 1958년

300년 전만 해도 전략이라는 단어를 꺼내면 유럽과 남북 아메리카 전역의 정치가들이 멍한 시선으로 바라보았을 것이다. 한 가지 단순한 이유 때문이다. 그런 것은 존재하지 않았다. 가장 비슷한 비유는 이제는 잊힌 단어인 'Strategia'이다. 소수의 고대 그리스 문헌에 등장한 이 단어는 장군이 자신의 땅을 지키거나 적을 무찌르는 데 사용하는 수단이라는 좁은 의미를 가지고 있다.[2] 18세기에 프랑스 군인이자 학자가 비잔틴 제국의 옛 군사 논문들을 번역하면서 이 단어가 다시 등장했고, 서구권에서 광범위한 의미를 가지게 되었다. 이제 전략과 대전략은 세계 정치에 대해 사고할 때 필수불가결한 요소가 되었다. 그 의미를 여전히 명확하게 정의하기 힘든 상황인데도 말이다.

'대전략'과 '국제 질서'라는 개념은 이 책이 펼치는 논지의 중심에 있는데, 중국이 전자를 활용해서 후자에서 미국의 리더십을 대체하려는 노력을 해 왔다는 것이다. 이 논지의 토대를 마련하기 위해, 이 장에서는 세 개의 소제목 아래 두 개념을 연구한다. 먼저, 대전략은 무엇이며 어떻게 발견할 수 있는지를 설명한다. 다음으로 국제 질서는 무엇이며 어째서 미중 경쟁의 중심에 있는지를 살펴본다. 마지막으로 부상하는 세력이 질서를 형성하기 위해 어떤 대전략을 사용할 수 있는지, 그리고 어떤 변수가 이 세력이 한 전략에서 다른 전략으로 전환하도록 할 수 있는지 묻는다.

## 대전략을 찾아서

대전략Grand Strategy은 무엇인가? 존스홉킨스대학의 할 브랜즈 Hal Brands 교수는 이 용어가 "외교정책 어휘 가운데 가장 파악하기 힘들고 널리 남용되는 용어 중 하나"라고 말한다.[3] 대전략에 대한 대부분의 정의는 두 개의 광범위한 범주에 들어맞는다. 하나는 군사적 수단에만 제한하는 것으로, 이는 '대전략'을 '군사 전략'으로 돌리고 경제적·정치적 수단을 무시한다는 점에서 문제가 있다. 다른 하나는 어떤 목적을 달성하기 위해 모든 수단을 사용하는 것으로 정의하는데, 이는 대전략을 전략 자체와 별반 다르지 않게 만들어 버린다.

'대전략'을 차별화된 개념으로 다루는 더 나은 접근법은 그것을 통합적 안보 이론으로 보는 것이다. 여기서 안보는 "주권(즉 행위 또는 자치의 자유), 안전, 영토 보전 및 힘의 위상으로 정의되는데, 가장 마지막인 힘의 위상이 앞의 세 가지를 이루기 위한 필요 수단이다.[4] 대전략은 한 국가가 이러한 안보 관련 목적들을 자체적으로 달성하는 방법에 관한 이론으로, 군사적·경제적·정치적 도구와 같은 다양한 국가 정책의 수단을 통해 의도되고 조율되고 실행된다.

이 정의는 지난 두 세기 동안 해당 용어가 역사적으로 진화해 온 과정에 뿌리를 두고 있다. 전략가들과 학자들은 나폴레옹 시대부터 증기선의 시대를 지나 20세기의 전면전에 이르기까지 현대 산업국가의 출현과 그 능력과 기구의 강화를 지켜보면서, 안보에 근거한 대전략의 수단에 대한 개념을 점차 확대해 왔으며, 이 책에서 사용하는 정의와 비슷한 수준에 도달했다.[5]

우리는 중국의 대전략을 일관성이 없어 보이는 그들의 행동과 어떻게 구분해서 파악할 수 있을까? 서문에서 언급한 것처럼, 이것은 완전히 새로운 도전은 아니다. 1907년 영국 외교관 에어 크로우는 부상하는 독일의 행위를 광범위하게 설명하는 비망록을 썼다.[6] 오늘날 여전히 논란이 있지만, 이 비망록은 대전략을 연구하는 데 유용한 토대를 제공한다. 우리는 그 토대 위에서 사회과학에 근거한 보다 엄밀하고 반증 가능한 접근으로 논의를 발전시킬 수 있다.

크로우는 "독일의 역사, 통치자들과 정치인들의 발언 및 알려진 의도들, 독일의 행위에서 확인된 사실들로부터 독일의 전략을 추론할 수 있다"고 주장했다. 즉 문헌과 행위를 통해 추론할 수 있다는 뜻이다. 이 두 가지 요소에 대한 크로우의 강조에 더해, 우리는 국가 안보 기구라는 한 가지 요소를 더 추가할 수 있을 것이다. 이러한 방법론들을 더하면 국가가 반드시 가지고 있는 세 가지 요소에 초점을 맞추게 된다.

① 전략의 목적과 방법, 수단이 어떻게 서로 조화를 이루는지에 대한 대전략 개념

② 지역적 이해를 넘어 국가적 이익을 추구하기 위해 국정 운영의 다양한 도구들을 조율하는 국가 안보 기구 안에서의 대전략 능력

③ 국가의 전략적 개념들과 궁극적으로 일치하는 대전략 행위

대전략을 찾아 내기 위한 이렇듯 엄격한 기준에 대한 대안은 흔히 사용되지만 오판의 위험이 있는 "보면 안다"는 접근법을 채택하는 것인데, 이런 방법이 정책에 영향을 미치면 위험할 수 있다. 앞에서 언급한 기준에 맞는지를 판단하려면 사회과학적으로 세 가지 요소에 초점을 맞출 필요가 있다. 즉 대전략의 개념을 담고 있는 문서들, 대전략 능력을 보여 주는 기구들, 대전략 행위를 구체적으로 드러내는 행동들이다.

문서와 관련해서, 이 책은 지난 3년 동안 대만과 홍콩, 그리고 중국 대륙의 도서관과 서점에서 발굴한 중국어로 된 중국공산당 문서 원본과 완전히 디지털화된 데이터베이스를 통한 권위 있는 문서들에 집중한다(부록 참조). 이 문서들은 대전략의 개념에 대한 통찰을 제공할 뿐 아니라 기구들이 어떻게 운영되는지를 강조함으로써 대전략 능력들도 보여 주며, 또한 어떤 결정이 채택되는 이유를 살펴본다는 점에서 대전략 행위들과도 관련이 있다.

이는 두 번째 주요한 방법으로 이어진다. 책은 문서들 외에도 중국 대전략 능력의 증거로서 이들의 국가 안보 기구에 집중한다. 중국공산당의 외교 안보 분야 핵심 기구의 일부, 즉 중국공산당 중앙판공청, 정치국 상무위원회, 영도소조(이제는 많은 영도소조들이 중앙위원회로 불린다)와 중앙군사위원회는 직접적으로는 아무것도 출판하지 않으며, 그들의 행위를 둘러싼 비밀주의를 고려할 때 연구는 극도로 어렵다. 때로는 당의 여러 문서들, 즉 회고록이나 선집, 전집과 유인물 등이 기구 내에서의 주요한 연설과 결정, 학습, 논쟁에 대해 제한적이지만 중요한

통찰을 제공할 수 있다. 이런 자료들은 중국의 대전략에 대한 통찰을 준다.

마지막으로 세 번째 방법은 행동을 보는 것이다. 크로우가 관찰한 것처럼 강대국들은 모든 영역에 걸쳐서 광범위한 활동을 실행한다. 신호와 소음을 구분하는 것이나, 어떤 행동이 전략적인 동기에서 행해졌는지 아닌지를 판별하는 것이 언제나 쉬운 일은 아니다. 이런 어려움을 고려하면 사회과학적 방법이 도움이 될 수 있다. 학자들은 군사적·경제적·정치적 행동들을 관찰해서, 각각의 영역에서는 이해할 수 없는 행동들이 대전략의 논리로는 가장 잘 해석될 수 있는지 여부를 판단할 수 있다. 조율에 대한 증거로서 정책 영역들에 걸친 일관된 변화를 살펴보고, 중국이 왜 그렇게 행동했는지 이해하기 위해 당의 문서들을 살펴보는 것이다. 이런 노력들은 중국의 대전략 행동에 대한 실마리를 제시한다.

종합하면, 앞에서 말한 방법은 표 1.1에서 열거하는 중국의 대전략을 식별하는 데 중요한 몇 가지 핵심 질문을 제기한다. 메사추세츠 공과대학의 베리 포슨Barry Posen 교수는 대전략을 찾으려면 "일관된 생각과 행동"을 살펴봐야 한다고 말했는데, 다음의 질문들은 그것을 찾기 위한 것이다.[7]

더욱이 이 질문들은 대전략이 존재하는지를 확인하는 데 도움을 줄 뿐만 아니라, 그것이 무엇이며 언제 그리고 왜 변화하는지를 판단하는 데도 도움이 된다. 대전략은 드물며 대전략에서 일어나는 변화는 더욱 드물다. 터프츠대학의 데니얼 드레즈너Daniel Drezner가 말하듯, 대전략을 바꾸는 것은 "항공모함을 유턴시키는 것과 같다. 기껏해야 천천히 일어나며, 대전략은 변수라기보다는 상수다."[8] 한 국가의 대전략이 가진 "경직성stickiness"은 심리적이고 조직적인 요소들에서 기인한다. 심

**표 1.1 대전략을 확인하기 위한 질문**

| 개념<br>(문서) | 1. 목적 | 한 국가가 직면한 모든 안보 위협 가운데 가장 중요하거나 근본적인 것에 대한 일관된 인식이 존재하는가? |
|---|---|---|
| | 2. 방법 | 핵심 문서에서 중요하거나 근본적인 위협을 해결하는 방법에 대한 일관된 아이디어가 존재하는가? |
| | 3. 수단 | 핵심 문서에서 대상이 되는 안보 위협을 해결하는 데 각각의 주요한 국정 수행 수단이 어떤 역할을 하는지에 대한 이론이 존재하는가? |
| 능력<br>(기구) | 4. 조율 | 다양한 국정 수행 방안을 조율하기 위해 정책 결정자들이 사용할 수 있는 관료 기구를 가지고 있다는 증거가 보이는가? |
| | 5. 자율성 | 외교정책 기구와 더 넓은 범위의 국가가 사회와 대전략을 대체할 만한 다양한 국내 세력으로부터 어느 정도의 자율성을 가지고 있는가? |
| 행위<br>(행동) | 6. 방법 안에서의 변화 | 주어진 국가 대전략에 대한 우리의 이론이 국가 행위에 대한 기존의 지배적 이론에 비해 특정한 정책 영역에서의 행동의 변화를 더 잘 설명해 주는가? |
| | 7. 여러 수단을 포괄하는 변화 | 주어진 국가 대전략에 대한 우리의 이론이 하나의 정책 영역뿐만 아니라 군사·경제·정치 영역 같은 다양한 정책 영역에도 적용되는가? |
| | 8. 통합된 변화 | 대전략이 변화할 때, 우리는 국가 정책의 세 가지 수단 각각을 아우르는 조율된 행동에서의 변화를 보는가? |

리학 연구에 따르면 "사람들은 세계에 대한 신념을 기꺼이 바꾸려 하지 않으며, 자신의 실수에 쉽게 직면하지도 않는 데다가 특정한 관점이나 판단 또는 행동의 경로에 대해 한번 결심을 하면, 다시 마음을 바꾸도록 만드는 것이 어렵다"는 것을 알 수 있다.[9] 조직 연구는 "자원 제약, 거래 비용, 내부 정치, 조직들이 운영되는 국내 환경"을 공식적 규칙과 표준적인 운영의 과정들과 함께 결합해서 본다면, "왜 일반적으로 정책

결정자들은 현재 상태에서 급진적으로 벗어나지 않으려는 압박을 느끼는지"를 설명하는 데 도움이 된다는 것을 보여 준다.[10] 이런 요소들은 대전략 안에서 고정되어 있다.

대전략이 "경직되어 있다면" 무엇이 그것이 변화하도록 만드는가? 이 책은 대전략이 힘과 위협에 대한 인식에 의존하며, 이런 인식의 변화는 점진적으로 변화하는 GDP 성장률이나 함대의 규모 같은 "통계적인 방법보다는 사건들, 특히 충격적인 사건에 의해서 일어난다"고 주장한다.[11] 톈안먼 광장의 학살, 걸프전쟁, 소련의 붕괴, 글로벌 금융위기와 같은 외교적 충격 이전과 이후에 중국 문헌에서 나타나는 힘과 위협에 대한 인식을 비교함으로써, 그 변화와 전략적 조정 여부 등을 판단할 수 있다.

## 질서를 향한 경쟁

지난 몇 년 동안 미국과 중국의 경쟁이 치열해지면서 많은 정책 결정자와 학자들은 종종 같은 질문으로 되돌아갔다. "이것은 무엇에 대한 경쟁인가?" 이 책은 미국과 중국 중 누가 지역적·세계적 질서를 주도할 것인지를 둘러싼 경쟁이라고 주장한다.[12]

국제관계를 연구하는 학자들은 일반적으로 세계는 무정부주의적이라고 가정하지만, 현실에서 세계는 종종 위계적이며 일부 국가가 다른 국가들에게 권위를 행사한다.[13] 이런 위계적인 관계의 숫자, 범위, 밀도가 질서, 즉 외부와 내부의 행동을 모두 통제할 수 있는 "국가들 사이의 정해진 규칙과 합의"를 만들어 낸다.[14] 헤게모니 질서에서 상위의 국가가 위계질서의 꼭대기에 "그 지도력을 집결시켜" 국가들 사이와 국가들 내부의 관계를 만들어 낸다.[15] 헤게모니 질서는 프린스턴대학의 교수였던 로버트 길핀Robert Gilpin이 지배적 국가가 종속 국가들을 통제하는 "통제 형태"라고 부른 것과 관련이 있는데, 그 통제는 종종 (규정을 준수하도록 강요하는) 강압적 능력, (인센티브를 제공하는) 합의 유도, (합법적으로 지시하는) 정통성과 관련되어 있다.[16]

**강압**은 처벌에 대한 위협으로부터 온다. 강압적 능력은 국가의 군사적 힘 또는 화폐, 무역, 기술 등 시스템 내부의 핵심 요충지를 통제하는 구조적인 힘으로부터 나올 수 있다. **합의** 유도는 장려하거나 심지어 서로 이익이 되는 거래나 미끼를 통해 협력하도록 "매수하는" 능력과 관련이 있다. 그것은 종종 기회에 대한 이야기, 안전 보장, 공적인 혹은 사적인 물품 제공, 엘리트 회유 등의 형식으로 진행된다. 마지막으로 **정통성**은 지배적인 국가의 정체성이나 이데올로기의 장점을 가지고 지휘할 수 있는 능력이다. 정통성은 이데올로기적인 친밀감이나 상징 자본, 혹은 다른 자원으로부터 나올 수 있고, 일종의 권위로 작용한다. 예를 들면 수 세기 이전에 바티칸은 물질적인 힘은 거의 없었지만 신학적인 역할로 인해 국가들에 대한 지휘권을 가질 수 있었다. 종합하면, 강압적 능력, 합의 유도, 정통성은 질서 내에서 국가의 복종을 보장한다.

이렇듯 강압적 능력과 합의 유도 그리고 정통성의 혼합은 획일적이지 않으며, 따라서 헤게모니 질서는 그 내용과 지리적인 범위에 따라 변화할 수 있다. 제국과 같은 어떤 형태의 질서는 강압에 좀 더 의존하고, 미국식 자유주의 질서는 합의 유도와 정통성을 강조한다. 대부분의 질서는 어떤 특정 지역에서 좀 더 강하게 작동하며, 결국은 변화를 야기하기도 하는 경쟁적인 도전에 직면한다.

질서가 어떻게 변화하느냐는 질문은 계속 반복되며 오늘날의 상황과도 관련이 있다. 오늘날 미국이 이끄는 것과 같은 헤게모니 질서는 주로 강대국 전쟁을 통해 변화한다고 여겨지며, 제2차 세계대전과 같은 분쟁은 어떤 한 질서를 끝내고 또 다른 질서를 만들어 낸다. 지금의 핵 혁명을 고려하면 강대국 전쟁은 가능성이 낮아졌기 때문에 어떤 이들은 현재의 질서가 근본적으로 안정적이라고 오인하기도 한다. 그런 관점은 평화기 강대국 경쟁의 본질과 전쟁 없는 질서 전환의 가능성을 간과하고 있다. 질서는 그 통제 형태, 즉 강압적 능력, 합의 유도, 정통성이 손상될 때 평화롭게 바뀔 수 있다. 그리고 이 통제 형태가 강화될 때 마찬가지로 강화된다. 이 과정은 점진적으로도 또는 한순간에도 일어날 수 있지만, 소련의 비교적 평화로운 붕괴처럼 전쟁 없이도 일어난다.[17]

## 대체 전략

중국과 같은 신흥 강대국이 미국과 같은 기존 패권국을 전쟁 없이 어떻게 대체할 수 있을까?[18] 질서 내에서 패권 국가의 위상이 강압, 합의, 정통성 같은 "통제 형태"로부터 등장했다면, 질서를 둘러싼 경쟁은 이러한 통제 형태를 강화하거나 약화시키려는 시도를 둘러싸고 벌어질 것이다. 따라서 중국과 같은 신흥 국가는 일반적으로 연속해서 추진하는 두 가지의 광범위한 전략을 통해 미국과 같은 헤게모니 국가를 평화적으로 대체할 수 있다.

I. 첫 번째는 패권 국가의 통제 형태, 특히 신흥 국가로 확장되는 형태의 통제를 약화시키는 것이다. 결국 패권 국가에 좌우되는 상태로 남아 있다면 어떤 신흥 국가도 패권 국가를 대체할 수 없다.

II. 두 번째는 다른 국가들에 대한 통제 형태, 합의에 의한 거래, 정통성의 기초를 만드는 것이다. 실제로 어떤 신흥 국가도 다른 국가들의 자율성을 제약하거나, 혹은 합의에 의한 거래나 정통성을 통해 다른 국가들이 신흥 국가의 선호를 따르도록 유도하지 못한다면 패권 국가가 될 수 없다.

신흥 강대국들이 대전략을 사용하고자 하는 결정은 패권 국가의 힘과 영향력의 그늘 아래 이루어지기 때문에, 그들로서는 상당한 위험 부담이 있다. 공공연하게 질서 구축을 추구한다면 곧 패권 국가가 그들이 위치한 지역에 개입해 이웃 국가들로 하여금 포위하도록 만들거나, 패권 질서가 제공해 온 물자로부터 배제되는 상황을 맞을 수도 있다. 이런 이유로 패권 질서를 약화시키려는 전략은 대체로 신흥국 자체의 질서를 구축하려는 전략에 앞서 진행된다. 게다가 두 전략이 종종 지역적인 수준에서 추진된 다음 세 번째 전략인 전 세계적 확장으로 나아가게 되는데, 여기서도 패권 질서를 대체하기 위한 약화시키기와 질서 구축이 진행된다.

강대국은 언제 확장을 추구하는가? 시카고대학의 존 미어샤이머 John Mearsheimer 등 일부 학자들은 중국 같은 부상하는 국가가 광범위한 전 세계적 야망을 추구하기에 앞서 우선 지역적 헤게모니를 달성해야 한다고 주장하지만, 이런 기준은 아마 너무 협소한 것 같다.[19] 로버트 길핀 등 다른 학자들의 주장처럼 지역적 헤게모니가 부족한 신흥 국가도 경제, 금융, 기술, 정보와 같은 전 세계 헤게모니 질서를 지탱하는 "통제 형태"를 가로지름으로써, 세계적으로 패권 국가에 도전할 수 있다. 독일은 제1차 세계대전 이전에 유럽 내 지역 패권이 없었는데도 이런 영역에서 영국의 세계적인 지배에 도전했다. 중국도 오늘날 이와 비슷하게 행동하는 것으로 보인다.[20] 중요한 것은 중국 같은 신흥 국가가 완전한 지역적 헤게모니를 가지고 있느냐가 아니라, 세계적 확장을 추구할 때 헤게모니 국가가 개입할 위험을 관리할 수 있다고 확신할 만큼 자신이 위치한 지역에서 약화시키기와 질서 구축을 해왔느냐다.

어떤 이들은 중국 같은 신흥 국가가 이런 일을 해낼지에 대해 회의적일 것이다. 하지만 대부분의 국가가 그렇듯, 신흥 국가들도 일반적으로 수정주의 세력revisionist이다. 어떤 사람들은 이를 논쟁적인 주장으로 볼 수도 있겠지만, 많은 국가가 지역 및 세계 질서의 작동 방식에 대해 각각의 생각을 가지고 있고 비용이 과하지 않다면 그것을 실현시키려 행동할 것이라는 온건한 가정은 그다지 놀랍지 않다. 실제로 비용이 낮을 때 강대국들은 주변 지역이나 아니면 다른 곳에서 질서를 구축하려는, 우리가 "헤게모니 이동"이라고 부르는 행동을 보인다. 19세기에 미국이 해외에서 강대국으로 행동하기를 주저했을 때조차도 서반구에서 헤게모니를 행사하는 쪽으로 움직였다. 중요한 질문은 신흥 국가가 자신이 선호하는 질서에 대한 대안적인 생각을 가지고 있느냐가 아니라, 그들이 그에 대해 행동에 나서겠다는 선택을 할 것인지, 한다면 언제, 어떻게 할 것인지다.

부상하는 국가의 전략적 계산에서 헤게모니는 가장 중요하기 때문에 이 책은 질서를 "수정한다"는 선택이 헤게모니에 대한 인식에 기반을 두고 있다고 주장한다. 두 개의 변수가 결정적으로 중요하다. ① 외부 패권 국가와의 인식된 상대적 세력 격차의 크기로, 패권 국가가 신흥 국가의 이익에 손상을 미칠 수 있는 능력을 광범위하게 의미한다. 그리고 ② 외부 패권 국가로부터의 인식된 위협인데, 이는 패권 국가가 해를 끼치기 위해 그 힘을 사용할 의지가 있는지에 대한 인식을 말한다.[21] 전략 형성과 가장 관련이 있는 것은 힘과 위협에 대한 객관적인 측정(이것은 어떤 상황에서도 어려운 일이다)이 아니라 라이벌의 힘과 위협에 대한 국가 자체의 평가이기 때문에, 이와 같은 변수를 인식하고 정의하는 것은 중요하다. 간략하게 이 두 개의 변수를 표 1.2에서 높음 또는 낮음으로 표현했다. 마지막으로 약화시키기와 질서 구축은 질서를 수정하려는 전략이지만, 강대국들은 결국, 약화시키기와 질서 구축은 질서를 수정하기 위한 전략이고, 강대국들은 다른 전략들, 앞으로 벌어질 일들에 대한 다른 개념을 규정하는 것을 추구할 수 있다.

첫째, 패권 국가를 자신보다는 훨씬 강하지만 특별하게 위협적이지는 않다고 볼 때, 신흥 국가는 자신이 선호하는 질서와 다르더라도 패권 질서에 타협하려는 경향이 있다. 타협은 외부의 패권 국가가 적대 세력이 되는 것을 피하기 위해 또는 제3자에 맞서 패권 국가와 협력하는 데서 이익을 얻기 위해 추진될 수 있다. 따라서 신흥 강대국은 패권 국가가 지역에서 군사적으로 주둔하거나, 지역 기구에서 지도력을 발휘하거나, 지역 경제 계획을 후원하는 일을 인내하거나 지지할 것이다. 남아시아에서 인도가 미국과 타협하는 것이 이 전략의 한 사례로, 인도는 미국이 강력하지만 특별히 위협적이라고 보지 않으며 중국에 맞서는 데 도움이 된다고 판단하기 때문이다. 또 다른 사례로는 1980년대 미국에 대한 중국의 정책을 들 수 있다.

둘째, 패권 국가가 자신보다 훨씬 강하고 또한 매우 위협적이라고 생각할 때, 신흥 국가는 지역적·세계적으로 패권 국가의 통제 형태인 강압, 합의, 정통성을 겨냥한 **약화시키기** 전략을 추구할 것이다. 이 시나리오에서 신흥 강대국은 위협적으로 보이는 패권 국가를 수용할 수도 없고, 강력해 보이는 패권 국가에 공공연하게 맞설 수도 없기 때문에 그 영향력을 약화시키기 위해 "약자의 무기"에 의존할 수밖에 없다.[22] 군사적으로 신흥 국가는 주변 국가들을 경계하게 만들어 포위 상태를 초래할 수 있는 능력을 피하면서, 패권 국가가 지역에 개입하는 것을

**표 1.2 패권 질서에 대한 신흥 국가의 대전략**

| | | 외부 패권 국가와의 상대적 세력 격차에 대한 인식 | |
|---|---|---|---|
| | | 높음 | 낮음 |
| 외부 패권 국가로부터의<br>외부 위협에 대한 인식 | 높음 | 약화시키기 | 질서 구축 |
| | 낮음 | 타협 | 지배 |

억제할 방어적인 군사 능력을 추구할 것이다. 정치적으로는 지역 기구에서 외부 패권 국가의 역할을 줄이려 할 것이다. 경제적인 면에서는 패권 국가가 경제적인 수단을 사용하는 것으로부터 스스로를 보호하려 할 것이다. 중국은 1990년대부터 2008년 무렵까지 이런 버전의 전략을 추구했다.

셋째, 외부 패권 국가가 자신보다 약간 강력하지만 매우 위협적이라고 판단할 때, 신흥 강대국은 자신의 질서를 구축하는 데 필요한 기초를 형성하기 위해 강압적 능력, 합의 유도, 정통성 등의 통제 형태에 투자함으로써 **질서 구축** 전략을 추구할 것이다. 신흥 강대국은 패권 국가가 반대하는 위험을 감수할 수 있을 만큼 강해졌지만, 이 지역을 자유롭게 주도할 만큼은 아니었다. 그렇게 하려 하면 외부 세력에게 틈을 만들어 줄 수 있기 때문이다. 군사적인 분야에서 강압과 개입, 힘의 투사, 그리고 육상·공중·바다에 대한 (접근 거부가 아닌) 통제를 할 수 있는 능력을 추구할 것이다. 정치적으로는 그 지역을 통제하고 패권 국가를 밀어낼 수 있는 새로운 기구들을 설립할 것이다. 경제적으로는 유익해 보이지만 실제로는 다른 국가들을 제약하는 비대칭적 의존 관계를 정교하게 만들 것이다. 이런 시도들은 프린스턴대학의 존 아이켄베리 John Ikenberry 교수 등의 학자들이 약한 국가들의 동의를 확보하고 세력 균형을 피할 수 있다고 주장하는 자유주의 질서 구축과도 비슷해 보일 수 있다. 그 국가가 위치한 지역에서 이런 일들이 성공적으로 이루어 지면, 신흥 강대국은 범위를 전 세계로 확장할 수 있을 것이다. 중국은 2008년부터 현재까지 이 전략을 추구해 왔으며, 2016년 이후의 **확장** 전략을 추진하기 위한 토대를 만들었다.

넷째, 외부 패권 국가의 힘이 아주 조금 더 강하지만 특별히 위협 적이지는 않다고 생각할 때, 신흥 강대국은 질서 내에서 다른 국가들에 대한 지배력을 추구하는 데서 더 자유로워질 것이다. 이제는 라이벌이 질서를 구축할 가능성이나 패권 국가의 개입에 대해 덜 우려해도 되는 상황이기 때문이다. 질서 구축은 강압과 합의 유도를 혼합한 형태겠지 만, 질서에 대한 도전이나 균형을 이루려는 동맹이 형성될 가능성이 미 약하기 때문에 지배력은 강압적 수단에 무게를 두게 될 것이다. 군사적 인 면에서 신흥 강대국은 좀 더 자주 힘을 이용하게 될 것이다. 정치적 인 면에서 신흥 국가의 이익을 확고하게 하고 경쟁적인 제도들을 약화 시키기 위한 규칙과 표준을 만들어 낼 것이다. 경제적인 면에서 비대칭 적인 의존 관계를 만들어 내는 데 더해 자원 추출을 추진할 것이다. 수 십 년 전에 비해 유럽의 상대적인 힘이 약해지고 위협이 덜 심각했던 19세기 후반과 20세기 초반에 라틴아메리카에서 미국이 추진했던 전 략이 대표적인 사례다.

일반적으로 이 네 가지 전략은 타협에서 약화시키기, 질서 구축, 그 리고 지배로 순차적으로 나타나지만 예외도 있다. 한 국가가 외부 패권 국가와 화해하면, 약화시키기에서 타협으로 이동할 수도 있다. 또는 패 권 국가가 약화되었다고 인식하면, 타협에서 지배로 이동할 수도 있다.

중국의 경우에는 이 전통적인 순서가 작동하고 있는 듯 보인다. 수교 이후 중국은 강력하지만 위협적이지 않은 미국을 수용했다. 그러다 냉전이 끝난 뒤 미국을 좀 더 위협적으로 보게 되면서 약화시키기 전략을 추구했고, 글로벌 금융위기 이후에는 약화되고 있다고 판단하고 독자적인 질서 구축을 시작했다. 그리고 만약 지역 분쟁에서 미국이 묵인하거나 패배한다면 지역에 대한 지배를 추구할 것이다. 중국 대전략의 이론과 실행 그리고 실증적인 증거의 많은 부분은 중국공산당과 그들의 세계관 및 조직과 얽혀 있다. 이제 우리는 이러한 제도와 당의 형성 과정에서 민족주의와 레닌주의의 역할, 그리고 중국의 대전략으로 눈을 돌릴 차례다.

# 2장

# 당이 모든 것을 영도한다

민족주의, 레닌주의 그리고 중국공산당

"소련은 정치국 회의 한 번이면 무슨 일이건 할 수 있다. 미국인들도 그렇게 할 수 있는가?"

— 1980년대 초 중국공산당 중앙정치국 회의, 덩샤오핑

1987년 6월 사실상 중국의 최고 지도자 덩샤오핑은 유고슬라비아 관리들을 만나면서도 생각은 다른 데 가 있었다. 중국은 한창 "개혁개방"을 진행 중이었다. 중국 경제를 앞으로 나아가게 하려는 일련의 시장 개혁이었고, 궁극적으로는 초강대국 지위로 부상하는 토대가 될 터였다. 그러나 여정은 결코 순탄하지 않았다. 몇 달 전, 중국은 문화대혁명 이후 최악의 정치적 불안정과 혼란에 직면했다. 이로 인해 덩샤오핑은 당총서기였던 후야오방이 개혁파에게 동정적이라는 이유로 그를 숙청하게 된다.

유고슬라비아 관리들과 만나는 중에도 덩샤오핑은 계속 중국의 정치적 상황을 걱정했다. 그는 경제 개혁에 대한 대화에서 주제를 바꿔 레닌주의 당-국가가 정책 결정에서 유리한 점을 장황하게 이야기했다.

레닌주의 시스템의 "최대 장점 중 하나는 무엇이든 결정되고 해법이 마련되면 어떤 저항도 없이 즉각 실행될 수 있다는 것"이라고 그는 손님들에게 말했다.[2] "미국인들과 달리 우리는 더 효율적이다. 우리는 결심을 하자마자 곧바로 실행할 수 있다. … 이것이 우리의 힘이고 우리는 이 장점을 유지해야 한다"고 그는 강조했다.[3] 덩샤오핑이 직접 선발한 부하인 자오쯔양은 덩샤오핑이 그의 통치 시기 내내 이 지점으로 돌아오곤 했다고 몇 년 뒤 언급했다. "덩샤오핑은 제한이나 견제와 균형이 없고, 힘을 절대적으로 집중할 수 있는 시스템을 우리의 종합적인 장점으로 여겼다. … 그는 권력의 집중과 독재를 숭배했다."[4]

레닌주의에 대한 덩샤오핑의 애정은 약 60년 전에 시작되었다. 그 세대의 많은 중국 공산주의자들처럼 그도 민족주의를 통해 정치에 입문했다. 그는 5·4운동의 격동에 참여했고, 그 스스로 말한 것처럼 "중국을 구할 방법"을 알기 위해 프랑스로 유학을 갔다.[5] 그리고 그 세대의 많은 민족주의자들처럼 레닌주의에서 정치적 프로젝트를 실현할 도구를 발견했다. 프랑스에서 공산주의 조직에 가입한 이후 덩샤오핑은 20대 초에 모스크바의 중산대학에 입학했고, 그곳에서 레닌주의 당 건설과 조직의 이론과 실천을 배웠다. 그 시기에 쓴 '왜 민주주의는 중국과 러시아에 맞지 않는가'를 논한 글에서 그는 "중앙집권화된 권력은 위에서 아래로 흐른다"며 "지도부의 지시에 복종하는 것은 절대적으로 필요하다"고 했다.[6] MIT의 정치과학자 루시안 파이Lucian Pye가 주목한 것처럼, 이때와 이후의 경험들을 통해 "덩샤오핑은 조직의 통합 유지와 이를 통한 당의 권력 독점에 헌신하는 진정한 레닌주의자로 사회화되었다."[7] 자오쯔양도 언급한 것처럼, 덩샤오핑만이 레닌주의를 숭배했던 것은 아니었다. 쑨원과 그의 후계자 장제스를 비롯한 다른 주요 민족주의자들도 마찬가지로 레닌주의 개념을 받아들였다. 덩샤오핑에게 그러했던 것처럼 그들에게도 레닌주의는 부강한 중국이라는 그들의 비전을 달성하기 위한 수단이었다.

덩샤오핑을 비롯해 중국 공산주의자들이 중시했던 지도부에 의한 정책 조율, 통합, 실행은 분명 중국의 대전략에 유리한 점이 있다. 당은 국가 위에 군림하면서, 국가 정책의 모든 단계에 관여하고 있다. 이런 방법으로 당은 대전략을 조율하는 도구 역할을 하며, 정책 결정자들이 외교정책 문제에서 분절된 이해관계로부터 자율성을 가지고 대전략을 추구할 수 있게 한다. 한때 마오쩌둥이 말했고, 최근 시진핑이 거듭 강조한 것처럼 "당, 정부, 군, 민간, 학계, 동서남북중, 당이 모든 것을 영도한다黨政軍民學, 東西南北中, 黨是領導一切的."[8]

이 장에서는 당의 리더십이 중국의 대전략에서 어떤 의미를 갖는지에 초점을 맞춰 살펴본다. 당의 전집, 회고록, 선집, 기사 그리고 다른 자료의 원본 자료들을 인용해 알아볼 것이다.

당에 집중하는 것은 시대착오적으로 보일 수도 있다. 그러나 얼마 전까지만 해도 이러한 관점이 중요하다는 인식이 있었다. 소련과 갈등하던 시기 "서구 엘리트들은 공산주의 정치에서의 전투 규칙에 익숙했으며, 크레믈린학Kremlinology으로 알려진 학계, 싱크탱크, 언론 내 작은 산업에 투자하고 이로부터 이익을 얻었다"고 언론인인 리처드 맥그레거Richard McGregor는 지적했다.[9] 그러나 "1990년대 초 소련의 붕괴와 함께 공산주의 체제에 대한 깊은 지식의 많은 부분도 사라졌다." 이 분야에 대한 자금 지원이 줄어들면서 관련 연구를 하는 전문가들 또한 꾸준히 감소했기 때문이다.[10] 한동안 중국의 경제적 성장은 공산당 내부 운영 방식에 대한 대중의 관심을 흐리게 했는데, 이 모든 것이 변하기 시작했다. 학자인 데이비드 샴보David Shambaugh가 주목한 것처럼 이제는 "중국을 통치하는 당과 정부의 본질보다 더 주요하게 중국의 미래나 교류

국의 미래에 영향을 미칠 수 있는 주제는 거의 없다"는 새로운 이해가
생겼다."

　　대전략과 중국공산당의 관계를 살펴보면서, 이 장은 광범위한 세
가지 과제를 다룬다. 첫째, 민족주의 정당으로서 중국공산당CCP에 초
점을 맞춘다. 당은 청나라 말기의 애국주의 열기 속에서 등장해 중국이
정당한 지위를 회복하도록 노력해 왔다. 둘째, 레닌주의 정당으로서 중
국공산당에 초점을 맞춘다. 당은 도덕 관념을 초월한 무자비함으로 중
앙집권화된 기구를 구축해 국가를 통치하고 민족주의자의 임무를 달성
하려 한다. 종합하면 당의 민족주의 기원은 중국 대전략의 목표를 세우
는 데 도움이 되었고, 레닌주의는 그것을 실현하는 도구를 제공했다. 마
지막으로 이 책은 문서의 생산자이자 연구의 주제로서 중국공산당에
초점을 맞춰, 당이 생산한 방대한 출판물을 주의 깊게 연구하는 것이
중국의 대전략 개념에 어떤 통찰을 제공하는지를 살펴본다.


## 민족주의 정당


　　중국공산당이 민족주의 정당이라고 주장하는 데에는 논란이
있을 수 있다. 많은 이들이 중국공산당이 공개적으로 민족주의 신념
을 강조하는 것을 도구적인 것으로 여기며, 공산주의 이데올로기가 퇴
색한 이후 정통성의 새로운 원천을 찾으려는 광범위한 시도의 일부라
고 본다. 현실은 좀 더 복잡하다. 중국이 톈안먼 광장의 학살과 소련 붕
괴 이후에 민족주의를 공개적으로 증폭시키기 위해 "애국 교육 캠페인"
을 시작한 것은 사실이지만, 어떤 학자들은 민족주의가 당의 이념과 정
체성 안에 오랫동안 뿌리 내렸으며, 청 말 민족주의의 격정과 오늘날의

당이 역사적으로 길게 연결되어 있다고 말한다.

그 기간 당에 활력을 불어넣어 온 핵심적인 주제는 중국을 과거의 위대한 지위로 복구시켜 "중화민족 부흥"이라는 목표의 달성을 추구하는 것이었다. 오늘날 이 구절은 시진핑의 정치 프로젝트의 중심에 있지만, 지난 두 세기 동안 중국의 정치적 분투의 구석구석에 스며든 깊은 역사를 가지고 있다. 전왕Zhen Wang이 지적한 것처럼 이 개념은 "적어도 쑨원까지 거슬러 올라가며, 장제스부터 장쩌민, 후진타오에 이르기까지 거의 모든 현대 중국 지도자들이 언급하면서 강력한 감정을 불러일으켜 왔다."[12] 부흥은 중국의 국내 개혁뿐 아니라 대전략에도 사명감을 제공한다.

### 부강

조지 워싱턴이 미국에서 첫 번째 임기를 수행하던 1790년대에 청조는 정점에 있었다. 그러나 이후 수십 년에 걸쳐 반복된 지방에서의 혼란과 외부의 약탈, 경직된 정부로 인해 관리들은 중국이 쇠퇴의 길로 들어섰다고 인식하게 되었다.

웨이위안魏源은 이런 관리 중 한 명이었다. 그는 중국 지성사에서 전형적인 유교의 덕치에 반대하며, 국가의 부강을 강조하는 전통을 부활시켰다. 제1차 아편전쟁에서 중국의 쇠퇴가 유럽의 제국주의적 야망과 부딪히면서, 중국이 "치욕의 세기"라 부르는 상황이 시작되었다. 나라가 쇠퇴하면서 과거의 영광을 되찾기 위한 힘을 어떻게 가질 수 있을 것인가에 초점을 맞춘 지적인 관심이 높아졌다. "부강"에 대한 중국의 집착을 다룬 포괄적인 지성사 연구에서 오빌 셸Orville Schell과 존 들러리 John Delury는 "웨이위안은 적절한 시기에 2,000여 년 전의 이 구절을 부활시켰다. 그것은 이후 중국 지식인들과 정치 지도자들에게 북극성과

같은 역할을 했다"고 지적했다.[13]

　제1차 아편전쟁 이후 한 세기 동안 중국은 청의 기반이 무너지는 모욕적인 패배를 겪었고, 웨이위안이 주장한 부강의 기초 위에서 여러 세대의 학자와 활동가들이 부상하게 되었다. 웨이위안의 지적 후계자인 펑구이펀馮桂芬은 제2차 아편전쟁과 태평천국의 난을 목격했는데, 이 사건들은 청을 거의 멸망시킬 뻔했고 자강운동을 일으켰다. 그는 여러 세대의 학자들에게 영향을 주었는데, 이 책의 서문에서 언급했던 리훙장 또한 마찬가지였다.

　펑구이펀이 사망한 지 20여 년 뒤에도 상황은 거의 나아지지 않았고, 일본은 제1차 중일전쟁에서 중국을 격파함으로써 충격에 빠뜨렸다. 이 패배는 캉유웨이康有為와 량치차오梁啓超 등 학자들이나 쑨원 같은 민족주의 혁명가들에게 트라우마가 되었고, 이들은 중국이 자강이라는 궁극적 목표를 추구해야 한다는 자극을 받았다.

　이러한 개인들과 이들이 속한 더 광범위한 민족주의 담론은 중국을 부흥시키고 서구를 따라잡는 데 전념했고, 이들의 발언과 행동은 중국공산당이 자라나게 될 토양을 만들었다. 중국공산당의 많은 초기 지도자들은 기본적으로 부흥을 위한 민족주의 프로젝트에 뛰어든 애국적인 청년들이었다. 덩샤오핑을 비롯한 몇몇 사람들은 5·4운동 같은 민족주의 운동에 참여했고, "중국이 겪은 굴욕에서 중국을 구하고 부강하게 하려는 민족주의 사건들"에 뛰어들었다.[14] 미래의 많은 공산주의자들처럼 덩샤오핑도 해외로 유학을 갔는데, 웨이위안의 "부강"에 초점을 둔 대답으로 그 이유를 설명했다. "중국이 약해졌으니 강하게 만들고자 했고, 중국이 빈곤해졌으니 부유하게 만들려 했다. 우리는 중국을 구할 방법을 찾고 연구하기 위해 서양으로 갔다."[15]

　유학과 시위 외에도 천두슈, 저우언라이, 마오쩌둥 같은 많은 지도적인 공산주의자들은 캉유웨이와 량치차오 같은 작가들을 통해 민족주의로 나아가게 되었다. 이후에 마오는 자신이 캉유웨이와 량치차오를 숭배했고, 그들의 글을 암기할 때까지 읽고 또 읽었으며, 젊은 시절 쑨원을 총통으로, 캉유웨이는 총리로, 량치차오를 외교장관으로 추대하는 포스터를 붙여 두었다고 회고했다.[16] 덩샤오핑의 아버지는 량치차오 정당의 당원이었던 것으로 알려져 있는데, 이는 덩샤오핑의 초기 민족주의 세계관 형성에 분명 영향을 주었을 것이다.[17] 미래의 많은 공산주의자들은 쑨원에게 이끌렸으며, 오늘날에도 그는 공산당의 존경을 받는 인물이다. 쑨원의 민족주의자들은 광저우에 정부와 군사학교를 세웠고 전도유망한 애국주의 청년들이 여기에 이끌려 광저우에 모였는데, 여기에는 저우언라이, 예젠잉, 린뱌오와 마오쩌둥 등 많은 유명인사가 포함되어 있었다.[18]

권력을 잡고, 공산주의 이데올로기에 맞춰 정책을 추진할 때에도 중국공산당은 분명히 민족주의적 사명에 따라 움직였고 서구와의 부와 힘의 격차를 줄이는 것이 그 핵심에 있었다. 마오 시대의 산업 현대화와 대약진 운동의 실패, "양탄일성兩彈一星(원자폭탄과 수소폭탄 그리고 인공위성)"에 대한 열망, 소련의 질서에서 벗어나 소련과 독립된 이데올로기적 리더십을 주장하려는 매우 위험한 움직임은 모두 민족주의적 충동으로부터 비롯되었다. 덩샤오핑의 개혁개방과 경제 및 기술 발전에 대한 강조도 명확하게 이전 세대의 자강 언어를 모방하였다. 장쩌민과 후진타오, 시진핑을 비롯한 그의 후계자들도 민족주의 프로젝트를 추진하면서 중국을 부흥시키고 지역 및 세계 질서에서 올바른 위치로 회복시키는 데 초점을 맞췄다.

## 부흥

장쩌민은 한때 이렇게 말했다. "쑨원은 '중화 부흥'의 슬로건을 제기한 최초의 인물이다."[19] 실제로 중국공산당은 쑨원으로부터 중화 진흥 또는 부흥(振興中華 또는 復興)이란 구호를 가져왔고, 이는 이후에도 계속 중요한 대들보였다.

1894년 중국과 일본은 전쟁을 벌였고, 쑨원은 흥중회를 세웠다. 중국을 부흥시키는 협회라는 뜻으로, 중화 부흥을 사명으로 선포했다. 제2차 중일 전쟁 동안에도 덩샤오핑과 다른 당원들은 간부들이 "부흥의 길"에 초점을 맞추도록 격려했고, 공산당이 승리했을 때 마오쩌둥은 "중국공산당만이 중국을 구할 수 있다"고 선언했다.[20] 1978년 중국이 개혁개방을 시작했을 때 덩샤오핑과 그의 보좌진인 후야오방과 자오쯔양은 이 정책의 목적이 "중화의 부흥振興中華"이며, "부강"을 이룩하기 위함이라고 분명히 밝혔다. 1988년 장쩌민은 "중화민족의 위대한 부흥을 실현하는 것"이 당의 임무라고 말했다.[21]

이 정서가 당에서 갖는 중요성은 우리가 곧 살펴볼 것처럼, 거의 모든 당 대회 연설과 권위 있는 문서 대부분에 등장한다는 사실에서도 확인된다. 1982년 12차 당 대회에서 후야오방은 "아편전쟁과 해방 사이의 100년이 넘는 시기"에 대해 통탄하면서, "중국이 다시는 치욕을 당하게 하지 않겠다"고 다짐했다.[22] 그의 후임자인 자오쯔양은 1987년 13차 당 대회에서 "부강"이라는 용어를 사용하면서 "개혁은 중국이 부흥을 달성할 수 있는 유일한 길"이라고 주장했다.[23] 14차, 15차, 16차 당 대회에서 장쩌민은 아편전쟁과 치욕의 세기를 회고하고 당이 "중화민족의 비극의 역사"를 끝냈다고 높이 평가하면서, 청중에게 "중국공산당이 중화민족에 깊이 뿌리를 내리고 있으며, 당이 창건된 날부터 민족 부흥의 위대하고 엄숙한 사명을 맡아 왔음"을 기억해야 한다고 말했다.[24] 17차와 18차 당 대회에서 후진타오는 이 주제를 반복하면서, "수많은 애국자들과 혁명의 순교자들이 열망했던 중화민족의 위대한 부흥을 위해 당이 노력해 왔다"고 덧붙였다.[25] 가장 최근의 2017년 19차 당 대회 연설에서 시진핑은 부흥을 "중국의 꿈中國夢"과 그가 제시한 중국의 "신시대新時代"의 중심에 놓았다. 그는 아편전쟁의 비극을 언급하며 부흥은 "중국 공산주의자들이 애초부터 가졌던 열망과 사명"이며 중국공산당만이 이를 성취할 수 있다고 선언했다.[26]

중국공산당은 창당 시기부터 이전 세대 민족주의자들의 분투로 스스로를 포장했다. 최고 지도자들은 거의 한 세기 동안 "중국공산당은 5·4운동의 정신을 물려받아 발전시켜 왔으며" 쑨원의 유산을 "배우고 이어가기 위해 노력해 왔다"고 선언해 왔다.[27] 마오쩌둥 탄생 100주년을 맞아 후진타오는 당이 부흥을 향해 릴레이를 이어가고 있다고 강조했다. 그는 "역사는 긴 강이다. 오늘은 어제에서 발전하고, 내일은 오늘의 연속"이라고 선언했다.[28] "중화민족의 위대한 부흥은 마오쩌둥과 덩샤오핑, 그들의 사령관과 수백만의 혁명 순교자들의 위대한 위상이며… 오늘날, 그 역사의 바통은 우리 손에 전해졌다."[29]

"역사의 바통"은 이번 세기의 중반, 즉 공산당이 집권하고 100주년이 될 때까지 지도자들이 연속해서 이어받아야 한다. 적어도 40년 동안 중국의 최고 지도자들은 모두 이때를 부흥을 이룰 목표 시점으로 시사해 왔는데, 일반적으로 서구와의 격차를 좁히고, 경우에 따라서는 글로벌 시스템을 형성하는 것과 관련된다. 21세기 중반으로 초점을 맞추는 것은 1980년대 중반 덩샤오핑과 그의 보좌진들이 이때를 "적당한 선진국" 수준에 도달하거나 "사회주의 현대화"를 완성하는 시점으로 추진하면서 등장했다.[30]

이러한 목표를 달성하는 것은 대단한 의미를 가지게 될 것이다.

1985년 국가 정책을 조율하기 위해 소집된 중국의 두 번째 중국공산당 전국대표회의中國共產黨全國代表會議의 중요한 연설에서, 덩샤오핑은 "다음 세기 중반까지 우리가 선진국 수준에 도달할 때, 진정으로 거대한 변화가 일어날 것이다. 그때 중국의 힘과 세계에서의 역할은 지금과는 상당히 다를 것이다"라고 선언했다.[31] 이후 이 시간표는 실질적으로 중국의 부흥 시간표가 되었다. 덩샤오핑의 후계자 장쩌민은 "우리의 목표는 이번 세기 중반까지… 중화민족의 위대한 부흥을 이루는 것"이라고 말했다.[32] 창당 80주년을 기념하는 주요한 연설에서, 장쩌민은 이 시간표를 좀 더 상세하게 밝혔다. "20세기 중반부터 21세기 중반까지의 100년 동안, 중국 인민의 모든 분투는 조국의 부강… 그리고 민족의 위대한 부흥을 달성하기 위한 것이었다. (부흥이라는) 역사적 사명에서, 우리 당은 조국의 인민들을 50년 동안 이끌면서 거대한 진전을 이루었으며, 또 다른 50년의 분투 이후에는, 이를 성공적으로 달성할 것이다."[33]

달성은 실질적으로 무엇을 의미하는가? 덩샤오핑은 이것이 중국과 세계의 관계를 바꿀 것이라고 암시했고, 이후에는 "비판론자들도 중국의 사회주의 체제의 우월성에 대해 완전한 확신을 가지게 될 것"이라고 했다.[34] 장쩌민도 이에 동의하면서, 이는 서구와 비교해 일종의 부흥이라고 강조했다. 장쩌민은 청조가 몰락하기 이전에 "중국의 경제 수준은 세계를 선도하고 있었다"면서 "중국의 경제적 총합은 세계 1위"라고 말했다.[35] 따라서 부흥은 "세계의 선진 수준과의 격차를 좁히고" 중국을 다시 "부유하고 강력하게" 만드는 것과 관련이 있다.[36]

부흥은 전 세계적으로 역할을 확대하는 것과도 관련이 있다. 장쩌민은 세기 중반까지 부흥을 달성한 이후 중국은 세계의 동쪽에서 우뚝 일어설 것이고, 중국 인민은 인류에 새롭고 더 큰 공헌을 하게 될 것이라고 말했다.[37] 후진타오는 쑨원의 발언을 인용해 세계적 차원에서 부홍을 정의했다. "중국이 강해지면 우리는 국가의 위상을 회복할 뿐 아니라, 세계를 위해 더 큰 책임을 지게 될 것"이라면서, 국제 정치와 경제적 질서를 더욱 정의롭고 합리적인 방향으로 발전시키려는 노력과 관련이 있을 것이라고 말했다.[38] 이어서 중국이 완전히 새로운 태도로 나라들의 숲에서 우뚝 서게 할 것이라고 분명히 말했다.[39] 19차 당 대회에서 시진핑은 이번 세기 중반까지 부흥을 달성하는 것이 무엇을 의미하는지에 대해 중국 지도자 가운데 가장 자세하게 밝혔다. "중국은 종합 국력과 국제적 영향력에서 세계의 지도자가 될 것이고", "세계적인 수준의 군대를 건설하며", "글로벌 거버넌스에 능동적으로 참여할 것이고", "신형 대국 관계를 발전시키며, 인류 운명공동체를 건설할 것이다."[40]

시진핑의 자신만만한 비전은 개인의 성격이나 파벌주의의 산물이 아니라, 훨씬 더 강력한 무엇이라 할 수 있다. 즉 청나라 말기 개혁가들의 자강에 대한 관심까지 거슬러 올라가는 민족주의 정당의 합의다. 중국공산당은 내부 갈등, 투쟁과 파벌주의, 이데올로기적 극단주의에 빠지기도 했지만, 창당의 주역들과 그 후계자들은 당이 중국을 부흥시킬 수단이라는 이해를 일관되게 공유하고 있었다. 수단과 방법에 대한 이견이 때때로 표면화되었지만 최종 목표는 비교적 분명했고, 중국의 냉전 이후 대전략에 대해서도 합의를 이루었다.

이 목표는 이제 달성할 수 있는 범위에 들어왔다. 소련의 질서 안에 불안하게 앉아 있던 바로 그 정당이 미국의 질서를 기꺼이 따르지는 않을 것이다. 중국의 부흥 추구와 이를 추진하는 민족주의라는 엔진은 아시아를 비롯한 전 세계에서 미국의 위계질서와 상충한다. 다음의 장들에서 훨씬 자세히 살펴보겠지만, 중국은 이 질서로부터 미국을 대체하고 자신의 질서를 만들어 내려 노력해 왔다. 그리고 이러한 목표를 추진하는 데 핵심 자산 중 하나는 레닌주의 구조라고 믿는다.


## 레닌주의 정당

중국공산당은 소련의 영향 아래 설립되었고, 레닌주의 원칙에 기반하여 국가를 형성하고 사회를 통치한다. 마르크스주의가 이론을 제공했을 수는 있지만 레닌주의는 마르크스주의가 시들해진 후에도 실행 방안, 즉 권력을 얻고 행사하는 것과 관련한 조직 원리를 제공했다고, 이 당을 연구한 선구적인 학자인 프란츠 슈만Franz Schurman은 강조했다.[41]

중국공산당은 레닌주의 정당이다. 이 정치적 방법론의 명칭의 유래가 된 블라디미르 레닌은 매우 중앙집권화된 정치적 힘을 가진 전문적인 혁명가들의 전위가 역사를 새롭게 형성할 수 있다고 믿었다. 그는 권위를 중앙에 집중시키고자 했고, "당의 조직과 모든 활동의 가장 중요한 원칙"은 지도력을 "가능한 한 최대로 중앙집권화하는 것"이라고 거듭 강조했다.[42] 레닌의 볼셰비키들은 이런 방식으로 당을 조직했다. 러시아 혁명 이후 권력을 장악했을 때 그들은 당과 국가를 레닌주의로 융합해 건설했고, 중국은 이를 거의 고스란히 수입했다. 리처드 맥그레거Richard McGregor는 "중국공산당이 권력을 행사하는 정치국, 중앙위원회, 지부 등의 기구는 모두 중국 근대 국가에 대해 가장 간과되고 있는 사실, 즉 여전히 소련의 하드웨어 위에서 운영되고 있다는 것을 드러낸다"고 언급했다.[43]

이 하드웨어는 중국의 대전략 능력을 이해하는 데 필수적이다. 대전략을 실행하기 위해 국가는 ① 대전략과 관련된 국정 운영의 다양한 수단을 조율할 수 있고, ② 대전략을 방해하는 파벌적 이해를 극복함으로써 자율성을 행사할 수 있는 외교정책기구를 가져야 한다는 것이 이 책의 주장이다. 당 기구들은 대부분의 다른 국가들의 기구보다 조율과 자율성을 더 잘 제공할 것이고, 외교정책 영역에서는 더욱 그러할 것이다.

### 조율

약 3,000명의 최고위 당원의 책상마다 "빨간 전화"가 놓여 있는데, 이 전화기는 다양한 기구들을 조율할 수 있는 당의 능력을 상징하는 예스럽지만 구체적인 상징이다.[44] 60년 된 불가사의한 군 조직에 의해 운영되는 이 특별한 빨간 전화 네트워크는 전화번호 없이도 정부와 군, 학계, 국유기업, 관영 언론, 다른 분야 내에 있는 당의 최고위 간부들을 식통으로 연결한다.[45] 빨간 전화 시스템은 어떤 간부가 긴밀하게 조직된 국가를 운영하는 클럽의 회원 자격을 갖추었음을 의미할 뿐 아니라, 국가와 사회의 다양한 분야 내에서 정보를 수집하고 지시를 내릴 수 있는 "직접적인 핫라인"을 당에 제공한다.[46] 중국의 많은 시스템과 마찬가지로 이 또한 소련으로부터 차용한 것이다.

"빨간 전화"는 레닌주의 통치를 직접적으로 보여 주는 메타포이지만, 그 역할은 메타포를 훨씬 뛰어넘어서 함께 전략을 조율하는 기구들과 회의, 문서들을 포함한다.

중국의 중요한 외교정책 결정 기구들은 모두 중국공산당 안에 있으며, 국가 위에 군림하면서 중앙집중화된 조율과 지시를 내린다. 최고 기구는 총서기와 그 사무실이다. 다음은 정치국 상무위원회의 7~9명의 상무위원인데, 이들은 명목상 25명으로 구성되는 중앙정치국에서 선출된다. 중앙정치국 위원은 370명으로 구성된 중국공산당 중앙위원회에서 선출된다. 이 기구들은 중국공산당 중앙정책연구실처럼 장기 전략을 짜는 임무를 맡고 있는 것으로 보이는 다양한 그룹들로부터 보고를 받는다. 군사 분야에서는, 총서기가 군사위원장을 맡는 중앙군사위원회가 최고 기구다. 중앙국가안전위원회도 있는데, 이 조직은 "그 역할을 찾는 데 어려움을 겪어 왔고", 국제적 안보보다는 국내 안보에 더 초점을 두고 있는 듯하다.[47]

외교정책에서는 종종 영도소조領導小組로 알려진 일련의 임시적인 당 기구나, 어떤 경우에는 중앙외사위원회와 같은 좀 더 제도화된 "중앙위원회委員會"가 핵심적인 역할을 한다. 매우 높은 직위의 당 간부들로 구성되며, 종종 총서기나 중앙정치국 상무위원들이 이끄는 이런 기구들은 정부 장관들 위에 군림하면서 사실상 모든 중요한 분야에서 정책에 대한 지침을 내린다.[48] 저명한 중국 학자인 앨리스 밀러Alice Miller가 지적하였듯 이런 기구들은 당, 국가, 사회를 넘나들며 "정책 수립과 실행" 양쪽 모두에 관련되어 있다. 이들은 종종 "중앙위원회 부서, 국무원 부처와 기구, 중국인민정치협상회의 구성원, 그리고 다른 기구들"을 조율한다.[49] 당이 국가로부터 더 많은 권위를 확보하면서 이 기구들은 점점 더 제도화되고 있으며, 그 결과 정책 수립과 실행이 더욱 중앙집중화된다.[50]

이 기구들—총서기, 중앙정치국 상무위원회, 중앙외사위원회, 중앙군사위원회—은 함께 외교정책을 운영한다. 이러한 구조에서 주목할 점은 조율된 하향식 정책 결정에 얼마나 적합한지다. 특히 외교정책에 있어서 모든 주요한 기구는 당 내부에 있으며, 총서기가 그 중앙에 있고 국가 위에 군림한다. 이와 함께, 이러한 요소들은 기구들에 군사적·정치적·경제적 수단을 함께 조율할 수 있는 능력과 권위를 제공한다.

일부 전문가들은 이렇게 중앙집중화된 것처럼 보이는 시스템도 여전히 적절한 조율에 실패할 수 있다고 주장한다. 학자 케네스 리버설Ken Lieberthal은 중국이 경쟁하는 기구와 행위자들 사이에서 "파편화된 권위주의"를 보여 준다고 지적한다. 학자 데이비드 램튼David Lampton은 영도소조가 서로 충돌할 수 있고, 때때로 적절한 조율에 실패하는 유엔 안보리의 "'의장'과 '부의장들'의 회의에 비유될 수 있다"고 말한다.[51]

여전히 제대로 알려지지 않은 영도소조에 대한 중국 최고의 전문가 중 한 사람인 왕저우 같은 이들은 반대의 견해를 가지고 있다. 대만 학자인 차이 원쉬안과 함께 쓴 글에서 왕저우는 영도소조의 조직 구조에 대한 사례 연구, 새로운 자료 그리고 전례 없이 텔레비전으로 중계되었던 한 번의 회의를 이용한다.[52] 원쉬안과 왕저우는 이 그룹들이 당 내부에 완전히 자리 잡고 있으며, 영도소조의 조장이 명령에 따르게 하는 국가의 권위뿐 아니라, 승진에 대한 공식적 또는 비공식적 영향력을 행사하는 등 당의 권위를 활용할 수 있다고 주장한다. 외교정책에서는 특히 더 잘 적용되는데, 거의 대부분 시진핑이나 정치국 위원이 조장을 맡고 있고 국내 정책에 비해 관련된 그룹도 더 적기 때문이다. 게다가 원쉬안과 왕저우는 영도소조는 일반적으로 전용 사무실과 함께 내외부적으로 조율을 맡은 주임이 있어서, 개별적인 '의장'과 '부의장' 회의를 소집하는 것보다 더 제도화되도록 만든다고 말한다.

이 기구들은 정부를 약화시키거나 적절한 전문 인력이 부족할 수도 있지만, 그럼에도 불구하고 하향식으로 조율된 정책을 위한 레닌주의 기구로서 기능할 수 있다. 중국 국무원 부총리였던 쩡페이위안의 말처럼, 기구들은 "우리 당과 정부가 장기간에 걸쳐서 발전시켜 온 효과적인 수단"이며 "주요한 전략적 업무들을 실행하기 위해" 활용된다.[53] 당이 하급자들을 통제할 수 있고, 이것이 대전략을 조율하는 데 도움이 되기 때문에 "파편화된 권위주의"라기보다는 "통합된 조각들"로 볼 수

있다.[54]

정책에 대한 조율과 규율을 부과할 수 있는 두 번째 주요한 도구는 당 회의와 그로부터 생산되는 문서들이다. 이 장의 후반부에서 자세히 다루겠지만, 국가라는 배를 조종하기 위해 당은 지침의 엄격한 위계질서, 즉 당의 노선, 방침, 정책에 의존하며 간부들은 이에 반드시 따라야 한다. 이 방침들은 권위 있는 연설이나 주요 회의나 비밀회의에서 나오는 문건에서 반복되고 수정되며, 매우 중요하게 받아들여진다. 외교정책 영역에서 노선, 방침, 정책은 종종 5년마다 개최되는 당의 중요한 모임인 당 대회나 평균적으로 약 6년마다 열리는 대사회의(시진핑 주석 체제에서는 훨씬 더 자주 열린다), 5~6번 정도 열렸던 중앙외사공작회의, 또는 좀 더 임시적으로 열리는 비밀회의 같은 행사에서의 중요 연설에서 제시된다.

학자 자오수이성은 이런 외교정책 회의들은 "중국의 국가안보 전략과 외교정책 의제에 대한 정책적 합의를 만들어 내고, 한편으로는 국제적인 동향에 대한 중국의 공식적 분석을 종합한다"고 말한다.[55] 나중에 설명할 것들 가운데 그들이 내놓은 연설과 문건들은 당이 간부와 국가에 지시를 내리는 방법이고, 그들의 결정은 중앙위원회나 중앙정치국 상무위원회 수준의 당 고위층의 합의로부터 이뤄진다는 것을 암시한다. 당 고위 지침, 특히 시진핑 주석이 출판한 지침의 중요성을 보여주는 한 지표는, 관리들이 이제 그들 시간의 30퍼센트를 차지하게 된 조직적 "연구 세션"에서 정기적으로 이에 대해 검토하고 깊이 연구해야 한다는 것이다.[56]

### 자율성

당이 단순히 정책을 조율하고 확산시키기만 하는 것으로는 물론 충분하지 않다. 그 이행을 보장할 수 있어야 한다. 레닌이 정치 조직에 대해 쓴 것처럼, "지도자는… 실제로 오케스트라를 지휘하려면 불협화음을 바로잡기 위해 누가 어떤 바이올린을 연주하는지, 어디서, 누가 잘못된 음을 연주하고, 왜, 어떻게, 어디에서 누구를 이동시킬 필요가 있는지를 알아야 한다."[57]

당은 국가와 사회에 완전히 파고듦으로써 이것을 해낸다. 당은 국가 위에 앉아 국가와 나란히 운영하며, 국가의 모든 층위에 얽혀 있다. 사실상 국가의 모든 중요한 관리는 당원이다. 장관, 차관, 지방 지도자, 시장, 장군 그리고 외교관, 국유기업 회장, 대학 총장 등이다. 그들 아래서 일하는 수백만 명의 하급 관리도 마찬가지다. 9,000만 명이 넘는 당원들은 사회와 조직 곳곳에 퍼져 정책을 수행한다. 국가 밖의 거의 모든 기구에서 당 세포들을 찾을 수 있다. 로펌과 민영기업, 비영리 조직에도 널리 퍼져 있는데, 이들은 당이 원하는 바가 국가와 사회 양쪽에서 수용될 수 있도록 보장한다. 이와 함께 지도력은 최고위층과 기구의 맨 밑바닥까지 퍼져 있어, 당은 국가의 행위를 조율하고 지시할 능력뿐 아니라 많은 경우에 그것을 감시할 능력도 가지고 있다. 모든 것은 당의 설계다.

당원을 지휘하고 감시하는 것에 더해, 당은 명령을 준수하도록 강요할 메커니즘을 가지고 있다. 극단적인 경우에는 당의 기율 기구를 동원해 잘못을 저지른 간부들을 처벌한다. 한편으로는 소련에서 빌려온 공개적으로는 덜 강압적인 수단인 인사 시스템을 통해 경력, 승진, 근무 배치 등에 권력을 행사하기도 한다. 이 시스템에서 핵심적인 기구는 당의 비밀스럽고 매우 강력한 중앙조직부다. 조직부는 누가 수천만 개의 자리를 채울지를 결정하는데, 이런 방식으로 간부들의 삶을 강력하게 통제하고, 간부들의 경력을 위태롭게 하는 식으로 그들이 당을 따라야 할 이유를 제시한다.[58] 이 때문에 행위자들이 주요한 정책을 마음 내키는 방향으로 운영하는 것은 어렵고 큰 비용을 치러야 하는 일이 된다.

　어떤 국가도 사회로부터 완전히 자율적이지는 않지만, 중국의 외교정책은 국내 정책에 비해 더욱 중앙의 지시에 따르면서도 기득권 집단과 사회 세력의 영향으로부터 자유롭다. 국내 정책은 광대하고 상위에 있는 부처와 지방정부, 말단에 있는 현과 촌으로 구분된다. 여기에는 넓은 범위의 행위자가 관련되어 있고, 공익과 여론에 눈에 띄는 방식으로 직접 영향을 미치므로 때로는 자율성이 줄어들 수 있다. 대조적으로 외교정책은 상대적으로 더욱 중앙집중적이고 범위가 더 좁으며 관련 행위자들이 적기 때문에 파벌적 이해관계가 비교적 적게 작용한다. 매우 핵심적인 이슈들을 제외하면, 외교정책은 국내 정책에서 드러나는 민생 문제에 비해 지속적인 관심을 덜 끌기 때문에, 당의 검열기구와 언론의 프레임 만들기를 통해 그와 관련된 인식을 형성할 수 있다.[59]

　이와 관련해 중요한 예외는 민족주의의 민감한 문제를 건드리는 이슈들이다. 그러나 연구에 따르면 민족주의자들의 격렬한 반응이 반드시 결정적이지는 않다.[60] 당은 어떤 경우에는 기꺼이 민족주의적 비판자들을 체포하고 그들의 반대 의견을 억압하며, 다른 경우에는 외부로 신호를 보내기 위해 그들의 비판을 증폭시키기도 한다.[61] 이것이 민족주의 여론이 상관이 없다는 의미는 아니며, 학자 조셉 휴스미스Joseph Fewsmith의 주장처럼, 엘리트들의 합의가 흔들릴 때는 중요한 문제가 될 수 있다.[62] 하지만 좀 더 정확히 말하면, 당이 대중의 민족주의에 통제된다기보다는 종종 그것을 도구로 이용하면서 당과 대중의 감정에 갈등이 있을 때조차도 대부분의 경우 국가는 대전략을 추진할 적절한 자율성을 가지게 된다.

　이런 힘에도 불구하고 레닌주의 시스템이 국가의 자율성을 유지하는 능력에는 제한이 있다. 토머스 크리스텐슨Thomas Christensen과 린다 제이콥슨Linda Jacobson과 같은 학자들은 중국 내 외교정책의 확산과 중국 밖 국제적 행위의 복잡함이 더해져서 관리들과 기구들 사이에서 자율적 행동의 공간이 생겨난다고 설득력 있게 주장한다.[63] 데이비드 샴보 같은 다른 연구자들은 당 기구의 위축에 주목하고, 민신 페이는 지방정부, 부처 또는 국유기업의 부패한 지도자들이 국가의 아젠다보다는 자신들의 아젠다를 추구할 것이라고 강조한다.[64]

이러한 비판은 당에 대한 중요하고 유효한 일면을 파악했지만 대전략 능력을 배제하지는 않는다. 조율과 자율성은 둘 중 어느 하나를 선택하느냐가 아니라, 각각이 어느 범위만큼 작용하느냐의 문제이며, 정책 결정의 전략적 수준에서는 최대화되고, 전술적 수준에서는 약화된다(예: 중국-인도 국경을 따라 병력을 배치하는 것이나 특정한 사회기반시설에 투자하는 것). 정책 결정의 가장 낮은 수준에서 기구들 사이의 조율은 최소화되고, 모니터링은 어렵고 지시는 부족하며, 중앙정부의 명령에 대한 저항은 파악되지 않고 응답을 받지 못할 수도 있다. 이 책은 하나의 이론이 이런 미세한 수준까지 중국의 모든 행동을 설명할 수 있다고 주장하지 않는다. 그보다는 주요한 군사적 투자나 경제적 계획, 국제 조직 참여 등 비용이 많이 드는 전략적 노력을 설명하는데, 이런 사안들이 일반적으로 더욱 광범위한 대전략의 일부로서 추진된다고 주장한다. 외교정책에서 혼란을 볼 것인가 목적을 볼 것인가의 문제는 때로 어떤 단계를 분석할지와 관련된 문제다. 학자 자오수이성의 주장처럼, "점점 더 많은 이해관계자와 전문화된 지식이 필요해지고" 여론의 역할도 커지고 있지만, 중국 최고 지도자들은 "중국 외교정책의 전체적 방향을 결정하는 데서 완전한 자유를 유지해 왔다."[65] 조율과 자율성은 그것이 가장 필요한 곳에서 가능할 것이고, 다음 부분에서 살펴볼 것처럼 외교정책에 대한 당의 도전받지 않는 통제는 내부 메시지에서 핵심적인 주제다.

## 외교정책을 지도하는 당

수십 년 동안 중국 최고 지도자의 가장 권위 있는 외교정책 연설은 종종 한자리에 모인 외교정책 기구들을 대상으로 이루어졌고, 하나의 공통된 특징을 반복해서 강조해 왔다. 즉 중국 대전략은 당의 최고위 수준에서 정해진다는 것이다. 시진핑 통치 아래서 중앙집권이 강해지기는 했지만, 이 부분은 오랫동안 한결같았다.

1986년 6차 중국 대사회의의 한 연설에서 당시 자오쯔양 총리는 "외교정책 수정은 고도로 중앙집권화되어야 하고, 중앙정치국 상무위원회에 의해 결정되어야 한다"고 선언했다.[66] 자오의 발언은 대전략과 전략 조정은 국가가 아닌 당의 영역임을 분명히 했다. 그는 한자리에 모인 외교관들에게, 그들이 "제안을 할 수는 있지만, 중앙의 결정에 따라 행동해야만 한다"고 선언했다. "지금 가장 중요한 것은 중앙의 전반적인 의도를 이해하고 실행하며, 임무를 수행하는 것이다."[67]

8차 연례 대사회의에서, 중국 지도자 장쩌민은 한자리에 모인 외교정책 기구 앞에서 비슷한 점을 강조했다. "외부 업무에서 중앙이 세운 지침과 정책은 결연하고 흔들림 없이 이행되어야 한다. 이 점에 대해서는 조금의 모호함도 있을 수 없다."[68] 실제로 "외교는 고도로 중앙집권화되고 통일되어" 있으며, "중앙의 외교 방침外交方針의 지도 아래서" 실행되어야 한다.[69] 장쩌민은 "외교는 작은 일이 아니며, 외교를 지휘하는 권한은 일부에 한정되어 있다는 점을 명심해야 한다"며 "모든 부서들은 중앙 정부의 외교 방침을 결연하게 이행해야 한다. 각자의 방법대로 해서는 안 된다不能政出多門, 各行其是. 그렇지 않으면 큰 문제가 생길 수 있고,

우리의 명성에 영향을 미칠 중요한 문제가 될 수 있다"고 말했다.[70]

장쩌민의 후계자도 이런 주제를 강조했다. 2003년 중요한 외교부 심포지엄 연설에서 후진타오는 "외교 전선의 동지들은… 중앙의 노선의 원칙과 정책들을 종합적으로 이행하는 것을 견지해야 한다."고 말했다.[71] 그는 이어서 "중앙정부 외교정책의 훌륭한 조언자가 되기 위해, 어떤 환경에서도 중앙정부의 노선, 방침, 정책과 업무를 이행하는 데 흔들림이 없어야 한다"고 말했다.[72] 여기서 후진타오는 당 기구가 추진하는 노선, 방침, 정책이 국가의 행위를 이끌어야 한다는 것을 분명히 했다.

후진타오의 후계자인 시진핑 총서기는 국가에 대한 당의 통제를 더욱 강화했고, 중국 외교정책 업무에서 당의 핵심 역할을 다시 강조했다. 2013년 주변외교공작포럼 연설에서 시진핑은 중앙이 지시한 "정책과 전술은 당의 생명이며, 외교 업무의 생명"이라고 말했다.[73] 그의 다음 주요 외교정책 연설인 2014년 중앙외사공작회의 연설에서는 "새로운 상황에서 외부의 업무를 종합적으로 향상시키기 위해, 우리는 외교 업무에 대한 당의 중심적이고 통합된 지도력을 강화해야 한다"고 말했다.[74] 양제츠 국무위원은 당의 중요한 간행물에서 시진핑의 사고를 보다 자세히 설명하면서, 중국의 대전략은 당 중앙위원회에 의해 최고 수준에서 장기적인 관점으로 계획되며, 중앙에 의해 이행된다고 강조했다. 그는 "시진핑 동지는 최고위 설계의 관점에서 중장기 외부 업무에 대해 전략적 계획을 세워야 한다고 반복해서 강조했다"며 "강대국들, 이웃 국가들, 개발도상국 및 다자 조직들과 관련한 행동들을 당이 통합한다"고 말했다.[75]

5년 뒤 중국의 6차 외사공작회의에서 시진핑은 이 주제에 대해 놀라울 만큼 길게 이야기했다. 그는 "외교는 국가의 의지를 집중해 표현하는 것이며, 외교 지휘권은 중국공산당 중앙위원회와 중앙집중되고 통합된 지도부에 있어야 한다"고 선언했다.[76] 그는 모든 외교정책 영역에서 "모두가 중국공산당 중앙위원회와의 단결을 의식적으로 유지해야 하며, 명령과 금지令行禁止를 엄격하게 실행하고, 모두가 보조를 맞춰 행진步調統一해야 한다"고 말했다.[77] 당은 다른 이들이 이행하기를 기대하는 장기적이고 체계적인 전략을 만들어 왔다. 외사 업무는 정당, 정부, 인민회의, 공산당 중앙위원회, 군, 지방, 여론 등을 조율하는 체계적인 프로젝트系統工程다.[78] 이들 그룹의 통합된 노력을 통해 중국공산당 중앙위원회의 외교 지침, 정책, 전략과 계획이 이행될 수 있도록 당은 각 그룹의 외교 업무를 조율하고 전체적으로 책임진다.[79] 여기서, 시진핑은 중국공산당 정책 명령과 그것을 진전시킬 국가, 사회, 당의 여러 부분의 대략적인 위계 구조를 열거하였다. 마지막으로, 시진핑은 외교정책과 관련된 사람들에도 초점을 맞추어 "정책 노선이 결정된 뒤에는 간부들이 결정적인 요인이다. 따라서 우리는 중국공산당과 국가와 인민에 충성하는 외교 업무 인력의 강력한 선발대를 구성해야 한다"고 말했다.[80] 그의 연설은 외교정책 기구에 대한 당의 통제와 기구들 내부의 당 건설을 강조했는데, 이것은 충성스러운 사람들이 출세를 하게 될 것이라는 뜻이다.[81]

이러한 문건들은 중국 지도자들이 수십 년 동안 외교정책에서 당의 지도 역할을 매우 중차대하게 여겨 왔음을 보여 준다. 또한 외교정책이 중앙에서 지시되고 고위층에서 형성되며, 국가와 사회 부문을 아울러 조율되고, 장기적인 정책인 경우가 많다는 것을 시사한다. 당 간부들이 지휘권에 저항하거나 외교정책에서 혁신하는 경우는 드물뿐더러 매우 큰 대가를 치르게 되며, 여러 세대의 지도자들은 그런 행동에는 냉혹한 처벌이 뒤따른다는 것을 암시해 왔다. 이와 함께 이러한 특징들은 대전략 능력의 존재를 보여 준다.


## 대전략 개념들


이해하기 힘든 중국공산당의 사고에 대한 통찰을 얻기 위해 가장 먼저 해야 할 것은 권위 있는 문건들을 살펴보는 것이다. 당은 공식 연설과 문건들을 핵심이라 믿고 있고, 이 때문에 많은 노회한 중국 관찰자들이 그 내용을 오랫동안 진지하게 검토해 왔다.

이 방법의 선구자 중 한 명은 라즐로우 러다니Lazlow Ladany 신부였다. 러다니는 헝가리 태생의 예수회 성직자로, 한평생 공식 당 자료와 중앙과 지방의 신문들, 라디오, 방송과 그 외에도 공개된 다양한 자료들을 깊이 연구한 "1인 싱크탱크"였다.[82] 그는 내과의사의 아들로 태어나 법학 박사 학위를 받았고, 음악학교에서 바이올린을 공부한 뒤 예수회 교단에 들어가 1940년 중국에 파견되었다. 그는 공산당이 정권을 잡았을 때 중국에서 추방되어 홍콩으로 갔다. 4년 뒤 그는 〈중국 뉴스 분석China News Analysis〉이라는 주간 뉴스레터를 발행하기 시작했는데, 이후 30년 동안 홍콩대학에서 예수회 교단이 운영하는 기숙사 지하실에서 이 뉴스레터를 발행했다. 그의 전설적인 뉴스레터는 1,200호 이상 발행되었으며 각각은 대략 6~8페이지로, 일반적으로 하나의 주제를 다루었다. 뉴스레터는 전 세계의 미국 동맹과 소비에트 국가들, 중국 전문가들에게 전파되었고, CIA에도 전해졌다. 30년간 CIA의 분석가이자 중국 최고위 정보 담당 관리였고 나중에는 베이징 주재 중국대사가 된 제임스 릴리James Lilley는 〈중국 뉴스 분석〉이 미중 수교 이전에 미국이 활용할 수 있는 최고의 정보를 제공했다고 생각했다.[83]

러다니 신부의 성공은 거의 전적으로 중국공산당이 자신과 다른 이들과 소통하는 방법에만 초점을 맞춘 결과였다. 이는 이론적으로는 소박하지만 매우 고된 일이고, 당의 문건을 힘겹게 분석해야 했다. 중국학 전문가인 사이먼 레이Simon Ley는 이러한 당의 문건을 세심하게 읽는 것은 "코뿔소 소시지를 씹거나 양동이에 든 톱밥을 삼키는 것과 같다"고 했다. 중국어를 배워야 할 뿐 아니라 "공산주의자들이 사용하는 정치적 용어의 암호를 풀고, 상징과 수수께끼, 암호문, 힌트, 덫, 어두운 암시, 관심 돌리기로 가득한 비밀스러운 언어를 평범한 연설로 번역해야 한다"는 것이다.[84] 러다니 신부는 이런 방법을 가장 먼저 시작한 경험 많은 실행자 중 한 명이었지만, 다른 사람들도 이를 수행했다. CIA의 외국방송정보서비스FBIS는 엄청난 분량의 공개된 중국 자료들을 번역하여 다른 이들이 이용할 수 있도록 했다. 그 과정에서 이들은 중국공산당을 이해하는 조직적인 경험을 쌓았고, 여러 세대의 학자들에게 이 방법을 훈련시켰다.

이들 학자 가운데 한 명이 앨리스 밀러로, 중국공산당의 공개된 자료에 있어 선도적인 전문가다. 당의 문건을 세심하게 읽는 것이 점점 복잡해지고 있기는 하지만, 그는 이 방법을 옹호한다. 밀러는 러다니 신부가 1952년 처음 출판을 시작했을 때에는 중국의 인쇄 매체가 300개 정도였지만 오늘날에는 약 2,000개로 폭발적으로 늘어났고, 라디오와 텔레비전 방송도 마찬가지로 극적으로 늘었기 때문에 개인의 능력으로 그 모든 것을 추적하는 것은 불가능해졌다고 말한다. 또한 중국의 학자, 외교관, 연구자, 관료, 언론인, 지도자, 정부 기구들과의 접촉을 통해서도 정보를 더 많이 얻을 수 있다.[85] 외국의 언론인들은 중요한 한계가 있기는 하지만 상당한 이야기를 찾을 수 있다. 우리는 중국이 세계에서 고립되어 있었던 러다니 신부와 FBIS의 시대로부터 멀리 와 있다. 그렇기에 당의 문건에 초점을 맞추는 것이 왜 여전히 유용한지 질문을 던지는 것은 합리적이다.

많은 것이 변하기는 했지만 모든 것이 변한 것은 아니다. 당은 여전히 중국의 핵심 기관이고, 당의 노선과 방침, 정책은 계속해서 중국의 행동을 형성한다. 실제로 중국의 언론이 폭발적으로 늘어났지만 가장 권위 있는 언론이 그만큼 증가한 것은 아니며, 당은 주요 연설과 성명, 논평, 그리고 중요한 회의를 통해 선호하는 정책을 당과 다른 이들에게 전달한다. 권위 있는 문건이 늘어난 분야에서도 분석가들을 압도하지는 않을 정도로 범위가 제한되어 있는 경우가 많다. 원문의 근거가 한정적이었고 결론이 광범위했던 러다니 신부와 FBIS의 시대와 달리, 새로운 자료들(예를 들면 주요 국가 부처들의 출판부에서 나온 책이나 저널)이 늘었다는 사실은, 역설적으로 이제는 특화된 자료들에 근거해 결론을 더 좁힐 수 있게 되었다는 뜻이다. 예를 들면 학자들은 당의 주요 신문에서 지속적으로 주목을 받기에는 너무 세분화된 통신 분야의 정책 결정 과정을 이해하기 위해 산업정보기술부에서 나온 저널들을 이용할 수 있게 되었다.

동시에, 중국은 최근 허용했던 개방적인 태도로부터 분명히 후퇴하고 있다. 언론인들은 추방당하고, 당안관들을 폐쇄하고, 직접 만나서 하는 많은 회의들도 이제는 풍부한 통찰을 얻기에는 너무 민감해졌다. 이 흐름의 결과로 호주의 중국 연구자인 제레미 바르메Geremie R. Barme는 "중국 당-국가의 장광설을 읽고 듣고 이해하는, 오랫동안 간과되고 저평가된 기술이 다시 한번 유행할 수 있다"고 말한다.[86] 실제로 당은 여전히 의도적으로 비밀스럽고 이해하기 힘든 조직이며, 당의 문건은 그것을 바라볼 수 있는 유일한 좁은 창문이다. 밀러는 "정치적 소통은 다양한 형태의 의도적인 정치적 행위"이며 "모든 정치적 행위는 그와 관

련된 행위자들에 대해서 무엇인가를 말해 준다"고 확신을 가지고 주장한다.[87]

　중앙이 통제하고, 파벌적 이해관계의 영향이 상대적으로 제한적인 외교정책에 관해서는 이런 통찰이 더 잘 들어맞는다. 외교정책은 대체로 주요 연설들을 통해 전달된다. 당 대회, 중앙외사공작회의, 대사회의, 중앙군사위원회 또는 외교정책을 정하거나 수정하는 행사에서 고위 지도자들의 발언은 과거와 마찬가지로 지금도 여전히 중요하다. 불완전하거나 이해하기 힘든 연설들에 대한 고위 관리들의 논평들은 종종 주요한 당 기관지에 실리는데, 과거 수십 년 동안과 마찬가지로 정확하고 권위 있다. 이 문건에 등장하는 "국제 세력 균형"이나 "전략적 지침"에 대한 판단은 대전략과 깊은 관련이 있다. 한편, 가장 권위 있는 문건의 가장 높은 층위 아래에는 서로 다른 층위의 권위를 가진 수많은 자료들이 존재한다. 세심하게 분석하면, 그러한 자료도 중국의 대전략에 대한 더욱 큰 통찰을 줄 수 있다. 우리는 이제 이를 어떻게 조사할 수 있는지를 살펴볼 것이다.


### 조사 방법


　어떤 문서가 중국의 대전략을 살펴보려는 이 책의 기초가 될까? 중국 대전략에 대한 문헌 연구는 권위의 순서에 따라 공개된 자료와 중국 기밀 자료의 위계 서열을 정하고, 그에 따라 내용을 뽑아내는 데 달려 있다. 가장 권위 있는 문서는 지도자급의 회고록, 정책 노선 관련 자료, 당안관 자료들, 공식 연설, 기밀 자료들, 고위 지도자의 글들이다. 이런 자료들은 더욱 자주 인용되지만 덜 신뢰할 만한 자료인 중국 잡지의 기사들이나 싱크탱크 보고서보다 당의 생각을 더 잘 반영한다.

　이것은 중요한 질문을 제기한다. 학자들은 광범위한 자료들 가운데 권위 있는 자료를 어떻게 구별하는가? 모든 권위 있는 자료가 같은 종류가 아니므로 표 2.1처럼 여러 범주로 구분할 수 있다.

　자료들은 권위가 높은 것부터 낮은 것 순으로 5개의 대략적인 범주로 나눌 수 있다(이 책의 문헌학적 방법론에 대한 상세한 설명은 부록 참고). 첫 번째 범주는 주요한 이슈에 대한 노선과 방침, 정책을 정하는 지도자급의 연설로, 많은 국내외 행사 가운데 특히 당 대회, 외사공작회의, 대사회의 등에서 한 연설이다. 두 번째 범주는 외국 청중을 염두에 둔 외교정책 백서나 국방 또는 외교 연설을 비롯한 중국 정부의 문서와 연설이다. 세 번째 범주는 〈인민일보〉 같은 당의 권위 있는 신문과 당 중앙위원회에서 출판하는 〈치우스求是〉 같은 잡지, 중앙당교에서 출판하는 〈학습시보學習時報〉 등이다. 이들 출판물은 당의 공식 견해를 표현하고, 당의 논쟁의 일부를 전하고, 공식 연설에 대한 상세하고 정통한 논평도 담고 있다. 네 번째 범주는 선집, 회고록 그리고 주요 기관이나 군대와 관련된 출판사에서 나오는 출판물과 같은 기능적 자료들이다. 이 책은 장군, 외교관과 다른 고위 관리의 회고록에서 중요한 내용을 찾아 인용했다. 다섯 번째 범주는 다양한 정도의 정통성을 가진 싱크탱크와 학문적인 논평 등이다. 이들 자료는 종종 국가 통치의 방향을 제시하는 핵심 엘리트들 간의 논쟁의 범위를 알 수 있게 해 준다.

　이 책은 이러한 문서들의 원문 데이터베이스를 근거로 한다. 이 데이터베이스의 핵심에는 마오쩌둥 이래 모든 주요 지도자들의 공식적인 선집과 같은 정기적으로 출판되는 주요한 당 문서 모음집, 당 대회 사이에 3권으로 출판되는 당 자료 모음집 등이 포함된다. 이 자료들은 정

**표 2.1  당의 외교정책 결정에 대한 통찰을 주는 자료들의 위계 체계**

| | |
|---|---|
| 지도자의 연설 | · 당 대회 보고<br>· 주요 국제 정책 관련 내부 연설<br>· 당 내부의 다른 지도자 연설 |
| 외부를 향한 외교정책 자료 | · 지도자와 고위 관리들의 외국 청중을 향한 연설<br>· 정부 백서 |
| 당의 견해에 대한 당 매체 | · <인민일보>의 익명 사설과 논평<br>· <치우스>와 <학습시보> 논평 |
| 기능적 자료들 | · 부처와 군 자료와 성명<br>· 군과 군 출판사의 자료 |
| 싱크탱크와 학술 논평 | · (당, 정부와) 관계 깊은 학자들의 발언<br>· 정부와 관련된 프로그램에서 나온 발언 |

기적으로 출판되고 문서를 선정하는 데 상당한 일관성을 보여 주기 때문에 장기적으로 비교하는 데 유용하다. 게다가 정기적으로 출판되지 않는 다른 많은 자료들도 사례별로 참고했다. 이들 중 대부분은 중앙문헌출판사에서 주제별로 출판하는 당 전집에서 인용했다. 이 외에도 국가 백서, 장관들의 발언, 당 언론, 부처와 군 출판사의 기능적 자료들, 회고록, 학계와 싱크탱크의 논평도 참고했다. 일부 유출된 문헌들도 여기에 포함된다.

당 문서의 편향 여부를 어떻게 알 수 있을까? 유출된 문서들은 그렇지 않지만, 어쨌든 관영 출판사들이 수집한 권위 있는 당과 국가의 문서들은 편집되고 조작된다. 이 문서들은 중국의 야망과 위협에 대한 개념을 과장하기보다는 축소해서 언급할 가능성이 높기 때문에 이 책의 주장에 "어려운 시험"이 된다. 이들 문서는 미국의 힘을 약화시키고, 지역적인 헤게모니를 구축하려는 중국의 노력에 대한 권위 있는 설명을 담고 있을 가능성이 낮다. 일반적으로 중국이 이러한 목표를 공개적으로 강조하지 않기 때문이다. 게다가 중국은 서방의 전문가들이 중국의 굴기에 대해 불안을 일으킬 수 있을 만한 내용을 출판물에서 종종 검열한다. 예를 들면, 중국의 산업 지원 계획인 '중국 제조 2025'가 부분적인 원인이 되어서 벌어진 미국과 중국의 무역 전쟁 이후 선전부는 이 용어를 쓰지 말 것을 명령했고, 〈신화통신〉에서 이 용어가 신속하게 감소했다.[88] "도광양회(중국이 능력을 감추고 때를 기다려야 한다는 덩샤오핑의 경고)"도 마찬가지로 민감하게 여겨진다. 게다가 이 문서들은 당 밖의 청중들에게는 널리 읽히지 않기 때문에 민족주의자 청중을 겨냥한 중국의 야망을 크게 다루지 않을 것이고, 대중적이고 강력한 싱크탱크나 언론 논평에 비해 상대적으로 절제되어 있다. 결국, 공식 출판된 문서들보다 유출된 문서들에서 미국의 위협과 중국의 야망이 훨씬 솔직하게 드러난다.

이 문서들에서 중국의 전략을 알아내기는 어렵지만, 그럼에도 불구하고 이 문서들은 당-국가 기구들과 유용한 조율 역할을 한다. 그 결과, 특히 오랜 시간에 걸쳐 문서들을 비교할 때 공식적인 편집의 "소음"을 통해서 중국 전략의 "신호"를 감지할 수 있다. 예를 들면, 당 대회 업무 보고, 대사회의 연설, 중앙외사공작회의, 전략 방침 또는 다극화에 대한 평가의 차이를 발견함으로써 전략의 변화를 알아낼 수 있다.

여기서 설명한 당의 자료를 샅샅이 살피는 분석 방법을 실행하기는 쉽지 않고 언제나 완벽하게 실행할 수도 없지만, 중국 외교정책을 이해하려면 중국공산당을 진지하게 검토해야 하기 때문에 필수적이다. 그러나 냉전 이후 비전문가인 서구의 관찰자가 중국공산당에 초점을 맞추는 것은 도전적인 과제였다. 이 기구는 낯설고, 조직들은 시대에 뒤떨어진 듯 보이며, 문건들은 진부하고 딱딱하다. 그러나 이 조직들은 중국 민족주의와 대전략을 조율하고, 국가에 사회에 대한 자율성을 부여하는 매우 강력한 수단이다. 문서들은 이 비밀스러운 조직을 볼 수 있게 해 주는 독특한 창문이다. 중국의 조직과 문서를 살펴보는 것은 중국 대전략의 윤곽을 볼 수 있도록 돕는다. 우리는 이 방법으로 중국에 트라우마를 남긴 톈안먼 사건과 걸프전쟁, 소련 붕괴라는 3대 사건이 어떻게 중국공산당이 첫 번째 대체 전략인 미국 질서 약화시키기 대전략으로 나아가게 했는지를 살펴볼 것이다.

1부  **도광양회**

2049

2017

2009

중국의 첫 번째 대체 전략,
약화시키기(1989~2008년)

1989

1949

# 3장

# 새로운 냉전이 시작되다

3대 사건과 미국의 위협

"나는 냉전의 종언을 기대해 왔다. 그러나 이제는 실망스럽다. 하나의 냉전이 끝났지만 두 개의 다른 냉전이 이미 시작된 듯하다."[1]

— 덩샤오핑, 1989년

40여 년 전, 소련 제국의 강한 바람이 몰아치는 가장자리에서, 불가능해 보이는 파트너십이 형성되었다. 미국이 중국 당국의 승인을 받아 중국 서부 실크로드의 옛 대상 행로 양쪽에 있는 코를라Korla와 치타이Qitai에 두 개의 신호 정보 설비를 건설해 운용했다. 이 기지는 카자흐스탄에서 소련의 미사일 시험을 감시하는 데 사용되었는데, 건물 안에서 미국과 중국 인민해방군PLA의 정보 전문가들은 어깨를 나란히 하고 소련의 위협을 감시했다.[2]

코를라와 치타이에 있는 기지는 이제는 믿기 어려워진 어떤 것을 보여 주는 물질적인 증거였다. 즉 미국과 중국이 한때 준동맹이었다는 사실이다. 1980년대에 미국 정부는 소련의 아프가니스탄 침공과 동남아시아에서의 소련의 영향력에 대항하기 위해 중국 당국과 협력했다.

미국은 중국에 무기를 팔았는데, "포격 장비와 탄약, 대잠수함 어뢰, 포격 위치 확인 레이더, 첨단 항공전자 기기, 블랙호크 헬기" 등이 포함되었다.[3] 미국은 동맹국들이 중국에 연구용으로 낡은 스팀 발진 장치와 착륙 제동 장치, 미러 랜딩 시스템이 달린 낡은 항공모함 선체를 판매하도록 허용하기도 했다.[4] 중국 지도자들은 이러한 유대 관계를 환영했다. 중국공산당 중앙군사위원회와의 회의에서 덩샤오핑은 "소련 패권주의 때문에 중국이 전략적 방어'선'을 형성하게 되었다. 즉 일본에서 유럽을 거쳐 미국까지 뻗어나가는 안보를 위한 '선'"이라고 언급했다.[5] 서구와의 군사적 · 경제적 · 정치적 협력은 광범위하고 깊었다. 일부는 미국이 중소 전쟁에 개입하기를 희망하기도 했다.

이 모든 것은 이 책에서 **"트라우마가 된 3대 사건"**이라고 언급하는 톈안먼 학살(1989), 걸프전쟁(1990~1991) 그리고 소련 붕괴(1991) 이후 급변했다. 짧지만 역사적인 이 3년은 미국, 중국과 국제 시스템을 바꿔놓았고, 각각의 사건은 미국에 대한 중국의 불안을 고조시켰다. 톈안먼 광장의 시위는 중국에게 미국의 이데올로기 위협을 인식하게 했고, 걸프전쟁의 신속한 승리는 미국의 군사적 위협을 상기시켰으며, 소련이라는 공동의 적이 사라진 것은 미국의 지정학적 위협을 생각하게 했다. 미국은 소련을 대체해 재빠르게 중국의 주요한 안보 우려가 되었고, 중국이 새로운 대전략을 마련하게 만들었다. 미국의 힘을 대체하기 위한 중국의 30년의 투쟁이 시작되었다.

1980년대 말 사회주의 세계가 무너지고 새로운 질서가 형성되면서, 덩샤오핑은 미국이 주도하는 균형과 봉쇄의 위험을 줄이고 중국에 대한 미국의 레버리지를 약화시키며 그럼으로써 중국의 발전과 자율성을 위한 조건을 안정시키기 위한 전략 방침을 제안했다. 이는 최종적으로 24자 방침으로 축약되었고, 종종 4자의 지침으로 요약된다. 즉 도광양회韜光養晦다.[6] 이 방침은 중국 외교정책을 위한 높은 수준의 조직 원리로 기능했다. 그런 식으로 이것은 대전략의 개념으로 작동했고, 중국이 조용히 그리고 조심스럽게 중국에 대한 미국의 군사적·정치적·경제적 레버리지를 약화시킬 대전략을 시작하게 했다. 이는 모두 중국 스스로 행동의 자유를 향상시키는 것을 목표로 했다.

이 장에서는 냉전이 끝났을 때의 미국에 대한 중국의 관점 변화와 그에 따른 중국 대전략의 목적, 방법, 수단을 살펴본다. 어떤 이들은 "도광양회"가 과도한 관심을 받았다고 생각하기도 하지만, 그런 관점은 이를 잘못 이해한 것이다. 지도자급의 연설, 회고록, 반공식적 논평에서 광범위하게 나타나는 그 구절은 중요성과 위상을 명확히 보여 준다. 또한 그것으로 시작된 비공세적인 전략이 결코 영구적이지는 않았음을 보여 준다. "도광양회"는 명백하게 중국의 "국제적 힘의 균형國際力量對比"에 대한 평가와 연동되어 있다. 그 힘의 균형이 변화하면, 전략도 바뀌게 된다.

이 전략 아래서 중국은 아시아 헤게모니를 위한 기초를 구축하지 않기로 선택했다. 그렇게 하면 미국과 주변 국가들을 불안하게 만들 것이라고 우려했기 때문이다. 중국은 항공모함, 야심 찬 국제기구, 지역 경제 체제에 대규모로 투자하는 것을 피하고, 대신 우리가 다음 3개의 장에서 살펴볼 것처럼 '약화시키기blunting'를 추진했다. 중국은 군사적인 면에서 점점 더 먼 거리의 해양 영토를 유지하는 데 초점을 맞춘 "해양 통제" 전략에서 미군이 중국 근처의 바다를 통과하고, 통제하거나 개입할 능력을 약화시키는 데 초점을 맞춘 "해양 거부" 전략으로 선회했다. 정치적인 면에서는 지역 기구들에 가입한 뒤 기능을 정지시킴으로써, 미국이 그 기구들을 이용해 서구의 이데올로기를 홍보하거나 아시아판 NATO를 구성할 능력을 약화시켰다. 경제적인 면에서는 톈안먼 사건 이후의 제재에도 꺾이지 않고, 양자와 다자 협정을 통해 미국의 시장과 자본 기술에 대한 접근을 유지하기 위해 싸움으로써 미국이 경제적 강압을 마음대로 사용하는 능력을 약화시켰다. 결국, 중국의 약화시키기 전략은 다양한 수단들에 걸쳐 있었고, 그 범위와 교묘함에서 놀랄 만큼 뛰어났다. 덩샤오핑이 한때 언급한 것처럼, 중국 지도자들은 냉전이 끝났음을 알았지만 이미 시작된 또 다른 냉전을 우려했다. 그리고 그에 따른 준비를 했다.

## 미국의 위협에 대한 인식의 변화

1989년 6월의 쌀쌀한 금요일 아침, 어둠을 틈타 미국 국가안보보좌관 브렌트 스코우크로프트Brent Scowcroft는 비밀 임무를 위해 새벽 5시에 C-141 군 화물기를 타고 앤드루스 공군기지에서 이륙해 베이징으로 향했다. 이는 인민해방군이 톈안먼 광장에서 학생 시위대에 발포한 지 약 3주 만에 양자관계를 안정시키기 위한 방문으로, 많은 부분이 특이했다. 스코우크로프트는 비밀을 지키기 위해 중간에 공중 급유가 가능하고 착륙할 필요가 없는 C-141 같은 비행기가 필요했다. 스코우크로프트와 2명의 동행인을 태우기 위해 C-141에 "편안한 초라한 침상"이라는 속임수를 담은 이름을 붙이고 침대와 의자 등을 설치해 개조했다. 군사적 위험을 줄이기 위해 비행기에서 공군 마크를 지우고, 군 승무원은 민간 복장을 착용했다.[7] 이 마지막 조치는 일부만 성공적이었다. 임무가 너무나 비밀스러웠던 나머지, 이에 대해 모르고 있던 중국의 지방 영공 방위 부대가 하마터면 스코우크로프트의 비행기를 향해 발포할 뻔했으나 양상쿤 국가주석의 사무실로 먼저 전화를 했다. 스코우크로프트는 "다행스럽게도 그 전화가 바로 연결이 되었고, 양상쿤은 그들에게 매우 중요한 사절이니 사격을 중지하라 했다"고 훗날 회고했다.[8]

7월 1일 오후, 비행기는 살펴보는 시선들로부터 멀리 떨어진 옛 터미널 뒤쪽에 감춰졌다. 다음날 아침, 스코우크로프트는 덩샤오핑, 리펑과 다른 관료들, 양상쿤 주석의 아들인 사진가 등을 만났다. 스코우크로프트가 방문하기 전, 조지 H. W. 부시 대통령은 양자관계의 중요성에 대한 사과의 말과 세심한 배려를 담은 비밀 서신을 덩샤오핑에게 보냈다. 이제 스코우크로프트는 중국 최고 지도자를 안심시키기 위해 그와 비슷한 메시지를 직접 전달할 것이었다. 즉 여론 때문에 미국이 중국의 진압에 대해 강경한 방법을 채택할 수밖에 없었지만, 미국은 관계를 보존하기 위해 제한적인 행동을 할 것이라는 내용이었다.

궁극적으로 이 노력은 효과가 거의 없었다.[9] 덩샤오핑은 초기에는 부시 행정부가 "냉철한 태도"를 가지고 있다며 높이 평가했지만, 그때는 매우 비판적으로 변해 "미국의 외교정책은 실제로 중국을 막다른 길로 몰아넣었다"고 주장했다.[10] 톈안먼 광장 학살은 "세상을 떠들썩하게 한 사건이었고, 미국이 거기에 너무 깊숙이 관여한 것은 매우 불행한 일이었다"고 그는 말했다.[11]

덩샤오핑은 미국의 제재와 의회와 언론의 비판은 "관계의 파탄으로 이어지고 있다"며 "매듭을 푸는 것"은 미국에 달렸다고 주장했다.[12] 부시 행정부는 덩샤오핑을 안심시키는 데 명백하게 실패했으며, 덩샤오핑은 시위와 그 여파가 당에 대한 외부의 위협이었다고 거듭 주장했다. "이 반혁명 동란의 목적은 중화인민공화국과 중국의 사회주의 시스템을 전복시키는 것"이었고, 미국은 "불길에 기름을 부으려 한" 것으로 보인다고 그는 말했다.[13] 스코우크로프트는 미국의 관점을 강조하고

자 재차 시도했지만, 덩샤오핑은 이미 마음을 분명히 정했다. 그는 스코우크로프트를 따뜻하게 맞이했지만, "시간이 별로 없다"고 응답하면서 국가안보보좌관의 말에 "많은 부분" 동의하지 않는다고 강조했다.

10여 년 뒤 스코우크로프트는 이 만남을 회고하면서, 중국을 안심시키기 위해 자신이 겪었던 어려움을 강조했다. "나는 우리 시스템이 어떻게 운영되는지 계속 반복해서 설명했다. … 그러나 그들은 결코 그것을 진정으로 믿지 않았다." 그는 톈안먼 제재에 대해 의회와 부시 행정부 사이에 의견이 분열되었다고 설명하려 했다고 말했다.[14] 문화와 정치 제도의 차이는 "우리 사이에 넓은 분열을 만들어 냈다. 그들은 안보와 안정에 초점을 두고 있는 반면, 우리는 자유와 인권에 관심을 두고 있었다"고 스코우크로프트는 말했다.[15] 미국이 중국에게 너무나 위협적이고 중국을 안심시키기 너무 어렵게 만든 것은 바로 이러한 이데올로기의 차이, 즉 자유주의 가치가 중국공산당에 미치는 위험이었다.

그러나 톈안먼 사건이 일어나기 불과 몇 달 전까지만 해도 상황은 완전히 달랐다. 1989년 2월 부시 대통령과의 회담에서 덩샤오핑은 소련의 위협에 대응하느라 여념이 없었다. 국경 충돌, 핵무기, 중국과 맞닿은 국경에 소련의 30개 사단이 존재하는 것은 대규모 전쟁이 발발할 수 있다는 의미였다. 덩샤오핑은 역사로 그의 우려를 포장했다. 그는 부시에게 "중국에 가장 큰 해를 입힌 국가는 일본이지만, 중국에게서 300만 제곱킬로미터의 땅을 빼앗아간 것은 소련이었다"고 이야기했다.[16] "50대 이상의 중국인들은 중국 영토를 단풍잎 모양으로 기억한다. 그러나 이제 지도를 보면 북부의 광대한 지역이 소련에 의해 잘려 나간 것을 볼 수 있다."[17] 소련 지도자 이오시프 스탈린은 중국의 근대화를 도운 중국의 친구였으나 그의 후계자인 니키타 흐루쇼프는 "수백 개의 중-소 조약을 하룻밤 만에 폐기해 버리고" 중국을 포위하려

했다. 덩샤오핑은 "소련은 중-소 국경을 따라 전체에 서쪽부터 동쪽까지 100만 명을 주둔시키고 핵미사일 전체의 약 3분의 1을 배치했다"고 말했다.[18] 소련의 포위 동맹의 일부로서 "인도와 베트남(아프가니스탄과 캄보디아도)이 더해졌다. 소련은 북한 상공으로 군용기가 통과할 수 있는 권리를 가지고 있고, 그것은 그들이 (베트남의) 캄란만까지 연결되게 한다. 이제 소련의 비행기는 중국 상공에서 공중 정찰을 할 수 있게 되었다."[19] 덩샤오핑은 이 평가가 "미국과의 관계 발전"을 필요하게 만들었다는 것을 명확히 밝혔다. 그러고 나서 그는 요점을 말했다. "중국이 어떻게 소련으로부터 오는 가장 큰 위협을 느끼지 않을 수 있겠는가?" 소련의 위협에 대한 이 평가는 부시에게만 이익이 된 것이 아니다. 소련 지도자 미하일 고르바초프가 몇 달 뒤 베이징을 방문했을 때, 덩샤오핑은 소련의 위협에 대한 똑같은 평가를 고르바초프에게 직접 전달했다.[20]

때때로 중국이 소련과의 관계 개선을 추구했고, 1980년대 초에 "독립적인" 외교정책에 대한 관심을 강조했지만, 중국은 명백하게 미국 쪽으로 강하게 기울어 있었다.[21] 중국은 안보 문제에서 미국과 긴밀하게 협력했고, 군대와 정책 문서들은 여전히 멀리 떨어진 미국이 아닌 소련과의 전쟁 가능성에 주로 초점을 맞추고 있었다.[22] 미국의 언론인 마이크 월러스Mike Wallace가 1986년 인터뷰 도중 덩샤오핑에게 중국이 자본주의 국가 미국과 맺고 있는 관계가 소련 공산주의자들과 맺고 있는 관계보다 더 우월한 이유를 물었을 때, 덩샤오핑은 월러스의 평가에 반박하지 않았다. 그는 중국이 사회 체제를 문제에 대한 접근법의 기준으로 여기지 않으며, 대신 문제의 "특정한 조건"에 집중한다고 설명했다.[23] 1980년대 내내 소련과의 전쟁 위험은 중국에 중요한 문제로 남아 있었다.

1980년대가 마무리되고 스코우크로프트와의 만남이 알려졌을 때, 중국의 평가는 변하고 있었다. 권위 있는 문서들은 1989년 톈안먼 사건, 1990~1991년 걸프전쟁, 그리고 1991년 소련 붕괴로 인해 중국이 소련이 아닌 미국을 중국의 최우선 위협으로 인식하게 되었음을 분명히 보여 준다.

부시 행정부의 노력에도 불구하고 미국에 대한 덩샤오핑의 발언은 1989년에 극적으로 바뀌었다. 덩샤오핑의 선집에서 분명하게 알 수 있는 것처럼, 1980년대 거의 대부분 동안 덩샤오핑은 민주주의에 대한 오만이나 대만 개입과 관련해 미국을 비난했을지 몰라도 미국을 위협으로 언급하지는 않았다. 그러나 1989년 이후로 미국을 이데올로기적 용어로 자주 비난했다. 예를 들면, 스코우크로프트와 만난 지 불과 2달 뒤 중국공산당 중앙위원회 위원들과의 사적인 대화에서 덩샤오핑은 "제국주의자들이 사회주의 국가가 본질을 바꾸기를 원한다는 데는 의문의 여지가 없다. 이제 문제는 소련의 깃발이 내려지고 벌어질 혼란이 아니라, 중국의 깃발이 내려지게 될 것인가다"라고 말했다.[24]

이런 감정은 덩샤오핑의 발언에서 공통적으로 눈에 띄었고, 그의 공적인 발언에서도 나타났다. "서방은 중국의 혼란을 진정으로 원한다. 그들은 중국의 혼란뿐 아니라 소련과 동유럽의 혼란도 원한다. 미국과 다른 일부 서방 국가들은 사회주의 국가에서 자본주의로의 **화평연변**和平演變(무력을 사용하지 않는 체제 변화)을 일으키려 시도하고 있다."[25] 덩샤오핑의 마음속에서 중국에 대한 이런 위협은 일종의 전쟁이었다. "미국은 총을 쏘지 않고 세계 전쟁을 벌인다는 하나의 표현을 만들었다. 우리는 이를 경계해야 한다. 자본주의자는 장기적으로 사회주의자의 패배를 원한다. 과거에 그들은 무기와 핵폭탄, 수소폭탄을 사용했지만 전 세계 인민들의 반대에 직면했고, 이제 그들은 화평연변을 시도하고 있다."²⁶ 톈안먼 사건 이후 리처드 닉슨과의 만남에서, 덩샤오핑은 "최근의 혼란과 학생들의 반혁명 동란에 미국이 깊이 개입했다"면서 "일부 서양인들이 중국에서 사회주의 체제를 전복하려 시도했다"고 선언했다.²⁷ 1989년 11월 연설에서는 "서방 국가들이 총을 쏘지 않고 제3차 세계대전을 벌이고 있다"고 경고했다.²⁸ 그런 다음 중국을 방문한 일본 사절단과의 대화에서 톈안먼 사건에 대한 서구의 책임에 대해 자세히 이야기했다. "서방 국가, 특히 미국은 그들의 모든 선전기구를 가동해 불길에 부채질을 하고, 중국에서 소위 민주주의자들 또는 반대자들을 격려하고 지원했다. 이들은 사실상 중화민족의 쓰레기다. 그렇게 해서 그 혼란이 일어났다."²⁹ 그의 시각에서 미국은 책임이 있을 뿐 아니라 적대적인 목적을 가지고 있었다. 즉, "그들은 많은 나라에서 혼란을 사주하면서 실제로는 권력정치Power politics를 벌이고 패권을 추구하고 있다. 그들은 이전까지 통제할 수 없었던 국가들을 영향권으로 끌어들이려 하고 있다. 이 점을 분명히 하면, 우리가 문제의 본질을 이해하는 데 도움이 된다."³⁰

이런 두려움의 와중에, 1991년 초 걸프전쟁에서 힘을 과시한 미국은 중국을 불안하게 만들었다. 이 부분은 다음 장에서 좀 더 자세히 살펴볼 것이다. 전쟁이 시작되었을 때, 중국의 분석가와 지도자들은 미국이 많은 전사자로 어려움을 겪고, 목적을 이루지 못할 것이라 확신했다. 그들은 미국의 이라크 "침략"은 그라나다나 리비아, 파나마에서의 침공보다 덜 효과적일 것이라고 언급했다. 중국과 비슷하거나 일부 더 우수한 장비로 무장한 이라크가 "현대적인 조건하의 인민 전쟁"을 성공적으로 벌일 것이고, 미국은 장기적인 지상전에 휩쓸려 정치적으로 패배할 것이라고 보았다.³¹

그러나 이 모든 것은 심각하게 과장된 것으로 드러났다. 미국이 전쟁에서 극적으로 승리했을 때 망연자실한 중국 지도부는 이라크의 패배가 미국과의 갈등에서 중국이 맞이할 가능성이 있는 운명과 놀랄 만큼 비슷할 것이라고 보았다. 일부 중국인은 걸프전쟁은 미국의 "세계적 패권"을 보여 주는 사례이며, "미국이 중국을 비롯해 전 세계를 지배하려는 의도를 가지고 있다"고 공개적으로 썼다.[32] 이 전쟁은 미국에 대한 중국의 두려움을 증폭시켰을 뿐 아니라, 중앙군사위원회가 이 전쟁과 미군에 맞서기 위한 비대칭적 무기를 구축하는 방법에 대해 연구하는 중요한 계획을 시작하게 만들었다. 최고 지도자 덩샤오핑이 이에 대해 논의했고, 그의 후계자인 장쩌민이 직접 참여했다.

이듬해 소련의 붕괴는 일련의 사건의 마지막이었다. 그때까지 사회주의권의 많은 부분이 사라져 버렸고 중국은 점점 더 외로운 처지에 놓였다. 조지워싱턴대학의 데이비드 샴보 교수는 《수축과 적응Atrophy and Adaptation》에서 소련의 붕괴는 중국공산당에 심대한 영향을 미쳤고, 무엇이 문제였는지와 미국에 의한 체제 전복의 흔적에 대해 연구하도록 만들었다고 썼다.[33] 수십 년 뒤에도 중국 지도자들은 여전히 소련의 붕괴에 사로잡혀 있고, 최고 지도자 시진핑은 이 사건에 대한 연구를 계속 지원하면서 자신의 생각, 특히 서구 자유주의에 저항하는 것의 중요성을 언급했다.[34]

종합하면, 이러한 사건들은 중국이 위협을 인식한 뒤로 일어난 놀랄 만한 조정을 보여 준다. 미국의 위협에 대한 덩샤오핑의 판단은 사실상 당의 공식 판단이었고, 좀 더 좁은 범위의 수많은 군사적·경제적·정치적 문서들에서도 반복해서 등장한다. 이러한 위협 인식은 중국의 새로운 대전략이 형성되는 시험장을 만들어 냈다. 그 대전략은 미국의 위협에서 살아남는 데 초점을 맞추고 있었다.

# 목적-미국의 위협으로부터 살아남기

서기 780년, "귀재鬼才"라 불리던 마르고 병약한 시인 리허李賀는 이미 오래전에 쇠락한 "당 황실의 먼 방계" 혈통으로 태어났다.[35] 리허는 7살에 시의 신동으로 불렸지만 그의 인생은 험난했다. 그는 어렸을 때 아버지를 여의고, 사소한 이유로 과거에서 배제되어 가족을 부양하고 기울어진 가세를 일으킬 수 없게 되었다. 그는 어쩔 수 없이 군대에 갔다가 26살에 폐병으로 숨졌는데, 리허가 저명한 시인이자 관리였던 한유韓愈의 관심을 받지 못했다면 그의 강렬하고 염세적인 시는 역사 속으로 사라져 버렸을 것이다. 한유는 19살이던 리허를 만나 그의 시 첫 구절을 읽고는 단번에 천재성을 알아보고 그의 작품이 보존되도록 도운 것으로 보인다.[36]

몇 세기가 지난 뒤, 리허의 작품은 마오쩌둥에게 영감을 주었다. 리허는 마오쩌둥이 가장 좋아한 시인 중 한 명이었다. 중국 지도자 장쩌민이 1998년 중앙군사위원회 연설에서 서구 세력이 중국을 무너뜨리려 한다고 경고하면서, 어울리지 않게 리허의 시를 인용한 것은 정확히 마오를 떠올린 것으로 보인다. 순전히 우연으로, 장쩌민은 몇 세기 전에 한유를 매혹시킨 바로 그 구절을 인용했다. "검은 구름이 성을 짓눌러, 성이 무너지려 하네黑雲壓城城欲摧."[37]

장쩌민의 경고는 이례적인 것이 아니었다. 중국의 최우선 위협은 미국이며, 중국 대전략의 초점은 그 위협에서 살아남는 데 맞추어져 있었다는 사실은 당의 전집에서 찾아볼 수 있는 지난 20여 년 동안의 중국 지도자급의 연설에서 꾸준히 확인된다. 여기서는 이 가운데 가장 권위 있고, 특히 외교정책 판단을 재확인하거나 변경하기 위해 6년마다 열리는 중요한 대사회의의 내용을 살펴본다.

트라우마가 된 3대 사건 이후 첫 대사회의는 1993년에 열렸다. 중국 역사상 8번째 대사회의였다. 장쩌민 주석은 1986년 대사회의에서의 자오쯔양과 후야오방의 연설과는 극적으로 달라진 정서를 드러냈다. "지금부터 상당히 오랜 시기 동안 미국은 우리의 주요한 외교 적수일 것이다. … 오늘날 세계에서의 미국의 위상과 역할은 우리의 국제적 행위에서 미국이 주요한 적수임을 드러낸다"고 장쩌민은 주장했다.[38] 그는 미국이 적대적인 의도를 가지고 있다고 분명하게 말했다.

미국의 정책은 언제나 양면적이었다. 중국에 대한 화평연변은 일부 미국인들의 장기적인 전략 목표다. 본질적으로 그들은 중국의 통일과 발전, 강해짐을 원하지 않는다. 그들은 인권과 무역, 무기 판매, 대만, 달라이 라마 이슈에서 중국에 계속 압력을 가할 것이다. 미국은 오만하게 행동하며 패권주의와 권력정치의 자세를 취하고 있다.[39]

장쩌민은 한자리에 모인 외교관들 앞에서 중국에 대한 미국의 정책에는 두 번째 측면이 있다고도 말했다. "다른 한편에서 미국은 그들의 세계 전략과 근본적인 경제 이익 때문에 중국의 광대한 시장과 분리될 수 없을 것이고, 외교적으로 우리와 협력을 추구할 수밖에 없을 것이다."[40] 즉 미국은 "중국과 정상적인 관계를 유지할 필요가 있다"고 장쩌민은 주장했다.[41] 그렇다 하더라도 미국과 과도하게 대립적인 전략을 채택할 수는 없다. 왜냐하면 "미국은 주요 수출 시장이며, 자본, 기술, 선진적인 관리 경험을 수입해 올 중요한 원천이기 때문이다."[42] 대신, "중-미 관계를 보호하고 발전시키는 것은 전략적으로 중요하다." 일부 분야에서 미국과 협력하고 다른 분야에서는 대립을 피함으로써, 중국은 미국의 반감을 피하고 경제적으로 계속 발전하며 상대적인 힘을 키

위 나갈 수 있다.[43]

5년 후, 1998년 대사회의에서, 장쩌민은 미국의 위협을 거듭 강조했다. "미국과 다른 서구 국가들의 일부 사람들은 중국을 서구화하고 분열시키려는 정치적 계획을 포기하지 않을 것이다. 그들이 '봉쇄 전략'을 채택하는지, 소위 '관여 정책'을 채택하는지는 중요하지 않다. 이들 모두는 그들의 중요한 목표에서 벗어나지 않고 1만 가지 다른 방법으로 활용될 것이다萬變不離其宗. 그것은 중국의 사회주의 제도를 변화시켜 서구 자본주의 제도로 바꾸려는 숨은 의도企圖를 추진하려는 것이다."[44] 미국과의 경쟁은 장기적으로 계속될 것이다. "이 싸움은 길고 복잡할 것이며, 우리는 언제나 명확한 사고를 유지하고 결코 경계심을 잃지 말아야 한다."[45] 장쩌민에게는 미국이 중국의 이웃 국가들과 협력할 것이라는 두려움도 있었다. 그는 미국처럼 "우리 이웃의 일부 강대국들도 다른 방법으로 우리를 봉쇄하길 원한다"고 말했다.[46] 장쩌민은 미국의 적대감과 위협을 강조하면서 외교관들에게 중-미 관계에 대한 이례적이고 공식적인 논평을 제시했다.

1989년 11월과 12월에 미국 전 국무장관이자 대통령 국가안보보좌관인 브렌트 스코우크로프트가 잇따라 중국을 방문했고, 덩샤오핑 동지는 그들과 만나 중-미 관계 복원에 대한 대규모 계획을 제안했다. 이 계획은 나(장쩌민)의 미국 국빈 방문에서 결국 실현되었다. 당시 그 방문은 미국의 동의를 받았지만 이후 미국은 말을 뒤집었다. 동유럽의 큰 변화로 인해 일부 미국인들은 우리의 "변화"에 희망을 걸었다. 1991년 중국 동부에 심각한 홍수가 일어났고 일부 미국인들은 우리가 혼란을 겪을 것이라 생각했다. 그해 12월 소련이 해체되자 일부 미국인들은 우리도 "붕괴할 것"으로 생각했다. 1992년 미국은 대만에 F-16

전투기를 판매했고 1995년에는 대만 지도자들의 미국 방문을 허용했다. 일부 미국인들은 소위 "덩샤오핑 이후의 중국"과 관련해 온갖 추측을 했고 우리를 압도하고 굴복시키기 위해 압력을 가했다.[47]

미국의 많은 이들은 1990년대에 관계가 개선되었다고 생각했지만 중국은 상황을 다르게 보았고, 장쩌민은 한자리에 모인 외교정책 고위 관리들 앞에서 미국의 의도에 대한 회의론을 강조했다. "클린턴과 함께 뉴욕에 갔을 때, 그는 나에게 중국에 대한 미국의 정책은 고립도 억지도 대결도 아닌, 전면적인 관여라고 분명히 말했다."[48] 그러나 장쩌민은 곧바로 그러한 장담을 믿지 않는다고 청중들에게 강조했다. "우리는 중국에 대한 미국의 정책이 여전히 양면적이라는 사실을 깨달아야 한다. 우리를 변화시키려는 반중 세력의 시도는 변하지 않을 것이다."[49] 게다가 "미국은 단극적 세계를 건설해… 국제적인 이슈들을 지배하고자" 하며, 미국은 쇠퇴하지 않고 "장기적으로 정치·경제·과학·기술·군사 분야에서 중요한 우세를 유지할 것"이라고 장쩌민은 주장했다.[50]

중국의 가장 중요한 두 외교정책 연설에서 이 견해가 지속되고 있는 것은 주목할 만하다. 톈안먼 사건이 있고 약 10년 후 중앙군사위원회 연설에서 장쩌민은 이 주제가 현저하게 약화되지 않았다고 강조했다. "1980년대 말과 1990년대 초 동유럽의 거대한 변화와 소련의 해체, 양극체제의 종말로 세계 사회주의의 발전이 맞닥뜨린 차질은 우리를 전례 없는 압박에 직면시켰다."[51] 특히 "적대적인 국제 세력은 세상에서 공산주의를 매장해 버리겠다고 위협했고, 중국이 소련과 동유럽 국가들의 전철을 밟아 곧 무너질 것이라고 주장했다. 그들은 중국에 포괄적인 압력을 가했고, 국내의 반공산주의, 반사회주의 세력, 분리주의 세력이 사보타주와 전복 행위에 관여할 때 공공연하게 지원했다."[52] 그는 계속해서 말했다. "그들은 중국을 서구화하고 분열시키려는 목적으로 온갖 종류의 침투와 파괴 행위를 강화했고, 계속해서 소위 '인권', '민주', '종교', 달라이 라마, 대만, 경제, 무역 기구, 무기 판매를 이용해 문제를 일으켜 왔다."[53] 그는 상황을 요약하면서, 미국으로부터 "중국의 안보와 사회정치적 안정이 심각한 위협에 직면해 있다"고 선언했다.[54]

2년 후 또 다른 중앙군사위원회 연설에서 장쩌민은 중국이 직면한 문제의 근원은 미국이라고 좀 더 분명하게 말했고, 3대 사건을 겪으면서 미국과의 험난한 관계를 인식하기 시작했음을 확인했다. "냉전이 끝나고 중-미 관계는 계속해서 매우 불안정하고, 때로는 좋고 때로는 나쁜 상황이었다."[55]

장쩌민의 후계자인 후진타오 주석도 계속해서 미국의 위협을 강조했다. 2003년 외교부 연설에서 그는 "미국과 다른 큰 서방 국가들은 중요한 국제, 지역 이슈에서 중국의 협력을 구해야 하지만, 우리는 서구의 적대 세력이 중국을 서구화하고 분리하려는 정치 기획을 여전히 시도하고 있다는 어두운 현실을 인식해야 한다"고 말했다.[56]

최고위 인사들은 때때로 더욱 직설적이었다. 그 전해에 열린 16차 당 대회에서 유출된 것으로 보이는 문서를 철저히 검토한 연구에서, 앤드류 네이선Andrew Nathan과 브루스 길리Bruce Gilley는 "미국과의 관계를 관리하는 것이 중국 안보에 다가오는 위협으로 인식되고 있다"고 결론을 내렸다.[57] 문서의 전문은 상당히 많은 정보를 드러내는데, 후진타오와 최고위 중국 엘리트 및 정치국 상무위원들은 미국의 힘과 의도에 대해 깊이 우려하고 있었다. 후진타오는 미국을 중국 외교 전략의 "주선률(즉 중심 맥락)"로 여기고 있었다.[58] 그는 또한 미국이 중국을 포위하려하고 있다고 주장했다.

미국은 언제나 중국을 잠재된 전략적 적수로 여겨 왔으며, 지정학적 관점에서 양면적인 관여와 봉쇄의 방법을 채택해 왔다. … 미국은 아시아-태평양 지역에 군사를 배치하고 미-일 군사동맹을 맺고, 인도와 전략적 협력을 강화해 왔고, 베트남과의 관계를 개선하고 파키스탄에 구애했으며, 아프가니스탄에서 친미 정부를 수립했고, 대만에 무기 판매를 늘리는 등의 일을 해 왔다. 그들은 군사기지를 확장하고 동, 남, 서쪽에서부터 우리에 대한 압박 지점들을 설치했다. 이는 중국의 지정학적 환경에 거대한 변화를 가져왔다.[59]

같은 문서에서, 원자바오 총리는 미국이 중국을 봉쇄하려 한다고 보았다.

미국은 세계 유일의 초강대국 지위를 보전하려 노력하고 있고, 어떤 국가도 그에 도전할 기회를 갖지 못하게 할 것이다. 미국은 유럽과 아시아에 근거한 글로벌 전략을 유지할 것이고, 러시아와 중국을 봉쇄하고, 유럽과 일본을 통제하는 데 초점을 둘 것이다. 중국에 대한 미국 외교정책의 핵심은 여전히 "관여하고 봉쇄하는 것"이다. 미국 내 일부 보수 세력은 냉전 사고를 고집스럽게 고수하면서, 중국의 부상이 미국의 이익에 해가 될 것이라고 강조한다. 미군은 군사 전략의 초점을 유럽에서 아시아-태평양 지역으로 이동하고 있다. 미국은 계속해서 대만, 인권, 안보, 경제 무역에서 (우리에게) 압력을 행사할 것이다.[60]

장쩌민의 오른팔로서 자문 역할을 하는 쩡칭훙 같은 다른 유명한 인물들도 비슷하게 "미국은 계속해서 강력해진 중국이 그들의 최고 지위를 위협할 것을 우려한다. 그래서 미국은 중국의 시장을 지배하면서 발전을 제약할 모든 수단을 원한다"고 선언했다.[61] 온건한 정치적 자유화 지지자였던 상무위원 리루이환 같은 인물조차도 미국의 의도를 적대적인 것으로 보았다.

> 사실을 말하자면, 미국은 우리의 힘에 대해 매우 분명히 알고 있다. 미국은 오늘날 중국이 직접적인 위협은 아니지만 장기적인 전략에서 중국의 잠재력을 볼 때, 중국 경제가 수십 년 동안 계속 발전한다면 그들과 균형을 이룰 만큼 커질 것으로 본다. 그래서 그들은 우리를 봉쇄하기를 원하고, 당근과 채찍 정책을 실행하길 원한다. 우리가 많은 말로 그들의 "중국 위협론"을 반박해도 소용이 없다. 미국은 당신의 말을 듣지 않을 것이다.[62]

16차 당 대회 이후 몇 년간 미국은 점점 더 중동에 사로잡혔고, 중국은 계속 미국의 위협에 대해 우려했다. 2006년 후진타오는 중앙외사공작회의를 개최했다. 이런 종류의 회의가 소집된 것은 중화인민공화국 역사를 통틀어 세 번째였다. 거기에서 그는 미국의 위협을 강조하고 미국과 그 동맹들의 공조로 중국이 포위될 것이라는 두려움을 논의했다. "미국과 서구 국가들은 '민주주의 국가 연합' 설립을 활발하게 추진해 왔다"고 그는 경고했다.[63] 이후, 그는 역대 당 총서기들이 비슷한 상황에서 했던 발언을 반복하면서 "미국은 우리가 국제적으로 상대해야 할 주적으로 계속 남아 있다"고 강조했다.[64]

종합하면, 이런 모든 설명은 미국이 중국의 전략 수립을 좌우하는 요소였다는 것을 보여 준다. 중국 지도자들은 계속해서 미국을 중국의 적수로 규정하고 주요한 위협으로 명확하게 정의했으며, 미국과의 관계를 관리해야 할 필요성에 대해 우려를 제기했다. 이제 중국이 미국의 봉쇄를 피하고 미국의 힘을 약화시키기 위해 추진한 방법들을 살펴보겠다.

## 방법-덩샤오핑의 "도광양회"

기원전 494년 무렵, 오늘날의 저장성과 장쑤성 지역에서 부상하던 월나라와 오나라는 누가 우위를 차지할지를 두고 싸웠다. 월나라의 자신만만한 왕 구천이 오나라의 훨씬 더 강한 왕 부차를 공격한 결과는 월나라의 비참한 패배였다. 월나라의 멸망을 피하기 위해 모욕을 당한 구천은 부차의 궁정에서 포로 생활을 하게 되었다. 그곳에서 그는 평민으로 살면서 마구간을 청소했다. 구천은 패배의 쓰라린 복수심을 품고 있으면서도 결코 원한을 드러내 보이지 않았다. 구천이 조용히 위엄을 지키며 의도적으로 충성을 표하자, 그를 신뢰하게 된 부차는 구천을 사면했다.

구천은 고국으로 돌아와 월나라를 이끌면서 매일 땔나무 위에서 자고 동물의 쓸개를 핥으며 그가 당한 치욕을 기억하면서 결의를 다졌다. 그는 겉으로는 부차에게 존경을 표하면서, 조용히 국가의 힘을 길렀다. 부차의 관리들에게 뇌물을 주고, 부차가 빚을 지고 곡물 창고를 비우고 술과 여자에 마음을 빼앗기도록 부추기면서 부차의 타락한 왕국을 무너뜨릴 준비를 했다. 약 10년 뒤, 치욕을 되새기면서 막강해진 월나라는 방심하고 있던 쇠퇴한 오나라를 침공하여 정복했다.[65]

역사학자 폴 코헨Paul A. Cohen은 이 이야기가 역사라기보다는 우화적인 성격이 강하며, 지속적으로 문화적 영향을 미쳐왔다고 말한다. 이 이야기는 "와신상담(땔나무 위에서 자고 쓸개를 맛본다)臥薪嘗膽"이라는 학교나 직장에서 열심히 일하고 규율 잡힌 생활을 하도록 격려하는 긍정적인 뜻의 관용적 표현과, "군자의 복수는 10년을 기다려도 늦지 않다君子報仇, 十年不晚"는 좀 더 어두운 표현을 만들어 냈다. 이 우화는 치욕의 세기와 그에 이은 자강운동, 그리고 중국이 "능력을 감추고 시간을 벌어야 한다(도광양회)"는 냉전 이후 덩샤오핑의 중요한 전략적 지침에 대한 담론에서 중국 민족주의자들이 자주 인용했다. 이 우화는 "도광양회"가 기원한 "문화적 지식"의 일부이고, 이후에는 이 지침에 대한 많은 학문적 논쟁에서도 등장했다.[66] 이러한 연관성은 놀라운 것이 아니다. 일본과 베트남의 민족주의자들 역시 비슷한 목적을 위해 때때로 이 이야기에 의지했다.[67] 이러한 유사성을 중국이 월왕 구천의 계획과 마찬가지로, 잔인하고 기만적인 계획을 세웠다는 문자 그대로의 증거로 여기지는 말아야 한다.[68] 이 우화가 보여 주는 것은 덩샤오핑의 지침은 진지하게 고려되어야 하고, 더 광범위한 민족주의 맥락 안에서 이해되어야 하며, 당의 단순한 속임수로 치부되어서는 안 된다는 것이다.

도광양회는 덩샤오핑의 24자 방침이 축약된 형태다. 즉 중국은 "냉정하게 관찰하고, 위상을 안정시키고, 침착하게 직면하고, 우리의 능력을 감추고, 시간을 벌고, 드러내지 않고 낮은 자세를 유지하고, 우두머리를 맡지 말고, 해야 할 일을 달성하라"는 것이다.[69] 이것은 강경하게 보이지 않으려는 의식적인 전략이다. 중국은 지역의 대규모 사업을 벌여 미국을 불안하게 만들기보다는 미국 힘의 기반을 공세적이지 않게 약화시키는 데 초점을 맞춘다.

도광양회는 톈안먼 사건, 걸프전쟁, 소련 붕괴 등 3대 사건 이후에 등장했다. 당 기관지 〈인민일보〉 웹사이트에 실린 기사들을 포함해 여러 중국 자료들은 이 지침의 역사를 설명한다.

도광양회는 1980년대 말과 1990년대 초 동유럽의 거대한 변화와 사회주의 진영 해체라는 "특별한 시기"에 덩샤오핑에 의해 제안되었다. 그 시기에 중국은 "무엇을 할 것인가"와 "어느 방향으로 갈 것인가"를 비롯해 긴급한 질문들에 직면했고, 덩샤오핑은 일련의 중요한 사상/이데올로기와 대책을 제시했다.[70]

〈인민일보〉에 실린 다른 기사도 같은 내용을 이야기하면서 그 시점을 톈안먼 사건 이후로 밝히고 있다. "냉전이 끝난 뒤 처음에 중국은 서구 국가들의 제재를 받았고, 덩샤오핑 동지는… 도광양회를 제시했다."[71] 후진타오 같은 최고 지도자부터 류화칭 등의 정치국 상무위원까지 당 간부들 역시 같은 역사를 이야기한다.[72]

도광양회의 핵심 원리에 대한 최초의 공식 언급은 톈안먼 광장 학살 이후에 나왔다. 1989년 중국공산당 중앙위원회 연설에서 덩샤오핑은 그것의 많은 부분을 제시했다. "간단히 말해 국제 상황에 대한 나의 견해는 세 문장으로 요약할 수 있다. 첫째, 우리는 상황을 냉정하게 관찰해야 한다. 둘째, 우리는 내부의 역량을 강화해야 한다. 셋째, 우리는 침착하게 행동하고 초조해하지 말아야 한다. 초조해하는 것은 좋지 않다. 우리는 침착하고, 침착하고, 침착해야 한다. 조용히 실질적인 일에 몰두해 무언가를 이루어야 한다. 중국을 위한 무언가여야 한다."[73] 종합하면, 이것이 결국 도광양회가 되는 4가지 핵심 포인트를 이룬다. 이 연설에 대하여 지난대학의 천딩딩과 마카오대학의 왕젠웨이가 분석했듯이, "덩샤오핑이 정확하게 TGYH(도광양회)라는 구절을 사용하지는 않았지만, TGYH의 정신은 그의 발언 안에서 분명히 나타났다."[74]

시간이 흐르면서 덩샤오핑은 도광양회를 자세히 설명하고 그것을 중국 외교정책의 중심에 놓는 여러 연설을 통해 상대적인 힘이 약할 때 중국이 자제해야 한다고 강하게 제안했다. 예를 들면, 〈덩샤오핑 연보〉에 요약된 연설에서 덩샤오핑은 도광양회가 중국 외교정책의 중심 요소라고 선언했고, 그것이 상대적 힘에 대한 개념에 의해 형성된다고 말했다. "우리는 몇 년 동안 도광양회를 따름으로써만 상대적으로 주요한 정치 세력이 될 수 있고, 그 이후에 국제 무대에서 중국의 발언이 중요해질 수 있다. 우리가 능력을 갖추면 그때 정교한 첨단 무기를 만들 것이다."[75] 여기서 덩샤오핑은 중국의 제한적인 외교 행동주의와 지체된 군사 분야 투자를 도광양회 전략, 특히 중국의 일시적인 약함과 연결시켰다.

도광양회는 최고 지도부가 바뀌는 동안에도 계속해서 중국의 공식 전략으로 유지되었다. 장쩌민은 집권하고 얼마 지나지 않아 1991년 중앙정치국 상무위원회 확대회의에서 "화평연변"에 저항하라는 연설을 히면서 도광양회를 더욱 강화했다. 그는 "끊임없이 변화하는 현재 국제 정세하에 우리는 '냉정하게 관찰하고, 위상을 안정시키고, 침착하게 직면하고, 우리의 능력을 감추고, 시간을 벌어(도광양회) 스스로를 잘 방어하라'는 덩샤오핑 동지의 전략 지침을 이행해야 한다"고 선언했다.[76] 그는 "실천은 이것이 올바른 지침임을 보여 주었다. 이 지침을 실천하는 것은 약함이나 원칙을 포기하고 굴복하는 표지가 결코 아니"라며, "오히려 이것은 우리가 복잡한 국제적 구조에 직면해 있고, 온 사방에서 적을 만들 수는 없다는 사실을 깨닫는 것"이라고 경고했다.[77] 마찬가지로, 몇 년 후 대사들과의 소규모 회의에서 장쩌민은 이런 견해를 되풀이했다. "우리는 덩샤오핑 동지의 도광양회 지침을 실행해야 하며 결코 우두머리를 맡지 말아야 한다. 여기에는 의심의 여지가 없다."[78] 그는 더나아가 "국제 무대에서 일을 시도하면서 우리의 현실을 뛰어넘을 수는 없다"[79]고 강조했다. 그는 1993년 중앙군사위원회에서 궁극적으로 중국의 자율성을 증가시키는 것이 목적이라고 말했다. "우리의 전략 지침에서 중요한 이슈 중 하나는 모순과 유연성, 주도권을 잘 활용하는 것"이라며 "패권과 권력정치에 대항한 투쟁에서… 우리는 모든 가능한 모순을 활용해 행동의 자유를 확대해야 한다."[80] 이 노력은 장기적일 것이라고 그는 다른 연설에서 강조했다. "국제관계를 다루고 국제적 투쟁을 실행하면서, 장기적 이익과 단기적 이익이 충돌할 수 있다. 때로는 이 둘 사이에 갈등이 있겠지만 우리는 주저 없이 단기적 이익을 장기적 이익에 종속시켜야 한다."[81]

1998년 9차 대사회의의 주요 외교 업무 연설에서 장쩌민은 중국이 경쟁국들에 비해 약하기 때문에 덩샤오핑의 외교정책에 전념해야 한다면서, 덩샤오핑이 말한 것처럼 이 지침을 고수하는 것은 중국이 약하다는 사실에 뿌리를 두고 있다고 거듭 이야기했다.

세기가 바뀌는 중요한 역사적 시기에, 우리는 흔들림 없이 덩샤오핑의 외교 사상을 이행해야 한다. … 첫째, 우리는 계속해서 "냉정하게 관찰하고 침착하게 대응하고 절대 우두머리를 맡지 말고 해야 할 일을 한다冷靜觀察, 沈着應付, 絶不當頭, 有所作爲的戰略方針"는 전략 방침을 고수해야 한다. 우리는 능력을 감추고 시간을 벌면서, 우리 자신을 보존하고, 우리의 발톱을 숨기고 의식적으로 발전을 계획해야 한다韜光養晦, 收斂鋒芒, 保存自己, 徐圖發展. 우리나라의 조건과 국제적 조건 사이의 모순 때문에 우리는 반드시 그에 따라야 한다.[82]

장쩌민의 후계자인 후진타오도 마찬가지로 다양한 연설에서 도광양회를 강조했다. 예를 들어 2003년 외교부에서 한 주요 연설에서 그는 도광양회의 근본적인 중요성에 대해 연설하는 데 많은 시간을 할애했다. "우리는 도광양회와 유소작위 사이의 관계를 정확하게 다뤄야 한다"고 말했는데, 유소작위는 좀 더 주도적으로 행동하는 것을 의미한다.[83] 후진타오는 "냉정하게 관찰하고, 도전에 침착하게 대응하고, 우두머리를 맡지 않아야 한다는 도광양회가 1980년대 말과 1990년대 초 갑작스러운 국제 정세의 변화 이후 덩샤오핑 동지가 내놓은 일련의 중요한 중국 외교 전략에 대한 고위층의 요약"이라고 청중들에게 다시 한번 강조했다.[84] 후진타오는 한자리에 모인 외교정책 기구들을 향해 이 지침을 따르는 것은 중국이 대립을 겪지 않고 발전할 시간을 버는 것이라면서, 중국이 "국제적 갈등의 소용돌이에 빠져" 발전이 지체되어서는 안 된다고 경고했다.[85] 그는 "우리는 반드시 이 원칙(도광양회)을 흔들림 없이 고수해야 한다"고 결론 내렸다.[86] 실제로 이 결정은 중국의 상대적인 힘에 대한 인식에 근거했다. 후진타오는 "현재의 정세와 중국의 국가적 조건의 발전 흐름, 국제 세력 균형을 고려하면 이것은 장기적인 전략적 정책이다"라고 주장했다.[87]

마찬가지로, 유출된 16차 당 대회 준비 문서에서 후진타오는 중국의 절제가 그 힘으로부터 영향을 받는다는 것을 분명히 했다. "차이를 남겨두는 것存異이 중국과 미국의 공동의 이익에 부합한다"고 그는 말했다. 그러나 이는 중국이 약하기 때문이며, "중국 경제의 발전과 종합적인 국력 향상과 함께 우리는 중-미 관계를 다루는 데서 좀 더 유연함과 자신감을 가지게 될 것"이라고 그는 강조했다.[88]

아마도 이 개념에 대한 가장 완전하고 중요한 토론은 2006년 중앙외사공작회의에서 이루어졌다. 이 외교정책 회의는 너무 중요해서 이전까지는 단 2번밖에 열리지 않았다. 후진타오는 이 회의에서 "중국은 도광양회와 유소작위의 전략 지침을 고수해야 한다"고 말했다. 나아가 "이 원칙을 언제라도 잊으면 안 된다"고 분명히 했다.[89] 그는 중국의 성장이 새롭게 주목을 받을 것이고 이 전략을 복잡하게 만들 것이라고 경고했다. "이제 일부 국가들은 중국에 대해 낙관적인 태도로 우리가 더 큰 역할을 하고 더 많은 책임을 질 것을 희망한다. … 이 때문에 우리는 계속 분명하게 사고해야 한다. 우리는 마음이 뜨거워지게 두면 안 된다. 우리는 겨우 약간 더 잘 살게 되었을 뿐이다. 우리는 너무 많은 말을 하지 말고, 너무 많은 일을 맡지 말고, 우리나라가 더 발전하더라도 이를 계속 고수해야 한다."[90]

후진타오의 연설은 중국이 계속 머리를 숙여야 하지만, "해야 할 일을 적극적으로 하는 것(유소작위)"을 시도하는 한에서 그래야 함을 명확히 밝혔다. 중국은 우선적으로 약화시키기에 초점을 맞출 것이다. "우리는 이익의 유지와 발전, 우리의 힘을 향상시키는 데… 외부의 저항과 압력을 줄이고 없애는 데 '유소작위'의 기초를 두어야 한다."[91] 그는 또한 약화시키기에 대해 분명하고 상세히 설명했다. "한 국가가 발전할수록 외부의 저항과 위험한 도전에 직면할 가능성도 커진다는 것을 알아야 한다. … 다양한 모순을 이용해 중국에 대한 외부에 있는 적대적 세력의 봉쇄를 저지하고, 그들의 전략적 압력을 최소화할 필요가 있다."[92]

마지막으로 후진타오는 도광양회가 주요한 이해관계에 대한 타협을 필요로 하며, 영토 문제에서도 개방성을 드러내는 언어를 사용해야 한다고 강조했는데, 몇 년 뒤에는 이 말을 뒤집었다. "특히 우리는 핵심 이익, 중요 이익, 일반적 이익을 구별하고 파악하는 데 주의를 기울여야 한다. 우리는 우선순위를 정하고, 초점을 맞추고, 할 수 있는 일을 해야 한다. … 전반적인 상황을 방해하지 않는 이슈에 대해서는 상호 이해와 적응을 이루어 장기적이고 더욱 중요한 국익을 지키고 발전시키는 데 노력을 집중시켜야 한다."[93] 도광양회의 일부로, 중국은 강압이나 질서

구축을 추진하지 않음으로써 이러한 이익들을 달성할 것이다.

### 도광양회 회의론자들

앞서 인용한 지도자들의 발언에서 보면, 미국에 대한 중국의 상대적 힘에 근거한 도광양회가 중국을 덜 위협적으로 만들고 봉쇄를 피하게 만든 대전략이었음은 분명하다. 일부 학자들은 이 견해에 동의하지 않는다. 일부는 아마도 정치적인 이유로, 다른 이들은 실질적인 이유 때문이다. 회의론자들은 두 형태를 취하고 있다. 하나는 이 구절이 중국의 힘에 근거한 일시적 전략임을 언급하지 않고 있다는 것이다. 다른 하나는 이것이 미국을 약화시키는 것과 연결되지 않았다는 것이다.

첫 번째 주장과 관련해, 소수의 중국 학자들은 도광양회가 전술적이거나 시간에 구속받는 도구적인 전략이 아닌 항구적인 전략이라고 말한다. 이 논쟁은 중국의 전략적·고진직인 문헌에서의 도광양회를 혼용한 데서 비롯되었다. 많은 경우에 "도광"과 "양회"는 떼어서 사용하든, 붙여서 사용하든 일반적으로 은자가 뒤로 물러나 은둔하면서 자신을 도덕적으로나 지적으로 발전시키는 것을 의미한다. 은퇴한 전직 외교부 부부장인 양원창은 이후에 서구를 대상으로 한 선전 매체인 〈차이나 데일리〉가 인용한 유명한 글에서 "조상들이 사용한 도광양회의 용례에 근거하면, 이 구절은 드러나지 않는 삶의 방식을 묘사했고" 전략적인 성찰이었으며, "임시방편의 전술"이 아니라고 말했다.[94] 그는 도광양회는 외부의 요소나 변수에 의해 결정되는 것이 아니므로 "좋은 시절과 나쁜 시절 모두에 적용될 수 있고" 그 나라가 약하든 강하든 적용될 수 있다고 주장한다.

그러나 월왕 구천의 고사가 보여 주는 것과 마찬가지로, 도광양회의 유래가 되었을 이 문학작품의 또다른 특징은 훨씬 전술적이며, 도광양회를 힘과 위협이라는 질문과 관련된 도구적인 전략으로 고려한다는 점이다. 도광양회를 이 이야기와 연결하는 것이 과장되더라도, 이러한 궁극적인 출처가 도광양회가 현재와 같은 정치적인 의미로 사용되는 유일한 결정 요인은 아니다. 실제로 앞에서 살펴본 지도자급 연설이 보여 주는 것처럼 덩샤오핑, 장쩌민, 후진타오는 모두 도광양회가 중국이 고수해야 하는 전략임을 분명히 밝혔는데, "국제적인 기준"에 비해 열악한 중국의 물질적 상황, 국제 세력 균형力量對比, 서구에 유리하게 형성된 개념적 상황, 서구의 헤게모니 등을 각각 그 이유로 들었다. 덩샤오핑 자신도 이것이 고정된 전략이 아니라고 말했다. 이 맥락은 양원창의 말과 달리 도광양회가 영원한 대전략이 아니며 도구적이고 시간에 한정된 것임을 보여 준다.

두 번째로, 어떤 이들은 이 전략이 영원하다기보다는 도구적이고 조건부라는 데 동의하지만, 이것이 미국에 초점을 맞춘다거나 더욱 광범위한 조직 원리를 이룬다는 인식에 대해서는 반박한다. 마이클 스와인Michael Swaine은 도광양회에 대해 이렇게 주장한다.

이 개념은 서구에서 중국이 미국의 세계적 지배에 도전할 준비가 될 때까지 저자세를 취하면서 때를 기다린다는 의미로 종종 오해된다. 실제로는 이 개념은 (군사적이 아닌) 외교 전략과 긴밀하게 연결되어 있으며, 중국의 분석가들은 중국이 국제적으로 긍정적인 이미지를 만들고 (제한적이지만) 구체적인 이익을 달성할 때, 의혹과 도전 또는 장기적으로 중국 국내 발전을 약화시킬 수 있는 책임을 피하기 위해 계속 겸손하게 몸을 낮추어야 한다는 경고로 보고 있다.[95]

도광양회를 공세적 전략이 아닌 방어적 전략으로 보아야 한다는 스와인의 주장은 옳다. 이 개념은 중국이 대항하고 상쇄할 동맹이 만들어지는 것을 피하면서 부상할 수 있게 하려는 의도를 가지고 있지만, 기본적으로는 미국과의 갈등을 지연시키려는 것이다. 첫째, 사실상 모든 중국 지도자들이 이에 대해 자세히 설명해 왔는데, 얼마나 오랫동안 도광양회를 따라야 하는지에 대한 조건은 암묵적으로 미국에 대한 중국의 상대적 힘에 달려 있음을 분명히 밝혔다. 실증적인 기록들은 도광양회가 소련의 붕괴 이후 미국의 위협이 커지는 와중에 등장했고, 글로벌 금융위기가 일어난 뒤 처음으로 공식적으로 수정되었다는 것을 보여 준다. 글로벌 금융위기가 일어났을 때 중국의 분석가들은 일극체제가 약화되고 있다고 보았다. 둘째, 도광양회가 외교적 원칙이라는 스와인의 주장과 달리, 중국 지도자들은 도광양회가 단순히 "외교 방침"이 아니라 모든 국정운영 기술의 상위에 있는 훨씬 광범위한 "전략 방침"임을 분명히 밝혔다. 셋째, 중국의 많은 저명한 싱크탱크 학자 및 평론가들은 스와인에 비해 도광양회에 훨씬 냉소적이다. 예를 들어 중국의 강경파 중 한 명으로 유력자들과도 인맥이 깊은 옌쉐퉁 교수는 이 경구의 많은 구절을 분석하여 이것이 기본적으로 미국의 위협에 초점을 맞추고 있다고 주장한다.

"우두머리로 나서지 말라"와 "낮은 기조를 유지하라"는 구절은 중국이 미국의 세계적 리더십에 도전하지 않을 것임을 밝힘으로써 중화민족의 위대한 부흥 노력과, 미국의 도전 받지 않는 지배력 사이에서 제로섬 게임을 피하려는 것이다. 이것은 중국이 세계적 강대국으로 부상하는 것을 봉쇄하는 데에 미국이 초점을 맞추는 것을 막는 데 도움이 될 것이다.[96]

많은 서구 전문가들은 때때로 중국 최고위 외교관이었던 다이빙궈가 2010년에 도광양회로부터 이탈하는 것을 약화시키려 했던 연설을 지적한다. 그러나 옌쉐퉁은 이에 동의하지 않으며, 그 개념은 미국에 대한 것이라고 강조한다. 그는 다이빙궈의 연설과 다른 많은 이들이 진정한 도광양회의 의미에 대해서 했던 주장은 '낮은 자세를 유지하는 것'에 대한 부정적인 함의를 줄이기 위한 것이며, 진정으로 받아들여서는 안된다고 공개적으로 인정한다.[97]

요약하면, 도광양회는 중국의 대전략을 위한 권위 있는 조직 원칙으로 존재해 왔다. 도광양회의 등장은 중국이 미국의 위협을 더 많이 인식하게 된 것과 긴밀한 관련이 있고, 중국이 이 원칙을 고수하는 것은 명백하게 미국과의 상대적 힘의 격차가 여전히 존재한다고 인식하는 조건 속에서 정당화되었다. 이데올로기 원칙을 전파하는 당 기관지, 그 원칙을 설정하는 지도자급의 연설 및 권위 있는 문건들에서 24자의 훈계는 "외교 방침"일 뿐 아니라 "전략 방침"으로 이름 붙여졌다. 이 방침은 당의 용어에서 단순한 정책보다 상위에 올라섰고, 높은 권위를 부여받았다.[98] 최종적으로 이 전략은 여러 연설들에서 미국과 중국의 주변국과의 대립 위험을 줄이고, 동시에 중국에 대한 외부의 압력을 최소화하고 중국의 행동의 자유를 확대시키려는 시도로 설명되었다. 이는 약화시키기와 일관된 내용이다.


## 수단-약화시키기를 위한 도구들

도광양회가 사실상 대전략이라면, 중국의 국정 수행의 다양한 도구들에 대한 암묵적 지침이 되어야 한다. 앞서 논의한 것처럼 장쩌민과 후진타오는 이 전략을 외부의 제약을 감소시키는 것과 관련된 전략으로 설명했는데, 이는 약화시키기와 부합한다.

이 전략의 원인이 된 3대 사건은 중국의 군사적·정치적·경제적 행위에서 조율되고 연관된 변화를 가져왔다.

첫째, 군사적인 면에서 세 사건과 그에 이은 전략적 조정은 중국이 약화시키기에 초점을 둔 군사 전략으로 전환하도록 강요했다. 1980년대 말, 중국 지도자들은 지역적 전쟁과 영토 분쟁으로 관심을 돌리고 있었다. 중국은 원거리의 해양 영토를 유지하기 위해 설계된 "해양 통제"에 초점을 맞춘 해군과 공군 구조에 대한 장기 계획을 시작했다. 그러나 미국이 위협이 되자 이 전략을 폐기했는데, 미군이 중국 근처 수역을 통행하거나 통제하는 것을 막기 위한 "해양 거부"에 초점을 맞춘 전략을 더 선호했기 때문이다. 덩샤오핑과 장쩌민이 여기에 직접 관여했고, 1993년에 이 전략은 중국의 새로운 "군사 전략 방침"에 포함되었다. 이 약화시키기 전략은 "비장의 무기"라는 뜻의 "샤서우젠杀手锏"을 필요로 했는데, 중국은 이를 전통적인 전력 면에서 우월한 미국에 대항할 수 있는 비대칭 무기로 정의한다.[99] 중국은 해양 거부에 막대한 투자를 했다. 세계 최대의 잠수함 함대와 기뢰 무기, 미국의 개입을 차단하기 위한 사상 최초의 대함탄도미사일을 구축했고, 심지어 다른 임무를 희생시키면서 해상 전투를 위한 사실상 모든 해상 전투원을 설정하기까지 했다. 이 모두는 "적이 우려하는 것은 무엇이든 개발한다"는 분명한 원칙 아래 진행되었다.[100] 동시에 미국을 약화시키는 데 도움이 되지 않는 해양 통제에 대한 투자는 지연시켰다. 항공모함, 해병대 합동 작전 능력, 기뢰 대책, 반잠수함 전쟁, 대공 전쟁에 대한 투자는 미뤘다. 이 또한 "일부 영역에서 따라잡지만, 다른 영역에서는 추격하지 않는다"는 공식 원칙 아래서 진행되었다.[101] 중요한 사실은 이 노력들이 도광양회와 관련되어 있었다는 것이다. 덩샤오핑은 중국의 힘이 커질 때까지 무기 생산에서 "도광양회"를 따라야 한다고 말했다. 그리고 10여 년 뒤, 중앙군사위원회 부주석 장완녠이 코소보에서 미국의 전쟁에 대한 불편한 두려움과 마주하게 되었을 때, 미국에 의한 "군사적 개입주의의 부상에 대응해 인민해방군이 해야 할 것은 우리의 방법이 도광양회"임을 기억하는 것이라고 재차 이야기했다.[102] 그는 이에 대해 자세히 설명했다. "군대로서, 이것은… '샤서우젠' 장비를 힘차게 발전시키는 것, 그리고 '적이 가장 우려하는 모든 것을 개발한다'는 원칙을 따르는 것을 의미한다."[103]

둘째, 정치적인 면에서 3대 사건과 전략 조정으로 중국은 지역 기구에 가입하는 데 대한 입장을 뒤집었다. 중국대사들의 회고록은 미국의 세력을 약화시키기 위해 중국이 기구들에 가입할 필요성을 세 가지 측면으로 분명히 설명한다. ① 기구들을 교착 상태에 빠뜨려 작동할 수 없게 만들기, ② 미국의 행동의 자유를 제약하기 위해 기구를 이용하기, ③ 이웃 국가를 안심시켜 미국이 주도하는 균형 동맹에 가입하지 않도록 기구를 이용하기다. 중국 당국은 태평양을 아우르는 경제 기구인 APEC이 서구의 가치를 확산시켜 중국에 해를 끼치거나, 심지어 아시아판 NATO(북대서양조약기구)가 될 수 있는 미국의 플랫폼이 될 것을 두려워했다. 아세안지역안보포럼ARF에 대해서도 똑같은 논리가 적용되었는데, 다자주의에 대한 최고위 자문들은 이 기구가 중국을 견제하거나 봉쇄할 것을 우려했다.[104] 그들은 이 모든 이슈에서 두 그룹이 기구화되는 것을 반대했고, 특히 미국의 군사작전을 제약하는 방식으로 기구의 규칙을 바꾸려 노력했다. 그렇더라도 이 시도들은 우두머리를 주장하지決不當頭 않는다는 도광양회의 원칙에 따라 이뤄졌다. 즉, 중국은 새로운 기구들을 주도해서 새로 만들려 하지는 않았다. 게다가 덩샤오핑은 도광양회가 끝날 때면 중국의 외교적 목소리가 커질 것이라고 말했다.

마지막으로, 3대 사건은 중국의 국제 경제정책도 새롭게 만들었다. 미국이 제재를 활용하고, 최혜국 대우MFN 지위를 박탈하겠다고 위협하며(이렇게 된다면 중국 경제는 큰 타격을 입을 것이다) 중국에 301조 무역 관세를 부과하자, 중국은 미국의 레버리지에 대해 중국이 취약하다는 새로운 우려를 하게 되었고, 이를 약화시키는 것에 노력의 초점을 맞추었다. 중국은 경제 제재를 깨는 데 집중했을 뿐 아니라, MFN 지위를 항구적인 것으로 만들거나 항구적인 정상 무역 관계PNTR로 만들어 안정시키려 했다. 이는 미국에 대한 중국의 의존을 최소화하는 것이 아니라, 미국이 경제적 힘을 자의적으로 사용하는 것을 줄이려는 것이었다. 중국은 미중 양자관계에서 PNTR을 추진했고, APEC과 WTO 협상의 레버리지도 활용했다. 중국은 WTO 가입도 추진했는데, 이것이 미국의 손을 더욱 제약할 것으로 기대했다.

우리는 이 세 영역에 걸친 중국의 약화시키기 시도들이 트라우마가 된 3대 사건과 어떻게 직접 연결이 되고, 미국의 힘을 약화시키기 위해 각각의 수단들이 어떻게 조정되었는지, 그리고 이 변화들이 어떻게 조율되었으며 이것이 중국 지도자들의 전략적 조정에 의한 변화임을 강하게 보여 준다는 것을 논의하기 위해 각각의 수단을 살펴볼 것이다.

# 4장

# 비장의 무기를 장악하기

군사적 약화시키기 실행

---

**"적이 가장 두려워하는 것이 무엇이든, 우리는 그것을 발전시킨다."**

— 장완녠 중앙군사위원회 부주석, 1999년

1999년 3월 27일 미 공군 대럴 젤코Darrel Zelco 중령은 세르비아의 코소보 알바니아인들에 대한 인종 청소를 중단시키려는 NATO 작전에 참여해 베오그라드 외곽의 표적을 명중시켰다. 젤코가 스텔스 기능이 있는 F-117A의 이탈리아 북부 아비아노 공군기지로 돌아가려 기수를 돌렸을 때, 아래쪽에서 구름을 뚫고 두 개의 밝은 점이 그를 향해 올라오는 것을 발견했다. 각각의 점은 음속의 세 배 속도로 날아오는 미사일이었다. 그것은 졸탄 대니Zoltan Dani가 지휘하는 세르비아 방공 부대에서 발사된 것이었다.[2]

대니의 부대는 1960년대 초 소련 시대의 구식 장비로 무장하고 있었지만 창의적인 전술로 이를 만회했다. 그는 자신의 부대가 미국의 대방사 유도탄(적의 레이더에서 발사되는 전파 신호를 따라 레이더에 접근해 파괴하는 유도탄)에 매우 취약하다는 것을 알고 있었다. 사격 통제 레이더를 1초라도 더 켜 놓는다면 미국의 대방사 유도탄이 그의 포대로 곧장 날아들 것이었다. 이것은 이라크 공군 방공 부대가 제1차 걸프전쟁에서 배우는 데 실패한 교훈이었다. 대니는 사격 통제 레이더 한 발을 쏘는 20초 동안 켜 두고, 미사일 타격을 피하기 위해 90분 안에 다른 곳으로 이동시켰다. 미국의 미사일을 유인하는 미끼 레이더를 만들고, 목표물을 인식하기 위해 저주파 레이더를 이용하고, 미국 전투기가 지상 폭격 임무를 완수한 이후에만 미국 전투기를 공격하게 했다. 이 전술 덕분에 전쟁 중 그의 부대는 20여 발의 NATO 미사일로부터 살아남았다. 그리고 9월의 그날 밤 그들은 역사를 만들 기회를 제공했다.[3]

대니의 미사일은 나이트호크 전투기를 파괴했고, 탈출한 젤코는 미군에 의해 구출되었다. 이 공격은 세계를 경악시켰다. 오랫동안 사실상 보이지 않는 존재로 여겨졌던 세계에서 가장 스텔스 기능이 뛰어난 전투기가 세계에서 가장 낡은 방공 시스템에 의해 격추된 것이다. 이 낡은 시스템은 당시 중국의 시스템과 전혀 다르지 않았다.

거의 5,000마일 떨어진 곳에서 중국군은 이 사건을 비상한 관심을 가지고 바라보았다. 당시 중앙군사위원회 부주석이던 장완녠은 NATO의 작전과 세르비아의 창의적인 저항에 대한 보고서를 사흘 안에 신속하게 작성해 장쩌민 주석에게 보고했다. 이 보고서에서 장완녠은 "유고슬라비아 군대는 첨단 기술의 조건에서 열등한 장비를 가진 군대가 어떻게 우월한 장비를 가진 군대를 격퇴할 수 있는지에 대해 우리 군대가 유용하게 참고할 지점을 제공했다"고 강조했다.[4] 비대칭 무기에 대한 중국의 관심을 보여 주는 신호로서뿐 아니라 특히 미국의 능력을 약화시키려는 근본적 관심의 신호로서, 장완녠은 긴급 보고서로 표시하고, 장쩌민 주석이 읽기를 촉구하는 개인적인 메모를 첨부했다.[5] 얼마 뒤 열린 고위급 회의에서, 장완녠은 세르비아 사례 연구는 중국을 방어하는 데 매우 도움이 된다고 분명히 이야기했고, 이후 이 메시지를 인민해방군 전체에 배포했다. 장완녠은 "NATO 공습은 첨단 무기의 특징과 규칙들을 반영하고 있다"고 인정했지만 "세르비아의 저항은 우리에게 많은 영감을 준다. 우리는 이를 참고해 우월한 적과의 군사적 충돌에 대비해야 한다"고 말했다. 우월한 적은 미국을 가리킨 것이다.[6]

미국의 능력을 격퇴하는 데서 세르비아가 제공한 "영감"에 대한 장완녠의 긴급 메모는 톈안먼 광장과 이후의 걸프전쟁, 소련 붕괴의 여파로 중국이 미국의 군사력을 약화시킬 새로운 군사 전략을 찾기 시작한 지 10년 뒤에 작성된 것이다. 이 장에서는 그 시도에 대해 살펴보려한다. 세 사건이 일어나기 이전 1980년대 말, 중국 지도자들은 지역 전쟁과 영토 분쟁에 관심을 기울였고, 원거리 해양 영토를 유지하기 위한 목적으로 **해양 통제**에 초점을 맞춘 해군과 공군 구조에 대한 장기적인 계획을 세우기 시작했다. 그러나 미국이 위협이 되자 중국은 미군이 중국 근해를 통과하거나 통제하는 것을 막으려는 **해양 거부**에 유리한 전략으로 수정했다. 덩샤오핑과 장쩌민이 직접 관여했고, 1993년에 이것이 중국의 새로운 "군사 전략 지침"에 들어갔다. 이 약화시키기 전략은 중국이 재래식 전력에서 우월한 미국에 대항할 비대칭 도구라고 규정한 "비장의 무기", 즉 "샤서우젠"을 필요로 한다.[7] 중국은 해양 거부에 막대한 투자를 했다. 세계 최대 규모의 잠수함 함대, 최대의 기뢰 무기, (미국의 항공모함을 위협하는 것이 주 목적인) 최초의 대함탄도미사일을 건설하기 시작했고, 다른 임무들을 희생하면서 대 해상 전투를 위한 사실상 모든 해상 전투원을 설정하기까지 했다. 이렇게 해서 비대칭적 해군과 많은 군사 전문가들이 반접근/지역 거부(A2/AD)라고 부르는 복잡한 능력을 구축했다. 이 모든 것은 "적이 두려워하는 것은 무엇이든 개발한다"는 분명한 원칙 아래 진행되었다. 동시에 중국은 미국을 약화시키는 데 도움이 되지 않는 해양 통제에 대한 투자는 지연시켰다. 항공모함, 해병대 합동 작전 능력, 기뢰 대응, 반 잠수함 전력, 그리고 반공 전투에 대한 투자는 미뤘다. 이것도 "일부 분야에서 따라잡지만 다른 분야에서는 따라잡지 않는다"는 공식 원칙 아래서 진행되었다.

중요한 사실은 이러한 시도들이 도광양회와 연결되어 있다는 것이다. 덩샤오핑은 중국의 힘이 강해질 때까지 무기 생산에서 도광양회 원칙을 지켜야 한다고 말했다. 코소보에서 미국의 전쟁을 관찰한 장완녠 또한 미국에 의한 "군사적 개입주의의 부상에 대응해 인민해방군이 해야 하는 것은 우리의 방법은 도광양회임을 기억하는 것"이라고 다시 강조했다. 이어서 "군사적으로 이것은… 비장의 무기를 적극적으로 개발하고 '적이 가장 두려워하는 것은 무엇이든 우리가 개발한다'는 원칙을 따르는 것"이라고 말했다.[8]

이 장은 세 부분으로 나뉜다. 첫째, 중국의 군사적 행동에 대해 여기서 제안하는 설명과 대조되는 대안적인 설명을 나열한다. 둘째, 중국의 회고록, 선집, 글, 이론 자료들을 이용해 3대 사건 이후 중국의 군사 전략이 미국의 군사력을 약화시키는 데 초점을 맞추고 있음을 보여 준다. 셋째, 중국이 미국을 약화시키기에 초점을 맞췄기 때문에 이 시기에 이런 식으로 군사적 투자를 했음을 보여 주기 위해 중국의 행동을 분석한다.

# 군사 전략 설명하기

중국이 군사적 투자를 하는 이유에 대해 우리는 두 가지 방법으로 통찰을 얻을 수 있다. ① 권위 있는 문서들을 활용해 정책 결정 과정을 분석하는 것, ② 그 행동을 가장 잘 설명하는 것이 무엇인지 시험해 보기 위해 중국의 군사적 투자와 활동의 유형을 분석하는 것이다.

군사적 투자를 연구할 때 적어도 4가지 중요한 지표가 있는데, 그 지표들 내부의 차이, 지표들 간 차이와 다른 나라들과의 비교를 활용해 중국의 행동에 대한 어느 이론은 배제하고, 다른 이론은 입증할 수 있다. 여기에는 ① 획득, 즉 중국이 무엇을 언제 획득했는지, ② 원칙, 즉 어떻게 싸워야 할지에 대해 중국이 채택한 제도화된 원칙, ③ 병력 배치, 즉 중국이 어떻게 어디에 군을 배치하는지, ④ 훈련, 즉 중국이 어떻게 그리고 어떤 종류의 분쟁에 맞서 싸울 준비를 하는지 등이 포함된다.[9] 이 지표들과 중국의 주요 문서들을 살펴보면 중국의 군사적 투자를 설명하는 대립하는 이론들을 시험해 보는 데 도움이 된다.

이 대립하는 이론들은 무엇인가? 첫 번째 설명은 **확산**diffusion이다. 이것은 국가들이 세계 최강국의 능력을 모방할 것이므로 중국군도 대체적으로 미국의 군사적 구조와 행위를 모방할 것으로 추정한다.[10] 두 번째 설명은 **수용**adoption 능력 이론이다. 이것은 비용이 너무 많이 들거나 조직적으로 복잡하기 때문에 중국이 미국의 모든 행위를 모방할 수 없다고 가정한다. 따라서 중국의 투자는 중국이 수용할 수 있는 것에 따라 결정된다는 것이다. 이 두 이론은 국가에 무엇이 공급될 수 있는지에 초점을 맞추지만 군사적 투자는 종종 수요, 즉 국가가 무엇을 원하는지가 중요하다.[11] 수요에 초점을 맞춘 세 번째 설명은 중국의 **관료주의 정치**—당과 군 관리, 육군과 해군, 또는 해상 전투 장교들과 잠수함

사이의 내부 갈등—가 중국의 군사적 투자를 설명한다는 것이다.[12] 대조적으로, 수요에 초점을 맞춘 또 다른 이론은 국익을 지역적 이익의 상위에 둔다. 바너드칼리지의 킴벌리 마르텐 지스크Kimberly Marten Zisk 교수의 주장처럼, 군대는 "종종 국내 정치에서 자신의 조직적 이익에 관심을 둘 뿐만 아니라 외부의 위협으로부터 국가 안보의 이익을 지키는 것에 관심을 가진다."[13] 이를 중국에 적용하면, 이 방법은 중국의 군사적 투자에 대한 네 번째와 다섯 번째 설명으로 이어진다. 이 두 설명은 안보 환경에 대한 중국의 인식에 초점을 맞춘다. 네 번째 이론은 이 장에서 지지하는 것으로, 중국의 군사적 투자는 이 지역에서 미국의 군사적 개입의 위협으로 가장 잘 설명되며, 중국이 반접근/지역 거부 능력을 통해 미국의 군사적 개입을 약화시키려는 의도를 가지고 있다는 것이다. MIT의 테일러 프라벨Taylor Fravel 교수와 미국해군대학원의 크로스토퍼 투메이Christopher Twomey 교수가 제안한 다섯 번째 이론은 중국의 군사적 투자가 대만과 남중국해, 동중국해, 심지어 러시아, 인도, 한반도와의 분쟁에 초점을 맞춘 여러 군사 작전에 대비하는 데 중점을 두고 있다는 것이다. 이 견해에서 보면, 지역 자체가 중국의 우선적인 초점이며, 미국은 부차적이다.[14]

이 장과 8장은 네 번째와 다섯 번째 이론을 지지하는데, 어떤 이론이 옳은가가 아니라 각 이론이 언제 옳은가가 중요하다는 것을 보여준다. 네 번째 이론은 약화시키기에 부합하는데, 3대 사건 이후의 중국의 전략을 설명한다. 다섯 번째 이론은 사실상 약화시키기와 병행하는 것으로, 2008년 글로벌 금융위기 이후 더욱 자신만만해진 중국이 지역의 우발 사태에 대비할 능력을 공공연하게 추구하는 상황에 가장 잘 적용된다.

이들 다양한 이론을 시험해 보기 위해 군사적 투자에 대한 중국의 담론을 집중적으로 살펴볼 것이다.

## 중국의 군사 자료들

중국의 군사적 회고록, 발표문, 이론 자료들은 1989년 말 이래 중국이 미국과의 갈등을 가장 중요한 군사적 도전으로 규정했음을 보여 준다.[15] 이 부분은 ① 톈안먼 광장, 걸프전쟁, 소련의 붕괴 이후 중국 전략에 변화가 일어났다는 것을 보여 주고, ② 비대칭적인 무기 투자를 상징하는 논쟁적인 용어인 "샤서우젠", 즉 "비장의 무기"에 대한 담론을 분석함으로써 미국에 초점을 맞춘 중국의 비대칭적 약화시키기 전략의 등장을 설명하고, ③ 대안적인 설명을 간단히 살펴본다.

### 전략의 변화

1980년대에 소련은 중국 국방 계획 작성자들이 모든 이목을 집중하는 위협이었다. 그러나 1980년대 말 긴장이 점진적으로 감소하면서, 중국 지도자들은 지역 내 전쟁에 더 구체적으로 관심을 기울이게 되었다. 예를 들면 1985년 덩샤오핑은 공식적으로 중국의 전략적 전망을 바꾸고 소련과는 더는 임박한 지상전이나 핵전쟁의 위협이 없을 것이라고 선언했다. 이러한 전략적 사고의 변화에 따라 해군의 업무와 해양 영유권 분쟁에 점진적으로 초점을 맞추면서, 1986년에 중국 해군은 "해안 방어coastal defence"에서 "연안 방어offshore defense"로 전략을 전환했다.[16]

중국 안보 전략에서 나타난 이러한 궤적은 오래 지속되지 않았다. 이후 톈안먼 광장, 걸프전쟁, 소련 붕괴라는 3대 사건이 중국의 안보 전망을 바꿨고, 이웃 국가들과의 지역(특히 해양) 분쟁보다는 미국의 위협으로 시선을 돌렸다. 회고록, 전기, 선집과 중국 시스템에서 총서기 다음가는 군 관련 최고 지위인 중앙군사위원회 부주석의 에세이는 중국의 군사 전략이 왜, 어떻게 변화하는지에 대한 통찰을 제공해 준다. 사실상 모든 중앙군사위 부주석들은 3대 사건을 군사 전략의 변화 원인으로 든다.

1993년, 당시 중국 최고위 군사 관리이자 중앙정치국 상무위원회에서 일한 마지막 군부 출신이었던 류화칭은 그해에 채택한 중국의 새로운 군사 전략 방침을 설명하는 권위 있는 글을 발표했다. 앞의 설명처럼, 류화칭은 중국 군사 전략을 변화시키는 광범위한 원인을 명백하게 열거했는데, 바로 소련 붕괴와 걸프전쟁이다. 그는 소련 붕괴와 관련하여 "양극 체제가 끝났고… (그러나) 패권주의와 권력정치는 역사의 무대에서 아직 내려오지 않았다"며 여전히 이에 반대해야 한다고 했다.[17] 여기서 패권주의와 권력정치는 미국을 언급한 것이다. 그는 또한 "평화의 배당금은 없을 것이다. 냉전 동안 가려져 있던 갈등과 분쟁들이 (이제) 날카로워졌기 때문이다"라고 말했는데, 이는 냉전 시기에 소련에 초점을 맞추면서 약간 완화되었던 대만 문제 등에 대한 중-미 분쟁을 언급한 것이다. 이런 이유로 "우리는 지금을 평화의 시기라고 할 수 없다. 따라서 말이 남쪽의 산에서 풀을 뜯게 하고, 칼과 총을 창고에 두고, 경제가 발달한 이후에 군 현대화를 이룰 수 있다"고 주장했다. 걸프전쟁에 대해서는 "우리(중앙지도부)는 걸프전쟁을 중요하게 연구해 왔다"고 그는 썼다. "지난 몇 년 동안 제한적인 전쟁, 특히 걸프전쟁은 많은 독특한 특징을 보여 주었다." 그리고 이런 점에서 "우리는 걸프전쟁이 군사 전략을 조정할 필요를 보여 준 특별한 분쟁이었다는 것을 짚고 넘어가야 한다"고 그는 강조했다.[18] 중국의 관점에서, 걸프전쟁은 미국의 첨단 기술 무기들이 중국의 구식 군대에 두려운 미래를 보여 준 전략을 변화시킬 촉매였다. 뒤에서 이를 훨씬 자세하게 다룰 것이다.

중앙군사위원회의 다른 세 명의 부주석인 장전, 장완녠, 츠하오톈도 각각 소련 붕괴와 걸프전쟁, 미국 패권주의의 위험이 중국 군사 전략에 중요한 변화를 일으켰다고 확인했다. 그들은 1990년대 초 중앙군사위원회의 여러 회의에서 이것이 주요한 주제였다고 회고했다. 장전은 "냉전 구조의 종말과 첨단 기술(무기)의 발전이 주요한 변화였고, 이에 따라 중국 군사 전략 방침의 조정이 요구되었다"고 말했다.[19] 장완녠도 이와 비슷하게, "양극 세계 구조의 해체와 첨단 무기에 의한 전쟁이라는 새로운 변화는 중국공산당 중앙군사위원회가 대응해야 할 전략적 배경이 되었고, 중앙군사위는 새로운 전략 방침을 마련하기로 결정했다"고 말했다.[20] 츠하오톈도 1991년 연설에서 이들 요소를 언급했지만 톈안먼 사건 이후 미국의 이데올로기적 위협과 제재, 봉쇄에도 초점을 맞췄다. "험악하고 불안정한 국제 정치 환경을 고려하면 국제적인 교류와 봉쇄, 협력과 견제가 공존하는 상황에서 우리는 이 새로운 시기의 군사 전략을 공들여 이행해야 한다."[21] 이들 장성들은 모두 냉전의 종식에도 불구하고 "새로운 형태의 패권주의가 등장했다"면서, 이것이 중국과 대만의 통일을 위태롭게 할 것이라는 데 동의했다.[22] 군 외부에서도 이런 주제의 일부가 공감을 얻었다. 3대 사건 이후로 분위기는 매우 긴장되어 보수주의 선동가인 허진이 쓴 기묘한 메모가 중앙군사정치국에서 회람될 정도였다. 허진은 이 시기에 잠깐 리펑 총리의 외교정책 자문이 되어 외사영도소조 사무실에서 근무하기까지 했다. 허진의 메모는 중국 본토가 미군 공습의 대상이 될 수 있으며 "중국을 고립시키고, 봉쇄하고, 내부 혼란을 부추겨 궁극적으로 중국을 민주화시켜 무해하게 만들려는 것이 미국이 일관되게 지속적으로 추진하는 전략 목표였고 앞으로도 그럴 것"이라고 주장했다.[23] 이런 글을 쓴 사람이 잠시나마 정책 결정에 참여했다는 것은 그 시대를 보여 주는 상징이다.

종합하면, 이 자료들은 중국의 군사 전략이 변하고 있음을 보여 준다. 이제 그것이 어떻게 변했는지를 살펴볼 것이다.

### 약화시키기 전략

3대 사건 이후 몇 년 동안 중국의 전략은 미국의 힘을 약화시킬 비대칭 무기를 개발하는 데 집중되었다. 그에 맞춰 고위급 문서와 이들 회의의 기록들을 통해 전략 조정의 과정을 재현할 수 있는데, 모두 ① 중국이 미국의 첨단 무기의 위협을 받고 있다고 믿었고, ② 이 위협에 대응할 "샤서우젠", 즉 "비장의 무기"를 이용하는 비대칭적 방법이 필요하다고 믿었다는 것을 보여 준다.

"샤서우젠"은 종종 단순한 레토릭으로 여겨진다. 이 말은 로맨스나 스포츠 칼럼에도 등장하여 영어 표현에서 'silver bullet(악마를 쫓는 총알, 특효약)'과 같은 비유적 의미를 가진 것처럼 보인다.[24] 그러나 역사적 맥락에서 "'샤서우젠'은 고대 중국의 민간 설화에서 매우 강력하고 사악한 적을 물리치기 위해 이 마법의 물건을 사용한 데서 유래했다."[25] 이 시기의 군사적 맥락에서 이 용어는 특별한 것을 의미했는데, 첨단 기술로 무장한 적을 패배시킬 수 있는 비대칭적 무기 및 능력과 동의어다.

군 현대화에 대한 연설에서, 최고 지도자 장쩌민은 중국은 "선진국들을 겨냥해 최대한 신속하게 승리를 거둘 수 있는 데 적합한… 자신의 정교한 비장의 무기를 개발할 필요가 있다"고 말했다.[26] 마찬가지로 인민해방군 총참모장이자 중앙군사위원회 위원이었던 푸취안유傅全有 상장은 "열악한 장비로 더 나은 장비를 가진 적을 이기기 위해 우리는… 고품질의 샤서우젠 무기에 의지해야 한다"고 썼다.[27] 최근에는 시진핑이 기술에 대한 연설에서 "샤서우젠"을 비대칭적인 것으로 분명히 정의했다.[28] 전직 미 국방부 관리였던 마이클 필스버리Michael Pillsbury 등 일부 학자는 이 용어가 1990년대 말에 등장했다고 주장하지만, 지금 접근 가능한 중국 자료들은 이 용어, 그리고 이 용어와 관련된 비대칭 전략이 1990년대 초에 이미 등장했음을 보여 준다.[29]

### 걸프전쟁, 군사전략 그리고 샤서우젠

비대칭 전략에 대한 관심은 3대 사건이 일어난 직후 시작되었다. 특히 걸프전쟁은 어떤 군사 기술이 중국에 위협적이고, 어떤 것이 미국에 대해 유용할지 명확히 보여 주었다. 이러한 교훈은 1993년 중국의 군사 전략 방침에 포함되었고, 다음 장들에서 살펴볼 것처럼 중국의 군사적 투자에도 반영되었다. 이 전략의 일부로 중국은 "열악한 쪽이 우월한 쪽에 승리할 수 있도록" 해 주고 "적이 가장 두려워하는 것으로 구성되고, 트럼프 카드와 장기판 위의 말처럼" 운용되고, "강력한 적을 억제할 능력이 있는" 무기를 개발하고자 노력했다. 이들 무기를 개발하기 위해 중국은 취약한 항공모함과 해상 선박에 대한 군사적 투자를 늦춰야 했는데, 대신 "모든 분야에서 따라잡지는 않더라도 일부 분야에서는 따라잡기로" 결심했다.

걸프전쟁을 계기로, 중국 지도자들은 이라크가 중국과 비슷하거나 어떤 면에서는 더 우수한 장비를 가지고 있음을 알게 되었다. 그들은 이라크가 중국의 "현대적인 조건에서의 인민 전쟁"과 같은 것을 해내어, 그라나다, 리비아, 파나마에서 미국이 쉽게 개입했던 것과 달리 장기적인 지상전으로 끌어들여 정치적 패배를 안길 것으로 기대했다.[30] 그러나 미국이 현란한 승리를 거두자 경악한 중국 지도부는 이라크의 패배와 중국이 미국과 제한적인 분쟁을 벌일 경우 겪을 운명 사이에 두려운 유사성이 있다고 판단했다. 걸프전쟁에 대해 논의하기 위해 소집된 고위급 학습 모임에서 츠하오톈은 "이라크군은 공습에 완전히 수동적이었을 뿐 아니라, 지상전에서도 너무 빨리 그리고 너무나 처참하게 패배했다"면서, "예측하지 못한" 상황이었다고 인정했다.[31] 중국의 인사들은 걸프전쟁이 미국의 "전 세계 패권주의"의 사례이며, "미국은 중국을 비롯해 전 세계를 지배하려 한다"고 공개적으로 썼다.[32] 장완녠이 말한 것처럼, "걸프전쟁 이후 첨단 기술의 지역 전쟁이 부상했다. 그리고 중국을 비롯해 모든 주요 국가는 군사 전략을 조정해야 했다."[33]

군사 전략 조정을 위해, 중국은 걸프전쟁이 끝나자마자 일련의 연구에 착수했다. 1991년 3월 중앙군사위원회는 이 전쟁을 재검토하기 위해 모였다. 당시 당 총서기이자 중앙군사위 주석이던 장쩌민이 직접 관여했는데, 특히 군사작전의 측면에서 학습하는 데 곧 중국의 최고 지도자가 될 인물이 직접 참여했다는 것은 주목할 만하다. 이는 중국의 군사 전략 조정이 최고위 수준에서 진행되었다는 것을 보여 주는데, 다른 설명들도 장쩌민이 직접 개입했다는 사실을 확인해 준다. 츠하오톈의 전기는 장쩌민이 개인적으로 걸프전쟁에 큰 관심을 보였고, 총참모부에 전쟁의 특징과 전시 법규들을 연구하고 새로운 작전 유형을 조사하고, 미국이 작전에서 보여 준 첨단 기술 전쟁에 대응하기 위한 대책을 제안하도록 지시했다고 언급하고 있다.[34] 이 시기에 장쩌민과 긴밀하게 일했던 장전은 회고록에서 "걸프전쟁이 발발한 뒤 장쩌민은 이 전쟁의 과정을 유심히 관찰하며 그것에서 나타난 현대 전쟁의 발전에 관심을 보였다. 그는 개인적으로도 많은 군사 세미나에 참여했다"고 썼다.[35] 장쩌민은 일상적으로 "첨단 기술 조건하의 작전을 연구하도록 지침"을 내놨고 "새로운 시기의 군사 전략을 형성하기 위한 준비"에 대해 제안을 하기도 했다.[36]

총참모부는 또한 1991년 초에 걸프전쟁 연구 회의를 열었는데, 츠하오톈의 연설은 그 회의의 주요한 결론을 보여 준다. 그는 걸프전쟁은 미국이 힘을 드러낸 것이며, "세계의 힘의 균형"이 유리하지 않음을 시사한다고 언급했다.[37] 이라크의 패배는 중국이 "걸프전쟁의 교훈과 경험을 진지하게 연구하고, 그로부터 국방과 군사적 건설을 강화하는 데 유용한 영감을 얻을 필요가 있음을 의미한다."[38] 츠하오톈은 중국이 심각한 위기에 직면하였고, 이것은 긴급한 임무라고 말했다. 그는 아르헨티나와 이라크와 같은 나라들이 더 첨단 기술 무기를 가진 서구 세력에 패배한 것을 언급하면서, 이 분쟁을 중국이 처한 긴박한 상황과 연결 지었다. "분쟁의 결과는… 더 약한 국가들이 타국의 통제를 받게 되고, 패배하고, 모욕을 겪고, 예속과 파괴를 겪기까지 한다는 것을 보여 준다."[39] 츠하오톈은 계속해서 말했다. "이것은 역사가 수없이 증명해 온 교훈이다. 그러나 더 괴로운 현실(걸프전쟁)은 이 교훈을 다시 우리 바로 앞에 가져다 놓았다. 이를 우리의 상황과 연결해 보면 우리는 긴급함을 가져야만 한다."[40]

츠하오톈의 연설은 이 우려스러운 상황에 대처하기 위해 중국이 첨단 기술 아래서 더욱 강력한 적수를 격퇴하기 위한 방법을 찾아야 한다고 제안한다. 츠하오톈은 이라크가 이러한 비대칭 전략을 적용하는 데 실패했으며, "열악한 무기를 가진 국가들이 더욱 강력한 국가를 효과적으로 격퇴하려면 그에 맞는 계획이 필요하다는 것을 다시 한번 깊이 느꼈다"고 말했다. 그는 계속해서 "(더 우월한 적수와 상대할) 진정으로 효과적인 방법은 여전히 마오 주석의 말처럼, 당신은 당신 방식대로 싸우고, 나는 나의 방식대로 싸우는 것이다. 즉, 당신은 당신의 첨단 무기를 가지고 싸우고, 나는 나 자신의 열악한 장비를 가지고 당신의 방식에 대응한다"[41]고 덧붙였다. 이 오래된 마오주의 콘셉트는 첨단 기술 조건에 맞춰 수정될 필요가 있는 "인민전쟁"과 함께 종종 논의되고 중국의 군사 방침에 포함되었다. 츠하오텐은 다음과 같이 말했다.

전술적으로, 인민전쟁을 이용하는 것을 포함해 적의 전술을 격퇴하기 위해 열세인 장비를 사용하는 것과 관련하여 우리는 연구와 증명에 많은 노력을 기울여야 한다. 우리 국가의 조건과 군사적 상황에서 우리의 약점은 감추고 힘을 드러내고, 약점을 노출하는 것을 최소화하고, (그리고) 상대의 약점을 공격하는 우리만의 특징을 가진 방법을 만들어야 한다. 이것이 우리의 일상적인 군사 방침이 의식적으로 주의를 집중하고 앞에 놓인 전략적 문제들을 해결하기 위해 연구해야 하는 것이다.[42]

츠하오텐이 정리한 것처럼 그 목표는 "우리의 첨단 기술 장비를 개발해, 그것으로 상대가 무모한 일을 하지 않게 만들고, (미국처럼) 첨단 기술을 가진 적으로부터 강압을 당하지 않게 하려는 것"이다. 걸프전쟁 단체 학습의 첫 회의가 열리고 몇 달 뒤에 총참모부는 분석 결과를 요약한 〈걸프전쟁 학습 보고서〉를 내놓았다. 츠하오텐에 따르면, 이 보고서는 "첨단 기술의 우위를 가진 적을 상대하기 위해 가지고 있는 장비를 어떻게 활용할지에 대해 광범위하고 심층적인 연구"를 담고 있는데, 물론 미국이 이럴 가능성이 있는 유일한 대상이다.[43] 몇 달 뒤 총참모부는 중국의 새로운 군사 전략 방침에 대한 제안을 담은 보고서를 출간했다.[44]

중국의 전략이 1991년과 1992년에 초점을 맞추기 시작하면서, "샤서우젠"이란 용어가 중국 정치 제도의 최고위층에서 논의된 것으로 보인다. 장전에 따르면, 덩샤오핑이 "우월한 적의 장점을 극복"하려는 맥락에서 샤서우젠 무기의 개발을 직접 요구한 것으로 알려졌다.[45] 중앙 군사위원회와 중앙정치국 상무위원회를 상대로 한 중국의 새로운 군사 전략 방침에 대한 1992년 고위급 연설에서 장완녠은 미국만이 진행할 수 있는 전쟁인 "첨단 기술 상황의 지역 전쟁과 무력 분쟁에 대응하기 위해" 샤서우젠 무기를 개발할 것을 요구했다.[46]

1992년 12월 장쩌민은 새로운 군사 전략 방침을 최종적으로 마무리하기 위해 이틀 동안 열린 중앙군사위원회의 "군사 전략 논단"에 적극적으로 참여했다.[47] 장전은 미국의 위협을 언급한 연설에서 이 새로운 전략에 대한 토론을 요약했다. 그는 "외세의 침공으로 고통을 겪은 근대 중국의 역사를 되돌아보면서" 이를 "(미국 지배) 패권주의의 새로운 특징"과 연관 지었다. 그리고 이것이 국방 업무의 중심이 될 것이라고 말했다.[48] 걸프전쟁은 "장거리 공격 능력의 정확도가 분명하게 향상"되었고, "장거리 정밀 타격이 (전장의) 최대한 깊은 지점에 있는 목표물까지 파괴할 수 있다는 것"을 보여 주었다.[49] 그는 작전 영역에서 "인민 전쟁의 전략과 전출이 새로워져야 한다"고 주장하면서 비대칭 전략을 암시했고, 수정된 전략에서 중국은 "적의 전체 시스템의 약점과 급소에 집중해야 한다"고 말했다.[50] 몇 번의 중앙군사위 최종 회의와 총참모부의 보고서에 이어 1993년 1월 새로운 방침이 승인되었는데, "첨단 기술 조건에서 지역 내 전쟁에 대비하는 데" 중점을 둔 내용이었다.[51] 오랜 작업 끝에 마침내 중국의 전략이 공식적으로 조정되었다.

1993년 공개된 새 방침은 계획 단계의 회의들에서 논의된 미국 등 첨단 기술을 가진 적수에 집중하는 비대칭적 방안이 최종 정책에 반영되었음을 보여 준다. 이 방침을 설명하는 긴 글에서, 류화칭은 중앙 지도부의 결론을 다시 강조했다. "우리의 관점은… 어떤 첨단 무기 시스템에도 약점이 있으며, 우리는 그것을 극복할 방법을 언제나 찾을 수 있다는 것"이며 "(과거의 전쟁에서) 우리 군은 장비가 열악했음에도 더 나은 장비를 가진 적에게 승리했다. 이 훌륭한 전통은 미래의 첨단 기술 전쟁에서도 여전히 중요한 역할을 할 것이다."[52] 그는 분명히 미국을 염두에 두면서 "패권을 추구하는 국가들에서 군대의 현대화는 주로 장거리 공격용 무기를 개발하는 데 기반하고, 전 세계적 전투 작전을 수행하는 것을 목표로 한다"고 썼다.[53] 류화칭은 걸프전쟁이 첨단 무기의 위험뿐 아니라, 그것을 비대칭적으로 어떻게 격퇴할 수 있는지도 보여 주었다고 지적했다. 또한 오래된 마오주의의 비대칭적 방법에 대해 "새로운" 전환이 필요하다고 강조했다. "특히 더 우위의 장비를 보유한 적을 격퇴시키기 위해 열세의 장비를 활용하는 새로운 전술을 연구해야 한다."[54] 류화칭은 비대칭적 노력을 진행하지 않으면 "중국과 전 세계 첨단 기준 사이의 격차가 점점 더 커질 것"으로 우려했다.[55]

## 전략적 트레이드오프와 샤서우젠

　　이러한 새 전략이 적절하게 실행되도록 하기 위해 류화칭은 중국이 트레이드오프(두 정책 목표 가운데 하나를 달성하기 위해 다른 쪽을 희생하는 것)를 할 것이라고 밝혔다. 그는 1993년 군사 전략 방침에서 (예를 들면 인도, 베트남, 러시아 또는 새롭게 독립한 중앙아시아 국가들과의) 육상 분쟁에 대해서는 국방 투자를 집중하지 않겠다고 언급한다. 아마도 육군 병력을 강화하기 위해 300만 육군을 강조하기는 했지만, 다른 분야의 사업에 더욱 주의를 집중할 필요가 있다는 것이다. "해군과 공군력을 발전시키고, 기술적인 무기를 만드는 데 우선순위를 두어야 한다. … 해군과 공군의 현대화를 우선해야 한다."[56] 핵심 분쟁인 대만을 비롯해 중국의 주요 영토 분쟁들은 모두 미국과 관련된 해양 요소들을 포함하고, 따라서 해양 방면으로 강조점을 두고 있다. 뒤이은 자료들은 미국을 더욱 분명하게 강조했는데, 장완녠은 "새로운 전략 방침은 전략의 방향과 중국이 마주하게 될 전투 상대를 확정했다"[57]고 문맥상 미국이 그 대상임을 다시 한번 강조하고 있다.

이에 대한 준비에는 비용이 많이 들 것이다. 중국의 군사 전략 방침에 대한 류화칭의 주장은 중국이 모든 분야를 현대화할 수는 없다고 강조한다. "군사 분야에 쓸 돈은 제한적이므로… 장비와 기본 건설에 들어가는 돈은 사실상 매우 적다. 이런 조건에서 우리는 제한된 돈을 가능한 한 가장 적절하게 사용해야 한다."[58] 필요한 것은 일종의 우선순위를 정하는 것이다. "중국의 조건으로부터 진전시켜야 하며, 모든 것을 첨단 국제기준과 비교할 수는 없다." 중국 최고 지도자는 이 결정에 직접 개입했는데, 장성들은 샤서우젠을 만들려는 노력이 "장쩌민의 직접적인 감독하에" 이뤄졌다고 언급한다.[59] 장쩌민은 10년이 넘는 기간 동안 많은 연설들에서 고위 군 장성들이 반복해서 이야기한 우선순위에 대한 방침을 제시했다. 여기에는 "주요한 것과 부차적인 것을 구분하고, 우선순위에 따라 문제를 해결하라主次先后, 輕重緩急, 할 일과 하지 않을 일이 있고, 따라잡아야 할 일이 있고 하지 않을 일이 있다有所爲有所不爲, 有所赶有所不赶." 등의 내용이 포함된다.

이 구절은 샤서우젠 무기 제작에 우선순위를 두는 것과 반복적으로 명확하게 연결된다.[60] 예를 들면 국방과학기술위원회 연설에서 샤서우젠 개발을 이끌었던 장완녠은 "샤서우젠 제작에는 많은 자금이 들어간다. 낙후된 기술과 관련된 프로그램들은 반드시 폐지해서 우리의 한정된 자금을 압박하지 않도록 해야 한다"고 주장했다.[61] 장완녠은 샤서우젠을 위해 중국이 "따라잡아야 할 부분이 있고, 따라잡지 않아야 할 부분이 있다"와 "해야 할 일이 있고 하지 않아야 할 일이 있다"는 전략 방침을 다시 거론했다. 샤서우젠 구축을 가속화하기 위해 조직된 업무

회의에서, 장완녠은 샤서우젠이 다른 분야의 현대화를 "이끄는 위치"
에 있어야 한다고 주장했다.[62] 그는 중앙군사위원회에서 이 점에 대한
장쩌민의 발언을 다시금 언급했다. "우리의 자금에는 한계가 있고 시간
도 제한적이다. 우리가 모든 것을 할 수는 없다. 모든 것을 하려 하면 모
든 것을 형편없이 하게 될 것이다. 따라서 우선순위를 정해 주요한 것
과 부차적인 투자를 구별하고, 긴급하게 필요한 것을 우선적으로 개발
해야 한다." 즉, "적이 두려워하는 것을 우리가 개발한다는 개념"이라고
그는 덧붙였다.[63]

## 샤서우젠에 대한 긴급성이 증가하다

이 방침이 발표되고 몇 년 동안 특히 미국의 힘이 거듭 드러나
면서, 중국은 비대칭적 샤서우젠 무기 시스템을 개발하려는 노력을 강
화했다.

1994년 고위 관리들과의 회의에서 장전은 미국과 같은 첨단 무
기를 가진 적을 격퇴하기 위한 3단계 계획을 제시했다. 첫째, "첨단 기
술로 진행되는 지역 전쟁에서, 우리는 여전히 우월한 장비를 가진 적
을 열악한 장비를 사용해 격퇴한다는 원칙을 전략의 기반으로 해야
한다."[64] 그는 이어서 "우선 첨단 기술 장비에 숙달되어야 하고, 그것을
두 부분으로 나눠 연구해야 한다. 그 힘을 이해하고 동시에 약점을 이
해해야 한다"고 말했다.[65] 둘째, 전술과 관련해 중국은 적을 흉내 내는
것이 아니라 "당신들은 당신 방식으로 싸우고, 우리는 우리 식으로 싸
운다"는 마오의 군사적 개념을 새로운 조건에 맞게 현대화해서 따라
야 한다.[66] 그리고 나서 "세 번째 단계이자 핵심 단계는 우리 자신의 대
응 방법을 마련하는 것이다. 모든 이는 강점과 약점이 있고寸有所長, 尺有所
短, 첨단 무기에도 한계가 있다. 우리는 항상 첨단 무기에 대처할 방법을

찾을 수 있다.[67] 종합하면, 열세인 무기로 우월한 장비를 격퇴하고, 그것을 위한 독특한 전술을 활용하고, 첨단 기술 무기의 한계에 주목하는 것은 중국의 반접근 전략을 예고하고 있다. 장완녠은 장거리 타격이 위험하다고 설명하면서 "멀리 보고, 멀리 타격하고, 정확히 타격하는 문제를 해결하는 것이 중요하며, 특히 효과적인 샤서우젠을 우선적으로 개발해야 한다"고 강조했다.[68]

대만을 둘러싼 미국과의 긴장이 고조되자 샤서우젠과 미국의 힘 사이의 관련성이 더욱 분명해졌다. 장완녠은 한 회의에서 "군사적 갈등의 주요한 방향"에 대처하기 위해 중국은 2000년까지 "강력한 억지력을 가진" 샤서우젠 무기가 필요하다고 선언했다. '군사적 갈등의 주요한 방향'이란 미국이 개입할 수 있는 대만 해협의 상황을 언급한 것이다.[69] 샤서우젠 무기 연구 계획에 대한 1999년 회의에서, 장완녠은 이를 대만과 연결시켰다. "장쩌민 주석은 우리가 샤서우젠을 확보해야 하며, 이것이 통일을 실현하는 데… 핵심이라고 여러 차례 강조했다. 우리의 샤서우젠을 개발한 후라야… 중국은 전략의 주도권을 발휘할 능력을 가지게 될 것이다."[70] 장완녠은 역시 대만에 대한 언급인 "반분리주의 전쟁"의 중요성을 종종 강조했다.[71] 이는 또다시 비대칭적 도구로 여겨졌다. 9차 5개년 계획을 위한 무기 개발 관련 회의에서 장쩌민이 이야기한 것처럼 "첨단 기술 전쟁에서 적을 억제하고 격퇴하는 데 필요한 샤서우젠을 가지려면 효과적인 '속임수, 즉 장기판 위의 빠른 움직임'이 필요하다."[72]

1990년대 말 미국의 힘이 더 드러나면서 중국은 점점 더 예민하게 "속임수, 즉 장기판 위의 빠른 움직임"을 추진하게 되었다. 1998년 미국의 이라크 공습 이후 인민해방군의 총장비부는 우려를 표하면서 중국은 "샤서우젠 무기를 가능한 한 빨리 제작하기 위해 무엇이든 해야 한다. 몇 개의 샤서우젠 무기를 가져야만 우리나라가 꼿꼿하게 등을 펴고 일어설 수 있다"고 선언했다.[73] 1999년 코소보에서의 미국 군사 작전 이후 인민해방군은 "일부 교전이 열악한 장비를 가진 군대가 어떻게 첨단 기술의 측면에서 우월한 장비를 가진 군대를 격퇴할 수 있었는지"에 주목했고, 이 보고서를 장쩌민에게 직접 제출했다.[74] 1999년 미국이 우발적으로 베오그라드의 중국대사관을 폭격하자 분노한 장쩌민 등 최고 지도자들은 이것이 "절대로 우연이 아니며", "전적으로 사전에 계획된" 것이라고 믿었다. 다음날 열린 중앙군사위원회 긴급 회의에서 "샤서우젠 개발을 가속화할" 필요성을 강조했다.[75]

1999년 7월 코소보 상황을 논의한 중앙군사위 회의에서, 장쩌민은 1990년대에 드러난 미국의 힘을 중국의 현대화 전략과 연관 지었다. 그는 "대사관 폭격 사건은 중국군에 경종을 울렸다"며 "1991년 걸프전쟁부터 1998년 '사막의 여우' 작전, 1999년 코소보 전쟁까지 인민해방군은… 일련의 심각한 문제에 직면해 있다"고 선언했다.[76] 장쩌민이 보기에 1990년대에 미국이 힘을 투사한 모든 개별 사건들은 중국에 안보 문제를 야기했다. 그는 같은 연설에서 "코소보 전쟁은 새로운 세기의 전환을 앞두고 미국이 전 세계로의 전략 이행을 가속화하는 중요한 단계이며 미국 패권주의의 진전을 보여 주는 중요한 지표"라고 주장했다.[77] "미래의 전쟁 위협에 직면해 중국 인민해방군은 무엇을 할 것인가?" 이 회의에서 장쩌민은 "소리 높여 분명한 답"을 내놓았다. 즉 중국은 "첨단 기술 조건하의 지역 전쟁"에서 승리하기 위해 "적이 가장 두려워하는 것이 우리가 반드시 개발해야 하는 것"이라는 원칙 아래 "샤서우젠 무기를 활발하게 제작하는 데" 집중해야 한다는 것이다.[78] 그리고 다시 한 번 초점은 미국에 대항한 전쟁의 승리에 맞춰졌다.

## 대안적인 설명들

종합하면, 여러 권위 있는 회고록과 선집들은 1990년대와 2000년대 중국의 군 현대화가 미국과의 첨단 기술 전쟁에 주목하고 있음을 분명히 보여 주며, 또한 중국의 행동에 대한 대안적 설명을 일축한다. 예를 들면 확산diffusion은 중국이 선진 능력들을 모방할 것으로 가정하고, 수용adoption 능력은 금융과 조직적인 면에서 너무 복잡하지 않다면 중국이 선진 능력을 모방할 것으로 가정한다. 그러나 문헌들이 명시하듯 중국 지도자들은 "일부 분야에서 따라잡고, 다른 분야에서는 따라잡지 않고", "주요한 것과 부차적인 것을 구분"하기 위해 미국에 대항할 유용한 비대칭적 도구들을 우선하면서 많은 투자의 우선순위를 낮췄다. 관료주의 정치도 마찬가지로 비대칭적 전쟁에 대한 중국의 독특한 집중을 설명할 수 없다. 비대칭적 샤서우젠 무기를 만들겠다는 결정은 신중하게 고려되었고, 최종적으로 중앙군사위원회의 최고위층에서 승인되었으므로 하위급의 이해관계는 정책에 영향을 미칠 여지가 제한되어 있었다. 또한 비대칭적 임무를 방해하는 부처 간 관계 또는 경쟁에 관여한 이들에 대한 강력한 금기나 징계 조치가 존재하는 것으로 보인다. 장완녠은 다음과 같이 썼다.

모든 부서와 군 조직은 적이 두려워하는 것을 우리가 개발해야 한다는 종합적인 개념을 확고히 하고, 새로운 첨단 무기 및 장비 개발이라는 목표를 확실히 이행해야 한다. 우선순위를 확실히 하기 위해 우리는 지역의 기구들이 손해를 감수하더라도 지역이 전체적인 상황에 맞춰야 한다는 것을 강조한다. 우리는 결연하게 탈중앙집권화를 방지하고 극복해야 하며, 부대의 숫자와 규모, '특수성'을 일방적으로 강조할 수 없다. 우리는 그들이 개혁 상황을 이용하는 것을 금지하고… 전반

적 상황에 복종하는 것을 진지한 규율의 주안점으로 만들어야 한다.[79]

    최종적으로 중국 군사 전략이 역내 이웃 국가들에 집중하고 있다는 생각은 부정확하다. 앞의 논의에서 알 수 있듯 중국 지도자들은 지역의 전쟁에 초점을 맞춘다고 말하지만 상대는 장거리 타격 능력을 갖추고 패권을 추구하는 듯 보이는 "첨단 기술"을 보유한 적수나 "우월한 적"으로 묘사되며, 이는 당시 미국만이 실행할 수 있는 기준이었다. 불안을 느낀 인민해방군 지도자들이 엄밀하게 연구한 것도 미국이 과시한 힘이었다. 이들은 미국에 패배한 국가들의 상황과 중국의 상황 사이에서 명백한 관련성을 찾아냈다. 그리고 대만 해협이라는 "우선적인 방향"뿐 아니라 동중국해, 남중국해, 한반도와 같은 모든 주요한 지역 분쟁도 미국의 개입으로 이어질 것이고, 이것이 중국의 성공에 가장 중요한 장애물이 될 것이었다. 〈전략학戰略學〉 같은 중국의 원칙에 대한 문서들도 이 점을 인정한다. "직접적인 적(지역의 적)이 우리보다 열세이더라도, 강력한 적(미국)이 개입할 가능성이 있다. 따라서 전략적으로 인민해방군은 여전히 열악한 무기를 활용해 우세한 장비를 갖춘 적을 격퇴시킨다는 원칙에 기반을 두어야 한다."[80] 중국이 주로 인도와 베트남 등과의 육상 분쟁의 가능성에 직면해 있기는 했지만, 이 장에서 자세히 다룬 분석처럼 일찍이 1993년에 류화칭은 해양 분쟁에 초점을 맞추기 위해 육상 분쟁은 덜 중요하다고 공식적으로 말했다. 이 판단은 1999년의 상대적으로 권위가 덜한 자료들과 2014년 〈전략학〉에서도 계속 유지되었고, 최근 시진핑 주석의 연설에서도 계속되었다.[81]

    권위 있는 군사적 문헌들에서 중국의 비대칭적 전략이 확립된 것을 확인할 수 있다. 이제 우리는 군사적인 투자에서 그것이 실제로 어떻게 이행되었는지를 살펴볼 것이다.

# 거부의 플랫폼: 잠수함, 기뢰, 미사일

3대 사건 이후, 중국은 약화시키기 전략의 일부로서 거부denial 를 최우선 과제로 삼아 여기에 유용한 세 개의 능력들에 과도하게 투자했다. 중국은 세계 최대의 잠수함 함대를 건설했고, 세계 최대 규모로 기뢰를 축적했으며 세계 최초의 대함탄도미사일을 만들었다. 1990년대와 2000년대 초 중국이 이러한 능력을 추구한 것은 그 시기 동안 항공모함 탑재기, 반 잠수함 전투, 반공 전투, 기뢰 대응, 해병대 합동 전력에 대한 투자는 부족했던 것과 분명하게 대조된다. 이 사실은 확산에 기초한 이론, 수용 능력 이론 등 앞에서 살펴본 이론들로는 설명되지 않는다. 게다가 이 능력들을 중국의 제한적인 해병대 합동 작전 능력 및 해양 통제 능력과 결합시킨다고 해도, 중국이 섬들을 통제하거나 대만을 탈환할 수 있게 만들지도 않는다. 이에 대한 가장 적절한 설명은 중국이 이런 능력들을 '약화시키기 대전략'의 일부로 보고 있다는 점이다. 그들은 미국이 지역 내에서 작전을 수행할 능력을 비대칭적으로 거부하고자 했다.

이 논리는 중국의 준 이론 문서들에서도 발견된다. 예를 들면 2012년 〈합동작전이론 연구 방침〉은 비대칭 전략에 대해 자세히 살펴보면서, 어떤 부분에서는 비대칭적 우위를 만들어 내기 위한 미사일과 잠수함, 기뢰의 사용을 명백하게 옹호한다.

대칭적 우위는 적과 우리 군이 같은 종류의 전투 능력을 가지고 있을 때 나타난다. 우리가 같은 기본적인 특징을 가지고 있을 때 적과 맞서려면 수적인 우월함이 필요하다. 비대칭적 우위와 관련해… 적이 우리에게 없는 전투 능력을 가지고 있다면 우리는 비대칭적 우위를 만들어 내기 위해 적을 격퇴하고 승리할 수 있는 다른 방법을 사용해야 한다. 예를 들면 항공모함에 대항해 필요한 수의 순항 미사일, 잠수함, 기뢰를 가지는 것인데 이것들을 종합하면 비대칭적 공격의 우위를 만들어 낸다.[82]

다른 사례에서 저자들은 "우리의 해역에서 적의 잠수함 전투 그룹에 맞서 미사일 공격과 잠수함 매복, 기뢰를 이용한 봉쇄 등을 사용하는 것"을 옹호했다.[83] 이러한 능력은 다른 이론 관련 문서들에서도 항공모함에 대항하는 것으로 여러 차례 거론된다. 그리고 부분적으로는 이러한 이유로 앞서 언급한 세 가지 능력과 그에 대한 중국의 과도한 투자를 살펴본다. 중국의 약화시키기 전략에서 이러한 능력을 우선시하는 것은 중국 군사 전략에 대한 지도자급 토론의 맥락에서 봐야 하는데, 장쩌민과 같은 지도자와 많은 중앙군사위 부주석들은 토론에서 샤서우젠 무기를 개발하고, "적이 두려워하는 것을 개발하고", "첨단 기술을 가진 적을 격퇴하기 위해 약자의 무기를 이용하고", "적의 약점에" 초점을 맞추는 것을 강조한다. 비슷하게 다른 능력들에 대한 상대적인 과소 투자도 군 현대화에서 "주요한 것과 부차적인 것을 구분하고", "일부 영역은 따라잡고 다른 영역에서는 그러지 않고", "할 일을 하지만, 모든 것을 하지는 않는다"는 방침에 따른 것으로 보인다. 이제 우리는 이러한 비대칭 원칙의 각각에 대한 중국의 투자를 살펴볼 것이다.

### 잠수함

2003년 4월 25일, 베이징 동쪽 보하이만에서 작업 중이던 어민들이 무언가 이상한 것을 발견했다. 물속에서 나타난 것은 햇빛에 반짝이는 얇은 금속 막대기였다. 조심스럽게 다가가 그 막대기가 표류하

는 듯 보이는 잠수함에 붙은 잠망경임을 알아챘다.[84]

어민들은 재빨리 중국 당국에 연락했고 당국은 서둘러 조사에 나섰다. 그 잠수함은 중국의 밍급 잠수함361이었는데, 무선 연락이 되지 않자 선원들이 잠수함을 항구로 예인했고 안에서 근무 위치에 쓰러져 있는 승무원들을 발견했다. 그들은 질식한 듯 보였다. 잠수함361은 보하이만에서 거의 열흘 동안 무기력하게 표류했던 것이다.

몇 주 뒤 베이징에서 외교부 대변인은 이런 비극이 일어났다는 것을 시인하면서 단호하게 "기계적 오류"탓으로 돌렸다.[85] 그러나 일부 분석가들은 진짜 원인은 따로 있다고 믿었다. 미국의 해상 함정과 항공모함에 잠수함이 발각되지 않도록 중국이 오랫동안 추진해 온 공기불요추진air-independent propulsion 기술을 잘못 실험한 결과라는 것이다.[86] 이미 비좁은 선박 안에 일반적인 탑승 인원보다 20명이나 더 많은 승조원이 타고 있었다. 그중에는 인민해방군 해군의 고위급 장교도 있었는데, 이 모든 이례적인 상황이 제대로 준비되지 않은 시험 항해가 성급하게 진행된 정황을 보여 준다는 것이다.[87]

외부에는 이 비극의 원인이 분명히 알려지지 않았지만 처벌은 명백했다. 책임자였던 인민해방군 해군 사령관 스원성이 해임되었고, 인민해방군 해군의 다른 4명의 최고위 관리들도 해임되거나 강등당했다. 이런 차질에도 불구하고 중국은 잠수함 함대에 자원을 계속 쏟아부었다. 그리고 불과 3년 후에 밍급보다 훨씬 발전한 중국의 송급宋級, Song-class 잠수함이 미국 항공모함 USS 키티호크에 어뢰를 발사할 수 있는 사거리 안에서 사전에 포착되지 않고 수면 위로 떠올라 세계를 놀라게 했다.

중국의 잠수함 투자는 처음에는 이해할 수 없는 것으로 여겨졌다. 중국은 1995년부터 2015년 사이에 잠수함 현대화에 엄청난 노력을 기울였다. 노후화된 로미오급 잠수함 84척을 모두 퇴역시키고 14척의 밍급, 12척의 러시아제 킬로급, 13척의 송급, 12척의 위안元급 잠수함을 획득했다. 또한 새로운 상商SSN급도 인수해 전체 약 70대의 잠수함을 운용하였다.[88] 대부분의 대양 해군이 항공모함을 중심으로 조직되는데, 왜 중국은 거의 20년 동안 해군력의 대부분을 잠수함을 중심으로 조직했을까? 왜 중국은 3대 사건 이후 세계 최대의 잠수함 함대를 구축하고, 그 대부분을 중국 본토와 가까운 곳에 배치했을까?

이 장의 처음에서 몇 가지 가능한 설명을 제시했지만 그것으로는 부족하다. 확산과 수용 능력 이론은 그런 능력을 갖추게 된 것은 설명해 주지만 왜 다른 군대에 비해 과도한 투자를 했는지는 설명하지 못한다. 관료주의 이론은 인민해방군 내에서 "잠수함 부대의 로비"를 주장할 수 있지만 이런 로비는 영향이 미미할 것이다. 중앙군사위원회 내에 잠수함 부대 출신은 거의 없고, 중앙군사위 부주석 가운데는 한 명도 없으며, 부주석 가운데 해군 사령관 출신은 두 명 뿐이었는데, 한 명은 3년간 근무했고 다른 한 명인 장롄중은 8년(1988~1996)간 근무했다. 그렇다 하더라도 장롄중은 중앙군사위 부주석이자 정치국 상무위원인 류화칭의 하급자였는데, 류화칭은 항공모함에 근거한 해군에 대한 의지가 있었고, 장롄중의 뜻을 꺾을 수 있는 지위에 있었다. 마지막으로 중국이 지역 분쟁을 우선적으로 고려했다고 강조하는 설명도 역시 도움이 되지 않는다. 지역 분쟁에서 잠수함은 분쟁 대상인 섬을 지킬 수 없고, 섬을 차지하는 작전에 도움이 된다고 해도 라이벌 국가(예를 들면 일본이나 베트남)의 잠수함으로부터 중국의 해상 선박을 보호하거나 육상의 목표물을 공격할 만한 능력을 갖추고 있지 않다. 대신 그들은 대함전(선박을 겨냥한 전쟁)에 초점을 맞췄다.[89] 중국이 이웃 국가들에 집중하고 있다고 해도, 왜 항공모함이나 다른 해상 선박 같은 통제에 필요한 능력에는 제대로 투자하지 않고 잠수함에 과도한 투자를 하고 있을까?

이 질문에 대한 답은 잠수함361의 비극과 미국 키티호크 항공모함을 놀라게 한 사건과 모두 관련되어 있다. 중국은 미국의 세력을 약화시키기 위해 잠수함을 이용하려 했다. 잠수함에 대한 중국의 강조는 잠수함 부대의 상향식 압력에서 나온 것이 아니라, 지역에서 미국의 항공모함과 해상 선박을 무력화시키려는 비대칭 전략의 일부로 잠수함을 우선시하는 최고위층으로부터의 하향식 믿음에서 비롯된 것이다. 이런 점은 중국이 보여 준 행위의 다양한 측면에서 명백하게 드러난다.

첫째, 잠수함 획득과 관련해 중국은 1990년부터 1995년 사이의 일련의 극적인 결정을 거쳐 잠수함 함대 전체를 개선했는데, 이 시기는 미국의 힘의 투사에 대한 우려가 강화되어 가던 바로 그때였다. 걸프전쟁 이후 첫 몇 년 동안, 중국은 놀랍게도 54척의 로미오급 잠수함을 신속하게 퇴역시켜 대규모의 밍급, 송급 잠수함(중국이 처음으로 자체 생산한 디젤 잠수함이다. 미국의 함정을 억제하는 데 필요한 대함 순항 미사일을 발사할 수 있다)과 핵 공격용 잠수함을 획득하는 데 자원을 투입했다.[90] 송급 잠수함은 여러 문제가 있었는데, 중국은 잠수함 전력을 감소시키는 상황을 피하고 생산 격차를 메우기 위해 러시아제 킬로 잠수함 12척을 사들이는 값비싼 결정을 내렸다.[91] 다음 10여 년 동안 미국의 개입이 거듭되면서 중국의 우려가 커짐에 따라 무려 31척의 잠수함을 획득했다. 이 엄청난 지출은 중국 근처에서 미국 해군을 위협하는 데는 도움이 되었지만, 이웃 국가와의 갈등이나 원거리의 해상교통로에서의 갈등에는 도움이 되지 않았다. 인민해방군 해군의 한 고위 전략가는 미국의 통계를 근거로 "중국은 이미 미국 잠수함 생산량의 5배 이상을 초과"하였으며 75척 이상의 중국 잠수함이 태평양에서 훨씬 규모가 작은 미군에 대

항할 수 있을 것이라고 썼다.[92]

이 시기에 중국이 생산한 잠수함의 종류도 시사하는 바가 있다. 왜 중국은 핵 잠수함이 아닌 공기불요추진장치를 갖춘 디젤 잠수함을 우선시했을까?[93] 디젤 잠수함의 항해 거리는 핵 잠수함보다 짧지만 소음이 적다. 디젤 잠수함은 미국의 핵 잠수함이나 항공모함에 대한 비대칭적 장비이며 훨씬 저렴하다. 인민해방군 해군의 한 장교는 "핵 잠수함 1대 비용으로 여러 척, 심지어 10척 이상의 재래식 잠수함을 구매할 수 있다"고 강조했다.[94] 이런 이유로 중국은 더 많은 핵 잠수함을 건조할 수 있었는데도 그렇게 하지 않고 디젤과 핵 잠수함을 혼용하면서 소련식 접근 거부에 초점을 맞춘 해군을 선택했다. 이것은 미국이 전체 잠수함 전력을 핵 잠수함에 집중하고 있는 것과 대비된다.

이 시기에 중국 잠수함은 이웃 국가를 겨냥한 다른 임무보다는 미국에 대항하는 데 유용한 대해상전anti-surface warfare용 장비들을 갖췄는데, 예를 들면 대잠수함 전투, 육상 공격 능력을 필요로 하는 호위함이나 디젤 플랫폼이 아닌 핵 플랫폼 등이다. 1990년대부터 중국은 잠수함이 대함 순항 미사일을 발사할 수 있도록 하는 데 초점을 맞췄다. 미국 해군이 최근까지 대함 순항 미사일을 전혀 발사하지 않고 대신 수상 선박 공격용으로는 어뢰를 이용하는 것과 뚜렷하게 대비된다. 중국이 대함 순항 미사일을 강조하는 것은 적의 선박을 겨냥할 때 어뢰에 비해 사거리가 훨씬 길고(4~10배 이상) 속도(보통 초음속)도 훨씬 빠르기 때문이다. 1990년에 대함 순항 미사일을 발사할 수 있는 중국 잠수함은 한 대도 없었지만 지금은 64퍼센트 이상이 이 능력을 갖추고 있는데, 1994년 이후 건조하거나 획득한 사실상 모든 잠수함이 이 기능을 갖추고 있다. 미국 해군정보국은 중국의 잠수함 전투와 육상 공격 능력은 아직 그리 강하지 않지만, 러시아제 SS-N-27 시즐러Sizzler와 자체 제작한 YJ-18을 비롯한 중국의 잠수함 발사 대함 순항 미사일은 세계 수준이라고 평가한다. 이런 모든 사실은 대함 전투력이 중국 항공모함의 우선 사항이며, 미국 함정 특히 항공모함에 초점을 맞추고 있다는 것을 시사한다.[95]

둘째, 중국 해군의 군사 교리doctrine도 항공모함을 호위나 해양 통제를 위한 자산보다는 접근 거부의 수단으로 강조하고 있다는 점을 확인시켜 준다. 이는 소련 초기의 원칙과 유사하다. 앤드루 애릭슨Andrew Erickson과 라일 골드스타인Lyle Goldstein이 잠수함 전력에 관한 중국 문헌들을 분석하며 강조한 것처럼, 중국의 입안자들은 소련의 잠수함 교리에서 큰 영감을 받았고, 우월한 힘을 투사하는 해군과 상대해야 하는 중국의 상황이 소련이 직면했던 상황과 비슷하다고 판단했다.[96] 중국의 군사정책 문서들은 잠수함을 강대국의 항공모함 전단에 대항하는 비대칭적 도구로 주장하는데, 명백하게 미국을 언급한 것이다. 이 중 어느 것도 특별히 놀랍지는 않다. 잠수함은 제1차 세계대전 이래로 대양 해군에 대항하는 비대칭적 무기로 이용되어 왔다. 중국 전략가들이 열세한 상황에서 우월한 미국에 대항할 방법을 찾기 위해 자주 연구한 포클랜드 전쟁에서, 영국 함대는 잠수함의 위치를 잘못 파악한 채 대잠수함 전투 탄약의 거의 전부를 투입하여 순찰 중인 아르헨티나 잠수함을 한 척도 격침하지 못했다.[97] 게다가 인민해방군 해군 관련 잡지 〈함재무기 舰载武器〉 같은 덜 공식적인 자료들은 반접근/지역 거부 작전, 특히 대만 관련 작전과 미국의 개입 가능성에 대비해 잠수함을 활용할 것을 명확하게 언급하고 있다. "지난 몇 년 동안 필요한 국방 능력을 보장하고, 국가의 통합을 완수하고, '대만 독립'을 막기 위해 중국은 자체적으로 새로운 재래식 잠수함과 핵 잠수함 능력을 증진시켜 왔다."[98] 중국의 재래식 잠수함은 본토와 가까운 지역에서 운용될 것이고, 핵 잠수함은 서태

평양 지역에서 미국의 보급선을 공격할 것이다.[99]

셋째, 앞서 살펴본 것처럼 중국의 잠수함은 중국의 변경 지역 근처에서 일어나는 분쟁에 집중하도록 배치되었다. 이 잠수함들의 목적은 중국의 해안과 가까운 곳에서 미국의 힘이 운용되는 것을 복잡하게 만드는 것이었다. 마지막으로, 잠수함과 관련한 중국의 훈련과 연습도 접근 거부 작전을 중시하고 있다는 사실을 보여 준다. 2006년과 2015년에 중국의 디젤 잠수함들은 미국 항공모함에 접근해 어뢰를 발사할 수 있는 사거리 안에서 수면 위로 부상했는데, 탐지되지 않고 운용할 수 있는 능력을 시험하고 과시한 것이다. 이에 더해, 기뢰 부설은 20년 넘게 중국 잠수함 훈련 프로그램의 중요한 부분이었고 칭다오잠수함아카데미海軍潛艇学院의 중간급 장교들을 위한 커리큘럼에서 핵심 내용이었다. 많은 경우에 기뢰 부설 작전은 (적의 항구를 겨냥한) 공세적인 성격이었을 뿐 아니라 (적군 항공모함과 잠수함에 초점을 맞춘) 방어적인 성격이기도 했다. 군사 교리 문서들과 다른 자료들은 항공모함 공격에 기뢰전이 중요한 역할을 할 것이라 분명하게 밝히고 있다.[100]

### 기뢰

1991년 2월 18일 오전 4시 36분, USS 트리폴리함 승무원은 쿵하는 소리에 잠에서 깼다. 600명의 선원을 태운 1만 8,500톤급 수륙양용 공격함이 페르시아만에서 이라크의 기뢰에 부딪혔다. 폭발로 수면 아래 15피트에서 320평방피트의 구멍이 뚫렸고, 바닷물이 쏟아져 들어왔다.[101]

2시간 뒤, 10마일 떨어진 곳의 USS 프린스턴함에서도 잇따른 폭발이 일어났다. 이 9,600톤급 유도 미사일 순항함은 순식간에 기뢰 2발에 부딪혔고, 역시 물이 들이쳤다.[102]

USS 트리폴리함과 USS 프린스턴함 모두 상대적으로 운이 좋았다. 두 함정들 모두에서 사망자는 없었고, 수리를 위해 부두로 향하기 전에 침수를 막을 수 있었다. 그러나 이 사건은 주목할 만한 사실을 드러냈다. 프린스턴함 한 척의 가격만 해도 10억 달러에 달하는데, 이 크고 값비싼 함정들이 하나당 수천 달러밖에 안 되는 이라크 기뢰에 타격을 입었다. 한 통계에 의하면, 페르시아만 북부에 여전히 약 1,000개가 넘는 기뢰가 매설되어 있는데, 미국이라는 우월한 적수에 대항한 기뢰 전투의 비대칭적 우위를 보여 준다.[103]

중국은 이 사건을 주의 깊게 지켜보았고 그에 따라 투자에 나섰다. 수십 년이 흐른 지금, 미 해군정보국은 "중국이 강력한 기뢰 능력을 가지고 있"으며 5~10만 개의 기뢰와 "해군의 기뢰 관련 연구·개발·시험·평가·생산을 위한 강력한 기반시설도 갖추고 있다"고 평가한다.[104] 이 기뢰들은 다양한 사거리를 가지고 있으며 여러 플랫폼(잠수함, 수상 함정, 공중-투하)에 설치될 수 있다. 중국은 비교적 단기간에 제2차 세계대전 시기의 기뢰 무기를 완전히 현대화했고, "정박형, 버튼형, 부유형, 로켓-추진형, 지능형 등 다양한 종류로 구성된 대규모의 기뢰 목록을 모았다."[105] 중국은 이제 세계 최대의 기뢰 무기를 갖추고 있다.

중국이 이토록 많은 기뢰에 투자한 이유에 대해 몇 가지 상충하는 설명들이 있으나 대부분은 적절하지 않다. 확산과 수용 능력 이론은 어떤 기술은 확산하고 어떤 기술은 확산하지 않는지에 집중하는데, 이로는 과도한 투자의 이유를 설명할 수 없다. 관료주의 이론은 과도한 투자를 강력한 관료주의 세력 탓으로 돌릴 수 있겠지만, 군사정책에 영향을 미칠 만큼 강력한 기뢰 전투와 관련한 이익 단체나 동맹을 찾아낼 수 없다. 마지막으로 중국이 이웃 국가들과 지역 분쟁에 초점을 맞추고 있다는 이론 역시 과도한 투자를 설명할 수 없다. 기뢰는 방어용 무

기이거나 대만의 항구들을 봉쇄하기 위해 공세적으로 사용될 수도 있
지만 그 자체만으로는 지역을 통제할 수 없으며, 중국은 어떤 경우에도
미국의 잠수함과 심해에서 항공모함을 겨냥하는 데 효과적인 기뢰에
대규모로 투자했으며, 이것은 대만과 관련해 유용하게 쓰일 수 있는 것
과는 질적으로 다르다.

걸프전쟁에 대한 중국의 관심과 더불어 기뢰 투자에 대한 가장 좋
은 설명은 그것이 아시아에서 미국의 작전을 비대칭적으로 약화시키려
는 노력의 일부라는 것이다. 첫째, 걸프전쟁으로 증폭된 미국의 힘에 대
한 우려가 기뢰 전투 능력을 획득하는 데 촉매 작용을 했다. 걸프전쟁
이전에 중국의 연구는 서서히 진행되었다. 중국은 자체 개발한 첫 해양
기뢰를 1974년에 배치했지만, 10여 년 뒤인 1988년까지는 기뢰 매설 선
박을 배치하지 않았다. Type 918 기뢰 매설 선박은 너무 느리고 탐지되
기 쉬워서 작전 생존 능력이 거의 없었다.[106] 중국의 투자는 걸프전쟁 이
후 증가했고, 자체 개발과 러시아산 기뢰 전투 기술 구매를 통해 정박
형, 버튼형, 부유형, 로켓-추진형, 지능형 기뢰로 목록이 증가했다. 심
해 기뢰와 로켓 기뢰에 대한 투자는 먼바다의 미국의 항공모함과 중국
해안과 가까운 곳의 원자력 잠수함을 위협하려는 중국의 열망을 보여
준다.[107]

둘째, 중국의 기뢰 전투에 대한 권위 있는 교리 자료는 부족하지만,
인민해방군 공식 문서와 이차적인 저작들은 걸프전쟁이 중요한 역할을
했으며 미국이 논점이라는 것을 강하게 시사한다. 분쟁 기간 동안 중
국의 계획 입안자들은 이라크 기뢰가 미국의 힘의 투사를 좌절시킬 수
있었던 방법을 연구했고, 비대칭적 도구로 기뢰를 논의했다. 〈현대 선
박〉에 실린 1992년 논문에서 기뢰는 약한 국가가 강한 국가를 격퇴할
수 있는 방법이며, 미국의 기뢰 대응 능력은 이라크에 의해 "상대적으

로 허약한"것으로 드러났다고 강조했다. 중국의 군사 분야 저술가들은 연합군이 이라크의 제한된 기뢰 전투 능력에 효율적으로 대응할 수 없었다는 것을 주시했다. "4개국에서 13척의 함정을 배치했는데도 병력이 부족했고, 각 함정의 능력 차이로 어려움을 겪었으며 (이라크의 기뢰에 대항해) 진척이 더디기만 했다." 약 10여 년 뒤에 이 결론은 중국의 기뢰 전투 문헌에서 일반적인 통념으로 여겨졌다. 제2차 걸프전쟁 시 이라크의 기뢰 부설을 연구한 한 논문은 "1991년 걸프전쟁에서 이라크 기뢰가 중요한 역할을 했고, 많은 미국 해군 전투함을 파괴했다는 사실은 모든 이가 알고 있다"고 썼다. 2004년에 쓰인 이 논문은 미국의 기뢰 대응 기술이 계속해서 발전해 왔지만, 상대적으로 조악하고 기본적인 기뢰로도 첨단 기술을 가진 미군의 세력 투사 능력을 차단할 수 있었다고 주장했다. 이를 강조하기 위해 저자는 이라크 자유 작전에서 기뢰 대응 책임을 맡았던 미 해군 장교의 발언을 인용하기도 했다. "최적의 해양과 전투 작전 환경에서조차도 기뢰를 수색하고 치우는 작업은 느리고, 좌절과 위험을 야기한다."[108] 중국의 분석가들은 미중 분쟁에 있어 이 교훈을 강조했는데, 〈인민해군〉에 실린 한 논문은 이 점을 분명히 밝혔다.

미국은 여전히 해상으로 보급품을 운송해야 할 것이다. 그러나 중국은 이라크가 아니다. 중국은 첨단 기뢰를 가지고 있다… 이는 미국의 해상 운송에 치명적인 위협이다… 대만 해협에서 분쟁이 일어나는 순간, 인민해방군 해군은 기뢰를 매설할 수 있다. 대잠수함 전투를 수행하려는 미국 선박들은 우선 이 지역을 치워야 할 것이다. 미국이 걸프전쟁에 참전했을 때 이라크의 기뢰를 모두 치우는 데 반년 이상이 걸렸다. 따라서 미군이 인민해방군이 매설할 모든 기뢰를 치우는 것은 쉽지

않을 것이다.[109]

중국의 어떤 기뢰 전투 능력은 미국의 접근을 저지하는 것만을 명백하게 목표로 한다. 중국은 "첨단 기술 기뢰"라고 부르는 신속 상승 로켓 기뢰에 대규모로 투자해 왔다. 이 무기는 대양 깊이 정박해 있다가 빠르게 떠올라 목표를 타격한다.[110] 중국은 이 기뢰(PMK-1, PMK-2)를 러시아로부터 획득했을 뿐 아니라 이를 사용하는 러시아의 교본도 수입했는데, 러시아가 그랬던 것처럼 적의 SSN(핵 공격 잠수함)을 공격하는 데 집중했다.[111] 중국이 SSN과 마주칠 수 있는 유일한 적수는 미국이고, 따라서 이 기뢰들은 미국의 능력을 약화시키기 위함이다. 중국의 여러 계획 입안자들이 이를 분명하게 밝혔다.[112] 한 계획 입안자는 러시아가 이 기뢰들을 소유하고 있는 것에 대해 논평하면서 다음과 같이 밝혔다. "이 무기들은 SSN을 매우 빠르게 공격해 대응하지 못하게 만들고, 미국 잠수함의 단일 선체mono hull 구조를 겨냥하는 데 매우 효과적인 것으로 평가된다."[113] 권위 있는 문서들은 잠수함을 겨냥하는 목적이 기뢰 전투의 핵심이라고 강하게 암시한다. 예를 들면 〈작전 이론 연구 안내〉는 "대잠수함 기뢰 지역" 설치를 요구했고, 기뢰 전투에 대한 2007년 교본은 잠수함에 대항해 기뢰를 사용해야 한다고 거듭 언급했다.[114]

결정적으로, 중국 기뢰 전투와 관련한 유사 정책 문서들은 우월한 적에 대한 비대칭성을 강하게 강조하고 몇 가지 고정된 표현들을 사용한다. 이 구절들 가운데 기뢰가 "매설하기 쉽고, 치우기 어렵다易布難掃"는 표현은 비대칭적인 작전의 이점을 언급한 것이고, "4온스로 1,000파운드를 움직일 수 있다四兩可拔千斤"는 표현은 기뢰의 비대칭적 파괴 잠재력을 언급한다.[115] 자주 등장하는 또 다른 구절은 기뢰들이 "주목받지 않는다"는 것이다. 중국의 계획 입안자들은 기뢰가 현재로선 해군의 핵심이 아니라고 강조했는데, 이는 명백히 미국 해군을 가리킨다.[116] 비슷하게, 중국 자료들은 자주 기뢰를 "고기술이자 저기술高低技術"이라고 표현하는데, 걸프전쟁에서 겨우 1만 달러짜리 기뢰가 미국 선박에 9,600만 달러가 넘는 피해를 입힌 사실을 언급하는 것이다.[117] 결론적으로, 기뢰 전투에 대해 중국 문헌들에서 반복해서 등장하는 이러한 구절들은 기뢰가 비대칭적 전력으로 이해되고 있으며, 미국을 대상으로 하고 있음을 강하게 시사한다.

셋째, 중국의 기뢰 전투 훈련 연습은 미국 같은 첨단 기술을 가진 적에 대항하는 작전을 반영한 것으로 보인다. 이미 중국은 다른 해군보다 기뢰 전투 훈련에 많은 힘을 들이고 있다. 베르나드 콜Bernard Cole이 일찍이 2001년에 주목한 것처럼, "인민해방군 해군의 해상 전투원들은 매년 기뢰를 부설하는 훈련을 해야 한다. 다른 해군에서는 일반적이지 않은 일이다." 이는 또한 기뢰 전투에 대한 중국의 투자가 대부분의 이론에서 기대되는 것보다 훨씬 중요하다는 것을 보여 준다.[118] 잠수함과 관련해 기뢰 부설은 20년 넘게 중국 잠수함 훈련 프로그램의 핵심이었고, 청다오잠수함아카데미의 중간급 장교들의 커리큘럼에서 중요한 부분이었다. 〈인민해군〉의 논문은 기뢰 부설 훈련을 매우 상세하게 설명하고, 기뢰 부설을 "잠수함 전투의 가장 기본적인 사항"이라고 칭하기도 한다.[119] 이 훈련은 미국이 기뢰 부설 잠수함에 대항해 배치할 수 있는 대잠수함 항공기와 헬기, 대잠수함 기뢰 매설, 핵 잠수함 등 대잠수함 능력에 대처하는 것을 강조한다. 이런 종류의 능력들은 중국의 기뢰 매설 시도들이 미국을 대상으로 함을 보여 준다.[120] 마지막으로, 항공 플랫폼과 관련해 기뢰 항공 배포는 적어도 1997년 이후로 계속해서 훈련 활동의 중심이었다. 이러한 훈련은 중국의 경쟁자 대부분은 소유하지

않은, 첨단 전자전 능력을 비롯한 적군의 첨단 능력에 대한 시뮬레이션과 함께 진행되어 왔다.[121]

## 미사일

1992년 당시 중앙군사위원회 부주석이던 츠하오톈이 중국 지도부의 많은 사람들과 함께 불같이 화를 내고 있었다.[122] 미국이 대만에 F-16 전투기 100대 이상을 막 판매하고, 이 지역에 강력한 군사 주둔을 유지하기로 선택했다. 두 사건은 중국을 불안하게 만들었다. 그러나 얼마 뒤 츠하오톈은 인민해방군 제2포병부대가 찾아낸 해법에 주목했다.

1960년대 말 설립되어 대장정 기간 중 마오쩌둥에 의해 교체되기 전까지, 한때 사실상 중국공산당 지도자였던 저우언라이 총리가 직접 이름 붙인 제2포병부대는 수십 년간 중국의 전략적 핵 억지력에 초점을 맞추어 왔다. 하지만 점진적으로 변화가 시작되었다. 이제 제2포병부대는 이 중국 장성에게 한 가지 제안을 했다.

츠하오톈은 "제2포병부대의 지도부는 중앙군사위원회와 총참모장에게 적의 비행장과 함정 그리고 기반시설을 겨냥할 수 있는 일련의 재래식 미사일을 구축할 것을 권고했다"고 회상한다.[123] "재래식 전쟁으로 이렇게 중요한 전환을 하는 것은 엄청난 일"이었지만, "이 제안을 확고하게 지지했다"고 츠하오톈은 말했다.[124] 그는 "관계부서에 당장 심도 있는 연구 및 합동 연구를 진행하고, 제2포병부대 내에서 재래식 미사일 개발의 속도를 올리라"고 지시했다.[125] 결과적으로 중국의 유명한 "항공모함 킬러" 대함탄도미사일ASBM을 만들어 낼 프로그램이 탄생했다.

츠하오톈과 제2포병부대의 회의 이후 수년 동안 중국은 대함탄도미사일 프로그램에 막대한 투자를 했다. 그 과정에서 어떤 국가도 개발하지 않았던 새로운 종류의 미사일을 개발해 왔다. 이런 이유로 중국의 대함탄도미사일은 확산과 수용 능력 이론으로는 설명될 수 없다. 관방 담론은 이런 무기를 운용하는 제2포병부대(현재 중국 인민해방군 미사일군中国人民解放军火箭军) 같은 이익집단의 지지의 산물로 중국의 투자를 설명할 수도 있을 것이다. 하지만 중국의 핵 안보에서 제2포병부대가 중요했음에도 불구하고 이 부대는 중국 내에서 오랫동안 가장 규모가 작았고, 이 부대 출신의 중앙군사위원회 부주석이 한 명도 없었다. 이는 영향력에 한계가 있음을 시사한다. 마지막으로 대함탄도미사일은 이웃 국가들과 지역 분쟁 시 용도가 제한적이다. 이 무기들은 주로 항공모함을 겨냥하도록 설계되었는데, 중국의 이웃 국가들은 일반적으로 항공모함을 가지고 있지 않기 때문이다. 인도는 예외이지만, 중국의 대함탄도미사일은 해상 주변부에서 멀리 떨어진 항공모함을 겨냥하기에는 성능이 떨어질 것이다. 중국의 출판물들도 대함탄도미사일은 활용하는데, 특히 해양 통제 작전에서 한계가 있음을 시사한다. 한 저자가 쓴 것처럼 대함탄도미사일은 "항공모함, 잠수함, 다른 전통적인 해군 무기를 대체할 수 없다." 이 미사일은 "바다에서 적군을 파괴할 수는 있지만 절대적인 해양 통제를 달성할 수는 없다. 대양에서 힘을 투사할 수 없는 것은 말할 것도 없다."[126] 대함탄도미사일이 힘을 투사하거나 해양 통제를 달성하는 데 부적절하다는 사실은, 이를 항공모함에 기반을 둔 미국의 개입을 억제하거나 대응하기 위한 우선적인 수단이 아니라면 대만 해협이나 동중국해의 작전에서 활용도가 제한되어 있다는 의미다. 사실상 대함탄도미사일에 대한 중국의 투자는 미국의 세력을 약화시키려는 대전략의 일부로 가장 잘 설명된다.

첫째, 중국이 대함탄도미사일의 획득을 추구한 것은 미국의 힘의 투사에 대한 불안에서 촉발되었다. 중국이 미국을 위협으로 인식하기 이전에는 대함탄도미사일에 전혀 투자하지 않았다. 앤드루 에릭슨Andrew Erickson이 쓴 것처럼 대함탄도미사일을 구축하겠다는 결정은 1986년 이후에나 이뤄진 것이 거의 확실하다. 그해에 제2포병부대의 수석 엔지니어가 작성한 2000년까지 다음 14년간의 투자 계획에 대한 고위급 문서에는 대함탄도미사일이 한 번도 언급되지 않았다.[127] 실제로 복수의 소식통들은 1992년 무렵까지 제2포병부대에 모든 재래식 미사일이 부족했음을 확인해 준다. 1992년 무렵에 톈안먼 사건과 걸프전쟁, 소련 붕괴의 영향 속에서 중국의 군사 전략이 변했다. 제2포병부대의 반-관영 역사는 부대의 임무가 3대 사건 이후로 바뀌었음을 시사하면서 이에 대한 상세한 내용을 확인해 준다.

> 1990년대가 시작되고 중국공산당 중앙위원회, 국무원, 중앙군사위원회는 국제적인 군사적 투쟁의 필요와 중국 무기와 장비의 발전에 따라 상황을 연구하고 측정했고, 과학적으로 신형 미사일 개발 속도를 높이기로 전략적 결정을 내렸다.[128]

제2포병부대가 탄도미사일에 집중했던 것을 고려하면 이 신형 미사일에 재래식 대함탄도미사일이 포함되었을 것으로 추정해 볼 수 있다. 실제로 츠하오톈의 자서전은 1992년에 새로운 주요 임무가 시작되었다고 확인해 준다.[129] 1990년대 중반까지 대함탄도미사일 프로그램은 분명히 잘 진행되었고, 중화인민공화국 관리들이 이를 자랑하기에 충분했다. 래리 워첼Larry Wortzel은 이렇게 언급했다. "중국 총참모부의 고위 장교가 항공모함을 공격하는 탄도미사일에 대해 처음 언급한 것은 (대만 해협 위기 동안) 우리 항공모함 두 척이 나타난 이후였다. 그는 팔을 내 어깨에 올리며 '우리는 탄도미사일로 당신들의 항공모함을 침몰시킬 것이다. 오랫동안 그것에 대해 논의해 왔다'고 말했다. 그 전에 그들이 연구를 하고 있었는지는 모르지만… 그 말이 처음으로 내 얼굴에 던져진 것은 1996년이었다."[130] 앤드루 에릭슨Andrew Erickson은 대함탄도미사일에 대한 기술 작업이 그해에 가속화되기 시작했다는 확신을 가지고 기록했다. 1999년에 대함탄도미사일로 항공모함을 공격하는 것에 대한 첫 언급이 중국의 유사-정책 출판물에 등장했다. 코소보에서 미국의 개입과 베오그라드 중국대사관 오폭 이후 중앙군사위는 "비장의 무기" 개발을 서두르기로 결정했고, 대함탄도미사일이 그중 하나였다. 종합하면, 이는 대함탄도미사일 개발의 주요 추동력이 힘을 투사하는 미국에 대한 우려와 불안이었음을 시사한다. 대만과 관련된 시나리오와 자주 관련되지만 반드시 이에 한정된 것은 아니다.

둘째, 정책 자료들은 명백하게 대함탄도미사일이 항공모함을 보유한 선진국에 대항하는 데 유용하다는 것을 밝히고 있는데, 물론 이것은 당연하게도 미국을 가리키는 것이다. 2004년에 출판된 군사 교본이자 제2포병부대의 관점을 대표하는 것으로 여겨지는 〈제2포병전역학第二砲兵戰役學〉은 항공모함에 대항해 대함탄도미사일을 사용하는 것에 대해 명백하게 서술한다. 이 책은 대함탄도미사일이 비장의 무기(샤서우젠)로 사용되어야 한다며, 좀 더 구체적으로 "적군의 항공모함을 억제하고 막는 데" 이용되어야 한다고 언급한다. 또한 이 작전에 필요한 사항들을 열거하는데, 항공모함은 움직이는 목표물이므로 "항공모함 전단의 정보를 실시간으로 수집해야 한다"는 사실 등이 포함된다. 이 책은 다른 부분에서 "많은 항공모함 탑재 전투기가 우리 해안에 대한 지속적인 공습에 사용될 때, 강력한 공습을 중지시키기 위해 적의 핵심 잠수함을 '무거운 망치'로 명중시켜야 한다"고 썼다.[131] 덜 공식적인 출판물들은 대함탄도미사일이 미국을 억제하기 위한 것임을 더욱 분명하게 밝히고 있는데, 동 루Dong Lu는 〈해군 함정과 상선〉에서 대함탄도미사일이 강대국에 대항하는 비대칭 무기라고 언급한다.

냉전이 끝난 이후 항공모함은 강대국의 힘의 상징이 되었다. 탄도미사일 역시 전 세계 개발도상국이 자국의 안보를 지키고 강대국들에 도전하는 유효한 무기가 되었다. 항공모함의 힘은 부국과 빈국 사이의 종합 국력의 차이에 기반한다. 한편, 탄도미사일은 공세적이고 방어적인 기술을 발달시키는 데 드는 시간적 지체를 활용하려 한다. … 대함탄도미사일은 (장기적으로는 아닐지 모르지만) 현재로서는 군사적 개입을 막는 유효한 수단임에 틀림없다.[132]

제2포병부대의 고위 장교를 비롯한 다른 저자들은 2005년에 비슷한 용어로 대함탄도미사일을 설명했다. "미래 해상 전투의 주요한 형태는 장거리 정밀 타격에서 정밀 유도 탄도미사일을 광범위하게 사용하는 것이 될 것이다. … 우리는 반드시… 장거리 해상 발사 정밀 유도 탄도미사일을 우리 무기 체제 구축의 우선 사항으로 여겨야 한다.[133] 이는 명백하게 동부의 분쟁을 겨냥한 것이며, 중국의 기술적 열세에 대처하고 외국 정부의 개입을 막으려는 의도이며, 따라서 더 광범위한 정치적 전략의 일부로 보아야 한다. 중국의 한 전략가는 다음과 같이 주장했다.

대함탄도미사일은 중국이 동부의 해양 측면에서 군사적·정치적 전략 작전을 수행할 수 있는 더 큰 기동 공간을 제공한다. … 전술적 탄도미사일 해상 타격 시스템 구축은… 연안 해역에서의 어떤 고강도 분쟁에서도 중국이 화력을 발사하는 데 유리한 비대칭 전력을 만들어 낼 것이고, 일정 정도 전통적인 해군 플랫폼에서 중국의 양적인 열세를 개선할 것이다. 게다가 이와 같은 비대칭적 전략의 존재는 분쟁의 규모에 대해 양쪽에 심리적인 "상한선"을 설정할 것이다. 이는 양쪽이 좀 더 쉽게 "이성적인 상태"로 돌아갈 수 있게 함으로써 해상 분쟁에서 해법을 찾기 위한 기동 공간을 넓혀 줄 것이다.[134]

이러한 견해는 최고위층에서도 확인된다. 2009년 미국을 방문한 중앙군사위 부주석 쉬차이허우는 중국의 대함탄도미사일에 대한 질문에 탄도미사일과 순항미사일 모두를 대만 시나리오에서 미국의 개입을 막는 것과 암묵적으로 연결 지었다. "(2009년 10월 1일) 국경절 열병식에 등장한 우리의 순항 및 탄도미사일을 포함한 무기와 장비의 연구와 개발은 완전히 자위와⋯ 국가 안보의 최소한의 필요를 위한 것이다. 아시다시피 중국은 아직 완전한 통일을 실현하지 못했다."[135]

훈련과 관련해 제2포병부대의 재래식 부대가 미국의 개입과 맞선다는 가정하에 훈련했다는 조짐이 있는데, 이는 중국이 미국과 관련된 만일의 사태에 촉각을 곤두세우고 있다는 것을 강하게 암시한다. 크리스트먼Christman이 쓴 것처럼, "제2포병부대가 심각한 위협 환경에 대처하기 위해 재래식 부대의 준비 태세를 갖추면서 이룬 가장 중요한 진전은 광활한 전장에서 작전 부대를 테스트하는 '가상적 부대Opposing force'를 창설한 것이다." 크리스트먼은 이어서 "이러한 소위 '청군' 가상 적군 연대는⋯ 미국의 잠재적인 미사일 반격 작전을 모방하려는 시도였다. 이 부대가 채택한 다양한 전술에는 전자 교란, 컴퓨터 네트워크 작전, 바이러스 공격, 화력 공격, 특수부대 작전, 전자 기만electronic deception, 컴퓨터 시스템을 방해하는 악성코드인 'logic bomb' 활용 등이 있다."[136] 이는 오직 미국만이 활용할 수 있는 조건들이며, 중국이 미국의 힘에 집착하고 있음을 다시 한번 보여 준다.

# 항공모함

1973년 10월 25일 75살의 중국 총리 저우언라이가 외국 방문객과 만나고 있었다. 저우는 점점 병약해지고 있었지만 자신이 방광암을 앓고 있다는 사실은 모르고 있었다. 마오쩌둥이 1년 전 저우언라이가 방광암을 앓고 있다고 진단한 주치의에게 저우언라이에게는 이 사실을 알리지도, 치료를 하지도 말도록 명령했기 때문이다. 건강 악화에도 불구하고 저우언라이는 바쁜 스케줄을 유지했다. 그날의 만남에서 그는 중국의 영토 분쟁을 언급하며 항공모함이 필요하다고 말했다. "나는 한평생 정치적·군사적 업무를 다뤄 왔는데 지금까지도 중국 항공모함을 보지 못했다"고 그는 탄식했다. 저우언라이는 중국에 항공모함이 필요하다고 강하게 믿었다. 그는 "우리의 난사, 시사 군도는 남베트남에 점령되었다"고 주장하면서 "항공모함 없이는 중국 해군은 적군의 항공모함에 취약하게 노출된 채 총검만을 들고 싸우게 될 것"이라고 말했다. 그의 목소리는 감정이 복받쳐 격양되었다. "나는 항공모함을 보유하지 않는 상황을 견딜 수 없다!"[137]

저우언라이의 발언으로부터 중국이 항공모함을 진수하기까지 41년이 걸렸다. 이 기간 동안 아르헨티나, 오스트리아, 브라질, 캐나다, 프랑스, 독일, 인도, 이탈리아, 일본, 네덜란드, 러시아, 스페인, 태국, 영국, 미국 등 15개국이 항공모함을 운영했다.[138] 최초의 항공모함인 영국 해군의 HMS 퓨리어스함은 중국의 항공모함보다 한 세기도 더 이전인 1917년에 진수되었다. 왜 중국은 이토록 오랜 시간이 걸렸을까?

확산 이론에 근거한 설명은 중국이 앞선 국가들의 능력을 가지게 될 것으로 설명하기 때문에, 그들이 오래전부터 가지고 있던 (잠수함) 능력을 왜 획득하지 않고 있었는지를 설명할 수 없다. 수용 능력에 근거한 설명은 "수용을 위한 높은 금융적 필요조건과 조직의 필요가" 항공모함 획득을 복잡하게 만든다고 가정하므로 더 나은 편이다.[139] 그러나 증거들을 보면 중국에는 이런 설명이 적합하지 않으며, 2012년보다 훨씬 전에도 중국에게 항공모함을 획득할 능력이 있었음을 알 수 있다. 첫째, 중국이 항공모함을 우선 사항으로 선택했다면 큰 비용이 들고 어려움은 있었겠지만 아마도 경항모와 비핵추진 항공모함을 건조할 수 있었을 것이다. 분석가 이언 스토리Ian Storey와 유 지You Ji가 설명한 것처럼, 중국은 "문화대혁명의 혼란이 최고조였던 1960년대 중반에도 기술적·금융적 문제를 극복하고 핵무기를 개발할 수 있었다. 그 이후로 중국의 과학, 산업, 경제적 기반은 중국 지도부가 경항모가 전략적으로 필요하다고 판단했다면 건조가 가능했을 정도로 크게 강화되었다."[140] 더욱이 항공모함 프로그램이 해군 예산의 많은 부분을 소진했겠지만 중국이 핵무기와 핵잠수함을 위해 투입했던 것처럼 예산 외의 재정 지원도 가능했을 것이다.[141] 권위 있는 중국어 자료들은 이런 해석을 확인해 주며, 항공모함 획득은 우선순위의 문제였지, 재정적 또는 조직적 어려움과 관련된 문제는 아니었음을 보여 준다. 당시 인민해방군 해군사령관(사령원)이었던 류화칭은 회고록에서 1987년에 인민해방군 장성들의 중요한 회의에서의 발언을 회상했다. 그는 "우리가 항공모함이나 항공모함 탑재 항공기를 만들 기술적 능력이 있느냐에 관해 지도자들과 항공, 조선 및 다른 관련 산업의 전문가들과 상의한 결과 (그들은) 기본적인 요구 사항들을 달성할 수 있다고 믿는다"고 말했다.[142] 재정과 관련한 다른 질문에 대해 류화칭은 다른 프로그램으로부터 자금은 조달할 수 있다고 답했다. "항모전단 aircraft carrier battle group을 발전시키는 것은 장비를 위한 자금 지원의 궤적을 어떻게 조정하느냐의 문제이지, 장비와 관련하여 비용의 지출을 크게 증가시킬 필요는 없을 것이다."[143] 이 시기에 중국은 서구의 원조를 받고 있었는데, 이것은 항공모함 프로그램에 이익이 되었을 수도 있다. 1985년 호주에서 온 고철이 된 항공모함과 유용한 기술 교류 등이 있었고, 이 모든 것은 1990년대에 자체적으로 항공모함을 건조하는 데 도움이 되었다.[144]

둘째, 중국은 항공모함을 건조할 수 있었을 뿐 아니라 외국 항공모함을 재단장하거나 수입할 수도 있었다. 여러 개발도상국이 경항모를 획득하고, 재단장하고, 운용하며 결과적으로 수십 년 동안 유지했다. 1960년대 이후 브라질, 1961년 이후 인도, 1996년 이후 태국이 이렇게 해왔다. 톈안먼 광장의 학살과 무기 금수가 행해진 이후에도 서구 국가들은 중국의 항공모함 프로그램을 기꺼이 지원하고자 했다. 스페인은 중국을 위해 항공모함 건조를 제안했고, 프랑스는 자국의 구형 항공모함 중 한 척을 재단장할 것을 제안했다(두 제안 모두 실행되지는 못했다). 몇몇 유럽 기업들은 중국 기업들과 중요한 지식과 설계를 이전하는 컨설팅 계약에 서명했다. 그리고 가장 중요한 사실은 러시아가 계속해서 중국에 다양한 청사진과 전문 지식, 기술, 선체를 제공하려 했다는 점이다. 중국이 1980년대에도 항공모함을 건조할 수 있었다는 류화칭의 말이 맞다면, 1990년대 또는 2000년대에 특히 러시아의 도움으로 러시아의 항공모함을 재단장할 수 있었을 것이다. 소련이 붕괴되고 8년이 되지 않아 중국은 3척의 구소련 항공모함인 민스크, 키에프, 바랴그를 구매했다. 아마도 바랴그가 제대로 작동하는 엔진과 설계도와 함께 도착한 것으로 보이며, 이 때문에 결과적으로 수리가 가능했다.[145] 만약 수리가 어려웠다면 중국은 항공모함들이 운용되도록 만들고 항공기를 제공하기 위해 러시아에게 돈을 지불할 수도 있었을 것이다. 인도가 고르슈코프 제독Admiral Gorshkov함을 위해 총 20~30억 달러를 지불했던 것처럼 말이다.[146] 1990년대와 2000년대 초반에 러시아는 중국의 국방 현대화라는 다른 민감한 측면에서 이미 중국을 지원하고 있었다. 그래서 여전히 의문이 남는다. 중국이 항공모함을 건조하거나 재단장할 수 있었다면 왜 항공모함 획득을 수십 년 동안 늦췄는가?

어떤 이들은 이러한 지연이 잠수함 부대나 육군이 자원이 고갈되는 것에 반대한 관료주의 정치의 결과라고 주장할 수도 있다. 항공모함 프로그램의 가장 두드러진 반대자 가운데 일부가 왕스창 같은 잠수함 부대의 고위 장교들이긴 하지만, 실제로는 인민해방군 해군의 고위 지도부는 항공모함에 명백히 관심이 있었다.[147] "해군 고위 장교들은 언제나 항공모함 건조를 지지했다"고 해군 총후근부(군사 보급과 물류 등을 지원하는 부서)의 전직 부장 정밍은 말했다.[148] 1980년대 인민해방군 해군의 부사령관이었던 장쉬산과 1990년대 부사령관이었던 허펑페이는 항공모함의 강력한 지지자였고, 비밀리에 바랴그함을 들여오는 결정을 지원했다.[149] 무엇보다도 류화칭이 중국 항공모함의 지치지 않는 옹호자이자 소련에서 소련 항공모함의 전도사였던 고르슈코프 장군 아래에서 공부한 것으로 알려져 있으며, "중국이 항공모함을 만들지 않는다면, 나는 죽어도 눈을 감지 못할 것不搞航空母艦, 我死不瞑目"이라고 말한 것으로 유명하다는 것이다.[150] 1980년대 대부분의 기간 동안 전 해군을 지휘했고 1990년대에 중앙군사위 부주석으로 가장 강력한 군 출신 간부가 되었으며, 정치국 상무위원회에 합류했고, 덩샤오핑과 장쩌민과 긴밀한 관계였으며 육군에 비해 해군과 공군 현대화에 중점을 둔 것을 비롯해 주요한 군사 개혁을 추진한 류화칭 같은 강력한 항공모함 지지자의 아젠다를 잠수함 부대나 육군의 파벌적 이해가 좌절시켰을 가능성은 매우 낮다.[151] 항공모함을 개발하지 않기로 한 결정은 하급 관료기구의 정치에서가 아닌 더 고위층의 전략적 계획에서 나온 것이며, 장쩌민

본인이나 더 광범위한 당 고위 지도자들이 관련되었을 가능성이 높다.

아마도 어떤 이들은 항공모함이 이웃 국가들과의 지역 분쟁에서 유용하지 않기 때문에 중국 관료들이 항공모함 획득을 늦췄을 것이라고 주장할 것이다. 중국어로 된 자료들은 실제로는 그 반대였음을 명백하게 보여 준다. 중국 정부는 수십 년 동안 항공모함을 이웃 국가들과의 지역 내 만일의 사태, 특히 호위와 공중 통제를 위해 필수적인 것으로 보았다. 저우언라이는 1973년 이 내용을 분명히 밝혔고 류화칭도 이를 거듭 강조했다.[152] 1986년 11월 류화칭은 정부 전반의 "군과 민간 지도자들, 저명한 전문가"들이 포함된 "해군 발전 전략 연구 그룹"의 일원이었다. 그는 회고록에서 "중국의 해양 권리와 이익을 수호하고, 난사군도와 대만을 수복하고, 다른 전략적 환경에 대응하기 위해 무엇이 필요한가의 관점에서" 연구 그룹의 멤버들이 "항공모함 건조를 제안했다"고 회상했다.[153] 이어서 류화칭은 항공모함 없이 선박만으로는 중국의 이익을 지키기가 어렵다면서, 1987년 인민해방군 총참모장에게 이렇게 말했다. "해양 편대에 대해 우리는 구축함, 호위함, 잠수함만을 고려해 왔는데, 더 많은 연구를 통해 공중 엄호 없이는 이 편대가 육상 기반의 전투기 영역 밖에서는 전투가 불가능하며, 위기 상황에서는 육상 기반의 전투기 영역 안에서도 공중 엄호가 충분히 신속하게 도달하지 않을 것임을 깨달았다."[154] 군은 항공모함이 머나먼 남중국해에서 벌어지는 분쟁뿐 아니라, 훨씬 가까운 대만 해협에서도 유용할 것이라고 확신했다. 류화칭은 인민해방군 총참모장이 그의 보고서를 우호적으로 검토했고 항공모함 획득에 관해 더욱 많은 질문을 했다고 했는데, 이는 적어도 1987년에는 지역 내 더 좁은 범위에서 벌어질 수 있는 만일의 사태에 대한 중국의 관심 안에 항공모함이 분명히 포함되어 있었다는 것을 보여 준다. 1995년 류화칭은 항공모함에 대한 고위급 회의에서

"남중국해를 방어하고, 대만을 평화적으로 통일하고, 해양의 권리와 이익을 지키는 데 항공모함이 필요하다"고 말했다.[155] 즉, 중국이 지역적 사안에 집중해 투자했다는 이론으로는 항공모함 건조의 지연을 설명할 수 없다.

앞의 증거들은 중국의 항공모함 프로그램이 실현 가능했고, 해군을 비롯한 광범위한 군부 내에서 고위급의 지지를 받았으며, 1980년대 말에 당 중앙 수준에서 지지를 확보했고, 이웃 국가들과의 분쟁에서 필수적인 것으로 인식되었는데도 중국이 그것을 건조하지 않았다는 사실을 분명하게 보여 준다. 그 이유는 항공모함이 비대칭적으로 미국을 약화시키려는 전략에 적합하지 않았기 때문이다.

첫째, 항공모함의 획득 과정은 이런 지연이 우연한 것이 아니라 의도적이었고, 매우 고위층에서 고려되었음을 보여 준다. 인민해방군 해군 총후근부 전 부장이었던 정밍 소장은 일찍이 1992년에 구소련 항공모함 바랴그를 획득하기 위해 실사단으로 파견된 사절단의 일원이었다. "(1992년) 출장에서 우리는 이것이 신형 함정임을 알았다. 갑철판부터 다른 부품들까지 모든 것이 완전히 새로웠다. 그래서 우리는 (중앙정부에) 이 배를 구입해서 가져오자고 제안했다… 그러나 중앙정부는 당시의 (정치적) 상황 때문에 그렇게 하지 않았다."[156] 마찬가지로 2005년 인터뷰에서 인민해방군의 전 부사령 장쉬산은 "확실히 나는 항공모함을 일찍 보유하는 것을 지지했다. … 내가 인민해방군 해군 부사령이었을 때 그것을 옹호했고, 당시 사령원이었던 류화칭도 옹호했으나 많은 이유로 인해 연기되었다."[157] 여러 연구자들은 베이징 소식통들과의 인터뷰를 통해, 중국의 항공모함 프로그램이 1980년대 말과 1990년대 초에 고위층에서 정치적 이유로 여러 차례 연기되었으며, 1990년대 중반이 되어서야 장쩌민이 항공모함 프로그램에 대한 국가 차원의 예비 조사를 승인했는데, 아마도 류화칭을 달래려는 유일한 방법이었던 것으로 보인다는 결론을 내렸다.[158] 유지You Ji는 류화칭이 항공모함 프로그램을 위해 장쩌민에게 거듭 로비를 했고, 장쩌민은 여전히 류화칭의 지지에 의지했기 때문에 신중하게 대응했다고 썼다. "장쩌민은 항공모함에 대한 류화칭의 입장을 잘 알고 있었다. 그는 항공모함과 관련해 류화칭과 충돌하는 것을 피하기 위해 항공모함을 보류하는 최종 결정을 내리기 이전에 일종의 지연 전술로서 항공모함 예비 조사에 동의했다.[159] 1995년 5월 류화칭이 정치국 상무위원회에 항공모함에 대한 보고서를 제출하고 바랴그를 구매해 수리할 것을 제안했을 때 상황은 정점에 이르렀다. 상무위원회는 류화칭의 제안을 거부했고, 항공모함 이슈는 적어도 이후 8년간 사실상 사망한 상태였다.[160] 중국은 2000년대 중반까지는 항공모함 프로그램에 관심을 보이지 않는 듯 보였고, 글로벌 금융위기 이후까지는 진지하게 자원을 투입하지 않는 듯했다.

류화칭 스스로 인정한 것처럼, 항공모함을 건조하는 결정은 중앙군사위원회와 그 이상—아마도 이전에 그의 제안을 거절했던 중앙정치국 상무위원회를 언급하는 표현—차원에서 결정되어야 할 사안이었다. 그는 항공모함을 더 큰 차원의 중국 대전략이라 묘사된 것 안에 위치시켰다. "항공모함의 발전은 해군의 사안일 뿐 아니라 국가전략과 국방정책 같은 중대한 문제와 관련되어 있다. 항공모함은 국가의 종합 국력과 전반적인 국가 해양 전략과 관련된 정확한 판단으로 신중하게 결정되어야 한다."[161] 이것은 항공모함에 대한 결정과 해군의 구조 문제(즉 항공모함 기반 vs. 잠수함 기반)가 반드시 더 광범위한 대전략을 고려할 수 있는 수준에서 내려져야 하고, 군사 전략만으로 결정되어서는 안 되며, 따라서 이 결정들이 중국의 전략적 목표를 살펴보는 데 중요한 통찰을 제공한다는 것을 보여 준다.

둘째, 중국의 정책은 항공모함이 미국과 관련된 작전 시나리오에서는 유용한 것으로 고려되지 않았거나 전반적인 전략적 목표에 부합하지 않았다는 것을 보여 준다. 권위 있는 군사 자료들은 중국이 남중국해에서는 항공모함이 유용한 것으로 판단했는데, 타이밍청이 썼듯, "1988년 3월 스프래틀리 군도에서 중국과 베트남의 충돌 직후 항공모함 건조에 대한 승인이 곧 이뤄질 것이라는 신호들이 나타났기 때문이다."[162] 그러나 3대 사건은 미국이 더는 동맹이 아니며, 훨씬 우월한 군사 기술을 가진 적이 될 가능성을 보여 주었다. 중국의 대전략이 이 위협에 대응하기 위한 것으로 변하면서, 군사 전략은 이웃나라에 대항한 진전을 이루기 위해 필요한 능력은 덜 강조하는 대신 항공모함에 비해 덜 취약하고 비용도 저렴한 비대칭 무기를 강조하는 쪽으로 옮겨갔다.

중국 군사 잡지의 필자들은 오랫동안 항공모함의 취약점에 대해 써 왔는데, 일부는 미국과 소련의 해군 경쟁의 교훈에 대해 다루고 있다. 1980년대 말, 한 군사 관련 필자는 이렇게 주장했다. "미국 해군 항공모함 전단은 수적으로 극히 제한되어 있고, 온갖 (소련) 유도미사일 발사 플랫폼 전투 그룹의 위협을 받고 있다."[163] 중국의 군사 분석가들은 미국 항공모함에 대항하는 소련의 반접근 방법론의 유용함과 함께 자국이 가지게 될 항공모함의 취약점도 알고 있었을 것이다. 따라서 3대 사건 이후 미국이 가장 주요한 전략적 위협이 되자마자, 항공모함 프로그램의 가치에 대한 공식적인 평가도 바뀌었을 것이다.

중국의 군사 분야 필자들은 이 관점과 일관된 주장을 오랫동안 해 왔다. 1990년대 내내 그리고 현재까지도 많은 필진과 일부 반ṡ-정책 자료들조차 중국 해군에 대항하는 작전에서 항공모함의 유용성에 의문을 제기해 왔다. 한 관리는 아마도 약간의 과장을 더해 "12척의 중국 항공모함으로도 미국 핵 추진 항공모함과 경쟁할 수 없다"고 말했다.[164] 항공모함의 취약성에 대한 냉전 시대의 분석을 반영한 글에서, 2000년대 중반 항공모함과 관련된 논쟁으로 저명한 예쯔청 베이징대 교수는 중국의 항공모함이 미국 미사일에 취약할 것이라고 주장했다. 그는 "해양 세력은 육상 세력보다 부차적"이며 그렇기 때문에 "중국은 항공모함 건조 계획을 연기해야 한다"고 말했다. 예쯔청은 "해양 세력은 군사 기술의 흐름에 복종해야 한다"며 "정밀 유도 육상/공중 기반 미사일 기술의 성숙으로, 항공모함의 유리함은 크게 줄어들었고, 첨단 미사일과 육상 기반 항공기, 첨단 잠수함과 구축함의 목표물이 될 가능성이 높아졌다"고 썼다.[165] 예쯔청은 일부 고속 미사일은 "항공모함 킬러가 될 것"이라고 말했다. 그의 설명은 인민해방군 해군 내 장교들의 설명만큼 권위 있지는 않지만, 군사적 논쟁에서의 위상을 고려하면 광범위하게 공유되는 견해로 보인다. 실제로 그가 제시한 능력들, 즉 잠수함과 항공모함 킬러 미사일은 정확히 중국이 이 시기에 발전시키고 있던 것이었다. 서구 국가들을 모방하지 않고, 약자의 무기로 강자를 물리치고, 비장의 무기를 획득하려는 중국의 경고는 어떻게 해도 서구에 비해 열악할 항공모함과 같은 값비싼 플랫폼을 피하고 대신 다른 능력들에 집중하려는 결정을 암시하는 것으로 보인다. 예쯔청은 항공모함에 드는 자금은 "첨단 잠수함"과 "미사일 성능 향상을 비롯해 중-장거리 미사일 플랫폼에" 더 효과적으로 쓰일 수 있을 것이라고 주장했다.[166] 이 모든 것들은 중국의 군대와 학계 저술 안에서 미국에 대항하여 항공모함이 효과적이지 않을 것이고, 모든 항공모함은 걸프전쟁에서 처음 선보인 군사 기술의 바로 그 흐름에 취약할 것이며, 중국은 항공모함보다는 그 능력을 확보하는 게 나을 것이라는 일관된 주장이 있었음을 보여 준다.

이런 논리가 중앙군사위원회 또는 정치국 상무위원회를 움직였다고 결정적으로 보여 줄 수는 없지만, 이 장의 앞부분에서 살펴본 중국 전략에 대한 문헌과 결합해 보면 이것이 중요한 요소였음을 알 수 있다. 장쩌민을 비롯한 최고 지도자들은 이와 같은 주장과 광범위한 작전에 대한 고려들에 익숙했을 것이다. 실제로 장쩌민은 덩샤오핑의 충고를 받아들여 집권하자마자 국방 계획과 여러 날에 걸쳐 온종일 진행되는 중앙군사위 회의들에 직접 참여했다. 중국 지도자들은 핵무기, 인공위성, 비대칭 무기를 개발하려는 결정에 직접 관여했고, 항공모함도 예외가 아니었을 것이다.

결과적으로, 항공모함을 획득하려는 결정은 특정한 해군력의 구조뿐 아니라 더욱 광범위한 군사 구조에서 약화시키기 전략에 적합하지 않다는 의미였을 것이다. 한 인민해방군 교본이 분명히 밝히는 것처럼 "중국이 항공모함 프로젝트를 추진해야 하는지는 해군의 질문이 아니라 우리의 전반적인 군사력 태세와 국가의 국방정책을 어떻게 조정할지와 관련된 질문이다."[67] 이것이 바로 미국을 약화시키려는 대전략에서 항공모함이 현명하지 못한 결정이라는 이유다.

물론 중국은 결국 항공모함을 건조했다. 그러나 미국의 힘에 대한 인식이 변한 뒤에야 그렇게 했다. 그때까지는 항공모함의 케이스와 앞선 사례에서 알 수 있듯이 중국군은 미국의 힘을 약화시키는 데 중점을 두었다. 처음에 중국이 원양의 영토를 유지하는 데 초점을 맞추었던 "해양 통제"에서 벗어나 미군이 중국 근해를 지나가거나 통제하거나 개입하는 것을 차단하는 데 초점을 둔 "해양 거부" 전략으로 전환하게 만든 것은 3대 사건이었다. 그리고 중국이 "일부 영역에서는 따라잡고 다른 영역에서는 그러지 않도록" 우선순위를 두고 "적이 두려워하는 무엇이든 우리가 그것을 개발한다"는 개념을 실행하게 만든 것은 이러한 전환의 어려움이었다. 중국은 능력이 있었지만, 항공모함을 비롯하여 값비싸고 취약한 함정은 유보하고, 대신 미국을 바깥에 머물게 하려는 반접근/지역 거부 전략에 적합한 비교적 저렴한 비대칭 무기를 만드는 것을 선택했다. 이 과정에서 중국은 미국의 군사력에 도전하는 세계 최대의 기뢰 무기, 세계 최초의 대함탄도미사일, 그리고 세계 최대의 잠수함을 만들었다.

이 일관된 비전과 목적은 군사 영역에 한정된 것이 아니었다. 다음 장은 이 요소가 지역 기구들에서 중국의 정치적·외교적 행동도 이끌었음을 보여 준다.

# 5장

# 호의적인 의도를 보여라

## 정치적 약화시키기 실행

**"중국이 다자 외교에 점점 가치를 두는 중요한 이유는 바로 냉전 이후 미국이 초강대국이 된 뒤 패권주의적 행동을 하기 때문이다."**

— 2003년, 베이징대학교 교수 왕이저우의 발언[1]

1993년 10월, 아시아의 새로운 역내 기구이자 아시아태평양경제협력체APEC 주재 초대 중국대사 왕위성은 이 모임의 사상 첫 정상급 회담을 위해 자신의 팀을 준비시키려고 서둘렀다. 그는 몇 주만 지나면 아시아에서 가장 큰 규모의 경제를 가진 나라들의 정상 11명이 클린턴 대통령의 초청으로 시애틀에 모여, 냉전의 여파 속에서 이 새로운 기구의 미래와 아시아의 질서에 관해 논의하게 될 것이라는 사실을 예민하게 이해하고 있었다. 중국에는 많은 것이 걸려 있는 행사였다.

왕위성은 회고록에서 그의 팀이 가장 크게 놀랐던 것은 정상회담 몇 주 전에 한 일본 신문이 APEC의 미국 주도 전문가 워킹그룹이 이 단체의 미래에 대한 권고를 담아 작성한 보고서 내용을 유출해 보도한 것이었다고 회고했다. 그는 이 보고서나 권고에 대해 전혀 알지 못하고 있었고, 초조하게 반응했다. "시선을 끄는 '아시아 태평양 경제 공동체를 향해'라는 제목의 보고서를 보고 우리는 놀랄 수밖에 없었다"고 그는 회상했다. "이게 어떻게 나왔을까? 실제로 가능할까? 우리가 여기에 동의할 수 있는가? 우리는 무엇을 해야 하는가? 일련의 문제들이 모두 등장했다."[2] 보고서는 자문 서류였지만 왕위성은 여전히 우려스러웠다. "우리는 이 보고서가 빌 클린턴 미국 대통령의 아시아 태평양 전략과 '일치하는지' 혹은 '일치하지 않는지' 알 수가 없었다. 그것을 알 방도도 없었지만, 반드시 알아야 하는 것도 아니었다." 어차피 중국은 이미 그 권고에 반대하려고 계획했기 때문이다.[3] "그때 나는 우리가 해야 하는 가장 중요한 것은 바로 이 보고서에 대해 상급자에게 보고하고, 이것을 심각하게 여기고 대책을 준비하는 것이라고 생각했다"고 왕위성은 회상했다.[4]

그에게 있어 이 보고서와 거기에 사용된 '공동체Community'라는 단어는 경종을 울린 사건이었다. 그가 생각하기에 그 단어를 거기에 사용한 것은 호의적이거나 순수한 의도가 아니었으며, 미국이 자국이 주도하는 조직을 아시아의 가장 중요한 지역 기구의 위치에 놓는 전략으로 중국을 견제하려는 기만적인 행위임을 확인시켜 주는 또 다른 증거였다. 그렇기 때문에 중국은 APEC을 중단시켜야 했고, 그렇게 함으로써 아시아에서 미국이 질서를 구축하는 것을 약화시킬 필요가 있었다. 왕위성은 '공동체'라는 단어를 격하시키려 노력했고, 대신 APEC은 아시아 태평양 경제 '협력체Cooperation'를 의미해야 한다면서, 만약 '공동체 community'라는 단어를 쓴다면 소문자 'c'를 써서 더 제도화된 '유럽공동체 European Community'와 비교되는 것을 피해야 함을 분명히 했다.

'공동체'라는 단어를 둘러싼 기묘한 싸움과 10여 개의 다른 쟁점들은 APEC이 얼마나 강력해야 하느냐를 둘러싼 대리전이었고, 중국은 이를 심각하게 받아들였다. 한 미국 외교관이 공개 연설에서 왕위성이 이 문제에 대해 너무 집요하다고 조롱하자, 왕위성은 회고록에서 다음과 같이 썼다. "(그의 말은) 얼마나 거만한가. 하지만 사실 그들(미국인들)은 계속해서 APEC을 경제 문제를 초월한 것으로 만들려 해 왔다. ⋯ 어떤 전문가들은 이들(미국인들)의 진짜 의도는 바로 그들이 지배할 수 있는 공동체를 만들려는 것이라 말한다. ⋯ 이 주장은 전혀 근거 없는 말이 아니다."[5]

중국이 이듬해에 APEC을 더 약한 수준의 제도화에 머물게 하는 데 성공했을 때 왕위성은 승리했다고 생각했다. "미국은 처음부터 APEC의 발전 방향을 독점하려 애썼고, 여러 방면에서 영향력과 압력을 행사하려 했다." 그는 이렇게 썼다.[6] "클린턴 대통령은 2,000명이 넘는 사람들을 이끌고, 10대의 비행기에 나눠 태우고 와서 회의에 참석했고, 회의 안팎의 모든 곳에서 여러 행동을 했지만 어쨌든 그는 실패했다."[7] 미국이 목표를 달성하는 데 실패한 것은 중국으로서는 축하할 일이었는데 왜냐하면 APEC이 "느슨한thin" 조직으로 남게 될 것이며, 아시아에서 미국 주도의 질서 형성에 덜 적합해졌기 때문이다. 그리고 이는 톈안먼 사건, 걸프전쟁, 소련 붕괴의 여파 속에서 중국이 이 지역에서 계속해서 추구해 온 정치적 약화시키기 전략의 중요한 부분이었다.

이 장은 중국이 아시아에서 미국의 힘을 약화시키려 했던 노력을 탐색한다. 이는 이 시기에 지역 기구에 대한 중국의 개입에서 나타나는 두 가지 혼란스러운 요소에 초점을 맞춘다. ① 이전까지는 이 기구들을 기피하던 중국은 1990년대 초반에 왜 갑자기 가입을 결정했는가? ② 왜 중국은 그때 가입한 많은 지역 기구들을 중단시켰는가? 이 질문에 답하면서 당시의 대표적인 지역 기구인 아시아태평양경제협력체APEC,

동남아시아국가연합ASEAN, 상하이협력기구SCO에서 중국의 책략을 탐구한다.

이 장은 중국이 이런 역내 기구들에 가입한 뒤 이를 중지시킨 것은 미국의 질서 구축을 약화시키고 자국을 위한 안보를 형성하기 위한 것이라고 주장한다. 지역에서 미국의 영향력이 커지는 것을 두려워한 중국 정부는 미국이 포함되어 있던 APEC이나 아세안지역안보포럼ARF 같은 기구의 제도화를 약화시켰지만, 미국을 배제하고 중국에 주요 역할을 준 ASEAN+3APT(아세안+한중일)나 SCO 같은, 중국이 설립을 지원한 기구들의 제도화에는 지원을 아끼지 않았다. 지역 기구 참가를 통해 중국은 이웃 국가들을 안심시키고 그 국가들이 이후 미국이 주도하는 균형 유지를 염두에 둔 연합체에 가입할 가능성을 약화시키기를 희망했고, 기구의 규칙을 이용해 군사적 배치와 경제적 강압 등 미국의 힘을 제한하고자 했다. 지역 기구에 대한 이런 방어적인 접근법은 종종 공세적인 계획을 추진하는 때도 있기는 했지만, 2008년 글로벌 금융위기가 중국으로 하여금 정치적 야망을 더욱 대담하게 추진하도록 만들 때까지 지속되었다.


## 지역 기구의 정치적 전략 설명

아시아의 공식적 다자기구에 대한 중국의 참여는 우리가 중국의 원대한 계획을 이해하는 데 도움을 준다.[8] 이들 기구는 종종 국가와 지도자들이 시간과 자원을 쓰도록 요구하므로 한 국가의 우선순위와 전략을 측정할 수 있는 좋은 수단이다. 또한 이 기구들은 국가의 행동을 형성시킬 수 있는 영역들에서 규범과 규칙을 설정해 주도국들이 활용할 수 있는 도구가 된다.

우리는 지역 기구 안에서 중국의 태도를 몇 개의 주요 범주로 평가할 수 있다. 첫째, '멤버십'이다. 즉 중국이 그런 결정을 내릴 때 어떤 종류의 기구에 가입하거나 설립하려 하는지, 그리고 이 기구들이 강화와 모니터링 메커니즘을 가지고 잘 발전하는지를 볼 수 있다. 둘째, '참여'로, 중국이 이 기구들 안에서 무엇을 하는지를 볼 수 있다. 예를 들면, 중국이 모니터링 메커니즘을 지지하거나 그 기구의 의사 결정 구조를 약화시킴으로써 기구의 유효성을 강화시키는지 혹은 약화시키는지에 초점을 맞춘다. 셋째, 특정 기구의 '이익'을 검토한다. 여기에는 그 기구가 공식적인 핵심 기능 외에 안보 경쟁에서 중국에 이익을 제공하는지 등이 포함된다.

중국의 행동을 평가하고, 그것을 문서에 대한 철저한 분석과 결합한 뒤에 우리는 지역 기구에 대한 중국의 태도를 설명하려 노력해야 한다. 이 장에서는 두 가지 설명을 시험해 본다. 첫 번째 가설은 중국이 이 기구들에 '진정성 있는 참여자'라는 것이다. 중국의 진심 어린 헌신은 협력으로부터 얻을 수 있는 물질적 보상과 문제 해결에 대한 욕구에서 발전한 것이거나(자유주의적 설명) 혹은 위상, 이미지 혹은 정체성과 관련해 협력으로부터 중국이 얻을 수 있는 사회적 보상을 얻고자 하기 때문(사회적 설명)이라는 것이다. 자유주의적, 사회적 설명은 결합될 수 있는데, 이들이 암시하는 것은 일반적으로 꽤 유사하기 때문이다. 즉 이들 각각의 가설은 중국이 이 기구들과 그 유효성에 진정으로 의지를 가지고 있으며 그에 따라 행동할 것이라는 의미다.

두 번째 가설은 이 조직들에 대한 중국의 참여는 진지하지는 않지만 도구적이며, 이는 '약화시키기'와 '질서 구축'과 관련되어 있다는 것이다. 이러한 관점에서 중국은 원대한 전략적 논리에 의해 움직이며,

다자기구들은 단순히 무역이나 환경 관련 문제를 해결할 뿐만 아니라 큰 힘을 가진 국가들이 그것을 통해 질서를 만들기 위한 도구로서 이용된다. 협력을 유도하는 메커니즘, 즉 규칙, 규범, 평판, 감시, 강화는 또한 질서의 핵심을 형성하는 강압적 능력, 합의 유도, 정통성 주장에 힘을 실어 준다. 그에 따라 '약화시키기' 전략은 한 국가가 라이벌의 기구에 가입해 그 기반을 약화시키거나, 라이벌의 힘을 제한하도록 기구의 목적을 바꾸거나, 혹은 호의적인 신뢰를 반길 경계하는 이웃들을 안심시키기 등과 관련된다. 반면, '질서 구축' 전략은 국가가 무역, 금융, 보건, 정보와 같은 핵심 영역들에 걸쳐 있는 기구들을 활용해 다른 국가들에 군림하는 통제 형태를 만들어 내는 것이다. 예를 들면, 국가를 기구의 이익에서 분리시키면 강압적 영향력을 가지게 되고, 기구의 이익을 제공하는 것은 타협을 이룰 장려책이 된다. 그리고 기구를 운영하는 것은 한 국가가 리더십을 주장하는 데 더 큰 정통성을 부여한다.

만약 중국의 참여가 이런 대전략의 약화시키기와 질서 구축 논리에 따른 것이라면, 우리는 진심 어린 참여가 부족하다는 것을 보여 주는 몇 가지 패턴을 볼 수 있을 것이다. '멤버십'과 관련해, 중국은 안보 이익이 증가할 때 기구에 참가할 수도 있고, 또 다른 국가가 통제하는 기구에 참여하는 대신 불필요한 비슷한 기구를 만들 수도 있다. '참여' 면에서는, 중국은 라이벌이 운영하는 기구의 제도화를 강화시키는 것은 경계하지만 중국이 운영하는 기구 내에서는 챔피언이 되려 할 것이다. 그리고 기구의 이익 면에서는, 중국은 기구의 문제 해결이 아니라 수직적인 안보 우려를 강조할 것이다. 분명, 이 장과 9장에서 알 수 있듯이 기구 내에서 중국의 태도는 이러한 전략적 패턴에 들어맞는다.

# 지역 기구에 대한 중국의 정치적 문헌

　　외교 회고록이나 외교부 주요 관리들의 글을 비롯한 중국 문헌들은 중국 정부가 지역 기구를 진정한 문제 해결의 포럼으로서보다는 미국의 질서 구축을 약화시키고, 이웃 국가를 안심시키며, 미국의 지역적 개입을 복잡하게 만드는 도구로 보고 있다는 것을 드러낸다. 이 주장은 두 부분으로 나뉜다. 첫째, 톈안먼 광장 학살, 걸프전쟁, 소련 붕괴라는 3대 사건이 다자기구에서 중국의 전략에 어떤 영향을 미쳤는지를 살펴본다. 둘째, 이 기구들을 이용해 미국의 질서를 약화시키려는 전략의 등장과 그 내용을 설명한다.

## 3대 사건과 정치적 전략

　　3대 사건 이전에, 냉전 시기 동안 중국은 다자주의, 특히 지역적 수준의 다자주의에 거의 참여하지 않았다. 중국의 상호 작용은 UN과 세계은행처럼 중국에 기술적 전문 지식을 제공해 줄 수 있는 곳으로 한정되어 있었다. 하지만 3대 사건으로 인해 이를 재고할 수밖에 없었다. 학자 카이 허의 주장처럼 "소련 붕괴 이후 중국의 전략 환경은 극적인 변화를 겪었다. … 인권과 대만에 대한 미국의 정책을 고려할 때, 미국이라는 유일 초강대국은 중국의 국내외 안보에 매우 심각한 도전이 되었다." 미국의 힘과 '미국 시장, 자본 및 기술'에 대한 중국의 의존 때문에 중국 정부는 미국 정부에 공공연하게 반대하지는 못했다. 따라서 지역 기구는 중국의 더 조용한 안보 전략에 중요한 부분이 되었다.[9]

　　3대 사건은 중국이 대전략을 종합적으로 재평가하게 만들었고, 앞 장에서 논한 것처럼 지역적 다자주의에 주목하게 했다. 중국이 첫 번째 지역 다자주의 정책을 만드는 데 도움을 준 왕위성은, 중국이 지역 기

구에 더욱 관심을 갖게 된 계기는 "냉전의 종언"이었고, 그것이 "1990년
대 초반 무렵 중국이 일부 지역 기구에 참여하기 시작한" 이유라고
했다.[10] 그는 "소련이 붕괴되고 냉전의 종언 이후, 중국은 몇 년 동안 '냉
정한 관측'과 세심한 분석과 연구를 이어갔다"고 회상했다. 이 연구 이
후, 중국 지도자들은 다자기구에 "중국이 어느 정도 기여할 필요가 있
고, 또 그럴 역량도 있다"고 결정했다고 왕위성은 주장한다.[11] 그는 이
결정의 계기는 바로 점점 증가하는 미국의 위협이었다고 말한다.

이 시기 미국은 여러 전략적 승리를 거뒀다. 군사 문제와 관련해, 미국
은 이라크 쿠웨이트에 대한 군사 침공을 이용했다. 그것은 강한 달러
화의 이점을 과시했다. 정치적으로는 적들을 패배시켰는데, 바로 다
른 초강대국 소련이었다(혹은 미국의 표현으로는 '공산주의의 패배'). 경제
적으로는, 정보 기술 발전을 이루고 한때 미국을 거의 따라잡고 추월
하기도 했던 일본이 멀리 뒤처지면서 국제적으로 압도적인 선두를 달
렸다. 미국의 떠들썩한 언론들은 미국이 "세계를 이끌 최고의 자격을
갖췄다"며 21세기에는 "미국에 종속되는 것 외에 다른 길은 없다"고
위협했다. 세계 유일 초강대국의 지도자로서 클린턴 대통령은 미국이
지배하고, 미국의 가치와 발전 모델을 홍보하는 '냉전 이후'의 국제 질
서를 필요로 했다.[12]

왕위성이 회고록에서 반복해서 강조한 것처럼, 중국은 승리자인
미국이 아시아와 전 세계를 지배하려 한다고 믿었다. 이는 중국이 다자
적 역내 기구에 참가해 미국 정부가 그것을 중국 정부에 반하는 방법으
로 쓰거나 혹은 지역의 질서를 구축하기 위해 사용하지 않겠다는 보장
을 만들어 내게 했다. 주요 외교부 고문들도 이에 동의했다. 중국 외교

부가 의뢰해 중국사회과학원CASS 학자이자 중국의 다자주의 정책을 형성하는 데 기여한 장윈링이 작성한 보고서는 이런 논평으로 시작한다. "냉전이 종식되고 중국의 국제 환경은 엄청난 변화를 겪었다." 그리고 이 변화는 "중국이 현재와 미래의 안보정책을 만드는 데 중요한 기준"으로 여겨졌다.[13] 보고서는 중국 정부가 다자적 도구를 안보 전략의 한 부분으로써 사용하기를 권고했다.

3대 사건은 미국의 질서 구축에 대한 우려를 키웠을 뿐만 아니라 미국이 어쩌면 소위 "중국 위협론"을 이용해 다른 아시아 국가들과 손을 잡고 중국을 포위할 수도 있다는 불안감을 고조시켰다. "중국 위협론"은 부상하는 중국에 대한 불필요한 경계심을 말하는 중국 정부의 용어다. 중국의 학술 및 정책 자료들을 찾아본 결과, "중국 위협론"은 3대 사건 이전에는 거의 등장하지 않다가, 몇 년 뒤 어느 순간부터 대단히 중요하게 다루어졌다.

장윈링이 외교부에 보낸 메모에서, 미국이 주도하는 포위는 냉전 이후 중국에 가장 큰 위험이라는 관점을 분명하고 자세히 설명했다. 그는 이렇게 썼다. "새로운 (냉전 이후의) 세계 패턴에서, 중국은 부상하는 강대국이다. … 물론, 중국의 힘이 강해지는 것은 이웃 국가들을 불안하게 만들 것이고, (중국에게) 협박당하는 것을 두려워할 수도 있다. 일부 국가들은 군대를 강화하고, 부상하는 중국의 힘과 대치하기 위해 동맹관계를 강화할 것이다."[14] 장윈링은 이러한 포위가 중국에게 가장 치명적인 위협이라고 분명하게 말했다. 그는 "미래의 중국 안보에 가장 큰 문제는 자신의 힘이 점점 강해지는 것에서 비롯되는 이웃들과의 종합적인 관계 변화에 어떤 방식으로 대처하고 해결하느냐"라고 주장했다. 만약 이 문제가 잘못 다루어진다면 중국은 "스스로를 우호적이지 않은 국가들로 둘러싸인 적대감 속으로 밀어 넣는 것"이라고 우려했다.

그림 5.1  중국 언론에 '중국 위협론'과 '다자주의'가 포함된 횟수(1985~2016년)[19]

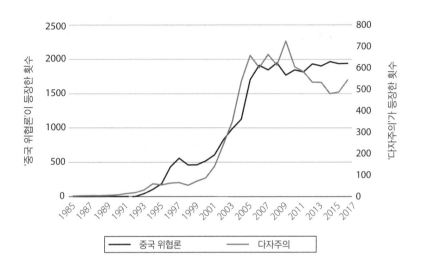

장원링의 생각에 "가장 위험한 상황은 많은 국가들이 중국에 대항하기 위해 연합을 형성해 중국을 포위하고 견제하는 것이다."[15] 그리고 물론 이런 시도의 선동자는 미국일 것이다. 장원링은 중국의 일에 "미국이 우방국과 함께 너무 자주 그리고 너무 많이 개입할" 가능성을 우려했다.[16]

　　이런 우려는 중국이 지역에 새로운 관점을 가지도록 했는데, 이는 '주변 외교周边外交'라고도 알려져 있다. "1980년대 후반에" 중국의 한 외교정책 역사학자가 이 주제의 역사에 대해 말한 것처럼 "소련의 해체, 동유럽의 혁명, 미국과 소련 사이의 냉전의 종식"이 곧 "건국 이래 거의 맞닥트리지 않았던 심각한 상황"으로 이어졌다. 그 결과, "이웃 국가들에 대한 중국의 정책은 1990년대에 특히 중요한 위치에 올랐다."[17] "이웃 국가 정책"은 3대 사건 이후 처음 열린 1992년 당 대회의 정치 보고에서 처음으로 등장했고, 우선 정책이 되었다.[18] 그리고 그림 5.1이 보여 주듯, "중국 위협론"과 이웃 국가에 점점 더 초점을 맞추는 것과 함께 그에 대한 대안인 "다자주의"에 대한 관심도 높아졌다.

## 약화시키기 전략

3대 사건은 중국에 두 가지 안보 문제를 일으켰고, 그것을 해결하기 위해 다자주의 기구들을 활용하는 새로운 약화시키기 정책이 필요해졌다. 첫 번째 도전은 중국의 이웃 국가들이 동참한 가운데 미국의 주도로 포위가 진행될 위협이었다. 두 번째 도전은 점점 더 위협적인 미국의 힘과 영향력 행사였다. 다자주의 기구는 이 두 문제에 대응하기 위한 것이었고, 그것은 중국의 외교 설계外交总体布局, 즉 중국 외교 정책 중점 체계에 통합되었다. 역사적으로 초점은 강대국들에 맞춰져 왔고, 주변 지역과 개발도상국은 그다음이었다(예를 들면, "강대국들은 핵심이고, 주변부는 우선이고, 개발도상국은 기초다"). 중국이 그 공식에 다자주의를 더한 것은 중국 전략에서 그 중요성을 보여 준다(예를 들면, "다자는 중요한 무대다").[20] 이는 중요한 변화였다.

첫째, 중국 학자들과 관료들은 명백히 중국의 유화적인 다자주의를 미국이 주도하는 포위망에 대한 중국의 두려움과 연결 짓는다. 장윈링은 중국이 다자주의 기구에 가입함으로써 "스스로 자제하고 자제하고자 하는 의지를 보여 줌으로써, 호의적인 의도를 표현할" 수 있고, 중요한 것은 바로 "이런 아이디어가 1997년 아시아 외환 위기 시기에 인민폐(위안화)의 가치를 절하하지 않은 것, TAC-SEA(ASEAN의 한 문서)에 동의한 것, 아세안 가입국들이 남중국해 분쟁에 대한 규약을 주도하도록 한 것 같은 행동들로 곧바로 이어졌다"고 썼다.[21] 마찬가지로, 중앙당교출판사에서 출판한 중국 외교 전략을 요약한 책은 중국이 이웃 국가들을 안심시키기 위해 자제自我約束와 기구들 안의 다른 국가들의 '제약을 받아들이는接受約束' 정책을 추구했으며, ASEAN의 남중국해 행동강령에 서명하는 등 다자적 양보가 이런 전략의 한 부분이었음을 보여준다.[22] 또 다른 글에서 장원링은 '좋은 이웃 정책'이 미국의 포위망을 '약화시키려는' 원대한 전략의 일부분임을 분명히 밝혔다.

중국은 이웃 국가들과 우호적 관계를 유지하는 전략을 추구했는데睦鄰友好, 稳定周边, 이는 미중관계가 악화될 때를 위한 대비책이었다. 덩샤오핑과 그 후계자들은 15개국 이상이 중국과 국경을 접하고 있기에 공세적 자세는 중국의 이익에 전혀 맞지 않으며, 중국이 얼마나 강해지든 중국이 공세적 태도를 취한다면 이웃들과 먼 강대국(미국)이 역균형 동맹을 구성하게 될 것임을 명확하게 이해하고 있었다. 하지만 만약 중국이 방어적 현실주의 접근법을 취한다면 대부분의 지역 국가들은 강력한 봉쇄정책을 채택하기를 주저할 것이고, 중국이 우호적인 지역 안보 환경을 누리게 될 가능성이 높아질 것이다. 이 목표를 위해 중국은 이웃 국가들과의 관계를 발전시키기 위해 부단한 노력을 기울였으며, 때로는 국내의 격렬한 반대에도 불구하고 중요한 양보를 하기도 했다.[23]

1990년대 초반 트랙2(민간 전문가들이 참석하는 회의) 대화에서 중국 외교관들과 대화를 나누었던 수잔 셔크Susan Shirk 등 미국 학자들은 이런 견해를 확인시켜 준다. "중국은 지역 안보 협력에 긍정적인 태도를 보일 여러 이유가 있었지만, 가장 중요한 이유는 중국식 표현으로 소위 '중국 위협'이라 부르는 지역 내 공포감을 줄이기 위해서였다."[24] 실제로 1994년 ARF 회의에서 첸치천 외교부장은 중국의 군사 위협에 대해 이웃 국가들을 안심시키기 위해 일련의 언론 인터뷰를 했다.[25] 저명한 중국 학자인 우신보는 이러한 노력을 요약하면서 다음과 같이 말했다. "안보 전선에서… 중국은 지역 협력을 촉진함으로써 중국의 변경에 더 우호적이고 안정적인 안보 환경을 만들 수 있고, 미국이 중국에 추진하는 헤징hedging 전략에서 나오는 안보 압박을 상쇄시켜 줄 것으로 계산했다."[26]

정부 최고 지도자들 역시 이를 확인시켜 준다. 2001년 주변 외교에 대한 한 회의에서 장쩌민 주석은 "중국은 세계에서 가장 이웃 국가가 많은 나라"라며 이는 전국시대 이래로 "우리 조상들은 이웃 국가들과 (잘) 지내는 것의 중요성을 오랫동안 인식해 왔음"을 시사한다고 말했다.[27] 그리고 나서 장쩌민은 중국의 안심시키기 전략을 설명했다. 그는 "중국은 거대한 나라"이고 "우리 주변의 일부 작은 국가들이 우리에 대해 의구심을 가지는 것은 필연적"이라고 말했다.[28] 그것을 떨쳐버리기 위해 중국은 "평화로운 발전과 우호적인 협력의 이미지를 만들고, 인내심을 가지고 세심하게 의구심을 지워 나가야 하며, 모범적인 말과 행위로 신뢰를 높여 그들이 소위 '중국 위협'이라는 것이 아예 존재하지 않는다는 것을 점진적으로 깨닫게 해야 한다."[29] 이는 '장기적 이익'을 '단기적 이익'보다 우선하고, 일시적으로 영토 분쟁을 옆으로 치워두는 것을 뜻했다.[30] 다자기구들도 역할이 있었다. 장쩌민은 "다자 외교의 역할이 대단히 중요해졌다"면서 중국은 지역 내 다자주의 계획들에 대해 "충분히 활동"해야 한다고 주장했다.[31] 연설의 막바지에서 그는 아시아에서 분열을 일으키려는 "외부의 계획"에 대해 이야기한 뒤 이 전략에서 어느 정도로 미국을 중요하게 고려해야 하는지 강조했다. "여기서 나는 한 가지 요점을 강조하고 싶다. 서반구에 위치한 미국은 우리의 이웃은 아니지만, 우리나라의 안보 환경에 영향을 주는 중요한 요소다."[32] 이 단계에서 중국의 주변 외교의 목적은 이 지역에서 중국이 이끄는 질서를 만드는 것이 아니라 이웃들이 미국과 연대해 중국을 포위하지 않도록 설득하는 것이다.

중국의 자료들은 이 전략이 성공적이라고 여기고 있음을 보여준다. 1990년대 중국의 다자주의에 대한 논평에서, 장원링은 "중국과 다른 강대국 사이에 설립된 다자주의 협력은 중국이 직면했을 수도 있었을 위험한 대치에 따른 위험한 길에서 중국을 구해 주었다"고 말했다.[33] 장원링은 "그 국가들이 중국을 더 잘 이해할 수 있게 함으로써, 중국은 위협받는다고 여기는 그들의 두려움과 중국에 대항하는 동맹이 설립될 가능성을 줄일 수 있었다"고 주장했다.[34] 실제로 "다자주의적인 참여와 노력으로 중국이 믿을 만한 강대국이라는 이미지는 더 향상될 것이다. 국가들이 중국과 상호 작용하고 협력할수록 '중국의 위협'에 대해 덜 걱정하게 될 것이다."[35] 장원링은 이 주장을 위해 군사 교리의 용어를 인용하기도 했는데, 외교부에 보낸 메모에서 그는 다자주의가 "'적극적 방어' 전략"이 되어 "중국이 포위의 위기를 맞았을 때 주도권을 가질 수 있도록 하고" 또 "다른 국가들이 연합해 중국에 대항하려는 노력을 할 가능성을 없앤다"고 말했다.[36] 즉, 중국의 다자주의는 강한 '전략적' 이유를 가지고 있다.

중국의 국제기구 전략의 첫 번째 목표가 미국이 주도하는 봉쇄 연합의 위험을 줄이는 데에 있었다면, 두 번째 목표는 분명히 미국이 힘을 행사하는 것을 방해하는 것이었다. 다자기구는 미국의 힘에 직접 맞서지 않고도 가능한 방법을 제시해 주었다. 장원링과 탕스핑이 주장한 것처럼, 중국은 기구들을 이용해 "다른 국가들과 협력해 미국의 패권주의적 행동을 저지하고, 미국의 영향력을 제한하기 위해 고안된" 상하이

협력기구SCO 같은 특정한 기구를 강화시켰다.[37] 마찬가지로, 왕이저우는 다자주의와 미국의 힘 사이의 관계를 분명하게 밝혔다. "중국이 점점 더 다자 외교를 중시하는 중요한 이유는 냉전 이후 미국의 패권주의적 태도와 초강대국 위치 때문이다."[38]

이런 정서는 공식 문서에서도 발견된다. '다자주의'라는 개념은 1997년에 당 대회 공작 보고에서 처음으로 사용되었는데, 이때 장쩌민은 중국은 "다자주의 외교 활동에 적극적으로 참여해야 하며" 기구들에서 중국의 역할을 "충분히 발휘해야 한다"고 말했다.[39] 그리고 나서 이 단어는 이후의 모든 보고서에 등장했다. 대사회의 연설은 보통 대전략을 조정하기 위해 종종 활용되는데, 1997년 대사회의 연설에서 장쩌민 주석은 중국이 "다자 외교에 적극적으로 참여해야 한다"고 다시 한번 말했고 이런 흐름을 다극체제multipolarity와 연관시켰다. 그는 "다극체제와 경제적 세계화의 흐름이 계속해서 발전하고 있는 새로운 상황 아래 모든 주요 국가들은 지역 기구에 의존해 자국의 발전을 도모하고, 양자 관계로는 얻을 수 없는 것을 다자주의적 방법을 통해 얻으려 한다. 우리는 이 상황에 더 주의를 기울이고 그것을 가장 잘 활용하는 방법을 찾아 이익을 얻고 불이익을 받지 않도록 해야 한다"고 말했다.[40] 점진적으로, 중국 외교관들과 관영 언론은 다극체제에 대한 요구를 줄이고 "다자기구들의 역할을 강조하기 시작했다." 2004년에 중국 정부는 "협력" 개념을 외교정책을 정의하는 세 가지 원칙 중 하나로 승격시켰다.[41] 장쩌민은 개발도상국의 힘이 커지고 있고, 동시에 "다양한 지역적·대륙 간·세계적인 기구들이 전례 없이 활발하게 활동하고 있다"면서, 이러한 사실은 세계의 형세가 다극체제를 향해 속도를 높이고 있다는 것을 보여 준다"고 말했다.[42] 공식적으로 다자주의는 다극체제를 위한 주요한 통로로 인식되기 시작했다. 2001년 군 고위 지도자들을 상대로 한 연설에서, 장쩌민은 이것을 연결시켜 기구들에 참여하면 행동의 자유가 커질 수 있다고 주장했다. "우리는 전략적 공간을 넓히는 데 초점을 맞춰야 하고 적극적으로 다자 외교를 행해 나가야 한다. 다자 외교를 활발하게 실행하는 것은 우리를 위한 전략적 상황을 만드는 데 중요한 역할을 할 것이다."[43] 그는 여러 포럼 가운데 APEC, ARF, SCO에 대한 중국의 참여를 연대순으로 거론하면서 말했다. "우리가 깊이 깨달아야 하는 것은 세계 다극화와 경제적 세계화의 상황 아래서… 다자 외교를 위한 국제적 메커니즘과 지역 기구의 활용은 대국들이 자국의 역할을 수행하는 데 점점 중요한 방법이 되고 있다는 것이다. 우리는 다자 외교를 더 강화하고, 먼저 나서서 국제 시스템의 전환과 조정에 참여해야 하며, 다자 수준에서 외교 업무를 실행하려 노력해야 한다."[44]

그 후 10여 년간, 미국이 보스니아와 코소보, 아프가니스탄, 이라크에 개입하면서 미국의 힘에 대한 중국의 불안이 점점 커졌고, 다자주의는 더욱 중요해졌다. 외교부 부부장(부장관) 왕이는 2004년 "다자주의의 발전 촉진과 세계 다극화의 증진"이라는 연설에서 다자주의가 미국을 억제하는 데 쓰일 수 있다고 주장했다.[45] 최고 지도자들 역시 이를 관련시켰다. 2006년 후진타오는 중국이 "다자주의를 강화하고 국제관계에서 민주화를 촉진해야 한다"고 선언했으며, 다자주의는 다극체제의 중요한 요소라고 거듭 강조했다.[46] 마찬가지로 같은 해에 열린 중앙외사공작회의에서 "정치와 관련하여 조화로운 세계의 구성을 촉진하기 위해" 중국은 "적극적으로 다자주의를 지지하고, 국제관계의 민주화를 촉진하며, 패권주의와 힘에 의한 정치에 반대해야 한다"고 말했다."[47]

장쩌민의 마지막 연설 중 하나인 지난 10년간의 성공을 회상하는 중앙정치국 연설에서, 중국은 "주변을 안정시키는 전략적 사고를 제안하고 실행했으며 다자 외교 기구에서 중요한 역할을 했다"고 강조했다."[48] 장쩌민의 연설이 APEC, ASEAN, SCO를 중국 전략의 모범의 예로 구체적으로 언급했다는 점은 주목할 만하다. 따라서 우리는 이제부터 바로 이 세 가지 사례들을 살펴볼 것이다.

## 아시아태평양경제협력체APEC

"중국의 지역주의에 관한 경험은 APEC에서 시작되었다." 중국 학자 우신보는 이렇게 썼다.[49] 1989년에 설립된 APEC은 환태평양 21개 회원국의 무역과 발전 지원을 촉진하려는 포럼이다. 냉전이 끝나고 미국의 힘과 위협에 대한 중국의 불안이 점점 커지는 가운데, 중국 정부는 APEC을 통해 약화시키기 전략을 추구하기 시작했다. 이는 중국의 참여가 진심에서 나왔다기보다는 도구적이고instrumental 전술적이었음을 보여 준다. 중국의 첫 번째 APEC 외교관이었던 왕위성이 명백히 밝힌 것처럼, 중국은 이런 기구를 미국이 주도하는 것으로 간주했기 때문에 이런 기구가 결국은 아시아에서 미국 패권주의의 도구로서 경제 자유화, 인권 그리고 미국이 이끄는 다자 안보 구도를 촉진하는 데 이용될 것을 두려워했다. 당 중앙의 지침에 따라, 왕위성은 APEC의 제도화에 반대하고 미래의 제도화도 효과적으로 막은 "APEC 접근법"을 성공적으로 홍보함으로써 APEC을 중단시키려 했다. 또한 중국 외교관들은 이 기관을 통해 미국의 힘(특히 경제 제재)에 대항해 중국이 예방력을 갖추고, 동시에 APEC이라는 플랫폼을 이용해 중국의 이웃 국가들에게 중국 정부는 위협이 아니라고 안심시키려 노력했다. 부분적인 결과로 APEC은 무역 자유화를 촉진하는 데는 효과가 없었고, 아시아 금융위기와 2008년 글로벌 금융위기 동안 전반적으로 별다른 역할을 하지 못했다.

## 대안적인 설명들

중국의 APEC 참여를 무엇으로 설명할 수 있을까? 중국은 기구에 '진심 어린 참여sincere participation'를 해온 것 같지는 않다. APEC은 특별히 긴밀한thick 조직은 아니었다. 사무국은 힘이 없었고, 무역 협상을 피하고, 의사 결정에 대한 일련의 효율적인 규칙보다는 합의를 통해 운영되었으며, 감시 메커니즘도 부족했고, 구속력이 있는 결정을 내리지 않았다. 그리고 중국은 각 항목의 개선에 반대되는 일을 했으며, 가끔은 혼자서만 다른 입장을 취했다. 어쩌면 중국은 APEC의 진정한 가치를 토론, 합의, 자발적 약속 등에서 찾았을 수도 있지만, APEC이 논의할 수 있는 내용을 대폭 제한하려 노력했다. 어떤 이들은 1993년 APEC 회담이 톈안먼 사건 이후 처음으로 장쩌민 중국 국가주석이 미국 대통령과 만날 기회를 제공했다는 사실을 강조하지만, 정기적인 대통령급 상호 교류가 복원된 이후에도 중국의 참여는 계속되었다. 많은 이들은 중국이 APEC에서 경제적 이익을 보았다고 주장하지만 중국의 경제적 목표는 방어적이었고, 이 지역이 중국의 이익에 반해 미국의 경제적 의제에 동의하는 것을 막는 데 주력했다.[50] 중국은 대만이 APEC을 활용해 주권 주장을 강화하려 할 것이라는 두려움 때문에 APEC에 가입하고 그것을 저지한 것도 아니었다. 왕위성은 회고록에서 중국이 APEC에 가입한 이유로 대만에 대한 우려를 언급하지 않았다. 중국이 가입하기 전부터 중국 정부는 대만이 "차이니즈 타이페이Chinese Taiepi"라는 명칭으로 언급되고, 총통이 아닌 경제장관이 대표로 참가하고, 국가가 아니라는 이유로 안보 문제에 대한 논의에서 대만을 배제시키는 데 성공했다.[51] 그리고 중국이 가입한 이후에도 왕위성은 주권을 향한 대만의 행동을 무산시키고, 미국과 다른 APEC 회원국들이 1990년대에 중국과 함께 그 목표들을 밀어냈다고 강조하면서, 대만에 대한 우려로 중국이 APEC에 관여한 것은 아니라는 것을 시사했다.

## 약화시키기

중국은 미국의 힘을 약화시키고 이웃 국가들을 안심시키는 데 관심이 있었는데, 이는 냉전 이후 미국의 힘과 위협에 대한 인식이 점점 더 커진 것에서 비롯되었다.

### · 미국의 위협

중국의 APEC 가입은 이 기구가 미국 패권주의의 도구가 될 것이란 공포에서 비롯되었다. 충첸평鍾健平 같은 학자들이 주장하듯, 중국은 APEC에 '방어적으로' 가입했으며 아시아의 질서가 "중국의 참여 없이는 결정될 수 없도록" 하기 위해서였다.[52] 카이허는 경제적·안보적·정치적 문제에 있어 "중국이 APEC을 미국의 영향을 억제하고 서방의 압박에 저항하기 위한 외교적 도구로 사용했다"고 주장했다.[53] 핵심 목표는 아시아-태평양 지역에서 미국의 리더십을 제한하는 것이었다.

APEC에 대한 중국의 불안은 냉전 이후의 불안의 부분적 산물이었다. 왕위성은 그의 회고록에서 이렇게 말했다. "APEC이 출범 단계였던 첫 4년은 포스트 냉전이 시작되면서 국제 정세가 역사적 변화를 겪고 있던 시기였다."[54] 그는 중국에게 긴급한 질문은 "APEC이 이 지역의 권위 있는 공식 기구로서 무엇을 할 수 있으며, 우리를 어디로 이끌 것인가"라고 말했다.[55] 왕위성은 답을 내놓았다. 적어도 표면상으로 "미국이 APEC의 설립을 도모한 이유는 바로 아시아 시장을 열기 위해서였다." 하지만 "물론, 미국은 초강대국이기에 그 목표는 이 (경제적 목표) 하나만이 아니었다."[56] 실제로 APEC은 경제적·정치적 자유화를 촉진하기 위해 고안된 미국 패권주의의 도구였고, 미국이 주도하는 "안보 공동체"로 발전할 수 있다고 왕위성은 거듭 주장했다. 그는 이렇게 썼다.

포스트 냉전의 세계 정세 속에서, 특히 동아시아가 부상하면서 미국의 전략적 고려와 요구는 더욱 커졌다. 클린턴 대통령은 경제 활성화라는 미국의 슬로건을 내걸고 '새로운 태평양주의' 슬로건도 내세웠는데, 이는 표면적으로는 "경제 세계화"였다. … 하지만 실제로는 정확히 '미국화' 혹은 '미국식 모델'이었다. 특히 대중 민주주의, 자유, 인권의 '미국식 가치'와 미국 리더십의 확립, 혹은 적어도 미국에 의해 지배되는 '안보 시스템'이었다.[57]

왕위성의 발언이 보여 주는 것처럼, 중국은 냉전 이후 미국이 '새로운 태평양주의'를 추구하고 있고, 여기에는 자유주의 경제와 자유주의 가치 그리고 미국이 지원하는 안보 공동체, 즉 제도화된 미국의 리더십이 포함된다고 믿었다. 이런 인식은 클린턴이 도쿄, 한국 그리고 시애틀에서 열린 APEC 정상회의에서 한 발언에 의해 더욱 강화되었는데, 그는 미국이 "새로운 태평양 공동체"를 도모하고 아시아에서의 미국 의제는 "공동 번영, 안보, 민주주의를 위한 노력"이라는 세 가지 목표를 가지고 있다고 말했다.[58] APEC은 노력의 중심이었다. 왕위성은 "미국의 눈에는 APEC 자체가 '새로운 태평양주의'의 일부였으며, 심지어 미국이 '새로운 태평양주의'를 확산시키는 '출발점'이나 실험적 시도가 될 수도 있었다"며 "물론 미국은 그에 따라 행복하게 전진할 것이다"라고 주장했다.[59] 중국은 미국 정부가 APEC을 통해 아시아의 경제적·정치적·군사적 규칙을 다시 써내려 가는 것을 하릴없이 보고 있지만은 않을 것이다. 미국이 시애틀에서 APEC을 강화하려 하자 왕위성은 "미국의 전략적 의도가 매우 명백해졌다. '공동체'라는 개념은 세 가지 기둥을 아우른다. 즉 무역 자유화에 기반을 둔 경제 통합, 미국이 지배하는 다자주의 안보 메커니즘 그리고 미국의 가치를 표준으로 하는 민주화다"라고 말했다.[60] 그는 계속해서 말했다. "이런 '공동체'의 설립과 비전은 물론… 중국이 받아들일 수 없는 것이다."[61] 그리고 중국은 APEC 자체를 약화시킴으로써 이런 공동체가 등장하는 것을 방지하려고 했다.

### 제도화 반대

APEC 안에서 중국의 약화시키기 전략은 ① 제도화를 늦추는 것, ② 안보 문제를 검토할 능력을 제한하는 것, ③ 기구의 경제 의제에 반대하는 것 위주로 진행되었다.

첫 번째로 제도화와 관련해 중국은 APEC이 '느슨한thin' 조직으로 남아 있게 하려 했고, 합의에 근거한 APEC의 의사 결정 과정을 통한 주요한 진전에 중국 정부가 사실상 거부권을 행사할 수 있는 능력을 유지하려 했다. 왕위성은 "합의를 강조한 덕분에 APEC은 어떤 활동이라도 중국의 지지를 받아야만 하거나, 중국의 지지가 없으면 할 수 없게 되었다"고 말했다. 이러한 이유로 "사실상 거부권이 우리에게 폭넓은 행동의 자유廣活的活動天地를 주었고" APEC에서 논의되는 세계 주요 이슈들에서 우리는 우리 힘에 맞게 행동하거나 우리의 독특한 영향력을 행사할 수 있다"고 왕위성은 말했다. 중국은 미국이 기구를 제도화하려는 시도에 반대하며 이 요소가 APEC의 중요한 부분으로 남아 있도록 많은 노력을 기울였다.

APEC의 제도화된 미래를 둘러싼 싸움의 대부분이 1993년에서 1995년 사이에 벌어졌다. 이 시기에 APEC과 관련한 미국의 정책에 긴밀하게 관여했다. 매우 영향력 있는 전문가 워킹그룹을 이끌었던 프레드 베르그슈타인Fred Bergstein에 따르면, 미국은 이 기구를 "단순한 자문 포럼에서 행동에 근거한 실질적인 그룹"으로 바꾸려 했다.[62] 중국은 이런 제도화 시도에 신속하게 반대하며 적대적으로 바라보았다. 왕위성은 최근 인터뷰에서 "중국이 APEC에 가입했을 때 일부 국가는 여전히 냉전적 사고방식으로 움직이면서 기구 내에서 우위를 점하려 했다"고 했는데, 이는 미국을 언급한 것이다. 그는 "중국은 동등한 협의와 존중을 요구했다"며 반발했다.[63] 중국 지도자 장쩌민은 1993년에 공개적으로 APEC은 "제도화된" 기구보다는 포럼이자 "협의 메커니즘"이 되어야 한다고 했다.[64] 왕위성은 회고록에서 APEC이 경제 분야 이상의 권한을 가지는 것, 제도화되는 것, '공동체'로서 정의되고, 협상의 포럼이 되고, 비자발적 약속을 하고, 협의 이외의 원칙에 의해 운영되는 것에 중국이 반대했다고 말했다. 앞에서 이야기했던 것처럼, 1994년 중국은 미국이 정치적 리더십으로 직접 개입해 APEC을 '공동체'로 정의하려던 노력을 꺾고 승리했다.[65]

중국은 초반의 대결에서 성공적이었음에도 정세가 바뀔 수도 있음을 경계했다. 왕위성이 말한 것처럼, "'공동체'의 망령과 다른 종류의 제도화"는 "여전히 APEC에서 배회하며 사라지지 않았다. 나는 이것이 단지 환상의 그림자가 아니라 매우 현실적인 것임을 깊이 느꼈다."[66] 이러한 이유로 중국은 1990년대 후반부터 이전에 자신들이 APEC 문서에서 "APEC 방식"이라는 문구로 지켜 낸 반제도적 방법을 보존하려 했다. 왕위성은 중국이 "대가족의 힘"이나 "독특한 접근" 같은 표현을 사용해 반제도화 방법을 밀어붙였던 초반의 행동들은, 최종적인 'APEC 방식'을 위한 '원형prototype'일 뿐이었다고 말했다. 외교부의 고위 관료들이 이 개념과 관련해 직접 작업을 했고, 1996년 중국은 수빅 회담을 앞

두고 "APEC 방식"을 핵심 문서의 주요 사항에 포함시켰으며, 장쩌민은 APEC에 대한 '중국의 큰 공헌'을 홍보하는 데 직접 관여했다.[67] 처음에 중국은 장애물을 맞닥뜨렸다. 공동성명에 'APEC 방식'이 들어가야 한다고 제안하자 정상회담을 주최하고 성명서 초안을 작성하던 필리핀이 그 과정을 뒤집고 미국의 반대를 언급했다. 중국의 APEC 대표단은 충격을 받았고 "APEC 방식"이 포함되기 전에는 공동성명에서 어떠한 합의에도 반대할 것이라고 위협했다. 왕위성은 "어떻게 우리가 장쩌민 주석의 기대를 저버릴 수 있는가?"라며 "우리는 최후의 수단을 꺼낼 수밖에 없었다"고 말했다.[68] 그 도박은 효과가 있었다. 왕위성은 중국의 성공이 "세계에 'APEC 방식'이 탄생했다고 선언했다"고 말했다. 이듬해, 중국은 이와 마찬가지로 험악한 상황을 거쳐 APEC 방식을 APEC의 핵심 개념 안에 넣을 수 있었고, 이 기구의 제도화를 약화시켰다.[69]

왕위성의 회고록은 또한 중국이 APEC이 미국에 유리한 안보 기구가 되거나 어쩌면 아시아판 NATO가 되는 것을 두려워했음을 보여준다. 1993년 시애틀에서 열린 APEC 회의에서 클린턴 대통령이 APEC과 NATO를 연관시키자 중국 전문가들은 충격을 받았다. "NATO가 없었다면 우리가 어떻게 냉전을 헤쳐 왔을지 상상조차 할 수 없다. 같은 방식으로, 미래 세대는 APEC이 없었다면 어떻게 이런 조화의 정신으로 아시아 태평양 지역이 번영했을지 상상할 수 없다고 회고할 수 있다."[70] 윌리엄 페리William Perry 국방장관이 APEC 내에서 안보 문제를 논의해야 한다고 분명하게 주장했을 때, 중국은 그것을 아시아판 NATO로 향하는 행보로 보았다.[71] 중국의 입장에서는 용납할 수 없는 일이었다. 왕위성은 안보 역할에 대해 강력하게 반대했다고 회고했다. 여러 차례의 APEC을 지켜본 전문가들은 중국이 APEC의 안보 역할에 그 누구보다 강하게 반대했고, "무역과 경제 문제라는 좁은 범위에 중점을 두려는 열망이 강해서 때로는 거의 피해망상적으로 보일 지경 이었다"고 말했다.[72] 동남아를 포함한 대부분의 국가들은 APEC 의제 에 HIV/AIDS, 마약 밀매, 밀수, 비전통적 안보, 청소년 문제, 여성 문제 등 그 외의 각종 문제들을 추가하는 것을 지지했다. 하지만 중국은 이 모든 문제 하나하나, 심지어 청소년 이슈마저 문제 삼았는데, 이런 문 제들을 논의하는 것이 미국이 APEC의 초점을 옮기는 기회가 될까 봐 우려했기 때문이다. "(비경제적 문제에 초점을 맞추려는) 이 모든 것은 사 실 APEC의 본질을 바꾸려는 시도이며, 이는 객관적으로 미국의 이익 과 일치한다." 미국은 "궁극적으로 '아시아 태평양 지역의 경제, 안보 그 리고 민주주의를 통합하는 '새로운 태평양 공동체'를 만들려는 결심" 을 여전히 유지하고 있다." 왕위성은 이 문제에 대해 중국이 고립된 처 지가 된 데 실망했다고 설명했지만, 그는 APEC의 권한을 확대하려는 시도에 반대하면서 중앙정부의 노선을 따랐다. "나는 국내 지시에 따라 그 일을 반복적으로 수행하면서, APEC이 활력을 유지하려면 경제 협 력에 집중하고 민감한 정치와 사회 문제는 피해야 한다고 강조했다."[73]

마지막으로, 경제와 관련해 중국은 미국이 이 기구를 통해 지역 의 새로운 경제 규칙을 설정하는 것에 반대했는데, 미국이 주도하는 APEC 자유화가 중국의 경제에 해가 될 수 있다고 우려했기 때문이다. 주요 목표는 시장 접근, 투자 그리고 금융 분야 자유화에서 미국의 규 칙을 물리치는 것으로, 이 가운데 금융 분야 자유화는 APEC이 권한에 포함되어서도 안 된다고 생각했다.[74] 중국은 이행 일정timeline, 감시 메커 니즘 그리고 다른 협력 도구들을 약화시켜 경제적 목표를 달성하려는 APEC의 능력을 겨냥했다. 예를 들면, 1994년 미국이 자유화에 대한 단 일한 일정을 추진했을 때, 중국은 개발도상국을 대상으로 한 별도의 일 정을 밀어붙이는 데 성공했다. 1995년 오사카 회담에서 미국은 이행 일정에 대한 굳은 결의와 구속력 있는 결정을 다지려 했으나 중국은 그것들을 자발적인 것으로 만드는 데 성공했다. 이후에 미국이 자유화를 완화해 느슨하고 구속력 없는 자유화 규칙에 동의하자 중국은 이에 대해서도 싸웠다. 왕위성에 따르면 "그것은 '구속력은 없지만' 정치적이고 도덕적 영향력을 가지고 있고, 오늘의 '구속력 없음'이 내일의 '구속력 있음'이 될 수도 있다"는 이유였다.[75] 일부가 APEC의 모니터링을 제안하고, 자유화에 대한 회원국들의 자발적이고 구속력 없는 움직임을 비교했을 때, 중국은 모니터링 메커니즘에 반대했다. 미국이 선진국의 경제적·기술적 원조가 자발적 자유화와 연계될 수 있다고 제안했을 때에도 중국은 그 원칙에 반대했다. 이 짧은 리뷰가 보여 주듯, 중국은 사실상 자유화에 관한 모든 주요한 시도들에 반대했고, 심지어 구속력이 없는 이행 일정, 모니터링, 비교 메커니즘, APEC을 협상 포럼으로 이용하는 것마저 반대하면서 APEC은 토론에 집중해야 한다고 주장했다.

중국의 약화시키기 전략은 대부분 성공적이었고 미국은 결국 APEC을 아시아의 자유화를 촉진할 도구로 이용하는 데 지속적인 관심을 잃었다. 대신 양자 무역협정, 후에 불행한 종말을 맞이한 환태평양경제동반자협정TPP을 비롯한 다자 무역협정들로 관심을 돌렸다.

· 안보 이익

중국의 APEC 참여는 미국의 힘을 약화시키기 위한 더 큰 전략에 부합했다. 이것은 미국이 서구식 경제와 정치적 표준을 확산시키고 안보나 군사정책을 조율할 플랫폼을 만드는 것을 막는 데 도움이 되었다. 중국은 이런 플랫폼이 아시아판 NATO가 될 수 있다고 우려했다. 그리고 중국이 이웃들을 안심시킬 기회도 제공해 주었고, 균형을 상쇄하는 동맹이 등장할 가능성도 줄여 주었다. 미국이 중국에 경제적 영향력을 행사하는 것을 약화시킬 방법도 제공했다.

중국의 APEC 전략은 어느 정도는 이웃 국가들을 안심시키고 싶다는 갈망에서 비롯되었다. APEC에서 중국의 행동을 분석한 무어Moore와 양Yang의 보고서에 따르면, "APEC은 중국이 특히 자국보다 작은 이웃 국가들에게 중국이 믿을 만하고 의지할 만하며 협력적인 강대국이라는 인식을 심어 줄 중요한 포럼을 제공해 준다." 또한 "과거 10여 년간 주기적으로 힘을 얻은 '중국 위협론'에 반박할 기회"도 제공했다.[76] 단지 경제가 아니라 지정학이 왕위성이 분명하게 확인해 준 주요 동기였다. APEC은 중국을 포위할 수도 있는 이웃 국가들, 그리고 그런 행동을 지지할 강대국들과 관계를 개선하는 데 유용했다. 이런 국가들 대부분이 APEC 회원국이기 때문이다. 왕위성은 "중국은 APEC을 최대한 활용할 수 있다"며 "정치와 관련하여 APEC은 중국이 이웃 국가들과 좋은 관계를 맺고 그것을 발전시켜 나가는 데 도움이 되는 서비스를 제공해 준다." 이웃 국가들을 안심시키려는 열망은 매우 중요해서, 장쩌민은 1993년 APEC의 첫 정상급 회의에서 중국의 호의적인 의도에 대해 길게 이야기했다.

"우리는 결코 패권을 추구하지 않는다. 우리는 군비 경쟁과 군사적 블록에서 거리를 두고 있으며 영향력을 행사하려 하지도 않는다. 우리는 항상 이웃 국가들과 세계 다른 국가들과 평화 공존의 5원칙에 따라 우호적인 관계와 협력을 발전시키려 노력한다. … 안정적이고 발전하고 번영하는 중국은 어떤 국가에도 결코 위협이 되지 않을 것이다."

이 노선에 따라 APEC은 중국이 다른 국가들을 안심시키기 위해 아량 넓은 양보를 하는 플랫폼이기도 했다. 1990년대에 중국이 수입관세를 36퍼센트에서 23퍼센트로 줄였을 때, 왕위성은 "중국은 이 계획을 (APEC) 오사카 회의에서 발표하기로 결정했다. 이는 중국이 아시아에서 어떤 역할을 하려는 의지와 국제사회에 통합되려는 의지" 그리고 중국이 "건설적인 태도"를 가지고 있음을 보여 주려는 것이라고 주장했다.[77] 아시아 금융위기 동안 장쩌민은 APEC에서 관세를 더 줄이고 중국의 화폐 가치를 절하하지 않겠다는 결정을 강조하는 연설을 했다. 그에 따르면 "중국이 많은 대가를 치르게 되는 데도" 불구하고 "중국 정부가 대단히 책임감 있는 태도를 취한 것을" 보이기 위해 아시아 국가들에게 경제적 지원을 제공했다.[78] 이러한 정책 결정, 특히 화폐 가치를 절하하지 않겠다는 결정은 거의 100억 달러의 비용이 들었지만 아시아에서 중국은 상당한 지지를 얻었다. 왕위성은 "APEC의 일부 아시아 회원국들은 감정에 복받쳐… 중국은 어려울 때 믿을 만한 친구"라고 말했고, 다른 이들은 중국의 정책이 "높은 칭송을 받았으며, 국제적으로 그리고 APEC 내에서 중국의 영향력을 높이고, 중국이 새로운 세기에 중국적 특성을 가지고 강대국으로써의 역할을 해 나갈 좋은 토대를 마련했다"고 말했다고 강조했다.[79]

다음 장에서 더 자세히 살펴볼 것처럼, 중국은 APEC을 미국이 중국에 경제적 영향력을 행사하는 것을 약화시키는 데에도 이용했다. 텐안먼 광장 학살 이후, 미국 의회는 중국의 최혜국MFN 지위를 박탈하는 투표를 반복적으로 실시했고, 이것이 현실이 된다면 중국의 수출품 가격은 두 배로 높아져 경제에 심각한 손상을 입힐 수 있었다.[80] 중국은 APEC을 통해 MFN 지위를 확보하려 했다. 첫 번째로, 중국은 APEC 회원국들이 무차별 원칙을 받아들이도록 설득했다. 중국이 미국 정부와의 양자 합의에서는 달성하기 힘든 MFN을 다자주의 과정을 통해서는 주장할 수 있기 때문이다. 두 번째로, 중국 정부는 GATT/WTO 가입이 MFN 문제를 필요 없게 만들고 또 미국의 경제 제재를 약화시킬 수 있다는 것을 이해하고 있었기에 첸치천 외교부장이 말했듯 "모든 APEC 회원국은 GATT의 회원국이 되어야 한다"는 원칙을 지지했다.[81] 미국은 중국의 이런 시도를 막았고, 중국을 WTO 회원국으로 받아들이면서 이 문제는 어쨌든 잠잠해졌다.


## ASEAN 관련 기구들

어느 무더운 여름날, 방콕에서 중국의 첸치천 외교부장이 한 무리의 사람들과 이야기하고 있었다. 그의 주위에는 1994년 태국의 수도에서 열린 사상 첫 아세안지역안보포럼ARF 회의를 취재하러 온 전세계의 기자들이 모여 있었다.

저명한 학자 집안의 후손인 첸치천은 10대에 중국공산당에 가입했고, 소련에서 유학했으며, 40년간 꾸준히 외교부에서 한 단계 한 단계 승진해 온 인물이었다.[82] 그는 민족주의 선전과 "전랑 외교"로 악명이 높은 중국 외교부 대변인 시스템을 만든 인물로 첫 대변인으로 일했다.[83] 10여 년 뒤, 첸치천은 톈안먼 사건에 대한 제재와 소비에트 붕괴라는 상황을 헤쳐 나가면서 중국의 외교를 능숙하게 이끌었고, 냉전이 끝난 시기에 덩샤오핑의 외교 방침을 1990년대의 외교로 실행해 나갔다. 그는 회고록에서 미국의 강압에 대항하면서 중국을 부활시키고, 아시아의 이웃 국가들을 안심시키는 전략들을 어떻게 전개해 나갔는지를 세세하게 기록했다. 이제 그는 곁에 모인 기자들에게 그 목표들을 더 진전시킬 기회를 ARF가 제공해 줄 것이란 중국의 이해를 이야기했다.

아시아 지역은 중국의 군사비 지출이 점점 늘어나는 것에 불안을 느끼고 있었다. 중국의 군비는 그 전해에 34퍼센트 늘었고, 이는 미국이 연합을 구축할 계기를 제공했다.[84] 그렇기에 첸치천은 주변 국가들에게 중국에 대해 걱정하지 말라고 설득하려 했다. 그는 "국방 지출에는 그렇게 큰 증가가 없었다"면서 증가는 전적으로 인플레이션 때문이라고 설명했다.[85] 그는 중국의 군사 지출을 미국과 비교한다면 "중국의 군사력은 본질적으로 방어적이라는 결론에 다다르게 될 것"이라고 주장했다.[86] 첸치천은 중국에게 공세적인 의도가 없음을 강조했다. 그는 "역사적으로 중국은 그 어떤 외국도 침략했던 적이 없다"고 했는데, 15년 전에 베트남을 침공했던 것은 모른 척 넘어갔다.[87] 잠시 뒤, 항모전단과 해외 군 기지를 가지고 있는 국가의 외교부장이 정확히 "중국은 항공모함도 없고 해외 군 기지도 없기 때문에" 아시아 국가들은 걱정할 필요가 없다고 말했다.[88] 그는 과장된 질문으로 이 요점을 마무리했다. "중국 군대가 공세적인 자세를 취하는 것이 어떻게 가능하겠는가?"[89]

중국 외교관들은 미국의 질서 구축을 복잡하게 만들 방법을 찾으면서 수년간 ASEAN 관련 포럼들에서 이 주제를 계속 강조했다. 이후 10여 년간 중국 정부는 ASEAN의 지지를 받아 다자주의 기구들을 열정적으로 출범시켰다. 여기에는 ASEAN+3(아세안+한중일)APT, 동아시아정상회의EAS 등이 있는데, 전반적으로 미국적 특징을 띠는 ARF 같은 기구는 약화시키는 동시에 그렇지 않은 APT 같은 기구는 강화하려 했다. 중국은 이웃 국가들을 안심시키고 미국의 힘을 약화시키는 데 모든 관심을 집중시켰다.

### 대안적 설명들

왜 중국 정부는 ASEAN 포럼들에 참가했을까? 이 포럼들은 제도화 수준이 낮고, 분쟁을 해결하지도 못했으며, 군사력 증강을 모니터링하지도 못했고, 국가의 행동에 실질적인 보상을 주거나 처벌을 할 수도 없었다. ASEAN 국가들은 "ASEAN 방식"을 따랐는데, 이것은 "비공식적이고, 점진적이고, 합의에 기반하고, 내정 불간섭 원칙에 기반하고, 포럼 심의에서 직접적인 대치는 피하는 것"을 강조한다.[90] 게다가 이 기관들은 전반적으로 사무국이 없으며 모든 조직들은 외부의 공격으로부터 서로를 지원하거나 잘못된 행동을 한 회원국에게 공식적 제재를 가하는 메커니즘이 부족했다.

### 약화시키기

중국의 동기는 분명히 ASEAN에서의 진지한 약속이나 그 과정에 따른 것은 아니었다. 중국은 그 과정에 종종 제동을 걸었다. 그보다는 미국이 지역 질서를 구축하기 위해 이런 기구들을 이용하려는 것을 방해하려는 열망에 따라 움직였다.

#### · 미국의 위협

냉전이 끝나자 아시아는 지역적 프로젝트에 착수했고, 중국 지도자들은 "다자주의 안보 메커니즘에 참여하지 않는 것은 참여하는 것보다 위험하다는 것을 깨달았다."[91] ARF가 만들어지자 일부 중국 관리들은 우려했다. 로즈마리 풋Rosemary Foot은 중국의 협상 담당자들과의 인터뷰에서 이런 상황을 알게 되었다. "미국이 유일 초강대국으로서… 그 절차들을 지배하려 할 것이고, 어쩌면 중국의 국내와 국제적 행동에 대해 집단적 비판을 결집하는 장소로써 기구들을 활용할 것이라는 게 그들의 주장이었다."[92] 중국 지도부는 서방이 독점하는 ARF가 새로운 안보 그룹을 형성해 이후 봉쇄 전략의 일부가 될 것이라고도 우려했다.

심지어 장원링 같은 열렬한 제도주의자마저도 외교부에 제출한 보고서에서 ARF가 미국의 안보 동맹이나 미사일 방어만큼 잠재적으로 문제가 될 것이라고 주장했다. "미일 군사동맹 강화처럼, 전역 미사일 방어와 ARF는 둘 다 부상하는 중국의 힘을 막으려는 실질적이고 잠재적인 의도를 가지고 있다."[93] 또 다른 저명한 중국 전문가 우신보는 ARF는 중국에게 있어 APEC보다 더 큰 위협인데, "APEC의 원래 권한과는 달리 ARF는 지역 안보 협력의 촉진이 목적인 메커니즘이기 때문"이라고 주장했다. 그는 중국이 ARF에 가입한 가장 중요한 이유는 "바로 중국의 부상이라는 배경과 아시아 태평양의 '중국 위협'에 대한 인식 속에서 미국, 일본 그리고 동남아 국가들이 ARF를 이용해 더 강한 중국을 견제하고 봉쇄할 수 있기 때문"이었다. 우신보는 "중국 정부의 불안은 아무 근거도 없는 것이 아니었다"면서, "미국 정부는 1950년대 중반에 중국을 억제하기 위해 동남아시아조약기구South East Asian Treaty Organization라는 지역적 메커니즘을 구축했다"고 설명했다.[94] 이런 불안을 고려할 때, 충첸펑(홍콩 링난대 정치학 교수)이 중국의 제도적 개입에 대한 연구에서 주장했듯이 "중화인민공화국의 ARF 참여는 아시아 태평양 지역에서 새롭게 생겨난 다자주의 안보 기구를 모니터하고 저지하려는 중국의 열망을 반영한다."[95] 중국은 ARF가 "미국이 일본, 호주, 한국 및 여러 동남아 국가들과 맺은 개별적인 군사동맹과 조약을 하나의 네트워크로 연결시켜 이것이… 미국이 필요할 때 신속하게 봉쇄 태세로 전환될 것"을 두려워했다.[96]

· 제도화에 맞서기

중국은 미국과 일본이 ARF를 중국의 이익과 반대되는 자세를 취하도록 밀어붙일 것을 우려했다. 따라서 "ARF의 진전 속도를 늦추고 실질적인 안보 협력을 방해하려" 했다.[97] 중국은 ARF의 효율성을 제한하는 약화시키기 전략을 추구했고 동시에 미국을 포함하지 않는 ASEAN 기구들의 제도화를 전반적으로 지지했는데, 특히 APT가 그렇다.

첫째, 중국은 1995년 ARF가 기구의 제도화를 위해 채택한 청사진에 반대했다. 이 청사진은 발전의 3단계를 구상했는데, 1단계는 신뢰구축방안CBMs과 관련된 것이고, 2단계는 예방 외교PD를 위한 메커니즘, 3단계는 분쟁 해결 협정을 만드는 것이다. 중국은 이 로드맵이 미국 정부가 대만이나 남중국해에 더 효과적으로 개입하도록 만들 것을 우려하여 이를 약화시켰다.[98] 1단계에 중국은 군대에 대한 많은 정보를 공유하는 것을 노골적으로 거부했다. 2단계에서 중국은 주권에 초점을 맞춘 원칙들로 예방 외교 메커니즘을 약화시켰다. 3단계 분쟁 해결 목표는 사실상 의미 없는 '분쟁에 대한 전근법의 정교화'로 프레임을 바꿨다.[99] ARF의 가장 중요한 목적이 ASEAN 국가들이 중국과 겪고 있는 남중국해 갈등을 논의하는 것이었음에도 불구하고, 중국은 진지한 토론을 막기 위해 노력했다.

둘째, 중국은 ARF 회의들 간에 ARF가 각종 현안에 대해 논의할 권한을 가지는 데 반대하여 조직의 발전 속도를 크게 늦췄다.[100] 중국 정부는 회기 사이에 정부 관리들이 참가하는 워킹그룹이 열리면 중국의 이익에 악영향을 끼치는 구조로 발전할 수 있다고 우려했다. 나중에 물러서긴 했지만, ① 이런 논의들이 워킹그룹이 아닌 "회기 간 지원단" 같은 덜 공식적인 이름으로 불리기를 선호했고, ② 정부 간 논의뿐 아니라 학자 등도 참여해야 하며, ③ 범위가 제한되어야 한다고 하면서 그 정통성을 약화시키려 애썼다. 중국은 약해진 기구들에 안심하면서도 여전히 그 수를 적게 유지하고 영역을 제한하며, 그들이 남중국해를 논

의하는 것에 반대했다.[101]

셋째, 중국은 ARF가 독립적으로 행동하거나 항구적인 관료조직을 보유하는 데 반대했다. 중국은 의장직을 위원회로 확대하거나, 항구적이고 자율적인 ARF 사무국을 만들려는 시도에 반대했고,[102] 비非 아세안 국가들도 ARF 순번제 의장직을 맡도록 허락하자는 미국의 제안도 반대했는데, 미국이나 일본이 중국의 영토 분쟁을 국제화할지도 모른다는 우려 때문이었다.[103] 이 때문에 ARF는 2004년이 되어서야 사무국 내에 작은 "ARF 유닛"을 설립할 수 있었다. 이마저도 서방 국가들이 제외된 APT에서 먼저 이런 유닛을 만든 이후였다.

중국은 대화의 장보다는 더 큰 역할을 하려는 이 기구의 노력을 제지하는 데 궁극적으로 성공했다. 한 전문가의 말처럼, "중국은 이 기구가 그 상태로 남는 것에 아주 기뻐 보였다."[104] ASEAN의 한 외교관이 결론지었듯, "많은 ARF 회원국들이 보기에 중국은 ARF의 제도적 발전에 주요한 장애물이었다."[105]

중국이 기구에 참여하는 이유가 미국의 세력을 약화시키기 위한 것이라는 가장 강력한 증거는 바로 중국 정부가 미국을 포함하는 ARF와 APEC의 제도화에는 반대했지만, 미국을 포함하지 않는 APT의 제도화는 지지했다는 사실이다. 말레이시아 마하티르 총리가 설립한 APT는 의식적으로 그리고 꽤나 노골적으로 서방 국가들을 배제했던 동아시아경제그룹구상EAEG이라는 불운한 기구의 후속 기구였다. 마하티르는 "우리는 그것을 APT라고 부른다"며 "하지만 그저 말장난을 하는 것뿐이다. APT는 사실상 EAEG다"라고 말했다. 당시 중국의 부주석이었던 후진타오 같은 다른 인물들도 공공연히 그렇게 말했다.[106]

EAEG를 지지했던 중국은 APT에도 열의를 보였다. 중국 정부는 그것을 제도화하려 했고, 기구의 범위를 넓히고 또 그것을 아시아 지역주의의 중심으로 만들려 했다. APT는 지지하면서도 APEC과 ARF를 반대한 이중 잣대의 원인은 분명했다. 예를 들면, 중국은 APEC에서 안보 문제를 의논하는 것에 반대하고 ARF에서도 그러한 노력을 제지했지만, APT에서는 지지했다. 주룽지 총리는 APT가 "정치적·안보적 분야에서 대화와 협력을 나누도록" 촉구했다.[107] 마찬가지로 중국은 APEC의 전문가 워킹그룹에 반대하고 폐지를 권고했으나, APT에서 이와 유사하게 '동아시아 비전 그룹'을 창설하는 것은 지지했다.[108] APEC에서 "공동체"라는 단어를 사용하는 것에는 반대했으나, APT의 동아시아 비전 그룹이 자랑스럽게 "동아시아가 진정한 지역주의 공동체가 되는 것을 꿈꾼다"면서 첫 번째 주요 보고서에서 '공동체'를 30번 썼을 때는 편안해했다.[109] 중국은 1997년 아시아 금융위기 때 아시아통화기금 Asian Monetary Fund을 만들자고 한 일본의 제안에는 반대했지만 그와 유사한 APT의 시도(이후 APT가 주도하는 치앙마이 이니셔티브가 되었다)는 지지했으며, 그 성과가 "지역 내에서 일본의 리더십을 직접적으로 높여 주지 않도록" 했다.[110] 중국은 샹그릴라 다이얼로그와 아시아태평양 안보협력회의CSCAP처럼 미국이 참여하는 트랙2 비밀회의를 우려했지만, APT의 동아시아싱크탱크네트워크를 통해서는 중국 버전의 비슷한 회의를 주도했다.[111] 중국은 APEC과 ARF의 제도화를 계속 막으면서도 APT에서는 매우 야심 찬 계획을 가지고 있었다. 중국의 다자 외교를 형성시킨 학자인 장윈링은 중국이 지역 의회 기능을 하는 위원회, 국방장관 회의, 동아시아 안보 위원회를 추진했다고 했는데, 이는 중국이 ARF와 APEC에서 어떤 경우에 거부했던 면모들이다.[112] 중국은 ARF와 APEC의 사무국과 지속적으로 근무할 직원의 채용을 거부했지만, APT는 훨씬 오래전부터 운영된 ARF가 사무실을 받기 전에 APT 사무실을 마련했다.[113]

중국의 이중적인 기준에는 목적이 있었다. 중국은 배타적이고 비서구적 관점의 아시아 지역주의 노선에 부합하는 촘촘한 APT를 원했고, APT를 경쟁 조직들 위로 승격시켰다. 2003년에 원자바오 총리는 APT가 "동아시아 협력의 주요한 채널"이 되어야 한다고 말했고,[114] 당시 외교부 아주사사장(국장)이던 추이톈카이는 APT가 "핵심"인 ASEAN과의 협력을 위한 "주요 채널"이라고 부르면서 ARF를 비난하듯 리스트에서 제외했다.[115] 중국은 미국을 배제하는 촘촘한 지역주의를 지지했다.

2004년, 중국은 더욱 야심 차게 APT를 동아시아정상회의EAS라는 새로운 기구로 탈바꿈시키려 했는데, 이는 이후 동아시아의 주요한 지역 기구가 된다. 중국은 베이징에서 첫 번째 회의를 개최할 것을 제안했는데, EAS에 관한 중국의 보고서에서 우신보는 중국의 열의를 강조했다. "처음부터 중국은 EAS가 동아시아 공동체를 만들어 내는 주요한 장이 될 것으로 기대했다."[116] 또 다른 저자가 중앙아시아에서 중국이 주도하는 기구인 상하이협력기구SCO에 대해 언급했듯, "미국과 다른 서방 국가를 배제한 포괄적인 SCO 스타일의 기구로 APT를 업그레이드하려는 것이 중국의 의도였다."[117] ASEAN 국가들과 일본, 한국은 EAS와 함께하기로 했지만 중국을 견제할 수 있도록 호주, 인도, 뉴질랜드를 초청했다. 우신보가 말했듯 이에 대해 "중국 정부는 약간의 불만을 느꼈"고, 심지어 "EAS는 ASEAN 국가들만이 주최하고, 즉 중국은 회의 주최국에 포함되지 않을 것이라는 결정에 당황했다. 중국은 애초에 두 번째 회의를 주최하는 데 열정적이었다." 미국이 개입하면서 중국은 그 과정을 뒤집었고, EAS가 APT에 비해 약해지도록 만들려 했다.[118] 우신보는 "이런 상황에서 중국은 동아시아 공동체를 건설하는 데 APT가 주요한 장이 되기를 희망했다."[119] 예를 들면, 중국은 첫 번째 EAS의 선언에서 "동아시아 공동체"라는 단어를 지우기 위해 분투했지만 APT에서는 그 구절을 계속해서 지지했다.[120] 이 작은 전략적 승리를 인정하면서, 첫 번째 EAS 선언은 "동아시아 지역은 이미 APT를 통해 동아시아 공동체를 실현하기 위한 노력을 진전시켜 왔다"고 언급했다.[121]

· 안보 이익

중국은 ① 아시아에서 미국의 영향력을 줄이고, ② 이웃 국가들을 안심시키기 위해 ASEAN 관련 포럼들에서 자신의 위상을 이용했다.

첫째, 중국은 3대 사건 이후 미국의 동맹을 약화시킬 "새로운 안보 구상"과 같은 규범을 증진시키려 했다. 중국국제전략연구기금회의 연구소 부소장인 우바이이는 "소련 해체 이후 정책 입안자들과 학자들이 국가의 안보 전략을 수정하기 위해 조용히 작업을 시작했다"고 썼다. 그들은 마침내 1996년 트랙2 대화에서 이 구상을 비공식적으로 발표했다.[122] 추수룽이 주장한 것처럼 이 구상의 주요한 특징은 "동맹의 방식을 비판하는" 것이었고, 이와 관련해 베이징에서 열린 회의에서 참석자들은 '4개의 반대', 즉 패권주의 반대, 권력정치 반대, 군비 경쟁 반대, 군사 동맹 반대를 이 구상의 중심으로 확인했다. 이 내용은 당 기관지인 〈인민일보〉에 공식적으로 요약되었다.[123]

또 다른 〈인민일보〉 기사는 이 구상이 동맹, 경제 제재, 군비 경쟁을 비롯한 냉전적 사고의 반대편에 있다고 했다.[124] 1997년 3월, 중국이 베이징에서 ARF의 신뢰구축방안CBMs에 대한 회기 간 워킹그룹 회의를 주최하고 의장을 맡았을 때 ASEAN에서 이 개념을 공식적으로 소개했다. 거기서 중국은 양자 동맹, 특히 미일 동맹을 "정세를 불안정하게 하고 구시대적, 냉전적 사고를 대표한다"고 비판했고, 미군을 겨냥한 여러 행동을 제안했다.[125] 이후 첸치천 외교부장이 1997년 7월에 개최된 제4회 ARF와 다른 여러 모임에서 이 구상을 제안했다. 그는 "군사 동맹에 기반을 두고 군비 증강을 통해 진행되는 안보 개념과 냉전 시대의 틀로는 평화를 이룰 수 없다는 것이 증명되었다"고 ASEAN 30주년을 맞아 주장했다. "새로운 상황에서 군사 블록을 확대하고 군사 동맹을 강화하는 것은 현재 그리고 미래의 역사 흐름에 반하는 것이다."[126] 마찬가지로, 이 구상에 대해 논의한 2001년의 연설에서 첸치천은 "더 강력한 군사 동맹과 강화된 군비 경쟁을 통해 자신의 절대적 안보를 추구하는 것은 시대의 흐름에 뒤처진 것"이라 말했다.[127] 다음 해에 중국 정부는 이 구상에 대해 여러 중요 요소를 담은 입장 표명서를 ASEAN에 제출하면서 다음과 같이 주장했다.

- 중국의 권위주의 통치와 같은 "이데올로기와 사회제도의 차이를 초월"해야 한다.
- "냉전과 권력정치(파워폴리틱스)의 사고방식을 버려야 한다." 이는 미국의 냉전 시대 동맹을 언급한 것이다.
- "각자의 안보 및 국방정책과 주요 작전에 대해 상호 브리핑을 해야 한다." 미국의 훈련에 대해 사전 통보를 확보하고, 미국의 해양 감시를 줄이기 위한 방법이다.
- "다른 국가의 내정에 간섭하는 것을 자제해야 한다." 인권에 대한 미국의 압박을 언급한 것이다.
- "국제관계의 민주화를 증진한다." 미국 패권에서 다극체제로의 전환을 촉구하는 언급이다.[128]

둘째, 중국은 동맹을 비판했을 뿐 아니라 미군의 행동의 자유를 방해하기 위해 ASEAN 기구들을 이용하려 했다. 중국은 모든 합동 군사 연습을 사전에 통보하고 옵저버 참가를 허용할 것을 제안했다. 이는 사실상 합동 군사 연습을 시행하는 주요 국가인 미국에만 해당되는 요구였으며, 2002년 남중국해 행동강령 선언에 사전 통보를 넣는 데 성공했다.[129] 중국은 국가들이 서로 감시하는 것을 중단해야 한다고 요구했는데, 이 또한 원칙적으로 미국의 해양 감시에 적용되는 내용이었다.[130] 특히 얼마 전 재개된 미국-필리핀 군사 훈련을 겨냥해 남중국해 군사 연습을 금지해야 한다고 제안하여 남중국해에 대한 논의를 "이 지역에서 미국의 해군 훈련을 제한하는 수단"으로 이용했다. 또한 중국은 ASEAN 해양정보센터를 톈진에 둬야 한다고 주장했는데, 이는 중국이 정보 제공에 영향을 미칠 수 있는 내용이었다.[131] 중국은 회원국들이 미국이 9·11 이후에 제안한 지역해상안보계획RMSI에 참여하지 않도록 압박했다. 이 계획은 테러 공격과 해적으로부터 말라카 해협을 보호하기 위해 미국 특수부대, 말레이시아의 새로운 기지, 고속 함정을 사용하려는 것으로,[132] 중국은 이를 봉쇄 계획으로 판단하고 해로를 지키기 위한 11개국의 중국-아세안 합동 순찰을 대안으로 제시했다.[133] 중국은 "ASEAN 국가들과 외부 세력의 양자 동맹", 즉 미국과의 동맹 등이 ASEAN을 통한 다자적 동맹을 대체해서는 안 된다고 주장하기도 했는데, 이것은 동맹의 협력이나 RMSI 참여를 제한하려는 것이다.[134] 마지막으로, 중국은 동남아시아에서 비핵지대를 만들려는 ASEAN의 관심을 지지한 첫 핵보유국이었다. 이 구상이 성공한다면 이 지역에서 미국이 전략적 핵 전력이나 핵 탑재 함정과 항공모함을 배치하는 것을 복잡하게 만들고, 따라서 이런 전력을 해외에 파견하지 않고 있던 중국이 영향을 받지 않으면서 미국의 행동을 제약할 수 있었다.[135]

마지막으로, 중국은 ASEAN 국가들을 안심시켜 포위되는 것을 방지하고자 했다. 중국의 제도적 개입은 중국이 유리한 양자적인 구도보다는 다자적으로 협력하려는 의도를 가지고 있으며 아시아 지역주의에서 ASEAN이 주도권을 가지도록 함으로써 중국이 선의를 가지고 있다는 주장의 신뢰성을 높였다. 2008년까지 중국이 ASEAN과 모두 46개의 제도화된 메커니즘을 가진 것에 비해 미국은 15개를 가지고 있었다.[136] 중국은 또한 구체적인 정치적 양보도 했다. 1995년에 중국은 경쟁적인 주장은 군사력이 아닌 UN해양법협약UNCLOS을 통해 해결해야 한다는 주장을 받아들였다.[137] 2002년에는 ASEAN 국가들과 "남중국해 행동 강령 선언"에 서명했다. 즉 중국이 ASEAN의 주장을 (무시하지 않고) 인정했고, 중국이 영향력이 약화될 수 있는 다자주의적 해법의 선례를 만들고, 현상을 변화시키려는 폭력(이전에 중국이 베트남에 대해서 사용했던)을 비난했다. 2003년 중국은 사실상의 ASEAN 헌장인 ASEAN 협력우호조약에 비아세안 국가로는 처음으로 서명했는데, 이는 ASEAN 국가들의 내정에 개입하지 않는다는 뜻을 밝힌 것이다. 같은 해에 "전략적 파트너십에 대한 공동 선언"에 서명했다. 이 결정은 "지역 안보 이슈에서 장기적 협력에 대한 중국의 의지"를 보여 주었다.[138] 중국은 ASEAN 회원국들에게 경제적 이익을 제공하기 위해서도 ASEAN을 활용했다. ASEAN 국가들에게 양보를 하는 형태의 자유무역협정FTA을 추진하고 차관과 투자를 늘렸는데, 모두 안보에 대한 불안을 감소시키려는 것이었다. 2002년의 APT 회의에서 중국은 베트남, 라오스, 캄보디아, 미얀마에 대한 부채 탕감을 발표했다. 중국-아세안 FTA에는 "조기수확early harvest" 조항을 포함해 중국이 ASEAN 국가들보다 3년 먼저 농업관세를 경감하도록 했다. 중국은 새로운 ASEAN 국가들이 WTO 회원국이 아니었는데도 이들 국가에 최혜국 지위를 확대했다.[139] 경제적 양보는 (주변국들을) 안심시키는 데 대한 중국의 관심을 보여 주는 값비싼 신호 역할을 했다.[140] 이런 방식으로 중국은 아시아에서 미국의 질서 구축, 특히 직접적으로 중국을 겨냥하는 포위 동맹의 가능성을 약화시키기 위해 ARF를 이용할 수 있었다.

## 상하이협력기구SCO

2000년 1월 18일, 중앙군사위 부주석 츠하오톈이 블라디미르 푸틴과 만나기 위해 러시아를 방문했다. 이 만남은 민감한 시기에 이뤄졌다. 새해 전날 보리스 옐친의 깜짝 사임에 이어 푸틴이 대통령 대행이 된 지 3주도 안 된 시점이었다.

이 만남은 츠하오톈이 젊은 러시아 지도자를 평가해 볼 수 있는 기회가 되었는데, 그는 푸틴을 "비교적 냉철하고 끈기 있고 말수가 적지만 큰 무게가 실려 있다"고 판단했다.[141] 만남은 잘 진행되었다. 면담이 끝나고 러시아 주재 중국대사는 츠하오톈에게 다가가 이렇게 말했다. "푸틴은 거의 웃지 않는데 당신과의 만남에서 두 번이나 웃었다. 정말 드문 일이다."[142] 츠하오톈은 분명 그 이야기를 들으며 기뻐했고, 자신에게 흐뭇했을 터였다.

츠하오톈과 푸틴의 회동에서 핵심 주제 가운데 하나는 러시아와 중국이 상하이 파이브를 상하이협력기구SCO라 불리는 공식 조직으로 업그레이드하려는 시도였다. 상하이 파이브는 러시아, 중국, 중국과 국경을 접한 옛 소련 3개국이 1996년부터 매년 열어 온 지역 정상회의였다. 츠하오톈은 자서전에서 그와 푸틴이 "패권에 맞서고, 세계 평화를 수호하고, 인권 문제에 대한 간섭과 미사일 방어에 반대하는 것을 비롯한 문제"의 필요성에 대해 "합의점"을 찾았다고 회고했는데, 모두 미국의 질서에 대한 그들의 공통적인 반대를 명백하게 언급하고 있다.[143] 그들은 이후 상하이 파이브의 국방장관 회담을 공식화하는 계획에 동의하고 3월로 일정을 잡았다. 츠하오톈은 자서전에서 그들이 그해 "NATO 지도자 정상회의 전에 첫 회의를 여는 데" 특별히 중점을 두었다고 언급했는데, NATO가 중앙아시아 등으로 확장하려는 데 대해 서구 국가들에 억지 신호를 보내려 한 것으로 보인다.[144]

서구에 대한 우려는 우연한 것이 아니라 이 기구의 핵심적 사안이었다. 소련 붕괴에 이어 9·11 이후 이 지역에 대한 미국의 개입이 급증하자, 러시아와 중국은 미국이 중앙아시아의 세력 공백을 채우게 되는 것을 두려워했다. 중국의 다이빙궈 국무위원이 회고록에서 쓴 것처럼, 중국은 서구와의 "세력 균형을 바꾸기" 위해 "SCO에 관여할" 필요가 있었다.[145]

중국은 특히 SCO가 중앙아시아 지역주의에 대한 최고 기구가 되기를 희망했고, 이 기구가 이 지역에 대한 미국의 영향력을 약화시키고 이웃 국가들을 안심시킬 것이라고 믿었으며, 신속하게 이 기구를 주요 사안으로 만들었다. SCO는 중국 도시에서 명칭을 따왔고, 사무국과 직원들은 중국이 기부한 사무실들에 있고, 첫 사무총장은 중국 외교관이었으며, 중국은 처음부터 이 기구 예산의 "가장 큰 몫"을 담당했다.[146]

### 대안적 설명들

중국은 왜 SCO에 그렇게 전념했는가? 뭇 사람들은 그 이유가 미국과 관련이 있다는 것을 부정한다. 그들은 SCO의 공식 메시지와 일관되게, 이 기구의 기능이 중앙아시아에서 중국이 "세 개의 악"이라 부르는 테러리즘, 분리주의, 종교적 극단주의에 맞서 싸우는 것이라 주장한다. 이것은 중국의 안보에도 중요하다.

SCO의 지역반테러기구RCTS를 살펴보면 알 수 있듯, 이런 관습적인 설명은 적절하지 않다. RCTS는 SCO에서 몇 안 되는 상시 조직이고, 우선적으로 "세 개의 악"에 대처하는 것이 목적이지만 특별히 진지하게 고려되지는 않는다. 중국은 RCTS 창설을 추진했지만 이 조직을 비롯한 여러 조직들은 "계속해서 자금 부족 상태로 남아 있고, 회원국 정부가 독립적인 결정을 하기에는 제한적인 힘만 가지고 있다."[147] 예산은 매년 겨우 200만 달러 정도에 불과하고, 직원은 30명뿐이다. RCTS의 장신평 상임이사도 인정했듯이 "기구 안에 많은 사람이 있는 것은 아니다."[148] 한 분석가는 이러한 예산과 인력은 "우스울 정도로 적고", "약 1,110억 달러로 추산되는 중국 국내 공안 예산에서 반올림으로 생기는 오차 정도의 규모"라고 말했다.[149] 그는 이 조직과 비교할 만한 NATO의 정보통합센터에는 200명 이상의 인력이 있다면서, RCTS가 실제로 얼마나 중요도가 낮은지를 보여 준다고 지적했다.

RCTS의 적은 예산과 인력을 고려하면 이 조직은 기능이 제한적이며, 현재는 "통합 분석 환경, 정보 수집, 통합된 지휘 구조, 공동 원칙 수립, 테러리스트 식별, 다른 국가들 또는 지역안보기구들과의 의미 있는 상호 작용이나 안보 기구에 대해 기대할 만한 많은 다른 업무들을 수행하고 있지 않다."[150] 2005년 우즈베키스탄군이 수백 명의 시위대를 살해한 안디잔 학살, 2010년 키르기스스탄에서 일어난 키르기스스탄과 우즈베키스탄의 민족 청소ethnic clemsing, 2012년 군벌을 억누르기 위해 한 지방을 봉쇄하고 군대를 들여보낸 타지키스탄의 결정을 비롯해 이 기구가 필요할 때는 실제로 배치되지도 않았다.[151] 이러한 모든 이유들로 RCTS와 SCO가 진정으로 "세 개의 악"과 싸우기 위해 존재한다고 주장하기는 어렵다. 이 문제가 진정으로 중요하다면 중국은 손쉽게 이 기구에 더 높은 수준의 자금과 더 많은 인력을 둘 수 있기 때문이다. 그렇다

214

면 왜 중국은 SCO를 위해 노력했을까?

## 약화시키기

중국의 SCO 창설은 푸틴과 츠하오텐의 접견이 시사하는 것처럼 "세 개의 악"에 맞서 싸우는 것보다는 이 지역에서 미국의 세력을 약화시키고 제압하여 중국의 주변 지역에서 중국식 질서 구축을 위한 기초를 놓으려는 목적이 더 크다. 이 모든 것은 미국의 위협에 대한 중국의 인식에서 비롯되었다.

### · 미국의 위협

미국의 패권에 저항하는 것과 관련해 츠하오텐과 시진핑이 강조했던 주제는 상하이 파이브와 SCO의 사실상 모든 성명과 SCO 헌장, 지도자급의 발언마다 등장한다. 이 문서들과 연설의 여러 부분에서 "다극체제" 또는 "국제관계의 민주화"를 촉진한다는 용어로 이 목표를 밝히고 있다. 이는 미국의 영향력을 줄이겠다는 완곡한 표현이며, 종종 미국의 인권 압박, 신개입주의, 미사일 방어 등을 비난한다. 1997년 상하이 파이브 회의에서 중국과 러시아는 "다극적 세계와 새 국제 질서 수립에 대한 선언"에 서명했다. 이 합의문은 "관련국들은 협력의 정신으로 세계의 다극화를 추진하고 새 국제 질서의 수립을 위해 노력할 것"이고 "어느 나라도 패권을 추구하거나 권력정치에 관여하거나 국제적 사안을 독점해서는 안 된다"고 명시하고 있다.[152] 미국의 패권에 대한 비판은 1998년 상하이 파이브의 첫 선언문과 연례 성명문들에 등장했고, 중국과 러시아 지도자들은 이를 공개적으로 증폭시켰다.[153] 1999년 정상회의 부대행사에서, 장쩌민 주석은 "소위 신개입주의라는 새로운 형태가 다시 시작되면서 패권과 힘의 정치가 부상하고 있다"고 선언했다.[154] 보리스 옐친은 동의하며 "일부 국가가 그들 자신에게만 적합한 세계 질서를 만들려는 시도"에 반대했다.[155] 그러고 나서 그는 "특히 서구와 싸울 준비가 되어 있다"고 선언해 기자들을 놀라게 했고, 러시아 외교장관 이고르 이바노프Igor Ivanov는 정상회의 토론에서 미국이 그 대상이었음을 확인했다.[156] SCO가 마침내 기구로 만들어졌을 때, 설립 헌장은 첫 부분에서 "정치적 다극체제의 발전"이 기구의 목적에 포함된다고 밝혔다. 미국의 패권에 맞서는 이런 표현들은 이 기구의 성명 대부분에서 등장한다.[157] 그리고 미국의 세력이 약화되는 것으로 인식되자, 2009년에 SCO는 "진정한 다극체제를 향한 흐름은 되돌릴 수 없게 되었고, 전 세계적 문제의 해결에서 지역의 역할이 커지고 있다"고 선언했다.[158] 즉, 지역 강대국들이 서구의 패권에 반격하면서 자신들의 행동의 자유를 확대할 수 있게 되었다는 것이다.

· 온건한 제도화를 지지하기

중국의 SCO에 대한 투자가 주로 미국의 힘을 약화시키려는 열망에서 추진되었다면, 특히 9·11 이후에 이러한 관심이 더욱 예민해지면서 투자도 증가했을 것이다. 실제로도 정확히 이런 현상이 일어났다.

9·11 이전에 중국은 SCO의 제도화 속도를 "상당히 느긋하고 만족스럽게" 생각하고 있었다.[159] 테러 이후 미국이 중앙아시아 강국이 되면서 "SCO의 생존력은 심각한 시험에 직면했다."[160] 미국이 아프가니스탄을 점령했고, 중앙아시아 국가들에 대한 직접적인 지원을 두 배로 늘렸다. 군사적 지원을 몇 배로 늘렸고, 이 지역과 NATO의 "평화를 위한 파트너십"을 지휘했다. 중국에는 공포스럽게도, 러시아를 비롯한 중앙아시아 국가들은 미국의 군사적 주둔이 가능하도록 적극적인 역할을

했다. SCO의 모든 중앙아시아 회원국들이 미군의 영공 통과를 공개적으로 허용했고, 대부분 국가가 전투 임무를 포함하도록 영공 통과를 비공개적으로 확대했다.[161] 미군은 우즈베키스탄과 키르기스스탄에 기지를 열었고, 타지키스탄과 투르크메니스탄의 공항을 사용할 수 있게 되었으며, 카자흐스탄의 설비들을 사용하도록 초청받았다(미국은 이를 거절하고 대신 비상시 사용권을 받았다).[162] 러시아는 정보를 공유했고, 미군의 설비를 받아들이고 미군이 이 지역에 접근할 수 있도록 했으며 자국의 접근권과 병참 지원도 제공했다. 이에 "중국의 정책 담당자와 분석가들은 당황했고, 러시아 정책 담당자들이 미국의 진정한 의도를 정확히 이해하지 못하고 있다고 비판했다."[163]

중국으로서는 이러한 의도가 위험했다. 정치국 상무위원이던 뤄간은 "미국은 아프가니스탄 전쟁을 이용해 중앙아시아에서 영구적인 군사력을 유지하려 한다. 이것은 우리의 국가 안보에 큰 영향을 미칠 것"이라고 초조해했다.[164] 2001년 중앙군사위원회 회의에서 장쩌민은 "세 개의 악"에 대한 중국의 우려를 중앙아시아에서 미국의 역할에 대한 우려와 동등하게 언급했다. "냉전이 끝나고 중앙아시아에는 두 가지 중요한 환경이 등장했다. 첫째는 '세 개의 악'이고, 둘째는 미국의 군사적 존재다."[165] 중국은 이 지역 각국에서 미국 또는 NATO의 존재가 SCO의 역할을 상쇄시키고, 심지어 확장된 NATO와 같은 제도화된 존재로 성장할 것을 두려워했다.[166] 어느 중국 학자는 "동쪽으로 NATO가 확대되면 중국 서쪽 국경의 바로 앞까지 다가올 수 있다"고 우려했다.[167] 다른 이들은 포위를 우려했는데, 중국이 동쪽에 이어 서쪽에서도 미국의 존재를 직면하게 되었다고 언급했다.[168]

중국의 제도화 추진은 테러리즘에 초점을 맞춤으로써 이 기구를 중앙아시아 지역주의의 핵심에 두고, 이 지역에서 확대되는 미국의 영향력을 막고 중국에 대한 포위를 방지하려는 동기에서 추진되었다. 충첸펑은 "9·11 이후 중앙아시아에서 미국의 군사적 존재에 의해 SCO가 주변화되는 것을 막기 위해 중국은 SCO의 지역반테러기구의 제도화를 열심히 추진했다"며, 장쩌민 주석은 이 기구를 설립하는 것이 "현재로서는 가장 긴급하다"고 언급했고 이것은 곧 상설기구가 되었다고 썼다.[169] 9·11 몇 달 뒤 총리 회담에서 중국의 주룽지 총리는 SCO가 헌장 제정을 마무리하고, 가능한 한 빨리 반테러기구를 창설해야 한다고 강하게 주장했다. 중앙아시아에서 미국의 영향력이 전성기였던 2003년에 후진타오 주석은 "기구 건설은 SCO의 최우선 과제"라고 선언하고 사무국 창설을 촉구했다. 하지만 그는 미국과 관련된 조직에서는 기구 설립에 반대했다.[170] 이런 발언은 9·11 이전에는 결코 나온 적이 없었다. 쑹웨이칭이 말한 것처럼, SCO를 적절하게 유지하기 위해 "중국은 장기적 이익을 위해 단기적 이익을 희생하고, 목적을 위해 부분적 이익을 희생할 의지가 있음을 증명했다."[171] 중국은 우즈베키스탄으로 지역반테러기구를 이전하는 것을 제안했는데, 우즈베키스탄이 SCO의 일부 훈련에 참가를 거부한 이후 미국 쪽으로 기울 것을 우려했기 때문이다. 그리고 나서 2004년에 중국은 SCO 회원국들에 거의 10억 달러의 차관을 제공한다고 발표했다.[172] 반테러센터가 많은 것을 이룰 수 있는 자원을 결코 가진 적은 없었지만, 궁극적으로 이러한 노력은 SCO가 테러리즘에 맞선 이 지역의 노력과 관련되게 만들었다. 중국의 변경에서 강해지는 미국의 힘에 대한 인식은 중국이 제도화를 더욱 열심히 추구하도록 했다. 그렇다 하더라도 SCO는 중국이 글로벌 금융위기 이후 설립하려 했던 기구들에 비해 훨씬 덜 제도화되었고, 한때 인도가 회원국으로 가입하기도 했지만 활동을 중단했다.

· 안보 이익

SCO가 "세 가지 악"에 맞서 싸우거나 지역의 경제 관계를 구조화하기에 너무 약한 조직이라면, 어떤 안보상의 이익을 제공할 수 있을까? SCO는 ① 중국에 맞서는 균형을 취할 가능성이 있는 중앙아시아 국가들을 안심시키고, ② 미국의 세력을 약화시키고, ③ 중국이 중앙아시아에서 질서를 구축하기 위한 플랫폼을 제공했다.

첫째, SCO는 러시아와 중앙아시아 국가들을 안심시키는 것을 목적으로 했다. 중국은 러시아어와 이슬람 신앙의 영향력이 강한 지역에서 중앙아시아 국가들이 자국을 아웃사이더로 여기며, 중국이 영토적 계획을 가지거나 한족의 이주를 지지하거나 그들의 국내 산업을 위협할 수 있다고 우려하는 것을 이해했다.[173] 중국의 관점에서, 소련 붕괴는 미국이 이런 불안을 이용해 중국을 견제하고 포위하기 위한 동맹으로 중앙아시아 국가들을 묶을 수 있는 위험을 만들어 냈다. 중국은 SCO 구조를 통해 이들 국가를 안심시키려 했는데, 양자관계의 이익을 단념하고 다자적인 구도로 일하면서 이웃 국가들이 SCO를 점점 커지는 중국의 존재감을 관리하는 데 도움이 되는 기구로 여기기를 바랐다. SCO 국가들은 중국의 정책에 동의하지 않는다는 목소리를 낼 수 있었고, 기구의 합의에 근거한 표결 메커니즘은 전직 사무총장이 이야기한 것처럼 중국을 포함해 "어떤 주요국도 다른 국가들보다 크지 않도록" 설계되었다.[174] 이런 방식으로 SCO는 중국이 "이이제이" 전략을 포기하고, 공개적으로 장관급에서 비공식 토론을 활성화해 문제를 해결하기를 원한다는 것을 보여 줌으로써, 중국의 의도에 대한 불안을 줄이고자 했다.[175] 게다가 SCO는 수십억 달러의 차관, 무역 관련 양보, 군사적·기술적 지원을 발표하고 집행하거나 서구의 인권 관련 비판에 맞서 중앙아시아 국가들과 함께하는 플랫폼을 제공했고, 이 모든 것은 안심시키기에 도움이 되었다.

둘째, 위빈이 말한 것처럼 중국은 SCO를 중앙아시아의 정치적 공백을 채우기 위해 활용해 왔고, "중국이 이 지역에서 미국의 영향력을 피하고 상쇄시키는 플랫폼"으로 보았다.[176] 중국은 미국을 배제하면서 SCO를 중앙아시아의 핵심 조직으로 만들고자 했다. 중국은 이 기구의 옵저버가 되려는 미국의 신청을 거부하고, 미국이 SCO의 반테러센터와 함께 군사 훈련을 참관하는 것도 금지함으로써 이 지역의 질서를 형성하는 데서 중국을 가장 중요한 위치에 두었다. 또한 SCO를 중앙아시아 영토와 기지들에 대한 미국의 접근을 거부하는 데 이용했다. 예를 들면, 2003년 SCO 외교장관 회담에서는 중앙아시아에서 미국의 영향력을 어떻게 후퇴시킬지를 논의했다.[177] 2005년에 SCO는 아스타나에서 정상회의를 거쳐 미국이 중앙아시아에서 군대를 철수시킬 시간표를 내놓아야 한다고 요구하는 성명을 발표했는데, 이것은 회원국들이 공개적으로 요구할 수 있는 보호막을 제공했다. 같은 해에 중국과 러시아는 미군을 몰아내려는 우즈베키스탄의 결정을 지지했다. 2007년 SCO의 비슈케크 선언은 안보 사안에서 외부 세력의 역할에 반대한다면서 "중앙아시아에서 안정과 안보는 우선적으로 이미 확립된 지역, 국제조직에 기반을 둔 지역의 국가들에 의해 보장될 수 있다"고 언급했다.[178] 결과적으로 중앙아시아 국가들은 2009년과 2014년 각각 이때까지 남아 있던 미국을 몰아냈다.[179]

SCO는 회원국들 사이에 심화되는 협력을 드러내고, 미국의 개입은 불필요하다는 것을 보여 주고, 군사적 신호를 보내기 위해 20여 차례가 넘는 군사 연습을 실시하기도 했다. 이들 가운데 규모가 가장 큰 것은 "평화 임무peace mission" 연습으로, "탱크, 대포, 공습과 해병대 상륙, 폭격기, 전투기, 전함"이 참여했다. 이는 때로는 미국을 향한 "무력 시위"로 보인다.[180] 예를 들면, 평화 임무 2005 훈련은 대만 침공에 필요한 "섬에 대한 미국의 개입을 저지하고 패배시키는" 작전의 리허설처럼 보였고, 중국은 심지어 저장성(대만 북쪽에 있는 지역)에서 훈련을 실시하자고 제안하기도 했는데, 이후에 장소는 바뀌었다.[181] 중국과 러시아가 참가한 훈련은 그들이 냉전 기간에 했던 어떤 훈련보다도 규모가 커서, 1만 명의 병력과 전략 폭격기, 140척의 군함이 참여했고, 대항공모함 방어의 상쇄, 해상 봉쇄, 해병대 공격 같은 임무를 실시했다.[182] 다른 훈련에서는 SCO 회원국들이 외부 세력, 아마도 미국의 공격을 받는 상황을 가정한 방어 훈련을 실시했다.[183] 평화 임무 2009 훈련에 대해 러시아군 참모총장이 말한 것처럼, 또 다른 훈련들은 "러시아와 중국이 이 지역에서 미국 없이도 안정과 안보를 보장하기 위해 필요한 자원을 가지고 있음을 국제사회에 보여 줄 것"이다.[184] 평화 임무 2014 훈련을 지휘한 한 중국 장성은 이 훈련을 "공정하고 합리적인 새로운 국제정치적 질서 수립을 진전시키는 것"이라고 말했다.[185]

미국을 몰아내고 군사적 신호를 보내는 것에 더해 SCO는 서구의 가치 확산을 저지하고 이 지역을 민주 혁명으로부터 방어하는 "최후의 날의 성스러운 동맹" 역할을 했다.[186] 상하이 파이브와 SCO의 모든 공동선언은 자유주의적 가치를 공격하는 수사를 포함하는데, 보통 "내정 불간섭"과 "문명과 문화의 다양성"을 존중하고, 서구의 "이중 잣대"와 "인권 보호를 핑계로 한" 개입을 비판한다는 용어를 사용한다.[187] SCO 헌장은 중국의 "평화 공존 5원칙"을 지지하고, 인권보다 주권을 존중할 것을 촉구한다.[188] 회원국들은 서구의 비판을 받을 때 SCO의 구체적인 지원을 받는다. SCO는 (회원국 중 어느 국가도 진정한 민주주의 국가가 아니라는 사실에도 불구하고) 2005년 선거 모니터링 프로그램을 설립했고, 키르기스스탄, 타지키스탄과 우즈베키스탄의 선거를 "참관"하고 "기록"

하여 선거 부정에 대한 많은 증거를 발견한 유럽안보협력기구OSCE의 선거 감시단으로부터 방어막을 이들 국가에 제공했다.[189] 우즈베키스탄이 안디잔에서 일어난 시위에 이어 수백 명을 학살했을 때 SCO는 이것을 반테러의 합법적 행동으로 효과적으로 옹호했다.[190] 중국의 전직 대사 왕위성은 "SCO의 중요한 업적은 미국의 신보수주의 이상주의자들이 사주한 '색깔혁명'에 맞서 회원국을 성공적으로 방어한 것"이라고 말했다.[191]

셋째, SCO는 중국의 질서 구축을 위한 도구다. 실제로 공동성명은 국제적·지역적 목표에 대한 "SCO의 증가하는 잠재력과 국제적 우위를 연 것"에 대해 공개적으로 언급했다.[192] SCO는 중국이 이 지역에 차관, 무역상의 양보, 투자, 군사와 기술적 지원, 정치적인 비호, 미국 질서와 러시아의 역할들에 대한 대안을 제공하는 등 양보적 거래를 제공하는 플랫폼이다.[193] 중국은 이를 활용해 SCO 개발은행과 천연가스 컨소시엄을 제안했는데, 이는 중국에 이익이 되고 중국이 지역에 영향을 미치는 데 도움이 될 것이다.[194] SCO는 또한 중국의 위상과 규칙을 전 세계적으로 구축하는 방안을 제시한다.[195] SCO는 세르비아, 코소보, 리비아, 이라크와 아프가니스탄에 대한 미국의 군사적 개입을 비판해 왔다.[196] SCO 성명들은 회원국과는 관계가 없거나 적은 여러 이슈들에서 반복적으로 중국의 위상을 지지하고, 미국의 입지를 공격하는 데 활용되어 왔다. 여기에는 ① 남중국해, ② 대만 독립, ③ 한반도, ④ 미국의 미사일 방어, ⑤ 유엔 안전보장이사회 확대, ⑥ 우주 군사화, ⑦ 인터넷 주권 등이 포함된다. 중국은 또한 일대일로BRI에 대한 협력적이고 다자주의적인 모양새를 만들기 위해 SCO를 이용했다. 예를 들어 2016년 성명에서 회원국들은 다자적인 운송 프로젝트를 지지하는 의사를 밝혔고, SCO 자체가 지역적으로 일대일로를 홍보하는 합의를 위한 수단이 되어 왔다.

　SCO는 중국이 질서 형성의 자유주의적 도구로 간주되는 다자주의 기구 등을 활용해 중국의 힘과 전략적 이익과 관련된 목표를 진전시키려는 시도였다. 이런 종류의 "전략적 자유주의"는 제도적인 영역에 한정되지 않고 경제적인 영역의 특징도 가졌다. 중국은 경제적 도구를 미국의 힘을 제한하고, 여러 세대에 걸쳐 중국 민족주의자들의 초점이었던 "부강"을 구축하기 위한 방안으로 여겼다. 이는 중국이 미국의 힘을 약화시키려 할 때뿐만 아니라 자국의 힘을 형성하려 할 때도 유효했다.

# 6장

# 항구적 정상 무역 관계

경제적 약화시키기 실행

---

**"중국과 미국 사이에서 최혜국 대우의 문제는 세계 역사의 흐름을 결정지을 중심 이슈다."[1]**

— 허신, 장쩌민과 리펑의 전직 자문, 1993년

1979년 1월의 춥고 바람이 부는 어느 날 오후, 덩샤오핑 중국 부총리가 앤드루스 공군기지에 내렸다. 역사적인 순간이었다. 덩샤오핑의 방문은 중화인민공화국의 지도자로는 사상 최초의 미국 방문이었다. 검은 옷을 입은 75세의 혁명가는 가벼운 환호 속에서 계단을 내려갔다. 그는 그를 맞이하기 위해 활주로에서 기다리고 있던 월터 먼데일 부통령에게 다가가다가 잠깐 멈춰 서서 소규모의 군중을 향해 미소를 짓고 손을 흔들었다.[2] 불과 몇 주 전에 덩샤오핑은 미국과의 정치적 정상화를 이뤄 냈다. 이제 그의 목표는 경제적 정상화였다.

다음 날, 덩샤오핑은 백악관에서 지미 카터 대통령과 만났는데, 이틀간 이어질 일련의 대화 중 첫날이었다. 두 정상은 마침내 경제 관계에 대한 논의로 넘어갔다. 덩샤오핑은 중국의 경제 발전을 활성화하기 위해 미국 시장과 자본, 기술에 접근하기를 원했다. 하지만 그러기 위해서는 우선 미국과 최혜국 대우MFN 무역 지위에 대한 합의에 서명해야 했다.[3] 이 시기에 MFN 지위는 잭슨-배닉 수정 조항에 의해 제한되어 있었는데, 공산주의나 비시장 국가는 이민 자유화를 허용해야만 MFN 지위를 얻을 수 있도록 규정했고, 매년 의회의 표결을 거쳐야 했다.[4] 10여 년 뒤, 톈안먼 광장의 학생 시위대에게 발포한 덩샤오핑의 결정은 매해 형식적이었던 의회 표결을 대단한 논란거리로 만들었고, 1990년대 내내 이는 여전히 미국의 개방에 의지하고 있던 중국 경제에 생사가 걸린 위협으로 다가왔다. 하지만 1970년대 말, 덩샤오핑과 카터의 만남은 훨씬 덜 논쟁적이던 때에 이루어졌다. MFN이 1989년에는 긴장의 근원이었다면 1979년에는 농담거리 정도였다. 두 정상이 MFN의 이민 조건에 대해 논의할 때 덩샤오핑은 카터에게 이런 농담을 했다고 보도되었다. "우리는 당장이라도 그 조건을 충족할 수 있습니다. 당신이 우리가 내일 1,000만 명의 중국인을 당신들에게 보내길 원한다면 기꺼이 그렇게 할 것입니다." 카터는 온화한 말투로 답했다. "나는 그럼 1만 명의 특파원을 보내는 것으로 화답하겠습니다." "아니요." 덩샤오핑이 대답했다. "그렇게 하면 정상화의 진전이 막힐 겁니다."[5]

덩샤오핑의 방문은 성공적이었고, 이듬해 중국은 MFN 지위를 확보했다. 1980년대에 걸쳐 중국의 최혜국 지위는 매년 어떠한 논쟁도 없이 의회 표결에 붙여졌고 순조롭게 나아갔다. 중국은 빠르게 성장했지만 동시에 미국의 시장, 자본, 기술과 미국이 주도하는 국제기구에 대한 접근에 점점 더 의존하게 되었다.[6] 미중 사이에 대만 문제를 둘러싼 긴장이 종종 고조되기는 했지만, 중국 당국은 소련의 위협에 맞선 공동협력을 고려해 의존도가 점점 높아지는 것의 전략적 의미에 대해 그다지 불안해하지 않았다. 항구적인 MFN을 확보할 수 있을 것으로 전망되고, 미국의 영향력을 제한하고 매년 중국의 무역 지위를 표결에 부치는 것에서 자유로워질 수 있을 것 같은 시기에 중국은 굳이 그렇게까지 하지 않았다.

하지만 톈안먼 광장의 학살이 일어나고 잇따라 사회주의권이 붕괴하는 충격이 벌어지자, 중국은 미국에 대한 접근을 얻어 내는 것을 넘어 그것을 유지하는 데 다시 집중하게 되었다. 미국의 위협에 대한 자각이 커졌고, 미국 정부가 정치적 목적을 위해 중국에 대한 제재, MFN 지위 철회 위협, 301조 무역 관세 부과, 과학기술 협력 취소 등을 포함한 경제적 레버리지를 이용하는 것을 주시했다. 이에 대응해서 중국의 전략이 바뀌었고, 미국에 대한 의존을 없애는 방법을 찾는 대신 그 의존을 중국에 해가 되는 방법으로 이용하려는 미국의 시도를 약화시킬 방법을 찾으려 했다.

미국의 제재와 과학기술 협력에 대한 영향력 그리고 핵심 상품 통제에 대한 우려는 이러한 약화시키기 정책의 일부였다. 하지만 항구적 MFN 지위에 정밀하게 초점을 맞춘 것은 의심의 여지 없이 핵심 요소였고, 이는 이 장에서 제일 중요하게 고려하는 내용이다. MFN은 무역이나 그것이 유지시켜 주는 자본 또는 기술에 대한 지속적인 접근보다 훨씬 더 많은 의미를 내포한다. 중국의 지도자들에게 연례 MFN 보고서는 미국의 정치적 도구였고, 항구적 MFN을 확보하는 것은 중국에게 행동의 자유를 제공하는 것이었다. 중국의 지도자들은 양자 협상을 통해 항구적 MFN을 추구했으며, 동시에 APEC 같은 다자주의적 절차나 GATT/WTO 가입을 통해 이를 시도하기도 했다. 첸치천은 중국이 항구적 MFN을 중국에 덜 관대해 보이는 용어로 고안된 '항구적 정상 무역 관계PNTR'로 바꾸기 위해 8년간 노력했다고 밝혔다.[7] 중국은 심지어 그것을 얻어 내기 위해 대규모의 경제적 양보를 하거나, 중국의 정치적 안정과 당의 권력 장악을 위험에 빠뜨리거나 미중 양자 간의 WTO 합의조약을 날려버릴 수도 있었다. MFN을 둘러싼 싸움은 10여 년의 갈등을 넘어 미국의 손을 묶고 미국이 중국에 대해 자의적으로 경제적 힘을 휘두르는 것을 줄이는 것이 핵심이었다. 이제 그 노력들을 좀 더 자세하게 들여다보겠다.


## 경제적 행동 설명하기


여기에서는 문서들과 행동에 초점을 맞춤으로써 중국의 국제 경제정책을 설명하고, 중국의 대전략에 대한 고려가 정책에 영향을 미쳤다는 가정을 다른 대안적 설명들과 비교해 살펴볼 것이다. 국제 경제적 행동에 대한 두 가지 대안적인 설명은 ① 관리들이 절대적이고 종합적인 측면에서든 국가가 지시하는 광범위한 개발 전략에 따라서든, 전반적으로 국가의 경제적 이익에 의해 움직이는 것으로 설명되거나, ② 국가에 미치는 결과와는 무관하게 강력하고 연줄로 맺어진 특정 핵심 이익 집단에 대한 보상에 따라 설명될 수 있다는 것이다. 이 이론들과 이론들에서 나오는 모델은 경제적 행동을 설명하는 데 제 역할을 하지만, 중국의 태도를 설명하기에는 부족함이 있다. 이들은 국제적 경제정책에서 안보 문제를 고려하는 데 부적절하고, 또 중국처럼 사회로부터 비교적 독립적으로 운영되는 레닌주의 당 국가들은 민주적인 국가에 비해 기득권에 덜 민감하다는 점을 제대로 반영하지 않는다. 따라서 이 장은 많은 주요 국제 경제적 결정들이 대전략적 고려 사항에 의해 신흥 국가에 대한 패권 국가의 경제적 영향권 행사를 줄이기 위해 고안된 약화시키기 전략의 일부로 작용하며, 동시에 신흥 국가가 다른 국가에 영향력을 행사할 수 있는 전략의 일부로도 작용한다는 주장을 고수할 것이다. 이 영향력은 상호적이며, 국가들 사이의 상호 의존을 중요시한다. 이는 글로벌 경제 활동이 일어나는 시스템과 틀을 형성하는 데 집중한다는 점에서 구조적이며, 혹은 한 국가의 내부 정치와 선호를 재구성하는 데 중점을 둔다는 점에서 국내적이다.

　　이 장은 이 시기 중국의 시도들이 우선적으로 대전략의 고려에 의해 움직였음을 보여 준다. 중국의 시도는 미국의 경제적 힘과 레버리지를 최소화시키려는 약화시키기 전략의 일환이었다. 이 시도들은 상호적인 관계와 구조적인 측면뿐 아니라 국내적으로도 진행되었는데, 동시에 중국이 계속해서 미국의 시장과 자본 기술을 이용할 수 있도록 하려 했다. 따라서 중국이 이 시기에 시행한 경제적 계획들에만 집중하지 않고 목표를 달성하기 위해 국제 경제적 관계를 어떻게 구조화했는지에 초점을 맞춘다.

## 중국의 경제 관련 문헌들

### 3대 사건과 경제정책

　　톈안먼 사건, 걸프전쟁, 소련 붕괴라는 3대 사건이 일어나기 전, 1980년대는 중국 경제에 좋은 10년이었다. 1970년대 후반부터 중국은 마오주의 자립갱생 정책에서 벗어나 국제 자본주의 무역 시스템에 합류했다. 이는 단지 번영을 위해서만이 아니라 안보를 달성하기 위해서이기도 했다. 덩샤오핑은 "중국이 패권주의와 강대국 정치의 압박을 견뎌내고 싶다면 급속한 경제 성장을 이루어 내고 우리의 발전 전략을 시행하는 것이 매우 중요하다"고 주장했다.[8] 보통 '개혁개방'이라 불리는 이 전략은 1978년, 역사적인 11기 중앙위원회 3차 전체회의(11기 3중전회)에서 시작되었고, 당이 말하는 '사회주의 현대화 강국으로 향하는 대장정'으로 진입했다.[9]

이 개혁 패키지는 국제 경제와 불가분하게 연결되어 있었다. 중국은 새로운 시장을 찾고 있었고, 경제특구, 합작회사, 법치 개혁을 통해 외국 자본을 끌어들여 상품을 생산하려 했다. 기술 이전 역시 이러한 시도의 핵심적인 목표였다. 3중전회에서 덩샤오핑은 '4개 현대화'를 강조했는데, 이는 농업, 공업, 국방, 과학기술의 현대화를 강조하는 개념이었다. 그해 3중전회가 열리기에 앞서 덩샤오핑은 "4개 현대화의 핵심은 현대 과학기술을 습득하는 것"이라고 선언했다. "이것 없이는 현대 농업, 현대 공업, 현대 국방도 불가능하다."[10] 따라서 1981~1990년에 시행된 개혁주의적 성향의 6차와 7차 5개년 계획은 중국의 현대화를 위해 외국 기술을 수입하는 데 수십억 달러를 투자했다. 1979년 미국을 방문했을 때, 덩샤오핑은 미국의 수출 통제를 비판하고 미국과 과학기술 협약을 맺는 것을 최우선으로 여겼다. 이후 10여 년 동안 "거의 모든 미국의 기술 담당 부서가 중국의 상대 기구와 건설적인 관계를 맺기 시작했다."[11]

미국의 지원이 없었다면 중국의 경제정책은 이뤄질 수 없었을 것이다. 중국은 미국 시장과 자본, 기술뿐 아니라 미국이 구축해 둔 국제 경제 시스템이 필요했고, 그것을 얻어 내기 위해 최혜국 대우MFN 지위도 필요로 했다. MFN은 중국 상품이 시장에 진입하는 것을 보장하는 데 우선적이었고, 동시에 자본, 기술과도 명백하게 관련이 있었다. 미국 시장에 대한 접근은 외국 투자자들이 중국에 자본을 투자할 가치가 있게 만들 것이고, 게다가 수출 자체가 중국의 기술 수입에 드는 돈을 충당하는 데 도움이 될 것이다. 덩샤오핑은 백악관을 방문했을 때 "우리는 중국 상품을 미국 시장으로 들여오는 데 세심한 주의를 기울여야 한다. 왜냐하면 사람들은 중국이 이 모든 외국 기술에 어떻게 비용을 지불할 것인지 문제를 제기했기 때문이다"라고 말했다. 마찬가지로 그 날 기자회견에서 만약 "미국이 자본과 기술을 제공해 준다면, 우리는 우리 상품과 대상代償 무역을 통해 그 가격을 치를 것이다"라고 말했다.[12] 이러한 이유로 MFN 지위 확보는 덩샤오핑의 1979년 미국 방문의 최우선 과제였으며, 그다음 달에도 MFN을 위한 로비를 위해 미국 의회의 여러 대표단과 만났다. 그 만남에서 그는 "정치, 문화, 무역 등 다른 많은 분야의 관계에서 할 일이 많지만… MFN과 같은 일들은 더 시급한 문제"라고 강조했다.[13]

1980년부터 두 나라는 경제적으로 강력하게 연결되었다. 미국의 투자와 기술이 중국으로 흘러들어 갔고, 중국의 수출품 대부분이 미국으로 흘러들어 갔다. 중국의 MFN 지위는 매년 별일 없이 승인되었고, 지적재산권 문제, 감옥 내 노동, 인권, 대만 문제 같은 다양한 쟁점 역시 무역 관계를 위협하지는 않았다.[14] 중국 정부는 무역의 경제적 이익에 중점을 두고 미국이 시장, 자본, 기술에 대한 중국의 의존을 무자비하게 이용할 것이란 걱정은 상대적으로 덜 하고 있었다. 또한 10년간 미국 의회가 매년 중국의 MFN 지위에 대해 표결을 하는 것에도 만족했고, 그것이 미국의 레버리지로 이용될 것이라고는 분명 우려하지 않고 있었다.

이 모든 것은 톈안먼 사건 이후, 특히 미국이 중국에 경제적 레버리지를 이용하고자 했을 때 변했다. 중국 내에서 미국의 위협에 대한 자각이 부상했고, 중국 지도자들은 미국이 중국을 제재하려 움직이면서 유럽과 일본을 끌어들이는 것을 보았다. 중국은 이제 자신들이 미국에 의존하고 있다는 것을 날카롭게 인식했다. 그러나 중국 지도자들은 미국과의 전략적 관계가 이 상황을 원상태로 돌려놓기를 희망했다.[15] 덩샤오핑은 인권 문제 양보, 제재 완화, 일부 협력적인 경제 계획, 그리고 장쩌민의 미국 방문을 결합한 4개 부분으로 된 '패키지 딜'을 제시해 톈안먼 사건을 넘어가려 했다. 1989년 12월, 스코우크로프트 미국 국무장관이 중국을 방문해 '패키지 딜'이 효과를 발휘할 수도 있다고 언급했으며, 중국 지도자들은 이 문제가 해결될 수 있을 것이라고 확신했다.[16]

그러나 확신은 시기상조였으며, 얼마 뒤 새로운 충격이 도래했다. 바로 공산권과 소련의 붕괴였다. 이 협상들에 직접 관여했던 첸치천 외교부장은 동유럽과 중앙아시아의 공산권 붕괴와 소련의 약화가 톈안먼 사태와 함께 변화하기 시작한 미국을 보는 중국의 관점에 종지부를 찍었다고 주장했다.

스코우크로프트가 미국으로 돌아갔을 때, 미중관계가 개선될 것이라는 신호들이 있었지만 바로 그때 동유럽에 급진적인 변화가 일어났다. 루마니아 정부는 국내 소요 사태로 흔들렸다. 집권당이었던 루마니아 공산당은 하룻밤 만에 전복되었고, 지도자였던 니콜라이 차우세스크는 12월 25일 처형되었다. 동유럽의 정치적 변화는 국제 정세에도 변화를 일으켰다. 미국은 세계의 전반적인 상황을 평가하기 시작했고, 더는 중국과의 관계를 개선하는 데 열의를 보이지 않았다. 그렇기 때문에 미중관계는 중국의 패키지 딜이 제시되기 전으로 후퇴했고, 패키지 딜은 한편으로 밀려났다. … 동유럽의 역사적 변화와 소련의 정치적 혼란은 미중 협력의 전략적 기초를 극적으로 바꿔 놓았다. 미국이 더는 중국의 협력이 필요하다고 생각하지 않게 되자, 미국의 몇 사람들은 어떻게 "중국을 억제"할 수 있을지에 대해 이야기하기 시작했다.[17]

그러고 나서 6월 15일에 열린 당의 고위급 회의에서 이런 관점이 기본적으로 비준되었다. 리펑 총리가 회의의 합의 사항을 요약했는데, 바로 미국이 당의 리더십을 약화시키기 위한 도구로 제재를 이용하고 있다는 것이다. "중앙정부는 국제 정세를 분석했다. 동유럽과 소련의 변화 이후 미국은 우리나라에 변화를 일으키기 위해 압박을 시도하고 있다"고 그는 일기에 썼다.[18]

그 후 몇 년 동안 중국은 미국이 4가지 분야에서 강압적인 경제적 레버리지를 이용하는 것을 보게 되었다. 바로 ① 경제 제재, ② MFN 지위, ③ 통상법 301조에 따른 불공정 무역 조사, ④ 기술 이전이었다. 이 4개 분야의 긴장은 중국이 경제 의존을 재평가하게 했고, 그에 따라 미국의 경제 압박을 약화시키는 데 중점을 두게 되었다.

첫 번째 분야는 제재였는데, 이는 신속하게 다른 안건들을 전부 밀어내고 중국 외교정책의 최우선 안건이 되었다. 제재는 브렌트 스코우크로프트 국무장관의 베이징 비밀 방문, 부시 대통령이 덩샤오핑에게 보낸 편지와 그 답장, 그다음 2년 동안 두 나라의 고위급 교류 대부분에서 중점 사안이었으며 최고위 외교관들의 최우선 사안이었다.[19] 첸치천은 톈안먼 사건 이후의 국제적 제재와 고립을 외교부장으로서 활동한 10년을 통틀어 '가장 어려운 시기'였다고 묘사했으며, 덩샤오핑이 미국의 경제 제재는 아주 미미한 영향만 끼칠 것이라고 큰소리를 친 것과는 달리 '고립의 압박은 대단히 컸다'고 인정했다.[20] 그는 회고록의 '국제적 압박을 견디다'라고 제목을 붙인 한 장 전체에서 이 시기를 다루며 중국 외교정책의 중점을 분명히 설명했다. 리펑 총리는 중국에 대한 제재가 그에게는 1960년대 소련이 중국에서 전문가들을 철수시킨 것과 맞먹을 정도로 중요한 사안이었으며, 이는 "중국의 경제 발전에 영향을 주어 그 속도를 늦추었다"고 썼다.[21] 1990년에 그는 "어떻게 제재를 돌파할 수 있을지에 대한" 고위급 회의에 참석했는데, 결론은 중국이 "다른 국가들과 함께 돌파구를 찾아야 한다"는 것이었다.[22] 첸치천은 이 방법을 실행하기 위해 노력했다. 그는 제재 완화를 얻어 내기 위해 반체제 인사 팡리즈 석방을 약속하고 소련 카드를 이용했다. 또한 일본을 '서방 국가들의 통일전선에서 약한 고리'로 구분하고, 제재 완화를 위한 '최고의 목표'인 '중국 시장 점유율을 잃을 수 있다'는 유럽의 불안을 이용하여 미국과 일본의 단합을 무너뜨리려 했다. 그리고 개발도상국에 '제재를 무너뜨리자고' 촉구하는 등의 노력을 했다.[23] 이런 조율된 움직임들은 효과가 있었다. 그들은 제재에 대한 국제적 압력을 이겨냈는데, 주로 중국의 시장을 레버리지로 활용했고, 상대편이 서로 대립하도록 만드는 방법을 썼다. 그럼에도 미국의 경제 영향력에 대한 두려움은 여전했다.

두 번째는 경제 제재보다 더 중대했는데, 바로 미국이 중국의 MFN 지위를 취소할지도 모른다는 위협의 증가다. MFN 지위를 확보하는 것은 1979년 중국의 가장 우선적인 목표였고, 매년 진행되는 MFN 재검토를 끝내는 것은 톈안먼 사태 이후 중대한 목표가 되었다.

1980년대를 통틀어 중국의 MFN 지위를 폐지하려 한 시도는 딱 두 번 있었는데, 그 '불승인 결의안'은 금방 이도 저도 아니게 되었다. 톈안먼 사태 이후 실제로 중국의 MFN을 없애려는 불승인 결의가 매년 제출되었고, 2002년에 MFN이 영구화되고 나서야 이런 상황이 끝났다. 중국은 곧바로 항구적으로 MFN 지위를 유지하려는 전략을 시작했다. 예를 들면, 1990년 3월 27일 리펑은 MFN 논의를 위한 고위급 회의를 주재했다. 회의에서 경제무역부는 MFN이 폐지되면 100억 달러 규모의 무역에 영향을 미치고, 무역의 절반 이상 그리고 더 중요하게는 중국 수출의 절반 이상에 영향을 미칠 것이란 수치를 제시했다. 다른 예측들은 더욱 심각했는데, 미국으로 운송되는 실제 수출 규모 자체가 절반 이하로 떨어질 것으로 추산되었다. 리펑은 이 회의에서 소련에 대한 중국의 전략적 위상과 중국의 시장 규모가 미국의 입장을 부드럽게 만들기 바란다고 말했다.[24] 하지만 1991년에 소련이 점점 덜 중요해지면서 리펑의 낙관도 변했다. 그는 "미국은 중국의 MFN 지위를 취소할 수도 있다"면서 "우리가 마주한 압박은 점점 커지고 있고, 위협적이며, 현상을 유지하기 위해 분투하고 애쓰는 동시에 최악의 상황 역시 대비해야 한다"고 썼다.[25] 예를 들면, 전국 각지의 기업 지도부와의 면담에서 리펑은 "MFN 지위가 취소된다면 어떤 영향을 받게 될 것인가"라고 질문한 뒤 아마 당연하게도 "그 영향은 엄청날 것"임을 알아챘다. "첫째, (수출) 시장을 잃을 것이고, 둘째, 외국 투자자들의 신뢰가 떨어질 것이다."[26] 미국 의회에서는 불승인 결의안이 다수의 지지로 몇 차례 통과되었다. 대통령이 최종적으로 거부권을 행사하기는 했지만, 한 번은 의회가 그 거부권을 뒤집기 직전까지 갔다. 만약 그렇게 되었다면 중국 경제를 황폐화시켰을 것이다(하원은 거부권을 무난하게 무효화했으나 상원에서 6표 차이로 부결되었다).[27] 따라서 MFN은 중국에게 거대한 위험이었다.

세 번째는 바로 미국 무역대표부USTR의 미통상법 301조에 따른 조사를 발동하는 것이었다. 1991년 4월, USTR은 중국을 '우선 대상국'으로 지정하고 6개월 동안 조사에 착수했으며, 중국이 적절한 지적재산권IP 보호를 제공하지 않을 경우 경제 제재를 시작할 수 있는 상황이었다. 중국 정부는 급히 새 저작권법을 입법했고, 미국 정부가 중국 수출의 거의 5퍼센트에 해당하는 7억 달러의 상품에 관세를 부과한다고 위협한 뒤 결국 합의에 이르렀다.[28] 미래에도 추가 조사와 제재 위협이 뒤따를 것이므로 중국 정부는 다자적이고 규칙에 기반한 무역 질서에 가입하는 것이 이 사안에 대한 미국의 재량권을 줄일 것이라고 희망했다. 이러한 가정은 도널드 트럼프가 선출될 때까지는 대체로 정확했다.

네 번째 우려스러운 상황은 톈안먼 사태가 중국의 과학기술 현대화에 미친 즉각적인 타격이었다. 중국의 5개년 계획, 4개 현대화, 하이테크 연구 개발R&D을 위한 "863 프로그램"은 미국에서 기술을 수입하는 데 수십억 달러를 투자하고 사람 대 사람이 만나 지속적으로 과학 교류가 이뤄지는 것을 가정했고, 이것은 양국 간의 광범위한 포괄적 합의로 지지되어야 했다. 톈안먼 사태 이후, 미국은 특정한 하이테크 상품에 새로운 수출 규제를 적용하고, 과학기술 협정을 무효화시켰다. 마찬가지로, 미국 국립과학재단과 국립과학원은 중국과의 협력은 물론 방문과 프로그램들 역시 연기시켰다. 이후 협력이 재개되기는 했지만 이러한 제약들은 중국 지도자들에게 자국이 미국의 과학기술에 의존하고 있으며, 미국 수출 시장을 잃을 경우 기술을 수입하기가 어려워질 것이라는 점을 상기했다.[29]

종합하면, 이 네 가지 미국의 경제적 레버리지가 중국 지도자들을 뒤흔들었고, 1989년 이후 완전한 방어 태세를 취하도록 했다. 이는 새로운 약화시키기 정책으로 이어졌다.

## 약화시키기 정책

소련이 붕괴하고 중국에 불리한 미국의 경제적 국정 운행이 시행된 뒤, 미국에 대한 접근을 유지하면서도 그 접근을 축소시킬 수 있는 미국의 능력을 약화시키는 것이 대단히 중요해졌다. 중국이 항구적인 최혜국 대우MFN를 확보하고 세계무역기구WTO에 가입하려 한 것은 경제적 레버리지, 특히 경제 제재, 관세, 무역법 301조 조사 및 기술적 제한에 있어서 미국의 손을 묶어 두려는 것을 의미했다.

중국의 대전략을 설정하는 연설들에서 경제적 약점에 대한 인식이 드러난다. 중국 지도자들은 대사회의 연설에서 미국의 위협과 중국의 경제적 의존을 모두 인정했다. 8차 대사회의에서 장쩌민은 "국제 전략에서 경제 안보의 역할이 커지고 있다"고 선언했다.[30] 그는 미국이 중국의 "주요한 외교적 적수"가 될 것이라고 선언하면서 중국의 경제적 취약점에 대해 강조했다. "미중관계가 안정될 수 있느냐 여부가 종종 모든 것에 영향을 끼친다. 미국은 여전히 우리의 주된 수출 시장이며 우리가 수입하는 자본, 기술 그리고 선진 관리 경험의 중요한 원천이다. 미중관계를 지키고 발전시키는 것은 전략적으로 중국에게 중요하다."[31]

그는 미국의 영향력을 줄이기 위해 과도하게 대립적인 전략을 효과적으로 배제하고, 좀 더 조용한 약화시키기 접근법을 주장했다. 이러한 방법의 일부는 중국 시장을 과시하는 것이었다. 장쩌민이 1993년 연설에서 더 발전시켜서 주장한 것처럼, "중국에 대한 미국의 정책은 언제나 양면적이었다." 한편에서 미국은 무역 같은 문제를 "중국을 압박하고 거래에서 우위를 차지하기 위해" 이용했으며, 또 한편에서 근본적인 경제적 이익이 중국의 광대한 시장에 초점을 맞춰야 한다는 고려에서 움직였다.[32] 톈안먼 사건 이후에 덩샤오핑이 한 것처럼, 장쩌민은 미국이 경제적 레버리지를 행사하지 못하도록 중국의 시장을 이용하려했다. 예를 들면 1993년에 장쩌민은 클린턴에게 이렇게 말했다.

중국 경제의 발전은 미국과 세계 다른 국가의 발전에도 이익이 된다. 중국의 거대한 시장은 엄청난 잠재력을 가지고 있고, 우리는 미국의 재계가 투자를 확대하고 중국과 경제, 무역 교류를 강화하는 것을 환영한다. 중국에 대한 봉쇄 정책을 채택하고 경제 '제재'에 의존하는 것은 미국 자체의 이익에도 해가 될 것이다.[33]

그 이후 계속된 고위급 외교정책 연설에서도 상호 의존에 대한 불안은 계속 남아 있었다. 예를 들면, 1999년 대사회의에서 장쩌민은 상호 의존과 세계화의 균형의 중요성을 더욱 강조했다. 그는 "중국은 경제적 세계화가 가져온 다양한 우호적 조건과 기회를 충분히 활용해야 한다"고 말했다. 그러나 "동시에 경제적 세계화가 가져오는 위험에 대해 분명하게 이해를 하고 있어야 한다"고 주장했다. 이는 중국이 외국의 압력에 "저항하고 해결할 능력을 기르고", "독립자주独立自主의 원칙 유지"를 통해 "중국의 경제적 안보를 수호"할 것을 요구했다.[34]

중국이 항구적 MFN을 확보하고 WTO에 가입—이에 대해서는 뒤에서 더 자세히 살펴볼 것이다—한 뒤에도 미국의 경제적 힘에 대한 공포는 여전했다. 2003년 대사회의에서 후진타오는 "발전하고 있는 국가가 자신의 경제를 성장시키고 경제 안보를 유지하는 것은 훨씬 더 어려운 일"이라고 말했다.[35] 그는 외교정책 기구가 모인 자리에서 "발전과 성장으로 중국의 국제적 지위가 계속 높아지더라도, 우리는 여전히 선진 자본주의 국가의 경제적 · 기술적 힘의 압박에 직면하고 있음을 알아야만 한다. … 또한 서방의 적대적 세력이 여전히 중국에 대해 서구화와 분리주의의 정치적 음모를 꾸미고 있는 어두운 현실을 볼 필요가 있다"고 이야기했다.[36] 그는 "다극화가 경제적 힘의 다각화를 더욱 촉진해" 중국을 위한 공간이 만들어지기를 희망했다.[37] 그렇기는 하지만, 항구적 MFN을 확보하고 WTO에 가입한 지 얼마 지나지 않아 열린 16차 당 대회 준비 문서에서 원자바오가 언급한 것처럼, 관계는 마침내 중국에 우호적인 방향으로 움직이고 있었다. "경제 및 무역 관계의 관점에서 중국과 미국 간 상호 의존은 두 나라의 정부에 의해 받아들여져 왔다."[38]

후진타오 역시 미국의 경제 압박에 대한 불안을 가지고 있었고, 그것을 시장, 자본, 기술에서부터 자원, 무역 흐름의 차원으로 확대했다.

집권 직후 후진타오는 "말라카 딜레마(말라카 해협에 대한 중국의 의존)"를 인식하는 중요한 연설을 했는데, 미국 같은 일부 강대국이 요충지와 급성장하는 중국 경제가 점점 더 의존하는 자원들을 통제하려 한다고 말했다. 그는 세계 경제 전반에 미국의 불순한 의도가 있다고 보았다. "중국의 해외 석유와 가스 자원 개발, 국경을 초월한 합병과 인수, 선진 기술의 수입이 간섭 때문에 계속 난항을 겪고 있다. 이는 일부 고의적인 선동과 악의적인 보도 때문이다"라고 말했는데, 이는 미국을 의미했다. 하지만 후진타오는 "일부 경우에서는 정치적 조종보다는 실제 이익의 충돌이 있다"고 인정했다.[39] 후진타오의 해법은 "새로운 에너지 안보 개념"을 만들어 내는 것인데, 이것은 "외교, 안보, 경제적 위험"을 고려하고 국유기업의 "해외 에너지 개발"과 그들의 다른 원자재 구매를 지원하는 것이다.[40] 그 결과, 중국은 더 많은 개발도상국과의 무역을 추진하기 시작했고 후진타오가 "저우추취走出去(해외로 나가라)"라 불렀던 정책 아래 라틴아메리카, 아프리카, 중앙아시아에서 진행되는 원자재 개발 프로젝트에 대한 지분을 확보하려 했다. 이는 장쩌민 때 추진한 기법과 약간 다를 수 있지만 핵심적인 압력은 동일했다. 즉 외국, 특히 미국의 경제적 압박에 취약해질 수 있는 흐름에서 중국의 의존도를 줄이는 것이었다. 중국은 전 세계의 광산과 유전에서 지분을 확보하기 시작했는데, 시장에만 의존하는 것은 적절한 안보를 제공하지 않을 것이란 불안이 있었다. 이것들을 확보해도 얼마 지난 뒤에는 군사적 투자를 필요로 하게 되겠지만 말이다.

후진타오는 경제는 절대적인 이익을 얻는 것이나 기득권에 맞는 일을 하는 것을 넘어 전략적인 목적도 가져야 한다고 확신했다. 2006년 중앙외사공작회의에서 그는 "경제적·기술적 협력은 단지 경제적 이익만이 아니라 국가의 전반적인 외교 상황과 장기적 이익을 고려해서 행해져야 한다"고 선언했다.[41] 또한 강대국 정치에서 경제적 레버리지는 다양한 형태로 이뤄진다고 언급했다. "강대국은 무역, 에너지, 자원, 금융과 다른 경제적 요소들을 정치적 작전을 수행하는 방법으로 활용하기 위해 주의를 기울이고 있으며, 이는 정치적 전략과 경제적 전략이 더욱 긴밀하게 연관되도록 만든다."[42] 이에 따라 "에너지, 금융, 정보, 운송망과 같은 안보 문제가 점점 더 중요해졌다."[43] 이런 식으로, 1989년 이후 세계 경제에서 미국의 영향력에 대한 우려가 등장한 지 수십 년이 지난 후에도 양자의 경제 관계는 핵심적인 정책으로 남았다. 이런 우려는 매우 예민하게 계속되었는데, 그럼에도 불구하고 이 시기의 최우선 관심사이자 중국의 가장 큰 이해관계가 달려 있었던 것은 MFN과 이와 밀접한 연관이 있는 WTO 가입의 문제였다.


## 항구적 정상 무역 관계와 WTO 가입

1992년, 중국의 MFN의 운명이 미국 의회의 손에 달려 있었을 때 미국 재계가 행동에 나섰다. 그해 주중미상공회의소AmCham는 DC 도어낙DC doorknock이라는 새로운 프로그램을 시행했는데, 이는 재계 지도자들로 구성된 대규모 사절단을 주요 연방정부 기구, 의원들, 워싱턴의 다양한 기구와 인사들에게 보내 중국과 더 자유로운 무역을 할 수 있게 하려는 것이었다. 목적은 간단했다. 우선 의회가 중국의 MFN 지위를 박탈하는 것을 막고, 이후에 시간을 들여 중국의 MFN을 영구적으로 만들고 중국이 WTO에 가입할 수 있게 하는 것이었다.

주중미상공회의소와 그 동맹들은 결국 성공을 거뒀다. 몇 년 뒤 중국 관리들은 주중미상공회의소 만찬에서 감사를 넘쳐흐르게 표했다.

"나는 여전히 우리가 MFN을 위해, 그리고 이후 항구적 정상 무역 관계를 위해 분투하던 날들을 기억한다"고 중국의 WTO 대사 순전위는 회상했다. "주중미상공회의소는 매년 이맘때 도어낙 팀을 꾸려 워싱턴을 방문해 상원위원들과 하원의원들에게 로비했다." 중국은 자국이 꾸린 팀도 별도로 보냈다고 순전위는 회고했다. "도어낙 팀과 우리 팀은 같은 시간에 비행기를 탔고 같은 곳의 문을 두드렸다." 또 다른 만찬에서 당시 중국 상무부장이던 보시라이(이후 권력 투쟁 와중에 부패 혐의로 투옥되었다) 역시 감사를 표했다. 그는 "당신들은 우리가 항구적 정상 무역 관계를 맺고 WTO에 가입하도록 도왔다"며 "우리 중국인들은 우리의 친구들이 해낸 좋은 일들을 항상 마음에 품고 기억한다"고 말했다.[44]

항구적 MFN 지위부터 WTO 가입으로 이어진 "좋은 일들"은 대단히 중요했다. 중국은 MFN 지위를 잃는다면 당장 미국 수출품 가운데 95퍼센트에 대한 즉각적인 관세 인상과 두 배로 오른 가격으로 인해 경제에 심각한 타격을 입을 것을 우려했다. 그런 이유로 냉전 이후 항구적 MFN 지위는 국제 경제의 우선순위였고, WTO 협상은 그것을 이루어 낼 방법 중 하나였다. MFN을 결정하기 위해 매년 진행되는 표결에서 자유로워지기 위해 중국은 전적으로 경제적 대가를 치르고, 정치적 불안정이라는 위험도 감수할 의지가 있었다. 이러한 양보는 미국이 MFN을 보는 관점과는 반대였는데, 미국은 중국이 이미 사실상 가지고 있는 것에 대해 사소한 양보를 하는 것이라고 보았다. MFN의 중요성에 대한 서로 다른 시각은 흥정의 여지를 만들어 냈고, 결국 합의가 이뤄지고 중국이 WTO에 가입하는 것으로 이어졌다.

### 대안적인 설명들

중국이 항구적 정상 무역 관계PNTR로도 알려진 항구적 MFN

지위를 추구하고, 또 WTO와 그 선구격인 관세 및 무역에 관한 일반 협정GATT에 가입하려 했던 것에 대한 두 가지 대안적 설명이 있다. 첫 번째는 중국이 가입으로 얻게 될 절대적인 경제적 이익이 동기가 되었다는 것이고, 두 번째는 특정 이익집단의 더 좁은 범위의 선호가 동기였다는 것이다.

첫 번째 설명은 장점이 있다. 장쩌민은 MFN과 WTO 회원 지위가 장기적으로 국가 경제를 강화시킬 것이라는 데 전반적으로 동의했다. 비록 WTO에 가입하는 것이 중요한 조정 비용을 치르게 할지라도 말이다.[45] 하지만 그렇다고 해도 전략적 동기가 아주 크고 결정적인 역할을 했으며, 중국은 MFN을 위해 눈에 띄는 경제적 양보를 할 의향이 있었기에 사실상 미국의 경제적 강압의 위험을 줄일 수 있는 안보와 전략적 이익을 대가로 보호무역주의의 일부 장점을 잃는 것을 맞바꾼 것이다. 이것은 의도적이었다. 장쩌민이 여러 번 언급한 것처럼 WTO는 경제적 이슈라기보다는 정치적 이슈로서 여겨졌다. 이에 대해서는 이후에 더 자세히 살펴볼 것이다.

중국이 MFN과 WTO 회원국 자격을 추구한 데 대한 두 번째 설명은 이것이 이익집단 정치의 결과물이라는 것인데, 이러한 이익집단 설명에 대해서는 회의적일 수밖에 없다. 하나는 바로 항구적 MFN과 WTO 가입에 대한 협상이 의도적으로 여론의 압박으로부터 단절되었다는 것이다. 조셉 퓨스미스Joseph Fewsmith가 주장하듯이 여기에는 장쩌민이 직접 개입하고 있었기 때문에 반발의 여지가 제한되었다. 장쩌민은 주룽지와 룽융투를 비롯한 협상 교섭 담당자들에게 엄청나게 큰 권한을 부여하여 이익집단을 희생시켜 가면서까지 필요한 양보를 할 수 있는 권한을 주었다.[46] 실제로, 당은 "산업에 대한 논의는 국가 이익의 면에서 구조가 짜여야 한다"는 점을 분명히 했다.[47]

이익집단과 관련한 논의에 회의적일 수밖에 없는 또 다른 이유는, 집단은 어느 정도가 변수가 되더라도 중국이 항구적 MFN과 WTO 가입을 추진하는 데는 반대가 되는 요소인데, 많은 이들이 그것을 추구하는 데 필요한 중국의 경제적 양보에 반대했기 때문이다. 당시 주미대사였던 리자오싱이 회고록에서 주장한 것처럼 "국내(중국)에서는 중국의 WTO 가입에 대한 논쟁이 있었다. 농업과 섬유 같은 일부 취약 산업들은 큰 타격을 입을 것이다. 일부 전문가들은 2천만 섬유 노동자들과 수억 명의 농부들이 영향을 받을 것으로 우려했다."[48] 영향력이 큰 인물들 또한 이러한 양보에 대해 우려했다. 중국 권력 서열 2위였던 리펑은 국내 산업 보호를 더 선호했고, 그의 라이벌이자 협상을 이끌던 주룽지를 약화시키려 했다. 최종 협상이 타결되기 전인 1999년 4월 USTR이 미국과 중국의 협상 초안을 유출했을 때 반대는 더욱 분명해졌다. 이것은 주룽지에게는 모욕적인 일이었다. 이어 미국이 베오그라드 주재 중국 대사관을 실수로 폭격하는 사건이 벌어지면서 대중의 분노에 불이 붙었다. 하지만 중국의 양보에 대한 반대 움직임이 가장 강했을 때에도 사실상 내용을 바꾸는 것이 아닌 합의를 늦추는 정도밖에 하지 못했다. 리펑은 회고록에서 1999년 8월 23일, 중앙정부 회의에서 바로 다음 주부터 협상을 재개하고 전략 논의를 시작하는 데 동의했다고 회고한다.[49] 미국과의 최종 합의는 초안 문서가 유출되기 이전, NATO의 폭격 이전인 1999년 4월에 협상되었던 내용과 사실상 동일했다. 회의에서는 당시 가장 취약한 입장에 놓인 주룽지를 비난하던 리펑조차도 그가 지나치게 관대하게 양보한 것에 대해서는 공격하지 않았다.[50] 이런 것들을 종합해 보면, 중앙 지도부가 사회와 다양한 이익집단들로부터 충분한 자율성을 가지고 권한과 합의를 추진했음을 알 수 있다.

중국이 일부 양보를 조심스럽게 취소할 수 있다고 주장했던 리펑

같은 회의론자들에게조차도, 항구적 MFN과 WTO 가입에 대한 논쟁은 추진 여부에 대한 것이라기보다는 어떤 양보를 제공해야 하는지를 둘러싼 것이었다. 1999년 8월 30일에 개최된 장쩌민과 고위 관료들이 모인 고위급 회의에서, 리펑은 "WTO에 가입하는 것은 장단점이 있고, 장점이 단점보다 많으며, 일부 불리한 조항들은 이행(단계)에서 법을 통해 해결할 수 있다"고 주장했다.[51] 11월 15일에 열린 중앙경제공작회의는 중국의 가입에 대해 장관급과 성 관리들을 교육하려는 목적도 가지고 있었는데, 리펑은 "단점들은 국내 (산업) 보호와 경쟁력을 증진시킴으로써 극복할 수 있다"고 말했다.[52] 그리고 리펑은 중국의 법과 WTO 요구사항들을 조화시키는 입법안을 통과시키는 전인대 상무위원회 같은 일부 회의에서는 보호주의 정서를 덜 표출했다. "한 회사의 외국인 지분을 49퍼센트까지 허용하는 것은 (전체) 산업에서 외국인 지분을 49퍼센트까지 허용하라 하는 것과는 다르다."[53] 요약하면, 보호주의 충동은 WTO의 규칙을 어떻게 이행해야 하는지에 대한 대표적인 보호주의 지지자의 입장을 통해 반영되었고, 이것은 이익집단 설명이 그렇게 결정적이지는 않다는 또 다른 증거다.

### 대전략과 관련된 설명

중국이 MFN을 추구한 데는 강력한 전략적 논리가 동기가 되었다. 먼저 중국 지도자들이 MFN을 순수한 경제적 이슈보다는 전략적 이슈로 보았음을 살펴보고, 다음으로 중국이 APEC과 WTO를 통해 어떻게 MFN을 추구했는지를 살펴본다.

처음에 중국은 MFN이나 GATT 회원국 자격을 전략적 이슈로 보지 않았다. 1979년에 중국은 미국으로부터 MFN을 받았고 매년 별다른 논쟁 없이 갱신되었다.[54] 하지만 앞에서 논의한 것처럼 3대 사건이 모든 것을 바꿔 놓았다. 톈안먼 사태 이전에 중국은 MFN 문제를 해결할 수 있을 GATT 가입에 관하여 미국과 협상을 타결하기 직전이었고, 당시에는 이에 대해 비교적 논란의 여지가 없었다. 어쨌든 다른 공산주의 국가들 역시 GATT에 가입할 수 있게 되었고, MFN을 연장했으며, 중국은 소련에 대항하는 파트너였다. 베이징의 미국 대사관에서 대외 경제 업무 담당 책임자였던 길버트 도나휴Gilbert Donahue는 "USTR은 중국을 GATT에 가입시킬 협상의 막바지 단계에 진입할 준비를 마쳤고… 6월 말에는 이를 마무리할 대표단을 보낼 준비를 하고 있었다"[55]고 회고했다. 하지만 그해 6월에 톈안먼 사건이 일어났고, 당시 상하이 주재 미국영사관의 정치 담당 참사관이었던 마크 E 모히르는 이렇게 적었다. "의회, 언론, 그리고 여론까지… 우리는 중국이 학생들에게 발포한 것에 대해 중국을 처벌하기 위해, 특히 경제적인 면에서 무언가를 더 해야만 한다고 느꼈다. 따라서 중국의 MFN을 박탈해야 한다는 공감대가 형성되었다."[56]

중국 지도부는 이런 사태가 전개되는 것의 의미를 놓치지 않았고, 이것이 중국의 미래에 심대한 영향을 미칠 것을 알았다. 보수적인 선동가이자 이 시기 장쩌민과 리펑의 주요한 외교정책 고문이었던 허신은 1993년에 여기에 걸린 이해관계가 대단히 크다고 말했다. "중국과 미국 사이의 MFN 문제는 세계 역사의 움직임을 결정할 중심 요소다."[57] 중국의 지도자들은 냉전 이후의 맥락에서 MFN 문제를 명확하게 이해하고 있었고, 톈안먼 광장 사건과 소련 붕괴 이후 나타난 잠재적인 봉쇄 전략의 일부로 이해했다. 저명한 외교부장인 첸치천과 리자오싱은 회고록에서 미국에서 "중국에 적대적인" 많은 사람들이 MFN과 인권 문제를 중요한 봉쇄 도구로 믿고 있다고 주장했다. MFN 논쟁 동안 첸치천은 부총리이자 정치국 위원이었고, 리자오싱은 항구적 MFN을 얻기 위해 마지막 박차를 가하던 단계에서 주미 중국대사였다. 리자오싱 외교부장은 회고록에서 새로운 전략적 환경 때문에 MFN이 봉쇄의 도구가 되었다고 분명하게 언급했다.[58]

소련 해체 이후 이데올로기적 편견에 따라 행동하는 미국의 일부 의원들은 MFN을 중국에 대항하는 무기로 사용했다. 1990년에서 2000년까지… 미국 의회는 중국에게 MFN 지위를 부여할지에 대해 2달 넘게 논의했는데, 중국이 이민의 자유를 허락할 것인가의 여부는 논의의 주제가 되지 않았다. 대신 논의된 것은 인권, 종교, 가족계획, 대만, 티벳, 핵 비확산, 무역 적자, 노동 개혁 상품 문제를 비롯한 다른 관련 없는 질문들이었다. 사실 MFN 지위는 미국 의회가… 바로 중국에 강요하고 압박을 가하는 중요한 수단이었다.[59]

리자오싱은 계속해서 냉전이 끝난 이후 "두 국가의 관계에서 수면 위로 떠오른 어떤 문제든 모두 중국의 MFN에 대한 논쟁에 등장하게 될 것"이라 말했다. 이것은 지속적인 레버리지였는데, "중국은 미국에게 간청해야 하는 상황이었기 때문이다. 중국은 복종해야 하고, 그렇지 않으면 미국 의회에 의해 벌을 받을 것이다." 중국은 MFN을 미국이 중국의 경제적 힘을 억제하는 형태로 보고 약화시킬 필요가 있다고 판단했다. 리자오싱이 말한 것처럼, "왜 미국은 MFN을 중국을 비판하고 강압하는 데 사용했나? 이것이 패권주의가 아니라면 무엇인가?"[60] 중국의 총리이자 협상 과정을 이끌었던 주룽지는 미국이 MFN을 활용해 중국을 괴롭히기 위해 경제적 레버리지를 휘두르는 것으로 보았다. "중국은 9년간 '재진입'을 위해 노력해 왔다. 이 시기 동안 미국은 중국의 '재진입'을 지지하겠다고 선언하기는 했으나 자국의 강대국 위상을 이용해 반복적으로 협상 과정을 방해하려 했고, 여러 가혹하고 비현실적인 요구를 내놓았다."[61] 중국이 마침내 MFN 지위를 지켜내고 WTO 가입에 성공한 뒤 2002년 당의 고위급 인사들에게 한 중요 연설에서 장쩌민은 이러한 성공을 안보적인 의미로 설명했다. "우리는 마침내 미국과 일부 다른 서방 국가의 비합리적인 요구를 무찌르고 중국의 근본적인 이익과 국가 안보를 지켜냈다."[62] 이 연설은 더 광범위한 권력 싸움 안에서 MFN 지위의 중요성에 초점을 맞췄는데, 장쩌민이 이를 국가 안보의 승리로 강조하면서 전략적 의미에 중점을 둔 것은 주목할 만하다.

중국 관리들은 MFN 지위를 추구하기 위해 큰 경제적·국내 정치적 비용을 감수했는데, MFN 지위가 미국의 압박으로부터 벗어나게 해 중국의 자율권을 보장해 줄 것이고 이것이 국가의 미래에 매우 중요하다고 믿었기 때문이다. 경제 자유화에 회의적이었던 리펑도 1999년 11월 열린 중앙경제공작회의에서 미국과의 합의는 "중국이 국제 무대에서 움직이는 데 더 많은 공간을 보장해 줄 것"이라고 주장했다.[63] WTO 협상은 MFN 지위를 확보하는 데 이용될 수 있을 것이고, 장쩌민 주석이 WTO 가입은 경제적 이슈가 아닌 정치적 이슈로 봐야 한다고 거듭 말했다고 그는 주장했다. 실제로 리펑은 협상 재개가 결정된 지 일주일 뒤 WTO 협상을 논의하기 위해 1999년 8월 30일 개최된 중앙정부 회의에서 "장쩌민은 WTO가 정치적 사안이며, 포괄적인 기술적 비즈니스 문제가 아니라고 강조했다. … 모두가 WTO 가입은 단순히 경제적 사안이 아닌 정치적 사안이라는 장쩌민의 요점에 동의했다"고 회고했다.[64] 중점은 미국의 레버리지를 줄이고 그것을 통해 미국과의 관계를 안정화시키려는 것이었다. 주룽지는 한 인터뷰에서 "우리가 이토록 큰 양보를 하는 이유는 중국과 미국 사이의 우호적이고 협력적인 관계의 전반적인 상황을 고려한 것이며, 장쩌민 주석과 클린턴 대통령이

설정한 목표에 근거해 건설적인 전략적 파트너십을 만들기 위함이다"라고 말했다.[65]

중국은 미국 정부의 손을 묶는 시도를 하면서 큰 위험을 부담하려는 의지를 가지고 있었다. WTO 가입이 국내의 불안정성을 증가시킬 수 있고 권력을 장악한 당의 힘을 약화시킬 수 있다는 것을 이해하고 있었다. 이는 WTO 가입을 정치적 이슈로 봐야 하며 경제적 이슈는 두 번째라는 장쩌민의 주장과 합쳐 보면 전략적 동기가 있었음을 시사한다. 예를 들면, 2000년 4월 당사에서 한 연설에서 후진타오는 "개방의 확대와 인터넷 문화의 발달, 특히 중국의 WTO 가입에 따라서 부르주아 이데올로기의 침투와 다양한 퇴폐적 이데올로기에 의한 문화적 침식의 도전은 더욱 중요해질 것이고… 오랜 시간 우리에게 중요한 시험이 될 것"이라고 주장했다."[66] 분명 이런 부분들은 서구의 엘리트들이 MFN과 WTO 가입을 통해 중국을 바꿀 수 있기를 바랐던 바로 그 동력들이었다. 장쩌민은 2000년 11월 28일 중앙경제공작회의 연설에서 이 말을 반복했다. 그는 "경제 체제의 전환"과 "개방" 과정의 진전은 "필연적으로 사람들의 사상과 개념에 깊은 영향을 미칠 것이고, 다양한 이념과 문화의 상호 침투를 일으키는 것을 피할 수 없을 것"이라고 말했다. 게다가 "WTO 가입 이후 우리는 서구 문화상품의 진입으로 새로운 도전에 직면할 것이다. 우리는 이념적 내용과 표현과 관련해 중국 문화상품의 경쟁력을 향상시켜야 한다."[67] 2002년 2월 25일, 중앙위원회가 소집한 모든 성장과 장관급 지도 간부들, 고위 관리들이 참석하는 주요 행사에서 장쩌민을 비롯한 많은 고위 관리들이 발언했다. 연설의 목적은 사실상 중국의 WTO 가입 노선을 정하고 모든 지도자들에게 WTO 가입을 중국의 국제 정치 전략에 어떻게 적용할지를 교육하고, 그로 인한 경제적 이익과 요구되는 개혁에 대해 논의하려는 것이었다. 이 강한 어조의 연설에서, 장쩌민은 미국이 중국에게 MFN과 WTO 가입을 허용해 준 전략은 중국을 약화시키기 위한 것이라고 분명하게 언급했다.

미국은 우리와 마침내 합의에 이르렀는데 이는 갑자기 선의나 자비심이 생겼기 때문이 아니다. 한편으로는 우리 힘이 눈앞에 훤히 드러나 있기 때문에, 만약 우리의 가입을 막았다면 그들에게도 그다지 좋지 않았을 것이다. 그들에게는 자신들의 전략적 고려가 있었으므로 순진하게만 있어서는 안 된다. 경제적 자유화를 통해 소위 정치적 자유화를 촉진하는 것은, 서구의 특정 정치 세력에게는 서구화를 실행하고 사회주의 국가에서 분리주의 정치 계략을 실행하는 중요한 전략적 도구다. 미국과 중국은 중국의 WTO 가입에 대해 양자 합의에 이르렀고, 이는 (미국의) 세계 전략과 아주 밀접하게 연관되어 있다. 이 시점에 대해 클린턴은 꽤 분명한 입장을 밝혔다. 중국에 항구적 MFN을 부여하는 문제와 관련한 성명에서, 그는 "WTO 가입은 중국에 있는 수백만 명의 사람들에게 정부가 통제할 수 없는 형태의 정보 혁명을 가져다줄 것이고, 이는 중국 국유기업들의 몰락을 가속화할 것이다. 이 과정은 사람들의 삶에서 정부를 멀어지게 만들고 중국에서의 사회적·정치적 변화를 촉진시킬 것이다"라고 말했다. 이 의도와 관련해 우리는 냉정을 유지해야 하고, 본질을 확실하게 봐야 하며, 대책과 준비를 통해 위험을 피하고做到有备無患, 우리의 전략적 의도를 실행하기 위해 최선을 다하여 경제적 성장을 촉진해야 한다.

중국이 MFN과 WTO 가입을 위해 심각한 위험을 감수할 뜻이 있었다는 것은 단순히 경제적인 면만이 아니라 전략적 의도가 중요한 역할을 했다는 확실한 증거다.

이는 두 번째 요점으로 이어진다. 그렇다면 중국은 최종적으로 어떻게 MFN 지위를 얻어 냈는가? 중국의 최고위 관리들은 MFN 지위가 그들의 공식 업무 분야가 아닐 때에도 이 문제를 최우선으로 여겼는데, 이는 이 사안에 그들이 얼마나 마음을 쓰고 있었는지를 보여 준다. 예를 들면, 클린턴이 매년 MFN 지위 갱신을 인권 문제와 연관시키려 하자 당시 정치국 상무위원이자 중앙군사위 부주석이었던 류화칭은 미국 해군장관, 당시 미국의 전직 국방장관이었던 딕 체니와 대화하면서 "MFN 지위 문제는 인권 문제와 관련될 수 없다. 만약 미국이 중국의 MFN 지위를 취소한다면, 그것은 미국과 다른 국가와 지역에게도 대단한 불이익이 될 것이고, 미국의 손실은 더 클 수도 있다"고 말했다.[68]

중국은 항구적 MFN 지위를 확보하기 위해 두 가지 방법을 추구했는데, 우선 APEC에서, 그다음 WTO에서 협상에 영향을 주려 했다. 당시의 기록에 따르면 "(중국) 무역의 미래는 확실히… MFN 지위로 미국 시장에 계속 접근할 수 있느냐에 달려 있다. 중국은 자유 무역을 위한 GATT와 APEC 체제로부터 기대할 수 있는 확실성과 보호를 필요로 한다. 그렇지 않다면 중국은 계속해서 차별적 장벽, 제재, 인권 문제를 포함해 많은 분야에서 미국의 보복 위험에 계속 처하게 될 것이다."[69]

### APEC을 통한 경제적 약화시키기

중국은 APEC을 통해 미국의 영향력을 약화시키려 했다. 첫 APEC 대사였던 왕위성은 다음과 같이 주장했다. "APEC은 우리에게 필요한 싸움을 해 나갈 수 있게 해 주고, 불이익을 피하면서 이익을 추구할 수 있게 해 줄 것이다."[70] 이러한 싸움 중 하나는 중국이 미국 시장에 진입하는 것을 제한하려는 미국의 능력에 대한 것이었다. APEC을 통해 중국은 "미국이 인권 문제와 무기 판매 기록을 볼모로 (중국의) 무역 지위를 좌우하는 것을 차단할 수 있는 지역 무역 규정"을 추진하려 했다.[71] 토마스 무어Thomas Moore와 디샤 양Dixia Yang이 주장하는 것처럼 "처음부터 중국 관리들은 APEC이 중국이 미국에 의한 일방적 무역 제재 같은 위협으로부터 자신을 보호할 수 있는 다자적 포럼이 되기를 희망했다."[72] 중국은 이 목표를 추구하며 두 전술을 사용했다.

첫 번째 전술은 APEC이 무역에서 비차별 원칙을 받아들이도록 하는 것이었는데, 중국은 이를 "APEC 회원국 사이에서 MFN 무역 지위의 조건 없는 신청서"로 보았다.[73] 이 협상을 돌아보면, "중국은 미국으로부터 양자 간에는 달성할 수 없었던 항구적 MFN 지위 획득이라는 정책 목표를 다자적으로 달성하려 했다"는 것을 알 수 있다.[74] APEC 대사였던 왕위성은 회고록에서 "비차별 원칙은 사실 미국과 중국 사이의 문제였다"고 인정하면서도, 또한 "다른 (APEC) 회원국들은 우리에게 공감하면서 각자 서로 다른 정도로 우리를 지지해 주었기 때문"에 이것을 다자주의화하는 것이 유용했다고 말했다. 그는 이어서 "그렇기 때문에 우리는 항상 이것이 단지 미국과 중국 사이의 차이가 아니라 모든 APEC 회원국에게 해당되는 문제이며, 미국, 중국과 모든 APEC 회원국을 포함해 모두가 힘을 합쳐 문제를 해결해야 한다고 강조해 왔다"고 덧붙였다.[75] 왕위성은 미국의 자유화 어젠다가 APEC이 우선 비차별 원칙을 받아들이는 것을 조건으로 하도록 만들기 위해 노력했다고 회고한다. "중국은 비차별 대우가 우선 APEC 회원국들에게 주어져야 하고, 이것이 APEC의 무역과 투자 자유화의 기초라고 강조했다."[76] 미국은 이에 반대했다.

두 번째 전술은 중국에 사실상 MFN 지위를 부여하고 미국의 경제적 영향력을 약화시킬 GATT/WTO에 대한 직접 접근을 얻어 내기 위해 APEC을 이용하는 것이었다. 외교부장 첸치천이 말했듯, 중국은 "모든 APEC 회원국은 GATT 회원국이 되어야 한다"는 원칙을 지지했다.[77] 중국은 미국의 자유화 의제를 GATT/WTO 가입의 인질로 잡겠다고 협박했다. 이 요점은 상무부장 우이가 기자들과의 회담에서 분명하게 언급했다.

> 우리는 APEC 포럼에 중국의 GATT 재가입 신청을 진지하게 지지해 달라고 확실하게 요청했다. … 만약 중국이 GATT의 밖에 머문다면… 국제 다자주의 무역 시스템의 보편성을 위축시킬 뿐만 아니라 APEC 지역 내에서 중국이 무역 자유화 계획을 철저하게 이행하는 데 영향을 미칠 것이다. 중국의 GATT 가입국 지위가 복원되지 않으면 중국이 우루과이라운드 협정을 이행하는 것이 매우 어려워질 것이며, APEC의 지역 무역 자유화 프로그램 이행에도 부정적인 영향을 줄 것이다.[78]

중국이 GATT/WTO에 가입할 수 없다면, 적어도 APEC 회원국들이 "개발도상국"으로 지정된 APEC 국가들은 GATT/WTO 내에서도 개발도상국으로 지정되어야 한다는 원칙을 지지하게 만들어서 진입 문턱을 낮출 수 있기를 바랐다. 이 방법은 중국처럼 거대한 국가는 개발도상국 기준이 아닌 선진국 기준을 적용해야 한다는 미국의 입장에 반대하려는 것이었다. GATT/WTO 안에서 "개발도상국" 지위를 확보하기 위해 중국은 APEC에서 "개발도상국" 지위에 영향력을 행사하는 방법으로 진입 장벽을 낮추고 더 빨리 가입할 수 있기를 원했다. 상무부장 우이가 주장한 것처럼, "미국은 이미 (APEC에서 개발도상국들을 위한 별도의 일정표에) 동의했고… 우리는 미국이 그 같은 원칙을 중국의 'GATT 재가입' 협상에도 적용해 협상이 가능한 한 빠르게 진전되기를 희망한다."[79]

중국이 APEC에서 한 노력은 중국이 MFN과 미국의 경제적 레버리지에 집착하고 있었다는 것을 보여 준다. 하지만 중국이 MFN 지위에 대한 미국의 양보를 끌어내기 위해 필요한 레버리지는 궁극적으로 WTO 협상 과정을 통해서 얻을 수 있었다.

### · WTO를 통한 경제적 약화시키기

WTO 가입에 대한 중국과 미국의 협상은 근본적으로 WTO에 대한 것이 아니었다. 양쪽 모두 이것이 사실상 중국의 MFN 지위 획득과 관련한 협상임을 인식하고 있었다.

실제로 중국은 WTO에 가입하는 데 미국의 동의가 필요하지 않았다. WTO 회원국 중 3분의 2가 중국의 가입을 지지하기만 하면 되었고, 이는 설령 미국이 반대하더라도 가입을 보장해 주는 과정이었다. 협상 담당자인 룽융투는 MFN 지위를 확보하는 것이 협상의 '핵심 이익'이라고 주장하며 WTO 가입이 이 문제를 해결해 줄 것이라는 자신의 믿음을 밝혔다. 그는 WTO 협상 과정을 회상하는 인터뷰에서 "고위급 지도자들은 나에게 중국이 WTO에 가입한다면 매년 미국이 중국의 MFN 지위를 재검토하는 것이 없어지는지를 여러 번 물었다"고 말했다.[80] 또 다른 인터뷰에서, "WTO는 증가하고 있는 중국과 선진국의 무역 마찰을 해결하는 데 도움을 줄 수 있고, MFN 지위 박탈의 위험에서 중국을 자유롭게 해 줄 것"이라고 말했다.[81]

WTO 가입 절차가 MFN 지위 협상에서 어떻게 중국에 레버리지를 제공해 준 것일까? 답은 그 독특한 특징에 있다. WTO 회원 자격은 회원국들이 무조건적인 MFN 지위를 가지기를 요구한다. 만약 중국이 미국으로부터 무조건적 MFN 지위를 얻어 내지 못한 상태에서

WTO에 가입한다면, 미국은 "비적용성 조항non-applicability clause"을 적용해야 하는데, 이는 미국과 중국이 양자 무역 관계에서 '적용할 수 없다'는 것에 동의했다는 WTO 규칙을 보장해 주는 효과가 있을 것이다. 사실상 이는 미국 회사들은 중국 시장에서 상당하게 고전하게 될 것인데 반해 라이벌인 유럽이나 일본의 회사들은 미국 회사들이 접근할 수 없는 중국과의 WTO 조항으로부터 이익을 얻을 수 있다는 의미였다. 본질적으로 비적용성 조항 아래서 중국은, 특히 미국 정부가 여전히 매년 MFN 지위를 부여하기만 한다면 그렇지 않을 때보다도 특별히 더 나빠지지는 않을 것이다. 하지만 미국은 경쟁국들에 비해 훨씬 불리해질 수 있다. 중국 고위 지도부는 이 레버리지를 매우 예리하게 인식하고 있었고, 이것을 MFN 지위를 얻어 내는 데 이용했다. 당시 미국대사였던 리자오싱은 이렇게 말했다.

> WTO 규정에 따르면 회원국들은 서로에게 무조건적인 MFN 지위를 부여해야 한다. 중국이 WTO에 가입하고 나면, 1974년의 미국 무역법은 이 규정과 충돌하게 될 것이다. 미국은 선택에 직면했다. 중국에 항구적인 MFN 지위를 주어 중국의 WTO 가입으로부터 이익을 얻거나, 혹은 비적용성 조항을 발동해 중국의 개방된 시장에서 비롯된 기회를 다른 나라들에게 넘겨주느냐다.[82]

따라서 중국은 주요 경제국들과 WTO 가입 협약을 더 많이 맺을수록 미국에게 더 큰 압박이 될 것임을 알고 있었다. 실제로 리펑이 2000년 5월에 여러 가입 협약에 대한 회의에서 이야기한 것처럼 "유럽연합EU과의 협약은 미국이 중국에 항구적 정상 무역 관계PNTR를 부여하는 것을 촉진할 수 있다."[83] 게다가 중국 지도자들은 미국이 PNTR

을 제공하지 않는다면 MFN 지위에 대한 대가로 농업, 자동차, 외국 투자 자본, 반덤핑 조치에서 중국이 한 양보의 전체 또는 많은 부분을 완전히 되돌릴 수 있다고 시사했다. 예를 들면, 1999년 6월 30일 고위급 경제계획회의에서 중국의 양보를 어떻게 진전시킬 것인가라는 질문이 등장했다. 리펑은 "WTO 가입 이후에 분명 외국 은행의 위안화 운용과 보험과 통신(에 대한 투자)에 대한 전면적인 제약이 있어야 한다"고 주장했다. "그(주룽지) 역시 이런 입법을 하는 것에 동의했다. 주룽지는 WTO 가입은 이미 협상되었고 중국과 미국은 PNTR을 재개했다며, 만약 미국 의회가 정상 무역 관계 복원 승인을 방해한다면, 중국 전인대 상무위원회는 이에 따라 (자유화 법안을) 반대할 것이라 말했다."[84] 본질적으로 양자의 WTO 협상 과정에서 중국의 양보는 완전히 뒤집힐 수 있고, 이렇게 되면 다른 국가에 비해 미국에 더 불이익을 주면서도 중국의 상황은 거의 악화되지 않을 것이다. 이런 식의 강경한 접근은 중국의 협상 전략에서 꾸준히 존재했다. 가입 협정에 서명하고 무역을 논의하기 위한 외국 방문은 이것을 더욱 신뢰할 만하게 만들었다. 예를 들면, 1999년 11월 장쩌민은 경제대국인 영국, 프랑스, 사우디아라비아를 포함한 6개국 순방에서 무역에 대해 논의한 뒤 "만약 미국 의회가 중국의 정상 무역 관계 지위를 통과시키지 않는다면, 미국과 중국 사이의 (WTO 가입) 합의는 유효하지 않은 것으로 간주될 것"이고 모든 양보는 철회될 것이라고 했다.[85]

미국의 관점에서 보면, 중국의 MFN에 대한 관심은 유용한 기회를 제공했다. 실제로 많은 미국인들은 중국에 MFN 지위를 연장하는 것이 실제로 미국에 영향을 주거나 중국에 실질적인 경제적 이익을 준다고 생각하지 않았다. 폴 크루그먼은 〈뉴욕타임스〉에서, "중국에 'PNTR'을 부여할지 여부는 주로 절차적인 문제라고 주장할 수 있다"고 선언했다.

"미국은 그 어떤 현존하는 무역 장벽도 줄이지 않을 것이다. 시장을 개방한다는 의미의 모든 양보는 중국 쪽에서 나올 것이다."[86]

클린턴은 중국에 PNTR을 부여하는 입법을 시행한 바로 그 날 연설에서 이와 같은 요지의 말을 했다. "WTO 합의는 중국을 올바른 방향으로 이끌 것이다. 이는 미국이 중국에 대해 지난 30년간 노력해 온 목표를 진전시킬 것이다. 경제적으로 이 합의는 일방통행 도로와 같다. 이는 중국이 우리의 상품과 서비스에 전례 없는 새로운 방식으로 시장을 개방하도록 요구한다. 중국 시장은 세계 인구의 5분의 1이고 잠재적으로 세계 최대의 시장이다. 우리가 할 일은 중국이 누리고 있는 현재의 접근을 유지하기로 동의하는 것뿐이다."[87]

양국의 WTO 가입 합의에 대한 협상 과정은 난관으로 가득했지만, 중국 협상팀은 MFN 지위에 계속 정밀하게 초점을 맞추고 있었다. 1999년의 협상 결렬과 미국이 중국의 양보를 일반 대중에게 공개하기로 결정한 이후 열린 경제 회의에서, 리펑은 고위 관리들을 만나 대응 방안을 논의했다. 그는 다음과 같이 회상했다.

4월 8일, 미국이 일방적으로 협상의 공동 선언 초고와 미국의 요구 리스트를 공개하면서, (이 항목에 대해서는) 이미 합의가 이뤄졌다고 말했다. 중국 측은 이에 대해 성명을 발표하고 협의가 이미 이뤄졌다는 것을 부인했다. 하지만 그 목록은 이미 널리 확산된 뒤였다. 당시 합의된 95퍼센트의 조항과 내용은 미국이 공개한 목록과 동일했고, 중국은 거기에 몇 개의 보호 조항을 추가했을 뿐이었다. 불확실했던 것은 매년 있던 중국과의 무역에 대한 검토가 이 시점에 끝날 것인지, 그리고 미국이 말하는 소위 'MFN 지위'가 합의에 포함될 것인지였다. 그래서 나는 문서에 두 항목을 추가했다. 첫째, 미국은 중국에 PNTR을 부여해야 하고, 매년 중국이 MFN 지위를 받을지에 대해 조사하고 승인하는 것을 계속해서는 안 된다. 둘째, WTO 조항의 올바른 이행을 보장하고, 외부 세계에 대한 개방에서 중국의 역할을 보장하는 특정 법안을 통과시켜야 한다.

본질적으로 리펑에게는, 라이벌인 주룽지가 너무 큰 양보를 했다는 이유로 그를 공격할 수 있는 기회였고, 이러한 양보 조치들로 인해 적수들에게 힘을 실어 준 상황이 되었음에도 리펑은 MFN 지위에 계속 집중했다. 그것은 이 협상의 핵심이었고 중국에 대한 미국의 영향력을 약화시킬 중요한 방법이었다. 주룽지의 양보는 본질적으로 이런 중요한 전략적 도구를 확보하는 것에 대한 대가였다.

이런 고위급 인사들의 발언들은 중국이 미국과의 양자 가입 합의에서 한 양보는 WTO에 대한 것이 아니라 우선적으로 MFN 지위에 대한 것으로 판단하고 있었음을 보여 준다. 합의가 서명되고 미국 의회가 당시 중국의 MFN을 영구적인 것으로 할지에 대해 논의하고 있을 때, 주룽지는 명백하게 그 합의를 MFN 지위와 연결시켰다. "내가 할 수 있는 것은 아무것도 없다. 우리는 (가입 합의에서) 최대의 양보를 했고, 이제 그들이 무엇을 할지 지켜보고 있다."[88] 이러한 양보들이 정당화된 이유는, 그것들이 중국이 WTO에 가입하는데 필요하지 않은 외교적 지지를 얻어 냈기 때문이 아니라, 중국이 WTO를 미국의 경제적 영향력을 감소시킬 메커니즘으로 보았기 때문이었다.

중국의 양보는 대체로 그들의 발전을 추진해 나가기 위한 자본주의 서방 국가에 대한 의존과 약점의 결과였다. 2000년대 초반까지 PNTR과 WTO 협상에서 중국은 승산이 적은 싸움을 해 왔던 것이 분명했다. 중국은 안정적인 해외 시장에 진출할 수 있게 되었고, 결과적으로 다국적 기업들이 중국에 더 많이 투자하고 더 많은 물건을 수출함으로써 중국이 폭발적으로 성장하는 선순환을 촉발시켰다. 동시에 산업화된 세계에서 탈공업화를 가속화하고 실업률을 증가시켰다. PNTR과 WTO는 중국이 이후 20년간 미국의 경제적 압박을 묶어 두는 데 도움이 되었고, 이는 2018년 트럼프 행정부가 미국이 스스로 부여했던 제약의 일부를 깨고 중국과 무역 전쟁을 하려 할 때까지 이어졌다. 물론 그때가 되었을 때 중국의 경제는 더는 이전처럼 약하지 않았다. WTO에 가입할 당시 미국 경제의 10퍼센트 규모밖에 되지 않았던 중국의 경제는 미국과의 무역 전쟁이 시작된 지금 미국의 70퍼센트가 되었다. 중국의 상대적 힘의 엄청난 변화는 중국 대전략의 사실상 모든 부분을 필연적으로 바꿔 놓을 것이었고, 다음 장들에서 알 수 있듯 그러한 전략적 변화는 글로벌 금융위기와 함께 시작되었다.

# 2부 유소작위

중국의 두 번째 대체 전략,
구축(2009~2016년)

# 7장

# 세력 균형의 변화

금융위기와 '구축'의 여명

---

"다른 나라들이 강할 때 우리는 약했기 때문에, 과거에 우리는 저자세를 유지해야 했다(도광양회). … 이제 '분발유위Striving for Achievement'를 갖고, 우리는 주변 국가들에게 우리가 강하고 당신들이 약하다는 것을 보여 주고 있다. 이것은 매우 근본적 수준에서의 변화다."

— 옌쉐퉁, 칭화대 국제관계연구소장, 2013년

수백 명의 중국 외교관들과 외교정책 관리들이 한 줄로 섰다. 그들은 모두 흰 셔츠, 검은 바지에 재킷과 넥타이는 없는 똑같은 차림이었다. 흔치 않은 그들의 평상복 차림은 그 역사적인 행사의 중대함과 대조를 이뤘다. 수십 년 동안, 중국의 당 지도자들은 보통 4~6년마다 열리는 "대사회의"에서 한자리에 모인 외교정책 조직을 만나 왔다. 중화인민공화국 역사상 11번째인 그 행사를 위해 칙칙한 회의실에 모인 사람들은 국제 경제를 흔들고 미국의 취약함을 드러낸 글로벌 금융위기의 한가운데에 서 있었다.

금융위기 발생 후 그 회의를 앞두고, 중국의 싱크탱크 학자들은 중

국과 미국의 힘 차이가 좁혀졌다고 쓰고 있었다. 그들은 중국이 "도광
양회" 대전략을 수정하거나 버릴 것을 지지하기 시작했다.[2] 이제 그들
의 비공식적 판단이 공식화되려는 참이었다.

내성적이기로 유명한 후진타오 중국 국가주석은 모여 있는 외교관
들 사이로 걸어가면서 웃으며 악수를 했다. 그러고 나서 몇몇 공무원들
의 발언에 이어 연설을 시작했다. 후진타오의 언어는 중국의 대전략을
뒤집는 것인데도 미묘하고 이해하기 어려웠다. 그는 금융위기를 언급
하면서 "국제적 세력 균형에 중대한 변화"가 있었으며, "다극화 전망이
훨씬 분명해졌다"고 말했다.[3]

이것은 사소한 선언이 아니었다. "국제 세력 균형"과 "다극화"는 세
계 지도국가들 간 힘의 균형에 관한 일반적인 서술이라기보다는 미국
의 힘 감소에 관한 완곡한 표현이다. 공산당의 담론은 미국과 관련해
중국이 어느 위치에 서 있다고 생각하는지를 보여 주는 좋은 지표이고,
또한 이런 개념들이 당의 대전략에 관한 토론의 핵심이라는 것을 말해
준다. 이 장에서 알 수 있듯 중국 지도자들은 "도광양회" 전략은 결코
영원하지 않고 "국제 세력 균형"에 달렸다는 점을 분명히 했다. 후진타
오가 중국의 외교정책 기관에 "도광양회를 고수하는 것은 전체적인 국
제 세력 균형을 포괄적으로 분석해 당 중앙이 내린 전략적 결정"이라고
말할 때 다소 무미건조하고 정형화된 걸로 들렸을 수 있지만, 이것이야
말로 사실을 드러내 보이는 발언이었다.[4] 중국의 전략이 "국제 세력 균
형"에 달렸다면, 그리고 후진타오가 선언했듯이 "국제 세력 균형이 변
화했다"면, 그것은 중국이 대전략을 수정할 필요가 있다는 의미였다.

연설에서 후진타오는 정확히 그런 수정을 제안했다. 그는 중국이
덩샤오핑의 "능력을 숨기고 때를 기다리기(도광양회)"를 더 "적극적으
로 무언가를 달성하기积极有所作为(적극유소작위)"로 수정해야 한다고 선

언했다.[5] 덩샤오핑 지침에서 "적극적으로"라는 일상적인 의미가 더해진 것은 중대한 변화였다. 덩샤오핑의 지도적 지침과 그것이 새겨진 24자는 거의 20년 동안의 컨센서스였다. 후진타오는 이제 그걸 수정했다. 세간의 이목을 끄는 이 회의에서 후진타오의 그러한 행동은 중국이 대전략을 바꾸고 있다는 중대한 신호였다. 중국은 더는 미국의 힘을 약화시키는 데에만 관심이 있는 게 아니었다. 후진타오가 "적극유소작위"를 시작하고 그 개념에 시진핑이 "떨쳐 일어나 성취하기(분발유위)奋发有为"을 가미한 것은 아시아 지역 내 질서 구축으로의 변화를 암시했다.

다음 세 장에서 보여 주듯이, 이 연설 뒤 중국의 행동은 이와 같은 전략적 변화에 일치하는 방식으로 바뀌었다. 군사적 수준에서(8장), 글로벌 금융위기는 중국이 기뢰, 미사일, 잠수함을 강조하는 해양 거부를 통해 미국의 힘을 약화시키기에만 초점을 두던 데서 벗어나 빠르게 변화하도록 했다. 대신 항공모함, 성능이 개선된 수상함, 상륙부대, 해외 시설, 그밖에 중국이 한때 무시했던 다양한 능력을 강조하는 해양 통제와 상륙전 능력을 통해 지역 질서를 구축하는 데 집중했다. 이런 능력들은 중국이 주변국에 대한 군사적 영향력을 모으고, 먼 거리의 섬과 해역을 점유 또는 보유하며, 해상교통로를 보호하고, 주변국의 일에 개입하거나 공안 물품을 제공하도록 도왔다. 정치적 수준에서(9장), 글로벌 금융위기는 중국이 미국의 정치적 영향력을 약화시키기 위해 지역 기구들에 가입해 교착시키는 데 집중하는 전략을 버리고, 자체적인 지역 기구를 출범하는 구축 전략을 추구하게 했다. 중국은 경제 영역에서 아시아인프라투자은행AIIB을 출범하고, 안보 영역에서 이전에 모호했던 아시아 교류 및 신뢰구축회의CICA의 승격과 제도화를 주도했다. 중국은 이 두 가지가 지역 질서 구축에 도움이 될 것으로 기대했다. 경제적 수준에서(10장), 글로벌 금융위기는 중국이 방어적 경제 전략에서 벗어나 다른 나라들에 대해 강압적이고 합의된 경제적 역량을 구축할 수 있도록 공격적인 경제 전략을 추구하는 데 도움이 됐다. 이러한 노력의 중심에는 일대일로 구상BRI, 이웃 국가들에 대한 강력한 경제 전략 사용, 그리고 더 큰 재정적 영향력을 얻으려는 시도들이 있었다. 이런 활동 중 어느 것도 도광양회 원칙 아래서는 정당화될 수 없었을 것이다.

이 장에서는 중국공산당 문서에 나타난 도광양회에서 구축 전략으로의 변화에 대해 4개 분야로 나누어 논의한다. 당 문서에 관한 검토는 ① 글로벌 금융위기 이후 중국이 인식하는 미국과의 상대적 힘의 격차 감소, ② 대전략 목표의 변화, 즉 "주변 외교"와 "운명공동체" 건설을 통한 지역 내 질서 구축에 대한 더 구체적인 초점으로 이동, ③ 덩샤오핑의 "숨기고 기다리기" 전략 지침에서 벗어나 "능동적으로 무언가를 성취하기" 및 그 후속 개념으로 이동, ④ '약화시키기'에 적합했던 대전략 수단을 '구축 전략'에 적합하도록 전환하는 것을 보여 준다.


## 미국의 힘에 대한 인식 변화 — 다극화 담론

2008년 글로벌 금융위기 이후 미국의 힘에 대한 중국의 인식이 크게 바뀌었고, 이러한 변화는 중국의 다극화 담론과 "국제 세력 균형"에 반영되었다. "다극화"는 원래 다수의 강대국을 특징으로 하는 국제 체제를 일컫는 국제관계 문헌에서 비롯된 용어이지만 중국에게는 오랜 역사가 있다. 냉전 기간 동안 "다극화"는 종종 미국과 소련의 힘이 희석됐음을 뜻하는 말로 쓰였다. 소비에트 붕괴 이후에는 미국의 힘이 희석되었음을 뜻하는 용어로 완곡하게 사용되면서 사용량이 폭증했다.

이를 확인하기 위해 당 대회 보고서, 문선에 담긴 지도자들의 연설, 당 대회들 사이에 출판된 3권의 중국공산당 문서 모음집에 있는 다극화에 대한 거의 모든 언급을 살펴본다. 여기서는 또한 분명한 흐름이 발견된다. 즉, 1990년대 초 중국은 다극화가 멀다고 두려워했지만 2007~2008년부터는 진짜로 나타나고 있다고 느꼈다. 이것은 결과적으로 새로운 전략을 요구했다.

### 다극화 담론

다극화에 대한 중국의 담론은 탈냉전 시대에 시작됐으며, 이 용어는 이전에는 당 문서에 그리 자주 포함되지 않았다. 예를 들어, 냉전이 종식되기 전의 당 대회 보고서에는 다극화에 대한 언급이 거의 없었지만, 톈안먼 사태, 걸프전쟁, 소련 붕괴라는 3대 사건 이후에는 모든 보고서에 다극화가 포함되었다. 그 용어는 종종 보고서의 서두와 외교정책 부문에 쓰여 그것이 전략에서 차지하는 중요성을 보여 준다. 그리고 다극화는 개혁 이후 냉전 지도자들(예: 후야오방, 자오쯔양)의 문선에서는 거의 등장하지 않았지만 덩샤오핑 문선의 탈냉전 부분에 나타난 이후 장쩌민, 후진타오의 문선에서는 각각 77번, 72번 나타난다. 유사하게, 이 용어는 중국 언론에서 1980년대에는 약 1,000번 등장했지만 1990년대에는 거의 1만 3,000번, 2000~2010년에는 약 4만 6,000번 나타났다.[6]

중국이 3대 사건 이후 다극화에 집중하기 시작했다는 사실은 지난 30년 동안 다극화가 미국의 힘의 희석을 대신하는 말이었음을 강하게 시사하지만, 다극화를 이러한 관점에서 바라보는 것은 논란의 여지가 있다. 일각에서는 이를 초강대국의 영향력 축소를 요구하는 수사적 장치로 치부하는데, 그들은 공산당이 다극화를 진지하게 분석하고 판단한다는 점을 간과한다. 다른 이들은 다극화가 여러 극pole들 가운데 하나가 되고 싶어 하는 중국의 욕구를 의미한다고 믿지만, 이는 개념을 너무 문자 그대로 받아들이는 것이다. 이에인 존스턴Iain Johnston이 말했듯이 "중국 전략가들에게 다극화에 대한 지지가 예를 들어 일본의 상대적 국력 상승과 전략적 독립 또는 인도의 핵무기 개발에 대한 지지를 의미하는 것이냐고 묻는다면, 대답은 종종 부정적이거나 양가적이다."[7] 대신 곧 살펴보겠지만, 다극화 담론은 종종 미국의 군사력 사용 의지, 미국 경제 위기가 미국의 힘에 미치는 영향, 미국의 수출 실적, 미국 국내 상황, 미국 과학 및 기술 혁신, 그리고 다양한 다른 구체적 요인들에 대한 평가에 초점을 맞춰 왔다. 이 모든 것은 다극화 판단의 핵심 요소가 미국과 관련이 있음을 보여 준다.[8]

다른 사람들은 다극화가 중국의 전략에 중요하긴 한 것인지 묻기도 한다. 2003년 유수한 중국 학자들은 "다극화 담론이 중국의 외교정책 과정에서 모호한 역할을 한다"면서 "다극화 담론이 지도부의 결정에 영향을 미치는지, 지도부의 선호를 반영하는지, 중국과 세계의 관계에 대한 뿌리 깊은 피해자적 관점의 표현인지 불분명하다"고 지적했다.[9] 그러나 그 용어가 중요하지 않다면 왜 1992년까지 거슬러 올라가는 모든 당 대회 정치보고서와 거의 모든 지도자급 외교 연설, 총회, 중앙경제공작회의, 정치국 회의, 성급 당 서기 및 장관 회의, 주요 당 기념일 기념식 연설에서 나타나겠나?

실제로 중국 지도자들은 우리에게 답을 줬고, 그들은 다극화가 전략에 직접적인 영향을 미치는 당의 고위급 판단이라는 점을 분명히 한다. 예를 들어, 장쩌민은 중앙군사위원회 연설에서 세계 정세를 살필 때 고려하는 "4가지 중요한 요소" 중 첫 번째로 다극화를 선언했다.[10] 1999년 중앙경제공작회의에서 그는 "다극화 흐름"에 관한 평가는 "당 중앙위원회가 내리는 중요한 판단"이라고 강조했다.[11] 이 판단은 모든 간부의 사업에 중요했다. 그는 "당 전체의 동무들, 특히 당의 간부들은 눈을 떠야 한다. … 그리고 세계 정세와 경제의 배경과 흐름, 전반적인 경향을 포괄적이고 정확하게 이해해야 한다"고 말했다. 그는 또 "세계의 전반적 경향을 이해해야만 이 나라의 제반적 상황을 더 좋게 만들고 우리의 사무를 관리하는 데 집중할 수 있다"고 했다.[12] 마찬가지로 2006년 중앙외사공작회의에서 장쩌민의 후임자인 후진타오는 "당 중앙 및 국가"의 "신세기 국제 정세에 대한 기본 판단"의 일환으로 다극화를 아주 자세하게 논의했다.[13] 이러한 발언은 연설이 왜 자주 다극화로 시작하거나 그에 관한 두드러진 논의를 특징으로 하는지를 보여 준다. 다시 말해 이는 중국의 전략적 의사결정의 핵심으로 간주된다.

그렇다면 다극화는 어떻게 전략을 형성할까? 장쩌민과 후진타오는 다극화와 그 자매 개념인 "국제 세력 균형"이 중국의 상대적 힘을 반영하는 대전략에서 핵심적인 요소라고 말한다. 예를 들어, 1998년 9차 대사회의에서 장쩌민은 그 관계를 명확히 했다. 그는 "우리는 능력을 숨긴 채 때를 기다리고韜光养晦, 발톱을 숨기고, 스스로를 보존하고 의식적으로 발전을 계획해야 한다. 우리나라의 상황과 국제 세력 균형은 우리가 이것을 해야만 하도록 한다."[14] 후진타오도 이런 관계를 강조했다. 2003년 외교 심포지엄에서 후진타오는 "다극화가 심화할수록 우리의 행동의 자유는 더 커진다"고 말했다.[15] 그는 또한 중국이 제한된 힘 때문에 도광양회를 따랐다고 강조했다. 그는 "우리나라의 현 상황과 국제 세력 균형 흐름의 발전을 포괄적으로 고려할 때, 도광양회는 오랫동안 따라야 할 전략적 지침"이라고 말했다.[16] 훗날 그는 중국의 외교적 선택이 "국제 세력 균형과 우리나라의 발전 및 안보의 필요에 기초한 것"이라고 거듭 강조했다.[17] 도광양회를 처음으로 공식 수정한 2009년 연설에서 후진타오는 "도광양회를 고수하는 것은 중앙정부가 국제 세력 균

형 전체를 종합적으로 분석하여 내린 전략적 결정"이라고 말했다.[18]

종합해 볼 때, 권위 있는 외교정책 연설에서 이러한 지도자급의 발언은 당이 ① 국제적 구조를 관찰하고, ② 다극화와 "국제 세력 균형"의 경향에 대한 판단을 내리며, ③ 이에 맞게 전략을 수정한다는 것을 보여 준다. 이제 이러한 중요한 판단이 시간이 지남에 따라 어떻게 바뀌었고 중국 대전략의 새 시대를 열었는지 살펴보자.

### · 시간에 걸친 다극화

냉전 이후 중국은 다극화가 도래할 것이라고 믿었지만 지속적인 미국의 힘을 고려하면 험난할 것이 예상되었다. 예를 들어, 1992년 당 대회 정치보고서는 다극화를 처음으로 언급하면서 "양극 구조가 끝났다. … 세계는 다극화를 향해 가고 있다"고 말했다. 하지만 동시에 "새로운 구조의 형성은 길고 복잡할 것"이라고 밝혀, 미국의 힘이 여전히 높게 유지될 것이라는 확신을 내비쳤다.[19]

6년 뒤, 1998년 9차 대사회의에서 이 판단은 여전히 유효했다. 장쩌민은 "세계는 다극화를 향해 가속하고 있지만 우리는 거의 모든 종류의 힘이 매우 불균형하다는 것을 완전히 인식해야 한다. 미국은 일극 세계를 건설하려 하며 세계 정세를 지배하고 있다"고 말했다.[20] 미국의 힘은 여전히 너무 컸다. 장쩌민은 "미국은 다양한 정당의 제약을 받지만, 오랫동안 정치·경제·과학·기술·군사 분야에서 상당한 우위를 유지할 것이다"라고 말했다.[21] 그런 다음 그는 미국의 경제력에 밀접하게 초점을 맞췄다. "최근 몇 년 동안 미국의 경제력은 쇠퇴하지 않았을 뿐 아니라 부활해서 세계에서 가장 큰 수출국이자 가장 경쟁력 있는 경제국으로서의 위치를 되찾았다."[22]

장쩌민은 이듬해 중앙경제공작회의에서 이러한 주제를 계속 강조하면서 미국의 코소보 개입에 대해 논했다. 다극화는 언젠가는 올 것이지만, "최종적으로 다극화 형성 과정은 장기적이고 복잡한 투쟁으로 가득할 것"이라고 그는 주장했다. "이것은 당 중앙위원회가 내린 중요한 판단이다."[23] 장쩌민은 다극화와 "국제 세력 균형"에 대해 자세히 설명하면서, 미국의 힘 때문에 그런 판단을 내리게 됐음을 드러냈다. "현재 국제적 힘의 균형은 심각하게 기울어졌다. 미국의 경제·군사·과학·기술의 힘이 다른 나라들보다 명백하게 우세하다. 미국은 오늘날 세계 초강대국이다."[24] 무력 사용에 관한 미국의 의지도 이런 평가의 한 부분이었다. "미국은 '신개입주의'를 옹호하고, 새로운 '무력gunboat 외교'를 도입하고, 다른 나라들의 내정에 관여하고, 심지어 군사력을 사용하면서 글로벌 전략 이행을 강화하고 있다."[25] 미국의 국내적 요소도 장쩌민의 판단에 영향을 미쳤는데, 그는 "미국에는 자치를 복잡하게 만드는 많은 내부 갈등이 있어 왔다"고 지적했다.[26]

공적 연설과 사적 연설은 때때로 미국에 대한 평가에서 엇갈렸다. 2000년 장쩌민은 UN 국제 연설에서 "다극화 경향이 빨라지고 있다"고 선언했지만, 당 지도부에게 한 거의 모든 비공개 연설에서는 그렇게 자신하지 않았다.[27] 같은 해에 당 건설에 관한 연설에서 "다극 구조의 최종 형성은 길고 힘든 과정을 겪을 것"이라고 주장했다.[28] 마찬가지로, 그해 중국공산당 중앙위원회 연설에서도 "최종 형성은 장기간의 전개 과정을 겪을 것"이라고 선언했다.[29] 그는 15기 당 중앙위원회 5차 전체 회의의 노선을 정하는 중요한 당 연설에서 이를 반복하면서 "국제적 경향은 전반적으로 다극화를 지향하지만 쉽지 않을 것이며, 분투와 우여곡절을 겪을 것이다"라고 말했다.[30] 장쩌민은 확대 중앙군사위원회 연설에서도 유사한 언어를 썼다. 그는 미국이 새로운 군사 기술 활용에 성공하는 것을 군사 혁명의 일부로 칭하면서, "세계 군사력은 심각하게 불균형하다"고 선언했다.[31] 장쩌민은 2001년 상하이협력기구SCO에서 다극화가 심화되고 가속화하고 있다고 말했다.[32] 그러나 같은 해 공산당 창당 80주년 연설과 2002년 당 대회 정치보고와 같은 주요 당 연설들에서는 다극화가 "우여곡절을 겪으며 진행되고 있다"고 말했다.[33] 그것은 자신감의 표시가 아니었다.

다극화가 아직 멀었다는 판단은 다음 정부로도 이어졌다. 후진타오가 취임하고, 2003년 외교 심포지엄에서 그는 장쩌민의 말을 그대로 이어받아 패권과 일방주의(둘 다 미국이 주도)가 "세계의 다극화를 고되고 복잡한 과정으로 만들 것"이며 "국제적 힘의 균형이 심각하게 기울었다"고 선언하고, 중국은 도광양회를 고수해야 한다고 결론 내렸다.[34] 이러한 발언은 2004년까지 계속됐는데, 후진타오는 중국공산당 중앙기율검사위원회CCDI에서 행한 중요한 연설에서 "다극화는 우여곡절을 겪으며 진행되고 있다"고 반복하여 다극화에 대한 평가가 여러 행정부에 걸쳐 이어지고 있음을 보여 줬다.[35] 2005년에도 후진타오는 모든 고위급 성 및 부처 당 비서들과의 회의에서 다극화의 느린 출현과 불균형한 "국제 세력 균형"을 되돌아봤다. "국제 정세는 다극화 전환의 중요한 시기에 와 있다. ⋯ 힘의 불균형은 단기간에 근본적으로 바뀔 수 없기 때문에 다극화 경향의 발전은 쉽지 않을 것"이라고 말했다.[36] 장쩌민과 마찬가지로 후진타오는 그해 UN, 영국, 사우디아라비아를 방문했을 때에도 당 내부 회의에서는 이 노선을 유지하면서도 주최측에는 "다극화로의 경향이 심화하고 있다"고 말했는데, 이는 다극화에 관해 국제 연설이 당내 연설보다 더 낙관적이라는 증거다.[37] 실제로 바로 이듬해인 2006년에 중국공산당 역사상 단 두 번밖에 열리지 않았던 중앙외사공작회의에서도 후진타오는 "다극화는 우여곡절 속에서 진행되고 있다"며 더욱 조심스럽게 되풀이했다. 그는 "다극화 경향은 계속 발전하고 있지만 단극 또는 다극 투쟁은 여전히 매우 복잡하다"며 자신이 이전에 사용했던 보다 긍정적인 문구 중 일부를 맥락화하고 제한하면서 다극화 달성의 어려움을 계속 시사했다.[38] 적어도 권위 있는 당 대회 정치보고, 지도자급 외교정책 연설과 당 연설을 고려할 때, 냉전 종식 이후 중국이 '약화시키기'를 추구하는 동안에는 다극화가 아직 멀리 있다는 믿음이 분명했다. 이는 미국의 상대적 힘을 높게 인식했다는 신호다.

글로벌 금융위기가 시작되기 전, 그리고 특히 그 여파 속에서 이러한 견해는 극적으로 바뀌었으며, 중국의 구축 전략으로의 전환과 일치한다. 2007년 금융위기가 몇 달째에 접어들고 미국이 이라크에서 고전하자 후진타오 국가주석은 2007년 17차 당 대회 정치보고에서 "다극 세계로의 진전은 되돌릴 수 없다"며 "국제 세력 균형은 평화 유지에 유리하게 변화하고 있다"고 선언했다.[39] 이것은 이전의 어떤 연설보다 훨씬 긍정적인 언어였고, 다극화의 불가역성에 대한 유사한 표현은 그해 그의 중앙군사위원회 연설에서도 나타났다.[40] 다극화의 불가역성에 관해 이전에도 적어도 한 차례 사용됐지만, 다극화가 "우여곡절"—6년 동안 사용된 표현—속에서 진행되고 있다는 말에서 결별한 것은 중국이 전환의 속도에 대한 감은 없을지언정 다극화로의 추세선에 대해서는 확신을 갖고 있었음을 시사한다. 그리고 다가오는 경제 위기는 중국에도 영향을 미쳤지만 지도자들은 이를 한때 강력했던 미국 금융 자본주의 모델의 정통성을 떨어뜨리고 미국을 비대칭적으로 약화시킨다고 봤다. 다이빙궈가 회고록에서 말했듯이, 2008년 12월 "미국은 1930년대 대공황 이후 가장 심각한 금융위기에 빠졌고, 동시에 중국 경제는 계속해서 강한 성장을 유지했다"는 점이 분명했다.[41]

당은 2008년 위기가 전 세계적으로 확산된 후 다극화의 속도에 대한 공감대를 얻었다. 그 무렵, 다극화와 국제 세력 균형에 대한 언어는 그 어느 때보다 더 극적으로 의기양양했다. 위기 이후 첫 번째 연설인 2009년 11차 대사회의에서 후진타오는 기회를 틈타 이러한 주제를 매우 자세히 논했다. 그는 금융위기를 언급하면서 "국제 세력 균형에 중대한 변화"가 있다며 "다극화 전망이 이제 더 분명해졌다"고 선언했다.[42] 더욱이 후진타오는 "중국이 발전하면 필연적으로 국제적 힘의 비교도 영향을 받을 수밖에 없다"고 선언하면서 중국의 경제를 다극화의 시작과 연결지었다.[43] 글로벌 금융위기로 세계와 주변 안보 상황은 더욱 복잡해지고 중국은 서구의 도전에 직면했지만 후진타오는 전반적으로 "기회가 도전보다 크다"고 결론지었다.[44] 기회는 "중국 발전의 대외 여건이 더욱 강화됐다", "전반적인 전략적 환경이 계속 개선되고 있다", "우리나라의 자주와 안보를 유지하는 능력이 증가하고 있다", "주변부에 대한 중국의 영향력이 더 확장됐다", "중국의 소프트 파워가 더 부상했다"는 그의 평가에서 나왔다.[45] 중요한 것은 이 연설에서 후진타오가 도광양회에 대한 수정 사항을 설명했다는 점이다. 그는 "도광양회를 견지하는 것은 중앙정부의 전략적 결정으로 국제 세력 균형 전반을 종합적으로 분석한 결과"라면서, 이러한 결정의 기반이 되는 "국제 세력 균형에 중대한 변화"가 있음을 짚으며 그에 따라 중국의 대전략도 수정이 필요하다는 점을 분명히 했다.

이듬해, 2010년 중앙경제공작회의 연설에서 후진타오는 "다극화가 심화되고 있다. 국제 세력 균형이 빠르게 변화하고 있다"고 선언하면서 이 주제를 계속 이어갔다.[46] 같은 해에 중국공산당 중앙위원회 제5차 전원회의 연설에서 "다극화의 심화"를 언급했을 뿐 아니라 "국제적 관점에서 볼 때 글로벌 금융위기가 세계 경제에 큰 영향을 미쳤음에도… 중국의 국제적 영향력과 위상은 크게 향상됐다"고 말했다.[47] 2년 뒤 후진타오는 2012년 18차 당 대회 정치보고에서 "다극화가 심도 있게 발전하고 있다", "국제적 힘의 균형이 세계 평화 유지에 도움이 되는 쪽으로 기울고 있다"며 이런 표현을 유지했다.[48] 종합해 볼 때, 이런 진술은 수년 동안 당원들에게 전달해 온 조심스러운 평가에서 벗어났음을 보여 준다.

후진타오의 후임자인 시진핑 주석도 이런 판단을 대체로 지지했다. 2014년 중앙사무공작회의 연설에서 시진핑은 "세계 다극화를 향한 진전은 변하지 않을 것"이라며 "오늘날의 세계는 변화의 세계다. … 심도 있는 국제 체제와 국제 질서 조정의 세계다. 평화와 발전에 도움이 되는 국제 세력 균형에 중대한 변화가 있는 세계다"라고 말했다.[49]


## 목표-주변 외교를 우선순위로


2013년 3월 16일, 중국 외교관 왕이는 공식적으로 외교부장으로 승진했다.[50] 중국 이익의 맹렬한 수호자인 그는 "세련된 외모와 외교적 책략"으로 인해 때때로 "은여우"로 알려졌지만 또한 뛰어나고 부지런했다.[51] 왕이는 문화대혁명 시기에 고등학교를 졸업한 뒤 8년 동안 중국 북동부의 한 농장으로 보내져 노동을 했다. 그의 친구는 왕이가 "시간을 낭비하지 않고" 문학과 역사에 몰두했다고 회상했다.[52] 문화대혁명이 끝나고 왕이는 베이징 제2외국어대학에 합격해 일본어 공부에 전념했다.

졸업 후 얼마 지나지 않아 왕이는 외교부에서 직업 경력을 시작했고 외교 귀족 집안과 결혼했다. 그의 장인 첸자둥은 1950년대 제네바 회의(중국 최초의 주요 외교적 외부 행차) 중국 대표단의 일원이었다. 1960년대와 1970년대에는 총리이자 외교부를 설립한 저우언라이의 수석 외교보좌관을 지내고, 1980년대에는 UN 대사로 활동했다. 일본어가 유창한 왕이는 일본에서 경력을 시작해 일본 및 아시아 전문가로서 외교부에서 직위를 쌓았다. 그는 교활하기도 했다. 북한에 관한 논의에서 왕이는 미국은 중국과 북한을 포함한 3자 회담을 원하는 반면, 북한은 미국과의 2자 회담을 원한다는 것을 알았다. 왕이의 해법은 색다른 정도는 아니었어도 간단했다. 그는 3국이 모두 참여하는 연회를 열고는 중간에 화장실에 가겠다고 하고 자신의 직원들에게 은근슬쩍 빠져나오도록 지시해서 3자 회담을 양자 회담으로 바꿔 버렸다. 북한은 기뻐하고 미국은 분개했다.[53]

왕이의 실력에 비추어 볼 때 외교부에서의 승승장구는 예견된 일이었다. 그러나 일부 관찰자들이 보기에 그가 외교부 최고위직에 오른 것은 다소 의외였다. 중국의 이전 두 외교부장인 리자오싱과 양제츠는 본질적으로 오랜 기간 미국에서 근무한 미국통이었고, 그들이 잘나간 것은 중국 외교정책 위계에서 미국이 여전히 "핵심"이라는 신호로 여겨졌다. 왕이와 같은 아시아 전문가의 승진은 옳든 그르든 간에 이제 주변국이 최소한 미국과의 관계 관리만큼은 중요해졌다는 신호로 받아들여졌다.

왕이와 같은 중국의 고위급 승진 이면에 숨겨진 정확한 논리는 대부분의 외국 관찰자들이 꿰뚫어 볼 수 없으며, 과도하게 읽지 않는 게 중요하다. 그러나 왕이의 부상이 미국의 힘 약화시키기라는 편협한 초점에서 벗어나 지역 질서 구축으로 국가전략의 목표를 더 넓게 조정하기 시작한 때에 이뤄졌다는 점 또한 주목할 만하다. 이때는 미국의 힘에 대한 인식이 글로벌 금융위기 이후 하락하던 시기였다. 이런 노력은 중국 이웃(즉, "주변부")에서의 외교와 1990년대 후반 아시아 금융위기에 뿌리를 둔 정책을 일컫는 "주변 외교" 같은 개념에 광범위하게 포함된다. 과거 중국은 미국이 중국의 주변부에서 균형 연합을 조직할 것을 두려워하면서, 주변부를 위협의 원천으로 여겼다.[54] 글로벌 금융위기 이후 중국은 주변부를 "중국 위협론"에 반박할 곳일 뿐만 아니라, 보다 긍정적이고 덜 수세적인 전략을 펼칠 터전으로 봤다. 시간이 흐르면서 "운명공동체"와 같은 개념은 역내 질서 구축에 대한 중국의 관심을 선언하는 역할을 했다. 왕이 같은 아시아통이 그것을 수행하는 데 더욱 중요했다.

중국 문서는 실제로 글로벌 금융위기 이후 주변부에서 더 적극적인 질서 구축이 이뤄졌고, 그러한 목표가 중국 외교정책에서 최우선 전략으로 격상됐음을 보여 준다.[55] 후진타오는 2002년 11차 대사회의에서 그 물고를 텄다. 그 연설에서 그는 도광양회와 결별을 선언하며, 주변 외교가 "국제적인 유소작위"로 전환하기 위한 "중요한 외부 조건"이라고 말했다.[56] 중국은 이제 주변부를 "안정화"하는 것뿐만 아니라 주변부를 "개발"하는 데에도 집중할 필요가 있었다.[57] 후진타오는 글로벌 금융위기로 인해 "주변 문제에 중국의 영향력이 더욱 확대됐다"며, 영향력을 잘 휘두르려면 계획이 필요하다고 지적했다.[58] 또한 "포괄적 관점에서 주변부에 관한 전략 계획을 강화해야 한다"고 선언했다. 그는 장쩌민이 처음 말한 "이웃 국가들과 잘 지내고 잘 대한다"는 원칙이 이제는 "주변 외교 지침"으로 간주된다고 당 공식 문서상 최초로 언급함으로써 그것을 정책 목표로 격상시켰다.[59]

후진타오의 기념비적 연설이 있고 2년 뒤, 중국은 외교정책에 초점을 맞춘 백서에서 "운명공동체" 개념을 정리했다. 이 용어에 대한 논의는 중국의 질서 구축이 실제로 무엇을 의미하는지에 대한 통찰을 제공했다. 중국은 경제적으로 중국에 의존하면서 군사적으로 미국 동맹과 결별한 아시아 국가를 선호했고, 그 개념이 이러한 용어로 정의됐다. 경제 및 제도적 측면에서 중국은 "운명공동체"가 "상호 연결"되고 "서로 얽인" 상태라고 말했다. 안보 측면에서는 미국과 아시아 동맹을 통칭하는 "냉전적 사고"에 반하는 것으로 규정했다.[60] 이 문구는 후진타오의 2012년 18차 당 대회 정치보고에 다시 등장했다.[61] 일부 초기 사례에서는 이 용어가 대만에 적용됐지만, 맥락은 유사하다. 즉, 두 경우 모두 중국은 타국을 자신의 경제 안에 얽어 넣고 미국과는 분리시킴으로써 제약을 가할 수 있었다.

그 연설 이후 권력을 잡은 시진핑은 이듬해에도 "주변 외교"를 계속 격상시켰다. 2013년 6월 연설과 얼마 지나지 않아 〈인민일보〉에 발표된 중요한 글에서 외교부장 왕이는 "주변 외교가 중국 외교정책에서 우선순위"라고 말했다. 이는 이전에는 전혀 사용된 적 없던 표현이다.[62] 그는 중국이 "공공재"를 제공할 것이라고 선언했고, 경제 협력부터 다자 기구, 역내 분쟁지역, 군사 문제까지 아우르는 영역에서 중국이 주변부에 더 집중하기 위한 계획을 개괄적으로 설명했다. 왕이는 이러한 유인책은 조건부라며, "중국은 오랫동안 중국에 우호적이었고 스스로 발전하는 데 힘든 과제를 안고 있는 이웃 및 개발도상국들의 이익을 고려해 주는 게 좋다"고 적었다.

그다음 달, 시진핑 주석은 전례 없이 주변 외교에 관한 좌담회를 열어 그 개념을 격상하고, 지역 질서 구축에 관한 중국의 새로운 초점을 가장 명확히 표현해 주는 "운명공동체"와 공식적으로 연결 지었다. 시진핑은 심지어 그 좌담회의 이름을 "이웃 나라들에 운명공동체 의식이 깊게 뿌리내리게 하라"라고 지어 주변 외교의 최종 목표는 이웃 나라들이 "운명공동체"에 가입하는 것임을 분명히 했다.[63] 그 회의는 후진타오의 2006년 업무회의 이후 첫 주요 외교정책 회의이자 주변 외교에 관한 중국 최초의 업무회의로 기록됐다. 이 회의에서 중국이 주변부 대전략을 조율하려는 의도가 분명하게 드러났다. 거기에는 모든 주요한 외교 정책 관계자들과 정치국 상무위원이 포함됐다. 관영 신화통신은 "이 회의의 주요 과업"은 "향후 5~10년 동안 주변국에 관한 외교 작업의 전략적 목표, 지침, 전반적 설계를 결정하고, 주변국 외교가 당면한 주요 문제와 현안을 해결하기 위한 사고와 이행 계획을 명확히 하는 것"이라고 밝혔다.[64]

시진핑은 주변부에 집중하는 것은 과거 정책의 연속이며, 후진타오 정부 시절 18차 당 대회에서 만든 "외교 지침"과 연결되어 있다고 강조했다. 그 노력은 오랫동안 중앙에서 조율됐다. 그는 "중국공산당 중앙위원회는 주변 국가들을 위한 주요 외교적 계획을 적극적으로 규정하고 계획하고 수행했다"고 말했다.[65] 앞서 후진타오와 마찬가지로 시진핑도 "이웃들과 잘 지내고 잘 대하라"는 중국의 원칙은 "근본적인 주변 외교 지침"이었다고 말했다. 그러나 시진핑은 또한 "이 분야(즉, 주변부)에서 중국의 외교는 '두 개의 100년의 목표'와 중화민족의 부흥에 의해 주도되고 그에 기여해야 한다"고 강조함으로써 다른 어떤 지도자보다 멀리 나아갔다. 이는 주변 외교가 대전략에서 갖는 중요성을 나타낼 뿐만 아니라, 주변 외교의 초점이 중국 위협론에 맞서는 것에서 질서 구축으로 옮겨간다는 또 다른 신호다.[66] 이제 지역이 중국 대전략의 핵심이라는 강력한 신호로, 시진핑은 후진타오의 "적극유소작위"를 기반으로 "도광양회"에 대한 대안을 제시했다. "분발유위(성취를 위해 노력하기)"라는 문구는 명백히 "주변 외교 촉진"과 연결됐다.[67]

시진핑은 또한 이것이 실제로 의미하는 바를 분명히 했다. 중국은 "지지와 우정을 얻을 수 있는 행동을 취할 것"이며 "그에 대응해 이웃 국가들이 우리에게 우호적이기를 바라고, 더 강한 친밀감으로 중국의 매력과 영향력이 커지기를 희망한다"는 것이다.[68] 이 지역에서 더 큰 영향력을 갖고자 하는 희망과 이를 달성하기 위해 조정된 전략은 문서들에 명시돼 있으며, 미국의 힘을 약화시키고 임시로 안심시키는 행위에 초점을 맞추던 이전 시대와 대조를 이룬다. 여기에 포괄적인 지역 프로그램이 포함되었다. 시진핑의 기념비적인 2013년 회의 직후 〈인민일보〉의 한 온라인 기사에서 언급했듯이 "이 회의는 주변 외교를 민족 부흥의 수준으로 그 중요성을 끌어올렸다."[69] 나아가 주변 외교에 대한 "그 회의의 높은 특수성"은 "극히 드물다"고 지적했다.[70] 〈인민일보〉의 또 다른 기사는 주변 외교를 중국의 "대전략"이라고 불렀다.[71] 몇 달 후, 그해의 성과를 일부 검토하면서 왕이는 "중국은 주변 외교에서 새 지평을 열었다"며 "전반적 외교 의제에서 주변 외교에 더 큰 중요성을 부여했다"고 썼다.[72] 주변 외교의 격상 증거로 그는 시진핑과 리커창의 취임 후 첫 해외 방문지가 이웃 국가들이었고, 두 사람이 1년도 안 돼 21명의 이웃 국가의 정상들과 만났으며, 시진핑은 역내 기구에 참가했고, 당이 "중국공산당 창당 이래 주변 외교에 관한 첫 번째 회의를 열었다"고 언급했다.[73] 주변 외교는 진짜로 "우선순위"였다.

이듬해인 2014년에 중국은 역사상 단 4차례, 일반적으로 정권 교체 기간에만 열렸던 중앙외사공작회의를 열었다. 이 회의는 2013년 주변 외교에 관한 공작회의보다 더 종합적이었다. 주변국이 다시 한번 주목을 받았다는 사실이 시사하는 바는 상당하다. 이 회의에서 시진핑은 중국 전략에서 주변부를 격상했다. 외교정책에 관한 대부분의 당 연설에서, 중국 지도자들은 항상 위계적으로 강대국을 첫 번째 "핵심"으로, 주변부는 "우선순위"로서 두 번째로, 그리고 개발도상국을 세 번째로 순위를 매겨 왔다. 시진핑의 중요 연설은 그 순서를 바꿔서 주변부를 사상 처음으로 첫 번째에 뒀는데, 이는 수많은 연설의 정형화된 틀에서 벗어난 미묘하지만 매우 중요한 변화였다.[74] 시진핑의 공식 연설문은 "중국의 이웃 지역을 운명공동체로 만들겠다"는 열망을 선언했고, 그에 관한 상세한 해설은 중국이 "주변 운명공동체를 구축해야 한다"고 강조했다고 기록했다.[75] 이 같은 순서 정리는 정책 설정에 중요한 또 다른 연설인 2014년 리커창의 정부공작보고와 같은 일부 후속 연설에서 반복됐다.[76] 그 연설에서 리커창은 "주변국에서의 외교 공작이 새로운 국면에 접어들었다"고 말했다. 비록 주변 외교의 우선순위가 모든 연설에 일관되게 적용되는 것은 아니지만 그럼에도 많은 연설에서 계속되며, "주변 외교"라는 문구가 사용되지 않더라도 "운명공동체"라는 틀은 다른 개념에 비해 눈에 띄는 경우가 많다. 예를 들어, 시진핑의 19차 당대회 연설에서 외교정책 부분은 심지어 개념에 따라 제목이 달렸는데, "운명공동체"에 관한 논의가 강대국과의 관계에 관한 논의보다 앞서 있었다. 이는 중국 대전략의 목표가 주변부에 대한 집중으로 바뀌었음을 거듭 시사한다. 이와 유사하게, 양제츠도 때때로 강대국들보다 주변 외교를 더 앞에 두어 왔다.[77]

당 문서들은 또한 주변국에 대한 집중은 중국에 대한 지역의 시각을 바꾸는 데 도움이 될 일련의 경제, 제도, 안보 구상들에 의해 뒷받침될 것임을 분명히 하고 있다. 실제로 이런 조치들은 시진핑의 표현으로 "중국몽을 이웃의 관점에서 해석"하고, 심지어 지역 문제들에 있어 중국의 중심성에 대한 이해 및 수용에 기반한 "운명 공동의식을 뿌리내리게 할 것"이다.[78] 이런 노력의 일환으로 운명공동체는 시진핑의 해외 연설, 특히 중국의 주요 경제, 제도, 안보 구상 관련 연설에서 주축이됐다. 예컨대, 일대일로BRI 구상을 발표한 것으로 유명한 2013년 인도네시아 의회 연설에서 시진핑은 이를 5번이나 언급했다.[79] 이후 아시아인프라투자은행AIIB에 대해 발표하는 2013년 연설에서 그 개념이 다시제기됐다.[80] 2014년 아시아 교류 및 신뢰구축회의CICA의 의장을 맡으며 한 연설에서, 시진핑은 "운명공동체"의 일부이면서 미국의 동맹들에도 중요한 신아시아 안보 개념을 제시하면서 이 용어를 꺼냈다.[81] 시진핑은 심지어 "운명공동체"를 2015년 보아오 포럼의 중심 주제로 삼았다.[82] 2017년 아시아안보협력 백서는 "중국 지도자들은 여러 다른 기회들에서 운명공동체 개념을 반복적으로 상세히 설명했다"고 인정하고, "중국은 아시아와 아시아-태평양 지역 전체에서… 운명공동체를 건설하려 노력하고 있다"고 기술했다.[83] 각 연설에서 시진핑은 인프라 투자와 새로운 금융 기구 및 안보 기구를 이 개념을 고취하는 노력으로 각각 언급했다. 이는 이전에 미국에 초점을 맞췄던 것과는 극적으로 다른 지역적 초점을 보여 준다.

## 주변 외교와 중국의 국제적 부상

중국의 저명한 외교정책 논평가들은 "운명공동체"를 통한 주변 외교와 질서 구축이 미국에 초점을 맞추는 것보다 격상됐다고 봤다. 또한 "운명공동체"의 깃발 아래 지역적 헤게모니를 공고히 하는 것이 궁극적으로 중국의 부상에 필수적이라고 믿었다. 류젠민 외교부 부부장은 2014년 쓴 글에서 이 주제들을 간결하게 정리했다. 그는 "중국이 국가 부흥의 꿈을 실현하기 위해서는 우선 다른 아시아 국가들의 인정과 지지를 얻고 중국인들의 꿈을 아시아 사람들의 꿈과 연결해야 한다"고 말했다.[84]

〈인민일보〉웹사이트에 실린 기사에서 인민대학의 진찬룽 교수는 중대한 전략적 변화를 목격했다고 말했다. "우리는 종종 '강대국이 핵심이고, 주변국은 우선순위'라고 말한다.[85] 외교에서 자리를 매길 때 '핵심'과 '우선순위'가 중요하지만, 외교의 실행에서 주변 외교는 종종 강대국 관계 다음을 차지했다. 그러나 이번 회의에서 중국은 향후 '주변국'과 '강대국'이 똑같이 중요하다는 것을 세상에 공표했다."[86] 구축은 이제 약화시키기 만큼이나 중요한 전략이었다.

반면, 옌쉐퉁 칭화대 교수와 같은 사람들은 미국에 집중하는 것과 주변국에 집중하는 것은 동격이 아니며 후자가 전자를 능가한다고 봤다.[87] 그는 "중국의 부상에 있어서 주변이나 인접 국가들이 미국보다 더 중요해지고 있다"고 말했다. 이는 중국이 과거에 미국의 압력에 대처하는 데 초점을 맞추던 것에서 주변국을 격상시키는 것으로 옮겨 왔다는 의미다.[88] "국가 부상의 본질은 세계에서 가장 강한 나라를 따라 잡는 것이고, 더 강한 나라는 부상하는 나라의 장애물이 될 뿐, 지지자가 될 수 없다. 그리고 이것이 미국과 중국 사이에 구조적 모순을 만들어 냈다." 옌쉐퉁은 바로 이 때문에 "오랫동안 미국과의 관계를 잘 관리하면 중국의 부상에 대한 미국의 제지를 줄일 수 있고, 따라서 미국을 '최우선순위'로 간주해야 한다고 믿었다"고 주장했다. 약화시키기 전략을 닮은 이런 견해는 결국 구축 전략에 자리를 내줬고, 옌쉐퉁은 주변국을 미국보다 우위에 둬야 한다고 주장했다. 그는 "중국이 부상하려면 이를 막으려는 미국의 노력을 감소시키는 것보다 많은 주변 국가의 지지를 얻으려 노력하는 게 더 중요하다"고 말했다. 또 중국은 일대일로 같은 프로젝트를 강조할 수 있는데, 옌쉐퉁은 이를 "중국의 부상을 공고히 하기 위한 전략"과 "운명공동체를 구축하기 위한 기반"의 일부라고 말했다. 실제로 "강대국의 부상은 한 국가가 먼저 지역 강국이 된 이후 세계 강국이 되는 과정"이며, "중국이 인접 국가들을 외교의 최우선으로 격상하는 것은 걷기도 전에 달리는 것의 위험을 예방"하고 중국을 아시아 밖의 수렁으로 끌고 가는 대신 그 지역에 집중하도록 도울 것이다.

다른 사람들도 이런 견해를 갖고 있다. 중국사회과학원CASS의 쉬진과 두저위안은 다음과 같이 말했다. "중국과 주변국의 관계는 미국과의 관계보다 중요할 것이다. 공작회의는 인접 국가들이 중국 외교의 우선이 될 것이라고 설명했다."[89] 그들은 이어 "중국 정부는 한 국가가 부상하려면 자신이 속한 지역에서 먼저 부상해야 함을 인식하고 있다. 중국이 우호적인 지역 질서를 세우지 못한다면 먼 나라와 좋은 관계를 구축하는 것은 별 소용이 없을 것이다."[90] 시진핑이 민족의 부흥을 위해 주변 외교가 필요하다고 말할 때, 이들과 같은 학자들은 그가 본질적으로 세계 초강대국이 될 필요가 있다고 말하는 것으로 믿는다. "이른바 중화민족의 위대한 부흥은 사실상 초강대국이 되는 것과 같다. 이는 결코 새로운 말이 아니지만 중국은 그러한 부흥을 어느 정도까지 달성할지에 대해 침묵해 왔다."[91]

마찬가지로, 중국국제문제연구소CIIS의 국제전략연구부를 이끄는 천수룽은 "호의적인 주변부는 중국이 글로벌 강국이 되는 데 필수적이고, 세계로 나아가는 발판이 될 것"이라고 썼다. 이렇게 강조하는 것은 과거와의 결별이었다. "저자세(도광양회)만 유지해서는 (주변부에서) 이같은 도전에 맞서 싸우는 데 진전을 이룰 수 없을 것이다. 중국은 유리한 주변부를 조성하는 데 주도적으로 나서야 한다."[92] 북경대 왕이저우 교수도 같은 지적을 했다. 왕이저우는 "주변 외교에 대한 중국의 새로운 사고는 과거의 수동적이고 불리한 외교로부터의 태세 전환"이며, 이는 "아시아 안보 구조를 형성하는 데 리더십"을 향한 움직임을 분명하게 보여 준다고 말했다. 증거는 공식 서술에 있다. 왕이저우는 "이러한 새로운 표현은 중국 외교정책에서의 중대한 변화와 관련된 모든 이들에게 경각심을 불러일으킨다"고 주장했다.[93]

여기에서 명확히 살펴본 대로, 글로벌 금융위기 이후 중국은 전략적 초점으로서 주변부와 지역 "운명공동체" 조성에 대해 극적으로 강조하기 시작했으며, 상당한 문서들이 심지어 이러한 집중이 미국을 중심에 둔 약화시키기 전략을 대체했음을 보여 준다. 이러한 변화는 주요 전략 지침의 공식적인 수정을 수반했다.

## 방법-덩샤오핑과 결별

2010년 7월 23일, 양제츠는 아세안지역안보포럼ARF 회의를 위해 하노이에 있었다. 1949년 중화인민공화국 건국 이후 태어난 최초의 외교부장인 양제츠는 새롭게 전문화된 중국 외교단의 모범이었다. 그는 문화대혁명 시절 푸장 전기계량기 공장에서 노역을 하고 이후 1972년 외교부에 훈련생으로서 드문 자리를 얻었다.[94] 그곳에서 그는 영어 공부에 전념했고, 5년 뒤 27살의 양제츠는 훗날 미국 대통령 조지 H. W. 부시의 통역가 및 호스트로 16일간의 티베트 방문을 보필했다. 대표단의 일원이자 나중에 중국 주재 대사가 된 제임스 릴리는 "양제츠는 우리와 내내 함께했다"며 "우리는 그와 바로 친해졌다"고 회상했다.[95] 양제츠는 부시 일가와 친구가 되어 미중 관계가 민감하던 시기에도 수십 년에 걸친 믿기 힘든 우정을 보여 주었는데, 이는 양제츠의 경력에 날개를 달아 주었다. 부시 일가를 호스트하는 동안 양제츠는 미래의 미국 대통령의 수행단으로부터 애정 어린 별명까지 얻었다. 릴리는 "그가 실제로는 정반대로 친절하고 품위 있었기 때문에 우리가 '호랑이'라는 별명을 붙여 주었다"고 회상했다.[96]

그러나 양제츠의 상냥하고 매력적인 인품은 힐러리 클린턴 국무장관이 중국의 남중국해 영유권 주장을 비판한 이후인 2010년 ARF에서 사라진 것처럼 보였다. 양제츠는 회의장을 박차고 나와 한 시간 동안

밖에 머물렀다. 회의장에 복귀해서는 30분 동안 반박했다. 미국과 아시아의 설명에 따르면, 그는 미국이 반중국 음모를 꾸미고 있다고 비난하고, 베트남의 사회주의 자격에 의문을 제기하고, 싱가포르를 위협했다. 그런 다음 중국의 새로운 외교를 담아내는 듯 보이는 유명한 말을 남겼다. "중국은 큰 나라이고 다른 나라들은 작은 나라들이다. 그리고 그게 사실일 뿐이다."[97]

양제츠의 어조는 지역 내 많은 이들을 놀라게 했다. 양제츠는 긴박한 순간에도 가벼운 터치를 하는 노련한 외교관이었고, 중국은 오랫동안 ARF를 이용해 다른 나라들을 비난하지 않고 안심시켜 온 대국이었다. 양제츠의 태도와 중국의 지역 정책에서 눈에 띄는 변화는 우연으로 보이지 않았고, 실제로 우연이 아니었다. 이는 모두 글로벌 금융위기 속에서 중국이 "도광양회"에서 "적극유소작위"로 지역 질서 구축의 기반을 마련하려는 전략 지침 변화와 일치했다.

수십 년 동안 덩샤오핑, 장쩌민, 후진타오의 연설에서 "능력을 숨기고 때를 기다리기" 또는 도광양회에 대한 고수는 중국의 상대적 힘에 대한 인식과 분명하게 연결됐다. 이는 권력에 대한 인식이 바뀌면 도광양회에 대한 전념도 바뀔 것임을 의미한다.

앞에서 설명했듯이 도광양회로부터의 이탈은 글로벌 금융위기가 일어나고 거의 1년 뒤, 후진타오의 11차 대사회의 연설에서 시작됐다. 후진타오는 그 연설에서 과거와는 확연히 다른 언어로, 그리고 다극화의 진전과 국제 세력 균형에서의 우호적인 추세를 발표한 뒤에 수정된 중국 대전략을 발표했다. 그는 "도광양회를 옹호하고, 적극적으로 유소작위를" 하는 새로운 지침을 제안했다.[98] 언뜻 보기에 이것은 과거 정책의 연속으로 보일 수 있다. 그러나 "적극적으로"라는 표현이 추가됨으로써 덩샤오핑과는 달랐고, 후진타오는 나아가 조정된 용어를 "전략적 지침"으로 격상시켰다. 중대한 외교정책 회의에서 발표된 이 결정은 덩샤오핑의 원래 공식을 충실히 존중하며 따른 것이긴 해도 "적극적으로"라는 단어를 포함한 것은 수사학적 비틀기가 아니라 근본적인 전략 변화를 의미했다. 이것은 미묘해 보일 수 있지만 지난대학의 천딩딩과 마카오대학의 왕젠웨이라는 두 중국 학자는 "그 중요성을 과소평가할 수 없다"고 주장한다. 최고 의사결정 과정에 익숙한 학자들과 관리들에 따르면, '능동적으로 무언가를 완수'하는 것(즉, 적극적으로 무언가를 성취하기)이 새 전략의 강조점이다.[99] 그리고 그것이 ARF에서의 양제츠의 행동을 이끌어 냈을 것이다.

"도광양회"와 "유소작위(무언가를 성취하기)"는 중국공산당의 이념적 용어에 뿌리를 두고 있기도 해서, 둘 사이의 관계는 평범한 관찰자들이 처음 볼 때 분명하지 않다. 그러나 용어를 제대로 이해하고 나면, "적극적으로 무언가를 성취하라"는 후진타오의 외침은 사소한 의미 변화 이상으로 드러난다. 덩샤오핑의 초기 "도광양회" 공식은 마르크스주의 변증법에 명시적으로 뿌리를 두지 않았다. 그 전략은 용어 자체로 중국의 행동에 대한 독립된 접근 방식으로 설정됐다. 그러나 1995년과 1998년 장쩌민의 연설에서 도광양회는 이미 원래 덩샤오핑의 훈계의 일부였던 "유소작위"라는 용어와 명시적으로 변증법적 관계에 놓였다.[100] 리자오싱 전 외교부장도 회고록에서 "도광양회와 '유소작위'는 변증법적 관계"라고 말해 이 같은 표현을 반복했다.[101]

이것은 무엇을 의미하는가? 마르크스주의 이론에서 변증법적 관계는 일반적으로 두 개의 상반된 개념 또는 힘의 관계를 의미한다. 예를 들어, 위와 아래는 서로 반대이지만 하나가 없으면 다른 하나가 존재할 수 없기 때문에 둘은 변증법적 통일을 구성한다. 이런 통일성에도 불구하고 변증법적 관계의 두 측면은 반드시 균형(이로 인해 정지 상태가 발생함)을 이루지는 않으며 한쪽이 다른 쪽보다 더 강할 수 있다. 이러한 관점에서 "도광양회"를 "유소작위"와 변증법적 관계에 두는 것은 이념적으로 매우 중요하며, 두 개념을 본질적으로 서로 반대로 여긴다는 것을 의미한다. 그리고 리자오싱이 경고한 것처럼, 중국은 "이들 개념 중 하나를 일방적으로 강조"해서 다른 하나를 완전히 없앨 수는 없지만, 이 변증법의 절반은 강조할 수 있다. 실제로 장쩌민은 덩샤오핑의 원칙을 "도광양회, 유소작위"라고 언급한 1995년 연설에서, 중국이 도광양회를 따르되 가능한 것들을 성취해야 한다고 주장하면서 전자를 강조했다.[102] 장쩌민은 "우리는 '무언가를 성취'할 수 있는 조건을 갖고 있다"며 "그러나 여기서 '무언가를 성취한다'는 것은 우리가 해야만 하거나 할 수 있는 일만 해야지 모든 것을 다 하려 해서는 안 된다는 것을 의미한다. 국제무대에서 일하는 우리로서는 현실을 뛰어넘을 수 없다"고 말했다.[103]

변증법의 어느 쪽을 강조해야 하는지 이해하는 데 있어서 장쩌민은 이후 연설에서 "핵심은 (국제) 구조를 파악하는 것"이라고 명확히 했다. 당에서 구조라는 것은 다극화와 국제 세력 균형을 일컫는다.[104] 구조가 바뀌면 중국은 변증법의 다른 부분을 강조할 것이다. 실제로 후진타오 주석이 글로벌 금융위기 이후 2009년 '적극적으로 성취하기(적극유소작위)'를 강조하고 거의 20년 된 지침을 개정했을 때, "적극적으로"라는 단어가 추가된 것은 변증법적 관계의 한 측면, 즉 성취 부분을 부각해야 할 때라는 것을 시사했고, 이는 결국 점점 더 적극적인 외교정책을 요구했다. 같은 연설에서 후진타오는 도광양회와 "적극유소작위"는 "변증법적 통일성의 일부"일 뿐 아니라 "서로 대립하는 개념이 아니"라고 말했다. 변증법은 대립 관계를 기반으로 하므로 이는 역설적으로 들린다.[105] 그러나 후진타오는 이러한 개념들이 변증법의 핵심 개념인 "대립 통일"의 일부가 아니라고 말한 것이다. 이들 문구의 의미와 중요한 차이는 중국공산당의 변증법에 대해 자세히 설명하는 당교육출판에서 발행한 철학적 개념 사전에 권위 있게 설명되어 있다.[106] "대립 통일"은 상호 배타적인 반대들이 분명하게 짝을 이루는 것이다. 이와 대조적으로 "변증법적 통일"은 겹칠 가능성이 약간 있는 반대들의 덜 구체적이고 좀 더 추상적인 짝이다. 이를 구체적으로 번역하면, 도광양회와 "적극유소작위"가 "대립 통일"이 아니라 "변증법적 통일"이라는 후진타오의 주장은 두 개념이 이분법적 관계에 있지 않고 그 둘 사이에 스펙트럼이 있다는 얘기다. 즉 중국이 "적극유소작위"를 추구할 때에도 반대 개념인 "도광양회"의 일부 측면을 유지할 수 있다고 말하는 것이다. 도광양회가 "지나치게 자신을 낮추고 완전한 수동성을 발휘"할 정도로 극단적이지 않고, '적극적으로 무언가 성취하기'는 "오만하게 자신의 능력을 보여 주거나 뭐든지 하면서 아무것도 관두지 않을" 정도로 극단적이지 않다는 후진타오의 설명이 이를 강조해 준다.[107] 후진타오는 '적극적으로 무언가 성취하기'로 나아가면서 중국이 더 적극적으로 "성장하는 국력과 국제적 영향력을 사용해 국가 이익을 보다 잘 지켜 내"면서 도광양회에서 벗어나고 있다고 지적했다. 그는 도광양회는 중국이 "주요 국제 갈등의 초점이 되는 것을 피하고 갈등과 대결의 소용돌이에 빠지지 않도록 해서 외부의 압력과 저항을 최소화"하기 위한 전략이라고 봤다.[108] 냉전에서 글로벌 금융위기까지, 중국은 변증법의 자기절제적인 도광양회 부분을 강조하고 "외부 압력"을 약화시키려 했다. 냉전 이후 변증법의 보다 능동적인 "적극유소작위" 부분을 강조하고 특히 지역 내에서 더욱 적극적이 되고자 했다.

  "적극유소작위"에 관한 후진타오의 2009년 연설은 중국이 "너무 많이 말하는 것"과 리더십을 차지하는 것을 피해야 한다고 권장한 수동적인 언어의 2006년 연설과는 극명한 대조를 이룬다.[109] 대신, 후진타오는 2009년에 이른바 미중 "G2"나 커다란 국제적 책임에 대한 우려가 여전히 있음에도, 중국이 "국력과 지위에 부합하는 국제적 책임과 의무를 떠맡고 고유한 건설적 역할을 하는 것"을 포함해 "전략적 우위에서 전진"하고 "국제 문제에서 더 큰 행동을 위해 노력해야 한다"고 주장했다.[110]

후진타오의 2009년 연설에서 보여진 덩샤오핑과의 결별은 시진핑 치하에서 훨씬 더 분명해졌다. 2013년 중국의 새로운 "대국 외교"를 정리한 중요한 연설에서 왕이는 "적극유소작위"를 옹호하면서 도광양회를 명시적으로 거부하는 것처럼 보였다. 왕이는 "오늘날 중국은 이미 세계의 주목을 받고 있다"고 주장해, 도광양회 아래 "빛을 숨기라"는 덩샤오핑의 제안과 대조를 이뤘다. 왕이는 그에 맞춰 중국이 새로운 책임을 지는 "보다 능동적인 외교"를 추구할 것이라고 선언했다.[111] 실제로 왕이는 연설에서 '능동적', '적극적', 또는 '적극적으로'라는 표현을 13번 이상 사용하여 후진타오의 "적극유소작위"와 연결고리를 구축하고, 행정부 전반에 걸쳐 일관성을 보였다.[112] 시진핑은 그 어떤 당 연설에서도 도광양회를 전혀 언급하지 않아, 마오쩌둥 이후 그 용어를 결코 사용하지 않는 첫 번째 최고 지도자가 됐다. 그리고 주변 외교에 관한 2013년 회의에서 시진핑은 후진타오의 "적극유소작위"를 자신의 대표 문구인 "분발유위(성취를 위한 노력)"로 전환한 것으로 보인다. 이 용어는 외교 정책에서 이때 처음 등장했다. 시진핑은 "우리는 주변 외교를 촉진하는 데 있어서 성취를 위해 노력해야 한다"며 "호의적인 주변국을 위해 열심히 일해야 하며, 우리나라 발전이 주변국에 이익을 가져오고 공통의 발전을 이루도록 해야 한다"고 선언했다.[113] 시진핑은 새로운 주장의 핵심은 중국 역내에서 더 큰 영향력을 행사하고 더 큰 연결성을 조성하는 것이라고 분명히 밝혔다.

이처럼 이전 시대와의 극명한 대조를 뒷받침하는 것은 중국의 인식 변화다. "성취를 위한 노력"이라는 틀은 중국이 스스로를 더 강력하다고 바라봄에 따라 변화한 당의 "대국 외교" 개념과 밀접한 관련이 있다. 이 개념은 처음에는 다른 강대국들과의 관계를 일컬었지만, 왕이의 2013년 "중국 특색을 가진 대국 외교 탐구" 연설은 이제 중국 스스로가 강대국이며 새로운 위상에 걸맞은 외교가 필요하다는 것을 보여 줬다. 이러한 견해는 2014년 중앙외사공작회의에서 같은 의견을 반복한 시진핑에 의해 정당화됐다. 시진핑은 "중국은 스스로의 대국 외교를 가져야 한다. … 우리는 우리의 대외 업무 개념을 풍부하게 발전시켜 그것이 중국 특유의 특색과 스타일, 위엄 있는 태도를 갖도록 해야 한다"고 말했다.[14] 실제로 옌쉐퉁이 지적한 것처럼 "주요국(즉, 강대국)이라는 용어는 더는 외국이 아닌 중국 스스로를 의미한다."[15] 그리고 쉬진과 두저위안이 썼듯이 "다른 국가들을 지도하는 정책이 약소국에 적합하거나 약함을 나타내는 '결코 주도권을 쥐지 않는' 정책을 대체할 것이다. … 중국은 더 적극적이고 능동적이어야 하며 더 자주 입장을 취하고 더 큰 책임을 져야 한다."[16]

요컨대, 도광양회는 미국 주도의 봉쇄 위험을 줄이겠다는 목표를 달성하기 위한 방법이었다. 글로벌 금융위기 이후 이 전략은 더는 필요해 보이지 않았다. 대신 "적극유소작위"와 "분발유위"가 주변국들을 더 단단히 결속시키고, 미국의 균형 잡기와 동맹에 대한 대안을 제시하며, 역내 및 영토 이익을 더욱 강력하게 추구하는 전략을 통해 더 큰 역내 영향력을 행사한다는 목표를 달성하는 방법이 됐다. 목표와 방법의 변화와 마찬가지로, 새로운 전략은 수단에서도 뚜렷한 변화를 수반했다.

## 수단-구축을 위한 도구들

　　중국의 새로운 전략은 추상적이지 않았고, 고위급 연설들은
이 전략이 어떻게 국가의 구체적인 도구로 옮겨질 것인지를 분명히
했다. 후진타오는 2009년 11차 대사회의 연설에서 "적극유소작위"와
중국의 새로운 단호함이 구체적으로 무엇을 의미하는지 자세히 설명
했다. 근본적으로 그것은 중국의 정치·경제·군사 면에서 중대하고 조
정된 변화를 의미하며, 이 모든 것이 적극적으로 그 지역을 재편하기
위한 목적이었다. 중국의 정치적 행동과 관련해, 후진타오는 아시아인
프라투자은행AIIB이 결국 창설될 것이라는 점과 아시아 교류 및 신뢰
구축회의CICA 의장직을 맡게 될 것을 예견하면서, 중국이 "국제 규칙을
형성하는 데 더 적극적으로 참여해야 한다"고 선언했다.[117] 경제 문제에
서 그는 중국이 "국제 경제 및 금융 시스템을 더욱 적극적으로 촉진해
야 한다"고 선언하고 강력한 인프라 투자를 제안했다.[118] "특히", 그리고
훗날의 일대일로 구상을 예상하면서 후진타오는 "중국 전역에 상호 연
결되고 운용 가능한 인프라 네트워크를 형성하기 위해 주변에서 고속
도로, 철도, 통신, 에너지 채널 건설에 적극적으로 참여하고 힘차게 촉
진해야 한다"고 선언했다.[119] 그리고 군사적 영토 분쟁에 대해서는 "중국
의 핵심 이익과 관련된 국제적·지역적 분쟁 지대의 해결을 보다 적극
적으로 촉진해야 한다. … 또한 우리의 전략 계획을 강화하고 더욱더 공
세적으로 움직이며 상황을 우호적인 방향으로 발전시키도록 적극 지도
해야 한다"고 말했다.[120] 이 적극적인 언어는 본질적으로 중국 입장에서
주도권을 쥐고 분쟁을 해결할 것을 요구했고, 후진타오의 2006년 외사
공작회의 연설과 비교해 크게 달라진 것이었다. 후진타오는 이 회의 때
중국의 핵심 이익에 대한 토론에서 "전반적인 상황을 방해하지 않는 문

제에 대해서는 상호 이해와 상호 조정을 구현해야 장기적이고 보다 중요한 국가 이익을 보호하고 발전시키는 데 노력을 집중할 수 있다"고 말했다.[121] "더 적극적인" 개입을 위해서는 약화시키기인 해양 거부가 아니라 특히 해양 통제와 육해공동작전을 지향하는 다른 군사 능력이 필요했다.

주변 외교를 강화하고 "운명공동체"를 만들기 위한 시진핑의 노력은 본질적으로 후진타오가 2009년 연설에서 제시한 토대를 기반으로 한다.

첫째, 제도적·경제적 문제에 대해 시진핑은 여러 연설에서 일대일로 구상이나 AIIB와 같은 리더십을 가지려는 중국의 주요한 노력이 "운명공동체"를 만들기 위한 전략의 일부이며 국가 부흥에 필요한 "주변 외교"의 핵심이라는 점을 분명히 했다. 시진핑은 일대일로 구상을 발표한 인도네시아 의회 및 카자흐스탄에서의 연설과 AIIB를 발표한 APEC 연설에서 모두 이러한 연결 관계를 분명히 했다. 앞서 논의한 바와 같이 시진핑은 2015년 보아오 포럼의 전체 주제를 "아시아의 새로운 미래: 운명공동체를 향해"로 정하고 이와 같은 기구들을 필수 항목으로 언급했다. 그리고 2017년 일대일로 구상 포럼에서 시진핑은 일대일로 구상의 모든 당사자들이 "인류를 위한 운명공동체를 향해 계속 더 가까이 나아갈 것"이라고 말하면서 이런 연관성에 대해 분명히 밝혔다. 그는 "이것이 내가 처음으로 일대일로 구상을 제안했을 때 염두에 뒀던 것이다. 또한 일대일로의 궁극적 목표이기도 하다"고 말했다.[122] 요컨대, 이들은 지역 질서 구축을 위한 중국 대전략의 핵심에 있는 경제적·제도적 수단이다.

대중 연설과 대조적으로, 시진핑의 당 연설은 이러한 기구들이 중국의 역내 영향력을 어떻게 높일 것인지를 더욱 분명히 했는데, 특히

AIIB, 일대일로 및 기타 주요 지역 구상의 발전을 예고한 2013년 주변 외교공작회의 연설에서 그랬다.[123] 그 연설에서 시진핑은 공공재 제공과 상호 의존 촉진을 제안했다. 그는 이 두 가지가 "긴밀한 공통 이익 네트워크를 만들고 중국의 이익을 이웃들과 더 잘 통합할 것이며, 그래야 그들이 중국의 발전에서 이익을 얻을 수 있다"고 말했다.[124] 그는 중국이 이를 어떻게 실행할 것인지 정확하게 설명했다. "우리는 상호 이익이 되는 호혜를 달성하기 위해 모든 노력을 기울여야 한다. 우리는 자원 사용에 대해 전반적인 계획을 세워야 한다. … 그리고 우리의 비교 강점을 활용하고 이웃 국가들과 상호 유익한 협력을 위한 전략적 수렴 지점을 정확하게 파악하고, 지역 경제 협력에 적극적 역할을 맡아야 한다."[125] 그는 실질적인 면에서 "중국과 우리 주변국 사이의 인프라 연결을 가속화하기 위해 이웃과 협력해야 한다"며 이를 위한 도구로 일대일로와 AIIB를 명시적으로 열거했다.[126] 이에 더해 시진핑은 "자유무역지대 전략의 이행을 가속화"하고 "주변 국가들을 근거지로" 두기를 원했는데, 이는 주변부 강화의 또 다른 신호였다.[127] 신규 투자와 함께 중국 접경 지역과 이웃 국가 간의 활발한 연계도 필수였다. 시진핑은 여러 차례 중국과 밀접하게 연결될 것이라고 선언한 "지역 경제 통합의 새로운 패턴을 만드는 것"이 전반적인 목표라고 말했다.[128] 이러한 종류의 비대칭적 상호 의존을 적극적으로 쌓으면 중국에 큰 행동의 자유를 제공하고 잠재적으로 주변 국가들을 제약할 수 있다는 점은 언급되지 않았다.

다음으로, 시진핑은 안보 문제에서 다자기구를 미국 동맹의 역할이 축소된 "운명공동체"를 만들기 위한 수단으로 여긴 것으로 보인다. 시진핑은 2013년 주변외교공작회의 연설에서 아시아에 "안보에 대한 새로운 시각이 필요하다"고 과감하게 선언했고, 이를 제공하기 위해 중국은 "주변 국가들과 포괄적인 안보 전략을 개발해야 한다"고 말했다.[129] 마찬가지로 제도적 차원에서 시진핑은 지역적 영향력을 위한 목표를 달성하려면 중국이 "지역 및 소지역 안보 구상에 적극적으로 참여"해야 한다고 분명히 밝혔다.[130] 이러한 발언은 CICA 의장직을 활용해 아시아 안보 구조에 대한 범아시아적 비전을 내세우려는 중국의 두드러진 노력을 예견했다. 시진핑은 아시아 국가들에게 운명공동체를 만들고, 그것을 "공통의, 포괄적이고, 협력적이며, 지속가능한 안보"라는 구체적인 신아시아 안보 개념의 중심에 둘 것을 촉구했다. 9장에서 논의하는 것처럼, 그 4갈래의 개념은 명시적으로 외부 동맹에 의문을 제기하며 아시아 문제에 아시아 국가들의 책임이 있다고 제안했다.[131] 예를 들어, 시진핑은 2015년 보아오 포럼의 주제였던 "운명공동체" 연설에서 "운명공동체를 건설하려면 우리는 공통의, 포괄적이고, 협력적이며, 지속가능한 안보를 추구해야 한다. … 모든 나라의 사람들이 공통의 운명을 공유하고 점점 더 상호 의존하게 됨에 따라… 모두를 위한, 모두에 의한, 모두의 안보를 보장하는 아시아의 길을 모색하는 동안 냉전 사고를 진정으로 버리고 새로운 안보 개념을 육성해야 한다"고 분명하게 말했다.[132] 그리고 운명공동체를 논의하는 19차 당 대회 정치보고의 한 섹션에서 그걸 달성하기 위해서는 "공통의, 포괄적이고, 협력적이며, 지속가능한 안보"가 필요할 것이라고 선언하고, 모든 국가들에 "냉전 사고와 권력정치를 단호하게 거부하고 대립이 아닌 소통으로, 동맹이 아닌 동반자 관계로 국가 간 관계를 발전시키는 새로운 접근법을 취할 것"을 촉구했다.[133] 따라서 다자기구는 아시아 안보에 관한 지역 규범을 새로 쓰고 중국의 리더십을 강화하며 미국의 역할을 축소하는 중요한 도구로 여겨진다. 이러한 규범의 힘에 대해 광범위하게 말하면서, 시진핑은 2013년 주변외교공작회의에서 "우리는 이러한 아이디어가 지역

전체를 위한 공통의 신념과 행동 규범이 될 수 있도록 포용하고 실천해야 한다"고 말했다.[134]

군사적 기구는 이웃과의 강화된 안보 유대, 영토 분쟁 해결에 대한 영향력, 공안 물품 제공을 포함해 더 큰 지역적 영향력을 달성하기 위한 도구였다. 이웃과의 유대와 관련해 시진핑의 "운명공동체"는 아시아 이웃 국가들과의 안보 협력을 확대하는 것의 중요성을 강조한다. 2013년 연설에서 왕이는 이런 노력의 일환으로 "전통 및 비전통 안보 분야의 협력"을 연결하고, "이웃과의 국방 및 안보 교류"를 확대했다.[135] 공안 물품과 관련해, CICA에서 중국의 발언은 중국이 스스로를 미래의 공안 제공자로 보고 있음을 분명히 했다. 중국의 해적 퇴치 임무가 이것의 한 요소로, 미래 계획들은 더욱 야심 차다. 예를 들어, 중국 국방장관 웨이펑허는 "중국은 일대일로 프로젝트를 위한 안전 보장을 제공할 준비가 돼 있다"고 발표했는데, 이는 운명공동체에 중국군의 공안 물품 제공이 포함될 수 있다는 신호다.[136] 마지막으로, 중국은 2008년 글로벌 금융위기 이후 후진타오의 11차 대사회의 연설을 시작으로 영토 분쟁에 대한 입장을 강화했다. 그 강력한 수사는 시진핑이 2017년 전국인민대표대회NPC 연설에서 영토의 "1인치도" 중국과 분리되지 않을 것이라고 약속하면서 현재까지 이어져 왔다.[137]

요약하자면, 후진타오와 시진핑을 비롯한 여러 장관들의 발언은 정치적·경제적·군사적 수단들이 중국의 주변 외교와 "운명공동체"를 진전시키기 위해 함께 조율됐음을 강력하게 시사한다. "도광양회"보다 "적극유소작위"를 강조한 2009년 후진타오의 결정은 중국의 대전략을 재편했고, 글로벌 금융위기 이후 중국의 행동에서 감지된 "새로운 자기주장"의 원동력이 됐다. 이 새로운 전략의 가장 가시적인 징후 중 일부는 중국이 군사 영역에서 항공모함 전단, 상륙함, 해외 시설을 구축하기 시작하면서 나타났다. 다음 장에서 살펴보겠다.

# 8장

# 더 공격적으로 움직여라

군사적 구축 실행

"2009년, 중국은 항공모함 건조에 관한 아이디어와 계획을 제시했다. 이는 중국이 스스로를 해양 강대국으로 건설하는 역사적 시대에 진입했음을 의미한다."[1]

— 중국 국가해양국, 2010년

"중국 해군의 아버지"는 평생 바다를 본 적 없다. 류화칭은 산에서 자랐고 14살에 공산주의자들과 싸웠으며, 대장정에 나가 인민해방군 장교로 훌륭하게 복무했다. 1952년 2월, 36살의 류화칭은 베이징으로 소환되어, 그가 새로 창설된 다롄해군사관학교의 정치 부위원이 될 것이라는 놀라운 소식을 들었다. 다롄해군사관학교는 류화칭이 바다와 "불가분의 관계"를 형성했다고 말한 곳이다.[2]

당시 인민해방군에는 사실상 해군이 없었다. 수십 년 동안 게릴라전에 초점을 맞췄기 때문에 류화칭은 사관학교에 도착해 대부분의 생도와 직원이 대양에서 많은 시간을 보낸 적이 없다는 것을 곧 알게 됐다. 소수에게만 현장 훈련이 허용됐고, 그마저도 학생과 교직원에게

즐거움을 주기 위해 빌린 상업용 돛단배 위에서 이뤄졌다. 류화칭은 학교의 현장 훈련 개선을 최우선 과제로 삼았다. 이듬해에 그는 훈련생들과 몇 주 동안 실제 해군 함선을 탔다. 역설적이게도 그 배는 제2차 세계대전 전에 건조된 퇴역한 미 해군 함정이었다. 류화칭이 회고록에서 썼듯이, "인생을 통틀어 바다에 간 것은 이번이 처음"이었고, 결코 순조롭지 않았다. 그는 "바다 생활에 익숙한 나이 든 선원과 학생들은 쉽게 뱃멀미를 하지 않는다"며 "그러나 나는 베테랑 군인일지언정 베테랑 선원은 아니었다"고 회상했다. 중국 해군의 아버지는 대부분의 훈련생과 함께 여행의 대부분을 구토하면서 보냈다.[3]

수십 년이 흐른 지금, 중국 해군은 현대적이고 전문적이며 유능하다. 중국 해군은 초기에 범선과 퇴역 미국 선박에 의존하던 것에서 벗어나 양적으로, 그리고 점점 더 질적인 측면에서도 인도-태평양 지역에서 미국과 경쟁하게 됐다. 이는 류화칭의 헌신과 리더십 덕분이다. 다롄에서의 짧은 복무는 해군 업무 위주의 그의 오랜 경력에 발판이 됐는데, 운명적인 출항이 있고 오래지 않아 류화칭은 전례 드물게 중국을 떠나 소련 보로실로프 해군사관학교에서 4년 동안 훈련을 받았다. 그는 빠르게 성장해 인민해방군 해군 최장수 사령관, 중앙군사위원회 부위원장, 중국 집권 정치국 상무위원이 되었다.

류화칭의 위대한 꿈은 중국의 해외 이익을 보호하기 위해 해양 통제에 중점을 둔 항공모함 중심의 해군이었다. 그러나 그가 은퇴할 때까지 해군은 중국 근해에서 미국의 군사 개입을 방지하기 위한 해양 거부에 초점을 맞춘 잠수함 중심의 조직이었다. 4장에서 논의한 것처럼, 류화칭은 항공모함을 추진했지만 거듭해서 뒤엎어졌다. 중국 지도자들은 미국의 군사적 위협을 약화시키는 데 관심이 있었고, 그 임무는 중국의 이웃 국가들을 겁먹게 만들어 미국 쪽으로 더 밀어낼 수도 있는 항공모함 같은 취약한 자산보다는 잠수함 같은 비대칭 무기로 더 잘 수행됐기 때문이다. 류화칭은 비대칭 해군 건설을 충실히 감독하면서도 "중국이 항공모함을 건조하지 않으면 나는 눈을 뜨고 죽을 것이다"라고 다짐했다.[4] 류화칭은 중국이 첫 항공모함을 진수하기 1년 전인 2011년에 사망했지만, 그 무렵에 그가 오랫동안 바랐던 해양 통제, 대양 해군, 항공모함으로의 방향 전환은 이미 진행 중이었다.

이 장에서는 그러한 전환에 대해 논의한다.[5] 여기서는 글로벌 금융위기가 닥치고 미국의 힘에 대한 중국의 인식이 낮아지자 중국의 대전략이 바뀌었다고 주장한다. 미국의 힘을 약화시키는 데 주력하던 것에서 아시아 내에서 중국 주도 질서를 위한 기반을 구축하는 쪽으로 방향을 틀었다. 대전략의 군사적 요소는 매우 중요했다. 중국 저술가들은 약화시키기 전략의 일환으로 미국의 작전이나 개입을 거부하는 데 매우 유용한 기뢰, 미사일, 잠수함이 중국의 이웃 국가들에 대한 지속적인 군사적 레버리지를 모아서 질서를 구축하는 전략에는 덜 유용하다는 것을 알고 있었다. 이러한 종류의 자산들은 그 자체로 먼 거리의 섬이나 해역을 장악 또는 보유하거나 해상교통로를 보호할 수 없으며, 주변국 문제에 개입하거나 안보 물자를 제공하도록 허용할 수도 없었다. 이를 위해 중국은 해양 통제, 상륙전 및 전력 투사에 더 적합한 전력 구조가 필요했다. 류화칭이 저서에서 말했듯이 중국 지도자들은 오랫동안 그러한 구조를 원했지만 그것을 추구하는 데 제약을 느꼈으며, 대체로 그런 전력 구조에 위협적이지 않은 최소한의 투자를 함으로써 계획들을 미뤘다. 금융위기는 이러한 제약을 크게 해소했고, 중국은 더 자신감을 갖고 미국의 힘과 결의에 관심을 줄이고, 공포에 질린 이웃 국가들이 중국을 포위할 것이라는 1990년대의 두려움은 과거의 산물이지 당면한 현실이 아니라고 더욱 확신하게 됐다. 따라서 금융위기 직후 중국은 남중국해에 시설을 건설하고 영토 주장을 강화하면서 항공모함, 더 유용한 수상함, 상륙전 능력, 심지어 해외 기지 건설에 대한 투자를 크게 늘렸다.

이 주장을 뒷받침하기 위해 이 장에서는 4장에서 논의한 접근 방식을 따르고, 권위 있는 텍스트와 중국 행동의 4가지 핵심 차원을 분석한다. 이런 차원들에는 중국이 무엇을 언제 취득했는지(인수), 어떻게 싸울 수 있다고 생각하는지(교리), 어디에 어떻게 군대를 배치하는지(전력 태세), 어떻게 싸울 준비를 하는지(훈련)가 포함된다. 텍스트와 이런 행동의 핵심 차원들에 초점을 맞추면 중국의 군사 투자와 행동을 설명하는 경쟁 이론을 시험하는 데 도움이 될 것이다.

글로벌 금융위기 이후 중국의 군사적 행동에 대한 가장 좋은 설명은 중국이 지역 헤게모니를 위한 군사적 기반을 만들 수 있도록 인도-태평양 지역의 이웃 국가들을 보다 효과적으로 다루는 능력을 추구했다는 것이다. 이 모든 것은 지역 질서 구축을 위한 보다 광범위한 대전략의 일부다.

그 외에 중국이 대부분의 상황에서 다른 국가들의 능력을 모방할 것이라고 가정하거나(확산, 수용 능력), 강력한 기득권이 행동을 형성한다고 가정하거나(관료 정치), 주로 미국의 위협에 초점을 맞췄다고 가정하는(약화시키기) 지배적인 설명들이 있지만, 이들은 중국의 행동 변화를 적절히 설명하지 못한다. 앞으로 살펴보겠지만, 이러한 설명 중 어느 것도 중국이 더 빨리 획득할 수 있는데도 기다린 이유를 설명할 수 없다. 또 미국의 위협에 대한 우려는 중국이 독특하게 미군에게 취약한 능력을 추구한 이유를 설명할 수 없다. 중국이 항공모함, 더 성능 좋은 수상함, 해외 시설에 투자한 것에 대한 가장 납득 가능한 설명은 이러한 능력이 지역에 걸쳐 질서를 구축하려는 노력의 일부였다는 것이다.

300

## 중국 군사 문서

중국의 권위 있는 문서들은 글로벌 금융위기 이후 중국의 군사 전략 변화를 보여 준다. 물론 이 접근 방식에는 한계가 있다. 지난 10년 동안 1980년대나 1990년대에 관한 자료는 사용할 수 없었고, 2002년까지 임기가 끝난 몇 명의 중앙군사위원회 부위원장들의 회고록과 선집들은 얻을 수 있지만 그 이후로 복무한 사람에 관해서는 한 권도 얻을 수가 없다. 존재하는 자료들—주로 고위 지도자들의 연설과 백서—은 글로벌 금융위기 이후 중국이 구축 전략을 추구하기로 결정했다는 것을 시사한다. 이는 단지 미국의 힘을 약화시키는 것뿐 아니라 힘을 투사하고, 상륙 침공을 개시하고, 해외 이익을 보호하기 위해 인도-태평양 지역에 개입하고, 이른바 "안보 물자"를 제공할 수 있는 능력에 중국이 투자하도록 이끌 것이다.

### 전략의 변화

글로벌 금융위기 이후 최고 지도부는 지역 영향력을 확대하고 중국의 주권과 해외 이익을 확보함으로써 주변부에 질서를 구축하는 방향으로 대전략을 재정립하기로 결정한 것으로 보인다. 예를 들어, 후진타오가 인민해방군에게 해외 개입 확대를 포함해 "새 역사적 임무"를 준비하라고 말했을 때 변화의 징후를 훨씬 더 일찍 감지할 수 있었지만, 텍스트와 행동은 모두 이 방향으로의 더 중요한 움직임이 글로벌 금융위기로 시작되었음을 보여 준다. 일반적으로 중국 자료들은 전략 변화에서 두 가지 이유를 강조한다. 그것은 ① 중국의 해양 권리와 이익을 더 잘 보호하려는 열망, ② 특히 인도-태평양에서 확대되는 중국의 해외 이익을 보호하려는 열망이다.

첫째, 중국의 전략 조정과 글로벌 금융위기를 연결한 후진타오의 2009년 대사회의 연설에서 이런 군사적 변화는 명확하게 드러난다. 후진타오는 "적극적으로 무언가를 성취하라"고 격려하며 도광양회를 수정했고, 더 큰 행동주의의 일부 영역은 영토가 될 것임을 분명히 했다. 그는 "중국의 핵심 이익과 관련된 국제적·지역적 분쟁 지역의 해결에 더 적극적으로 나서야 한다. 우리의 핵심 이익과 관련된 문제에 대한 전략적 계획을 강화하고, 보다 공세적으로 움직여 우호적인 상황으로 발전하도록 적극적으로 지도해야 한다"고 말했다.[6] 이 단호한 언어는 본질적으로 중국이 주도권을 잡고 중국의 생각대로 분쟁을 해결할 것을 요구하는 것이다. 대조적으로, 2006년 중앙외사공작회의에서 후진타오는 핵심 이익에 대해 "전반적인 상황을 방해하지 않는 문제에 대해서는 장기적이고 더 중요한 국가 이익을 보호하고 개발하는 데에 집중할 수 있도록 상호 이해와 상호 합의를 구현해야 한다"고 말했다.[7] 앞 장에서 설명했듯이, 양제츠 외교부장은 2010년에 새로운 접근 방식에 대해 설명하면서, 남중국해에 대한 영유권 주장에 대해 우려하는 동남아시아 국가들에게 "중국은 큰 나라이고 다른 나라들은 작은 나라들이다. 그리고 그게 사실일 뿐이다"라고 말했다.[8]

　　중국의 영토 분쟁을 선제적으로 해결하고 해외 이익을 확보하려는 후진타오의 목적은 평화와 발전으로부터 벗어나 미묘한 전환을 제안한 시진핑 주석에 의해 더 강조됐다. 시진핑은 2013년 "평화와 발전" 개념에 관한 정치국 학습에서 "우리는 평화를 사랑하고 평화로운 발전의 길을 고수하지만, 국가의 정당한 권리와 이익을 포기할 수 없으며 국가의 핵심 이익을 희생할 수도 없다"고 냉혹한 언어로 선언했다.[9] 그는 같은 해 또 한 번의 정치국 학습에서 중국의 해양 주권과 관련하여 "해양 강국 건설"에 관한 세션에서 동일한 말을 반복했다.[10] 그는 중국은 다양한 영토 분쟁에 있어 "여러 복잡한 상황에 대처할 준비"를 해야 하고, "안정 유지와 권리 보호를 조정하는 게 필요하다"고 말했다. 즉, 전쟁까지는 아니어도 주권 보호를 강화해야 한다는 것이다.[11] 특히 "중국은 해상 권익 보호가 중국의 포괄적인 국력 향상과 일치하는지 확인해야 했다."[12] 글로벌 금융위기 이후에 그랬듯이, 중국은 강해짐에 따라 영토 분쟁에서 그에 상응하는 확고한 입장을 취하려 했다. 2014년 왕이 외교부장은 중국의 새로운 주장에 관한 질문에 "우리는 결코 작은 나라들을 괴롭히지 않겠지만 작은 나라들의 부당한 요구는 절대 받아들이지 않을 것이다. 영토와 주권 문제에서 중국의 입장은 확고하고 분명하다"고 답했다.[13]

둘째, 중국은 영토 분쟁뿐 아니라 해외 이익, 특히 중국 경제가 의존하는 인도-태평양 전역의 자원 흐름에 점점 더 집중했다. 2008년 국방백서는 석유를 지칭하는 완곡한 표현인 "전략적 자원을 위한 투쟁"이 심화되고 있으며 중국인민해방군 해군PLAN이 "먼바다"에서의 작전 능력을 개발할 필요가 있다고 처음으로 지적했다.[14] 2009년 초 후진타오는 대사회의 연설에서 이러한 "해외 이익"에 대한 초점을 강화했다. 그는 2004년 대사회의 연설에서도 같은 내용을 언급했지만, 2009년에 받은 관심은 훨씬 더 의미심장했고 그 중요성이 높아졌다는 것을 보여 줬으며, 해외 이익 보호와 중국의 힘 증가를 연결 지었다. 그는 연설 서두에서 해외 이익을 구체적으로 언급하면서 중국이 강력해질수록 더 많은 해외 이익을 갖게 될 것이며, "해외 이익이 더 확장할수록" 더 많은 "압력과 저항에 직면할 것"이라고 말했다.[15] 이전과는 달라진 연설에서 그는 "중국의 해외 이익을 보호하고 권리 보호의 역량 구축을 강화하는 것"을 중국 외교정책의 과제로 열거하며 연설의 전체 부분을 할애했다. 후진타오는 주요 연설에서는 처음으로 "해외 이익이 국익의 중요한 부

분이 되었다"고 선언했다.[16]

이러한 관점은 시진핑 정부로 넘어가면서 지속됐다. 2012년 국방 백서는 이전에는 볼 수 없던 방식으로 중국의 해외 경제 이익의 중요성을 명시적으로 강조했다. 2013년 백서는 "해외 에너지 자원" 및 "전략 해상교통로SLOCs"로 정의한 "해외 이익 보호"[17]에 관해 하위 섹션을 둔 첫 번째 백서였다. 백서는 중국의 안보 상황에서 이러한 이익이 "갈수록 중요해지고, 중국의 해외 이익에 대한 안보 위험이 증가하고 있다"고 지적했다. 시진핑은 2014년 연설을 포함해 이러한 주제를 자주 강조했다. 그는 "해상교통로는 대외 무역과 에너지 수입을 위한 주요 통로다. 해상 항해의 자유와 안전을 보호하는 것은 매우 중요하다"고 말했다.[18] 이어 2015년 백서는 군의 8대 "전략 과제" 중 하나로 "중국의 해외 이익 안보 수호"를 꼽았다. 이전에 중국은 목적을 나타내기 위해 "포괄 과제"와 "포괄 목표"를 사용했으므로, 해외 이익을 "전략 과제"로 지목한 것은 중요했다.[19] 백서는 해외 이익을 "에너지와 자원, 전략 해상교통로, 해외 기관, 인력, 자산"으로 정의했다. 또한 "국제 및 지역적 혼란, 테러, 해적, 심각한 자연재해와 전염병"을 포함해 "해외 이익 안보"에 대한 구체적인 위협을 나열했다. 또한 중국의 해외 이익 취약성이 "시급한 문제가 됐다"면서 이러한 위협이 얼마나 심각한지를 강조했다.

중국의 힘이 커짐에 따라 영토 및 해외 이익에 관심을 갖는 게 가능해지고 훨씬 더 중요해졌다. 중국은 이러한 목표를 달성하기 위해 지역 질서를 구축하는 데 도움이 될 광범위한 군사 임무의 기반을 다질 필요가 있었다.

### 구축 전략

글로벌 금융위기 이후 질서 구축 전략의 일환으로 중국은 해군력의 중요성을 강조하기 시작했다. 주로 미국의 힘을 약화시키는 데 최적화된 과거 중국의 병력 구조는 중국이 영유권을 주장하는 섬과 해역을 장악 또는 점령하고, 이익 보호를 위해 해외에 개입하고, 중국이 의존하는 해상교통로의 치안을 유지하거나 중국의 리더십을 빛내 줄 공안 물품을 지역에 제공하기에는 부적절했다.

이후의 사례에서 알 수 있듯이, 중국의 정치 및 군사 문서는 수십 년 동안 중국이 지역 이익을 확보하는 데 어떤 능력이 필요하다고 믿었는지, 즉 구축 전략에 어떤 도구가 필요했는지를 확인시켜 준다. 이 같은 교본과 저우언라이부터 류화칭에 이르는 최고 지도자의 연설들은 항공모함뿐 아니라 대잠전ASW, 대공전AAW, 기뢰 대응MCM 및 상륙전 AMW 능력을 갖춘 수상함이 모두 동중국해, 남중국해, 대만 해협, 한반도와 관련된 비상사태와 중국의 해외 이익과 자원 흐름 보호에 필수적이라는 점을 분명히 한다.[20] 다시 말해, 그러한 역량에 초점을 맞춘 결정은 효율성에 대한 신념이나 재정적 상황의 변화 때문이 아니라, 주로 정치적 상황의 변화 때문이 만들어 낸 새로운 전략에 관한 것이었다.

글로벌 금융위기 이후 중국은 해상 안보 이익을 달성하기 위해 해양 통제 플랫폼, 특히 고의적으로 무시했던 대양 역량에 대한 투자를 늘릴 것을 강조했다. 요컨대, 구축 전략을 위해서는 다른 종류의 해군 투자가 필요했다. 해양 전략의 민간 및 군사 요소를 개발하는 데 중요한 역할을 하는 국가해양국은 이 무렵에 발생한 전략 변화를 보여 준다. 중국은 2003년 해상력 구축을 위한 야심 찬 목표를 설정하고 2005년 인민해방군 해군이 해외에서 "새로운 역사적 임무"를 수행하도록 독려했지만 실제로는 2009년에야 실행됐다. 보고서에는 "2009년 중국은 항공모함 건조에 대한 아이디어와 계획을 제시했다. 이는 중국이 해양 강국을 건설하는 역사적 시대에 진입했음을 의미한다"고 적혀 있다. 이어 "2010~2020년은 이와 같은 전략적 임무를 달성하기 위한 핵심적인 역사적 단계이며, 이 기간 동안 중견 해양강국中等海洋强国이 되기 위해 분투하는 것이 목표"라고 주장한다.[21]

몇 년 후, 중국의 2012년 국방백서는 최초로 "중국은 주요 해양 국가이자 육상 국가"라고 주장하면서, 지역 해양 도전과제에 집중할 것과 PLA(인민해방군)를 그 방향으로 지속적으로 재조정할 것을 강조했다. 백서는 중국이 구축 전략과 일치하는 "대양 역량"을 획득해야 하고, 과거 '약화시키기' 단계에서 항공모함과 대양 수상함의 우선순위를 낮췄던 태도를 뒤집을 필요가 있다고 주장했다. 또한 "국가의 평화적 발전을 보장하는 것"은 인도-태평양 지역에서 더 적극적인 역할을 요구하는 목표인 "신성한 임무"라고 명시했다. 같은 해에 후진타오는 18차 당 대회 업무보고에서 중국 지도부가 "중국을 해양 강국으로 건설"하고 "해양 권익을 단호히 수호해야 한다"고 처음으로 선언했다.[22] 중국의 대양 집중은 공식적이었다.

이는 후속 문서들에서도 강조됐다. 예를 들어, 시진핑의 2013년 중국 "해양 강국" 구축에 관한 정치국 연구 세션은 해양 전략을 논의하기 위해 소집됐으며, 이를 개발할 책임이 있는 국가해양국 해양개발전략연구소의 고위 관리들이 참가했다. 시진핑은 정치국 연설에서 해양력 향상에 집중하는 것은 후진타오 시대까지 거슬러 올라가는 광범위한 계획의 일부라고 강조했다. 그는 "18차 당 대회는 해양 강국으로 건설하기 위한 중요한 계획을 제시했다. 이 중요한 계획의 실행은… 국가 주권과 안보, 발전 이익을 수호하기 위해… 중화민족의 위대한 부흥을 달성하기 위해… 크고 광범위한 의미를 갖는다"고 말했다. 시진핑은 중국이 "새로운 성과를 지속적으로 실현하기 위해 해양 강국이 되어야 한다"고 말했다. 당연하게도 시진핑은 "중국의 해양 권익 보호 능력을 향상"해야 한다고 반복적으로 강조했다.[23] 리커창 총리는 그 이듬해 정부사업보고에서 이와 같은 얘기를 강조하면서, "바다는 우리의 소중한 국가 영토"라고 덧붙였다.[24] 얼마 후 시진핑은 주요 조선소를 방문해 "해양 산업은 국가의 생존과 발전, 국가의 흥망성쇠와 직결된다. 그것은 해양력 구축의 필요조건을 충족한다"고 강조했다.[25]

중국의 국방백서는 이 새로운 전략을 계속 강조했다. 2015년 국방백서는 "육지가 바다보다 중요하다는 전통적 사고방식을 버려야 하고, 바다와 해양을 관리하고 해양 권익을 보호하는 것을 중시해야 한다"고 명시했다. 또 "중국은 국가 안보와 발전 이익에 부합하는 현대적인 해양 군사력 구조를 발전시켜야 한다"며 "국가 주권과 해양 권익을 수호하고 전략 해상교통로와 해외 이익 안보를 보호해야 한다"고 지적했다. 요컨대, 중국은 스스로를 해양 강국으로 구축할 필요가 있다는 것이다.

이 목표는 직접적인 작전상의 의미를 가지며 실질적으로 다른 요구 사항을 지닌 '근본적으로 다른 군대'를 구성한다고 백서는 언급했다.

연안 해상 방어 및 외해 보호의 전략적 요구에 따라 인민해방군 해군은 점진적으로 "연안 해상 방어"에서 "연안 해상 방어"와 "공해 보호"의 조합으로 전환하고, 결합되고 다기능적이며 효율적인 해상 전투 부대 구조를 구축할 것이다. 인민해방군 해군은 전략적 억제와 반격, 해상 기동, 해상 합동 작전, 포괄적 방어와 포괄적 지원을 위한 능력을 강화할 것이다.

백서 작성자 중 한 사람의 공식 논평은 이 점을 구체적으로 설명한다. "해외 이익의 안전을 지키는 열쇠는… 국제 평화 유지, 연안 호위, 합동 대테러, 합동 군사 훈련, 해외 후송, 국제 구조 작전을 통해 달성된다."[26] 중국은 이 비전을 실현하기 위해 항공모함과 수상함 같은 전력 투사 플랫폼에 더 많이 투자해야 했고, 이는 실제로 이 장에서 다루는 사례들에서 확인할 수 있다.

## 항공모함

광저우 군구 팀에서 12년을 보낸 농구선수가 항공모함 획득을 위한 노력의 중심에 있다는 것은 짐짓 터무니없어 보인다. 그러나 현재 많은 사람들에게 "국민 영웅"이자 "붉은 자본가"로 불리는 쉬쩡핑은 인민해방군 관리들이 우크라이나 조선소에 방치돼 있던 소련의 가장 진보된 작전 항모급의 미완성 선체인 바랴그Varyag를 구매할 때 핵심 중개자 역할을 했다. 지난 10년 동안 쉬쩡핑은 중국 최초의 항공모함인 랴오닝호를 획득하는 과정에서 자신의 역할을 점차 공개했고, 뒤따른 더 많은 항모들의 중요한 청사진들도 제공했다.

쉬쩡핑은 1971년 인민해방군에 합류했다가 1980년대에 사업을 위해 군을 떠나 자신을 부자로 만들었다고 주장하는 무역 회사를 설립한 뒤, 한때 야오밍의 어머니와 함께 중국 국가대표팀의 농구선수였던 아내와 홍콩으로 이주했다.[27] 약 10년 후, 쉬쩡핑은 인민해방군 해군 중장 허펑페이를 만났다. 허펑페이는 쉬쩡핑이 바랴그 구매에서 군부의 중개인을 맡아 주기를 원했고, 10여 차례 이상 그를 개인적으로 만났다. 쉬쩡핑은 훗날 언론인 미니찬과의 인터뷰에서 "그가 내 손을 잡고 '제발 부탁합니다. 우리나라와 군대를 위해 항공모함을 사오십시오'라고 말했을 때 나는 완전히 설득당하고 감동했다"고 회상했다.[28] 쉬쩡핑에 따르면 1990년대 후반에 미국 정치 후보자들에게 수십만 달러 로비를 시도한 인민해방군 정보국장 지성더 소장이 이런 점에서 "진정한 보스"였다. 그는 "개인적으로 내 계획을 지지했고 많은 지원과 전문적인 조언을 해 줬다."[29] 1997년 3월, 쉬쩡펑은 그 노력에 서명했다.

항공모함 구매에 대한 서방의 반대를 피하기 위해—그리고 중국이 공개적으로 항공모함을 화려하게 인수하여 "도광양회" 지침에서 벗어나 다른 나라들을 놀라게 하는 것을 꺼린다는 점을 고려할 때—쉬쩡펑과 동료들은 쉬쩡펑의 재산과 의도, 정부와의 커넥션에 대해 세상을 속여야 한다는 사실을 알고 있었다. 역설적이게도, 그들은 중국 정부의 지원을 받으며 그렇게 했다. 서명 직후 쉬쩡펑은 항공모함을 활용해 마카오에 수상 카지노를 짓고 싶어 하는 기이한 거물의 이미지를 쌓는 일에 착수했다. 그해 6월에 그의 회사는 홍콩의 중국 반환을 기념하는 유명한 홍보 행사를 후원했는데, 여기에서 대만의 저돌적인 블랙키 고Blackie Ko가 차를 몰고 황하의 후커우 폭포를 건넜다.[30] 그 뒤 8월에 쉬쩡펑은 마카오 페이퍼컴퍼니인 아겐시아 투리스티카를 설립하고 마카오에서 수상 카지노를 승인하는 문서를 확보하는 데 거의 100만 달러를 썼다.[31] 다음으로 쉬쩡펑은 홍콩에서 가장 비싼 빌라 중 하나를 약 3,000만 달러에 구입했다. 쉬쩡펑은 "아주 초기에는 외부에서 보기에 거래가 순전히 개인적인 투자라고 믿도록 모든 방법을 써야 했다"고 회고했다. 그는 "가장 간단한 방법은 그곳에서 가장 호화로운 집을 사는 것이었다. 왜냐면 서방 국가들은 중국이 나에게 빌라를 살 돈을 줄 것이라고는 믿지 않았기 때문이다"라고 말했다.[32] 빌라 구입은 정교한 속임수의 일부였고, 쉬쩡펑은 잘 차려입고 세련된 두꺼운 안경테를 착용한 채 금박을 입힌 화려한 인테리어를 배경으로 아내 옆에 기대어 있는 모습으로 잡지 사진용 포즈를 취했다.[33] 그는 또한 다양한 어두운 출처에서 자금이 유입됐다고 말했다. 예를 들어, 자신의 페이퍼컴퍼니 중 한 곳의 "지분 포지션"을 중국 국유기업SOE에 3,000만 달러에 매각했으며, 나중에 "우리는 그 거래에 국유기업이 개입돼 있다는 것을 바깥세상에 알리면 안 됐기 때문에 모든 양도는 홍콩이나 마카오가 아니라 베이징에 있는 회계 회사에서 이뤄졌다"고 인정했다.[34] 또한 중국의 국영 후아샤 은행 으로부터 자금을 받았다.[35] 일부 홍콩의 부자들도 출자를 도왔는데, 어 떤 이는 그해에 "어떤 보증 요구도 없이" 약 3,000만 달러를 그에게 제 공했다.[36] 쉬쩡핑은 그 자금으로 우크라이나 키이우Kiev와 베이징에 사 무실을 설립했다. 그는 거래를 도울 10여 명의 조선 및 해군 전문가를 고용했는데, 여기에는 당시 인민해방군 공군 군비부의 부부장이었다 가 쉬쩡핑의 베이징 사무실을 이끌기 위해 은퇴한 샤오윤도 포함돼 있 었다.[37] 전 중앙군사위 관리들은 그럴듯하게 부인할 수 있도록 쉬쩡핑 과 인민해방군 사이에서 중개자 역할을 했다.[38]

위장용 이야기와 자금 조달, 사무실을 준비한 뒤 쉬쩡핑은 키이우 로 갔다. 1997년 10월부터 1998년 3월까지 그는 거래를 성사시키기 위 해 열심히 일했다. 어느 겨울날에는 황량하고 녹슬고 어울리지 않게 눈 으로 덮인 항공모함의 갑판 위를 걷는 것도 허락받았다. 쉬쩡핑은 흰 색 버튼다운 셔츠와 격식을 차린 갈색 조끼를 입고, 다소 안 어울리는 노스페이스의 밝은 노란색 스키 재킷과 그에 맞는 바지를 입었다. "항 공모함을 탄 것은 처음이었는데 그 크기에 압도됐다."[39] 그 후 몇 달 동 안 쉬쩡핑은 수백만 달러의 뇌물을 줬고, 저녁마다 우크라이나 판매자 들을 술에 취하게 만들었다. 그는 "그땐 술통에 빠져 있는 것 같았다" 고 회고했다. "중요한 나흘 동안에는 그들에게 100도짜리 이과두주를 50병 넘게 가져갔다. 하지만 나는 여전히 내게 에너지가 있다고 느꼈다. 우크라이나인들은 취하려고 술을 마셨지만 나는 목적을 가지고 술을 마셨기 때문에 항상 취하지 않은 상태로 있을 수 있었다."[40] 2,000만 달러에 항공모함 거래가 성사됐지만 쉬쩡핑은 항공모함 말고도 청사진과 엔진도 원했다. 물론 이는 수상 카지노라는 명목상의 계획을 고려하면 납득하기 어려운 것이었다. 그는 당시 스스로 "청사진은 항공모함보다 더 귀하고, 함께 사야만 한다"고 말했다.[41] 결국 우크라이나 쪽은 45톤에 이르는 문서를 제공했으며, 이는 나중에 중국이 바랴그를 개조해 자체 항공모함을 건조하는 데에 매우 귀중한 자료였다. 엔진은 중국이 제조할 수 있는 것보다 훨씬 더 진보한 것이었는데, 양쪽은 공개적으로는 엔진들을 이미 제거했다고 밝히기로 합의했다. 쉬쩡핑이 말했듯이 "엔진 제거(보고서)는 서방 국가들을 혼란스럽게 하기 위한 위장용 이야기였다."[42] 엔진은 여전히 배에 있었고, "신품이고 조심스럽게 기름칠되어 밀봉돼 있었으며" 중국 최초의 항공모함에 동력을 공급할 것이었다.[43] 거래가 마무리됐으니 쉬쩡핑의 다음 임무는 항공모함을 다롄 조선소로 옮기는 것이었다. 이 과정은 튀르키예에서 보스포루스 해협을 통해 흑해를 건너는 통과 허가를 받는 게 지연되면서 4년이 걸렸다. 이번에는 공개적인 중국 정부의 개입이 필요했다. 장쩌민은 2000년 4월 앙카라를 방문해 튀르키예 상품의 시장 접근을 약속하고, 선박의 통과를 확보하기 위한 약 20가지 안전 조건과 10억 달러 보험 보장에 합의했다.[44] 2002년 3월, 우크라이나를 빠져나온 바랴그의 긴 항해는 다롄에서 끝났다.

그러나 훨씬 더 긴 항해가 시작됐다. 바랴그를 운용 가능한 항공모함으로 전환하기 위한 본격적인 작업을 시작하는 데에만 7년이라는 긴 시간이 걸릴 것이었다. 중국의 모든 영리한 속임수, 신중한 계획, 외교적 책략, 엄청난 지출(인수에 총 1억 2,000만 달러 이상을 사용)이 긴 기다림 끝에 용두사미로 끝났다. 항공모함 인수는 미래의 대양 군에 대한 투자였다. 그러나 여전히 미국과 이웃 국가들에게 반감을 사는 것을 경계하는 중국에게 그 미래는 아직 오지 않았다.

바랴그가 다롄에 정박한 후 장쩌민과 후진타오는 모두 이듬해 그곳을 방문한 것으로 알려졌다. 그러나 그들은 항공모함을 운용 가능하게 할 주요한 개조를 승인하는 대신 2004년에서 2005년 사이에 수행된 일련의 개조 관련 연구를 지원하기만 했다.[45] 최종 연구가 완료됐을 때 중앙군사위는 그것을 승인했고 바랴그는 다롄 조선소의 부두로 예인되어 세척, 재도색, 부식방지 코팅 스프레이 작업을 거친 뒤 선체 보존을 위한 기초 수리를 받았다.[46] 2005년 12월에 작업이 끝난 뒤 바랴그는 즉시 다음 몇 년—또는 일부 중국 소식통들은 "3년 동안의 고요함"이라고 부르는 기간—동안 홀로 남겨졌고 주요한 작업은 이뤄지지 않았다.[47] 일부 보고서에 따르면 항공모함 내부 작업은 완료됐을 수 있지만 중국은 항공모함 프로그램의 정치적·전략적 비용을 감당할 준비가 안 되어 있었고, 외국 정부가 감지할 수 있는 어떤 주요한 개조도 할 수 없었다. 실제로 2008년까지 중국 국방과학기술공업위원회COSTIND 대변인은 대중에게 주요한 건조 작업이 시작되지 않았다고 말했다.[48]

글로벌 금융위기 이후에야 항공모함에 대한 작업이 본격적으로 시작됐다.[49] 해양 요소 개발을 담당하는 국가해양국에 따르면 이는 중국 대전략의 공식적인 조정의 일부였다. 그들의 2010년 보고서는 이러한 변화를 분명히 했다. "2009년에 중국은 항공모함 건조에 대한 아이디어와 계획을 제시했다. 이는 중국이 해양 강국을 건설하는 역사적 시대에 진입했음을 나타낸다."[50] 중국군 소식통과의 인터뷰를 바탕으로 한 일부 설명에 따르면, 중국의 항공모함 프로그램은 2009년 4월 정치국 확대회의에서 승인되었으나 과거에는 "중국의 군사적 위협에 대한 주변국들의 우려를 부추길 것"이라는 두려움으로 조심스러웠다.[51] 정치국 회의가 열리고 한 달 뒤인 2009년 5월, 항공모함은 새로운 부두로 예인되었다. 프로젝트에 새 감독(양레이)이 붙었고 항공모함의 애초 소련 깃발과 배 이름이 마침내 제거되었으며 곧 주요 작업이 시작됐다.[52] 수리는 2009년부터 2011년 말까지 약 15개월이 걸렸다.[53]

이 무렵 중국은 바랴그의 청사진을 기반으로 아마도 2009년에 자체 항공모함(002형) 건조를 계획하기 시작했다. 계획은 2013년에 시작됐고, 건조는 2015년 3월에, 해상 시험은 2018년에 이루어졌다.[54] 2015년부터 세 번째 항공모함(003형)이 건조 중이며 램프가 아닌 플랫 구조에 전자기식 사출장치catapult를 갖출 것으로 예상된다.[55] 인민해방 군 관리들의 비공식 평가에 따르면 이 003형 라인의 항공모함이 추가 될 것으로 예상된다. 마지막으로 네 번째 핵 추진 항공모함(004형)이 개발 중인데 중국 조선산업공사CSIC에서 우연히 계획이 유출됐다.[56] 요컨대, 이러한 획득 시간표는 중국이 항공모함 프로그램에 대한 수십 년간의 제약을 재빠르게 끝내고 맹렬하게 노력해 10년 안에 완성된 항공모함 두 척과 거의 완공된 한 척, 건조 중인 또 다른 한 척, 그리고 계획 중인 핵 추진 항공모함 등 이후 항공모함 기반 해군으로의 전환이 빨랐다는 것을 보여 준다.

이것은 중요한 의문을 제기한다. 왜 중국은 2009년에 항공모함 프로그램을 시작했을까? 4장에서 살펴보았듯, 중국의 항공모함 건조 및 획득 능력과는 관련이 적으며, 군 내부와 정치국 상무위원회 고위 관료들도 이 프로그램을 지지했으므로 관료적 저항으로 인한 지연도 아니었다. 이들 중 어느 것도 항공모함에 관한 2009년의 중국의 전환을 설명할 수 없다.

다른 이들은 민족주의나 항공모함 효용에 대한 관점의 변화로 대양 해군을 추구하는 데 동기가 부여됐다고 주장하지만, 두 설명 모두 똑같은 이유로 부적절하다. 즉, 중국은 오랫동안 항공모함을 지역 비상

사태에 필수적 존재로 여겨 왔다. 전략적 이익이 아니라 지위가 추진 동기였다면 당은 톈안먼 사태 이후 정당성을 가장 의심받았을 때 (브라질이나 태국처럼) 겨우 작동하는 보여 주기용 항공모함을 추구하여 군사 용도로 개조할 수 있었다. 그러나 중국은 그 당시에 정치적 위험 때문에 바랴그를 구매하는 것조차 거부하면서 의식적으로 그렇게 하지 않았고, 구매한 다른 3개 항공모함(HMS 멜버른, 민스크, 키이우)도 취역하지 않고 폐기하거나 공원, 호텔로 개조했다.[57] 이후 항공모함에 대한 중국의 야심은 지위가 요구하는 것 이상으로 나아갔다. 중국은 4~6척의 항공모함, 수반되는 항공모함 전투단, 보급 기반 시설, 해외 시설을 건조하고 있으며, 이 모든 것은 중국의 전력 구조를 영구적으로 바꾼다.

이런 행동 경로를 가장 잘 옹호할 수 있는 설명은 매우 간단하다. 중국은 50년 이상 항공모함과 대양 인민해방군 해군이 특히 자국 지역에서 전략적 목표를 달성하는 데 도움이 될 것이라는 점을 이해해 왔다. 일찍이 1970년에 인민해방군의 초대 사령관인 샤오징광은 "중국 해군은 항공모함이 필요하다. 함대가 항공모함 없이 공해에서 활동한다면 항공 우위가 없고, 항공 우위가 없다면 승리도 없다"고 주장했다.[58] 1973년 중국 총리 저우언라이는 항공모함을 해양 주권과 연결했다. "우리 남사군도와 서사군도는 베트남공화국(남베트남)이 점령하고 있다. 항공모함 없이 중국 해군을 '총검으로 싸우는' 위험에 처하게 할 수는 없다."[59] 인민해방군 해군 고위 관리들은 이 같은 견해를 몇 년 뒤에도 고수했다. 1986년 11월, 류화칭은 "해군 발전 전략 연구 그룹"에 참여했는데, 여기에는 정부 전역의 "군대와 민간 지도자 및 저명한 전문가들"이 포함됐다. 류화칭은 회고록에서 "중국의 해양 권익을 보호하고 남사와 대만을 회복하고 기타 전략적 상황에 대처하는 데 필요한 관점에서 참가자들은 항공모함 건조를 권고했다"고 언급했다.[60] 류화칭은 나아가 수상함만으로는 중국의 이익을 보장하기 어려울 것이라고 주장했다. 이듬해 그는 인민해방군 총참모부에 "해양 편대를 생각할 때 우리는 구축함, 호위함, 잠수함만 고려했었다. 추가 연구 뒤에 공중엄호가 없으면 이런 편대가 해안 기반의 전투기 반경 밖에서 싸울 수 있는 방법이 없음을 알게 됐다"고 말했다. 그는 해안 기반의 항공기(예를 들어 대만 시나리오)의 반경 이내라고 하더라도 위기 상황에서 공중엄호가 충분히 빠르게 도달하지 못할 것이라고 했다.[61] 류화칭은 인민해방군 총참모부가 대체로 그의 보고서에 동의하고 항공모함 인수 문제를 격상시켰다고 썼는데, 이 모든 것은 적어도 1987년에 중국이 더 좁은 지역 작전 비상사태에 초점을 뒀던 것이 항공모함의 필요성을 강조했던 것임을 시사한다. 이러한 관점은 냉전 이후에도 지속됐다. 1995년 류화칭은 항공모함에 대한 고위급 회의에서 "남중국해 방어, 대만과의 평화적인 통일, 해양 권익 수호 등 모든 것이 항공모함을 필요로 한다"고 말했다.[62] 1990년대 초반 중국의 해외 자원 및 상품 흐름에 대한 의존도가 높아짐에 따라 인도양으로 진출할 수 있는 항공모함의 필요성도 증가했다.

항공모함에 대한 중국의 야망이 변화한 이유가 중국의 능력이나 관료 정치, 지위 불안 또는 항공모함 효용 평가의 변화에 따른 결과가 아니라면 무엇이었나? 답은 중국의 대전략에 있다. 비록 중국은 항공모함이 지역 분쟁에서 이웃 국가에 대항하고 해양 통제를 행사하는 데 유용하다는 사실을 이해했지만, 이런 목표는 약화시키기 전략에 맞지 않았다. 중국은 미래 항공모함 전력에 대한 연구와 계획을 승인했지만 적절한 시기가 될 때까지 프로그램을 시작하지 않고 기다렸다. 2008년 글로벌 금융위기 이후 타이밍이 눈에 띄게 좋아졌고, 이제 중국은 단순히 "도광양회"보다는 "유소작위"에 집중했다. 이에 따라 중국은 주변국과의 갈등을 우선시하고, 해양 통제를 실행하고 상륙작전을 추구하며 전략 해상교통로를 순찰할 수 있는 지역 패권의 기반을 공개적으로 구축하기 시작했다. 이러한 능력을 추구하면서 중국은 더는 주변국이나 미국을 불안하게 만들고 놀라게 하는 것의 대가에 대해 걱정하지 않았다. 이러한 이유로 더 큰 항공모함 기반 해군은 때를 맞은 전략적 목표였다.

이 주장에 대한 가장 설득력 있는 반대 의견은 중국의 항공모함 계획이 대전략과 대체로 분리된 고정된 현대화 일정에 따라 진행되고 있었다는 것이다. 이러한 관점에서 보면 2009년 항공모함 프로그램을 시작하기로 한 결정은 글로벌 금융위기나 대전략 전환과는 무관한 우연의 산물이다. 항공모함 건조는 복잡하고 시간이 오래 걸리며, 2008년에 벌어진 사건에 대한 반응으로 2009년에 어떤 프로그램이 시작될 가능성은 낮다는 것이다.

이것은 강력한 주장이긴 하나 확실하진 않다. 예를 들어, 중국은 1990년대와 2000년대 초에 저자세를 유지하면서 일단 진행 결정이 내려지면 항공모함 프로그램이 순조롭게 진행될 수 있도록 보장했다. 이를 위해 중국 지도자들은 항공모함 연구를 의뢰하고, 관련 항공모함 기술에 투자하고, 바랴그 인수를 위한 국가 지원을 시작했다. 또한 보스포루스 해협을 통해 그것을 가져올 수 있도록 정치적으로 개입하고, 청사진에 대한 연구를 승인하여 바랴그를 업그레이드할 계획을 준비했으며, 심지어 미래 항공모함 항공을 위한 몇 가지 훈련 프로그램도 시작했다. 이러한 준비는 중국이 전략적 여건이 좋아지면 즉시 프로그램을 시작할 수 있음을 의미한다. 더구나 중국은 대부분의 준비 조처를 조용히 진행했고, 기꺼이 승인할 것들에는 분명하고 확고한 한계가 있었다. 글로벌 금융위기 이전에 중국은 다른 국가들을 소외시킬 수 있는 더 명확한 조처를 취하는 데에는 한참 못 미쳤다. 즉, 큰 개조 작업을 위해 항공모함을 새로운(그리고 눈에 보이는) 부두로 옮기거나 바랴그에 인민해방군 해군 명칭을 부여하지 않았고, 심지어 (4개는 고사하고) 단 하나의 항공모함에도 전념하지 않았다. 대양 함대를 출범하려면 이런 조처들을 취해야 했지만 중국은 그걸 거부했고, 항공모함 프로그램은 교착됐다.

　항공모함 개발의 지연은 일부 기술관료적 현대화 일정에 따라 설정된 게 아니고 정치적일 가능성이 컸고, 몇 가지 이유에서 주로 대전략 고려에 의해 형성됐다. 첫째, 4장과 앞의 사례 연구가 보여 주듯이 당 엘리트들은 이웃 국가와 미국을 소외시키는 것을 두려워했고, 장쩌민은 완전한 항공모함 프로그램을 반대하며 예비 연구만 승인하는 등 과거에 최고위 수준에서 이 프로그램을 반복적으로 연기했다. 둘째, 중국이 고정된 현대화 일정에 따라 항공모함을 준비하고 있었다면 항공모함 프로그램을 개시한 시기가 대전략을 수정한 2009년과 맞아떨어진다는 점을 단순한 우연의 일치로 치부하기 어렵다. 더욱이 2009년에 수립된 공격적인 개조 및 건조 일정은 수년간 비교적 조용했던 뒤에 나온 것이며, 이는 중국이 미리 정해진 일정을 따르고 있던 게 아니라는 점을 시사한다. 셋째, 중국은 2009년에 바랴그 개조를 시작했을 뿐 아니라 공개적으로 더 많은 항공모함을 추진하기 시작했는데, 이는 항공모함 현대화가 정해진 일정에 따라 진행된 게 아니라 전략적 조정에 의해 형성됐다는 점을 다시 한번 보여 준다. 넷째, 앞서 논의한 바와 같이 국가해양국의 권위 있는 문서에 따르면, 2009년은 중국의 정치 지도부가 항공모함 프로그램에 대해 중요한 결정을 내린 핵심적 해였으며, 다른 자료들은 이 프로그램이 2009년 정치국에 의해 승인됐음을 확인해 준다.

요컨대 중국은 명백한 능력과 전략적 이해관계에도 불구하고 항공모함 건조를 피했는데, 이는 약화시키기 전략을 추구하고 있었고 항공모함이 미국과 주변국들—공격에 극도로 취약한 상태로 남아 있던—에게 잘못된 신호를 보낼 것이라는 점을 알았기 때문이다. 2008년 글로벌 금융위기 이후 중국은 지역 질서 구축을 강조하기 시작했다. 중국은 더는 미국이나 더 넓은 지역을 뒤흔드는 것을 두려워하면서 스스로를 제약할 필요를 느끼지 않았다. 항공모함이 가진 능력은 갈수록 해양 주권을 강화하고 지역적으로 개입할 수 있는 능력을 구축하는 쪽으로 경도되는 전략적 목표와 완전히 일치했다. 그리하여 중국은 항공모함 강국 대열에 진입했다.

## 수상함

글로벌 금융위기 이후 중국의 전략적 조정에는 항공모함에 대한 새로운 초점뿐 아니라 수상함대에 대한 광범위한 변화도 포함됐다. 중국은 상륙작전AMW, 대잠수함전ASW, 대공전AAW, 기뢰 대응MCM과 같은 능력들이 지역 질서 구축 전략의 일부로서 달성하고자 하는 임무들을 가능하게 한다는 것을 이해했다. 그러나 수십 년 동안 이런 능력은 우선순위가 아니었다. 중국은 대신 대수상전ASuW을 우선시했다. 여기서 의문이 든다. 중국은 왜 20년 동안 수상 전투 부대 중에서 다른 주요 능력보다 대수상 능력을 체계적으로 우선시하고, 2008년 이후에 경로를 바꾼 걸까? 여기서는 약화시키기 전략에서 구축 전략으로의 전환이 수상함대의 변화를 설명한다고 주장하며, 중국의 ① 주요 수상 전투함정, ② 기뢰 대응 선박, ③ 상륙작전 투자에 걸친 전환을 탐구한다.

## 주요 수상 전투함정

한 검토서에서 언급하듯이, 1990년대와 2000년대에 중국의 주요 수상 전투함정들은 여전히 많은 것들이 "제한된 대공전 및 대잠전 능력"을 갖고 있음에도 "매우 유능한 대함 미사일을 운반"하고 있었다.[63] 중국은 지역 질서 구축에 필요한 해양 통제, 전략 해상교통로 보호 또는 상륙 임무 등에 필요한 대공 및 대잠 능력에 투자할 수도 있었지만 의도적으로 이를 늦추면서 미국의 힘을 약화시키는 데 유용한 대수상 능력을 업그레이드했다. 이런 상황은 구축 대전략으로 전환될 때에야 바뀌었다.

회의론자들은 대전략의 전환이 이런 결정을 설명한다는 데 동의하지 않고 대신에 채택 역량으로 설명된다고 말할지도 모른다. 그들은 대수상전에 대한 과대 투자와 대공 및 대잠전에 대한 과소 투자는 후자의 역량이 재정적으로나 조직적으로 더 도전적이라는 사실 때문이라고 주장한다. 그러나 분석해 보면 그림은 더 복잡해진다. 실제로 중국은 단순히 더 쉽거나 저렴해서 대수상전에 투자한 게 아니다. 오히려 그게 필요하다고 생각했다. 중국 분석가들은 미국 항공모함에 대한 미사일 포화 공격을 사용하는 소련 전략에 대해 오랫동안 이렇게 기술했다. "만약 미국 항공모함들이 모든 종류의 유도 미사일 발사 플랫폼 전투단의 위협에 동시에 직면한다면, 그들의 작전 대응은 기술적 우위를 최대한 활용해 적을 하나씩 파괴하는 것일 수밖에 없다." 분석가들은 이 대응은 실패할 것이라고 썼다.[64] 비슷하게, 중국 군사과학아카데미가 발행한 순항 미사일 관련 책에는 "항공모함은… 의심의 여지없이 미래의 해상 전투에서 주요 목표물이 될 것"이고 순항 미사일 공격의 대상이 될 것이라고 언급했다.[65] 중국 자료들은 포화 공격에 미사일을 사용할 경우, 미국 항공모함 전투단은 이러한 불리한 비율을 뒤집을 수 없을 것이라고 시사한다.[66] 미국의 한 권위 있는 추정치는 중국이 그 지역에 미 해군보다 7배 많은 미사일을 배치한 것으로 집계했다.[67]

　대수상전에 관한 중국의 집중은 수상함 인수 결정에서 분명하게 나타났다. 냉전 이후 중국 최초의 구축함인 루후Luhu급 구축함은 이 전 구축함들(유능한 YJ-83)보다 훨씬 더 나은 대수상 무기를 보유했지 만, 상당히 오래된 대잠 박격포와 대공 시스템HQ-7을 갖고 있었다.[68] 1997년 중국은 더 은밀하면서 추진력도 낮지만, 이전의 대공 무기에 약 간의 대잠 무기(수량이 너무 제한적인 어뢰와 헬리콥터)만 개선하고 탐지 기능도 향상되지 않은 루하이Luhai를 도입했다. 가장 두드러진 사실은 중국이 러시아로부터 4척의 소브레메니Sovremenny급 구축함을 구입했다 는 점이다. 이 구축함은 대수상전을 위해 "미국이 보유한 어떤 대함 순 항 미사일보다 능력이 뛰어나다"고 간주되는 선번/모스킷Sunburn/Moskit 미사일을 장착했으며, 미국 항공모함 전투단을 겨냥하도록 설계됐다.[69] 그러나 이 새로운 선박은 본질적으로 15해리 범위의 "지점 방어 무기" 인 중국 자체의 보통 성능 대공 무기와 유사한 대잠 능력을 갖췄다.[70] 그런 다음 중국은 2004년에서 2007년 사이에 취역한 루저우Luzhou, 루 양1Luyang I 및 초기 루양2급을 포함한 새로운 구축함 모델을 실험하기 시작했다. 이것들은 대체로 대공전에 빈약한 대잠 기술과 지점 방어를 사용했다. 중국의 호위함 현대화도 비슷한 경로를 따랐고, 중국은 방대 한 수의 소형 미사일 보트에 투자했다. 이 보트들은 생존 가능성이 전 혀 없고, 8개의 인상적인 YJ-83 대함 순항 미사일을 탑재할 수 있지만 의미 있는 대공전과 대잠전 능력이 없었다. 해군정보국이 언급한 것처 럼, 수십 년 동안 대수상전은 인민해방군 해군의 "핵심 강점"이었다.[71]

　대공 및 대잠 능력이 우선순위였다면 중국은 그것들을 획득할 능 력이 있었다. 예를 들어 방공과 관련해 중국의 루다Luda, 루후, 루하이,

소브레메니, 루저우급은 우수한 러시아 시스템을 수입할 수 있었음에
도 불구하고 상대적으로 열악한 지점 방어 시스템을 배치했다. 중국은
2007년에 52형 루양 DDG, 특히 그중 한 가지 변종(52C형)을 선도적 방
공 시스템인 HHQ-9과 함께 해군 함정에 탑재했다.[72] 마찬가지로, 대
잠전과 관련해 어뢰가 더 효과적이고 상대적으로 저렴함에도 불구하
고 2010년대에도 대잠 박격포를 계속 배치했다. 중국은 1997년에 대잠
전 어뢰를 탑재할 수 있는 선박을 건조했고, 2005년이 되어서야 견인
음파탐지기 배열을 보유했다.[73] 대조적으로, 인도는 1980년대부터 대잠
전 어뢰(라지푸트 구축함 및 아브하이 소형호위함)를 배치했고 1990년대부
터 견인 음파탐지기 배열(델리 구축함과 브라마푸트라 호위함에)을 배치했
는데, 이는 중국도 그렇게 할 수 있었음을 암시한다. 더 넓게 보면, 중국
은 러시아의 우달로이급 구축함을 구매하려 하지 않았는데, 우달로이
급 구축함은 고급 대잠, 대공 능력을 갖췄고 중국이 러시아에서 구매한
소브레메니급 구축함의 대수상전 능력을 보완하기 위한 것이었다.

중국이 구축 전략으로 전환한 뒤 이 모든 게 바뀐 걸로 보인다.
2012년에 중국은 발전된 루양2 모델로 처음으로 대공전과 대잠전 능력
을 극적으로 개선했다. 대공전과 관련해 이들은 "이지스 같은" 시스템
을 자랑하며 "랴오닝호를 방어하는 데 필수적인 대공전 임무를 수행할
수 있는 최초의 중국 전함"으로 기록됐다.[74] 흥미롭게도, 이런 급의 선
박은 2005년에 마지막으로 제조되고 중단되었다가 2010년에서 2012년
사이에 항공모함 호위라는 명백한 목적으로 대략 4척이 만들어졌다. 이
모델이 완성됐을 때 중국은 루양3을 만들기 시작했고, 모두 고급 대잠
전, 대공전 기능이 장착됐다. 그러나 인상적인 것은 그들의 고급 능력이
결국 인민해방군 해군이 대수상전을 넘어선 임무를 아우른다는 것을
보여 줄 뿐만 아니라 대규모로 그렇게 하고 있다는 점이다. 실제로 글

로벌 금융위기 이후에 연속적으로 건조하기 시작하여 20척이라는 놀라운 숫자가 계획되어 2014년에 첫 취역이 이뤄졌다. 이러한 규모의 생산은 새로운 군사 전략의 가장 분명한 신호다. 루양3의 후속인 055형 렌하이 구축함은 2014년에 6척이 동시에 건조됐다. 더 정교한 대잠전 및 대공전 능력을 갖춘 약 30척의 고급 구축함 건조는 중요한 일이며, 이들 중 일부는 글로벌 금융위기 이전에 시작됐지만 그 생산 일정은 이후에 확장될 것임을 강력하게 시사한다. 더구나 26척의 구축함을 담당하는 최대 생산 라인은 모두 글로벌 금융위기로 촉발된 전략적 전환이 일어나고 몇 년 뒤에 시작된 것으로 보인다.

### 기뢰 대응

중국이 해군력을 투사하거나 상륙작전을 수행할 것으로 예상되는 모든 작전에서 기뢰 대응MCM은 중요할 것이며, 수많은 소해함(기뢰 제거 배)이 군사적 필수품이 될 것이다. 군사 관련 문서들을 보면 중국은 오랫동안 이것을 알고 있었다. 군사전략과학 2006년판은 중국이 어떤 상륙작전에서든 상륙 지역 근처의 기뢰를 제거해야 한다고 명시했다.[75] 마찬가지로 2012년판 합동 전역 이론 연구 지침에서는 섬과 관련된 전역에서 기뢰 대응 노력이 필요하다고 주장했다.[76] 그럼에도 불구하고 냉전 종식 후 거의 20년이 꼬박 지나서야 이러한 능력에 상당한 투자를 했다는 사실은 중요하고도 이해하기가 어렵다. 이는 중국이 약화시키기 전략을 추구할 때에는 이런 임무가 우선순위가 아니었음을 보여 준다. 반대로, 글로벌 금융위기 이후 기뢰 대응에 투자하기 시작했다는 사실은 역내 질서 구축에 필요한 작전의 종류에 관심이 높아졌음을 드러낸다.

1990년대와 2000년대에 걸쳐 중국의 기뢰 대응 투자는 놀라울 정도로 제한적이었다. 버나드 콜이 2010년에 말했듯이 중국은 공격적인 기뢰전에 상당한 투자를 했지만(4장 참고), 인민해방군 해군은 "기뢰 탐색과 제거 임무에 수반되는 투자를 하지 않았다."[77] 수십 년 동안 중국은 소련이 설계한 T-43/010형 원양 소해함 27척과 연안 소해함 8척을 포함해 몇 안 되는 1950년대 기뢰 제거함만 갖고 있었고, 이들 선박의 약 75퍼센트는 예비로 배치되는 등 구식이었고 비효율적이었다.[78] 최초의 기뢰 대응함 이후 거의 25년이 지난 2007년에야 마침내 기뢰 제거와 탐색 기능(우치급)을 모두 제공하고, 노후화된 T-43 함대를 대체할 수 있는 새로운 소해함 설계도를 도입했다.[79] 그때까지 러시아는 이미 중국에 판매한 버전을 계승하는 10개에 가까운 새로운 소해함을 도입했다.

수용 능력 이론과 달리, 중국의 기뢰 대응 능력이 제한된 것은 비용이나 편제의 복잡성 때문이 아니라 선택 때문이었다. 소해함은 나무 및 섬유유리 선체, 그리고 기뢰를 촉발시키는 자성, 압력, 음향신호를 낮추는 특수 프로펠러를 포함한 수동적 대응책 때문에 톤수에 비해 확실히 비싼 무기다. 그렇더라도 여전히 주요 수상 전투함정보다 훨씬 저렴하다. 편제 문제와 관련해 중국 및 개발도상국 해군은 1950년대부터 기뢰 제거 작전을 수행했다. 기뢰 대응은 그 이후로 진전해 왔으며, 현재는 선박 음파탐지기(또는 헬리콥터)를 사용하여 기뢰, 발사체, 잠수부를 식별하고, 그것들을 파괴하기 위해서 원격제어 방법을 쓰고 있다. 이런 작전은 특별히 복잡하지 않으며 인도네시아, 파키스탄, 사우디아라비아, 튀르키예를 포함한 많은 개발도상국이 1990년대 이후 참여하고 있다. 궁극적으로, 중국은 20년이 넘는 시간 동안 1950년대의 구식 소해함에 의존할 필요가 없었고, 자체적인 소해함을 건조하거나 러시아의 업그레이드된 모델 중 하나를 획득할 수 있었다. 실제로 중국의 접근 방식은 지역 질서 구축에 중점을 둔 대전략으로 전환하면서 바뀌었다. 중국은 2000년대 중반에 제한된 수의 새로운 급의 기뢰 대응 선박을 건조한 이후, 글로벌 금융위기 이후에 생산 라인을 분명히 재가동할 때까지 다른 소해함을 건조하지 않았다. 그 이후로 중국은 고급 기뢰 대응 선박을 여러 척 건조했다. 해군정보국이 밝혔듯이, 중국의 획득 및 훈련은 전환된 전략을 반영하도록 바뀌었다.

중국은 기뢰 대응 능력을 개선하는 데 막대한 투자를 했다. 원격제어가 가능한 우낭급 근해 소해함MSI의 모선 역할을 하는 뛰어난 우치급 기뢰 탐색선MHS과 새로운 우장급 기뢰 탐색선을 포함해 최근 몇 년 동안 많은 고급 기뢰 대응 선박들이 함대에 합류했다. 중국은 개선된 소나(음파탐지기)와 기뢰 중화 차량으로 기뢰 탐색 능력을 개선하였다. 중국의 전쟁 훈련에는 일상적으로 기뢰 부설과 기뢰 대응이 모두 포함됐다.[80]

중국이 기뢰 대응에 새롭게 초점을 맞춘 것은 과거에 이 능력을 방치했던 것과 뚜렷한 대조를 이루며, 이는 전략의 변화를 나타내는 강력한 증거다.

### 상륙전

중국은 항상 상륙전AMW 능력이 동중국해와 남중국해 또는 대만 해협에서의 작전과 지역 질서 구축에 필수적인 기타 임무에 필요하다고 믿어 왔다. 그러나 수십 년 동안 자신의 능력에 훨씬 못 미치는 투자를 했다. 미국의 힘을 약화시키는 대전략을 추구할 때는 더 공격적인 상륙전 능력은 우선순위가 아니었다. 글로벌 금융위기 이후 지역 질서를 구축하려는 전략으로 전환했을 때에야 상륙전이 더 중요해졌다.

상륙전과 관련하여 인민해방군 해군은 창립부터 2010년까지 이러한 능력에 더 많은 투자를 할 수 있음에도 불구하고 "대규모 상륙 부대를 건설"하지 않았다.[81] 1980년대 후반부터 중국은 상륙 능력을 향상시키기 위해 내키지 않는 노력을 기울였다. 2000년까지 대부분의 선박은 여전히 외해 항해 능력이 없었고, 보유하고 있는 약 55척의 중대형 상륙함 중 상당수가 40년이 넘은 예비 선박이었다.[82] 1990년대 중반과 2000년대 초반에 중국은 유딩Ⅰ, 유딩Ⅱ 전차상륙함, 윤슈급 중형상륙함, 유메이급 다목적상륙정을 포함하여 구식 선박을 대체하기 위해 더 많은 상륙 및 보급함 건조를 시작했다. 이런 노력은 흥미로운데, 버나드 콜이 지적했듯이 인민해방군 해군은 사실상 2000년부터 변함없이 "완전무장한 기계화 사단 1개 정도를 수송하는 것으로 여전히 제한"된 상황이었고, 이러한 노력은 "상륙군 현대화를 목표로 하되 그 능력을 크게 확장하는 것은 아니었"기 때문이다.[83] 중국이 상당한 해상 수송 능력을 확보하기 시작한 것은 2006년 유자오급 도크형상륙함LPD을 건조하고부터다. 비록 그 뒤 10년 동안 겨우 4척의 선박만 획득하긴 했지만 말이다. 그때에도 이들 도크형상륙함은 "76mm 함포 1문과 30mm 근접방어무기체계CIWS 4문으로 비교적 가볍게 무장"하고 있었는데, 이는 실제 가치가 상륙전이 아니라 재난 구호와 같은 전쟁 이외의 군사 작전 수행에 있을 수 있음을 시사한다.[84] 선박 외에 해병대 또한 상륙 능력의 중요한 요소다. 중국은 1979년 해병 여단을 창설하고 1998년에 두 번째 여단을 창설해 전체 해병 병력이 약 1만~1만 2,000명의 현역 군인이었는데, 이 기간 동안 수를 늘리지 않았다.[85]

중국이 비용이나 편제의 복잡성 때문에 이들 선박을 획득하지 못한 것이라고 설명하는 수용 능력 이론으로는 이를 설명할 수 없다. 실제로 알제리, 브라질, 칠레, 인도네시아, 페루, 필리핀, 싱가포르, 한국을 포함하여 다양한 기술 능력을 가진 여러 국가들이 이들 선박을 건조하거나 획득했다. 중국의 조선 산업은 분명히 2007년 이전에 도크형상륙함을 건조할 수 있었다. 그리고 해병에 관해서도, 해병대를 창설하거나 확장하는 데 특별히 비용이 많이 들거나 작전상 어렵지 않다. 브라질(해병 1만 5,000명), 콜롬비아(2만 4,000명), 한국(3만 명), 태국(2만 명) 등 다른 여러 국가들은 모두 수십 년 동안 해병대를 보유해 왔으며, 중국 또한 1만 명의 제한된 해병 병력을 늘릴 수 있었다. 실제로 1950년대 대만 침공이 그럴듯해 보였을 때 중국은 10만 명에 가까운 해병을 보유하고 있었는데, 1957년 미국의 개입으로 계획에 차질이 생기자 해병대를 없앴다.[86] 중국이 해병과 상륙 능력에 상대적으로 투자를 적게 하고 늦춘 이유는 비용이나 복잡성 때문이 아니라 전략에 관한 것이었다. 다시 말해 이러한 능력은 미국의 힘을 약화시키는 데에는 필요하지 않았기 때문이다.

중국은 지역 질서 구축 전략을 추구함에 따라 수송 능력을 극적으로 키워 줄 수송선과 상륙 보병에 대한 대규모 투자를 시작했다. 071형 도크형상륙함은 2007년 1척에서 2020년 7척으로 크게 늘었다. 이 선박들은 글로벌 금융위기 이전에 생산이 시작됐지만 이후 생산 라인이 더 확장된 듯 보인다. 그리고 중국이 3척의 거대한 075형 강습상륙함 생산을 시작한 것은 글로벌 금융위기 이후였는데, 각각 071형 도크형상륙함보다 거의 두 배 더 멀리 이동하고, 훨씬 더 잘 무장하며, 헬리콥터 30대를 수용하는 능력을 포함해 월등히 큰 용량을 갖추었다. 이 10척의 대형 상륙 수송선은 미국에 이어 두 번째의 상륙 돌격 능력을 제공할 테지만, 10년 전에는 존재하지도 않던 것들이었다. 또한 중국은 중형 상륙함의 숫자를 크게 늘렸다. 2000년대에 9척을 건조한 뒤 글로벌 금융위기가 끝날 때까지 생산을 중단했다가 재개하여 2016년까지 생산량을 거의 두 배로 늘리고 추가 생산 계획도 세웠다. 선박 외에도 수십 년 동안 해병대를 1만 2,000명 이하로 안정적으로 유지하다가 글로벌 금융위기 이후에 극적으로 확대했다. 중국은 2017년 해병의 수를 두 배로 늘린 뒤, 이전보다 10배 수준인 10만 명으로 늘리겠다는 계획을 발표했다.[87] 이는 큰 숫자인데, 특히 전체 인민해방군 해군이 약 23만 5,000명에 불과하기 때문에 해병대 창설은 해군을 완전히 바꾸는 결정이다. 전직 해군 사령관 류샤오장이 말했듯이, 이러한 대규모 증가는 "대만과의 전쟁 가능성과 동중국해 및 남중국해에서의 해상 방어"를 목표로 함을 의미했고, 또한 인도-태평양에 걸쳐 "이 나라의 해상 생명줄과 지부티와 파키스탄의 과다르 항구 같은 연안 공급 창고"에 대한 새로운 임무에 초점을 둔다는 것을 보여 줬다.[88] 즉 해외, 특히 아시아에서 중국의 이익을 확보하는 데 중점을 둔 구축 전략과 일치했다.

## 해외 시설과 개입

지난 몇 년 동안 중국은 사실상 같은 생각을 바탕으로 한 영화를 계속해서 제작하여 박스오피스 1위에 올렸다. 〈늑대전사〉와 후속작 〈늑대전사2〉, 〈메콩강 작전〉, 〈홍해 작전〉 등의 영화는 중국 군대가 해외에 있는 중국인을 구출하고, 중국 투자를 보호하며, 국제 공공재를 제공하기 위해 국경 밖에서 활약하는 모습을 담고 있다. 중국군은 이 영화들에 약간의 자금과 액션 세트를 지원했고, 결정적으로 영감도 제공한다. 이들 영화는 리비아와 예멘에서 중국인을 대피시키고, 해적을 단속하고, 2011년 10여 명의 중국인을 죽인 마약왕을 범죄인 인도하는 등 해외 이익을 보호하기 위한 중국군의 첫 시도들에서 이야기를 시작한다. 예를 들어, 〈홍해 작전〉에서 중국 아덴만 태스크포스는 납치된 중국인을 구출하고 핵 확산 고리를 저지하고 의기양양하게 집으로 항해한다. 돌아오는 길에 그들은 남중국해에서 미군 함정을 만나 퇴각 명령을 내린다. 크레딧이 올라갈 때 중국의 젠-15기 한 대가 항공모함(옛 바랴그)에서 이륙해, 무단 침입한 미국 함정들을 향해 날아간다.

이런 종류의 영화에 대한 대중의 끊임없는 관심은—그중 2편은 중국 역사상 가장 높은 수익을 올린 3편에 든다—"해양 강국"이 되려는 노력의 원인과 결과를 모두 반영한다. 해적 퇴치 임무에서든 영토 분쟁에서든, 인도-태평양 전역에서 중국의 확장된 활동을 개략적으로 살펴보는 것은 유익하다. 2008년 12월 26일, 중국은 아덴만에 해적 단속 해군 태스크포스를 파견하기 시작했는데, 첫 10년 안에 "호위함대 31개, 선박 100척, 선상 헬리콥터 67기와 군인 2만 6,000명 이상"을 보냈다.[89] 그 시점부터 중국군은 보충 및 재보급을 위해 인도-태평양의 여러 지역 항구를 정기적으로 사용하기 시작했다. 2011년 중국은 리비아에서 시민 3만 명의 대피를 지원하기 위해 군함을 보냈다. 같은 해, 메콩강에서 13명의 중국인 상인 선원들이 살해되자 중국은 6명의 외국인 용의자들이 중국에서 처벌받도록 범죄인을 인도하려 노력했고, 미얀마, 태국, 라오스와 함께 메콩강에서 치외법적 공동 순찰을 처음으로 시작했다. 심지어 해외 마약왕에 드론 공격까지 고려했다.[90] 2013년 중국은 동중국해에 방공식별구역을 선포했다. 2014년 초에는 지부티와 체결한 "안보 및 방위 전략적 파트너십"에 따라 지부티에 첫 공식 해외 기지 건설을 위한 협상을 개시했다.[91] 같은 해에 남중국해에 인공섬을 짓고 군사화하기 시작하여 비행장, 부두, 시설을 건설했다. 이전의 접근 방식에서 크게 벗어난 이런 움직임은 동중국해에서 일본이 관리하는 영해에 대한 여러 전례 없는 도발과 함께 이뤄졌다. 2015년에는 예멘에서 약 1,000명의 시민을 대피시키고, 네팔에서는 군용 헬리콥터를 이용해 100명이 넘는 시민을 대피시켰다. 종합해 보면 이러한 조처들은 중국이 과거보다 인도-태평양 전역에서 "해양 강국"으로 행동할 의향이 훨씬 더 강해졌다는 점을 보여 준다. 이는 구축 대전략으로의 전환과 일치한다.[92]

중국이 이 전략을 추구하기 위해서는 전력 투사, 상륙 작전, 해양 통제, 중국이 충실하게 구축한 전략 해상교통로를 순찰할 수 있는 해군뿐 아니라, 한때 약화시키기 대전략의 창공이었던 덩샤오핑 시대의 두 가지 약속에서 벗어나야 했다. 그 두 가지는 ① 해외 개입 회피, ② 해외 기지 회피로, 글로벌 금융위기 이후부터 이러한 관행을 깨야 한다는 요구가 훨씬 더 커졌다.

첫째, 해외 개입에 반대하는 규범과 관련하여, 국방백서의 저자인 천저우 장군은 규범 완화에 찬성하는 주장을 폈다. 금융위기 1년 뒤에 쓴 국방백서에서 천저우는 "국가가 해외 이익을 효과적으로 보호할 수 있는지 여부는… 다른 나라들의 주권적 이익과 관련 있기 때문에 매우 민감한 지점이다"라고 말했다. 천저우는 이어 "역사적으로, 제1차 세계 대전 이전에 국제 사회는 한 국가가 재외국민의 생명과 재산을 보호하기 위해 무력을 사용하는 것이 정당하다고 인식했지만" 중국의 "상대적으로 약한 국력" 때문에 "우리는 이런 견해를 침략, 간섭과 완전히 동일시했다"고 말했다. 물론 그 이후 상황은 바뀌었고 그는 "우리의 종합적인 국력이 성장함에 따라 에너지 자원과 교통 통로의 안전을 보호하고 국민의 법적 권익을 보호해야 하며… 이것을 국가 안보의 중요한 측면으로 다뤄야 한다"고 말했다. 이런 경우에 개입은 "국가의 권리이자 권력이며, 책임과 의무다." 이것이 과거 원칙의 위선적 후퇴가 아닌 이유는 중국이 서방 국가와는 다르기 때문이라고 천저우는 주장했다. 그들이 "전쟁과 불평등 조약을 통해" 이익을 확보한 반면, 중국은 "평화공존 5대 원칙"을 따랐다. 결과적으로 "우리의 이익은 진정한 합법성과 정당성을 향유하고" 중국의 이익을 보호하기 위해 해외에서 무력을 사용하는 것은 정당하다.[93] 천저우의 고뇌에 찬 논리는 불간섭 원칙을 깨는 데 지적인 윤기를 더해 줬다.

둘째, 해외 주둔을 지원하고 일대일로를 포함한 국익을 확보하기 위해 해외 시설 회피라는 또 따른 원칙에서 벗어나야 했다. 수십 년 동안 중국은 "외국 어느 지역에도 군대를 주둔하거나 군사 기지를 설치하지 않는다"고 약속했는데, 이런 표현은 심지어 여러 공식 국방백서에도 담겨 있었다.[94] 해외 "군사 기지"를 건설하지 않겠다는 중국의 과거 약속을 고려해, 인민해방군은 건설하기를 원하는 시설을 표현할 때 "전략적 거점", "해상 역참", "지원 기지", 또는 단순히 "시설" 등의 완곡한 용어를 사용했다. 글로벌 금융위기 이후, 각종 논평들은 이런 시설들의 중요성을 점점 더 강조하기 시작했고, 결국 권위 있는 문서로 옮겨졌다. 합동참모부 차장인 순장궈 제독은 〈치우스〉에서 2012년 18차 당 대회에서 중국은 "해외 기지 건설을 꾸준히 추진하라"고 지시했다고 썼는데, 해외 기지 건설 절차는 이미 진행 중이었을 가능성이 높다.[95] 더구나 2013년 군사전략과학은 다음과 같이 주장했다.

우리는 본토에 의존하면서 주변으로 뻗어나가며, 두 대양, 즉 태평양과 인도양으로 진출하는 전략적 거점을 구축하여 해외 군사 작전을 지원하거나 해외 군대 배치를 위한 전진 기지 역할뿐 아니라 관련 지역에서 정치적·군사적 영향력을 발휘해야 한다.[96]

이런 언어는 이러한 시설들이 지역 질서 구축이라는 대전략의 일부임을 분명하게 해 준다. 이듬해 중국의 해양 전략을 고안하는 국가 해양국 전 국장인 류치귀는 "해상 역참"과 연결성이 일대일로의 해양 안보 구성 요소를 개발하기 위한 최우선 순위라고 썼다. 그는 "핵심 수로, 핵심 노드, 핵심 프로젝트를 틀어쥐고 항로에 위치한 국가들과 해상 공공 서비스 시설을 건설해야 한다"고 적었다. "해상 실크로드의 안정적 발전을 유지하기 위해서는 항로 안보가 핵심이며, 항로 확보를 위해서는 항만과 부두가 최우선이다."[97] 이러한 항구들은 "화물 취급 기능을 가질 뿐만 아니라 보충 및 병참 서비스를 제공해야 하며, 가장 중요하게는 주변 수로의 안전을 보장해야 한다."[98] 류치귀의 "해상 역참"은 "호스트 국가와 별도로 중국 및 다른 나라들과 공동으로 건설될 수도 있고, 아니면 현재 존재하는 항구를 작전 기지로 임대하는 것을 포함할 수도 있다." 그리고 이는 류치귀 혼자만의 견해가 아니었다. 국방백서를 여러 권 쓴 천저우 장군은 "우리는 해양 활동의 영역을 확장하고, 일부 중요한 전략적 지역에서 우리의 존재를 드러내려 노력해야 하며, 전략적 지원 거점을 구축하기 위해 외교 및 경제적 수단을 사용하고, 관련 해상 지역의 관련 국가들로부터 합법적으로 접근권을 얻을 수 있는 정박 지점과 공급 지점을 활용해야 한다"고 주장했다.[99] 덜 권위적인 출처들은 훨씬 더 솔직하다.[100] 국방대학교의 량팡 교수는 일대일로 확보에는 두 가지가 필요하다고 주장했다.[101] 첫째, "항공모함 편대를 핵심으로 하는 근해 기동전 병력"을 지탱하는 보다 강력한 해외 주둔이 필요했다. 둘째, 중국은 "해외 주둔군 체제를 구축"할 필요도 있었다. 량팡은 "전략적 관점에서 우리는 관심과 집중도가 높은 지역에서 해외 전략적 주둔을 구축하는 방안을 선택해야 한다"고 주장했다. 이는 군 기지여야 할 필요가 없으며, 이중 용도 상업항과 같은 "해군 함정의 임시 정박지 및 보충 지점"이 될 수도 있다.

이러한 종류의 해외 시설에 대한 집중은 특히 해외 항구 투자와 관련하여 몇 가지 주요 해양 결정을 이끌었을 것이다. 2014년, 인민해방군 해군의 전략 및 교리 연구소인 중국해군연구소의 전문가들은 벵골만, 미얀마, 파키스탄(과다르), 지부티, 세이셸, 스리랑카(함반토타), 탄자니아(다레스살람) 등 미래 군사 기지 7곳을 꼽았다.[102] 그리고 해군대학의 코너 케네디가 검토한 중국 자료들에서 많은 중국 항구 프로젝트들이 잠재적인 "전략적 거점"으로 언급됐다. 지부티에 있는 중국의 현 기지가 파키스탄(과다르)과 스리랑카(함반토타)에 있는 잠정적 미래 시설처럼 언급된다. 지역 항구들에 대한 중국의 투자는 향후 군사적 접근 가능성을 염두에 두고 조심스럽게 이뤄진다. 실제로 인민해방군의 입안자들은 여러 개의 기지 또는 "거점"을 계획할 필요성을 언급하지만, 처음에는 그중 일부만 "꽃 피우도록" 했다.[103] 예를 들어, 중국은 파키스탄 해군이 현재 사용하고 있는 과다르 항구와 공항에도 투자했다. 인민해방군 입안자들은 과다르가 인민해방군 해군 태스크포스의 장기 휴식 및 보급 지점이 될 수 있고, 심지어 현재 지부티에 있는 것과 같은 미래 지원 기지를 위한 장소가 될 수 있다고 공개적으로 쓴다. 군사적 잠재력은 어느 정도 예견된 결론이며, 일부 인민해방군 장교들은 "음식은 이미 접시에 있다. 먹고 싶을 때 먹겠다"고 표현했다.[104] 한편, 파키스탄의 카라치 항구는 이미 인민해방군 해군이 보충을 위해 사용하고 있다. 중국이 구축 전략을 시작하며 카라치 항구는 더 중요해졌다. 2008년 이전에는 인민해방군 해군이 이 항구를 방문한 것은 5번에 불과했지만 이후에는 17번으로 늘었다.[105] 중국은 스리랑카의 함반토타 항구에 막대한 투자를 했고, 이전에는 콜롬보항에 잠수함과 군함을 정박시켰으며, 그런 특권을 더 요구했으나 실패했다. 중국은 심지어 스리랑카가 함반토타를 건설한 대출금을 충당할 수 없게 되어 함반토타를 장악했을 때 군사적 접근을 모색하기까지 했다.[106] 미얀마, 방글라데시, 몰디브, 아프리카 동부 해안에 걸친 다른 프로젝트들도 의심할 여지없이 비슷한 맥락으로 볼 수 있으며, 중국의 지역 질서 구축에 필수적이다.

이러한 프로젝트는 인민해방군이 갈수록 항공모함 및 고급 수상함에 집중하는 것과 더불어, 중국군이 지역 질서를 유지하기 위한 군사적 형태의 통제 구축에 착수하고 있었음을 보여 준다. 2009년에 후진타오의 "더 공격적인 움직임"을 취하라는 이 새로운 명령은 군사 영역에만 국한되지 않는다. 다음 장에서 논의하는 것처럼 중국의 더 큰 주장은 또한 아시아 지역 기구들의 결정적 특징이 될 것이다.

# 9장

# 지역 구조 구축

정치적 구축 실행

"결국 아시아의 일을 관장하고, 아시아의 문제를 해결하고, 아시아의 안보를 유지하는 것은 아시아인의 몫이다."

— 시진핑, 2014년

2014년 10월 시진핑 중국 국가주석은 카자흐스탄의 수도 아스타나로 날아갔다. 뒤이어 약간의 역설이 발생했다. 안 그랬으면 무명이었을 기구에 역사적 순간이 온 것이다.

아시아 교류 및 신뢰구축회의CICA는 다자기구 중에서 이름이 가장 긴 것 중 하나이지만, 명칭에 덧붙은 단어들은 그 명백한 목적의 허점을 결코 채우지 못한다. 이 기구는 처음에 누르술탄 나자르바예프 카자흐스탄 대통령이 1992년 연설에서 제안하고 이끌었다. 그 후 일련의 비공식 회의와 성명 취소들을 거쳐 마침내 존재하게 되기까지 대략 10년이 걸렸다. 이 기구 역사의 대부분 기간을 비공식적·공식적으로 모두 카자흐스탄이 이끌었고 그 뒤 4년(2010~2014년)은 튀르키예가 주도했다. 이제, 중국이 이끌 참이었다.

중국이 결국 CICA 의장이 된 것은 시기상의 우연이 아니라 2012년부터 시작된 의식적인 구애의 결과였다. 다른 나라들이 이 기구를 무명의 무력한 기구로 볼 때 중국은 기회를 봤다. 중국은 자신의 선호를 반영한 아시아 안보 구조를 구축할 방법을 모색해 왔지만 아세안이 주도하는 포럼들에서 미국 동맹들에 의해 방해를 받았다. 지금 여기에는 대부분의 유라시아 국가들을 포함하면서도 아세안 중심성을 피하며, 가장 중요하게는 미국과 일본을 포함하지 않는 기구가 있었다. 이 기구를 이끄는 것은 비교적 간단한 일이었고, 이제는 중국이 그걸 격상시킬 수 있었다. 중국은 CICA가 미국 동맹을 약화시킬 규범을 홍보하는 플랫폼이 될 것으로 기대했고, 또한 미국과 일본이 공격할 수 없는 지역 구조를 위한 중국의 비전을 설정하는 플랫폼으로 만들고자 했다. 중국의 한 싱크탱크가 말했듯이 "CICA는 아시아 안보 구조를 향한 최단 경로를 만드는 데에 견고한 제도적 기반을 제공할 수 있다." 이는 중국의 우선순위를 반영한 것이다.[1] 그래서 시진핑은 CICA 지도자로서의 첫 연설에서 1990년대 버전에서 업그레이드된, 미국 동맹들을 공격하는 "신아시아 안보 개념"을 발표했다. 시진핑은 "아시아의 문제를 관장하고, 아시아의 문제를 해결하고, 아시아 안보를 유지하는 것은 아시아인의 몫이다"라고 선언했다. 다시 말해, 미국도 필요 없고 미국과의 동맹도 필요 없다는 것이다.

이 말은 너무 충격적이어서 서구의 일부 중국 분석가들은 그 연설을 미숙한 중국 외교관들이 만든 검증이 안 된 작품, 즉 일탈이라고 일축했다.[2] 그러나 이는 글로벌 금융위기로 증폭된 오래된 목표였기 때문에, 그렇게 일축하는 것은 잘못이었다. CICA 웹사이트에 부적절하게 게시됐다가 유출된 중국의 과거 CICA 회의 준비 문서들에는 중국이 글로벌 금융위기 이후 이러한 주제들을 옹호했다는 점을 분명하게 보여 준다. 문서들과 부속 자료는 아시아가 미국과의 "폐쇄된 양자 군사 동맹"에서 그런 게 없는 "새로운 구조"로 전환할 것을 요구했다. 한때 비공개였던 것이 시간이 지남에 따라 공개적으로 언급됐다. 2012년 중국 외교부 부부장은 미국 동맹에 비판적인 러시아-중국의 공동 제안이 아시아 안보 구조에 대한 CICA의 접근에 기초가 되기를 원했고, 다른 국가들도 이러한 배타적 비전에 따를 것을 제안했다. 그는 "우리는 중국-러시아 구상을 기반으로 안보 분야에서 모든 아시아 국가들의 행동 규칙을 정교하게 만들 것을 제안한다"고 선언했다.[3]

시진핑의 2014년 연설과 CICA에서의 리더십은 글로벌 금융위기로 촉발된 아시아에서의 질서 구축에 정점을 찍었다. 시진핑이 "아시아인을 위한 아시아"를 선언한 것은 분명히 우연이 아니었고, 중국 외교관들은 그 이후 CICA에서 계속해서 그 얘기를 했다. CICA를 운영하는 중국은 마침내 지역 질서에 대한 배타적 비전을 구체화할 기회를 갖게 됐다.

이 장에서는 아시아 기구들을 통해 지역 질서를 구축하려는 중국의 노력에 대해 살펴보고, 두 가지 질문에 답한다. ① 중국은 기존의 더 성숙한 기구들이 준비돼 있는데 왜 비용이 많이 드는 새로운 포럼을 만들고 무명이었던 기구들을 격상시켰나? ② 아시아 기구의 제도화에 반대했던 중국이 이제는 제도화를 적극 지지하는 이유는 무엇인가? 두 질문에 대한 답은 글로벌 금융위기 이후 중국의 대전략 전환과 관련이 있다. 중국은 자신이 주도할 수 있는 새로운 포럼을 원했고, 중국의 질서 구축에 도움이 되고 미국이 관여하지 않았기 때문에 아시아 기구들의 제도화를 지지했다. 중국이 미국 주도의 포위를 두려워하여 아시아태평양경제협력체APEC 또는 아세안지역안보포럼ARF에 대응하던 때의 예민함과 소심함은 사라졌다. 이제 중국은 중국의 비전과 일치하는 자체적인 포럼들을 세울 것이다. 질서를 구축하려면 이웃의 행동을 규제할 수 있는 "통제 형태"가 필요하며, 다자기구들은 강압(특히 경제적), 합의(공공재 또는 유익한 거래를 통해), 정통성(리더십을 주장하고 규범을 설정함으로써)을 위한 기회를 제공할 수 있다. 중국의 노력은 여러 기구로 확장됐고, 모두 성공한 것은 아니지만 CICA와 아시아인프라투자은행AIIB을 특히 주목해야 한다. CICA가 아시아에서 다자 질서 구축의 안보 요소라면, AIIB는 경제적 요소였다. AIIB가 훨씬 더 중요하지만, 두 기구를 합치면 중국의 선호와 전략적 야망의 범위가 보인다. 당시 중국 전략가들의 마음속에 두 기구는 중국의 생각대로 아시아 질서를 구축하는 길을 제공했다.

## 중국의 정치 문서

국제기구에 대한 중국의 발언은 글로벌 금융위기 이후 바뀌었다. 지난 10년 동안의 핵심적인 내부 외교 문서로의 접근은 부족하지만, 후진타오 주석과 시진핑 주석의 연설은 중국이 지역 기구를 이용해 미국의 힘을 약화시키거나 주변국을 안심시키는 것에서 벗어나, 아시아에서 지역 질서의 조건을 설정하려는 열망으로 바뀌고 있음을 보여준다. 두 지도자는 주변 지역, 즉 "주변 외교"에 초점을 맞추도록 한층 끌어올렸으며, 다자기구를 중국의 이익을 반영하는 아시아에서의 "운명공동체"를 건설하는 도구로 보았다.

### 글로벌 금융위기와 정치 전략

글로벌 금융위기 이후 중국의 전략적 전환을 설명하는 연설에서 후진타오는 "주변 외교"에 더 집중할 것을 촉구했다. 이 집중의 성격은 과거와는 질적으로 달랐다. 지난 장에서 설명했듯이, 이웃을 관여시키는 "주변 외교"에 대한 관심은 중국이 경제적 양보를 통해 약간의 호의를 얻을 수 있었던 1997년 아시아 금융위기뿐 아니라 3대 사건 이후에 더욱 증가했다.[4] 그러한 관심은 이후로도 계속됐지만 거기에 동기가 된 것은 대체로 미국의 연합 구축 또는 포위 가능성을 줄이는 것과 관련된 방어적인 우려였다. 실제로 당시 중국 관리들은 "중국 위협론"을 믿는 주변국들의 경계와 포위에 대해 우려했고, 이러한 우려가 중국이 국제기구에 참여하는 데 영향을 미쳤다.

글로벌 금융위기 이후 두려움이 줄어들자 "주변 외교"의 목적이 바뀌기 시작했다. 후진타오는 연설에서 놀라울 정도로 자신감 있는 태도를 내비쳤다. 그는 중국이 외부 압력을 줄이고 지역에서 더 큰 행동의 자유를 갖게 될 것이라고 강조했다. 실제로 글로벌 금융위기 이후 "전반적인 전략적 환경이 계속해서 개선되고 있다"며 "주변부에 대한 우리나라의 영향력이 더욱 확장됐다"고 선언했다.[5] 주변의 반대에 대한 우려가 줄었음을 드러내는 좋은 예는 영토 분쟁에 대한 언어였다. 후진타오는 2006년 중앙외사공작회의에서 극적으로 더 회유적인 연설을 한 것과 대조적으로, 2009년에는 갈등 해소를 강조하던 것을 뒤집고, "권리 수호와 안정 유지 사이의 관계를 정확히 파악하고, 중국과 이웃 나라 간의 해양 권리, 영토, 국경을 넘는 강에 대한 분쟁을 적절히 다뤄야 한다. 우리는 관련 국가들이 중국의 권익을 침해하는 일에 단호하게 맞서 싸워 우리의 핵심 이익을 수호해야 한다"고 말했다.[6] 이런 종류의 언어는 다른 연설들에서도 드물게 있긴 했지만 대체로 온건했다. 그러나 2009년 후진타오의 연설은 나아가 중국이 영토 문제에 대해 "공격적으로 움직여야" 한다고 주장했다. 이 기운찬 새로운 노선은 이전 다자 정책 이면의 근본적인 추진력이 바뀌고 있으며, 중국이 이제 지역을 더 적극적으로 재편하기를 원하고 있음을 시사했다. 따라서 중국의 지역 다자주의 또한 변화를 요했다.

후진타오는 2009년 연설에서 이러한 전환을 인정하고 위기 이후의 조정을 통해 외교를 더 적극적으로 바꿔야 한다고 주장했다. "외교 업무는 글로벌 구조의 변화에 적응하고 모든 방향과 여러 차원에서 발전해야 한다."[7] 이러한 조정은 "다자 외교를 보다 적극적으로 발전시키는 것"을 요구하며, 후진타오는 "다자 문제에 적극적으로 참여하고, 다자 외교 수단과 메커니즘을 충분히 활용하여 국익을 수호해야 한다"고 말했다. 실제로 그는 다자 외교가 "전례 없이 활발하고 중요하다"고 주장했다.[8] 특히 주변 외교와 관련하여 후진타오는 다자기구 안에서 "안보·경제·문화 분야의 실용적 협력을 활발하게 강화"하고 "동아시아에서 지역 협력을 적극적으로 추진할 필요가 있다"고 주장했다.[9] 글로벌 금융위기에 대응하여 중국의 외교를 수정한 연설에서와 마찬가지로, 이러한 발언은 더 큰 다자간 행동주의가 그 직접적인 결과이며 지역 목표에 결정적임을 시사했다.

후진타오의 연설 이후 "주변 외교"는 중국 질서 구축의 대명사가 된 "운명공동체"를 만들기 위한 노력의 일부로서 계속 격상됐다. 그리고 다자기구들이 중요한 역할을 했다. 2011년에 중국은 처음으로 "운명공동체"를 옹호하는 백서를 공개했다.[10] 2년 후인 2013년, 왕이 중국 외교부장은 "주변 외교"를 외교정책의 "우선순위 방향"이라고 선언했고, 시진핑은 전례 없는 주변외교공작회의를 개최했다. 2006년 이후 외교정책에 관한 이 정도 규모의 회의는 처음이었고, 주변 외교에 관한 회의 또한 처음이었다. 거기서 시진핑은 중국 외교를 "중화민족 부흥"이라는 궁극적 목표와 직접 연결하고 중국의 목표는 지역 "운명공동체"의 실현이라고 선언했다. 이는 중국이 질서 구축 야망에 얼마나 진지한지를 보여 준다. 이듬해 2014년 중앙외사공작회의에서 시진핑은 처음으로 "외교적 배치"를 수정하고 주변 외교를 미국과 같은 강대국에 대한 집중보다 더 위로 올렸다.

다자기구는 "운명공동체"를 실현하기 위한 플랫폼이었고, 시진핑은 지역 회의들에서 이 개념을 집요하게 띄웠다. "운명공동체"를 건설하기 위해 전력을 다하고 있는지에 대해 의문이 계속되는 경우에 대비하여 2017년 아시아안보협력 백서는 다음과 같이 분명히 했다. "중국 지도자들은 여러 차례에 걸쳐 운명공동체의 개념을 자세히 설명했다. 중국은 아시아 및 아시아-태평양 지역 전체에서⋯ 운명공동체를 건설하기 위해 노력하고 있다."[1] 이러한 자료들은 모두 중국 대전략의 중심이 되는 우선순위는 아닐지라도 주요한 초점으로서 지역 질서 구축의 출현을 강력하게 시사한다. 그리고 실제로 중국은 지역 구조 형성에 관심을 강조하기 시작했는데, 이 장에서 서술하는 사례 연구에서 AIIB 및 CICA에 관한 담론이 이를 분명히 한다.

### 구축 전략

4장에서 이미 논의한 것처럼, 글로벌 금융위기는 미국의 힘에 관한 중국의 인식을 급격하게 바꾸어 놓았고, 주변부로부터 중국을 보호하기보다는 주변부를 형성하는 데 더 집중하는 지역 전략을 가져왔다. 1990년대와 2000년대 초반에 중국의 "주변 외교"는 "중국 위협론"을 다루려 했다. 이제 안심시키는 것은 지역 질서의 기반을 구축하는 일보다 덜 중요해졌다.

다자기구는 중국의 더 큰 지역 활동, 특히 지역 구조 형성에 관한 새로운 담론에서 중요한 역할을 할 것이다. 다자기구는 중국이 질서—

강제, 합의, 정통성—를 위한 토대를 구축하도록 해 줄 것이며, 이러한 접근 방식은 기구에 대한 일부 담론에 반영된다.

이러한 세 가지 통제 형태는 후진타오의 2009년 연설, 2011년 백서, 18차 당 대회를 포함하여 중국의 담론에서 함께 소용돌이치고 있으며, 아시아 지역 안보와 경제적 다자 구조를 형성하려는 새로운 전략의 윤곽을 설정했다.

2009년 대사회의 연설에서 후진타오 주석은 지역 경제를 중국 경제에 통합하려는 노력을 옹호했다. "우리는 국내 지역 개발 전략과 지역 및 소지역 협력의 통합을 촉진하는 데 관심을 기울이면서 아시아에서 지역 협력을 심화하는 데 집중해야 한다."[12] 이 아이디어는 18차 당 대회에서 후진타오 주석이 인프라에 더 집중하며 다자, 지역, 소지역 구상을 강조하면서 두드러졌다. "우리는 양자, 다자, 지역 및 소지역 개방 및 협력에 대한 전반적인 계획을 세우고 자유무역 지역 건설 전략의 이행을 가속화하며 주변 국가들과 인프라 연결을 촉진해야 한다."[13] 이러한 방식으로 AIIB와 같은 기구는 경제적 공공재를 제공하는 데 사용되며, 작은 이웃 국가와 통합된 유익한 경제 파트너로서 중국의 위치는 어느 정도의 정당성을 제공할 것이다. 그리고 이 모든 연설에서 후진타오는 다자간 문제에 "적극적으로" 참여할 것을 강조했는데, 이는 중국이 이제 "도광양회"뿐 아니라 "적극적으로 무언가 성취해야 한다"는 점을 환기한 것이다. 이러한 노력으로 중국은 존중을 추구했으며, 2011년 백서는 중국이 "새로운 지평을 여는 데 과감할 것"임을 분명히 하면서, 지역 내 국가들은 "지역 협력을 위한 다른 (즉, 중국의) 제안에도 열린 마음을 가져야 한다"고 적었다.

후진타오의 후계자 시진핑 치하에서 아시아를 형성하는 데 다자기구를 사용하려는 중국의 관심은 더욱 분명하고 명백해졌지만, 여러 면에서 후진타오가 초기에 설명한 형태를 따랐다. 중국이 CICA 의장국을 맡고 AIIB를 출범시킨 것은 시진핑 체제에서 일어났지만, 그에 관한 여러 중요한 정책들은 전략적 연속성을 과시하면서 후진타오 정부에서 설정됐을 가능성이 높다. 2013년 APEC, 2013년 주변외교공작회의, 2014년 중앙외사공작회의, 2014 CICA, 2015년 보아오 포럼, 특히 2017년과 2019년 일대일로BRI 포럼 등 지역 문제에 관한 시진핑의 주요 연설 대부분은 아시아의 지역 경제 및 안보 구조를 형성하려는 중국의 열망을 뚜렷하게 보여 준다.

질서 구축에 매우 중요한 "통제 형태"—강제, 합의, 정통성—는 상호 이익이 되는 거래와 새로운 공공재에 특히 방점을 찍은 시진핑의 다자 담론에서 등장한다. 예를 들어, 시진핑은 2013년 AIIB 출범을 발표한 연설과 2014년 CICA 의장 취임 연설에서 중국의 리더십을 주장하고 경제와 안보 공공재를 각각 명시적으로 제안했다. 그의 AIIB 연설은 "아시아-태평양 지역의 국가들은 대가족이고, 중국도 그 구성원 중하나다. 중국은 아시아-태평양 지역에 고립된 채로 발전을 이룰 수 없고, 아시아-태평양 지역은 중국 없이 번영할 수 없다"는 점을 분명히했다.[14] 또한 중국 경제는 "아시아에 실질적인 혜택을 가져다주고" 아시아 성장의 50퍼센트를 책임지고 있다고 밝혔다. 마찬가지로, 2017년 아시아-태평양 안보협력 백서는 중국이 공공재를 제공할 것이라고 언급했다. "중국은 지역 및 글로벌 안보에 더 큰 책임을 짊어지고 아시아-태평양 지역과 전 세계에 더 많은 공안 서비스를 제공할 것이다."[15] 앞 장에서 논의한 일대일로 확보에 대한 중국의 담론은 이러한 관심을 반영한다.

동시에 중국은 이웃 국가들의 안보 파트너십을 더 적극적으로 제한하려 했다. 이는 아시아는 미국 동맹에 반대하여 "새로운 지역 안보 구조를 구축"해야 한다고 주장한 시진핑의 CICA 연설에서 가장 뚜렷하게 드러났다. 그 회의와 후속 모임들에서 시진핑은 "공동의, 포괄적이고, 협력적이며, 지속가능한 아시아 안보" 개념을 제시했으며, 그 안에서 "공동"과 "협력"이라는 단어는 동맹을 약화시키려는 노력과 연결돼 있었다. 그리고 미국 미사일 방어 시스템을 배치했다는 이유로 한국 같은 국가들을 벌주는 것을 포함한 중국의 행동은 이러한 반동맹 규범이 종종 양자간의 처벌을 수반함을 나타낸다. 중국의 싱크탱크 학자들은 정기적으로 이러한 연관성을 분명히 하며, 다자기구는 이를 지역 규범으로 승격시킬 기회를 제공한다.

아시아에서 "운명공동체"를 만들려는 이와 같은 노력은 약 10년 동안 지역 외교의 주요 초점이었다. 이제 이러한 행동의 두 가지 핵심 사례, 즉 중국의 AIIB 건설과 CICA 내에서의 활동에 대해 살펴보겠다.


## 아시아인프라투자은행

2016년 1월 16일, 아시아인프라투자은행AIIB이 "영업 개시"를 선언하고 영문학 애호가인 백발의 진리췬이 초대 총장으로 선출됐다.[16] 경험이 풍부한 금융 관료인 진리췬은 2013년 시진핑이 발표한 개념에서 시작해 2016년 문을 연 다자개발은행MDB으로 이어지는 이 은행의 굴곡진 진화를 진두지휘했다. 이제 그는 자신이 건설에 도움을 준 은행을 이끌게 됐다.

진리췬은 교육을 받았지만 가난한 가정에서 자랐고, 당시로서는 드물게도 영문학에 열정을 갖고 있었다. 문화대혁명 기간에 10년 동안 시골에서 노역을 하면서도 그는 영문학에 대한 열정을 계속 추구하면서 박봉의 4분의 3을 그 열정에 쏟았다. 그는 하루 종일 들에서 일하고 남은 시간이 아무리 적더라도 자투리 시간을 투자했다.[17] 나중에 그는 "나에게 낡아빠진 레밍턴 타자기와 웹스터 사본이 있었다"며, BBC에 다이얼을 맞춰 놓은 라디오도 있었는데, 이 라디오가 자신에게 "1970년 대의 표준 BBC 억양"을 남겼다고 말했다.[18] 문화대혁명이 잦아들자, 29살의 독학생은 베이징외국어학원에 합격하여 대학원 과정에서 두각을 나타냈고, 교수직을 제안받았다. 진리췬은 "내가 그토록 갈망한 학구적 삶이 이제 막 펼쳐지기 시작했다"고 회상했다.[19]

하지만 그렇지 않았다. 같은 해 중국은 세계은행World Bank에 가입했고, 워싱턴의 새 사무실에 영어를 할 줄 아는 사람이 필요했다. 진리췬의 조언자들은 그에게 워싱턴으로 갈 것을 독려했고 그는 커리어를 바꿨다. 세계은행에서 10여 년을 보낸 이후 진리췬은 아시아개발은행ADB에서 중국인 최초로 부총재에 올랐으며, 다자간 금융에서 특출난 포트폴리오와 명함을 쌓아 나갔다. 중국이 자체적인 개발 은행을 설립하기로 결정했을 때 진리췬이 논리적인 선택지였다.

진리췬이라는 인물은 그가 설립을 도운 은행과 크게 다르지 않다. 둘 다 겉으로는 세계적이다. 진리췬의 책장은 셰익스피어와 포크너로 채워져 있고, 그의 은행 회원은 미국의 동맹과 파트너들로 채워져 있다. 둘 다 서양의 영향을 받았다. 진리췬은 국제 규칙과 구조 안에서 국제 비즈니스 규범과 은행 스타일을 우아하게 다룬다. 그리고 이 모든 것에도 불구하고 둘 다 여전히 중국에 단단히 뿌리를 두고 있다.

진리췬은 자부심 강한 당원이다. 그는 한 인터뷰에서, 자신이 중국공산당이 국가 권력을 장악하기 두 달 전에 태어났는데 당시 공산당이 그의 고향인 장쑤성을 통제했다고 말했다. 그는 "나는 붉은 깃발 아래서 태어났다"고 주저 없이 말했다.[20] 진리췬은 미국의 글로벌 리더십이 계속되는 것에 공공연하게 회의적인 태도를 보인다. 그는 중국의 부상과 미국의 질서에 관한 최근의 글에서 "역사는 제국이 세계를 영원히 지배할 수 있다는 전례를 세우지 않았다"고 썼다.[21] 그리고 자신이 이끄는 은행—중국이 설립자이자 최대 주주이자 주요 정치적 후원자이며, 본부를 두고 있는—이 세계적인 과시에도 불구하고 생각보다 덜 국제적이라고 본다. 그는 "중국인이 내 후임이 되기를 바란다"고 숨김 없이 말했다.[22]

중국이 이 기구를 출범시킨 것은 아세안ASEAN, 아세안지역안보포럼ARF, 심지어 상하이협력기구SCO 안에서 제도화에 반대하던 이전의 태도에서 눈에 띄게 벗어난 것이다. 이는 "기구 구축자로서의 등장"을 뜻하고 중국 대전략이 약화시키기에서 구축하기로 전환되었음을 의미한다.[23] 그러나 진리췬이 이 전환을 수행하긴 했지만 야기한 것은 아니었다. 그것은 위에서 내려왔다.

AIIB의 출범은 2008년 글로벌 금융위기에서 촉발되었다. 중국이 초기에 그 은행을 선호한 것은 정치적 목표와 일대일로 구상을 발전시키기 위해 단독으로 지배하고 사용할 수 있는 도구를 추구했음을 시사한다. 시간이 지나면서 중국은 회원국들과 협상을 했다. 중국이 가입국에 대한 정치적 통제와 목소리를 일부 포기한 대가로, 가입국들은 구상에 서명하고 중국의 권력과 리더십을 정당화해 줬다. 강대국이 설립한 다른 다자개발은행과 마찬가지로 AIIB는 후원자의 질서 구축 목표에 기여한다. 즉 AIIB는 ① 중국의 강압적 능력을 강화하고, ② 공공재 제공 및 협상을 통한 합의를 확보할 기반을 제공하며, ③ 중국의 힘을 정당화한다.

## 대안적 설명

중국은 왜 AIIB를 만들었을까? 어떤 이들은 AIIB가 중국 기업과 노동자를 고용할 인프라 프로젝트에 외국 정부 자금을 지원함으로써 중국의 잉여 산업 역량 수출을 돕기 위해 만들어졌다고 주장한다. 그러나 중국의 잉여 능력은 AIIB가 자금을 조달할 수 있는 정도를 크게 초과한다. 남는 철강만 해도 연간 약 600억 달러로, AIIB가 1년에 대출할 수 있는 금액의 3배다.[24] AIIB 회장 진리췬은 "중국의 경제 규모"로 인해 AIIB는 그 초과분을 흡수할 수 없다고 주장하면서 이점을 인정한다.[25] 다른 이들은 아시아의 인프라 격차를 해소하고자 하는 진심 어린 열망에서 비롯된 것이라고 주장한다. 그러나 AIIB가 연간 100~200억 달러를 대출하겠다는 야심 찬 계획을 세웠다 해도, 이는 아시아개발은행이 매년 이 지역 인프라에 필요할 것으로 추정하는 8,000억 달러에는 턱없이 못 미친다.[26] AIIB는 세계은행이나 아시아개발은행보다 규모가 작으며, 중국은 자체 개발 은행인 중국개발은행CDB과 중국수출입은행CEB을 쉽게 사용할 수 있었다. 이 은행들은 세계은행보다 훨씬 크고, 세계은행이 몇 년 동안 하는 것보다 더 많은 돈을 개발도상국에 빌려준다. 또한 이 은행들의 대출을 "다자기구와 관련된 공식적 지배구조 제한 및 외부 감독"하에 두어 "중국의 행동의 자유를 제한"하지도 않는다.[27] 그러면 중국이 행동의 자유를 제한할 수 있는 기구를 설립하기로 한 이유는 무엇이며, 그 목적은 무엇인가?

이는 국가들이 다자개발은행을 만드는 근본적인 이유와 관련이 있다. 대니 로드릭은 양자간 원조와 잘 발달된 국제 자본 시장이 존재하는 세계에서는 다자개발은행이 필요하지 않아야 한다고 주장한다. 이러한 은행들이 존재하는 이유는 대출약정을 통해 좋은 투자 환경의 신호를 보내고, 그 신호와 대출 자체를 해당 국가의 정치적 이해관계로부터 분리시키기 위해서라는 것이다.[28] 그러나 크리스토퍼 킬비는 이러한 기능은 하나의 은행에서도 제공할 수 있는 것이라 지적한다. 그런데 왜 세계에는 겹치는 지역 다자개발은행이 그렇게 많을까?[29] 그 이유는 경제적인 것이 아니라 강대국의 정치적 이해관계와 부분적으로 관련이 있다. 그리고 이것이 중국이 왜 AIIB를 만들었는지를 설명하는 정치적 논리다.

강대국은 질서 구축에 다자개발은행을 이용한다. 설립자들은 작은 국가들이 합류하도록 유인하기 위해 통제권의 일부를 포기하고, 그 대가로 작은 국가들은 정치적 목적에 쓰일 수 있는 설립국의 권력과 새로운 기구를 정당화해 준다. 예를 들어, 냉전 기간에 미국은 공산주의의 확산을 막기 위해 미주개발은행IADB을 설립하고 자금 지원을 보류하겠다는 위협으로 부분적으로 은행을 통제했으며, 그 은행이 공산주의 국가들에게 대출하지 못하도록 했다.[30] 마찬가지로, 일본은 "아시아개발은행 기금 배분에 대한 체계적인 영향력"을 갖고 있으며, 한 연구에 따르면 일본은 UN 안전보장이사회 의석을 확보하기 위해 로비하던 때 자신을 지지할 수 있는 아시아 국가들에 대출 지불을 늘렸다.[31] 일반적으로 은행들은 대출 조건 제한과 시그널링을 통해 지역 질서의 규칙과 규범을 설정한다. 이와 유사하게 은행 보고서, 지수, 소집 권한, 대출은 근본적으로 인권과 정부 투명성, 원주민 권리, 환경적 고려, 공기업SOE의 역할, 그리고 기타 여러 문제와 관련된 질문들과 종종 얽혀 있다. 실제로 중국은 이전에 세계은행 보고서와 지출에 인권 및 기타 자유주의적 가치를 포함하는 것을 반대했다. 역사적 관점에서 볼 때, AIIB에 대한 중국의 관심은 개발 이익에 관한 것만큼이나 질서에 관한 것이기도 하다는 사실은 그리 놀랍지 않다.

**구축**

중국의 AIIB 추구는 ① 글로벌 금융위기 이후에 시작되었고, ② 제도화에 대한 중국답지 않은 투자와 관련됐으며, ③ 중국에 질서 구축 혜택을 제공했다. 여기서는 이 세 가지 핵심 사항에 대해 살펴보 겠다.

· 위기 이후의 기회

AIIB 설립에 대한 중국의 관심은 2008년 글로벌 금융위기에서 나타났다. AIIB에 대한 첫 번째 제안은 보아오 포럼에서 2009년에 발표됐다. 이 포럼은 중국이 2003년 "평화굴기"와 같은 주요 새 구상을 시험하는 데 자주 이용됐다. 최고 싱크탱크인 중국국제경제교류센터 CCIEE는 보아오 포럼에서 AIIB와 "아시아농업투자은행"을 제안했다.[32] 이 제안은 권위적이었다. CCIEE는 중국 지도부와 강하게 연결돼 있고 중난하이 지도부 단지에서 "단 몇백 미터" 떨어진 곳에 위치해 있으며 전 부총리 쩡페이옌이 운영했다.[33] CCIEE는 금융위기 이후 국무원에 의해 명시적으로 만들어졌으며, 첫 번째 주요 구상은 금융위기에 대한 정책 대응 연구였다. CCIEE는 그 주제로 원자바오 총리와 리커창 당시 부총리가 참석한 주요 회의도 개최했다. 당시 저명한 이사회 구성원들은 탕자쉔 전 외교부장과 류화추 전 중국공산당 중앙위원회 외교부 주임을 포함해 외교정책 배경을 갖고 있었다. 또한 CCIEE의 AIIB 제안은 중앙정책연구실CPRO의 업무와 관련이 있을 가능성이 높았고, 2009년 보아오 포럼에서 AIIB를 제안한 쩡신리는 불과 몇 달 전에 중앙정책연구실의 부국장을 지냈다.[34] 중국공산당의 지도 이념과 장기 정책의 많은 부분 뒤에 이 권위 높은 기관이 있었으며, AIIB 개념은 그곳에서 기원한 것으로 보인다. 이는 당의 전략 계획에서 CCIEE의 핵심적 위치를 시사한다. 종합해 보면, 글로벌 금융위기 이후 정책 조정을 권고하기 위해 만들어진 CCIEE와 같은 커넥션 좋은 싱크탱크가 중앙정책연구실 부국장을 보내 AIIB를 제안한―그리고 중국의 주요한 개념을 시험하는 데 자주 이용되는 포럼에서 그렇게 하도록 했다는―사실은 중국 지도부가 금융위기 이후 오래지 않아서 개발은행 설립을 고려하고 있었음을 강력히 시사한다.

보아오 포럼에서 AIIB를 제안한 후 CCIEE의 쩡신리와 직원들은 AIIB 지도부에 계속해서 보고서를 보냈다. 쩡신리의 표현대로 "처음 몇 년 동안은 상황과 조건이 성숙하지 않았다"는 등의 이유로 AIIB는 얼마간 출범하지 않기는 했다. 쩡신리는 18차 당 대회에서만 "여건이 성숙했고 시진핑 주석도 거기서 결정을 내렸다"고 말했다.[35] 또한 AIIB 뒤에 있는 지도부의 논거는 세 가지라고 분명히 밝혔다. ① 아시아는 세계은행이나 아시아개발은행이 충족할 수 없는 인프라 지출이 필요했다. ② 중국은 외환 보유고와 관련이 있는 무언가를 찾아야 했다. ③ 이웃 나라들의 경제를 중국과 연결하는 경제 인프라 지원을 통해 주변국들과의 관계를 발전시킬 기회를 가졌다. 2013년 시진핑이 AIIB를 발표해서 주최국인 인도네시아를 놀라게 했을 때 쩡신리도 그 여정에 동행했다.[36] AIIB 창설에 기여한 공로로 쩡신리는 국영 언론에서 "AIIB의 아버지"로 언급됐다.[37] AIIB는 곧 중국 부처 간 노력의 중심이 됐다. 진리췬은 "중국 정부 기구, 재무부 장관, 외교부 장관, 중앙은행 등이 이 새로운 은행의 개념화와 구조에 관한 숙의에 참여하고 있다"고 언급했다.[38]

AIIB와 밀접한 다른 인물들도 이 은행의 설립과 금융위기를 연결 짓는다. 브레튼우즈 체제의 미래에 관한 에세이에서, 진리췬은 AIIB가 글로벌 금융위기 이후 미국이 쇠퇴했다는 인식에서 시작되었음을 강력하게 시사했다. 그는 "첫날부터 브레튼우즈 체제의 기능과 지속가능성은 미국의 힘에 달려 있었다"고 지적했다. 그러나 이제 미국은 그 체제를 개혁하고 유지할 수 있는 능력이 저하되었고 "국내 정치적 수렁에 빠져있는 동안 국제적 연관성을 몰수당할 위험이 있다."[39] 그는 미국의 쇠퇴에 관해 확장된 중재안으로 결론을 내렸다.

에드워드 기번의 기념비적 대작인《로마제국 쇠망사》가 나온 이후로 "쇠망"이라는 문구는 역사에서 현존하지 않는 제국의 대하소설에, 그리고 최근 역사에서 이전의 빛나는 에너지를 잃어버린 일부 국가들에게 무차별적으로 사용됐다. 권력의 "쇠퇴"는 과정처럼 보이지만 "몰락"이 반드시 필연적인 대단원은 아니다. 어떤 경우에 한 국가가 직선적인 쇠퇴나 몰락을 겪었다는 것은 사실이 아니다. 그것은 국가 간 세력 균형의 끊임없는 변화의 결과일 뿐이다. 신흥 강국은 아마도 조금 더 공간이 필요하다는 것을 드러내려고 대국들을 쿡쿡 찌를 것이다. 현상 유지를 선호하는 일부 사람들은 영화 〈레오파드〉의 대사—사회적 변화가 다가올 때 귀족들이 하는 말—를 음미해야 할 것이다. "우리가 세상이 그대로이기를 원한다면, 세상이 바뀌어야 할 것이다."[40]

진리췬의 인용문은 중국의 구축 욕구와 미국의 쇠퇴를 연결한다. 중국의 욕구는 AIIB를 성장하는 중국의 자신감과 리더십 야망, 공공재 제공과 연결시킨 중국의 최고 지도부도 강조했다. AIIB 출범 연설에서 시진핑은 "AIIB 설립 구상은 중국이 국제적 의무를 맡고 더 많은 국제 공공재를 제공할 수 있도록 하기 위한 건설적 조처"라고 선언했다.[41] 그는 또한 "중국은 모든 국가가 AIIB의 발전에 동참하는 것을 환영한다"고 말했다. 마찬가지로 AIIB의 진리췬 총재는 "중국이 발전하여 아시아의 다른 개발도상국들에 재정 자원을 제공할 수 있게 되었으므로 아시아의 나머지 나라들을 위해 우리가 무언가를 할 차례다. … 우리가 기여할 차례다"라고 말했다.[42] 실제로 "AIIB의 아버지" 쩡신리는 AIIB를 설립한 이유가 이웃 나라에게 혜택을 주고 중국 경제와 연결하기 위한 것이라고 말했다. "아시아의 대국으로서, 주변국이 우리 발전의 마차를 탈 수 있도록 도와야 한다. 인프라 기반이 마련되면 우리는 그들과 교류할 수 있고, 그 나라들의 자원 이점을 경제적 이점으로 전환할 수 있으며, 천연자원 및 농업 수요를 충족할 수 있다."[43] 종합해 보면, 이러한 발언들은 AIIB가 이웃 경제를 중국 자체의 경제 엔진과 연결해 지역 질서를 구성하는 데 도움을 주는 공공재 공급의 중개인으로 간주된다는 점을 시사한다. 찬라이하가 말했듯이 "요컨대 AIIB는 중국의 지역 질서 구축이라는 대전략에 기여하기 위해 설립됐다."[44]

· 심도 있는 제도화 지원

AIIB 제도화에 관한 중국의 협상을 보면 중국이 무엇을 선호하는지를 알 수 있다. 개발은행으로서 AIIB는 사무국, 헌장, 직원, 정기회의, 의무, 모니터링 규정을 갖춘 중국에서 가장 심도 있는 기구 중 하나다. 그러나 2014년 처음 이 은행이 발표되었을 때 중국은 수준 높은 개발은행이 아니라 중국 지배의 경제 운영 도구를 구상하는 듯 보였다. 제도적 수준에서, 중국은 처음에 ① 역외 국가를 배제한 더 협소한 회원자격, ② 은행 지분의 절반을 보유하는 중국의 거부권, ③ 강한 내부 직원과 약한 외부 감독, ④ 일대일로 구상BRI을 발전시키는 사명을 추구했다. 이 은행은 중국의 정치적 사용을 제한하는 규정이 거의 없는, 중국이 지배하는 은행이 될 터였다. 그러나 서방과 아시아 국가들은 반대로 이 은행이 "상업 지향적, 규칙 기반 대출 관행, 운영의 투명성, 환경 및 사회적 보호장치를 통한 기존 모범 사례를 유지"하는 것을 선호했다.[45] 이 두 가지 욕구 사이의 투쟁은 회원자격, 거부권, 직원, 사명 등 네 가지 주요 영역에서 AIIB를 제도화했다. 결과적인 타협은 중국이 양보하고 다른 국가들이 중국의 힘을 정당화하는 것이었다.

첫째, 회원자격과 관련해 중국은 처음에는 은행에 가입할 나라가 거의 없을 것이라고 가정하고 은행을 지배할 준비를 했다. AIIB 총재 진리췬은 이 점에 대해 시진핑의 지침을 간접적으로 인용했다. "우리가 이 기구를 운영하는 단 하나의 국가, 오직 중국, 1인 밴드가 되더라도 우리는 그렇게 할 것이다."[46] 2013년 10월에 참가국들에게 AIIB 가입을 권유하기 시작했을 때 중국은 경쟁국들이 중국의 이익에 반하는 절차를 만들 가능성을 우려해 그들을 배제했다. 7개월에 접어들었을 때 일본과 인도 정부는 중국이 자신들에게 은행 가입을 초대하기는커녕 접근조차 하지 않았다고 인정했다. 인도 재무장관은 "중국은 아직 우리와 대화하거나 논의하지 않았다. 내가 아는 것은 신문에서 읽은 것뿐이다."[47] 2014년 5월 카자흐스탄에서 열린 아시아개발은행 회의를 계기로 AIIB에 관한 다자간 논의의 첫 번째 라운드가 개최되었을 때 중국은 여러 아시아 국가들을 초대했는데, 그때도 "인도, 일본, 미국에는 접근하지 않았다."[48] 중국은 또한 2014년 10월 AIIB의 제도화를 시작한 양해각서MOU 협상에서 역외 국가들을 제외했고, 러우지웨이 재정부장관은 중국이 "비역내 국가보다 역내 국가"의 "원칙"을 따른다고 선언했다.[49] 중국은 2014년 3월 초기 초청 및 1차 AIIB 준비 회의에서 인도를 배제하고, 2014년 7월에는 태도를 바꿔서 인도를 초청했다.[50] 3개월 후 서명된 첫 MOU에는 아시아 21개국이 서명했다.[51] 그 후 한동안 역외 국가들은 계속 환영받지 못했다. 러우지웨이는 전국인민대표대회 연설에서 "장래의 창립 회원자격은 이 지역 국가들에게 우선 열려 있고, 지역 바깥의 국가들로부터의 신청은 현재로서 고려하지 않는다"고 말했다.[52] 그러나 중국은 점차 다른 국가들이 참여할 때의 이점을 알게 되면서 진로를 바꾸었고, 2015년 3월에 영국이 AIIB에 가입한 뒤 다른 나라들도 뒤를 이었다.[53]

둘째, 중국은 기구 안에서 강력한 거부권을 유지하기 위해 노력했다. 중국은 AIIB를 처음 출범시킬 때 500억 달러 규모의 은행을 제안하면서 압도적 비중의 금액을 중국에서 가져오기로 함으로써 거부권을 행사하기 편하게 만들었다. 외국 자금도 모색되었지만 진리췬에게는 "최악의 상황이 발생하면 자금 조달을 위해 거대한 중국 시장을 이용할 수 있기" 때문에 그건 필수적인 것은 아니었다.[54] 아시아 국가들은 AIIB 자금 조달에 대한 중국의 지배와 이에 따른 의결권 배분에 문제를 제기했고, 이에 따라 2014년 6월 중국은 은행의 등록 자본을 500억 달러에서 1,000억 달러로 늘리고, 그 금액의 절반을 내고 절반의 의결권을 갖겠다고 밝혔다.[55] 더 많은 국가들이 AIIB에 관심을 표명함에 따라 중국은 자본 지분과 의결권을 축소해 결국 2015년 3월에 공식적 거부권을 행사하지 않고 은행을 합의제로 운영하겠다고 선언했다.[56] 그러나 중국은 결국 이런 태도를 뒤집고 4분의 3을 필요로 하는 결정권을 막기에 충분한 26.06퍼센트의 의결권을 가지고 비공식적 거부권을 추구했다. 중국사회과학원CASS의 한 연구원에 따르면, 중국의 번복은 AIIB의 회원자격이 확대된 뒤에 일어났는데, 이는 "거부권을 갖지 않을 경우 서방 국가들에게 은행에 대한 통제권을 빼앗길 수 있다는 중국 내부의 우려를 반영한다."[57] 이러한 영향력을 보호하기 위해 중국은 역외 의결권을 은행 전체의 25퍼센트로 제한했다. 나머지 75퍼센트는 아시아 국가들이 차지할 것이었고, 중국은 물론 지배적인 아시아 경제국이었다. 중국의 AIIB 의결권(26퍼센트)은 세계은행에서 미국의 의결권(15.02퍼센트), 아시아개발은행에서 일본의 점유율(12.84퍼센트)을 초과했다. 그리고 AIIB는 다자개발은행 중 1위와 2위 의결권(중국 26퍼센트, 인도 8퍼센트)과 자본 점유율(중국 31퍼센트, 인도 9퍼센트) 격차가 가장 크다.[58] 게다가 결정에 4분의 3 다수가 필요하기 때문에 중국의 비공식 거부권은 "다른 다자개발은행의 주요 주주들이 누리는 거부권"보다 더 강력하다.[59] 2015년 합의 조항에 따르면 중국의 거부권은 AIIB의 자본금, 회원의 자본금 출자, 이사회, 총재, 합의 조항, 그리고 더 일상적인 문제들까지 효과적으로 포함한다.[60] 궁극적으로, AIIB에서 중국의 입지는 안전하다. 베이징외국어대학 로스쿨 교수인 빈구가 주장하듯이 "새 회원국들의 출자에는 가용한 미할당 자본 주식이 적으므로 창립 회원이 될 기회를 놓친" 국가들은 지금 가입해도 큰 영향력을 갖지 못할 것이다.[61] 중국은 또한 거부권에 대한 위협(예를 들어 은행 증자)에 거부권을 행사할 수 있다. 그리고 가까스로 거부권을 잃는다 해도, 여전히 중국과 함께 투표해 줄 국가들의 연합을 갖고 있다.

셋째, AIIB의 인력 및 감독도 제도화의 주요 영역이었다. 대부분의 다자개발은행에는 정치적 조작에 대한 감독 및 견제 역할을 하는 상근 이사회가 있다.[62] 그러나 중국은 처음에 상근 이사회를 포함시키는 것을 거부하고 모호한 "기술 패널"을 제안했다. 그런 다음 새 회원국들이 가입함에 따라 12명의 비상근, 무급 이사를 두기로 합의했다.[63] 은행은 일반적으로 상근 이사회와 주주들의 느린 결정, 방해되는 이사회의 지시에도 상당한 재량권을 유지할 수 있다.[64] 그러나 중국이 더 약한 무급, 비상근 이사회를 선택했다는 점은 이 은행의 결정이 대부분 중국이 선택하는 총재와 고위 경영진의 선호를 반영할 것임을 시사한다. 다른 다자개발은행들과 달리, AIIB의 자금 조달에 관한 운영 정책은 비상근 이사회가 총재에게 권한을 직접 위임할 것을 제안한다. 이는 다른 모델들

과 현저하게 다르다.[65]

넷째, AIIB는 처음에 일대일로를 지원하기 위한 도구로 의도됐다. AIIB의 MOU가 체결된 지 한 달 후, 시진핑은 인터뷰에서 "중국이 AIIB를 시작하고 일부 국가들과 공동 설립한 것은 일대일로 국가들의 인프라 개발을 재정적으로 지원하고 경제 협력을 촉진하기 위한 것"이라고 말했다.[66] 이러한 정서는 AIIB의 "주요 임무"가 일대일로에 자본을 제공하는 것이라고 말한 지도 소그룹 회의의 발표 자료와 AIIB가 "일대일로의 더 나은 이행을 위해 만들어졌다"고 설명하는 전국인민대표대회NPC 성명에서 증폭됐다.[67] 2016년 중반이 되어서야 중국은 유럽과 아시아 국가들의 비판에 직면한 후 결국 일대일로와 AIIB 사이에 공식적으로 거리를 뒀다. 비즈니스 리더들과의 회의에서 진리췬은 AIIB는 "일대일로 구상에 속하지 않더라도 모든 신흥 시장 경제에서 인프라 프로젝트에 자금을 지원할 것"이라고 선언했다.[68] 그럼에도 AIIB의 2016년 프로젝트 중 13개는 모두 일대일로의 일부였다. 전 중국사회과학원 연구원이 말했듯이 "AIIB 설립과 일대일로 구상을 추진하는 과정에서 중국의 정책 입안자들은 예상 밖으로 그 둘이 어느 정도 떨어져야 하는 상황에 마주한 것 같다. … 'AIIB는 일대일로 구상만을 위한 게 아니'라고 밝히는 것은 이 점에서 영리한 접근 방식이다."[69]

요약하자면, 중국은 제도화된, 즉 이전에 APEC과 ARF에 참여할 때보다 훨씬 더 분명한 규칙과 의사결정 절차를 갖춘 AIIB를 지지했는데, 질서를 구축할 준비가 돼 있었기 때문이다. 중국은 처음에는 AIIB를 이용하여 더 효과적으로 이익을 추구할 계획이었다. 그러나 출범 무렵에 AIIB가 중국의 도구로 사용되는 것에 대한 회원들의 우려를 해소하고자 타협을 했고, 이는 결과적으로 중국의 리더십 자격을 정당화했다. 시진핑 주석이 AIIB 출범 연설에서 말했듯이 중국은 이 은행이

"지배구조, 운영정책, 보호장치, 조달정책, 인적 자원 관리와 관련된 모든 측면에서 규칙 기반의 수준 높은 기구"가 되기를 원했다.[70] 이 합의에서 놀라운 점은 중국이 어떻게 "은행에 대한 상당한 통제를 포기하지 않고 (회원국의) 우려를 성공적으로 충족시켰냐"는 것이다.[71] AIIB는 중국에 있고, 중국은 최대 자금 제공자다. 중국은 모든 결정에 거부권을 가지며, 비상근 이사회는 약한 견제 장치다. 직원은 대부분 중국인으로 구성되어 있으며 책임자는 전 중국 재정부차관이다.[72]

· 질서 구축

AIIB는 중국의 질서 구축 전략에 여러 이점을 제공한다. ① 이웃 국가들을 제약할 수 있는 강압적 능력을 제공하고 ② 중국이 규칙을 정하고 합의 교섭을 할 수 있게 도우며 ③ 중국에 정통성을 제공한다.

첫째, AIIB는 중국의 강압적 능력을 제도화하여 그 능력을 행사할 때 어느 정도 그럴듯한 부인권을 주고, 일방적으로 사용할 때 야기될 수 있는 마찰을 일부 줄인다. AIIB의 회원자격, 거부권, 은행 직원들에 대한 중국의 통제, 대출 지출에서 직원과 총재의 상대적 자율성은 경제적 통치의 가능성을 만들어 낸다. 그리고 AIIB가 중국의 정치적·경제적 선호에 따른 기준을 포함하는 어떤 형태의 조건을 명시적으로나 암묵적으로 채택하면, 아시아 개발도상국들의 자치권이 제한되고, 자본에 접근하기 위해 중국에 더 긴밀하게 외교정책을 조정할 가능성이 높아진다. 실제로 일부 중국 관리와 학자들은 중국과 분쟁이 있는 국가는 AIIB 자금에 접근할 가능성이 낮아질 것이라고 비공식적으로 내비친다.[73] 다른 이들은 "중국에 대한 경제적 의존과 미국 안보 의존" 사이의 이분법이 커지는 것을 보고, 경제적 유인책이 중국 행동의 자유를 강화시킬 것이라고 주장했다.[74]

중국은 이전에 다자기구에서 다른 국가들에 영향력을 행사했다. 예를 들어, 중국은 인도에 대한 아시아개발은행의 다자 개발 계획 승인을 거부했는데, 기금 일부가 중국이 영유권을 주장하는 아루나찰프라데시에 사용될 것이기 때문이었다.[75] AIIB는 또한 중국 질서 내에서 다른 국가들에게 중요한 역할을 부여할 기회를 제공한다. 이미 AIIB 부총재를 어느 나라가 맡을지에 대한 결정은 중국의 정치적 이해관계와 관련 있는 것으로 추정된다. AIIB에 초기에 지원한 한국은 부총재직을 약속받았으나, 미국의 미사일 방어 시스템을 배치하기로 결정한 것 때문에 프랑스에 그 자리를 빼앗겼다.[76] 중국은 호주가 2014년 10월 MOU를 체결하면 고위직을 주겠다고 비공개로 제안했지만 호주가 미국과 일본의 압력 때문에 주저하자 그 제안을 철회했다.[77] AIIB를 이런 방식으로 사용하지 않더라도 여전히 아시아의 이웃 나라들을 중국 경제와 연결하는 경제적 흐름을 구축하고 강압적 능력을 창출하는 데 도움이 될 수 있다. 푸단대학교 교수이자 전직 중국 외교관인 런샤오는 "지리경제학과 지정학은 지속적으로 협력하고 있다"며 "중국이 단순히 이타적이라는 것은 사실이 아니"라고 주장한다. 또한 AIIB를 통해 중국은 "친구와 지역 내 영향력을 얻을 수 있으며, 인근 국가들을 중국 제조업자들에 대한 공급자이자 중국 제품의 소비자로서 더 매력적이게 만든다"고 주장한다.[78] 마지막으로, AIIB가 생성하는 규칙 및 표준 설정 권한은 아시아 경제의 운명에 영향을 미칠 수 있다. 호주의 관리들은 AIIB의 지침 초안이 석탄 기술을 언급하지 않는 걸로 보이고, 수익성 있는 인프라 프로젝트에 참여할 수 있는 국가를 규제하는 요구 조건 또한 중국에게 이웃 국가들에 대한 억제력을 제공할 수 있다는 점을 우려했다.[79] 일본과 미국이 정치적 목적을 진전시키기 위해 개발 은행을 사용했듯이, 중국도 그렇게 할 수 있다.

둘째, AIIB는 강압뿐만 아니라 합의된 질서 구축을 위한 기반을 제공한다. 앞서 논의한 바와 같이 중국의 최고 지도자들은 AIIB를 공공재 제공을 위한 노력의 일환으로 반복적으로 규정했다. 예를 들어, 2016년 3월 왕이 외교부장은 기자들에게 AIIB는 "중국이 국제 체제의 참여자에서 공공재 제공자로 빠르게 전환하고 있음을 보여 준다"고 말했다. 중국의 역내 노력은 "먼로 독트린이나 어떤 팽창주의가 아닌 개방적 구상"이며, AIIB는 "중국은 전통적인 강대국과 다른 강대국으로 가는 길을 찾을 자신이 있고, 불량배 역할을 하지 않을 것이라는 점에서 다르다"는 것을 보여 준다."[80] 시진핑은 인도에서 AIIB를 발표했고, 중국이 "아세안 국가들의 요구를 우선시할 것"이라고 강조했다.[81] 대중 연설에서 AIIB는 종종 일대일로 구상을 포함하여, 다른 국가들이 부상하는 중국으로부터 더 나은 혜택을 받을 수 있도록 하는 방법으로 설명된다. 또한 AIIB는 아시아 질서의 내용을 만드는 기회도 제공한다.

셋째, AIIB는 중국에 정통성을 제공한다. 5장에서 보았듯이 중국은 누가 아시아 질서 구축을 주도하는지에 민감했으며 미국이 APEC을 통해, 일본이 ASEAN을 통해 그 역할을 주장하려는 것을 약화시켰다.[82] AIIB는 리더십을 위한 중국의 도전이었고, 회원국들에게 일부 정치적 영향력을 제공함으로써 그 대가로 중국의 리더십 주장을 효과적으로 정당화하도록 했다. 진리췬이 말했듯이 "세계와 아시아에 부족한 것은 (인프라를 위한) 돈이 아니라 동기와 리더십"이며, 중국은 AIIB를 통해 그것을 제공할 수 있었다. 마찬가지로 정부 산하 중국국제연구재단China Foundation for International Studies의 한 학자가 주장했듯이 "아시아개발은행은 주로 일본이 주도하고, 세계은행은 주로 미국이 주도하며, AIIB는 주로 중국이 주도한다."[83] 런샤오는 AIIB는 "중국이 지배하는 지역 기구를 추구하는 것"이라고 주장한다.[84] 이것이 과거와 달리 중국이 AIIB를

APT나 다른 포럼들의 파생물로 만들려고 다른 나라들과 협력하는 길을 택하지 않은 이유다. 그리고 AIIB를 격상시키기 위해 중국 관리들은 때때로 다른 기구들을 가혹하게 비판했다. 러우지웨이 재무장관은 아시아개발은행의 "현재 역량이 정말 부족"하고 중국은 우월한 경험을 가지고 있다고 선언하면서, "중국개발은행은 상업 대출을 해왔고 그 업무가 아시아개발은행과 세계은행을 합친 것보다 훨씬 크다. 그리고 그것은 20년도 안 돼 일어난 일이다"라고 주장했다.[85] 러우지웨이는 또한 아시아개발은행이 너무 관료적이라고 비판했다.[86] 진리췬은 아시아개발은행의 거버넌스 시스템을 "재앙"이라고 불렀다.[87] 세계은행에 대해서도 비슷한 비판이 제기되었다.

또한 AIIB는 다른 다자개발은행들과 마찬가지로, 설립자가 지지하는 규범과 원칙을 정당화하도록 돕는다. 예를 들어, 세계은행과 국제통화기금IMF은 미국이 자신의 이익에 따라 경제 규범을 추진하도록 허용했으며, 세계은행의 기업환경평가지표는 개발도상국의 정책과 국내 정치를 재편성하기까지 했다. 마찬가지로, 왕지쓰는 AIIB가 글로벌 경제 거버넌스를 서구의 규범과 가치보다 중국의 규범과 가치에 더 가까이 부합하도록 하려는 시도의 일부라는 점을 분명히 했다.[88] 보아오 포럼에서 AIIB를 소개하는 연설에서, 당시 AIIB의 수장으로 예상되었던 진리췬은 중국의 개발 경험과 그 경험을 다른 국가들이 모방할 수 있도록 하는 AIIB의 능력을 옹호하면서 다음과 같이 주장했다. "중국의 개발 방법론은 논리적이다. 중국의 경험은 어떤 나라에도 이식할 수 있다. 중국이 해낼 수 있다면 다른 나라가 못할 이유가 없다."[89] 러우지웨이 같은 다른 관리들은 모델로서의 서구를 비판했다. "나는 최고의 관행을 인정하지 않는다고 여러 번 말했다. 누가 최고인가?… 우리는 (개발도상국의) 수요를 고려해야 하며 때때로 서구는 우리가 보기에 최적이 아닌 규칙을 제시한다. … 우리는 기존 시스템을 최고라고 생각하지 않는다."[90] AIIB가 성장할수록 대출에서 정치적, 인권 관련, 좋은 거버넌스 기준의 역할을 제한하려는 중국의 관점을 정상화하는 데 도움이 될 가능성이 높다. 이런 식으로 AIIB는 서방의 정치력과 영향력을 상당 부분 뒷받침하고, 중국의 안정에 위협이 되는 자유주의적 가치의 정당성을 조금씩 깎아내릴 수 있다.

## 아시아 교류 및 신뢰구축회의

아시아 교류 및 신뢰구축회의CICA는 1992년에 제안되어 1999년에 첫 번째 주요 회의를 개최한 후 2002년부터 4년마다 정상급 회의를 열었다. 이 기구는 오랜 기간 카자흐스탄이 주도했고, 2010년 튀르키예가 순환 의장을 넘겨받았는데, 이력이 거의 없었고 기존 기구들과도 관계가 거의 없을뿐더러 강대국 이해관계도 거의 없었고 제도화 속도가 느리고 대체로 공허했다. 모든 것은 2014년에 중국이 이 기구의 의장을 맡고 새로운 아시아 안보 구조를 만들거나 논의하기 위한 수단으로 격상하기 시작하면서 바뀌었다. 그러나 이 기구에 대한 중국의 투자는 다소 이해하기 어렵다.

### 대안적 설명

CICA라는 잘 알려지지 않은 기구는 사실상 목적이나 의미 있는 능력을 갖추고 있지 않았으므로 중국이 이 기구의 의장직을 맡기로 결정한 것은 얼핏 이해하기가 어렵다. CICA는 명목상 군사-정치적 문제와 테러리즘, 경제, 환경, 인간적 차원에 걸친 신뢰구축방안CBM을 후원하기 위한 기구다.[91] 실제로 이러한 신뢰구축방안은 이빨이 없으며, 행동이 없는 행동 계획으로 이뤄진다. 국가들은 자발적으로 이를 수행할 것을 요구받고, 일반적으로 이들 중 대부분은 상호 군사 방문, 군사 지휘차량 교환, 무역 또는 이민에 대한 규제 일치화, 정보 교환과 같은 평범한 항목으로 구성된다.[92] 또한 CICA는 제도화 수준이 매우 낮으며, 사무국이 주로 실무 역할만 수행한다. 사무국은 "CICA의 회의 및 기타 활동에 대한 관리, 조직 및 기술 지원"만 제공하며, 신뢰구축방안 실행에 대한 정보 제공도 자발성에 의존하기 때문에 메커니즘에 대한 모니터링이 부족하다.[93] 이러한 약점들로 인해 CICA는 일반적으로 다른 집단에 비해 명시된 기능을 수행하지 못한다. CICA는 신뢰구축방안에 중점을 두었음에도 아세안, 아세안지역안보포럼ARF과 달리 2014년까지 예방 외교나 분쟁 예방에 대한 긍정적인 의제가 없었다. 그리고 냉전 시대 유럽이나 상하이협력기구SCO 참가국 사이에 신뢰구축방안은 군사 인력의 활동과 배치에 엄격한 제한을 가했지만 CICA에는 이런 수준의 제약에 이르는 게 없다. 이 기구는 때때로 대테러에 초점을 맞춘다고 주장하지만 SCO와 유사하게 대응할 수 있는 능력이 부족하다. 기껏해야 CICA는 잡담 장소였고, 거기서도 고군분투하고 있었다. CICA는 매년 회의를 주최하는 APEC, ARF, SCO와 달리 4년에 한 번씩 정상급 회담을 연다. 그렇다면 중국은 왜 이 기구에 투자하고 주도하려고 했을까?

### 구축

이러한 어려움에도 불구하고 중국이 CICA에 투자하기로 한 동기는 CICA의 잠재력이었다. 중국은 CICA를 미국 주도의 동맹 체제와 아세안 지배의 동남아시아 다자 포럼의 외부에 존재하면서 중국이 영향력을 갖는 범아시아 안보 틀을 만들기 위한 템플릿으로 여겨졌다.

· 위기 이후의 기회

중국은 오랫동안 CICA에 관여해 왔지만 글로벌 금융위기 이후 그 기구를 통해 아시아 안보 구조에 대한 자체적 비전을 발전시키기 시작했다. 앞에서 언급했듯이 이 과정은 2010년 금융위기 이후 첫 번째 CICA 정상회의를 앞두고 시작됐다. 중국과 러시아는 "아시아-태평양 지역 안보 강화를 위한 러시아-중국 공동 구상"에 서명했다. 그리고 CICA가 그 구상을 2010년 정상회의와 후속 특별 워킹그룹 회의에서 "미래 지역 구조"의 기반으로 채택하도록 압박했다. 중-러 공동 영문 준비 문서 및 프레젠테이션 자료—인용에 사용된 중국식 표기법을 감안할 때 러시아보다는 중국이 준비했을 가능성이 높음—는 이 구상이 미국 동맹들을 겨냥하고 글로벌 금융위기로 조성된 새로운 정치적 환경과 직접적으로 연결돼 있음을 드러낸다.[94] 한 문서는 "글로벌 금융 및 경제 위기는 국제관계 전체 시스템의 변화를 수반하면서, 세계 정치와 경제에서 힘의 균형을 전환하는 일련의 흐름을 가속화했다"는 말로 시작한다. 이어 "위기는 새로운 경제 세력과 정치적 영향력의 중심지가 부상하고 있다는 점을 부각했다. 정치 활동의 무게중심도 마찬가지로 아시아-태평양으로 이동하고 있다"고 지적했다. 또한 "글로벌 변화의 영향으로 아시아-태평양에서 지역 구조를 재편하는 과정이 시작됐다."[95] 그런 다음 미국 기반의 지역 구조를 다음과 같이 비판한다.

불투명한 군사 동맹을 기반으로 하는 아시아-태평양 지역의 기존 안보 구조가 다극화된 세계의 현실과 맞지 않을 뿐만 아니라 이 지역이 직면한 다양한 위협과 도전의 성격과 규모에도 부합하지 않는다는 점이 더 분명해지고 있다. 이 광대한 지역의 평화와 안정을 보장할 수 있는 잘 조직된 기구와 법적 도구가 여전히 부족하다. 이러한 요인들은 지역 안보를 강화하기 위한 추가 조처 마련의 시급성을 강조한다.[96]

문서는 미국의 접근법 대신 "미래 지역 구조는 개방적이고 투명하고 평등해야 하며, 비블록non-bloc 원칙에 기초해야 한다"고 주장했다. 문서에는 이것이 "러시아와 중국 지도자들이 지난해 9월 베이징에서 열린 러시아-중국 정상회담에서 정확히" 합의한 것이라고 언급했다.[97] 요컨대, 글로벌 금융위기 이후 미국 동맹에 반대하는 중-러 지역 틀에 기반한 아시아 구조의 시대가 도래했고, CICA는 그러한 구조를 구축하는 매개체였다.

글로벌 금융위기와 중국의 노력 사이의 연관성은 중국 외교관들의 CICA 고위급 연설에서 널리 알려졌다. 2010년에 다이빙궈 국무위원은 "금융위기 이후 시대를 바라보면서 CICA 회원국들은 신뢰와 조정을 강화하고" 새로운 아시아 안보 구조를 "확고하게 추구해야 한다"고 주장했다.[98] 실제로 글로벌 금융위기가 모든 것을 바꿔 놓았기 때문에 그 이후는 완전히 새로운 시대였다. 다이빙궈는 금융위기가 "다극화 경향이 이렇게 명확했던 적이 없었다"는 점과 "국제관계에서 더 큰 민주주의에 대한 요구가 그렇게 강력했던 적이 없었다"는 점을 드러냈다고 주장했다. 다이빙궈는 "한두 개, 또는 소수의 국가가 세계 정세를 지배하던 날들은 지났다"고 선언했다. 이 같은 금융위기 이후의 시대에 CICA는 도구가 될 것이다. "좋은 지역 환경을 조성하려면 다자간 교류 협력을 위한 기타 지역 메커니즘과 CICA를 최대한 활용하는 게 중요하다."[99] 2012년 다음번 CICA 회의에서 천궈핑 외교부 부부장은 이러한 주장을 계속하면서 상호 의존이 "운명공동체"를 만들어 냈다고 선언하며 새로운 특징적 개념을 소개했다. 천궈핑은 다이빙궈보다 한 걸음 더 나아가 중-러 지역 안보 프레임워크에 기반한 진로를 제시해, 모든 아시아 국가들의 행동에 적용돼야 함을 시사했다.[100] 2년 후 시진핑은 CICA 정상회의에서 중-러 구상을 제기하면서 이 구상이 "아시아-태평양 지역의 평화와 안정을 강화하고 유지하는 데 중요한 역할을 했다"고 주장했다.[101]

중국은 많은 일들을 한발 옆에서 할 수밖에 없었다. 이런 견해를 촉진하기 위해서는 CICA에 대한 어느 정도의 통제가 필요했다. 이 기구는 자체 역사의 대부분을 카자흐스탄이, 이후 4년은 튀르키예 (2010~2014년)가 주도했으며, 순환 의장직에 대한 계획이 논의됐지만 아직 승계 순서는 정해져 있지 않았다. 중국이 결국 CICA 의장직을 맡은 것은 중국이 적극적으로 설계한 것이며, 그 움직임은 일찍이 2012년에 시작됐다. 실제로 CICA 의장직 추진에 대한 첫 번째 공개적 언급은 2012년 CICA 정상회의에서였다. 천궈핑 외교부 부부장은 이 회의에서 새로운 지역 구조를 제안했을 뿐 아니라 "2014~2016년 동안의 의장직에 이미 지원했다"고 선언하고 "다른 회원국들의 지원"을 요청했다.[102] 이러한 노력에도 불구하고 2012년 공동성명에는 중국 의장국에 대한 합의에 관해 어떠한 언급도 없었다.

중국의 노력은 2013년 시진핑 국가주석이 나자르바예프 카자흐스탄 대통령을 만나기 위해 아스타나를 방문했을 때 상당한 힘을 얻었다. 비공개 토론에 관한 발표 자료에서 중국 외교부는 CICA가 논의의 주제였으며 "카자흐스탄은 중국이 2014년부터 2016년까지 CICA의 순환 의장직을 맡는 것과 2014년 CICA 정상회의를 주최하는 것을 지지한다"고 밝혔다.[103] 양국 정부는 이를 공식화하고 제도화를 지지하는 공동성명을 공개하고, "양국은 CICA 프로세스를 지속적으로 발전시키고 강화할 것"을 선언했다.[104] 성명이 발표되면서 중국은 이 기구의 2년 임기 의장직을 확보했다. CICA 성명서에는 의장국들은 오직 2년 임기를 한 번만 맡을 수 있다고 명시되어 있음에도, 중국은 첫 번째 임기의 절반 쯤 지났을 때 2018년까지 임기를 연장했다.[105]

### 심도 있는 제도화 지원

CICA의 주도권을 잡자 중국은 이 기구를 제도화하는 데 열을 올렸다. 천궈핑은 2012년 CICA 출범 20주년에 "중국은 CICA가 느슨한 포럼에서 공식적인 국제기구로 발전하는 것을 지지한다"고 밝혔다.[106] 이러한 야망을 품고 시진핑 주석은 2014년 정상회의 연설에서 CICA의 미래에 대한 광범위한 비전을 명확히 했다. "중국은 CICA를 아시아 전체를 포괄하는 안보 대화와 협력 플랫폼으로 만들고, 이를 바탕으로 역내 안보 협력 구조 구축을 모색할 것을 제안한다."[107] 이를 위해 중국은 세 가지 주요 방법으로 CICA의 제도화를 개선하고자 노력했다. APEC과 ARF에서 제도화에 반대하던 태도에서 극적인 변화였다.

첫째, CICA는 2002년 출범 이후 2년에 한 번씩 정상회의 또는 장관급 회의를 개최하고 그 사이사이에 특별 워킹그룹이나 고위급 회의를 열었다. 이는 해마다 정상급 회의를 열던 ARF, APEC, 동아시아 정상회의EAS보다 훨씬 덜 제도화된 것이다. 그래서 시진핑은 정기적인 고위급 회의를 더 자주 열어야 한다고 주장했다. "중국은 CICA의 정치적 지도력을 강화하고 발전을 위한 청사진을 작성하기 위해, 변화하는 상황에 맞게 CICA 외무장관회의, 나아가 정상회의의 빈도를 늘리는 게 바람직하다고 생각한다."[108] 중국은 2017년에 추가 장관급 회의를 추진하고, CICA 회원국들이 유엔 총회를 계기로 따로 모이도록 장려함으로써 이러한 노력에서 일부 진전을 이루었다.[109] 상하이국제연구소가 작성한 공식 CICA 싱크탱크 포럼 문서는 국방장관과 공안장관 정례 회의를 포함해 훨씬 더 광범위한 계획을 제안한다.[110] 이러한 조처는 CICA의 제도화를 아세안 관련 포럼 수준에 더 가깝게 해 줄 것이다.

둘째, 중국은 신뢰구축방안 이행을 더 잘 장려하는 모니터링과 감독 능력을 포함해 사무국의 역량을 개선하고자 했다. 시진핑은 2014년에 "중국은 CICA의 역량과 제도적 구축을 강화하고, 사무국의 기능 향상을 지지하며, CICA 틀 안에 다양한 영역에서 신뢰구축방안 이행을 감독하기 위한 태스크포스를 설립할 것을 제안한다"고 주장했다. 이는 중국이 APEC과 ARF에서 그런 조처들에 대한 모니터링을 반대하던 것과 극적으로 상반된다. 싱크탱크 포럼 문서는 더 나아가 중국이 사무국 자금 지원 확대, 인력 확충, "신뢰구축방안 이행 모니터링 의무"의 명시화, 그리고 "위기 관리 및 비상 대응 메커니즘"을 선호한다고 밝히고 있다.[111]

셋째, 중국은 시진핑 주석이 "회원국의 국방 협의 메커니즘"과 "대테러, 비즈니스, 관광, 환경 보호, 문화, 인적 교류"의 창설을 촉구하는 등, 교류를 여러 영역으로 확장하기를 희망했다.[112] 실제로 중국은 1년 이내에 CICA 청소년회의, 비즈니스회의, 비정부 포럼, 싱크탱크 포럼을 비롯한 다양한 CICA 구상을 시작했으며, 거의 모든 곳에 중국 기금 지원이 들어갔다. 게다가 중국은 아시아 인식에 관한 정기적인 CICA 대화를 개최할 계획이다. 이러한 구상들 이전에는 CICA는 다소 허술한 기구였다. 중국의 노력은 중국이 지속적으로 추진해 온 CICA의 기능 확장에 선례가 됐다.

## 질서 구축

중국이 아시아 지역 안보 구조에 대한 자체적 비전을 주장하

고자 하는 가운데 CICA는 여러 구체적인 이점을 제공한다. 그것은 ①
중국에 이웃 국가들을 제약할 수 있는 수단을 제공하고 ② 중국 주도
질서의 합의 기반과 내용을 촉진하고 ③ 중국의 지도력과 정통성을 증
진함으로써 중국이 아시아에서 지역 질서를 구축할 수 있도록 돕는다.

첫째, 중국은 부분적으로 미국과의 동맹이나 심지어 안보 협력
에 오명을 씌울 규범을 조장함으로써, 인접 국가들이 미국과 협력하
는 능력을 제약하는 데 CICA를 사용하려고 했다. 앞에서 설명했듯이,
2010년 CICA 정상회의에서 중국과 러시아가 명백히 반동맹적인 역내
안보 구조를 추진했을 때 중국은 이미 CICA를 이러한 목적으로 사용
했다. 중국은 2011년, 2012년, 2014년 CICA 회의에서 러시아와 공동 구
상을 계속 추진했다.[113] 2012년 천궈핑 외교부 부부장이 아시아 행동 규
칙의 기초로 중-러 구상을 제안하면서 분명히 밝혔듯이, 궁극적인 목
표는 역내 국가들의 안보 행동을 억제하는 것이었다.[114] 2014년에 이러
한 아이디어는 시진핑의 연설에서 가장 핵심이었다. "냉전 시대의 뒤
떨어진 (제로섬) 사고방식으로는 21세기를 살 수 없다"는 그의 주장은
미국 안보 구조를 비판한 것이다. 마찬가지로, "제3자를 겨냥하는 군사
동맹을 강화하고 공고히 하는 것은 공동 안보 유지에 도움이 되지 않
는다"는 그의 선언은 중국의 부상을 경계하는 미국과 아시아 국가 간의
안보 협력 강화에 반대하는 주장이다.[115] 가장 논쟁적인 "아시아인을 위
한 아시아" 발언은 이러한 정서에서 자연스럽게 흘러나왔다. 중국 외교
관 왕통은 2017년 CICA 장관급 연설에서 시진핑과 거의 동일한 언어
로 다음과 같이 선언했다. "중국은 아시아 안보 문제는 아시아 국가들
과 그 인민들에 의해서만 해결된다고 믿으며, 그들 역시 이러한 문제를
해결할 기회와 의지를 갖고 있다."[116]

둘째, 중국은 CICA를 사용하여 주변국 경제를 상호 의존적인 "운

명공동체"에 포함시키는 경제 및 안보 공공재 제공자로 스스로를 자리 매김했다. 시진핑의 말을 빌리자면 운명공동체에서 중국의 부상은 "아시아에 실질적인 이익을 가져다준다."[117] "운명공동체"와 "신아시아 안보 개념"과 같은 중국의 핵심 개념은 아시아의 경제적 상호 의존에 대한 중국의 중심성을 강조하는 동시에 미국 동맹을 비판한다. 그렇게 함으로써 이들 개념은 중국이 아세안에서 오래전 추진했던 초기 개념에서 진화했다. 중국은 이러한 개념들이 아시아 안보 구조의 중심이 되기를 원한다. CICA의 공지안웨이 사무국장은 "CICA가 (안보 구조 구축) 목표를 꾸준히 달성하는 방향으로 나아가는 동안 시진핑 주석은 신아시아 안보 개념을 제안하여 그 속도를 가속화하려 노력했다"고 주장한다.[118] 실제로 시진핑이 2014년 CICA 정상회의에서 아시아의 새로운 안보 구조의 기초로 소개한 신아시아 안보 개념은 "공동의, 포괄적이고, 협력적이며, 지속가능한 안보"를 수반한다.[119] 시진핑은 연설에서 개념의 각 요소를 주의 깊게 설명했으며 2017년 아시아-태평양 안보협력 백서는 이러한 요소들에 대해 자세히 설명한다. ① "공동 안보"는 "운명공동체"를 말하며, 동맹에 대한 명확한 비판을 포함한다. 왜냐면 동맹은 일부 국가들에게는 안보를 제공하지만 다른 국가들에는 제공하지 않기 때문이다.[120] ② "포괄적인 안보"는 전통 및 비전통적 안보 위협을 말하며 상대적으로 논쟁의 여지가 없다. ③ "협력적 안보"는 "대화와 심도 있는 의사소통"을 통해 문제를 해결하기 위해 서로 협력하려는 아시아인의 노력을 말하며, 중국의 영토 분쟁과 같은 문제에 대한 외부의 개입을 암묵적으로 비판한다.[121] ④ "지속가능한 안보"는 아시아 국가들은 "지속적인 안보를 실현하기 위해 개발과 안보에 집중해야 한다"고 주장한다. CICA 싱크탱크 포럼 문서는 이것이 중국이 개발을 제공하고 미국이 안보를 제공하는 아시아의 "이중 경로"를 가리키며, 안보를 이루려면 개발이 필요하다는 경고는 그 "이중 경로"에서 미국의 역할보다 중국의 역할을 격상하는 것을 의미한다고 설명한다.

이 네 가지를 합치면, 신아시아 안보 개념에서 지역 안보는 회원국들이 중국 발전의 혜택을 받고, 동맹을 피하고, 외부 국가를 분쟁에 끌어들이지 않으며, 대외 안전 보장보다 중국의 개발 이익을 우선시하는 "운명공동체"로 정의된다. 이 개념은 CICA의 기초가 됐으며 모든 CICA 공동성명에 등장했다. 실제로 2017년에 왕이는 "중국이 CICA 의장직을 맡은 이후 중국이 제안한 공동의, 포괄적이고, 협력적이며, 지속가능한 아시아 안보 개념이 널리 인정받았다"고 의기양양하게 선언했다.[122] CICA 사무국장은 "모든 회원국이 CICA의 궁극적인 목표를 달성하기 위해 새로운 안보 개념을 채택하고 구현하는 것에 협력하기를 진심으로 희망한다"며 중국의 목표는 "그 개념을 실현해 아시아에서 더 나은 안보 구조를 만드는 것"이라고 말했다.[123] CICA의 공식 싱크탱크 보고서는 미국 주도 질서에 대한 대안으로서 그 개념의 궁극적 목적에 대해 더 적극적으로 언급한다. "아시아 안보 구조에 관한 이견은 더 커지고 있다. 중국이 제안하고 CICA가 채택한 신아시아 안보 개념은 공동의, 포괄적이고, 협력적이며, 지속가능한 구조를 요구한다. (반면) 미국은 여전히 군사 동맹과 블록 안보를 고수하고 있다."[124]

신아시아 안보 개념의 결정적인 마지막 요소는 "운명공동체"를 보증하는 공공재를 제공하는 일대일로와의 연계다. 일대일로가 중국의 질서 구축에 중요하다는 점을 감안해 일대일로가 CICA의 지지를 받도록 노력하여 정당성을 키우고 아시아 안보 질서의 중심에 됐다. CICA 사무국장은 일대일로를 CICA와 직접적으로 연결했다. "중국의 일대일로 구상은 진정한 CICA 정신에서 지역 협력을 촉진하는 또 다른 중요한 조처다."[125] 왕이 외교부장은 이러한 모든 개념을 하나로 묶어 개발과 안보를 통합적인 지역 비전으로 결합했다.

> 앞으로 우리는 (신)아시아 안보 개념을 사용하여 아시아 지역 안보 협력을 위한 틀을 촉진하고 구축하는 데 앞장서야 한다. 우리는 CICA (신아시아 안보) 개념과 실크로드 정신을 결합하고 CICA의 틀을 사용하여 어떻게 아시아 국가들의 발전 전략을 "일대일로" 건설과 통합할 수 있을지 모색해야 한다. 우리는 운명공동체를 만들기 위해 CICA의 통합적 속성을 살펴봐야 한다.[126]

셋째, CICA는 중국이 아시아 지역주의에 대한 논쟁에서 주도권을 주장하는 데 도움이 된다. 2017년 아시아-태평양 안보협력 백서는 아시아 지역주의로 가는 세 가지 경로를 언급했다. "이 지역에는 ① 아세안이 주도하는 협력 메커니즘과 ② SCO 및 CICA 같은 플랫폼, 그리고 ③ 역사 속에서 형성된 군사 동맹이 있다."[127] 중국은 두 번째 경로를 선호했고 CICA는 아세안 지도부와 미국, 일본의 간섭을 우회하도록 해줬다. 마춘산이 언급했듯이 CICA는 "미국과 아시아의 중요한 동맹국인 일본을 회원으로 포함하지 않는 유일한 범아시아 국제 협력 플랫폼"이며, 이 때문에 중국이 적절하다고 생각하는 대로 구성할 수 있다.[128]

또한 CICA는 지역주의에 대한 논쟁을 형성하는 데 매우 유용하며, 많은 회원 수로 아시아를 대표하는 포럼이라고 확실하게 주장할 수 있다. 이는 중국이 반복적으로 주의를 환기해 온 지점이다. 2002년부터 2012년까지 CICA의 중국의 연설은 일반적으로 CICA를 "중요한 기구"라고만 기술했지만, 2014년에 CICA를 넘겨받자 CICA를 다른 조직들보다 격상시키는 비교 언어를 명확하게 사용했다.[129] 2014년 CICA 정상회의에서 시진핑은 "CICA는 참가자가 가장 많은 기구로, 규모가 제일 크고 가장 대표적인 지역 안보 포럼"이라고 말했다. 공지안웨이 사무국장은 CICA가 아시아에서 "유일한 종류의 구조"라고 선언했다.[130] 왕이는 2016년에 CICA가 "아시아 최대의 가장 대표적인 안보 포럼"이라고 말했다. 그 이듬해 CICA 25주년 기념사에서 그는 "아시아에서 가장 넓은 범위와 가장 많은 회원을 보유한 가장 대표적인 안보 포럼으로 성장했다"고 말했다.[131] 이 발언의 목적은 다른 기구들보다도 CICA가 아시아 안보 구조 구축을 위한 기반으로 역할하는 데 적임이라고 주장하기 위한 것이었다. 실제로 중국 정부의 CICA 웹사이트에 게시된 싱크탱크 보고서는 이 점을 반복적으로 설명할 뿐만 아니라, CICA의 잠재적 최종 단계가 아시아판 OSCE(유럽안보협력기구), 이른바 OSCA Organization for Security and Co-operation in Asia(아시아안보협력기구)가 되는 것이라고 지적한다. 상하이국제연구소가 자랑스럽게 웹사이트에 게재한 한 보고서는 CICA는 그 대표성 때문에 "아시아 안보 구조를 위한 견고한 제도적 기반을 제공하고, 아시아 안보 구조를 향한 최단 경로를 펼쳐 낼 수 있다"고 주장한다.[132] 또 다른 보고서는 "CICA의 잠재력과 장점을 충분히 활용하여 OSCA로의 전환과 발전을 추진할 수 있다면 향후 신아시아 안보 구조 구축에 큰 도움이 될 것"이라고 언급했다.[133] 이는 부분적으로 CICA가 통합 역할을 할 수 있기 때문이다. 천궈핑 부부장은 CICA 고위급 위원회 연설에서 다음과 같이 말했다. "아시아에서 소지역 안보 협력이 번성하고 있지만 협력 메커니즘은 파편화됐고 기능은 중복된다. 모든 자원을 통합하고 보다 광범위하고 효과적인 협력 플랫폼을 구축하며 지역 안보 협력을 위한 새로운 구조를 마련해야 한다. 이 과정에서 CICA는 광범위한 지리적 범위와 포괄성 및 신뢰구축방안에서 강점을 활용하여 중심 역할을 수행할 수 있다."[134]

마지막으로, 중국은 CICA를 통해 중국이 주도할 수 있는 공통의 정체성을 구축하고자 했다. 중국은 CICA NGO 포럼과 CICA 싱크탱크 포럼을 후원함으로써 부분적으로 이를 해내려고 했다.[135] 1990년대에 아시아 지역주의 논쟁에서 APEC과 아세안을 둘러싼 유사한 노력이 중심이었던 것처럼, 중국은 CICA가 2014년부터 시작된 이러한 논쟁의 중심이 되기를 희망했다. 왕이가 2016년에 설명했듯이, 이들 포럼은 "모든 당사자가 트랙2 및 비정부 수준에서 새로운 아시아 안보 구조를 모색하도록 장려하고", 이를 통해 "CICA의 미래 개발 및 변화에 대한 합의를 구축"하기 위한 것이다.[136] 마찬가지로 시진핑은 이들 포럼이 "CICA 안보 개념을 전파하고 영향력을 높이며 지역 안보 거버넌스를 촉진하기 위한 견고한 사회적 토대를 마련"할 것이라고 말했다.[137] 물론 중국이 이런 과정을 대체로 주도한다. 이와 같은 노력의 한 가지 목표는 아시아 국가들과 서구 국가들을 대조하는 것이다. 실제로 CICA 싱크탱크 포럼 보고서와 중국 관리들의 발언은 "공통의 '아시아 인식' 또는 공통의 아시아 정체성의 결여가 아시아에서 중요한 안보 메커니즘을 구축할 가능성을 더욱 복잡하게 만들었다"는 믿음을 시사한다.[138] 또 다른 싱크탱크 포럼 보고서는 "실질적인 문명 간 대화와 긴밀한 경제 협력을 통해 범아시아적 운명공동 인식을 촉진하는 것"이 중국의 주요 목표가 되어야 한다고 주장한다.[139] 이를 위해 시진핑 주석은 2014년에 아시아 문명에 관한 CICA 정례 대화 신설을 촉구했고, 2018년 이를 통합하는 데 성공했다. 이러한 책략이 아시아 내부의 분열을 극복할 가능성은 낮지만, 중국은 이러한 책략들이 중국 주도하에 지역을 점차적으로 결속시키기 위한 방법이라고 본다.

아시아 지역 기구들은 이러한 목표를 확보하는 데 있어서 그 정도까지만 할 수 있다. 그걸 넘어서면 중국이 지역을 하나로 묶을 수 있는 또 다른 방법은 경제적 운영과 통제 형태—강압적 능력, 합의—를 통해

서다. 다음 장에서 보여 주듯이 경제적 도구는 최소 한 가지 중요한 측면에서 다자기구들과 비슷하다. 둘 다 표면적으로는 자유로운 운영 요소이며, 지역 질서 구축과 같은 보다 노골적인 정치적 목적을 위해 사용될 수 있다는 것이다.

# 10장

# 개발 열차에 탑승하라

경제적 구축 실행

---

"우리는 중국 주변에 상호 연결되고 상호 운영 가능한 인프라 네트워크를
형성하기 위해 인접 지역의 주변 고속도로, 철도, 통신 및 에너지 채널 건설
에 적극적으로 참여하고 힘차게 추진해야 한다."[1]

— 후진타오, 2009년, 일대일로 구상 출범 4년 전

2012년 베이징대 국제관계대학원장인 왕지쓰 교수는 민족주의 타블로이드 〈글로벌 타임스〉에 영향력 있는 글을 실었다. 한때 중국 최고 지도자 후진타오의 비공식 고문이었던 왕지쓰의 글은 도발적이었다. 중국은 동쪽의 해양 분쟁, 열도, 경계심 강한 이웃 국가들, 미 해군과 같은 안보 문제에 직면했다. 왕지쓰는 육지에서 "서쪽으로 행진"하는 게 매력적인 대안이라고 언급했다.[2]

그는 "동아시아와 달리 서쪽 국가들 사이에는 미국 주도의 지역적 군사 동맹이 없으며, 동맹이 생길 가능성도 없다"고 주장했다.[3] 대신 중국은 풍부한 자원과 대륙적 공백을 갖고 있을 뿐만 아니라, 심지어 중국의 해상 의존도를 줄이고 이 지역을 중국과 더 단단히 묶을 수 있는

파이프라인, 철도, 고속도로, 육상 인터넷 인프라로 채울 여력과 달러 보유고를 갖고 있었다. 이것은 질서 구축의 한 형태였다. 왕지쓰가 설명한 아이디어들은 수년 전 중국 주변에 유사한 인프라 네트워크를 요구했던 후진타오를 포함한 다른 사람들도 명확하게 표현했었지만, 이제 구매처를 찾은 걸로 보였다. 많은 중국 엘리트들은 왕지쓰의 글이 중국 지도부의 관심을 끌었고 시진핑이 이듬해에 출범한 일대일로 구상BRI의 대륙적 요소를 형성하는 데 도움이 되었다고 말한다. 후진타오는 글로벌 금융위기 이후 중국의 대전략을 수정하기 위해 이용한 연설에서 인프라 구축에 대한 유사한 집중을 발표했었다.[4] 왕지쓰가 새로운 구상을 촉진하는 데 도움이 됐는지 아니면 기존 구상을 입증하는 데 도움이 됐는지에 관계없이, 정책의 궤적은 점점 더 분명해졌다. 중국은 질서 구축을 포함한 지정학적 목적을 위해 경제력과 인프라 지출을 사용할 것이라는 점이다.

왕지쓰는 부상하는 중국이 적대적인 동쪽을 피해 서쪽으로 나아가도록 독려했다. 그러나 약 한 세기 전, 부상하던 독일은 적대적인 서방을 피해 동쪽으로 진군하기로 결심했다. 독일 지도부는 베를린에서 바그다드까지, 그리고 페르시아만으로 이어지는 1,000마일의 철도 건설을 추구했다. 독일의 "베를린-바그다드 철도"는 뛰어난 영국 해군을 우회할 뿐 아니라 중동에 독일의 영향력을 더 깊숙이 퍼뜨리고, 오스만 제국을 수출 시장 및 원자재 공급원으로 개방하고, 독일에 아프리카의 해외 소유물을 보호할 방법을 제공하는 것이었다. 이런 독일의 기반시설 구축 야심이 유별난 것은 아니었다. 영국은 수에즈 운하를 건설했고, 미국은 파나마 운하를 건설했으며, 일본은 싱가포르와 말라카 해협에 대한 영국의 통제를 우회하기 위해 태국의 "크라 지협"을 가로질러 자체 운하를 건설하기를 원했다. 지리가 지정학을 재편할 수 있다는 점을 모두가 이해했다.

　독일의 프로젝트는 상당한 진전을 보였는데, 제1차 세계대전으로 인해 완성되지 못했어도 유라시아의 전략적 지리에 혁명을 일으킬 수 있었다. 그러나 그 프로그램이 실패한 곳에서 중국의 일대일로 구상은 계속됐다. 보다 광범위하게, 중국이 질서 구축을 위해 경제적 수단을 사용하는 것은 독일과 마찬가지로 인프라 자금 조달에만 국한되지 않았다. 부상하는 독일이 영국의 금융 통제를 우려하여 그것을 축소할 방법을 모색한 것처럼, 부상하는 중국은 오랫동안 미국 달러의 지배에 대해 우려했으며 미국의 힘을 약화시키고 중국의 재정적 이익을 구축하기 위해 역시 이를 피하려고 했다.

　인프라와 금융에 대한 중국의 노력에 동기를 부여하는 것은 주로 절대적인 경제적 이익이나 중국 이익단체의 요구가 아니라 경제적 레버리지를 키우려는 열망이다. 그 레버리지는 6장에서 논의한 것처럼 다양한 형태를 취할 수 있다. 관계적일 경우, 이는 국가 간의 상호 의존성(예: 양자 무역 협정) 조작을 포함한다. 구조적일 경우, 이는 세계 경제 활동이 일어나는 시스템과 틀의 형성을 포함한다(예: 통화 통제). 그리고 국내적일 경우에는 한 국가의 내부 정치와 선호(예: 엘리트 포획)를 재구성하는 것을 포함한다. 이 장에서는 이러한 형태의 레버리지를 구축하려는 중국의 노력을 살펴본다. 이는 중국의 일대일로 구상과 금융정책이 글로벌 금융위기로 인해 상당 부분 촉발되었으며, 이로 인해 중국은 질서 구축을 위해 경제적 도구를 사용하는 데 더욱 단호해졌다. 이제 중국의 경제 행동을 분석하기 전에 변화하는 경제 담론을 살펴보자.

## 중국의 경제 문서

수년 동안 중국의 경제적 노력은 미국의 경제적 영향력을 약화시키고 시장, 기술 및 자본에 접근해 계속 발전할 수 있도록 하는 데 중점을 뒀다. 글로벌 금융위기 이후 중국의 문서는 경제 전략이 크게 두 가지 방식에서 전환됐음을 보여 준다. 첫째, 중국은 "주변 외교"의 경제적 요소에 초점을 맞췄는데, 이는 주변국들에 대한 관계적·구조적·국내정치적인 경제적 레버리지 형성을 통해 실질적으로 중국 주도의 질서 구축 형태를 취했다. 주요 수단은 양허 무역과 무역 제재 그리고 대규모 인프라 투자였다. 둘째, 중국은 미국에 대해 심각하면서도 갈수록 취약한 분야인 글로벌 금융에 더 적극적으로 초점을 맞췄다. 중국은 미국 금융 구조에 대안을 구축하는 데 중점을 뒀다. 약화시키기 기간과 마찬가지로 구축 기간 동안 중국의 모든 경제 활동이 전적으로 전략적 동기를 갖고 있는 것은 아니겠지만, 수단은 분명히 더 큰 전략의 일부였다.

### 전략의 두 번째 변화

글로벌 금융위기 이전인 2006년까지만 해도, 중국이 그해 중앙외사공작회의에서 대외정책을 검토했을 때 대전략의 주된 초점은 명시적으로 도광양회(즉, 숨기고 기다리기)에 있었고 중국이 직면한 대외압력을 약화시키는 데 집중했다.[5] 그러나 불과 2년 후인 2008년, 글로벌 금융위기는 훨씬 큰 변화를 가져왔다. 미국과의 힘 차이에 대한 중국의 평가가 크게 떨어졌고, 후진타오 주석은 2009년 연설에서 "적극유소작위"를 강조하여 도광양회를 공식적으로 수정했다.[6] 이 과정에서 후진타오는 2006년 연설에 담았던 "너무 많이 말하기"와 리더십 주장하기를

378

피하는 것의 중요성에 관한 광범위한 언사를 버렸다.[7]

이후 중국은 지역 질서 구축에 더 큰 중점을 두면서 경제적 접근 방식도 바뀌었다. 실제로 후진타오는 2009년 중국 대전략을 재설정하는 연설에서 더 큰 "주변 외교"를 촉구하고, 이제 중국의 외부 압력은 줄어들고 이 지역에서 더 큰 행동의 자유를 갖게 될 것이라고 강조했다.[8] 그는 위기 이후 "전반적인 전략적 환경이 계속 개선되고 있다"며 "주변에 대한 중국의 영향력이 더욱 확대됐다"고 선언했다.[9] 이는 보다 적극적인 경제적 행동의 기회를 제공했고, 따라서 후진타오는 "경제 외교를 강화해야 한다"고 말했다.[10] 그의 연설은 경제 외교에 대한 이러한 집중이 주변부뿐만 아니라 국제 금융 시스템과 관련해서도 이루어질 것임을 분명히 했다.

중국 지도자들은 이후 몇 년 동안 이러한 주제들을 강조했다. 7장에서 논의한 바와 같이, "주변 외교"는 "운명공동체"라는 구호 아래 이뤄진 후진타오의 연설 이후 중국 대전략에서 계속해서 격상됐다. 2011년 중국은 아시아의 "운명공동체"를 옹호하는 백서를 발표했는데, 이 개념은 곧 아시아에서 중국 질서 구축의 약칭이 됐다.[11] 2년 후인 2013년 왕이 중국 외교부장은 주변부를 표면상 강대국보다 위에 둬서 외교정책의 "우선순위 방향"으로 선언했다. 그리고 처음으로 "운명공동체" 개념과 직접 연결했다.[12] 같은 해 시진핑 주석은 전례 없이 주변외교공작회의를 열었는데, 2006년 이후 외교정책에 관해 소집된 회의 중 그 정도 규모는 처음이었고 주변 외교에 관한 회의로도 첫 번째였다. 그는 연설에서 중국 외교정책에서 주변 외교가 갖는 핵심적 중요성을 분명히 하고, 그것이 국가 부흥을 위해 필요하다고 봤으며, 주변 외교의 목적은 지역 "운명공동체"의 실현이라고 선언했다.[13] 학계와 싱크탱크의 논평은 이러한 흐름을 포착했는데, 옌쉐퉁 칭화대학 교수는

"중국의 부상에 주변국 또는 이웃 국가의 의미가 미국의 의미보다 더 중요해지고 있다"고 썼다. 이는 중국이 과거에 미국의 압력에 대처하는 데 중점을 뒀던 것에서 이제는 주변부를 더 격상시키고 있다는 의미였다.[14] 이듬해인 2014년 중앙외사공작회의에서 시진핑은 미국과 같은 강대국에 초점을 맞추는 것보다 주변 외교를 격상시켰다.[15] 동일한 언어가 2014년 정부 공작보고서에서도 다시 반복되면서 주변 외교의 공식화를 제안했다.[16] 시진핑은 심지어 "운명공동체"를 2015년 보아오 포럼의 주제로 정했으며, 2017년 아시아안보협력 백서에는 "중국 지도자들은 기회가 있을 때마다 운명공동체의 개념을 반복적으로 자세히 설명했다. 중국은… 아시아와 아시아-태평양 전체에서 운명공동체를 건설하기 위해 노력하고 있다"고 적혀 있다.[17] 이러한 자료들은 모두 지역 질서 구축의 출현이 중국 대전략의 중심적 우선순위는 아닐지라도 주요 초점이라는 점을 강하게 시사한다.

중국은 주변부에 대한 집중을 강화하는 데 더해, 훨씬 적극적으로 국제 통화 개혁을 추진하기 시작했다. 금융 대안에 대한 사례 연구가 더 자세히 논의됨에 따라, 2008년 이후 중국 관리들은 통화 다각화와 기축통화로서의 달러의 역할 약화를 일상적으로 요구하는 전례 없는 조처를 취했다. 중국인민은행 총재뿐만 아니라 후진타오 주석과 다른 고위 지도자들이 G20(주요 20개국)을 비롯한 주요 경제 포럼에서 이 같은 내용을 발언했다. 이 전략은 후진타오의 2009년 연설에서 명시적으로 설명됐고 그 뒤 중국 정책의 특징으로 남았다.

### 구축 전략

지역 질서를 구축하려는 노력은 "적극적으로 무언가 성취하라"는 후진타오의 구호 아래 등장했다. 후진타오는 아시아인프라투자은행AIIB의 창설과 아시아 교류 및 신뢰구축회의CICA 의장직을 예견하면서 중국이 "국제 규칙 형성에 더 적극적으로 참여해야 한다"고 말했다.[18] 또한 중국이 "국제 경제 및 금융 시스템의 개혁을 더 적극적으로 촉진해야 한다"고 선언했으며, 이는 그해 달러와 병행 금융 구조에서 벗어나 통화 다각화를 촉진하기 위한 새로운 노력으로 이어졌다. 후진타오는 이 프로젝트를 "개발도상국들과 조정 및 협력을 통해" 착수해야 한다고 말했다.[19] 마지막으로 그는 중국 경제 전략의 일환으로 강력한 인프라 투자를 제안했다. 일대일로 구상을 예상하면서, 후진타오는 "주변 지역에 고속도로, 철도, 통신, 에너지 채널 건설에 적극적으로 참여하고 활발하게 촉진하여 중국 주위에 상호 연결되고 운용이 가능한 인프라 네트워크를 형성해야 한다"고 선언했다.[20] 요컨대 무역, 인프라, 통화 다각화는 모두 2009년부터 일찍이 중국의 더 적극적인 경제 전략의 핵심이었다.

중국의 지역 경제 노력과 구축 사이의 연관성은 시진핑과 후진타오의 연설에서 분명하게 드러났다. 후진타오는 2009년 연설에서 "호의적인 주변부에서의 운영은 중국에게 중요한 외부 조건"이라고 강조하고, 양허경제협정, "특히" 인프라 합의가 주변 외교의 일부라고 말했다.[21] 중국은 "좋은 이웃 및 파트너가 되는 주변 외교를 고수하고 주변부 전체에 대한 전략 계획을 강화하며, 상호 신뢰를 다지고 협력을 촉진"해야 한다.[22] 이것은 부분적으로 중국 경제와 주변국 경제를 상호 보완함으로써 달성할 수 있다. 실제로 후진타오는 "중국과 주변국 공통의 이익을 강화하라"고 촉구했다. 그는 "우리는 국내 지역 개발 전략과 지역 및 소지역 협력의 통합을 촉진하는 데 관심을 기울이면서 아시아 지역 협력을 심화하는 데 집중해야 한다"며 중국 경제와 주변국 경제를 연결 지었다.[23] 후진타오는 또한 "우리는 국제 규칙 제정에 더 적극적으로 참여하고, 국제 경제 및 금융 시스템 개혁을 적극적으로 추진하며, 수많은 개발도상국의 이익을 더 적극적으로 보호해야 한다"고 강조했다.[24]

　이러한 주제들 중 많은 부분이 이후 몇 년 동안 강조됐다. 운명공동체 개념을 처음 도입한 중국의 2011년 백서는 "얽혀 있고 상호 연결된" 이익뿐만 아니라 "상호 의존"의 중요성을 강조했는데, 이는 중국의 크기를 고려할 때 사실상 중국에 대한 비대칭적 의존을 의미한다.[25] 백서는 또한 후진타오가 제안하고 시진핑 체제에서 더 완전하게 실행된 노선을 따라 지역 협력을 요구했다. 주변국들과 관련해, 중국은 이웃 나라들에 "중국의 번영, 발전, 장기적 안정은 주변국들에게 위협이 아닌 기회"라고 상기시키는 데 신경을 쓰면서 "무역 증대"를 주창하고 "지역 경제 통합을 촉진"할 것이라고 말했다.[26] 이 모든 것은 4년 후 일대일로 구상 발표와 중국의 양허무역협정을 예견한 것이었다.

　시진핑 치하에서 이러한 노력은 더 명확하게 논의됐다. 경제적 측면에서 시진핑은 2013년 주변외교공작회의에서 공공재를 제공하고 상호 의존을 촉진할 것을 제안했다. 두 가지 모두 "더 긴밀한 공동이익 네트워크를 만들고, 중국의 이익을 (주변국들과) 더 잘 통합하여 주변국들은 중국의 발전으로부터 이익을 얻을 수 있게 된다."[27] 그는 중국이 이를 어떻게 이룰 것인지를 정확하게 설명했다. 시진핑은 "우리는 상호 호혜를 달성하기 위해 모든 노력을 기울여야 한다"고 선언했다. "우리는 우리의 자원을 사용하기 위한 전반적인 계획을 세워야 한다. … (그리고) 우리의 비교 강점을 활용하여 이웃과의 상생 협력을 위한 전략적 수렴 지점을 정확하게 파악하고, 지역 경제 협력에 적극적으로 참여해야 한다."[28] 실질적으로 그는 "중국과 이웃 국가 간의 인프라 연결 속도를 높이기 위해 이웃과 협력해야 한다"고 말하면서 일대일로 구상과 AIIB를 이를 위한 도구로 명시적으로 나열했다.[29] 또한 "자유무역지대 전략의 이행을 가속화"하고 "주변국들을 기반"으로 삼고 싶어 했는데, 이는 주변국 격상의 또 다른 신호다.[30] 중국 접경 지역과 주변국 간의 활발한 연결뿐 아니라 신규 투자 또한 필수적이었다. 시진핑은 전반적인 목표가 "지역 경제 통합의 새로운 패턴을 만드는 것"이며, 이것이 중국과 긴밀하게 연결될 것이라고 여러 차례 밝혔다.[31] 이러한 종류의 비대칭적 상호 의존성을 적극적으로 쌓으면 중국에 행동의 자유를 주고 잠재적으로 주변국을 제약할 수도 있다는 점은 언급되지 않았다. 그러나 2017년 일대일로 구상 포럼에서 시진핑은 이러한 노력이 운명공동체를 만들기 위한 작업에 부합한다는 점을 분명히 했다. 그는 일대일로 구상의 모든 당사자가 "인류 운명공동체를 향해 계속해서 나아갈 것이다. 이것이 내가 처음으로 일대일로 구상을 제안했을 때 염두에 두었던 것이다. 이는 궁극적 목표이기도 하다"고 주장했다.[32] 그는 또 다른 연설에서 중국은 "급속하게 성장"하고 있으며, 따라서 "팔을 벌려 중국의 발전이라는 특급열차에 탑승한 이들을 환영할 것"이라고 말했다.[33] 요컨대, 이들은 지역 질서를 구축하려는 중국의 대전략의 핵심에 있는 경제적·제도적 수단이다.


## 인프라 투자와 일대일로 구상

인프라 투자는 무역 및 연결성을 촉진할 뿐만 아니라 "경제적 권력"을 실행할 수 있는 기회를 제공하며, 이를 통해 강대국 경쟁의 전략적 지형을 재편할 기회를 준다. 과거 강대국들과 마찬가지로, 중국은 인프라 투자를 질서 구축의 도구로 사용했는데, 일대일로 구상과 이를 지원하는 금융 기구들이 그 예다.

## 대안적 설명

여기에서는 많은 일대일로 구상 프로젝트가 전략적 동기를 갖고 있다고 주장하지만, 일대일로 구상 문서에서 흔히 보이는 대안적 설명이 몇 가지 있다. 첫째, 일각에서는 일대일로 구상이 주로 절대적 경제 이익 추구로 인해 추동되는 것이라고 믿는다. 그러나 대부분의 프로젝트는 적자를 내고 있어 이 설명에 약간의 의구심이 제기된다. 예를 들어, 해상 무역이 육상 무역을 크게 초과하기 때문에 수익성을 평가하기 "쉬운 사례"인 일대일로 구상의 항만 프로젝트는 대체로 어려움을 겪고 있다. 싱크탱크 선진국방연구센터C4ADS의 금융 분석에 따르면 "수익성이 없다고 기록된 몇 가지 사례들은 중국이 항만 프로젝트의 지정학적 역량을 적극 활용하려 함을 시사한다."[34] 예를 들어 말라카 해협 근처 말레이시아 항구에 80억 달러를 투자한 중국을 두고, 세계은행은 인근의 기존 항구들이 아직 수용 능력이 부족하다는 점을 감안할 때 완전히 불필요하다고 평가했다. 스리랑카에 있는 중국의 함반토타 항구는 개항 이후 수억 달러의 손실을 봤고, 실제 화물 통행은 거의 없었음에도(인접한 콜롬보 항구의 100분의 1) 중국은 채무를 떠안고 99년간 항구를 임대했다.[35] 파키스탄 과다르 항구 건설도 마찬가지로 수익이 나지 않음에도 중국은 투자를 지속하고 있으며, 40년 임대계약을 체결하고 부채를 떠안았다. 이러한 투자에 대한 경제적 근거는 없지만, 앞으로 보게 될 것처럼 전략적 동기의 증거는 있다.

둘째, 어떤 이들은 이런 프로젝트들이 강력한 기득권 집단의 이익에 도움이 된다고 주장함으로써 프로젝트의 자금 부족을 설명한다. 특히 일대일로 구상은 중국 내 관련 산업이 해외 인프라 프로젝트에 참여할 수 있는 기회를 만들어 국내 경제를 뒷받침하는 방안으로 비친다. 하지만 이 설명도 문제가 있다. 데이비드 달러가 지적했듯이, 일대일로 구상은 가장 낙관적인 환경에서도 중국의 잉여 생산 능력을 흡수하려 애쓸 것이다. "철강만 해도 중국은 초과 생산 능력을 흡수하기 위해 연간 600억 달러의 추가 수요가 필요하다. 이 수치는 시멘트, 건설, 중장비의 초과 생산 능력은 제외한 것이다." 그는 일대일로 구상과 그 프로젝트들은 "중국이 이 프로젝트의 유일한 공급자라고—그렇지는 않지만—해도 중국의 과잉 생산 능력 문제를 해결하기에는 너무 작은 규모"라고 결론지었다.[36] 더욱이, 중국의 대출금 중 점점 더 많은 부분이 상환되지 않을 것이다. 이미 스리랑카에서 이런 일이 일어났고, 예산의 약 20퍼센트를 중국 부채 상환에 쓰는 몰디브 같은 국가들에서 사례를 입증할 수 있다. 손실을 보고 자본을 빌려주는 것은 경제적으로 의미가 없지만, 그 결과가 전략적 자산이라면 의미가 있다.

셋째, 어떤 이들은 일대일로 구상이 경제적이지도 전략적이지도 않으며, 대체로 지위에 의해 동기가 부여된다고 주장한다. 그들은 일대일로를 시진핑의 허영심으로 본다. 하지만 시간표를 보면 이는 설명이 안 된다. 많은 주요 프로젝트들(예: 과다르, 함반토타, 중앙아시아 전역의 여러 철도 및 가스 프로젝트)은 시진핑과 그의 일대일로 구상보다 선행했을 뿐 아니라 중국 정부 담론에서 전략적 용어로 명시적으로 설명되었다.

넷째, 많은 비판자들은 일대일로 구상이 대체로 무의미하다고 주장한다. 그들은 중국이 하는 모든 일—극지 실크로드부터 막연하게 구상된 일대일로 우주 도로에 이르기까지—이 일대일로 구상 아래 정부에 의해 포개진다면 그 용어 자체는 아무 의미가 없다고 주장한다. 이 비판은 전적으로 정당하지만, 많은 프로젝트들은 꽤 현실적이다. 일대일로 구상 브랜드에만 협소하게 초점을 맞추면 그 프로그램 안팎의 인프라가 지속적인 경제적 영향력을 창출하는 방식이 모호해진다. 일대일로 구상이 중국이 수년 동안 추구해 온 인도-태평양 지역의 주요 프로젝트들—물론 그 구상의 원래 초점—을 의미한다면, 많은 중요 프로젝트가 전략적 설계에 의해 동기부여된다는 데에 의심의 여지가 없다.

## 대전략 설명

좁은 용어로 이해하면 일대일로 구상은 경제적 또는 국내정치적 구상이라기보다는 —그리고 아마도 훨씬 더—전략적 구상이라고 할 수 있으며, 질서 구축에 필수적인 다양한 형태의 관계적·구조적·국내정치적 레버리지를 창출한다. 이제 이들 세 가지를 고려해 보자.

### · 관계적 레버리지

첫째, 일대일로 구상은 몇 가지 중요한 형태의 관계적 레버리지를 만들어 준다. 이는 스리랑카와 몰디브와 같이 중국에서 대출을 받은 뒤 상환할 수 없는 국가들에 대해 금융적 영향력을 창출한다. 몰디브의 경우 앞서 말한 바와 같이 현재 국가 예산의 약 20퍼센트를 중국 대출 이자 상환에 쓰고 있다. 스리랑카에서는 연간 대출 상환액—대부분 중국에 대한 상환—이 스리랑카 정부 수입의 거의 전부와 같다.[37] 이자율도 어마어마하여, 일본 인프라 대출에는 약 0.5퍼센트인 반면 함반토타 확장 이자는 6퍼센트에 이른다.[38] 중국에 상환할 여력이 없는 국가들은 때때로 별도의 중국 은행에서 추가 대출을 받아 부채의 악순환을 심화시켰다.[39]

일대일로 구상은 또한 비대칭적 무역 상호 의존성의 가능성을 만든다. 특히 연결성이 증가하면 중국과 이웃 국가 간의 양자 무역이 효과적으로 증가하고, 중국에 대한 의존도가 커지기 때문이다. 중국을 아시아 경제의 중심에 두는 게 명백히 요점이다. 시진핑은 일대일로 구상이 무르익기 전 2013년 주변외교공작회의에서 인프라 투자와 AIIB가 어떻게 "중국과 이웃 국가들 간의 인프라 연결을 가속하고, 더 긴밀한 공동 이익 네트워크를 만들며, 중국의 이익을 이웃 나라들과 더 잘 통합해서 그들이 중국의 발전으로부터 이익을 얻을 수 있게 할지"에 대해 논의했다.[40] 2017년 시진핑은 아시아에서 "운명공동체"를 만들기 위한 노력의 일환으로 일대일로 구상을 명시적으로 언급했고, 여러 연설에서 중국과의 상호 의존과 얽힌 경제가 그러한 공동체의 핵심 기준임을 명확히 했다. AIIB를 제안한 중앙당연구실 고위 인사인 쩡신리를 비롯한 다양한 고위 관리들은 이와 동일한 지적을 많이 하면서, 일대일로 구상에 집중하고 있음을 시사했다.[41] 비공식 자료들에서, 여러 학자들은 이러한 종류의 상호 의존이 중국의 이웃 나라들을 제약하기를 희망했다.

마지막으로, 금융 및 무역을 통한 관계적 레버리지 외에도 많은 중국 프로젝트들이 유지관리를 위해 중국 엔지니어들을 필요로 한다는 점을 감안할 때, 일대일로 구상은 유지관리에 관한 레버리지를 만들어준다. 특히 중국 국영기업들이 수력 발전에서 고속철도에 이르기까지 이러한 시장의 많은 부분을 지배하고 있기 때문이다.[42]

· 구조적 수준

구조적 수준에서, 일대일로 구상은 중국이 본질적으로 다른 나라들을 배제하는 연결성을 창출할 수 있게 만든다. 한 가지 형태는 어떤 면에서 해상 무역의 새로운 관문을 구성하고 중국 국영기업이 갈수록 많은 수를 운영하거나 임대하는 상업 항구를 통한 것이다. 이는 아시아 무역 구조에 대한 중요한 경제적 레버리지를 제공할 수 있다.

예를 들어, 스리랑카의 콜롬보에 있는 중국의 항만 프로젝트는 효과적으로 중국의 통제하에 있는 "인공 관문"을 만들 수 있다. 인도의 미래 해상 무역의 거의 30퍼센트가 콜롬보를 통해 들어올 가능성이 높다. 콜롬보에서 대형 컨테이너선이 소형 선박에 화물을 실은 다음 인도의 항구로 들어온다.[43] 그 인공 관문은 함반토타 항구 역시 관리하고 있는 중국해운지주회사CMH가 사실상 85퍼센트 통제하고 있으며, 그 자체도 물론 중국 정부의 통제를 받는다.[44] 중국의 항만 투자는 경제적 이익을 가져다주지는 않는 걸로 보인다. 사실 콜롬보 항구는 실제로 상당한 손실을 보고 있으며, 최소 10년 동안은 손익분기점을 못 맞출 것으로 예상된다. 재정 상황이 너무 열악하여 중국해운지주회사의 주요 민간 부문 파트너이자, 중국 정부와 달리 실제로 이윤을 추구하는 민간 기업인 에잇켄 스펜스Aitken Spence는 그 프로젝트에 대한 지분을 매각해야 한다고 본다.[45] 프로젝트의 재정적 전망이 매우 심각하다는 점을 고려할 때, 그처럼 경제적으로 의문스러운 벤처에 대한 중국의 확고한 전념을 설명할 수 있는 것은 아마도 전략적 동기일 것이다. 마찬가지로, 중국해운지주회사는 탄자니아의 바가모요에 110억 달러 규모의 대규모 항구 예비 건설을 시작했다. 이 항구는 곧 아프리카 전역에서 가장 큰 항구가 될 것이다. 또한 중국이 건설한 철도로 콩고민주공화국, 잠비아, 르완다, 말라위, 부룬디, 우간다와 같은 다양한 내륙 자원 공급 국가와 연결될 것이다.[46] 이들 국가들은 국제 시장에 접근하기 위해 중국해운지주회사가 관리할 가능성이 높은 바가모요 항구에 의존할 것이며, 이로써 중국은 인도-태평양 서부로 가는 관문을 갖게 될 것이다.

또한 중국이 철도와 같은 전통적 인프라에 대한 엔지니어링 표준뿐만 아니라 인터넷이나 5G를 지원하는 새로운 하이테크 인프라도 수출할 가능성이 있어, 연결성에서 경로 의존성이 생긴다. 다시 말해 중국이 아시아 국가들과의 관계를 훨씬 더 쉽게 묶어 둘 수 있도록 하고, 그 나라들이 서구 나라들 쪽으로 다각화하는 것을 훨씬 더 어렵게 만들 수 있다. 예를 들어, 미래의 미국산 자율주행차량은 일대일로 구상 국가들의 중국 무선 네트워크에 연결할 수 없을 것이라고 상상해 보라.[47]

· 국내정치적 레버리지

마지막으로, 국내정치적 수준에서 일대일로 구상은 수혜국의 강력한 유권자층에게 뇌물을 제공하여 그들의 정치를 바꿀 분명한 기회를 만들어 준다. 실제로 중국은 이러한 프로젝트에 참여하는 국영기업들SOE을 명시적으로 그런 목적으로 사용했다. 〈뉴욕타임스〉는 "2015년 스리랑카 선거 기간 동안 거액의 중국 항만 건설 자금이 라자팍사의 선거운동 지원 및 활동에 직접 흘러들어 갔다"고 확인했다.[48] 실제로 항구 건설을 계약한 중국 국영기업(중국항만)의 스탠다드차다드 계좌에서 라자팍사 당시 총리 쪽으로 자금이 직접 인출됐다. 여기에는 선거가 열흘도 안 남은 시점에 흘러간 약 370만 달러도 포함된다. 유사한 보도들을 보면 중국 항만뿐 아니라 중국통신건설회사CCCC도 방글라데시와 필리핀의 고위 관리들에게 뇌물을 제공했다.[49]

앞에 말한 레버리지 형태들이 중국의 의도 여부와 관계없이 존재한다는 점은 인정하지만, 많은 경우에 이러한 레버리지들이 의도적으로 획득되었고 경제적으로 현명하지 못하다는 증거들이 일부 있다. 이는 인프라가 중국의 더 큰 대전략의 중요한 부분이라는 점을 강력하게 시사한다.

· 군사적 중요성

일부 일대일로 구상 프로젝트는 8장과 12장에서 더 자세히 논의하는 것처럼 해외 시설을 위한 기회를 제공하는 군사적 중요성을 분명히 갖고 있다. 중국이 인도-태평양에서 질서를 구축하려면 넓은 범위에 걸쳐 군사력을 투사하는 능력이 필요하다. 중국의 항만 프로젝트는 인도-태평양 전역에 걸쳐 재보급 능력을 제공함으로써 자원의 흐름에 미국이나 인도가 개입할 가능성을 줄일 뿐만 아니라 필요한 경우에 해외에 개입할 수 있도록 한다. 그에 맞춰서, 일부 유출된 일대일로 구상 계획 문서에는 항만 프로젝트가 우선순위였다. 이 문서에서 중국 정부는 "항만 건설을 우선순위"[50]로 하여 "해상 실크로드 건설 계획의 발전을 가속화"[51]할 것을 주장했다.

더 구체적으로, 중국의 고위 군 관리들은 외국 대표단에게 이 항만들은 향후 군사 목적으로 사용될 것이 예상되므로 이중 용도로 건설된다고 비공개적으로 말했다. 그리고 지부티에 있는 중국 최초의 해외 군사기지와 남중국해에서의 군사화된 섬 구축은 모두 중국이 기지 및 군사화에 관해 약속한 것과 반대되는 것이었는데, 이는 이러한 발언들에 중요한 맥락을 제공한다.[52] 항구 접근권을 놓고 중국과 협상한 파키스탄과 스리랑카 정부 관리들은 전략 및 정보 이익이 논의의 일부였다고 말했다. 스리랑카가 중국에 항구를 매각했을 때, 중국 정부 관리들은 중국 형편에 못 미치는 어떤 옵션도 고려하기를 거부하면서, 스리랑카 관리들에게 항구 인수를 오랫동안 원해 왔다는 점을 내비쳤다. 또한 중국군이 그 시설을 사용할 수 있는지에 관해 여지를 남겼는데, 중국이 군사적 목적으로 항구를 사용하기 전에 스리랑카에 허가를 요청할 것을 요구하는 조항을 삽입하도록 한 것은 오직 인도의 개입뿐이었다.[53]

마지막으로, 많은 반관반민 소식통들은 이 항만 프로젝트들을 장기적인 군사 투자로 논의했다. 중국군사과학원의 펠로우인 저우보는 "중국 해군이 인도양에서 정말로 관심이 있는 것은 기지보다는 접근"이라고 인정한다.[54] 물론 접근은 여전히 이러한 중요한 바다를 통해 전력을 투사하는 목표를 촉진한다. 저우보와 다른 사람들이 인정하듯이, 접근을 달성하는 핵심 요소는 그러한 항만 프로젝트를 사용하는 것이다. 인민해방군 국방연구소 전 부소장인 쉬광위는 탄자니아 같은 곳에서 중국의 상업 항구 프로젝트가 군사적 목적을 갖고 있다고 지적했다. 그는 "중국 해군이 점점 더 멀리 항해할수록 함대를 지원하기 위한 보급 기지를 구축해야 한다. … 이것은 합당한 일이지만 외국은 중국이 대양으로 들어가는 것에 익숙하지 않다"고 주장한다.[55] 마카오 군사연구소 소장은 그러한 항구들이 "잠재적으로 군사적 용도"를 가지고 있지만 중국은 항구 건설 후 일정 시간이 지나기 전까지는 군함이 그곳에 정박하는 것을 허용하지 않을 것이라고 말했다. 그는 일정 시간이 지나더라도 중국은 "중국 위협론"이라는 불길에 부채질하는 것을 피하기 위해, 꼭 필요할 때에만 항구를 사용할 가능성이 높다고 주장했다.[56]

일대일로 구상은 복잡하며, 중국의 모든 해외 경제 투자를 풀어낼 수 있는 설명은 없다. 그러나 여기에서 보여 주는 것은 중국이 이전의 강대국들과 다르지 않다는 점이다. 즉, 중국 또한 어떤 핵심 사례들에서 관계적·구조적·국내정치적 레버리지를 강화하고 그것이 의존하는 바다에 대한 군사적 접근을 얻기 위해 인프라를 이용한다. 이 모든 것은 중국이 단순히 미국의 힘을 약화시키려고만 할 때에는 상상도 할 수 없는 일이었다. 이는 중국이 지역 질서 구축을 위해 움직이고 있다는 강력한 증거다.

## 재정적 대안 구축

2008년 글로벌 금융위기에 부분적으로 고무된 중국은 글로벌 금융에 대한 구조적 권력을 얻기 위해 여러 유사한 기구들에 투자했다. 금융 권력은 글로벌 금융에 대한 통화의 중심성에서 비롯되며, 미국의 경우 이는 달러 패권에서 나온다. 달러 패권은 미국이 "외부에 있는 은행과 금융 기관이라 하더라도 그것들을 정책 수단으로 전환"할 수 있게 해 준다.[57] 미국의 금융 패권은 중국이 어떻게 질서를 구축할 수 있는지에 관한 예시이자, 중국이 약화시켜야 할 위협이다.

2008년 글로벌 금융위기와 미국 경제 모델의 위신 하락은 미국의 금융력을 약화시키는 동시에 세계 경제에 구조적 힘의 원천을 구축하려는 중국의 조율된 노력을 촉발시켰다. 첫째, 중국은 자국 통화를 고취시키면서 점차적으로 달러를 약화시켰다. 둘째, 서방의 레버리지를 약화시키고 인민폐 지불을 통제하기 위해 스위프트SWIFT 은행 간 지불 시스템의 대안을 추구했다. 셋째, 신용등급이 자본시장을 형성하고 국가와 기업의 운명에 영향을 미칠 수 있는 미국에 위치한 "빅3" 국가신용평가 기관들에 대한 대안을 촉진하고자 했다. 어떤 이는 중국의 노력은 절대적인 경제적 이익 추구나 이익집단 로비의 힘으로 추진됐다고 주장할 수도 있지만 이는 사실이 아니다. 대신, 중국의 글로벌 금융 추진에 대한 최고의 설명은 여전히 대전략에 관한 것이다. 미국의 구조적 권력은 그 시스템을 떠나는 경제적 자살을 하거나 유사한 인프라를 구축하지 않고는 우회할 수 없었다. 따라서 중국은 후자를 선택했다.

### 달러 다각화 및 인민폐 띄우기

글로벌 금융위기 이후 중국은 달러 역할 축소를 통한 국제 통화 시스템의 다각화와 국제통화기금IMF의 특별인출권SDR과 인민폐 RMB 같은 대안을 요구하기 시작했다. 이는 경제적 추구나 이익집단의 힘에 의해 동기가 부여된 걸까? 왕홍잉은 중국의 입장은 "경제적 이해관계 측면에서 깔끔하게 설명될 수 없다"면서 아니라고 대답한다.[58] 달러 가치의 상당한 하락은 중국의 수출 주도 경제에 피해를 입히고 중국이 보유한 막대한 달러표시 자산의 가치를 감소시킬 것이다.

왕홍잉은 대신 국가 정체성 문제가 중국의 정책을 설명한다고 주장하지만, 여기에 반대되는 증거가 있다. 중앙경제공작회의 연설을 비롯한 내부 문서에서 후진타오가 달러 역할의 축소를 요구한 것은 중국의 지위에 대한 가슴 뛰는 민족주의적 언사를 수반하지 않으며, G20에서의 발언에도 그런 언사가 없다. 더구나 후진타오는 달러화를 비판하면서, 더 민족주의적인 지도자라면 위상의 표시로서 추구했을 인민폐의 국제화조차 대체로 요구하지 않았다.

중국의 행동은 달러가 많은 기축통화 중 하나일 뿐인 국제 경제 구조에 대한 강렬하고 오래된 희망을 보여 주고 있으며, 인민폐 옹호도 그런 측면에서 보는 것이 합리적이다. 중국은 다각화를 서두르고 아시아 전역에서 중국의 구조적 힘의 기반을 구축하기 위한 수단으로서 인민폐 국제화에 점점 더 의지해 왔다.

글로벌 금융위기는 이러한 노력의 시작을 알렸다. 금융위기 이후 중국 지도부는 달러의 기축통화 지위에 대해 점점 더 의문을 제기했다. 물론 여러 중국 관리들은 수십 년 동안 국제 경제 질서를 불공정하다고 비판하고 개혁을 촉구했으며, 중앙은행의 주요 관리들은 때때로 "비합리적인" 통화 시스템을 비판하고 선진국들에 대한 통화 감시를 강화할 것을 촉구했다.[59] 이런 의미에서 2008년 글로벌 금융위기는 주변의 국제 경제 구조를 재편할 수 있다는 데 대한 중국의 바람보다는 자신감이 커지는 변화였다고 할 수 있다. 그런 이유로 그레고리 친은 금융위기 이후 "중국 지도자들은 금융 및 통화 정책과 통화 외교를 최우선순위로 격상시켰다"고 지적했다.[60] 2008년에 중앙경제공작회의는 당의 통화정책 노선을 설정하고 "국제 통화 다각화는 진전될 것이지만 주요 국제 통화로서의 달러의 위상은 근본적으로 변하지 않았다"고 재빠르게 결론을 냈다.[61] 달리 말해, 통화 다각화를 추진하려면 결연한 노력이 필요하다는 것이다.

이러한 노력의 중요한 상징이자 지지자는 후진타오 주석으로, 그는 빠르게 "중국의 세계 통화 사고방식에 대한 수석 대변인이 됐다." 이는 중국의 통화정책이 주로 "중앙은행의 고위 테크노크라트와 그보다는 덜하지만 재무부의 전유물"이었던 금융위기 이전 10년에서 벗어나는 것을 의미한다.[62] 후진타오 주석은 2008년 위기 대응을 조율하기 위해 처음으로 소집된 G20 회의에서 각국 정상들에게 "국제 통화 시스템을 개선하고 꾸준히 다변화를 추진할 것"을 촉구했다.[63] 이러한 견해는 달러 기반 시스템의 대안으로 특히 특별인출권을 옹호했던 당시 중국 인민은행 총재 저우샤오촨이 2009년 쓴 에세이에서 훨씬 더 실행 가능한 형태로 표현됐다. 저우샤오촨 총재는 2009년 런던 G20 정상회의에 영향을 미치고자 그 직전에 "국제 통화 시스템 개혁"이라는 제목의 도발적 에세이를 썼다. 그는 미국 달러를 기축통화로 사용하는 것은 "역사적으로 드문 특수한 경우"라며, "위기는 기존 국제 통화 시스템의 창조적 개혁을 다시 요구한다"고 주장했다. 저우샤오촨은 암시적으로만 달러를 언급했지만, 그의 에세이가 발표된 직후 열린 2009년 중앙경제공작회의에서 후진타오는 달러에서 벗어나 다변화하려는 의도를 훨씬 더 직접적으로 말했다. 그는 "글로벌 금융위기 이후 국제 사회는 대체로 세계 경제 불균형의 주요 원인을 인식했으며, 글로벌 금융위기는 미국 달러가 지배하는 국제 통화 및 금융 시스템과 관련된 내재적 결함"이라고 말했다.[64] 이 때문에 개혁을 위해서는 "국제 통화 시스템의 다변화와 합리화를 추진하는 것"이 필수적이라며, 후진타오는 달러의 중심성을 약화시키는 게 핵심 목표이지만 빠르게 이루어지지는 않을 것이라고 분명히 밝혔다. 후진타오는 "달러의 지배적 위치는 미국의 경제력과 종합적인 국력에 의해 결정되며, 오랜 기간 동안 이를 근본적으로 바꾸는 것은 상대적으로 어려울 것이라는 점을 알아야 한다"고 말했다. 중국의 전략은 길어질 것이다. "우리는 국제 통화 시스템 개혁을 추진함에 있어 포괄성, 균형, 점진주의, 효율성의 원칙을 고수해야 한다."[65] 이후 몇 년 동안 대부분의 G20, 브릭스BRICS, G8+G5 정상회의를 포함한 주요 다자간 경제 모임에서 후진타오 주석이나 중국 고위 관리들은 계속해서 기축통화 다각화, 특별인출권, 통화 개혁을 요구했다.[66] 영국, 캐나다, 일본 등 많은 G7 국가들은 모두 달러를 옹호하고 중국이 달러에 초점을 맞추는 것의 "적절성"에 의문을 제기했다.[67] 그러나 중국은 수출입은행 총재 리뤄구가 말했듯이, 달러의 힘은 어떤 면에서 중국에 위협적이므로 이를 계속 밀어붙였다. 리뤄구 총재는 "미국은 이 방법(달러 조작)으로 일본 경제를 무너뜨렸고, 이 방법으로 중국의 발전을 억제하려 한다"고 말했다.[68] 중국은 이런 미국의 힘을 약화시키고 우회할 필요가 있었고, "미국 달러의 독점적 지위를 제거해야만" 국제 통화 시스템을 개혁할 수 있다고 지적했다.[69]

중국은 특별인출권 채택을 위해 막무가내로 달려들고, 달러에서 다른 통화로의 중앙은행 준비금 다양화에 대한 비공식 합의를 통해 국제 통화 다각화를 촉진하려고 노력했다. 그뿐만 아니라 특히 아시아 내에서 상품 공급자들과 함께 인민폐를 띄우고 국제화하기 위해 신중하게 노력했다. 이러한 구상은 중국에 약간의 경제적 이익을 가져다주지만, 국제 거래에서 인민폐 사용을 증가시켜 구조적 힘을 구축하려는 열망을 반영하는 것일 수도 있다. 강대국이 자국의 통화를 띄우려는 시도에 대한 조너선 커슈너Jonathan Kirchner의 연구를 요약하면 다음과 같다. "지역(또는 글로벌) 통화 질서의 리더십을 추구하는 국가들은 거의 항상 정치적인 우려, 특히 다른 국가들에 대한 영향력을 강화하려는 욕망에 의해 동기부여 된다."[70] 그는 프랑스는 1860년대에 독일을 배제하기 위해 프랑 지역을 설정하려 했고, 나치 독일과 일본 제국은 20세기에 구조적 권력을 얻으려 자신들의 통화를 확장했으며, 미국 또한 제2차 세계대전 뒤 그렇게 했다고 지적한다.

세계 경제 질서를 재편하기 위한 중국의 많은 노력이 그러하듯이, 인민폐 띄우기도 2008년 글로벌 금융위기 이후 시작됐다. 국제 시스템에서 통화의 역할은 통화 발행국의 자본계정 태환성, 국가 간 무역 및 금융 거래의 표시와 결제에 있어서 통화의 사용, 중앙은행 준비금에서의 통화의 비율에 따라 결정된다는 게 일반적인 통념이다. 중국은 2008년 이후 이 세 가지 영역 모두에서 다양한 수준으로 노력을 강화했다.[71] 중국은 자본계정 태환성을 위해 극도로 온건한 조처를 취하고— 즉, 중국 통화를 정상적인 시장 메커니즘을 통해 다른 통화로 교환할 수 있도록 허용하면서—인민폐를 기축통화로 띄우려 했다.

그러나 궁극적으로 중국은 인민폐의 해외 사용을 촉진하는 수십 개의 다양한 스와프 계약 체결을 통해, 국제 무역에서 인민폐 사용을 촉진하는 데에 가장 적극적이었다. 2015년 인민폐 무역 결제는 2000년 사실상 제로(0)였던 것에서 1조 1,000억 달러(중국 전체 무역의 20퍼센트)까지 올랐다.[72] 이 비율이 증가하면 중국이 점점 더 자국 통화로 무역을 결제할 수 있게 되므로 미국의 구조적 힘에 대한 중국의 취약성이 부분적으로 줄어든다. 그러나 동시에 그런 발전을 과장해서는 안 된다. 중국이 무역 결제에 인민폐를 사용한다고 해서 인민폐가 국제 거래에서 널리 받아들여지는 통화가 되고 있다는 의미는 아니며, 이는 다른 나라들에 구조적 권력을 행사하는 중국의 능력을 제한한다. 스위프트 자료에 따르면 인민폐는 전체 국제 결제의 1~2퍼센트에 불과하다. 스위프트 데이터는 전 세계 모든 거래(특히 인민폐로 표시된 거래)를 반영하지는 않지만 유용한 추정치를 제공한다.[73]

인민폐가 지금까지 국제적 지위를 얻지 못했다 해도 여전히 지역적 지위는 달성할 수 있다. 2015년까지 인민폐는 중국과 아시아 국가 간 모든 거래의 30퍼센트를 차지하여 중국의 역내 무역에서 달러, 엔화, 유로를 제치고 주요 통화가 됐다.[74] 향후 10년 동안 그 비율이 계속 증가한다면 중국은 아시아 내에서 구조적 권력을 휘두를 수 있는 인민폐 지대를 누릴 수 있다. 실제로 커슈너가 주장하는 것처럼 인민폐가 가까운 미래에 국제적으로 달러를 추월할 것 같지는 않지만 아시아 경제와 공급망에서 중국이 중심이 되고 있기 때문에 결국 인민폐가 이 지역에서 지배적인 통화가 될 가능성이 높다.[75] 나아가 그는 중국이 약간의 자본 통제와 규제를 유지하면서 인민폐 인프라를 구축하고, 거래에서 인민폐 사용을 촉진하고, 중앙은행에 인민폐를 기축통화로 보유하도록 장려하는 등 역내 국제화로 가는 다른 길을 걷고 있을 수 있다고 주장한다.[76] 중국이 외국 중앙은행들이 매입할 수 있는 인민폐 표시 채권을 띄우는 것과 마찬가지로, 중국의 스와프 협정 또한 이 같은 목표를 진전시켜 다른 국가들이 투자할 수 있는 더 깊고 유동적인 인민폐 자산 풀을 창출한다. 이는 달러가 지배력을 갖는 핵심적 이유다.

향후 10년 또는 그 이상 안에 아시아의 많은 부분이 실질적인 인민폐 지대가 된다면 중국이 이웃 국가들에게 미국의 재정력 수단 중 일부를 휘두르게 될 것이다. 그 이웃 나라들은 중국이 통제하는 인민폐 시스템, CIPS(중국국제결제시스템) 및 CNAPS(중국현대화지불시스템)와 같은 지불 인프라, 중국 은행들에 대한 접근권이 필요하다. 중국이 전 세계는 아니더라도 아시아 내에서 재정적 통치와 제재를 가하는 시대는 그리 멀지 않을 것이고, 이는 아시아 내 영향권의 토대가 될 수 있다. 이런 식으로 아시아에서의 중국 금융 지대는 미국의 전 세계적 금융 질서 위에 겹쳐 쌓일 것이다.

### 스위프트

스위프트SWIFT는 국가 간 금융 결제를 가능하게 하는 망을 갖춘 표준설정 및 메시징 기구로서, 글로벌 금융의 하부구조를 이룬다. 국제 은행 간 금융통신협회Society for World Interbank Financial Telecommunication로 알려진 이 기구는 1973년 15개국 239개 은행들이 통합 메시징 표준, 메시징 플랫폼, 메시지 라우팅을 위한 네크워크를 구축하면서 설립됐다.[77] 이 기구에 따르면 스위프트는 "1983년에 첫 번째 중앙은행들의 연결"을 갖춘 노드 금융 메시징 시스템이 되었으며, 이는 "금융 업계 모든 당사자 간 공통 연결고리로서 스위프트의 위상을 강화했다."[78] 스위프트는 느리고 오류가 발생하기 쉬운 패치워크 수동 시스템인 텔렉스Telex를 즉시 대체했다. 텔렉스는 상충하는 표준들을 갖고 있어서, 은행들이 지불을 하려면 사실상 여러 모순된 포맷에서 작업해야 했다. 오늘날 스위프트는 200개국 1만 개 이상의 기관들에 걸쳐 있고, 매일 1,500만개의 메시지 전송을 용이하게 하며, 국제 지불을 가능하게 하는 필수 인프라다. 중요한 점은 스위프트는 메시징 서비스이고 청산 및 결제에는 관여하지 않기 때문에, 돈이 아니라 송금을 가능하게 하는 메시지만 흐른다는 점이다. 청산 및 정산은 종종 Fedwire(연방준비은행에서 은행 계좌 간 지불을 가능하게 함)와 CHIPS(민간이 소유하고, 특정 날짜에 두 은행 간 거래의 전체 차이를 포착하기 위해 "상계"에 참여함) 같은 미국 서비스와 그 밖의 다양한 서비스를 통해 이뤄진다.

스위프트는 기본적으로 조정 문제—한 은행에서 다른 은행으로 돈을 보내기 위한 보편적이고 일관된 메시징 언어의 필요성—를 해결하기 위한 기구이기 때문에, 조정 문제가 해결되면 어떤 국가도 대체 표준과 인프라를 개발할 이유가 거의 없다. 현재 시스템은 훨씬 더 유동적이고 빠르게 반응하는 네트워크 효과 덕분에 다른 대안보다 경제적으로 훨씬 더 매력적이다. 이와는 대조적으로 대체 시스템은 비용이 더 많이 들 것이고, 그걸 사용하는 추가적 어려움에서 혜택을 보는 이용자는 없을 것이다. 본질적으로, 중국이 스위프트의 메시징 장치에 대한 자체적인 대안을 만들어야 한다는 의미 있는 경제적 또는 이익집단적 이유는 없다. 나중에 설명하겠지만, 이 또한 전략적 이유라는 게 가장 합리적이다.

아마도 중국이 스위프트 대안에 투자한 이유에 대한 가장 좋은 설명은 이것이 미국 재정력에 대한 취약성을 줄여준다는 것이다. 스위프트는 메시징 서비스이며 청산 및 결제에 관여하지 않지만, 은행이 이 망에서 차단되면 본질적으로 글로벌 금융 시스템과 많은 청산 및 결제 인프라에서 차단된다. 이러한 방식으로 스위프트 통제는 상당한 구조적 권력을 제공한다.

사실상 구조적 권력은 이미 다른 국가들에게 휘둘러졌다. 그 기구는 스스로를 정치와 무관하다고 여기지만, 그럼에도 불구하고 벨기에, 유럽연합은—2차 제재 위협을 통해—미국의 법을 준수하도록 요구받는다. 2012년에 미국과 유럽은 스위프트에 대한 영향력을 활용해 스위프트 망에서 이란 은행들을 끊도록 강제했다. 이는 스위프트 역사상 국가 전체를 망에서 차단한 첫 사례다.[79] 이란은 다른 메시징 네트워크로 대체할 수 없는 연간 200만 건의 국제 지불을 위해 스위프트에 의존했었다. 접근권 차단은 이란 원유에 대한 지불을 불가능하게 만들었고, 이란 경제를 황폐화시켰으며, 해외에 투자한 외환보유고의 상당량에 이란 정부가 접근하지 못하도록 했다.[80] 몇 년 뒤인 2017년에는 북한 은행들이 스위프트에서 차단됐다.[81]

스위프트의 구조적 힘은 크림반도 침공 이후 러시아와 같은 강대국에게 위협받기도 했다. 그 위협은 당시 러시아 총리 메드베데프가 공개적으로 논의하고 러시아의 "대응은 끝이 없을 것"이라고 협박할 정도로 매우 우려스러웠다.[82] 그런 다음 엘비라 나비울리나 러시아 중앙은행 총재는 이미 2014년 스위프트에 대한 러시아의 대안을 준비하기 시작했다. 푸틴과의 면담에서 나비울리나는 "러시아가 스위프트에서 끊길 수 있다는 위협이 있었다. 우리는 자체적인 지불 시스템 작업을 완료했으며, 무슨 일이 발생하면 국내에서 스위프트 포맷의 모든 작업이 작동할 것이다. 우리는 대안을 만들었다"고 말했다.[83] 러시아는 유럽연합 내에서 대안 시스템의 대중화를 모색하고 이란과 그 문제를 논의했다. 그 대안은 불완전하긴 해도, 강대국들이 전략적 이유로 스위프트에 대한 미국의 영향력을 우회할 방법을 적극적으로 찾고 있음을 보여준다.[84]

미국은 중국을 상대로 스위프트를 휘두르겠다고 위협했다. 미국은 이미 북한과 거래하는 중국 은행을 최소 한 곳 이상 제재했고, 당시 재무장관 므누신은 "중국이 (북한에 대한) 제재를 따르지 않으면 우리는 중국에 추가 제재를 가하고, 미국 및 국제 달러 시스템에 대한 접근을 차단할 것"이라고 위협했다. 미국 의원들도 중국의 일부 대형 은행들을 스위프트에서 끊을 것을 제안했다.[85] 중국은 실제로 스위프트 종료를 두려워할 만한 이유가 있으며, 러시아처럼 그에 대응하려는 것으로 보인다.

중국인민은행은 정부의 승인을 받아 금융 메시징 및 은행 간 지불을 위해 서방이 이란을 차단한 지 약 1년 후인 2013년부터 스위프트에 대한 자체 대안을 개발하기 시작했다.[86] 중국국제결제시스템CIPS으로 알려진 이 시스템은 중국을 재정적 압박으로부터 보호할 뿐만 아니라 자체적인 자치권을 높여, 그 망을 통과하는 모든 정보에 대한 주권적 통제력, 다른 이들이 제재를 우회하도록 도울 권한, 그리고 언젠가는 다른 국가들을 중국 시스템에서 차단할 수 있는 능력을 부여한다. 더욱이 CIPS에 대한 야심은 스위프트에 대한 야망을 능가한다. CIPS는 스위프트와 같은 메시징 서비스일 뿐 아니라 청산 및 결제, 즉 지불 절차의 완전한 통합을 제공할 것이다. 러시아 엘리트와 달리 중국 엘리트는 스위프트의 경쟁자로서 자신들의 시스템의 가능성을 훨씬 모호하게 드러냈다. 그것의 전략적 잠재력이 아직은 다소 멀더라도 현실적이다.

회의론자들은 중국이 CIPS를 추구하는 데에도 진정한 경제적 동기가 있다고 지적한다. 먼저, CIPS는 기존 국가 간 인민폐 지불 시스템을 개선한 것이다. CIPS 이전에는 중국의 청산 및 결제 시스템인 CNAPS(중국현대화지불시스템)가 국제 지불을 지원할 수 없었다. 대신 국경을 넘는 거래는 지정된 역외 위안화 청산은행 또는 중국의 환거래은행을 통해 이뤄진다. 더구나 현재 CIPS는 청산 및 결제에 주로 초점을 두고 있다. 실제로 CIPS와 스위프트는 2016년 CIPS에 스위프트 메시징 시스템 접근권을 제공하는 계약에 서명했다. 그런 관점에서 너그러운 관찰자들은 CIPS가 스위프트 금융 인프라의 대안이 아니라 보완적인 부속물로 보인다고 결론을 내렸다.

이러한 주장들 중 어느 것도 CIPS의 근본적인 전략적 논리를 무시하지 않는다. 첫째, 중국이 CIPS를 출범하면서 순전히 경제적·기술적 동기만 있었다면 기존 CNAPS 시스템을 스위프트와 통신할 수 있도록 개조하는 게 더 경제적이었을 것이다. 이와 유사하게 스위프트와 통신하지 않는 국내 은행 간 지불 시스템을 보유한 다른 국가들은 종종 시스템을 수정했다. 이는 CIPS 설립의 주요 요인이 경제적 동기가 아닐 수 있음을 시사한다.

둘째, CIPS가 스위프트 망 접근을 위한 계약을 체결했고 메시징 표준을 사용한다고 해서 스위프트에 대한 전략적 대안으로서의 실행 가능성을 떨어뜨리는 것은 아니다. 왜냐하면 CIPS는 스위프트 망 외부에서 메시지를 처리할 수 있는 기능을 구축하고 있기 때문이다. 실제로 스위프트가 은행들에게 네크워크에 연결하는 비싼 기술을 구매하도록 요구하는 것처럼 CIPS도 그렇게 하며, 이를 통해 CIPS는 스위프트의 기술과 병렬적으로 존재할 수 있다.[87] 그리고 CIPS가 계속 발전함에 따라, 목표는 여러 가지 면에서 스위프트로부터 독립적으로 운영하는 것이다. 중국인민은행의 CIPS 계획에 대해 알고 있는 한 인사는 〈파이낸셜타임스〉에 "미래에 CIPS는 자체적인 전용 (통신) 회선을 사용하는 방향으로 나아갈 것이다. 그 시점에서 (인민폐와 관련된 은행 간 메시징과 관련해) 스위프트를 완전히 대체할 수 있다"고 말했다.[88] 실제로 에스워 프라사드는 이렇게 주장한다. "CIPS는 독립적으로 작동하는 국제 인민폐 거래에 관한 은행 간 통신의 통로 역할도 할 수 있는 시스템으로 설계됐다. 이 점은 CIPS를 자금 이체 시스템뿐만 아니라 통신 시스템으로도 만들어, 국경을 넘는 금융 흐름과 관련된 은행 간 통신에서의 스위프트의 통제력을 줄인다. 중국 정부는 CIPS가 성숙할 때까지는 스위프트에 도전하지 않을 만큼 충분히 영악하지만, 언젠가 때가 올 것이라는 데에는 의심의 여지가 없다."[89] 스위프트와 CIPS가 협력을 통해 병렬 시스템을 구축할 때, 중국은 시장 점유와 전문 지식을 얻어 CIPS를 발전시키는 데 도움을 받았다. 이는 또한 스위프트에 지속적인 관련성을 제공하며, 실제로 스위프트의 직원들은 "중국 당국은 스위프트의 자체 망을 능가하지는 않더라도 경쟁이 가능하도록 구축된 자체 네트워크로 교체하는 것을 고려하고 있다"고 우려했다.[90] 스위프트의 중국 책임자인 다프네 왕은 CIPS가 대체 메시징에 투자하지 않고 청산에 집중하도록 설득하려 했다. "우리는 CIPS처럼 청산 업무를 하지 않는다. 우리는 CIPS와 대화할 때 이렇게 말했다. '고속도로가 이미 존재하는데 왜 당신의 고속도로(즉, 메시징 플랫폼)를 건설하는가? 지금은 마치 당신이 자동차(즉, 청산 및 결제)를 팔지만 아무도 이미 건설된 고속도로에서 운전할 수 없는 것과 같다.'"[91] 대체 고속도로를 건설하려는 의욕을 꺾으려는 스위프트의 시도에도 불구하고 중국의 열망은 여전하다. CIPS 관련 한 인사가 언급했듯이 CIPS는 모든 기능을 갖추지 못한 채 출시되었지만 더 많은 것에 대한 "야망"이 있었다. "CIPS에는 (아직) 많은 것이 포함되어 있지 않지만 제공에 대한 압박이 있다."[92] 궁극적으로 이 시스템은 "역외 은행이 참여할 수 있도록 하여 중국 안팎의 지불은 물론이고 역외 간 인민폐 지불도 가능하게 하는 것"을 목적으로 한다.[93] 이는 CIPS를 완전히 독립적인 금융 인프라로 만들고, 전 세계 어디에서든 미국에서 완전히 자유로운 메시징, 청산, 결제 방법을 제공할 것이다. 이는 전 세계적으로 미국의 금융 권력을 심각하게 훼손할 것이다.

셋째, CIPS가 스위프트와 병렬로 작동하지 않더라도 스위프트와의 연결은 여전히 유용한 영향력을 제공한다. CIPS 이전에 스위프트는 이미 30년 이상 중국에서 운영되었으며, 400개 중국 금융 기관 및 기업 재무와 연결됐다.[94] 이제 중국으로 가는 모든 스위프트 메시지는 CIPS를 통해서 라우팅되어야 한다. 지불 분야의 한 전문가는 "CIPS는 스위프트와 CNAPS 사이의 중개인이 되려고 노력하고 있다"고 언급했다.

이는 누가 중국 금융 시스템에 접근할 수 있는지를 결정하는 능력을 부여할 것이다.[95] 이는 인민폐 거래에 대한 중앙 통제 지점을 제공하고 중국의 구조적 힘을 강화한다.

현재 CIPS는 스위프트 시스템의 의미 있는 대안이 아니다. CIPS는 중국이 다른 기관이나 국가를 중국의 금융 시스템에서 훨씬 쉽게 차단하여 중국의 구조적 힘을 강화할 수는 있지만, 아직 중국 이외의 국가 간 지불을 위한 대체 메시징 시스템 역할을 할 준비는 되어 있지 않다. 그렇다 해도, 그날은 올 것이다. 러시아와 같은 다른 강대국들은 이미 그러한 시스템에 투자하고 있으며, 서방 금융 제재의 위협에 직면한 중국은 향후 10년 동안 국제 지불에 대한 미국의 구조적 권력을 우회할 수 있는 대안으로 CIPS를 계속 개발할 충분한 이유가 있다. 한 칼럼니스트는 "은행들이 여러 가지 포맷으로 거래 정보를 주고받아야 했던 스위프트 이전의 세계로 되돌아가는 것은 상상할 수 없는 일이 아니"라고 봤으며, 이는 중국의 전략적 불안이 중국의 부상과 얽혀서 세계 금융의 하부구조를 해체하는 방식을 보여 준다.[96]

### 신용평가기관

신용평가기관은 다양한 종류의 부채 위험에 대한 정보를 투자자에게 제공하는 것을 도우며, 이들 기관의 평가는 기업과 국가의 운명을 크게 바꿀 수 있다. 국제 신용평가 시장은 "빅3" 미국 업체인 스탠더드 앤드 푸어스Standard and Poor's, 무디스Moody's, 피치 그룹Fitch Group이 대부분 지배하고 있으며, 이들의 세계 시장 점유율이 90퍼센트 이상이다. 세 회사의 지배력은 부분적으로 미국의 구조적 힘으로 기능한다. 즉 달러의 중심성, 뉴욕 금융기관의 중요성, 누가 등급을 발행할지를 결정하는 증권거래위원회의 능력이 그것이다.

중국에게는 대안 신용정보기관을 만들어야 할 합리적인 경제적 동기가 있다. 국가적 수준에서, 중국은 "빅3"가 중국의 국강 또는 기업 부채를 정확하게 평가하지 않는다고 우려할 수 있다. 지역적 수준에서는, 중국의 특정 국유기업은 더 우호적인 신용평가기관이 이득이라고 여길 수 있다. 적어도 초기에는, 중국 신용평가기관은 정부와 유착됐다는 인상과 경험 부족 때문에 해외 영업에 성공할 가능성이 낮다. 그런 이유로 비싼 보조금과 국가 지원을 필요로 한다. 중국 정부가 자국의 주요 대외 신용평가기관을 지지한다면 이는 경제적 동기를 부인하지 않을뿐더러, 우리가 보게 될 것처럼 정치적 동기일 가능성도 제기된다.

2008년 글로벌 금융위기 이후, "빅3"는 위기를 촉발한 자산에 대한 잘못된 평가로 인해 취약한 것으로 간주되었다. 많은 유럽 지도자들은 특히 2010년 그리스 부채를 정크 상태로 강등한 뒤 유로존 부채 위기를 촉발하고 심화시킨 데 대해 이들 신용평가기관을 편향되고 정치적이라고 비난했다. 그리고 일부 지도자들은 대안이 될 유럽 신용평가기관을 만들 것을 장려했다.[97] 미국 동맹들조차 위기 이후에도 유럽 안에서 76퍼센트 이상의 시장 점유율을 보유한 "빅3"의 영향력에 대한 대안을 모색했다는 사실은 중국 역시 비슷한 동기에 따라 행동할 수 있다는 것을 상대적으로 논란의 여지가 없도록 만들어 줄 것이었다.[98]

유럽과 마찬가지로, 대안 기관에 대한 중국의 관심은 "빅3"를 손상시키는 동시에 자본 흐름을 형성하는 그 기관들의 능력을 드러낸 글로벌 금융위기로 인해 촉발됐다. 미국이 이러한 신용평가사들을 직접 통제하거나 등급을 조작할 능력은 부족함에도, 중국은 그들을 정치적 편견에 의해 부패한 직간접적인 미국 권력의 도구로 본다. 2010년 토론토에서 열린 G20 정상회의에서 후진타오 주석은 "국가 신용등급에 대한 객관적이고, 공정하고, 합리적이며, 통일된 방법과 기준을 개발할 것"을 촉구하면서, 이 문제가 최고의 정치적 관심사안이라는 것을 보여 줬다. 불과 한 달 후 후진타오의 촉구에 맞춘 듯이, 중국 최대의 신용평가기관인 다궁국제신용평가가 처음으로 자체적인 신용평가를 시작했다. 금융위기 이후 수년 동안 중국 정부는 신용평가기관을 공식적으로 계속 공격해 왔다. 러우지웨이 재정부장(재정장관)은 2017년 "빅3"의 신용등급 평가에 "편견이 있다"고 주장했고, 재무부는 그해 무디스의 중국 신용등급 강등을 "잘못된 결정"이라고 비판하는 성명을 발표했다.[99]

다궁은 글로벌 신용평가 시스템에 영향을 미치려는 중국의 노력을 주도하는 도구이자 중국 소유의 유일한 주요 신용평가기관이다. 중국의 다른 대형 신용평가기관인 중국리안허신용평가와 중국청신국제신용평가는 중국의 민간단체와 "빅3"의 다른 회원들 사이의 합작 투자다. 다궁의 공개 문서와 창립자 관지안종의 성명서—본질적으로 신용등급 평가의 얼굴—는 신용등급이 전략적 도구이며, 미국이 신용등급을 지배하는 것이 중국의 정치적 이익에 해롭다는 견해를 나타낸다. 관지안종은 2012년 "미국이 지배하는 신용평가는 미국의 국제 전략에 복무한다"며 "기존의 국제 등급 평가 방식은 중국의 부상을 제한할 것"이라고 말했다. 관지안종 등은 신용평가기관들이 세계 경제를 형성할 수 있는 "평가 담론력"을 행사한다고 주장한다. 미국이 "평가 담론력"를 통제한다면 중국은 "금융 주권을 잃게 될 것이다." 설상가상으로 "평가 담론력은… 지배 정당의 사회적 기반을 무너뜨리려는 시도로… 조작될 수 있다." 대조적으로, 2008년 글로벌 금융위기는 "중국이 국제 신용평가 담론력을 얻기 위해 분투할 위대한 역사적 기회"를 제공했다.[100] 중국의 신용등급 평가는 압도적인 시장 점유율을 얻지는 못하더라도 "빅3"에 압력을 가하여 등급을 조정하고 중국의 평가에 "수렴"하도록

할 수 있다. 이는 관지안종이 환영하는 결과였다.[101]

　이에 부합해 2008년 글로벌 금융위기의 한 가운데서 다궁은 "유니버설신용평가그룹UCRG"이라는 제안을 띄우기 시작했고, 이 회사는 다궁이 러시아 회사 및 소규모 미국 평가사와 파트너를 맺으면서 2013년 6월 마침내 출범했다. 이 새로운 구상의 임무는 "빅3"와 경쟁하는 것이었으며, 협력적이고 비정치적인 민간 벤처라고 스스로 주장했다. 이러한 주장은 회장인 리처드 헤인스워스가 사임하고 나중에 UCRG가 실질적으로 중국 정부의 자금과 지원을 받았다는 것을 인정하면서 거짓으로 판명 났다.[102] 헤인스워스는 러시아와 미국 파트너가 자본을 거의 제공하지 않았고, 주로 다궁에 의해 통제됐으며, 거의 모든 지출은 다궁 이사회의 투표를 거쳐야 했고, 중국 정부는 UCRG뿐만 아니라 다궁에까지 자금을 댔을 가능성이 있다고 주장했다. 그런 점에서 다궁이 외국 평가사들과 협력한 것은 수정주의적 사업의 정당성을 높이기 위한 가리개처럼 보였다. 헤인스워스는 더 나아가 UCRG의 진정한 목적은 상업적이기보다는 서구 신용평가의 정통성을 줄이고 중국 대안을 제시하기 위한 정치적인 데 있다고 주장했다. 중국 대안 제시라는 목표에 돈을 쓰는 게 부적절하긴 했어도 말이다. 다궁은 미국의 신용평가를 비판하기 위해 UCRG를 대표해 도미니크 드 빌팽 전 프랑스 총리 등 다수의 서방 고위 관리들을 고용했다. 드 빌팽은 세계를 돌아다니며 이념적인 용어로 서방 기관들을 공격하고, "아편전쟁, 영국령 라지, 유럽 식민지 열강의 아프리카 장악, 신용등급 통제를 포함한 현재의 서구 특권 형태에 명확하게 선을" 그었다.[103] 결국 이념적 성향과 중국이 후원한다는 주장에도 불구하고 UCRG는 요란하게 문을 닫았다.

　UCRG가 실패했다고 해서 글로벌 신용평가를 재편하려는 중국의 야심도 끝난 것은 아니었다. 대신 중국은 다궁의 글로벌 진출에 대한 지원을 확대한 것으로 보이며, 전 세계에 사무소를 열고 공공연하게 "빅3"와의 경쟁에 관심을 나타냈다. 다궁은 UCRG가 맡았던 임무를 수행하고 있고, 정통성을 부여하기 위해 똑같은 국제 자문가들을 보유하고 있다.[104] 다궁은 스스로 완전히 민영이라고 주장하지만 헤인스워스는 이 회사가 중국의 자금 조달을 받았음을 암시했다. 더구나 다궁의 CEO이자 설립자인 관지안종은 다궁을 출범시키기 직전에 정부 관리였다. 그는 다궁을 운영하는 동안 중국 국무원에 수년간 계속 고용됐을 뿐만 아니라, 그의 회사가 국영기업의 이익에 직접적으로 영향을 미치므로 다궁이 국가의 영향을 받지 않는다고 믿기는 매우 어렵다.[105] 그럼에도 중국은 정통성을 강화하기 위해 다궁과 어느 정도 그럴듯한 거리를 유지하려고 분명히 노력하고 있다. 실제로 중국 관리들은 "정부가 후원하는 신용평가기관은 '빅3'에 도전하는 데 있어서 신뢰가 없을 것"이라고 믿기 때문에 브릭스 신용평가기관 설립에 개인적으로 반대했다.[106] 다궁이 공식적으로는 민영이고 비정치적인 단체라는 사실에도 불구하고, 다궁의 신용등급 평가는 정치적 편견이라는 주장을 낳기도 했다. 다궁은 중국 철도부의 부채를 중국의 국가 부채보다 높게 평가하고, 러시아와 보츠와나의 부채를 미국 부채보다 높게 평가하면서 눈살을 찌푸리게 만들었다. 방법론에 대한 논의에서, 다궁은 이념적 당의 문구와 마르크스의 "변증법적 유물론"을 평가 접근법의 일부로 사용한다고 주장한다.[107] 자체 웹사이트에서 자랑스럽게 밝히고 있듯이, 이 회사는 미국의 등급을 깎아내리고 싶어 한다. "다궁은 세계 최초로 미국의 신용등급 이론과 방법론을 연구하고 그들의 단점을 드러낸 기관이다. 또한 미국 신용등급을 하향 조정한 최초의 기관이기도 하다."[108]

국제 신용등급에 영향을 미치려는 중국의 노력은 글로벌 금융위기에서 동기부여가 된 게 분명하지만 다소 미미하다. 중국의 목표는

"빅3"를 대체하는 것이 아니라 점진적으로 시장 점유율을 확보하는 것으로 보인다. 특히 시장 점유율이 더 높으면 수렴을 충분히 이끌어 낼 수 있기 때문이다. 게다가 정부에서 디레버리징(부채 축소)을 추구함에 따라 표면적으로는 외국인 투자 촉진을 돕기 위한 정책으로 "빅3"의 중국 진입을 허용했다. 이는 긍정적인 조처이지만 국제 신용등급에 영향을 미치려는 목표와 같은 맥락일 수 있다. 미국 신용평가기관들이 수익성 있는 중국 시장에 접근할수록 정치적으로 민감한 중국 단체나 정부의 국가 부채를 부정적으로 평가하는 게 더 어렵다는 것을 알게 될 수 있다.

종합해 보면, 중국이 통화 다각화와 CIPS를 통한 대체 지불 하부 구조를 구축하고 다궁을 통한 대체 신용평가기관에 초점을 맞추는 것은 달러의 제약 효과를 약화시키고 우회하는 데 오랫동안 관심을 가져 왔다는 사실을 보여 준다. 이는 성공한다면 국제 경제 구조를 금융 다극화 구조로 전환시킬 것이다.

이는 자국의 지역을 장악하고 지배 패권의 영향력에 도전하고자 하는 강대국에 걸맞은 노력이며, 대부분 글로벌 금융위기 여파로 인한 중국의 자신감과 더불어 미국 영향력에 대한 지속적인 우려에 의해 촉발되었다. 중국은 일대일로 구상을 통한 인프라 자금 지원에 관심을 갖고 있고, 경제 제재를 가하는 것도 갈수록 편하게 여긴다. 이런 점들을 종합하면, 초기에는 국내에서 질서를 구축하기 위해 경제적 도구를 사용하다가 점점 더 국제적으로 사용하려고 하는, 갈수록 부상하는 신흥 강국의 큰 그림이 나온다. 이러한 야망은 지역에만 국한되지 않는다. 중국은 이제 전 세계적으로 '약화시키기'와 '구축하기'를 추구하며 그 과정에서 점차 중국을 격상시키고 미국을 국제 질서에서 밀어내려 한다.

3부  **100년 만의 대변동**

— 2049

중국의 세 번째 대체 전략,
글로벌 확장(2017년 이후)

— 2017

— 2009

— 1989

— 1949

# 11장

# 세계의 중심 무대를 향하여

미국의 쇠퇴와 중국의 글로벌 야망

"미국이 지배하는 서구 중심의 세계 질서는 인류의 발전과 경제 성장에 지대한 기여를 했다. 그러나 그러한 기여는 과거에 있다."[1]

— 푸잉, 2016년

"세계는 100년 만의 대변동을 겪고 있지만, 시간과 모멘텀은 우리 편이다. 여기에 우리의 힘과 활력이 있고, 우리의 결단과 자신감 또한 있다."[2]

— 시진핑, 2021년

2017년 10월 18일, 시진핑 총서기는 입장곡 리듬에 맞춰 당 지도자들 2,280명의 박수를 받으며 인민대회당으로 성큼성큼 걸어 들어갔다. 중국공산당 19차 당 대회였다. 5년에 한 번 열리는 당 대회는 중국에서 가장 권위 있는 제도이며 총서기 연설은 항상 당의 새로운 정책 노선을 설정하는 가장 중요한 행사다.

당 대회는 화려한 행사로 시작됐지만 예상보다 덜 세련됐다. 정치인들은 수월한 연설을 위해 종종 텔레프롬프터에 의존하지만 리커창 총리는 손에 서류를 들고 서서 연설을 시작했다. 그는 아래를 내려다

봤다가 위를 보고, 다시 아래를 내려다보면서 당 대회 개회를 선언했다. 당의 혁명 순교자들을 위한 1분간의 묵념을 진행하고, 청중을 일으켜 세워 국가를 부르게 한 뒤 시진핑에게 자리를 넘겼다.

시진핑은 근엄한 표정으로 단상에 섰다. 검은색 양복에 적갈색 넥타이 차림이었다. 재킷에는 그의 이름을 당연히 알고 있는 참석자들을 위해 시진핑이라고 쓴, 전혀 불필요한 빨간색 이름표가 달려 있었다. 그 역시 텔레프롬프터는 없었고, 단상 위에는 두터운 서류 더미만 놓여 있었다. 시진핑은 3시간 30분에 걸친 3만 단어짜리 마라톤 연설 내내 단어 하나하나를 충실하게 큰 소리로 읽었다.

시진핑의 연설에는 체력이 필요한데, 연사보다도 참석자들에게 그렇다. 당 대회 연설은 일반적으로 지루한 일인데, 후진타오는 90분을 고수했고 장쩌민은 가끔 15분만 읽고 나머지는 서면으로 남기는 등 시진핑 이전의 총서기들은 시진핑보다 연설을 짧게 했다. 시진핑이 전체 텍스트를 읽는 것은 모든 고위 관리들이 계속 주의를 기울이게 하려는 일종의 권력 행위였지만, 그는 그러한 존중을 확보하는 데 약간만 성공했을 뿐이다.[3] 하급 공무원들은 감히 흐트러진 모습을 보이지 않았지만, 장쩌민은 시진핑의 연설 내내 크게 하품을 하고 무대에서 잠이 들었고, 후진타오는 자신의 손목시계를 눈에 띄게 바라보았다.

전문 용어로 가득 찬 시진핑의 연설은 진부하고 믿기 힘들 정도로 길었음에도 세계 속 중국의 위치와 관련해 최근 수십 년 사이 가장 중요한 연설 중 하나였다. 시진핑은 "신시대"를 발표하고, 2049년 중국의 부흥을 위한 일정을 제시했다. 그는 글로벌 거버넌스에서 중국의 더 큰 행동주의를 약속하고, "세계적 수준"의 군대를 요구했으며, 중국이 "혁신에서 글로벌 리더"가 될 것을 약속하고, "포괄적 국력과 국제적 영향력에서 선두 국가가 되겠다"고 선언했다.[4] 시진핑은 중국의 해외 관여에 있어서 신시대를 열었다. 다시 말해 중국은 이제 아시아에서 약화시키기와 구축하기에 집중하는 것을 넘어 점점 더 글로벌해졌다. 이 "신시대"는 "중국이 세계의 중심 무대를 향해 더 가까이 나아가는" 시대가 될 것이었다.[5]

중국 대전략에서의 다른 변화들과 마찬가지로, 더 큰 글로벌 야망을 향한 이러한 전환은 중국이 서방의 돌이킬 수 없는 부패와 쇠퇴라고 여긴 것에 의해 추동됐다. 시진핑의 당 대회 연설 1년 전인 2016년, 영국은 유럽연합EU을 탈퇴하기로 결정했고 도널드 트럼프가 미국 대통령에 당선됐다. 미국의 힘의 변화에 매우 민감한 중국의 시각에서 이들 두 사건은 충격적이었다. 세계에서 가장 강력한 민주주의 국가들이 자신들이 일조한 국제 질서에서 물러나면서, 중국 지도부와 외교정책 엘리트가 전략적 초점을 아시아에서 더 넓은 세계와 거버넌스 시스템으로 확장하기 위한 "역사적 기회의 시기"라고 일컬은 시기가 도래했다.

이를 앞두고 중국 고위 관리들은 이미 중국의 야망에 대해 더 대담하게 말하고 있었다. 중국 전국인민대표대회의 외사위원회 주임이자 전직 고위 외교관인 푸잉은 2016년 초에 "미국이 지배하는 서구 중심의 세계 질서는 인류의 발전과 경제 성장에 지대한 기여를 했다. 그러나 그러한 기여는 과거에 있다"고 썼다. "미국의 세계 질서는 더는 맞지 않는 옷이다"라는 푸잉의 글 제목은 이러한 요점을 간결하게 포착했다.[6] 2016년 사건들 이후, 미국 질서에 대한 좌절감은 중국 지도부의 기회 감각으로 바뀌었다. 국가안전부 산하의 영향력 있는 싱크탱크 부국장은 "미국의 후퇴는 중국의 역할에 대한 더 큰 신뢰와 존중으로 이어졌고, 중국은 글로벌 거버넌스에 참여하고 세계에서 영향력과 목소리를 확대함으로써 세계 무대의 중심에 더 가까이 나아갈 수 있게 되었다"라고 언급했다.[7]

이듬해 양제츠—27살에 관광 가이드로 부시 가족을 매료시켰고 수십 년 뒤 당 중앙외사공작위원회를 지휘하는 정치국 위원이 된 '미국통'—는 〈인민일보〉에 서구를 조롱하는 글을 썼다. 그는 "국제적 풍경이 서구에 의해 지배되고 국제관계의 개념이 주로 서구적 가치를 지향하는 서구 중심주의는 지속되기 어렵다"고 선언했다. 이는 "서구의 거버넌스 개념, 시스템, 모델이 새로운 국제 구조와 시대의 흐름에 점점 더 적응하기가 어려워지고 있기 때문"이며 "서구 강대국조차 부실한 거버넌스와 문제 더미에 직면하고 있다." 그는 지금이 "글로벌 거버넌스의 새로운 개념"이 필요한 때라고 주장했다.[8]

동시에 도널드 트럼프의 당선은 중국에게도 부인할 수 없는 도전이었다. 트럼프 대통령의 대중국 무역전쟁 시작, 그리고 과거의 관여 정책에 반대하는 새로운 초당적 전환과 함께 긴장이 꾸준히 고조되면서, 양자 관계가 미지의 영역에 접어들고 있음이 분명해졌다. 미국이 전 세계적으로 후퇴하고 있지만 동시에 중국의 도전에 눈을 뜨고 있다는 두 갈래의 결론은 중국이 더는 글로벌 야망을 억제할 필요가 없고 이제는 그것을 추구할 기회—명령은 아니더라도—가 왔다고 깨닫게 해 줬다. 2017년 시진핑은 "능력을 숨기고 때를 기다리라(도광양회)"는 덩샤오핑의 훈계를 후진타오가 했던 것처럼 단순히 수정하는 것을 거부하고 한 걸음 더 나아갔다. 권위 있는 논평에 따르면, 시진핑은 2017년 국가안보공작회의 연설에서 "도광양회" 시대를 "뒤로 할" 때라고 제안하면서 그것을 완전히 버리는 걸로 보였다.[9]

"도광양회" 또는 "적극유소작위"가 아시아에서 미국 질서를 약화시키고 중국 질서를 구축하는 대전략의 지침이었던 것처럼, 갈수록 글로벌해지는 야망에 초점을 맞춘 시진핑의 "신시대"에 전략을 짜기 위해서는 새로운 개념이 필요하다. "100년 만의 대변동"은 트럼프 대통령 취임 직전에 중국공산당이 제시한 후속 개념이다. 시진핑의 당 대회 연설 이후 오래지 않아 이 문구는 시진핑과 그의 외교정책 팀 연설 수십 건에 등장하기 시작했고, 중국 외교정책 및 국방백서의 서두에 놓였다. 시진핑은 충분히 전략의 중요성을 강조했다. 그는 최근 연설에서 이렇게 말했다. "나는 간부들이 두 가지 전반적 상황을 염두에 둬야 한다고 종종 말한다. 하나는 중화민족의 위대한 부흥이고, 다른 하나는 100년 만의 대변동이다. 이것이 우리 계획의 기본 출발점이다."[10]

앞에서 언급했듯 이 구절에는 역사가 있다. 1872년 청나라 장군 리훙장은 세계가 "3,000년 동안 보지 못한 큰 변화"를 겪고 있다는 유명한 구절을 써서 서구 열강의 약탈을 한탄했다. 중국의 민족주의자들에게 자국의 굴욕을 환기시키는 이 전면적인 선언은, 2017년 이후 탈냉전 대전략의 새로운 국면을 시작하려는 시진핑 주석에 의해 다시 고안되었다. 리훙장의 구절이 중국이 경험한 굴욕의 정점이라면 시진핑의 구절은 부흥의 계기다. 리훙장의 말이 비극을 불러일으킨다면 시진핑의 말은 기회를 불러일으킨다. 그러나 둘 다 본질적인 것을 담고 있다. 전례 없는 지정학적 및 기술적 변화로 인해 세계 질서가 다시 한번 위태로워졌고, 여기에는 전략적 조정이 필요하다는 생각이 그것이다.

이 장과 다음 장에서는 중국의 글로벌 확장에 대해 논한다. 다음 두 장은 중국의 약화시키기 및 구축하기 대전략을 설명한 이전 장들의 구조를 따른다. 이 장에서는 브렉시트와 트럼프, 그리고 2020년 코로나바이러스 팬데믹 이후 가속화하는 미국의 쇠퇴에 대한 중국의 인식이 어떻게 전략적 조정으로 이어졌는지에 초점을 맞춘다. 그런 다음 글로벌 리더십 경쟁에서 미국을 따라잡고 추월하는 것으로 보이는 중국 대전략의 최종 목표를 알아본다. 다음 장에서는 중국이 이러한 목표를 달성하기 위해 사용한 정치적·경제적·군사적 수단과 방법을 살펴본다.

이는 중국이 미국의 세계 질서를 약화시키는 동시에 중국 자체 질서의 기반을 구축하기를 희망하면서 미국 헤게모니의 기반을 의식적으로 겨냥하고 있음을 보여 준다. 이 장과 그다음 장은 중국 질서가 전 세계적으로 어떤 모습일지에 관한 그림을 그린다.

그러한 중국 질서는 "100년 만의 대변동"의 기회를 포착하고 세계의 지도 국가로서의 미국을 대체하려는 것을 포함한다. 그러기 위해서는 미국의 세계 질서를 지원하는 통제 형태를 약화시키는 동시에 중국 대안을 지원하는 통제 형태를 강화하려고 할 것이다. 정치적으로, 글로벌 거버넌스와 국제기구에 대한 리더십을 보여 주고, 자유주의적 규범을 희생시키면서 독재적 규범을 진전시키며, 유럽과 아시아에서 미국 동맹들을 갈라놓을 것이다. 경제적으로, 미국의 패권을 지탱하는 재정적 이점을 약화시키고, 미국이 탈산업화하는 동안 인공지능부터 양자컴퓨팅에 이르는 "4차 산업혁명"의 고지를 차지할 것이다. 군사적으로, 인민해방군은 대부분의 지역과 새로운 영역에서 중국의 이익을 방어할 수 있는 전 세계 기지들에 세계적 수준의 군대를 배치할 것이다. 종합하면, 중국은 지역에 "상위 영향력 지대"를 세우고, 일대일로 구상에 묶여 있는 개발도상국들과 아마도 일부 선진국들에까지 "부분적 패권"을 세울 것이다. 일부 중국의 유명 학자들은 이 같은 비전을 "농촌이 도시를 포위"하는 마오쩌둥의 혁명 지침에 빗댄다."

고위급 연설에서 중국의 글로벌 야망과 전략의 측면들을 볼 수 있다는 사실은 중국의 야망이 인도-태평양 지배나 대만에만 국한되지 않는다는 강력한 증거다. 한때 아시아에 국한됐던 "지배를 위한 투쟁"은 이제 글로벌 질서와 미래에 걸쳐 있다.

## "100년 만의 대변동"

"100년 만의 대변동"이라는 개념은 중국의 글로벌 대전략을 이해하는 데 매우 중요하며, 이는 유일한 초강대국으로서의 미국의 위상이 의심받을 정도로 현저한 쇠퇴기에 들어섰다는 믿음을 암시한다. 2017년에 이 용어가 공식적으로 격상된 것은 중국이 대전략을 조정하고 있다는 증거였다.

이 개념은 글로벌 금융위기 이후 서구의 쇠퇴에 관한 대화에서 처음 등장했다. 그중 하나는 2009년 위안펑이 쓴 "금융위기와 미국의 경제 패권"이라는 제목의 글이었다. 위안펑은 국가안전부 산하 싱크탱크 중국현대국제관계연구원CICIR에서 미국연구소를 이끌고 지금은 싱크탱크 전체를 이끌고 있는 권위 있는 인물이다. 그는 미국이 "패권의 역사에서 처음으로" 일련의 중대한 도전을 겪고 있고, 이것이 "100년 만의 대변동"을 일으키고 있으며, 결국 "미국 주도의 정치 경제 질서에 영향을 미친다"고 말했다.[12] 그러나 미국이 쇠퇴하는 동안 중국 평론가들은 미국이 여전히 유일 초강대국으로 남을 것이라고 믿었고, 그 때문에 이 문구는 나중에 몇 번만 등장했다. 아마도 가장 주목할 만한 것은 중국의 떠오르는 스타 외교관이자 나중에 일대일로의 두뇌 중 한 명이었던 러위청의 2012년 인터뷰다. 그의 말들은 이 문구를 공식적으로 인식하기 시작했음을 보여 줬지만 아직 당의 승인을 얻지 못했다. 또한 미국이 여전히 강력해 보였기 때문에 공식 담론에서는 대체로 사라졌다.

2017년에 이 모든 게 바뀌었다. 이 문구는 브렉시트와 트럼프 당선의 즉각적인 여파 속에 공식 및 반공식 담론의 중심으로 급부상했다. 중국에게 이 사건들은 서구의 영향력이 약해지고 세계의 유일 초강대국인 미국의 위상이 흔들리고 있다는 뜻이었으며, 그해에 이 용어의 갑작스러운 등장은 보다 광범위한 전략적 조정이 진행되고 있음을 시사했다.

그 과정은 트럼프 대통령 취임 일주일 전에 시작됐다. 당시 양제츠 국무위원은 2017년 외교부 웹사이트에 올린 글에서, 새로 개발되어 곧 비준될 예정인 "시진핑 사상"의 외교 구성 요소를 설명하면서 이 문구를 데뷔시켰다. 양제츠는 이 개념을 미국에 대한 평가와 연결했다. 그는 "현재 국제 정세는 냉전 종식 이후, 아니 심지어 100년 만의 대변동을 겪고 있으며, 온갖 혼란이 생겼다"고 말했다. "일부 국가(즉, 영국과 미국)의 정치 상황과 국제 상황에 대한 변화의 영향에 주의를 기울여야 한다."[13] 국제 구조는 변화하고 있었고, 진행 중인 "대변동"은 중대한 전

**그림 11.1 "100년 만의 대변동"을 포함한 중국 저널의 수**

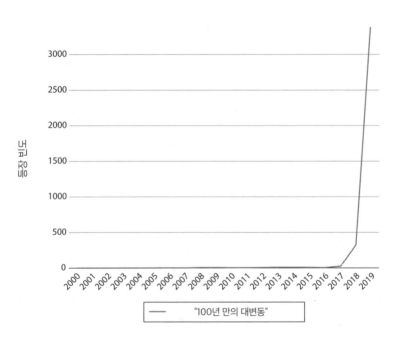

략적 전환을 예고했다.

다음 달, 트럼프 대통령의 취임 불과 몇 주 만에 변화가 시작됐다. 시진핑 국가주석은 2017년 국가안보공작회의에서 미국의 힘에 대한 중국의 인식이 바뀌고 있음을 분명히 했다. 시진핑은 "국제 체제와 국제 질서"에 대한 "대변동"과 "깊은 조정"을 인지했다고 선언했다.[14] 그는 미국의 쇠퇴에 대한 완곡한 표현과 중국 지도자들이 국가 대전략의 기반으로 삼고 있는 바로 그 개념을 사용하여 "국제적 세력 균형이 심오하게 변화하는 세계"라고 주장했다.[15] 이 주제들은 당 간부들을 위해 쓴 공식 논평에서 더욱 날카로웠다.[16] 논평에서 그는 "서방 정권들이 권력을 쥐고 있는 걸로 보이지만 세계 정세에 대한 개입 의지와 능력은 떨어지고 있다. 미국은 더는 세계 안보와 공공재의 제공자가 되길 원하지 않고, 일방적이고 심지어 민족주의적인 외교정책을 추구할 수도 있다"고 적었다.[17] 시진핑의 연설과 그 논평에는 브렉시트와 트럼프의 당선이 서방 민주주의가 약해지고 미국과 그 질서가 쇠퇴하고 있음을 드러냈다는 믿음이 깔려 있었다. 이와 같은 표현은 그해 가을 시진핑의 19차 당 대회 보고에도 등장했다. 여기에는 "글로벌 거버넌스 체제와 국제 질서 변화의 속도가 빨라지고 있으며, 관련된 국제 세력이 더 균형 잡혀 가고 있다"는 주장이 포함되어 있다. 이는 중국의 대전략이 의존하는 핵심 변수에 대한 또 다른 언급이다.[18] 나중에 살펴보겠지만, "세계의 중심 무대"에 도달하기 위한 중국의 새로운 대전략의 핵심 주제들―즉, 글로벌 거버넌스, 기술 리더십, 글로벌 군사 태세에 대한 관심―이 이 연설에서 부상했다.

그 중요한 연설이 있고 한 달 뒤, 시진핑은 2017년 대사회의에 참석했다.[19] 외교정책 기구 전체와 해외 주재 중국대사들이 모두 참석하는 이 회의는 역사적으로 중국의 전략을 조정하는 데 사용되어 왔으며,

이 연설도 마찬가지였다. 그 연설에서 시진핑은 마침내 양제츠가 트럼프 당선 이후 미묘하게 소개했던 바로 그 개념을 등장시켰다. 그는 "오늘날 세계에서 우리는 100년 만의 대변동에 직면해 있다"고 선언했다.[20] 이는 미국에 대한 중국의 시각과 대전략의 중대한 변화를 의미했고, 연설은 자신감이 넘쳤다. 시진핑은 "중화민족의 위대한 부흥은 전례 없이 전망이 밝다"며, 그 경로를 유지하는 한 "점점 더 세계 무대의 중심에 다가갈 것"이라고 말했다.[21] 시진핑은 당 대회 연설의 언어를 미묘하게 강화했다. "국제 구조는 갈수록 균형을 이루며, 이러한 국제적 추세는 되돌릴 수 없게 되었다." 이는 시진핑이나 그 전임자들이 사용했던 것보다 강력한 문구였으며, 전략이 바뀌고 있다는 신호였다.[22]

이것은 무슨 의미였을까? 시진핑은 중국 역사상 여섯 번째로 열린 2018년 중앙외사공작회의에서 "현재 중국은 근대 이후 최고의 발전기에 있으며 세계는 100년 만의 대변동의 상태에 와 있다. 그리고 이러한 두 흐름은 동시에 얽혀 상호 작용한다"고 설명했다. 시진핑에게, 중국의 부상과 서구의 명백한 쇠퇴는 서로를 강화하는 흐름이었다.

"100년 만의 대변동" 속에서 미국의 쇠퇴에 대한 시진핑의 표현은 종종 완곡했지만, 중국의 최고 학자들과 반공식 논평들은 훨씬 더 솔직했다. 그들은 핵심적인 "대변동"이란 의심할 바 없이 미국과 서구의 쇠퇴라고 지적했다. 이들은 시진핑이 이끄는 대로 따랐고, "대변동"을 수십 년간 중국의 대전략을 형성하는 데 동일한 변수였던 국제 세력 균형과 명시적으로 연결했다. 저명한 국제관계학자인 주펑은 "'100년 만의 대변동'에서 '대변동'은 국제 구조 내 국가 간 권력 재분배의 가속화"라고 썼다.[23] 〈학습시보〉 온라인판에 게재된 논평은 "대변동의 본질은 주요 국제 행위자 간 세력 균형이 국제 구조의 대대적인 재편과 국제 질서의 조정을 촉발한 큰 변화를 겪었다는 점"이라고 주장했다.[24] 중국 인민정치협상회의 전국위원회 위원인 장유얀은 "100년 만의 대변동의 가장 중요한 변수는 주요 국가 간의 국제적 세력 균형에 있다"고 썼다.[25] 좀 더 광범위하게, 중앙당교의 두칭하오는 "세계사의 모든 거대한 변화들은 주요 국제 행위자들 사이의 국제적 세력 균형에 큰 변화"를 포함했다고 주장했다.[26]

그러나 이러한 권력 변화의 원인은 무엇이었을까? 학자들은 중국의 부상뿐 아니라 서방의 추락 또한 그 원인이라고 주장한다. 이는 브렉시트와 트럼프 당선부터 코로나19에 대한 서방의 재앙적인 대응까지, 충격적이고 불연속적인 사건들에 의해 분명해졌다. 우신보는 "대변동"에 관한 글에서 미국은 "정신적으로 탈진했고, 물리적으로 약하다. 더는 세계를 떠맡을 수 없다"고 주장한다.[27] 난징대학의 주펑은 포퓰리즘으로 인해 "서구 국가들이 심각한 국내적 모순을 경험함에 따라 동방이 부흥하고 서방은 추락한다"고 주장했다.[28] 당 개념을 표준화하고 전파하는 역할을 맡은 뤄젠보와 같은 중앙당교 인사들은 "100년 만의 대변동"은 "거대한 전략적 판단"이라고 썼으며, 이는 세계 정치에서 "대서양 시대"의 끝을 의미한다고 지적했다.[29] 중앙당교 학과장이자 국제전략연구원 부원장인 가오주구이는 "지역 및 국제 정세를 혼자서 통제하려는 미국의 의지, 결단, 능력이 크게 감소했다"고 선언했다.[30]

이러한 대담한 선언 뒤에는 서구의 쇠퇴에 관한 중국 최고 학자들의 수천 개의 논문이 있었다. 그 논문들은 경제의 "토대"에 초점을 맞추는 마르크스주의 이론의 경향, 중국의 상대적 동질성을 고려할 때 다양성을 약점으로 보는 경향, 중국 자체의 반자유주의를 감안할 때 정보 유통을 위험한 것으로 보는 경향을 포함하여, 중국이 가진 편견을 보여 준다. 대부분의 논문은 단순하지만 비슷한 인과관계를 말하고 있다. 즉, 서방의 40년 "신자유주의" 경제정책 실험은 경제적 불평등과 민족 갈등을 악화시켰고, 이는 국가를 마비시키는 포퓰리스트 물결을 일으켰으며, 모든 것은 자유분방한 서구의 정보 환경에 의해 증폭됐다는 것이다. 이는 공감대가 형성될 정도로 보편적인 견해다. 시진핑이 이를 결코 공개적으로 이야기하지 않을지라도 그것은 의심할 여지없이 시진핑과 당 동료 엘리트들이 미국에 대해 믿고 있는 이야기이며, 그게 그들이 지금 대담해진 이유다.

미국의 쇠퇴에 대한 중국의 담론을 잠깐 살펴보는 것은 유익할 수 있다. 이야기는 종종 경제적 불평등으로 시작한다. 베이징외국어대학 부학장 세타오는 1970년대 이후 "신자유주의가 지배적인 위치에 있었고", 각국 정부들은 "경제적 자유를 최우선으로 하고 감세를 주장하며 사회적 불평등에는 관심을 덜 가졌다"고 썼다.[31] 유명한 인민대 교수이자 학장인 진찬룽은 이러한 "신자유주의" 물결이 "1979년 대처 혁명과 1980년 레이건 혁명"으로 시작되어 "빈부 분열"로 이어졌다고 주장했다.[32] 경제 구조도 변했다. 니원주안 중국외교학원 국제관계연구소 부소장은 "미국은 민주주의 사회여서 금융 자본주의의 팽창을 막거나 기득권에 대해 극적인 조처를 취할 수가 없다"며, 이 때문에 경기 침체와 불평등이 생긴다고 주장했다.[33] 중국사회과학원의 미국연구소 소장인 우바이이는 이러한 힘이 미국 경제를 "구멍 냈으며", 기술 및 금융 서비스 산업의 성공은 수출과 전통 산업을 희생시켜서 이루어졌다고 강조했다.[34]

중국의 관점에서 보면 2008년 글로벌 금융위기가 닥쳤을 때 이러한 경향에 대한 청구서는 만기가 되었고, 이후 몇 년 동안 포퓰리즘과 민족 갈등이 심화되며 서구 국가들을 마비시켰다. 중국 외교부와 관련된 싱크탱크 중국국제문제연구소CIIS의 한 논문은 "현재 유럽과 미국에서 부상하는 포퓰리즘은 중산층과 하위층 대 상위층 사이의 모순이 깊어지고 있음을 반영한다"며, 이는 글로벌 금융위기가 발생시킨 것이라고 주장했다.[35] 이념적 극단주의 또한 심화됐다. 진찬룽은 "사상 분야에서 포퓰리즘과 인종차별이 더 공개적으로 영향력을 갖게 되면서 극단주의 경향이 계속 확대되고 있다"고 주장했다.[36] 이와 비슷하게 주펑은 "미국과 유럽의 백인 민족주의가 점점 더 심해지고 있다"고 주장했다.[37] 기술은 이 모든 경향을 증폭시켰다. 시진핑의 2017년 국가안보공작회의에 대한 권위 있는 논평은 서방의 보고서를 인용하여 "서구 세계 질서의 가장 기본적인 기둥이 약해지고 있다. 탈진실 시대에 '자유민주주의 국가'는 허위 정보에 취약하다"고 주장한다.[38] 중국사회과학원의 한 학자는 "정보 폭발"이 "사회적 분열"을 일으키며, 이 모든 게 알고리즘, 표적 광고, "글로벌 포퓰리즘과 민족주의의 확산을 가속화"하고 "심각한 양극화"를 야기하는 허위 정보로 증폭된다고 지적했다.[39] 진찬룽은 이러한 경향의 정점이 반자유주의와 기능장애라며, "부유층과 빈곤층의 양극화는 하위층과 중산층의 광범위한 불만으로 이어진다. 하위층과 중산층의 불만은 반드시 좌파와 우파의 포퓰리즘 정치를 낳을 것이다. 포퓰리즘 정치는 필연적으로 강한 사람들에 의해 이용될 것이다. 이는 불가피한 결과"라고 주장했다.[40] 중국 학자들은 2009년 티파티 운동, 2011년 월가 점거, 특히 2016년 브렉시트와 트럼프의 당선을 포퓰리즘의 증거로 지목한다.[41]

2020년 서방이 코로나19에 대처하기 위해 분투할 때, 이러한 진단은 입증된 것으로 보였다. 시진핑은 그해에 "새로운 코로나바이러스 전염병"은 전 세계적으로 "통치 시스템과 능력에 대한 큰 시험"이라고 선언했다.[42] 이 주제에 관한 거의 모든 중국 전문가들은, 중국은 그 시험을 통과했고 서방은 대체로 실패했다고 믿었다. 재무부 웹사이트에 게재된 한 기사는 "전염병은 미국과 서방 국가들이 갈수록 제도적 개혁과 조정을 수행하지 못하고, 탈출할 수 없는 정치적 교착 상태에 빠져 있음을 보여 준다"고 주장했다.[43] 마찬가지로 미국 연구에 관한 주요 중국 사회과학원 저널의 한 편집자는 "지난 반세기 동안 미국 연방정부의 관료화와 '작은 정부' 경향의 단점들이 이 중대한 공중보건 위기 대응에서 매우 명백하게 드러났다"며 그 기능장애가 "정치적 급진화"를 재생산할 것이라고 주장했다.[44] 중앙당교의 한 교수는 코로나19가 서구 민족주의를 강화하고 나아가 자유주의 질서를 훼손할 것이라고 기뻐하며 지적했다. 그는 "코로나19가 발생하기 전에 민족주의는 (중국의) 부흥을 지원하는 추세로 자리잡았다. 트럼프 행정부와 브렉시트는 스타 퍼포먼스를 거뒀다"며, 코로나19는 중국에 도움이 되는 방식으로 이들을 "더 강화"할 것이라고 주장했다.[45] 우바이이에 따르면 경제적 재난, 사회적 불안, 열악한 코로나19 대응은 "'언덕 위의 등불'이라고 자랑하던 나라가 지속적인 사회적 불안에 빠졌고… 혼돈과 분열이 사람들을 질식시키고 있다"는 것을 의미한다.[46] 그런 이유로 중앙당교의 전 부총장은 팬데믹이 "확실히 100년 만의 대변동의 추가적인 발전을 촉진할 것"이라고 주장했다.[47] 위안펑은 미국의 형편 없는 코로나19 대응은 "미국의 소프트 파워와 하드 파워에 타격을 주었으며, 미국의 국제적 영향력은 심각한 쇠퇴를 겪었다"고 주장했다.[48]

많은 이들은 이러한 서구의 제도적 쇠퇴를 대체로 다루기 힘든 것으로 보고, 서방이 이를 즉시 해결할 것 같지 않다고 믿는다. 시에타오는 "이른바 '탈물질주의 가치'"에 초점을 맞춘 결과 "전통적인 경제적 재분배보다는 자기표현과 존중의 요구"에 더 관심을 두는 정치가 생겨나 불평등의 구조적 뿌리를 다루려는 노력을 복잡하게 만들었다고 지적했다. 마찬가지로, 베이징외국어대학의 한 교수는 "이 두 세력(좌익과 우익 포퓰리즘)을 미국 정치 시스템으로 흡수하는 것은 단 한 표의 투표로 해결될 수 없다"고 주장했다.[49] 어떤 이들은 기능장애가 장기적으로 입증될 것이라고 믿는다. 중국 외교부와 밀접한 중국국제문제연구소가 발표한 한 논문은 "포퓰리즘의 인지적 뿌리는 오랫동안 존재할 것"이라고 추측했다.[50] 세타오는 이 포퓰리즘 국면이 "10년 또는 20년 동안 계속될 수 있다"고 보았다.[51] 그리고 당파적 기능장애는 포퓰리즘을 동반할 가능성이 있었다. 진찬룽이 국방부 웹사이트에 게시된 기사에서 말했듯이 "미국에서도 두 정당 간 모순이 매우 깊다."[52] 실제로 중국외교학원의 니원주안 교수는 "팬데믹이 개혁에 시급성을 더했지만 미국 정치인들은 답을 찾지 못한 것 같다"고 말했다. 그는 행정부가 바뀌더라도 미국은 구조적 문제 주변에 "땜질"만 할 것 같다고 주장했다.[53] 우바이이는 기능장애가 일어난 다른 나라들을 설명하는 데 사용되는 "네덜란드병"과 "라틴아메리카병"에 빗대어 미국이 거대한 "미국병"에 직면했다고 주장했다. 관찰자들은 더는 "미국의 자기교정 능력에 대한 환상을 간직"할 수 없었다. 경제적 파이는 줄어들고, "일반 제조업은 시들었으며", 좋은 일자리는 더 줄어들고, 수출은 감소하고, 경제는 기술 및 금융 서비스 쪽으로 기울었다. 이 모든 것이 "상향 이동 통로를 좁히면서" 불평등을 증가시켰다.[54] 정치 제도도 실패하고 있었다. "특정 법안에 대한 국민적 지지가 30퍼센트이든 100퍼센트이든" 양극화 때문에 "통과 여부에는 영향이 없다." 따라서 미국 기능장애의 원인에 대해서는 진전이 이뤄지지 않는다. 그는 이것이 "미국 사회의 큰 격차는 계속 벌어지고, 제도적 타협의 여지는 계속 줄어들며, 국가 의사결정은 '사람 우선' 원칙에서 점점 멀어지는 악순환"을 만들었다고 주장했다.[55]

진찬룽은 이러한 상황에서 나타난 "메가트렌드" 중 하나가 유일 초강대국으로서의 미국의 종말이라고 지적했다. 대신 그는 "세계 구조가 '하나의 초강대국, 여러 강대국들'에서 '두 개의 초강대국, 여러 강대국들'로 변화하고 있다"고 주장했다.[56] 중국은 수십 년 동안 미국이 유일한 초강대국이었던 세계를 대전략을 형성하는 데 핵심 요소로 인식해 왔기 때문에, 이는 중대한 선언이었다. 이제 그게 바뀌었을 뿐만 아니라, 미국의 쇠퇴에 대한 중국의 자신감을 고려할 때 엘리트들이 보기에 이번에는 세계가 중국을 유일 초강대국으로 하는 "하나의 초강대국, 여러 개의 강대국들"로 결국 되돌아가는 것이 그럴 듯해 보였다. 이런 관점에서 글로벌 대전략의 목표를 보는 이들이 많다.

## 목표-민족 부흥 달성

중국의 글로벌 대전략의 목표는 2049년까지 민족 부흥을 달성하는 것이다. 중국의 관점에서 향후 30년 동안의 필수 과제는 미국이 자신의 쇠퇴를 정중하게 받아들이지 않을 위험을 피하면서, 국제적으로 미국을 뛰어넘기 위해 "100년 만의 대변동"의 기회를 잡는 것이다. "대변동"의 시기는 기회와 위험이 공존하는 시기이지만, 중국 지도자들은 전자가 후자보다 더 중요하다고 믿는다. 그들은 중국이 부흥을 달성할 "전략적" 또는 "역사적" 기회의 시기에 있다고 주장한다. "대변동"과 부흥 사이의 연관성은 권위 있는 연설들에서 분명하게 나타난다. 시진핑과 동료 지도자들은 2018년에 "세계는 100년 만의 대변동에 직면해 있다. … 이는 중화민족의 위대한 부흥에 거대한 기회를 가져다준다"고 선언했다.[57] 시진핑은 2019년 연설에서 "오늘날 세계는 100년 만의 대변동을 겪고 있으며 중화민족의 위대한 부흥 실현은 중대한 시기에 와 있다"고 말했다.[58] 같은 해 그는 중앙당교에서 부흥을 언급하면서 "오늘날 세계는 100년만의 대변동의 상태에 있다. 우리 당의 위대한 투쟁,

위대한 프로젝트, 위대한 대의, 그리고 위대한 꿈이 왕성하게 진행 중이다"라고 말했다. 이러한 이해는 널리 퍼져 있다. 중국사회과학원의 한 학자는 학술 논문을 요약하며 "전체적으로 볼 때, '100년 만의 대변동'은 중화민족의 위대한 부흥을 위한 중요한 역사적 기회로 여겨진다"고 주장했다.[59]

"대변동"이 부흥을 이룰 수 있는 기회라고 한다면, 부흥은 무엇을 의미하는가? 비록 이 개념의 목표가 2049년까지 중국이 세계 최고 국가로서의 미국을 대체하는 것이라고 말하는 것은 서구권에서 논쟁적이지만, 이는 이제 부흥과 "대변동"에 관한 논의에서 종종 암시적이고 때로는 명시적이다. 예를 들어, 대체로 자유주의적 외교정책을 옹호하는 중국의 고위 학자이자 외교부 고문이었던 장원링조차 그 개념에 관한 글에서 부흥을 미국을 뛰어넘는 것과 연결 짓는다. 그는 "역사상 중국은 세계에서 가장 강력한 종합 국력을 가진 나라였다"며 "21세기 중반, 즉 2050년이 되면 중국은 종합 국력에서 세계 1위가 되고, 중화민족 부흥이라는 위대한 목표를 성취할 수 있을 것으로 예상된다"고 말했다.[60] 또 다른 글에서 그는 "지난 세기의 가장 큰 변화는 미국의 국력이 영국을 뛰어넘고, 독일과 일본을 물리치고, 소련 붕괴를 거쳐 유일 초강대국이 되면서 지속적으로 향상된 것"이라고 썼다. 그러나 "21세기 전반기에 가장 거대한 변화는 중국의 종합 국력이 미국을 능가할 가능성이 크다는 점이다. … 이것은 의심할 여지없이 서구 산업화 이후 권력 구조에서 가장 중요한 변화"라고 주장했다.[61] 이와 비슷하게, 중국공산당 19차 당 대회 기간에 나온 〈신화통신〉의 권위 있는 사설은 "'중화'를 상처와 수치의 시대로 몰아넣은 아편전쟁 두 세기 뒤인 2050년이면 중국은 힘을 되찾고 세계 정상으로 다시 올라갈 것"이라고 선언했다.[62] 중앙당교 학술지 〈학습시보〉 웹사이트에 가명으로 게재된 기사는 "대변동"은 변화하는 국제적 "힘의 균형"에 관한 것임을 분명히 하고 있으며, 저자는 "미국이 어떻게 점차 서구 진영의 리더이자 세계 질서의 리더인 영국을 대체하고 세계를 지배했는지"에 대해 포괄적으로 썼다. 이는 미국과 중국 사이에 현재 일어나고 있는 변화가 동일한 역사적 중요성을 갖고 있음을 의미한다.[63] 중국사회과학원 일대일로연구소 부소장 런징징은 중앙정부의 의뢰를 받아 쓴 글에서 "중국은 2021년 무렵 고소득 국가가 될 것이고, 2030년까지 국내총생산GDP은 미국을 크게 초과할 수 있으며, 2035년까지 하이테크 연구개발 지출은 미국을 능가할 수 있다. 또한 2050년까지 중국의 군사 지출은 미국을 초과할 수 있다"고 주장했다.[64] 이 발언은 미국을 넘어서려는 중국의 열망을 부흥을 위한 공식 일정표와 일치시키고 있는데, 둘 다 2049년 공산당 정권 출범 100주년에 초점을 맞춘다. 런징징은 "중국이 순조롭게 발전한다면, 앞으로 30년 동안 모든 면에서 중국의 힘은 계속해서 미국에 근접하거나 심지어 미국을 능가할 것이다"라고 주장했다.[65] 실제로 "'대변동'의 흐름은 향후 30년에 달려 있다." 런징징은 이를 "과도기"라고 주장한다.[66] 당 관리들은 향후 30년, 특히 향후 10년이 "100년 만의 대변동"이 가져올 기회를 잡는 데 핵심적이라는 평가를 공유하는 것으로 보인다. 시진핑이 주장했듯이 "앞으로 10년은 국제 구조와 세력 균형이 진화에 속도를 내는 10년이 될 것"이며 "(또한) 세계 지배 체제의 엄청난 재편 기간이 될 것이다."[67]

시진핑은 "대변동" 개념을 등장시킨 연설에서 이 과도기를 "전례 없는 기회와 도전" 중 하나로 설명했다.[68] 그는 이러한 주제를 여러 자리에서 강조했다. 그는 "대변동"과 민족 부흥에 관한 연설에서 "우리는 흔치 않은 역사적 기회와 일련의 도전에 직면해 있다"고 말했다.[69] 2018년 중앙경제공작회의에서 그와 당의 다른 지도자들은 "대변동 안

에는 위기와 기회가 공존한다"고 언급했다.[70]

이러한 기회와 도전은 정확히 무엇인가? 중국의 2019년 "신시대 중국과 세계" 백서가 그 해답을 제시한다. 그것은 기회와 도전으로 나뉜 "대변동"에 대한 상세한 섹션들로 구성되어 있다.[71] 또한 학문적 논평을 통해, 기회는 미국의 철수와 쇠퇴에서 온다는 점을 강력하게 시사한다. 그러나 미국의 쇠퇴가 분명해짐에 따라 중국의 부상에 대한 미국의 저항이 더 커지는 데에서 위험이 온다는 점도 함께 시사한다.

먼저, 백서는 "대변동은 새로운 기회의 도래를 촉진한다"며 "'100년 만의 대변동'에서 가장 큰 변화는 국제적 세력 균형을 근본적으로 변화시키는 중국의 부상이다"라고 분명하게 적었다. 백서는 "1차 산업혁명 이후 국제 정치와 경제 체제는 서구 강대국들이 지배"했지만 이제 더는 그렇지 않다고 지적하면서, "선진국" 국내총생산의 전 세계 점유율이 감소하는 것을 보여 주는 그래프를 곁들였다. 결과적으로 "오늘날 세계는 다극화가 가속화되고, 현대적 개발 모델이 갈수록 다양해지며… 어떤 단일 국가나 국가 블록도 혼자서 세계 문제에서 지배력을 행사할 수 없다." 이러한 추세는 중국의 "기회"를 낳았는데, 다른 논평들도 대체로 이런 해석에 반향을 보였다. 예를 들어, 2018년 10월 인터뷰에서 옌쉐퉁은 "나는 지금이 냉전 종식 이후 중국에 가장 좋은 전략적 기회라고 생각한다"고 선언했다.[72] 옌쉐퉁은 자신의 논리를 설명하면서 "트럼프는 미국 주도의 동맹 체제를 망가뜨리고 중국의 국제적 환경을 향상시켰다. … 전략적 의미에서 중국의 국제 환경은 트럼프 집권 이전보다 훨씬 낫다"고 주장했다.[73] 그는 그 상황을 역사적 맥락에서 설명했다. "요컨대, 1950년대 한국전쟁, 1960년대 베트남전쟁, 1990년대 국제 제재에 비하면 현재 중국의 국제적 어려움은 매우 작고, 미국과의 격차는 전보다 훨씬 좁아졌다."[74] 그의 전반적인 요점은 "지금 가장 중요한 것은 중국이 이 전략적 기회를 어떻게 활용할 것인가"다.[75] 다른 사람들도 비슷한 관점을 갖고 있다. 우신보는 트럼프 행정부가 "끊임없이 후퇴"하고 있다며 "미국은 전후 질서에서 지위를 포기할 수밖에 없다"고 지적했다. 그는 "환태평양경제동반자협정TPP, 파리기후변화협약, 유네스코, 만국우편연합 탈퇴와 이란과의 포괄적공동행동계획JCPOA 종료, 세계무역기구WTO 탈퇴 위협, 북대서양조약기구NATO와 심지어 유엔UN 규탄, 중거리핵전력INF 조약 탈퇴, 시리아에서의 철군 선언 등"을 언급했다. 우신보는 "탈미국화는 객관적으로 다양한 지역과 국가들이 스스로를 재정립하고 다양한 역사적 문제를 해결할 수 있는 기회의 창을 만든다"고 주장했다. 미국이 쇠퇴할 때, "권력의 위임과 구속력의 완화"는 또한 사람들에게 예상치 못한 전략적 배당금과 이익을 가져다줄 수 있다."[76]

다음으로, 백서는 미국에서 나오는 도전, 즉 위험 또한 지적하며 "포위, 제약, 대립, 위협이라는 냉전 사고방식이 다시 나타나고 있다"고 주장했다. "일부 서방 국가들은 통치에 심각한 어려움을 겪고 있고 포퓰리즘이 만연하고 세계화에 대한 공격이 강화되고 있다." 시진핑은 2019년 연설에서 "오늘날 세계는 100년 만의 대변동을 겪고 있으며, 중화민족의 위대한 부흥은 결정적 단계에 놓여 있다. 목표에 가까울수록 상황은 더 복잡해지고 과업은 더 어렵다"고 말했다.[77]

학술 논평은 이러한 주제들을 더 분명하게 반영한다. 중국 중앙당교 학과장은 부흥의 주된 도전은 미국이라고 주장하면서, 중앙당 및 정부 간부 회의 글에서 다음과 같이 밝혔다. "대변동은 중국에게 도전과 기회를 동시에 가져다준다. 도전은 주로 강대국의 전략적 게임에서 비롯된다. 미국은 중국을 전략적 경쟁자로 간주해 왔으며 전반적인 힘은 미국이 여전히 중국보다 강하다. 이 경우, 미국의 전략적 경쟁 압력에 대처할 수 있는지 여부는 중국에 가혹한 시험이다."[78] 대부분의 사람들은 쇠퇴하는 미국이 떠오르는 중국을 향해 때로는 자기파괴적으로 비난하는 것을 본다. 중국사회과학원의 런징징은 "미국은 중국의 부상과 중화민족 부흥을 가로막는 가장 큰 제약"이며, 중국을 약화시키기 위해 "글로벌 가치 사슬에서 제거"하려 한다고 주장한다.[79] 더 절제된 외교 정책을 경고하는 주평은 중국의 담론, 특히 "100년 만의 대변동"에 대한 담론에서의 승리주의가 서구의 불안을 조기에 촉발할 것이라고 우려한다. "중국의 부상이 탄력을 받을수록 서방 국가들은 자신들이 힘의 우위를 잃을 것을 걱정할 것이며, 중국에 대한 강력한 억제 및 견제와 균형은 더욱 분명해질 것이다. '대변동'에 대한 논의는 단순히 국제 체제의 권력 재분배에만 초점을 맞춰선 안 되고, 중국이 서방 국가들에게 공격을 당하는 새로운 목표물이 되는 것도 피해야 한다."[80] 2019년 말, 미국이 핵심 장애물이라는 게 분명해졌다. 예를 들어 상하이국제문제연구원의 한 학자는 "대변동"에 관한 글에서 "세계 정치·경제·군사·이데올로기에서 서구 문명의 지도적 위치가" 부분적으로 포퓰리즘으로 인해 잠정 유예되면서 "상대적으로 약한 사이클에 진입"했는데도 "미국과 다른 서방 국가들은 공공연히 중국을 주요 경쟁자로 간주한다"고 주장한다.[81]

중국의 전략가들은 미국이 자신의 쇠퇴를 기꺼이 받아들이기를 선호할 것이다. 중앙당교 학과장은 중앙당 및 정부 간부 회의에 쓴 글에서 다음과 같이 주장했다. "대변동에서 가장 불확실한 요소는 서구 강대국들, 특히 유일 초강대국인 미국이다. 미국이 현 상황을 판단하고 흐름을 따르며, 대변동에 합리적으로 대응하고 패권의 몰락을 우아하고 품위 있게 깨달을 수 있느냐가 대변동의 과정을 결정짓는 중요한 요소다." 미국의 저항은 "대변동의 진행을 지연시킬 뿐 그 방향을 결정할 수는 없다."[82] 장기적으로 볼 때 미국의 쇠퇴는 불가피했다.

　　그렇다면 기회와 위험 사이의 균형을 어떻게 평가할 것인가? 일반적으로 기회가 더 컸다. 중앙당교 학과장은 "대변동이 가져온 기회는 위험보다 더 주목받아야 한다. 주요 변화에 대한 시진핑 총서기의 논의는 중국이 여전히 중요한 전략적 기회의 시기에 있다는 주장과 흔히 연결된다"고 썼다.[83] 중국은 2049년까지 부흥을 달성하기 위해 분투해야 할 것이다. 시진핑은 2017년 연설에서 "위대한 중화민족의 부흥은 쉽게 달성될 수 없고, 단순히 북과 징을 연주해서 될 일이 아니다. 이 위대한 꿈을 실현하기 위해서는 위대한 투쟁을 해야 한다. … 우리가 직면한 다양한 투쟁은 단기적인 것이 아니라 장기적인 것이며, 우리의 (부흥) 목표를 달성하는 과정 내내 우리와 동행할 것이다."[84] 2021년 연설에서 분명히 밝혔듯이, 그는 미래에 확신이 있었다. "세계는 한 세기 동안 볼 수 없던 거대한 변화를 겪고 있지만, 시간과 모멘텀은 우리 편이다. 이곳은 우리의 힘과 활력이 있는 곳이며, 우리의 결단과 자신감이 있는 곳이기도 하다."[85]

　　요컨대, 중국은 이러한 목표를 달성하고 세계 질서에서 미국을 대체하기 위해 정치적·경제적·군사적 수단을 통합하는 접근 방식이 필요하다. 그 전략은 다음 장에서 아주 자세하게 살펴보겠지만, 정치적 수준에서 국제기구를 제안하고, 경제적 수준에서 "4차 산업혁명"을 장악하며, 군사적 수준에서 점점 더 세계적인 역량을 확보하는 것을 포함할 것이다. 이 모든 것은 아시아에서 오랫동안 진행되어 온 약화시키기 및 구축 전략을 더 넓은 세계에 적용하기 위한 것이다.

# 12장

# 우뚝 서서 멀리 보기

중국의 글로벌 확장 수단과 방법

"우리는 친구를 위해서는 좋은 와인을 갖고 있지만, 적에 대해서는 산탄총을 갖고 있다."[1]

— 구이충유 주스웨덴 중국대사, 2019년

2019년 11월 30일 구이충유 주스웨덴 중국 대사가 스웨덴 공영 라디오와 인터뷰를 위해 자리에 앉았다. 인터뷰는 잘 성사되지 못했다.

중국과 스웨덴의 관계는 설명대로라면 그렇게 되어서는 안 되었지만 그 당시에는 긴장 상태였다. 스웨덴은 나폴레옹 전쟁까지 거슬러 올라가는 오랜 중립과 비동맹의 역사를 가진 나라였다. 제2차 세계대전 동안 스웨덴은 연합국에 정보를 제공하고 때때로 군사적 접근도 제공하면서 독일이 자국의 철도를 사용하는 것을 허용했다. 냉전 기간에는 서방과 조용히 동맹을 맺었지만 공개적으로는 철저하게 중립이었다. 비동맹에 대한 스웨덴의 본능은 중국에게 스웨덴을 매력적인 파트너로 만들었으며, 중국 소식통들은 자주 그렇게 말했다.[2] 미중 갈등이 고조되는 시기에도 양쪽은 사이좋게 지냈어야 했고, 구이총유의 인터뷰도 더 잘 진행됐어야 했다.

하지만 그의 인터뷰는 어려운 시기에 이뤄졌다. 중국 정부가 스웨덴과 수년간 온정적인 관계를 유지했음에도, 요원을 파견해 태국에 살고 있던 스웨덴 시민이자 출판인인 구이민하이를 납치하면서 중국과 스웨덴의 관계가 파열되기 시작됐다. 중국은 중국 엘리트에 비판적인 책을 출판한 구이민하이를 송환해서 텔레비전으로 자백을 하도록 강요했다. 중국은 그를 2년 동안 구금한 뒤 다시 10년 형을 선고했다.

스웨덴은 언론의 자유가 보장되는 자유주의 사회이며, 스웨덴 시민 납치는 언론이 무시할 수 있는 이야기가 아니었다. 그러나 중국으로서는, 스웨덴 정부가 비교적 더 절제된 공식 노선을 취했음에도, 구이민하이의 체포에 관해 보도하고 석방을 지지한 독립적인 스웨덴 시민사회 단체들은 용납할 수 없었다. 구이총유 대사가 스웨덴이 자국민 납치 문제로 계속 말썽을 부릴 경우 이해관계가 어떻게 될지를 명확히 하기로 결정한 것은 이러한 맥락에서였다. 구이총유는 "우리는 친구를 위해서는 좋은 와인을 갖고 있지만, 적을 위해서는 산탄총을 갖고 있다"고 말했다.[3]

구이총유의 현명하지 못한 위협은 많은 사람들이 중국의 "늑대 전사" 외교라고 부르는 더 날카롭고 민족주의적인 어조로, 때로는 자기파괴적이다. 이는 또한 다가올 일의 징조였다. 거의 정확히 1년 뒤, 중국은 호주에 대한 경제적 응징을 정당화하는 14개의 불만 사항 목록을 호주에 보냈다. 불만 사항들을 종합하면 중국 질서의 대략적인 청사진이 형성되었다. 호주는 표면적으로 외국인 투자 심사를 줄이고, 화웨이를 용인하고, 외국 간섭 법안을 철회하고, 비자 정책을 개방하고, 인권 비판을 중단하고, 남중국해 입장을 바꾸고, 사이버 공격을 공개적으로 중국

탓으로 돌리는 것을 중지하고, 호주의 주들이 중국의 일대일로 구상에 참여하는 것을 허용하고, 중국이 불쾌하게 생각하는 싱크탱크, 언론, 지방 관리들의 독립적 행동을 제한해야 했다.[4] 그렇지 않으면 호주는 훨씬 더 큰 경제적 응징에 직면한다.

구이총유의 발언과 중국이 호주에 보낸 서한은 진화하는 상황을 담고 있었다. 즉, 중국은 기분 나쁘게 하는 나라들은 응징하고 자기 편에 서는 이들에게는 유인책을 제공하며, 스웨덴과 호주 같은 국가들에 점점 더 "통제 형태"를 행사하려 했다. 중국이 아주 인접한 지역에서 가끔 휘두른 강대국 행동은 지역 밖에서도 점점 흔해지고 있었다. 이제, 보다 야심 찬 대전략을 추구함에 따라 중국은 강압, 합의 유도, 정통성 추구 등 통제 형태를 전 세계적으로 취하고 있다.

이 장에서는 중국이 어떻게 그것을 모색하는지 살펴본다. 중국의 글로벌 대전략의 "수단과 방법"을 살피고, 미국의 통제 형태를 약화시키면서 어떻게 전 세계에서 통제 형태를 구축하는지 구체적인 용어로 논의한다. 중국이 어떻게 정치적 수준에서 국제기구와 비자유주의적 규범을 제안하고, 경제적 수준에서 "4차 산업혁명"을 장악하고 미국의 금융력을 약화시키려고 노력했으며, 군사적 수준에서 점차 세계적 역량과 새로운 시설을 획득했는지를 설명하면서, 이들 세 가지 통치 영역에 걸친 중국의 노력을 검토한다. 이 모든 것은 부흥이라는 민족주의적 비전을 달성하고 미국 질서를 대체하려는 광범위한 노력의 일환이다.

## 수단과 방법-글로벌 대전략

　　일부 서방의 관찰자들은 중국이 세계 질서를 형성하는 두 가지 경로를 갖고 있다고 추측했다. 하나는 "서태평양에서 지배력을 확립한 다음 그곳으로부터 밖으로 확장"하는 지역적 경로이고, 다른 하나는 "미국을 측면 공격"하고 "전세계에서 경제적·정치적 힘을 구축"하는 것을 포함하는 글로벌 경로다.[5] 중국은 지역 패권의 토대를 마련하기 위해 노력하면서 2008년 이후 지역 전략을 더 적극적으로 추진했고, 현재에도 진행 중이다. 2016년 이후 달라진 점은 보다 광범위하게 세계 질서에 이의를 제기하는, 새롭고 보다 글로벌한 집중이 시작됐다는 점이다.

　　중국의 글로벌 노력은 덩샤오핑과의 결별과 함께 시작됐다. 시진핑은 2017년 국가안보공작회의에 대한 권위 있는 논평에서 덩샤오핑 발언의 핵심 대목을 다른 말로 바꿔서 그것들이 시대에 뒤처졌다고 암시했다. "현시점에서 우리의 외교 전략은 시대에 발맞추어 '능력을 숨기고 때를 기다리는' 단계에서 벗어나야 한다."[6] 시진핑은 2018년 중앙외사공작회의의 중요한 연설에서 "우리의 역할에 대한 올바른 견해는 (덩샤오핑이 '도광양회' 금언의 일부로서 옹호한 것으로 유명한) 다양한 국제 현상에 대한 냉정한 분석만이 아니"라고 주장하면서 덩샤오핑의 지침이 오늘날에도 유효한지 의문을 제기하는 걸로 보였다. 시진핑은 "또한 우리 스스로를 국제 현상에 놓고 중국과 세계 사이의 문제들을 살펴보고, 국제 구조의 진화에 있어서 우리의 위상과 역할을 명확히 이해하며, 외교정책을 과학적으로 수립하는 것"이라고 주장했다.[7] 그는 중국이 "전략적 자신감을 근본적으로 강화"해야 한다고 주장했다. 일대일로 구상 5주년을 기념하는 중요한 회의에서 시진핑은 "오늘날 세계는 거대한 발전, 거대한 변화, 그리고 거대한 조정의 시기에 있다. 우리는 전략적 비전을 갖고 글로벌 시각을 구축해야 한다. 우리는 위기 감각과 역사적 기회에 대한 감각을 동시에 갖고 100년 만의 대변동의 과정을 파악해야 한다"고 주장했다.[8]

국제적 수준에서 중국의 질서 구축은 구체적으로 어떤 모습인가? 중국의 전략은 진화하고 있지만 중국 자료들과 행동은 우리가 새로운 윤곽을 그려 보는 데 도움이 된다. 그 중심에는 수많은 관리들이 민족 부흥에 핵심이라고 말하는 "인류를 위한 미래 공동체"라는 무정형의 개념이 있다. 이 개념은 초기 입안 때에는 지역적이었지만, 주요 외교정책 연설과 2019년 백서에 "세계 문제를 해결하기 위한 중국의 지혜와 힘"의 예로 22차례 이상 등장하면서 뚜렷하게 글로벌해졌다.[9] 이 개념은 중국이 "스스로를 강대국으로 구축하기 위해 공공재를 제공"하는 것을 포함한다고 두 명의 중국사회과학원 학자들은 말한다. 이는 중국의 백서에서도 강조하는 주제들이다.[10] 장원링은 "중국이 민족 부흥을 달성하고 현대 강국을 건설하는 것이 21세기에 가장 중요한 목표"라고 주장한다.[11] 위안펑은 그것이 느슨한 정치 블록의 기초이며, 미국이 세계를 "두 개의 경제 그룹"으로 쪼개려고 한다면 중국은 "중국을 중심으로 회전하는" 독자적인 지지 연합을 건설하기 위해 "'일대일로'와 운명공동체로 손을 돌릴 것"이라고 경고한다.[12] 궁극적으로 이 개념은 강압, 공공재와 같은 합의된 도구, 정당한 정통성을 혼합하여 중국의 특권에 대한 존중을 확보하는 글로벌한 중국 위계질서의 대명사로 보인다. 이는 일부 사람들이 일종의 "부분적 패권"이라고 부르는 것과 유사하다. 꼭 지리적으로 구속되지 않고, 세계적으로 중국에서 바깥으로 뻗어나가는 다양한 통치 도구들의 복잡한 그물 위에 놓여 있다.

당 문서와 관련 논평에 따르면 이러한 종류의 질서를 달성하기 위한 중국의 새로운 글로벌 전략은 크게 세 갈래로 나뉜다. 이제 각 갈래를 자세히 살펴보자.


## 정치적 수단과 방법-글로벌 리더십 주장


정치적 수준에서, 중국은 한때 다른 나라가 운영하는 지역 기구를 약화시키고 자신이 통제하는 지역 기구를 만들고자 했다. 당 문서와 중국의 행동이 보여 주는 것처럼, 중국의 노력은 자체 시스템의 정통성을 더욱 힘차게 촉진하는 것뿐만 아니라 글로벌 거버넌스와 질서에 초점을 맞추고 있다. 중국의 주요 외교정책 문서와 연설을 검토하면 이러한 초점이 분명해진다.

보다 글로벌한 초점은 양제츠의 2017년 글에 등장했는데, "100년 만의 대변동"을 처음으로 소개한 이 글은 우연이 아니게도 트럼프 취임 일주일 전에 출판됐다. 양제츠는 새로운 "대국 외교"의 여러 "주요 사항"을 열거했는데, 이는 모두 세계적인 것들이었다. 여기에는 "중국몽 제안과 그에 대한 심오한 세계적 의미 부여", "인류를 위한 운명공동체 창설 옹호", "글로벌 파트너십 네크워크 구축", "글로벌 거버넌스 개선에 중국의 지혜를 기여"하려 노력하기, 일대일로 촉진이 포함된다. 과거의 언어들과 명백하게 다르게, 양제츠는 "글로벌 거버넌스에 참여하고 주도하는 것"이 외교의 "선구적 방향"이 될 것이며, 중국이 "국제 경제 협력을 적극적으로 주도할 것"이라고 주장함으로써 중국의 리더십을 명시적으로 강조했다. 양제츠의 발언은 과거보다 더 의식적으로 글로벌한 의제였으며, 그는 이것이 "제로섬 게임과 권력정치에 기반한 전통적인 서구의 국제관계 이론을 뛰어넘을 것"이며 중국 외교에 "도덕적

우위"를 제공할 것이라고 선언했다.[13]

시진핑의 고위급 외교정책 연설에서는 이런 주제들이 증폭됐다. 예를 들어, 시진핑은 2017년 중국국가안보공작회의 연설에서 국제 질서에 대한 중국의 야망을 설명하기 위해 이전에 사용되었던 더 일반적이고 수사학적인 언어를 뛰어넘었다. 그는 "중국은 국제 사회를 인도하여 보다 공정하고 합리적인 국제 질서를 공동으로 형성할 필요가 있다"고 선언했다.[14] 그의 연설에 대한 권위 있는 논평은 더 나아가 중국이 "국제 시스템의 후원자이자 지도자"가 되는 것을 옹호했다. 또한 "세계는 새로운 질서를 필요로 한다", "중국은 지도자 자격이 있다", "우리는 국제 질서와 국제 안보의 안내자가 될 자격과 능력이 있다"고 선언했다.[15] 한 달 뒤 시진핑은 19차 당 대회 연설에서 이러한 주제를 계속 이어갔는데, 그는 "중국이 세계의 중심 무대에 더 가까워지는 것을 보게 될 신시대", 즉 글로벌 거버넌스에서 중국이 훨씬 더 적극적으로 움직이는 모습을 보게 될 시대를 발표했다(이는 5년 전 후진타오 연설과 대조된다). 그리고 몇 달 후인 2017년 대사회의에서 시진핑은 중국이 "더 넓은 글로벌 비전과 더 큰 전략적 야망을 세워야 한다"고 주장하고, 양제츠가 그해 초 자신의 글에 포함시킨 것과 동일한 글로벌 과제를 나열했다.[16]

이어 시진핑은 2018년 중앙외사공작회의 연설에서 양제츠의 글로벌 과제 목록(그가 부흥에 필수적이라고 선언한)을 반복했을 뿐 아니라 리더십에 관한 양제츠의 발언을 환기시켰다. 전임자들이 글로벌 거버넌스 개혁에 "적극적으로 참여"할 것을 촉구했을 수도 있는 자리에서, 시진핑은 중국이 "글로벌 거버넌스 시스템 개혁을 주도해야 한다"고 말했다.[17] 이 중요한 연설에 대한 논평에서 왕이 국무위원은 중국의 "키워드"는 "리더십"이며, "그 추세는 인류의 공동선에 대한 중국의 관심을 반영한다"고 강조했다.[18] 그는 "현재 국제 시스템의 개혁이 중대한 시기를 맞고 있다"고 선언했다. 중국은 "일부 국가들 사이의 불일치, 환멸, 불안에 직면해… 우뚝 서서 멀리 내다보며" 글로벌 "운명공동체"를 구축하고, "글로벌 거버넌스 시스템 개혁을 적극 주도"하려 했으며, 미국을 지칭하는 "세계 혼란" 속에서 "안정의 원천" 역할을 했다.[19] 이와 유사하게, 2019년 백서는 중국이 "개방된 세계 경제를 주도하고 촉진할 것"이며, "글로벌 거버넌스 시스템 개혁을 주도할 것"이라고 거듭 선언했다.[20]

학계와 싱크탱크 논평은 중국 대전략의 정치적 요소에 대해 훨씬 더 노골적이었고 미국의 후퇴가 기회를 창출했다고 믿었다. 중앙당교 학과장은 간부들을 위한 글에서 "과거에는 서구 국가들이 언제나 핵심 주체였으며 글로벌 거버넌스에서 중심적 역할을 했다. 그러나 현재 서구 세계의 리더인 미국은 글로벌 거버넌스 추진의 동력을 잃었고, 심지어는 종종 '후퇴'하기도 한다. 이것은 한 세기 동안 볼 수 없던 새로운 상황"이라고 주장했다.[21] 〈학습시보〉는 익명 논평에서 결과적으로 "옛 질서에서 새 질서로의 이행과 과도기 체제 붕괴는 중국이 국제 체제에서 힘을 기르고 확장할 수 있는 중요한 기회를 제공한다"고 지적했다.[22] 양광빈은 위험 부담이 크다고 지적했다. "현재의 세계 질서는 '무주공산'에 들어섰고, 우리는 어디로 가야 할지를 모른다. 무주공산에서 먼저 나오는 사람이 세계를 이끌 수 있다."[23] 진찬룽처럼 대부분의 사람들은 중국이 그 공백을 채울 수 있다고 믿었다. "우리는 글로벌 거버넌스에 관심이 있다. 중국은 강력한 행정 역량을 가진 나라다. 우리는 글로벌 거버넌스에 참여하며, 서구보다 문제를 더 잘 해결할 수 있다."[24] 결국, "여러 글로벌 문제에 직면한 상황에서 잘 대응하는 주체가 앞으로 더 많은 목소리를 내고 더 높은 국제적 인기를 얻게 될 것이다."[25] 그리고 두 중국사회과학원 학자들이 지적했듯이, 인기와 리더십을 얻거나 초국가적 문제들을 해결하는 것을 뛰어넘어, 중국의 질서를 구축할 기회가 있었다. 그들은 "글로벌 거버넌스는 다양한 국제적 도전에 대처하는 것뿐만 아니라 국제 질서와 국제 시스템에 대한 규칙과 방향을 정하는 것"이며, 또한 세계 속에서 "장기적인 제도적 배치"는 물론 "체제 내 위상과 역할"에 관한 것이라고 주장했다. 중국의 핵심 질서 구축 개념 또한 분명했다. 그들은 "중국이 강대국 입지를 다지기 위해 공공재를 제공하는 것을 포함해 운명공동체를 건설하는 것이 목표"라고 말했다. 이 모든 것은 "중국이 전략적 기회의 기간을 유지하는 데 중요한 기반을 제공"한다.[26] 정통성은 이러한 목표를 뒷받침한다. CASS의 한 학자는 정부가 발주한 보고서에서 "최종적으로 강대국의 부상은 문화적 현상이다. 그것은 국제 사회에서 받아들여지고, 국제 체제에 수용되고 의존하며, 국제적 규범에 의해 인정받아야 한다"고 주장했다.[27]

세계 정치 질서를 형성하고 "인류를 위한 운명공동체"를 건설하는 데 광범위한 노력에서 중국의 더 큰 관심이 나타났다. 이는 중국이 강압, 합의, 정통성과 같은 패권적 질서의 토대를 구축하는 데 널리 도움이 되며, 다양한 영역에서 일어난다. 그 영역은 ① 유엔 시스템, ② 글로벌 지역 기구, ③ 새로운 연합, ④ 특정 거버넌스 관행의 수출이다.

첫째, "글로벌 거버넌스 시스템 개혁 주도"에 대한 중국의 관심은 유엔을 관통한다. 2019년 백서에 분명히 나와 있듯이 "유엔이 글로벌 거버넌스 시스템의 핵심"이기 때문이다.[28] 유엔에서의 영향력은 중국이 글로벌 기본값으로서의 자유주의 가치를 대체해 중국의 원칙과 프로그램을 격상하고 정당화하며 세계화할 수 있도록 함으로써, 정통성뿐만 아니라 강제력 있고 합의된 영향력을 구축할 수 있도록 해 준다.[29] 중국 정부 문서들은 "'미래를 공유하는 국제 사회'와 일대일로라는 중국의 구상이… 많은 유엔 결의안에 들어갔고… 국제 사회로부터 폭넓은 인정과 뜨거운 반응을 얻었다"고 자부한다.[30] 유엔 영향력을 추가하는 데 있어서 중국은 미국의 무관심을 활용해 유엔의 15개 전문기구 중 4곳—다른 어느 나라보다도 많이—의 최고 지도자 자리에 자국 관리들을 배치하려고 부지런히 노력했다. 유엔 산업개발기구IDO, 국제민간항공기구ICAO, 국제전기통신연합ITU, 식량농업기구FAO가 그것이다. 게다가 이전에 세계보건기구WHO와 인터폴을 이끌었고, 현재는 유엔경제사회부DESA를 이끌고 있으며, 2020년에는 세계지식재산기구WIPO를 이끌 기회를 간발의 차이로 놓쳤다. 예를 들어, FAO 선거에서 중국은 카메룬의 빚을 탕감해 경쟁 후보에서 철회하도록 하는 한편, 자국 후보에 대한 지지를 얻기 위해 아르헨티나, 브라질, 우루과이의 수출을 위협했다.[31] 중국은 2016년부터 유엔 구조에 자국의 프로그램과 원칙을 끼워 넣으려 이런 영향력을 행사하고자 노력을 강화했다. 유엔 최고 지도부는 일대일로 구상을 반복적으로 칭찬했다. 일대일로 구상은 중요한 지속가능발전목표SDG에 삽입됐고, 일대일로 구상과 운명공동체는 유엔 결의안에 등장했다. 유니세프UNICEF, 유네스코UNESCO, 유엔난민기구UNHCR, 유엔경제사회부DESA와 같은 광범위한 유엔 기구들은 일대일로 구상을 지지하거나 자금을 지원하고 협력했다.[32] 다른 경우에서 중국은 ICAO와 WHO에서의 영향력을 이용해 대만을 소외시켰다. 중국은 자국의 인권 상황을 비판하는 일부 비정부기구NGO들의 기반을 성공적으로 제거하고, 주요 문제들에서 중국의 지도를 따르는 자체 "정부 조직" 비정부기구(즉, GONGO)에 플랫폼을 제공했다. 그리고 전 유엔경제사회부 수장인 우홍보와 같은 중국 고위 관리들은 국제적 의무보다 자국 의무를 우선시하는 것에 대해 사과하지 않았다. 그는 "중국 국적의 국제 공무원으로서, 나는 중국의 국가 주권이나 안보 이익에 관한 문제에서 양보하지 않고 단호하게 조국의 이익을 수호한다"고 말했다.[33] 한때 그는 유엔 경비를 이용해 위구르 활동가를 "몰아냈다"고 자랑했는데, 그는 그 활동가가 "승인된 비정부기구" 구성원이 아니며 인터폴의 "적색 수배" 대상이었다고 선언했다. 그렇게 된 데에는 중국의 책임이 있으며, 이는 유엔 구조를 "비자유화"하려는 중국의 시도에 관한 유용한 연구 사례다.

둘째, 중국은 유엔 체제 외부에서, 그리고 아시아에서의 지역적 개입과 별도로 세계의 거의 모든 지역과 '허브 앤 스포크(중심과 바큇살)' 협정을 맺었다. 그중 가장 중요한 것들로는 중국-아프리카 협력포럼 FOCAC, 중국-아랍 국가 협력포럼CACF, 중국-중·동유럽 국가CEEC(또는 "17+1"), 중국-중남미·카리브해 국가공동체CELAC가 있다. 이들 기구는 125개국을 다루며, 관련국들 사이의 다자간 참여를 촉진하기보다는 양자적 방식으로 중국과 각 지역 간 관계의 통로가 된다.[34] 이 기구들은 중국이 글로벌 전략으로 전환하기 전에 설립됐지만 중국의 글로벌 질서 구축의 중심이 될 가능성이 높으며, 2016년 이후 더 많은 회의와 활동 및 제도화를 수행하면서 최근 더 큰 관심의 초점이 됐다.[35] 합의 측면에서, 중국은 이러한 기구를 지역 참여 및 "공공재" 제공을 위한 플랫폼으로 사용하며, 여기에는 수천억 달러의 대출이나 원조, 인프라 지출 또는 코로나19 지원을 발표하는 것이 포함된다. 각각은 "실행 계획" 또는 "개발 계획"을 정기적으로 포함하며, 이는 중국과 지역의 유익한 상호 작용을 위한 의제를 설정한다. 그리고 각각은 싱크탱크, 젊은 정치 지도자, 정당, 의회, 미디어, 기업, 문화, 과학, 환경 및 기타 영역을 포함한 광범위한 "하위 포럼"을 포함한다. 이들 영역은 유대를 구축할 뿐만 아니라 (특히 미디어 및 기술 분야에서) 중국의 관행, 표준, 훈련, 기타 기술관료 거버넌스 지침을 공유한다. 마지막으로, 정통성 문제와 관련하여 이들 기구는 자유주의적 규범에 도전하고 중국의 선호에 대한 지지를 구축하는 데 이용됐다. 즉, 대부분은 글로벌 체제 "다양성", 다극화로의 진전, 인권 "간섭"에 대한 저항, 미국 정책 비판을 지지하는 성명을 갖고 있다. 이들 성명은 모두 대만, 티베트, 홍콩과 같은 다양한 문제들에서 중국의 입장을 지지한다.[36] 예를 들어, 2020년 6월 코로나19에 관한 FOCAC 특별회의에서는 "법에 따라 홍콩의 국가 안보를 수호하려는 중국의 노력"을 지지하는 것 외에도 "국가 상황에 맞는 개발 경로"를 추구하는 아프리카 국가들을 지원한다는 표현이 포함된 성명을 발표했다.[37]

셋째, 최근 몇 년 동안 중국은 앞으로 더욱 운영적이고 활동적으로 될 수 있는 권위주의적 국내 정책을 지원하기 위해 같은 생각을 가진 국가들의 연합을 결성했다. 예를 들어, 2019년과 2020년에 자유민주주의 국가들은 약 20개 국가를 조직하여 신장 자치구와 홍콩에 대한 중국의 정책에 비판적인 3개의 별도 성명과 서한에 서명했다. 이에 대한 대응으로 중국은 50개 이상의 국가를 조직하여 중국의 "인권 분야에서 놀라운 성과"를 지지하고 "인권 문제를 정치화하는 관련 국가들의 관행에 '단호한 반대'"를 표명한 3개의 별도 서한에 서명했다.[38] 세 가지 경우 모두에서, 서명국들을 비교하면 일대일로 구상 서명국과 중국의 무역 파트너들이 서한에 서명하고, 자유민주주의 국가와 유럽 국가들은 반대편 진영의 대부분을 구성하면서, 두 그룹 간 지리적·이념적 차이가 드러난다. 중국의 목표는 인권에 대한 중국의 접근 방식을 세계화하는 것이다. 〈인민일보〉가 지적한 것처럼, 50개국이 지지하고 20개국만 비판하는 상황에서 미국이 "국제 사회의 반대편에" 서 있다는 점이 분명했다.[39] 이러한 느슨한 연합은 미래에 다른 규범적 문제들에서도 협력할 수 있다.

마지막으로 브렉시트, 트럼프, 코로나19라는 3대 사건으로 인해 중국은 자신의 모델과 가치를 더욱 열정적으로 홍보했다. 중국은 서구 자유주의에 반박하기 위해 방어적으로, 그리고 패권의 규범적 기반을 구축하기 위해 공격적으로 움직였다. 2013년 고위급 연설에서 처음 등장한 "중국 방안中国方案"이라는 문구는 브렉시트와 트럼프 당선 이후 급증했는데, 이에 대한 언론 기사 수는 2015년 337개에서 2017년 4,845개로 14배 증가했다.[40] 시진핑은 19차 당 대회 연설에서 중국은 "독립을 유지하면서 발전을 가속화하고자 하는 국가들을 위해 새로운 선택지를 제공한다"고 선언했다. 이 표현은 이후 중국의 2019년 백서에서 반복됐는데, 여기에는 "중국의 지혜와 힘"을 세계와 공유해야 한다는 말도 5차례 나온다.[41] 그 문서는 또한 "일부 서방 국가들은 거버넌스에서 심각한 어려움에 직면해 있고" 포퓰리즘과 씨름하고 있다고 주장했다. 또한 "일부 국가들은 서구 모델을 맹목적으로 모방하거나 강제로 채택"했으며, 이후 "사회 불안, 경제 위기, 거버넌스 마비, 심지어 끝없는 내전에 빠졌다"고 주장했다.[42] 〈인민일보〉에서 "선언" 또는 宣言이라는 이름으로 인쇄된 공식 논평과 같은 다른 출처에서는 "중국의 통치"를 서양이 유도한 "세계의 혼돈"과 우호적으로 대조시켰다.[43] 학계 평론가들은 훨씬 더 나아갔다. 한 CASS 학자는 "강대국으로 간주되는 모든 국가는 인류의 역사적 과정에 중요한 영향을 미치고 기여를 했을 것"이라고 지적했다. 그는 영국, 소련, 미국이 모두 자신들의 모델을 공유했고, 중국도 무언가를 공유할 때라고 주장했다.[44] 다른 이들은 서구가 중국을 연구해야 한다고 말했다. 니원주안 중국외교학원 교수는 "팬데믹은 계몽주의 이후 미국의 가치, 문화, 시스템에 대한 우월감을 완전히 뒤흔들었다"고 주장했다. "가슴 속 깊은 곳으로부터, 미국인들은 자유의 등대가 어떤 측면에서는 공산주의 중국의 권위적인 정부로부터 배워야 한다는 현실을 마주하고 있다."⁴⁵ 수많은 사람들이 지난 4년 동안 비슷한 주장을 했고, 심지어는 중국의 "발전 개념"이 서구의 자유주의보다 더 수출 가능하며 "극단주의, 테러리즘, 포퓰리즘"에 더 잘 대처할 수 있다고 주장했다.⁴⁶

이것은 실제로 어떤 모습일까? 미국이 특정 제도가 아닌 광범위한 자유주의 원칙을 수출하는 것처럼, 중국은 "중국 특색의 사회주의"를 수출하지 않고 대신 21세기 거버넌스 문제에 대한 광범위하고 반자유주의적이며 기술 기반의 해법을 수출한다. 여기에는 정보 관리, 테러리즘, 범죄 및 팬데믹 대응이 포함된다. 중국 학자들은 서구의 자유주의적 가치에 대한 "절대주의"와 역기능을 고려할 때 서구는 이런 문제들을 다룰 수 없다고 주장한다.⁴⁷ 이러한 문제들을 해결하기 위해 중국은 감시 및 검열 장비를 수출하고, 통신 지원, 규제 자문, 미디어 교육과 같은 다양한 채널을 통해 표준, 교육, 거버넌스 메커니즘에 관여한다. 중국 기업들은 우간다와 잠비아 정부가 반체제 인사의 개인 정보를 훼손하는 것을 적극적으로 지원했고, 에콰도르가 광범위한 감시 시스템을 구축하도록 도왔다. 중국이 에티오피아의 통신망에 매우 관여하고 있어 비정부기구 직원들은 감시와 체포를 피하기 위해 자체 검열해야 한다고 여긴다.⁴⁸ 수십 개의 국가에서 되풀이되는 이러한 관행은 아시아, 아프리카, 라틴아메리카의 거버넌스에 반자유주의적 규범을 심었다. 서방이 이 중요한 21세기 질문에 침묵하는 반면, 중국은 자국의 반자유주의적 시스템과 일치하는 거버넌스가 기술과 어떻게 상호 작용해야 하는지에 대한 답을 제공하는 것뿐이라고 주장한다. 중국의 모델은 아직 논리 정연한 개념으로 깔끔하게 포장되어 있지는 않지만, 서방이 글로벌 시스템(기술, 무역, 금융 등)의 하부 구조를 통제하기 위해 민주적 연합을 조직할수록, 중국은 자신의 시스템을 수출하고, 이데올로기적 이유로 개입하고, 자신의 연합 구축에 관여할 필요를 느낄 수 있다. 이는 이념 경쟁을 증폭시킨다. 그러한 결과는 놀라운 일이 아니다. 이데올로기는 가톨릭과 개신교 국가, 공화정 정부와 군주국, 공산주의와 자본주의 국가, 그리고 물론 민주주의와 독재 정권을 막론하고 수세기 동안 강대국 정치를 뒤덮었다.

## 경제적 수단과 방법-기술과 금융

경제적 도구와 관련해, 중국은 이제 기술을 미국 질서를 대체하려는 야심의 중심으로 보고 있다. "100년 만의 대변동"의 핵심 구성 요소는 세계가—때때로 중국에 서구를 추월할 수 있는 기회를 제공하는 "4차 산업혁명"이라고 불리는—새로운 기술 혁신의 물결을 겪고 있다는 믿음이다. 2015년 세계경제포럼WEF에서 처음 개발된 이 용어는 현재 중국에서 채택됐으며, 일반적으로 인공지능AI, 양자컴퓨팅, 스마트 제조, 생명공학, 심지어 주권 디지털 통화와 같은 광범위한 기술을 일컫는다. 중국은 기술과 공급망, 무역 패턴, 금융 권력, 정보 흐름이 과거에 중국 대전략에서 더 중심이 되었던 전통적인 경제적 도구들과 함께 질서를 재편할 가능성 있다고 본다. 그런 이유로 경제적 도구, 특히 기술은 점점 더 세계 질서에 대한 미중 경쟁의 중심에 있다.

"100년 만의 대변동"에 대한 대부분의 언급은 기술 변화의 물결이 때때로 역사를 재편성했다는 생각을 불러일으킨다. 시진핑은 2018년 연설에서 "18세기 1차 산업혁명의 기계화부터 19세기 2차 산업혁명의 전기화, 20세기 3차 산업혁명의 정보화까지" 각각의 "파괴적 기술 혁신" 단계가 세계를 재편성했다고 주장했다.[49] 이제 중국은 4차 산업혁명에 직면했고, 향후 10년 동안 기술 리더십을 장악할 기회를 잡았다. 시진핑은 "향후 10년은… 세계 경제에 중요한 10년이 될 것"이라고 말했다. 그는 "인공지능, 빅데이터, 양자정보, 생명공학 등 새로운 기술혁명과 산업 변화가 힘을 얻고 있고 경천동지할 변화"를 가져오는 동시에 기존 시스템을 우회하고 경쟁자들을 추월해 "비약적인 발전을 촉진할 중요한 기회"를 제공한다고 말했다.[50]

기술 리더십은 중국이 "100년 만의 대변동"의 잠재력을 깨닫는 데 도움이 될 수 있다. 실제로 대부분의 중국 평론가들은 지난 세 차례의 혁명으로 인해 일부 국가들은 지정학적 지도자가 되고 다른 국가들은 지정학적 낙후자로 남겨지는 "분화"가 발생했다고 주장해 왔다. 중국은 이제 글로벌 리더십으로 나아가는 4차 산업혁명에 올라타기를 희망한다. 이 주제에 관한 전형적인 글에서 두 명의 중국사회과학원 학자들이 이를 명시적으로 주장했다. "중국은 18세기의 증기기관과 기계 혁명이나 19세기의 동력과 수송 혁명에 참여하지 않았고, 20세기의 전기 및 정보 혁명에는 부분적으로 참여했다." 그들은 "현재 인공지능, 사물인터넷, 에너지인터넷, 생명공학 분야에서는 중국이 '곡선 추월'하고 있다"는 점에서 이번은 다를 것이라고 주장했다.[51] '곡선 추월'이라는 겉보기에 불가해한 표현은 글로벌 금융위기 이후 미국의 힘에 대한 2009년 이후의 일부 논쟁에 뿌리를 두고 있다. "곡선 추월"은 경쟁자가 속도를 늦추거나 트랙 회전을 잘못할 때 앞으로 질주하는 것을 뜻하고, "경주로 변경 추월"은 경쟁자를 능가하기 위해 새로운 방법을 혁신하는 것을 뜻한다.

"대변동" 아래서의 대전략에 관한 중국의 담론은 종종 권력 전환에 대한 이러한 기술적·물질주의적 관점을 강화한다. 예를 들어, 4차 산업혁명에 관한 시진핑의 2018년 연설이 있고 두 달 뒤에 〈학습시보〉

온라인판에 실린 전형적이고 권위 있는 논평은 이러한 기술적 변화의 지정학적 이해관계에 대해 명확히 하고 있다. 그 글은 "대변동의 동력은 생산성의 결정적 역할"이라고 주장했다.[52] "영국은 석탄과 증기 기술이 제공하는 1차 산업혁명의 기회를 포착해 해가 지지 않는 제국을 세웠다."[53] 그 후, 전기화의 2차 산업혁명을 지배함으로써 "미국은 영국으로부터 선진 생산성의 지배력을 획득"했고 즉시 "세계 제1의 산업강국으로 도약하여 글로벌 패권 확립을 위한 견고한 토대를 마련했다."[54] 이어 "3차 산업혁명은 미국에서 발원"했고, 디지털 혁명을 장악함으로써 "포괄적 힘"을 강화하고 미국 패권을 확대했다.[55] 4차 산업혁명의 도래는 이제 잃어버린 시간을 만회할 수 있는 기회를 가져왔다. 수십 년 동안 중국의 지도자들은 미국과 서방을 중요한 기준으로 삼으면서, "따라잡아 능가하라赶超"와 같은 문구를 사용해 기술 야망을 표현했다.[56] 그러나 이제 중국은 서구를 "능가"하는 것이 단순히 수사적인 표현에 그치지 않고 실제로 달성할 수 있는 목표라고 믿는다. 중국은 2019년 백서에 "중국은 따라잡고 앞서가고 있다"고 적었다.[57]

〈학습시보〉는 논평에서, 이러한 새로운 산업혁명의 흐름을 가로채는 "핵심"은 국가의 "제도적 이점"이라고 지적했다. "자본주의 체제가 농부들을 토지에 묶는 봉건 체제보다 훨씬 우월했기 때문에 영국은 스페인 패권을 대체했다. 100년 전의 거대한 변화는 미국에서 더욱 철저한 민주 공화정 체제를 수립한 데서 비롯됐으며, 이는 영국과는 상당히 다른 현대적인 시장 체제와 표준화된 대규모 생산 체제(예를 들어 조립라인)를 만들었다."[58] 그러나 이제 미국 시스템은 도전을 받고 있다. 논평은 "서구 안팎에서 거버넌스 딜레마의 복합적인 효과가 더욱 뚜렷해졌다. … 100년 된 신자유주의 발전 기준과 서구 중심의 국제 위계 구조가 점차 무너지고 있다"고 지적했다.[59] 이에 비해 중국의 시스템은 더 좋아 보였다. "대변동에 직면하여 서방 진영 내부의 모순과 일부 강대국의 다양한 정치 세력 및 사회적 경향 사이의 모순이 커지고 있다. 중국의 지배와 세계의 혼돈 사이에는 강한 대조가 있다. … (그리고) 새로운 단계의 과학기술 혁명과 산업 변화의 출현은 중국이 제도적 이점을 얻고 '곡선 추월'을 달성하는 데 도움이 된다."[60] 중국이 영국과 미국의 발자취를 따라 새로운 산업혁명을 포착하고 세계의 지도 국가가 될 만한 우수한 시스템을 갖췄다고 추정할 때, 중국에겐 기회가 있었다.

이러한 생각은 기술과 권력의 관계가 "100년 만의 대변동"의 핵심이라고 주장하는 중국의 가장 저명한 국제관계 학자 및 전문가들이 공유하는 듯 보인다. 진찬룽은 "향후 10년 동안… 중국과 미국의 4차 산업혁명 경쟁이 시작될 것이다"라고 주장한다.[61] 진찬룽은 이것을 획기적인 발전으로 본다. "이것은 지난 500년 동안 일어나지 않은 중대한 변화다. 지난 500년 동안 산업혁명은 모두 서구와 관련되었으나 이번에는 동서양 모두에 해당할 것이다. 이것은 중국에게는 기회이고 미국에게는 큰 도전이다."[62] 다른 이들도 이런 시각으로 바라본다. 난징대의 저명한 학자인 주펑은 기술이 실제로 지정학적이라고 주장한다. "과학적·기술적 능력은 국가의 종합 국력을 나타내는 중요한 지표가 되었으며, 강대국 경쟁의 주요한 전장이기도 하다.[63] 장유얀은 "중국의 기술 산업은 긴장의 원인이 되었다"고 말한다. "권력정치는 주로 자신의 이익을 희생하면서라도 상대방을 억압하는 세기의 강대국들 사이의 모든 수단을 의미한다. 오늘날 세계 변화의 근본적인 이유는 한 가지로 귀결된다. 바로 중국이 하이테크 산업으로 급속하게 진입했다는 점이다."[64] 옌쉐퉁은 기술을 중심으로 한 경쟁으로 양극화하는 세계를 본다. 그는 "미-중 양자 전략 경쟁의 핵심은 기술 혁신의 경쟁 우위에 관한 것"이라고 주장한다. "기술적 우위를 확보하기 위해 기술적 디커플링 전략을 채택하는 것은 불가피하다."[65] 위안평은 "하이테크 기술을 둘러싼 갈등이 갈수록 국제 정치의 핵심 분쟁이 되고 있다"고 주장한다.[66]

중국은 이러한 기술을 지배하고 이를 이용해 미국의 다양한 우위를 약화시키기 위해 국가가 강력하게 지원하고 있다.

첫째, 중국은 미국 역사에서 한 페이지를 가져와, 시장이 기피하는 기초과학 연구에 막대한 투자를 했다. 국립과학재단은 경제 규모는 중국이 더 작은데도 총 연구개발 지출이 미국과 거의 동일하다고 추산한다.[67] 그리고 중국은 4차 산업혁명에 핵심적인 기술 분야에 더 많이 지출할 수 있다. 예를 들어, 양자컴퓨팅에서 미국보다 최소 10배 더 많은 비용을 지출하며,[68] 마찬가지로 조지타운대 안보신흥기술센터의 추정에 따르면 인공지능 분야에서 미국 이상으로 지출한다.[69]

둘째, 중국은 특히 더 양극화되고 단기적인 미국 정치 시스템에 비해 중국의 제도가 국가·사회·시장을 동원해 국가의 기술적 야망을 달성하기 위한 산업정책을 행사하도록 더 잘 설계돼 있다고 믿는다.[70] 중국은 100개가 넘는 과학 및 기술 계획과 이를 위해 1조 달러 이상을 지출하는 등 4차 산업혁명의 고지를 확보하기 위한 구체적 산업정책을 마련했다.[71] 주요 노력으로는 10개의 하이테크 산업을 대상으로 핵심 기술을 토착화하고 해외 및 국내 시장에서 점유율 목표를 설정하는 중국제조 2025가 있다. 수천억 달러의 국가보조금, 기술 이전, 시장 접근 제한, 국가 지원 인수 및 기타 수단들이 이를 지원한다.[72] 중국은 미국과 유럽의 반발로 공식 담론에서 이를 강조하지는 않았으나 구상의 핵심은 여전히 살아있다. 또한 중국은 2016년부터 2030년까지 인공지능 분야에서 세계 리더가 되겠다는 계획, 2035년까지 표준 설정을 지배하겠다는 계획, 중국 전역에 5G 망을 구축하기 위해 5년 동안 1조 4,000억 달러를 투자할 계획 등 많은 자원을 투자하는 여러 유사한 프로그램을

시작했다.[73]

셋째, 중국 소식통들은 기술 경쟁이 심화함에 따라 공급망에서의 중국의 역할을 엄청난 이점으로 본다. 코로나19 이후 전 세계 국가들이 중국에서 벗어나 다각화를 모색하는 가운데, 시진핑은 글로벌 공급망에서 중국의 역할을 보호하는 것이 국가의 우선순위 중 하나라고 선언했다. 공급망은 진찬룽과 같은 일부 학자들이 4차 산업혁명에서 "중국이 승리할 가능성이 더 크다"고 주장하는 이유 중 하나다.[74] 그는 미국이 "최고의 혁신 능력"을 갖고 있지만 "산업 기반의 공동화라는 큰 문제를 안고 있다"고 주장한다.[75] 이는 미국이 중국의 공장 없이는 "기술을 시장에서 받아들일 수 있는 제품으로 만들 수 없다"는 뜻이다. "중국은 거의 모든 산업을 보유하고 있으며, 중국의 제조 산업은 2030년까지 세계 전체의 50퍼센트 이상을 차지할 것이다."[76] 엔지니어 수에서의 우위, 리버스 엔지니어링 능력, 글로벌 기술에서 공장의 중요성은 "장기적인 산업 경쟁에서 중국의 진정한 이점"이다.[77] 중국은 이 이점을 누려야 한다. 진찬룽은 "미국이 어떻게 느끼든 중국은 4차 산업혁명이라는 기회를 잡기 위해 열심히 노력해야 한다"며 4차 산업혁명의 "지도자"가 돼야 한다고 주장한다.[78] 현재 중국은 외국의 압력에도 불구하고 글로벌 공급망에서 우위를 유지하고 있다. 중국 유럽상공회의소는 2020년에 회원국들 중 약 11퍼센트만이 중국 밖으로 이전을 고려하고 있다고 조사했다. 마찬가지로, 중국 주재 미국상공회의소 회장은 구성원의 대다수가 중국을 떠날 계획이 없다고 말했다.[79] 이러한 기업들에게 그 근거는 비용 문제를 뛰어넘는다. 폴슨연구소의 학자 데미안 마가 주장하는 것처럼, 미국인들은 아마존이 "모든 것을 파는 가게"이기 때문에 아마존을 끊기 어렵고, 제조업자들은 중국이 "모든 것을 만드는 나라"이기 때문에 중국을 떠나는 게 어렵다.[80]

넷째, 중국은 미국에 비해 기술 기관의 표준 설정에 갈수록 더 집중하고 있다. 중국의 목표는 산업을 촉진하고, 특허가 사용될 때 수익성 있는 로열티를 받고, 기술 구조에 가치와 통치 접근 방식을 심는 것이다. '중국 표준 2035'를 발표하기 전에도 중국은 이미 3세대 파트너십 프로젝트3GPP와 국제전기통신연합ITU과 같은 주요 기구에서 영향력을 키우고 있었고, 어떤 경우에는 표준 설정 논의를 자신의 영향력이 더 큰 기구로 옮기려고 했다. 통치와 관련하여, ZTE(중싱)와 같은 중국 회사는 비디오 모니터링 기능을 내장한 가로등 아키텍처, 특정하고 관련 없는 인구통계 및 생체인식 데이터를 저장하는 안면 인식, 그리고 모니터링, 검열, 통제에 유리한 새로운 인터넷 아키텍처에 대한 표준을 제안했다.[81] 이런 기구들에서 중국이 성공한 것은 부분적으로 5G와 같은 차세대 기술에 대한 성공적인 투자의 결과이지만, 미국의 산업 주도적이고 "간섭하지 않는" 접근 방식에 비해 중국공산당은 더 "직접적인" 접근법을 취한 결과이기도 하다. 많은 표준 설정 기구들이 주로 자신들의 이익에 따라 투표해야 하는 기업들로 구성돼 있다. 하지만 최소한 중국의 경우, 초기에 미국 기업들이 지원하는 접근 방식을 지지한 레노버 같은 기업들은 민족주의자들의 비판을 받았고, 대신 화웨이 같은 주요 중국 기업이 지원하는 접근 방식을 지지하도록 압력을 받았다. 레노버 지도부는 온라인 사과문에서 "우리 모두는 중국 회사들이 단결해야 하며 외부인들이 중국 기업들과 서로 경쟁하는 것을 허용해서는 안 된다고 만장일치로 믿는다"고 밝혔다.[82] 중국의 노력이 계속해서 성공한다면, 중국은 자신의 접근 방식을 고수하고 특정 핵심 글로벌 기술의 주도권을 확대하여 보편적 가치와 미국의 이익을 손상시킬 수 있다.

기술은 중국 경제 전략의 더 전통적인 다른 목표들과도 교차한다. 예를 들어, 중국은 달러에 대한 취약성을 줄이기 위해 큰 어려움을 겪었지만, 디지털 통화 발행을 통해 미국의 재정적 우위를 약화시키고 글로벌 수준에서 자신의 우위를 구축하기 위해 파괴적인 금융 혁신의 물결에 올라탈 수 있기를 희망하고 있다. 중국 관리들은 페이스북의 디지털 화폐 리브라 계획이 또다시 미국 달러 체제를 강화하는 일종의 획기적인 변화를 이룰 가능성에 대해 오랫동안 우려해 왔다. 중국인민은행 연구국장 왕신은 "디지털 화폐 리브라가 미국 달러와 밀접하게 연관돼 있다면… 본질적으로 하나의 보스, 즉 미국 달러와 미국이 있을 것"이고, 이는 지정학적 결과를 초래할 것이라고 말했다.[83] 그 우려로 중국인민은행은 중국이 달러 의존도를 줄이고 지속적인 미국의 우위를 뛰어넘는 데 도움이 되기를 희망하면서 자체 디지털 주권 통화 계획에 속도를 냈다.

마지막으로, 강압적이고 합의된 질서 구축 기반은 여전히 중국의 초점이다. 강압적 측면에서, 지난 몇 년 동안 중국의 경제 전략은 점점 더 세계화되었으며, 빈도와 범위 모두에서 확장되었다. 브라질과 체코에 이르기까지 거의 모든 대륙의 국가들이 한때 익숙했던 주권 문제뿐만 아니라 다른 문제들에서도 중국에 동의하지 않으면 위협을 받는다.[84] 이는 이례적인 강대국 행동은 아니지만, 중국이 징벌적 요소—특히 자신의 자연적 기반으로 간주하는 개발도상국에서—보다는 합의된 질서 구축 요소에 더 중점을 두었던 과거에서 벗어나고 있음을 시사한다. 더구나 중국은 모욕을 이유로 여러 회사들의 보이콧을 장려했는데, 가장 유명한 것은 미국프로농구NBA의 한 팀 매니저가 홍콩 시위대를 지지하는 트윗을 올렸을 때다. 물론 중국의 질서 구축에 대한 합의적 요소도 여전히 남아 있고 세계화되어 있다. 중국의 2019년 백서의 특별 섹션을 고려할 때, 글로벌 "공공재" 제공은 이제 외교정책의 공식적인 부분이다. 이를 위해 중국은 현재 138개국 이상을 자랑하는 일대일로의 세계화를 계속해 왔다.[85] 특히 코로나19와 백신, 마스크, 기타 보건 제품과 관련된 중국의 팬데믹 외교에서 더 발전하여, 호의를 얻기 위해 원조와 지원을 사용하려 노력했다.

## 군사적 수단과 방법-세계화

중국의 군사 전략이 한때 미국의 힘을 약화시키고 인도-태평양 내에서 중국의 힘을 구축하는 것을 우선시했다면, 대전략의 3단계는 본거지 너머로 군대를 더 글로벌하게 전환하는 것이다.

이 주장은 논쟁적이다. 일부 회의론자는 대만과 남중국해, 동중국해와 관련된 비상사태가 계속해서 중국의 군사적 관심을 붙들 것이라고 지적한다. 이는 분명한 사실이지만, 그렇다고 중국이 더 글로벌한 원정 능력 추구를 자제할 것이라는 얘기는 아니다. 다른 이들은 중국이 미국이 하는 것처럼 널리 산재한 기지들과 국제적 역량을 엮는 복잡한 방식을 채택할 가능성이 낮다고 지적한다. 이것은 중국이 미국의 복잡하고 비용이 많이 드는 국제적 주둔 상황을 정확하게 따라하지 않고도 인도-태평양 밖에서 작전에 참여할 수 있다는 사실을 간과하는 것이다. 실제로 미국은 영국의 석탄기지 네트워크와 대륙 규모의 식민지 방식을 채택하지 않았다. 마찬가지로, 중국은 동맹들 및 수많은 해외 기지에 의존하는 미국 방식을 채택하지 않고 자신만의 방식을 추구할 수 있다.

가장 권위 있는 중국의 소식통들은 중국의 글로벌 야망에 대해 신중하지만, 글로벌에 더 초점을 맞추는 징후들이 2016년 이후에 나타난다. 그것들은 ① 세계적 수준의 군대에 대한 열망, ② 글로벌 목표에서 군대의 역할에 대한 논의, ③ 해외 이익에 대한 논의 등과 관련된 세 가지 광범위한 분야에서 볼 수 있다.

첫째, 시진핑은 19차 당 대회 연설에서 "21세기 중반까지 인민해방군이 세계 수준의 군대로 완전히 변모하는 것"을 보장하는 게 "신시대의 목표"라고 여러 차례 선언했다. 이 표현은 이후 2019년 국방백서에 다시 등장했다.[86] 그 연설은 범위에 있어서 분명히 글로벌했고, 중국이 "세계의 중심 무대에 더 가까이 갈 것"이며 "종합적인 국력과 국제적 영향력 측면에서 글로벌 리더가 될 것"이라고 선언했다. 전반적인 어조를 고려할 때, "세계 수준의 군대"라는 문구는 글로벌 용어로 해석하는 게 합리적이다. 그러한 해석에 반대하고 그 문구가 "군대 발전 개념"이라고 말하는 일부 학자들도 그 주제에 관한 논평 검토에서 다음과 같이 인정한다. 그들은 "분명히 미국, 러시아, 프랑스 등을 세계 수준 군대의 사례로 사용하는 것은 일정 정도의 힘의 투사를 암시하는 것이다. 이들 모든 군대는 본거지를 넘어 적어도 어느 정도의 전투력을 투사하고 유지할 수 있다."[87] 그 결과, "앞으로 10년 동안 동아시아 밖에서 중국의 글로벌 군사 주둔이 증가할 것"이지만 강력한 미군의 주둔과 비교해 전력 투사의 어려움을 고려할 때 현재로서는 "상대적으로 얌전한" 상태를 유지할 가능성이 높다.[88]

둘째, 권위 있는 문서들은 "인류를 위한 운명공동체"와 일대일로 구상을 비롯하여 국가 부흥에 핵심적으로 여겨지고, 속성상 근본적으로 글로벌한 정책 우선순위를 지원하는 데에 중국 군대를 활용할 것을 제안한다. 이는 더 글로벌한 군대가 바람직하다는 것을 나타낸다. 예를 들어, 중국의 2019년 백서 "신시대의 중국과 세계"는 "중국군은 글로벌 운명공동체 개념을 충실히 이행한다"고 명시하고 있다. 또한 "중국이 세계 무대의 중심에 더 가까이 다가가고 있고, 국제 사회는 중국군으로부터 더 많은 국제적 공공안보재를 기대하고 있다"고 주장한다.[89] 같은 해에 발표된 2019 국방백서는 이러한 글로벌 주제에 대해 훨씬 더 자세히 설명하고 있으며, 과거 국방백서들과 달리 "인류 운명공동체 구축에 적극적으로 기여하기"라는 긴 섹션까지 있다. 여기에는 유엔 참여, 글로벌 안보 파트너십, 공공안보재 제공에 관한 하위 섹션들이 포함된다. 또한 중국군이 "민족 부흥의 중국몽 실현을 위해 전략적으로 지원하고 인류 운명공동체 건설에 새롭고 더 큰 기여를 할 준비가 되어 있다"고 밝힌다.[90] 백서는 '신시대 중국의 국방'은 "세계적으로 중요"하며 "세계 안보 거버넌스 체제 개혁에 적극 참여할 것"이라고 주장한다.[91] 따라서 이러한 문서들은 인민해방군을 중국 대전략의 더 글로벌한 전환 속에 위치시킨다.

셋째, 권위 있는 문서들은 중국이 해외 이익과 관련해 분명하고 구체적인 목표를 확보하기 위해 글로벌한 군대가 필요하다고 내비친다. 9장에서 다룬 바와 같이, 중국 지도자들이 몇 년 전에 말라카 딜레마에 대해 논의하긴 했지만, 후진타오는 2009년 11차 대사회의 연설에서 중국의 더 광범위한 해외 이익 보호를 두드러지게 강조하기 시작했다. 그러한 변화는 2016년 이후 그러한 이익 확보에 필요한 해외 역량을 특히 강조하면서 더욱 확연하고 글로벌해졌다. 권위 있는 문서들은 중국의 해외 이익은 중국 국민과 인력, 기관, 조직, 자산, 해외 에너지와 자원, 해상교통로SLOC, 심지어 일대일로까지 포함한다고 정의했다.[92] 이러한 이익을 보호하는 것은 실로 글로벌한 과제다. 예를 들어 코로나19 이전 중국 자체 통계에 따르면 매년 1억 2,000만 명의 중국인이 해외로 여행하고, 수백만 명이 해외에 거주하며, 3만 개의 기업이 해외에 등록돼 있다.[93] 한 추정에 따르면 "전체 중국 노동자의 약 6분의 1(16퍼센트)과 중국 외국인직접투자FDI 주식의 5분의 1 남짓(21퍼센트)이 세계은행이 불안정지수 최하위 4분의 1로 순위 매긴 국가들에 머무르고 있어서, 매우 심각한 불안정 문제를 겪고 있다."[94] 이에 따라 아프가니스탄, 이라크, 파키스탄, 나이지리아, 에티오피아, 니제르, 콩고, 시리아, 라오스 등의 국가에서 점점 많은 수의 중국인이 살해되거나 납치되었다.[95] 자원의 흐름도 불안정하다. 중국은 2017년에 미국을 제치고 세계 최대의 수입국이 되었다. 그해에 석유의 3분의 2 이상과 천연가스의 40퍼센트가 수입됐고, 대부분이 해외에서 핵심 관문을 통해 들어왔다.[96] 중국이 수입하는 철, 석탄, 구리와 같은 상품의 90퍼센트 이상, 그리고 그와 거의 같은 양의 대외 무역 또한 해상을 통해 이뤄진다.[97] 그럼에도 불구하고 적어도 2016년 말까지, 권위 있는 연설들은 중국이 이러한 국제적 이익을 확보하는 데 충분한 진전을 이뤘다고 보지 않는다는 점을 분명히 했다. 왕이 당시 외교부장은 전략국제문제연구소CSIS 연설에서 "중국 외교의 중요한 임무는 날로 증가하는 중국의 해외 이익을 효과적으로 보호하는 것"이지만 "솔직히 우리는 그럴 자원과 능력이 없다"고 말했다.[98] 아마도 그러한 부족함 때문에 이듬해 시진핑 국가주석의 19차 당 대회 업무보고와 관련 논평들은 더 글로벌한 중국군에 대한 투자를 촉구했다. 시진핑은 해외 이익을 명시적으로 언급하지 않지만 "세계의 중심 무대"와 "세계적 수준의 군대"를 향한 움직임을 강조하는 것에 더해, "해양 강국으로 건설하기 위한 노력을 더욱 강화"할 것을 옹호한다.[99] 게다가 뒤이은 2019년 백서에서는 "해외 이익 보호"를 "국가의 지속가능한 발전 지원"과 함께 중국군의 9대 핵심 과제 중 하나로 열거했다.[100] 또한 이전 백서에서 다른 섹션들에 포함됐던 중국의 해외 이익에 대한 부분을 별도의 섹션으로 복원했다. 중요한 것은, 중국이 그것들을 확보하는 데 필요한 사항들 또한 백서에 나열했다는 점이다. 즉, "해외 작전 및 지원의 결함을 해결하기 위해 인민해방군은 원양 부대를 구축하고, 해외 물류 시설을 개발하고, 다양한 군사 임무를 수행하는 능력을 강화한다"는 것이다. 이 대목은 주목할 만하다. 이전 백서는 "원양" 보호로의 "점진적 전환"을 언급했지만 이 백서는 훨씬 더 확정적이었고, 처음으로 해외 시설을 필수 사항으로 언급했다.[101] 2019년 백서는 또한 중국이 해외 이익을 보호하기 위해 수행하고 있는 임무의 종류를 구체화했다. "인민해방군은 선박 보호 작전을 수행하고, 전략적 해상 교통로의 보안을 유지하며, 해외 후송 및 해상 권리 보호 작전을 수행한다."[102] 거듭, 이러한 임무에는 글로벌한 주둔이 필요하다.

중국의 진화하는 접근 방식은 미국보다 훨씬 가볍긴 해도 글로벌 태세에 집중을 강화하는 것과 일치한다. 중국은 군사 우선순위를 공개적으로 추구하기 몇 년 전에 그 토대를 마련했다. 실제로 중국의 항공모함 연구는 수십 년 전으로 거슬러 올라간다. 중국은 더 일찍 그렇게 할 능력이 있었음에도 글로벌 금융위기 이후까지 공식적으로 그 프로그램을 시작하지 않았다. 마찬가지로 2017년 지부티에 첫 시설을 열기 전까지 수년 동안 해외 시설에 대해 생각하고 계획해 왔다. 그것은 3~4년 전에 시작한 협상의 산물이다. 그리고 9장에서 논의한 바와 같이, 중국은 일대일로 항구 프로젝트의 일부를 언젠가는 군사적 접근이나 심지어 기지로 업그레이드할 수 있는 투기적 투자로 취급했다. 이런 해석은 중국의 해양 전략 마련을 돕는 일부 군 관리들과 심지어 전 국가해양국장이 개인적으로 확인한 것이다. 실제로 2016년부터 중국 관리들은 해외 시설을 획득하는 데 더욱 개방적이었다. 예를 들어, 2016년 왕이 외교부장은 중국의 해외 야망에 대해 "우리는 중국의 이익이 집중된 지역에 필요한 기반시설과 물류 역량을 구축하기 위해 노력하고 있다. 이는 합리적이고 논리적일 뿐만 아니라 국제 관행과도 일치한다"고 말했다.[103] 2019년에 중국 지부티 기지의 정치위원 리춘펑은 "중국 해군의 원양 호위 임무 지원은 외국 항구의 보충을 받는 보급선 기반 모델에서, 외국 항구 및 국내 지원의 보충을 받는 해외 기지 기반 모델로 점진적으로 전환할 것"이라고 말했다.[104] 2014년까지만 해도 중국은 유엔 안전보장이사회의 위임 없이 해외에 군대를 배치할 가능성을 부인했다. 이제 "중국이 더는 글로벌 원정대 능력을 추구하고 있음을 부인하는 것이 아닌 해외 작전으로 이어질 실제 조건을 정의하고 있다는 데에 초점이 맞춰져 있다."[105]

2016년 이후 중국의 행동은 이러한 진술을 뒷받침한다. 중국이 지부티에 시설을 연 2017년, 일부 설명에 따르면 스리랑카 함반토타 항구에 대한 99년 임대 협상에는 군사적 접근과 관련된 질문도 포함됐다.[106] 2016년과 2017년에 중국 회사는 400만 달러에 몰디브의 페이도후 핀노루Feydhoo Finolhu섬에 대한 50년 임대 계약을 확보하고 토지 간척을 시작했다.[107] 같은 시기에 중국도 타지키스탄에도 전초기지를 세웠다는 증거가 있다. 2018년에는 중국 기업이 북극 야망의 오랜 염원인 그린란드에서 옛 미군 기지 매입을 시도한 뒤에 자금을 조달해 3개의 공항을 건설하려 했다.[108] 2019년에는 캄보디아 해군 시설에 대한 임대를 협상하고 중국 군함을 수용할 수 있는 항구와 비행장 건설을 시작했다. 이러한 프로젝트는 명목상 민간이었지만, 양국 정부 사이에 군사적 접근에 대해 논의했다는 암시들이 있었다.[109] 같은 해에 일시적으로 결정이 번복되긴 했지만 중국의 한 대기업은 솔로몬 제도의 섬 전체를 임대했다.[110] 물론 이러한 사례들의 구체적 내용을 확증하기는 어렵다. 그러나 증거의 균형—특히 중국의 성명들 및 해외에 군대를 배치하지 않겠다는 약속을 어기려는 의지를 병치해서 볼 때—은 중국이 세계 시설에 관심이 증가했음을 시사한다.

또 다른 증거의 핵심 출처는 원정 능력에 더 집중하고 있음을 보여 주는 중국의 투자다. 예를 들어, 인민해방군은 2016년부터 해병대를 1만 명에서 3만 명 이상으로 늘렸는데, 육군 원정군이 대만에 대비한 것인 반면 해병대는 대만 시나리오 밖의 임무를 위한 것이라는 암시들이 있다. 일부 보고서에 따르면, 인민해방군 해병대는 남중국해 같은 비상사태를 넘어서 다양한 종류의 지형·기후·지리를 포함하도록 훈련을 다양화했는데, 이는 더 확대된 임무 범주를 시사한다.[111] 더 광범위하게, 지난 몇 년 동안 중국이 전 세계적으로 전략을 투사하는 데 필요한 핵 추진 항공모함을 추구할 수 있다는 점이 분명해졌다. 기술적인 문제로 인해 프로그램이 일시적으로 연기됐을 수 있다는 보고가 있지만, 중국은 최소 4척의 항공모함을 보유한 해군을 계획하고 있다.[112] 역외 작전을 지원하기 위해 중국은 글로벌 접근에 또한 중요한 "보급선, 공중 급유 능력, 부속선, 위성통신을 갖춘 인민해방군 해군 선박"에 대한 투자를 늘렸다.[113] 어떤 경우들에서 중국의 글로벌 야망은 진정으로 광범위하다. 시진핑은 극지방과 우주, 심해를 "새로운 전략적 국경"으로 선언했고, 이를 확보하기 위해 점점 더 군사적 투자를 늘리고 있다. 예를 들어, 2018년에 핵 추진 쇄빙선에 대한 입찰을 발표했는데, 이는 쇄빙선에 대한 추가 투자 이후의 값비싼 투자이며, 글로벌한 인민해방군이 북극과 남극에서도 작전을 모색할 것이라는 강력한 암시다.[114]

중국의 글로벌 군사 태세는 미국과 다를 수 있다. 중국은 수만 명의 군인을 갖춘 동맹 네트워크와 기지가 부족하고, 값비싼 개입을 피할지도 모른다. 그보다는 중국 군대는 인도-태평양 밖에서 미국에 도전하는 데 여전히 어려움을 겪고 있기에, 최소한 당분간은 이중 용도 시설, 순환 접근, 그리고 더 소규모의 주둔을 선택할 가능성이 높다. 이 접근 방식에는 단점이 있지만, 중국이 이익을 더 잘 확보하고, 공공안보재를 제공하며, 어떤 경우에는 지도자로 자리매김할 수 있도록 해 줄 수 있다.

이러한 군사적 우선순위는 중국의 정치적·경제적 우선순위와 결합될 때 21세기에 세계 질서를 형성하려는 열망을 드러낸다. 이는 미국이 20세기를 재편한 방식만큼이나 중요할 수 있다. 그러한 욕망은 많은 중국 소식통들이 너무 자주 깎아내리지만 미국과 그 동맹국들, 파트너들이 무시해서는 안 되는 중요한 도전이다. 이제 미국이 중국의 글로벌 야망과 행동주의에 어떻게 대응할지에 대한 문제로 넘어가자.

# 13장

# 미중 경쟁을 위한 비대칭 전략

"미국은 자원이 사용되는 효율성에 있어서 상대방만큼이거나 그 이상이어야 한다. 이제 상대방도 비슷한 자원을 쓰고 있기 때문이다."

—앤드루 마셜, 총괄평가국 국장, 1973년

1973년 중반, 중국의 영원한 총리 저우언라이가 미국 대표단을 만났다. 저우언라이는 현대 중국의 건국의 아버지 중 한 사람이자 장정을 조직한 사람이며 덩샤오핑과 같은 후대 개혁가의 멘토였다. 저우언라이는 가장 젊은 미국 단원을 불러 앞으로 나오도록 했다. 그러고는 물었다. "중국이 공격적이거나 팽창주의적인 세력이 될 것이라고 생각합니까?" 중국과 미국의 역사적인 화해 뒤에 이뤄진 회담이었기에 젊고 낙관적인 그 미국인은 "아니요"라고 대답했다. 그러나 저우언라이는 즉시 반박했다. "그렇게 믿지 마세요. 그것은 가능합니다. 하지만 중국이 그런 길을 가려 한다면 당신은 반대해야 합니다." 그는 강조하기 위해서 잠시 멈추었다. "그리고 당신은 중국인들에게 저우언라이가 그렇게 하라고 했다고 말해야 합니다!"

저우언라이는 다른 사람들에게 중국 확장의 해로운 측면을 살펴보도록 독려했을지라도, 그렇게 하는 방법은 설명하지 않았다. 이것이 중국과의 경쟁에서 비대칭적인 접근 방식을 제시하고자 하는 이 장의 과제다. 그것은 쉬운 일이 아니다. 아시아 내에서 중국은 역내 군사비의 절반 이상과 경제 활동의 절반 이상을 차지한다. 그리고 미국 GDP의 60퍼센트를 넘어선 최초의 경쟁국이며, 구매력을 고려하면 이미 미국 경제보다 25퍼센트 더 큰 규모다.

이러한 추세 때문에 중국은 지난 10년 동안 더 대담해졌으며 약했을 때 지켰던 몇 가지 약속을 깼다. 앞의 두 장에서 보았듯, 중국은 2016년 이후 본국 지역과 전 세계에서 더 적극적으로 변했다. 이러한 활동의 목록을 살펴보면 놀라운 그림이 그려진다. 중국은 신장에 강제 수용소를 열었고, 홍콩의 자치에 대한 국제적 약속을 위반했으며, 수십 년 만에 중국-인도 국경에서 처음으로 치명적인 무력을 사용해 20명의 인도 군인을 죽였다. 또한 그렇게 하지 않겠다고 약속해 놓고 남중국해 섬에 미사일을 배치했고, 호주에 추가 경제적 처벌에 따른 14개의 불만 목록을 보냈으며, 제3국의 유럽 시민을 납치했다. 또 체코와 역사적으로 중립적인 스웨덴을 포함한 전 세계 수십 개 국가에 대한 경제적 강압을 위협하거나 실행했다.

오늘날 중국이 지난 세기의 신흥 강대국의 피 묻은 발자취를 따르지 않았다는 점은 분명하지만, 저우언라이조차도 중국의 절제를 당연시하지 않았다는 사실은 일종의 경고다. 역사를 통틀어 신흥 세력은 오랜 약속을 폐기하고, 때로는 폭력을 사용하여 다른 국가들의 질서를 약화시키고 자신만의 질서를 세우려는 경향이 있다. 이전 장들에서 봤듯이 중국의 고위 관리들은 이제 자의적으로 지역뿐만 아니라 진정한 글로벌한 중국의 야망을 선전했다. 중국의 궁극적인 목표는 2049년까지 세계의 지배적 국가로 부상하기 위해서 전 세계적으로 미국 질서를 대체하는 것이다. 일부는 중국이 이러한 야망을 갖고 있다는 데 회의적이지만, 소련 질서 내에 불안하게 자리하던 그 민족주의 정당은 미국의 질서를 영원히 따르려 하지는 않을 것이다. 어느 쪽이든, 이 책에서 주장하는 것처럼 중국은 수십 년 동안 그 질서에 도전하기 위해 노력해 왔다.

심화되는 미중 경쟁에 비추어 이 장에서는 중국에 대한 미국의 장기 전략의 상충하는 비전들을 평가하며 세 가지를 탐구한다.

첫째, 미중 경쟁의 성격을 분석한다. 1장에서 설명한 바와 같이, 미중 경쟁은 주로 지역 및 글로벌 질서뿐 아니라 그 질서 안에서 자신의 위치를 유지하는 "통제 형태"—강압적 능력, 합의 유도, 정통성—에 관한 것이다.

둘째, 전략적 접근 방식의 두 가지 광범위한 범주를 탐구한다. 즉, ① 대타협grand bargain 또는 "협력 나선cooperation spirals(협력해서 서로 긍정적인 방향으로 나아감)"을 통해 중국을 수용하거나 안심시키려는 전략, ② "평화로운 진화" 또는 전복을 통해 중국을 변화시키려는 전략이다. 이러한 전략의 상대적 효율성 비교를 통해 두 전략이 상당한 장애물에 직면하고 있음을 찾아낸다.

셋째, 이 장에서는 중국의 힘과 질서를 약화시키고 미국의 힘과 질서의 기반을 구축하는 데 중점을 둔 전략을 옹호한다. 많은 곳에서, 특히 약화시키기와 관련해 이 전략은 비대칭적으로 의도되었고, 1990년대와 2000년대 초 중국 자체의 대전략에서 부분적으로 비롯되었다. 미국은 순전히 상대적인 크기 때문에 중국과 대칭적으로—달러 대 달러, 선박 대 선박, 대출 대 대출—경쟁할 수 없다. 약화시키기에 대한 비대칭적 접근은 중국이 힘과 영향력을 만들어 내는 데 쓰는 것보다 더 낮은 비용으로 중국의 힘과 영향력의 효과—어떤 경우에는 그 원천—를 좌절시키려 한다. 이 전략의 '구축하기' 요소는 더 대칭적이다. 그러나 대체로 그것은 강압, 합의, 정통성 이득이 투자비용을 훨씬 초과할 때, 그리고 그렇게 하는 것이 미국 질서를 약화시키려는 중국의 노력보다 비용이 덜 드는 경우에 미국 질서의 기초에 투자하고자 한다. 이러한 전략적 접근 방식은 내부의 변화나 안심시키려는 노력을 통해서가 아니라, 자신의 힘을 지역과 세계 질서로 전환하는 중국의 능력을 제한함으로써 경쟁하려 할 것이다. 이러한 노력에서, 미국은 자원과 재능을 끌어모으는 개방적 시스템 능력, 중국이 쪼개거나 복제할 수 없는 동맹 네트워크, 경쟁 강대국들과의 지리적 거리로부터 오는 특정한 이점을 갖고 있다. 그럼에도 이러한 이점은 무궁무진하지 않으며, 미국은 비용 효율적으로 경쟁해야 한다.

같은 해에 저우언라이는 미국 대표단 앤드루 마셜을 만났다. 마셜은 후에 수십 년 동안 국방부의 총괄평가국을 이끌었고, 이미 미국에서 가장 영향력 있는 전략가가 되는 트랙을 밟고 있었다. 그는 미국이 오늘날 직면하고 있는 문제와 다르지 않은 문제와 씨름하고 있었다. 〈소련과의 장기 경쟁: 전략적 분석을 위한 프레임워크〉라는 제목의 그의 보고서는 그해 펜타곤 주변에 돌았다. 마셜은 소련도 지출 증가에 대응해 효율적으로 경쟁하기 위해서는 "미국은 자원이 사용되는 효율성에 있어서 상대방만큼이거나 그 이상이어야 한다. 왜냐하면 소련도 비슷한 자원을 쓰고 있기 때문"이라고 말했다.[2] 핵심은 행동 자체의 비용보다 상대방에게 더 큰 비용을 부과하는 조처를 취하는 것이었고, 이를 위해서는 미국과 적의 유불리 영역을 식별해야 했다. 중국 자체의 중대한 도전과 약점에도 불구하고, 중국이 결국 상당한 국내적 역풍에 직면하고 있는 지금의 미국보다 경쟁에 더 많은 자원을 생성해 사용할 수 있음을 시사한다. 이를 위해서는 과거 세대의 전략가들이 심각하게 느껐던 대칭 및 비대칭 경쟁의 문제들이 군사·정치·경제 및 기타 영역에서 중국과 경쟁하는 방법에 대한 논의에서 복원되어야 한다.


## 경쟁의 본질

지난 몇 년 동안 미중 경쟁이 치열해지면서 많은 정책 입안자들과 학자들은 "이 경쟁은 무엇에 관한 것인가?"라는 똑같은 질문에 자주 봉착했다. 중국과 대부분의 객관적 관찰자들에게 있어 그 경쟁의 이해관계는 오랫동안 명확했다. 미중 경쟁은 주로 누가 지역 및 글로벌 질서를 주도할 것인지, 그리고 그런 리더십 위치에서 어떤 종류의 질서를 만들 것인지에 관한 경쟁이다. 전부는 아니지만 많은 곳에서 이는 위치재, 즉 계층 구조 내에서의 역할에 관한 것이므로 제로섬 게임이다. 다른 곳에서는 상호 조정의 여지가 있을 수 있는데, 특히 초국가적인 문제에 대한 협력뿐 아니라 그 결과로 발생하는 질서의 종류에 대해서 그렇다. 이제 질서, 평시 경쟁, 그리고 현재 경쟁의 이해관계에 대한 문제로 넘어가 보자.

### 질서 정의하기

국제관계 학자들은 일반적으로 세계를 무정부주의로 가정했지만, 현실은 일부 국가들이 다른 국가들에 대해 권한을 행사하는 등 종종 위계적이었다는 것이다.[3] 헤게모니 질서에서, 우월한 국가는 국가 간의 관계와 국가 내부의 관계를 구조화하기 위해 위계질서의 최상위에 "자신의 지도력을 동원한다."[4] 헤게모니 질서는 로버트 길핀이 종속자들을 규제하려는 지배국에 의한 어떤 "통제 형태"라고 부른 것을 포함한다. 그리고 그 통제는 종종 (순응을 강요하기 위한) 강압적 능력, (인센티브를 주기 위한) 합의 유도, (정당하게 그것을 명령하기 위한) 정통성을 포함한다.[5]

강압은 군사력이나 통화, 무역, 기술과 같은 시스템의 교차점에 대한 구조적 통제를 포함한 처벌 위협에서 나온다. 합의 유도는 안전 보장, 공공 또는 민간 재화 제공, 또는 엘리트 포획과 같은 상호 이익이 되는 거래나 유인책을 통한 인센티브화된 협력이 포함된다. 마지막으로 정통성은 일종의 권위를 구성하는 지배적 국가의 정체성이나 이념의 힘으로 단순히 명령할 수 있는 능력이다. 예를 들어, 바티칸은 신학적인 역할로 인해 물질적 힘을 거의 행사하지 않은 나라들에 대해 한때 지휘력을 가질 수 있었다. 강압적 능력, 합의 유도, 정통성은 질서 내에 있는 국가들의 존중을 보장한다.

### 평시 경쟁 정의하기

미국과 중국 사이의 평시 경쟁은 지역 및 글로벌 질서와 그 두 가지를 뒷받침하는 통제 형태에 관한 것이다. 그렇다면 질서에 관한 미중 경쟁은 어떻게 전개될 것이며, 미국 주도의 질서는 어떻게 변화할 것인가? 대부분의 분석가들은 헤게모니 질서가 대규모 강대국 전쟁을 통해 변화한다고 가정한다. 예를 들어, 미국 질서는 제2차 세계대전의 여파로 생겨났다. 그러나 미국과 중국의 경우 핵 혁명을 고려할 때 과거에 비해 강대국 전쟁이 일어날 가능성이 낮아졌고, 이 때문에 어떤 이들은 미국의 질서가 근본적으로 안정적이라고 섣불리 가정한다.

그러나 질서에 대한 앞의 논의에서, 어떤 것도 전쟁을 통해서만 질서가 바뀔 것을 요구하지 않는다. 사실, 질서는 평시 경쟁을 통해서도 바뀔 수 있다. 강압, 합의, 정통성 등 이전 형태의 통제가 훼손될 때 질서가 약화된다. 반대로, 동일한 형태의 통제가 강해지면 질서는 강화된다. 이러한 관점에서 보면 전쟁 없이도 질서 전환이 일어날 수 있다. 소련의 붕괴가 보여 주는 것처럼, 이러한 전환은 점진적 진화를 통해 서서히 또는 갑자기 발생할 수 있으며, 전쟁이나 강대국 경쟁자를 필요로 하지는 않는다.[6] 질서 전환을 연구하는 저명한 중국 학자들은 이것을 사실로 이해한다. 국가안전부 싱크탱크의 수장인 위안펑은 팬데믹이 질서 전환에서 강대국 전쟁과 같은 역할을 할 수 있다고 주장한다.

그렇다면 질서에 관한 평시 경쟁은 어떤 모습일까? 앞 장에서 언급하고 1장에서 자세히 논의한 바와 같이, 질서에서 패권국의 위치가 강압, 합의, 정통성과 같은 "통제 형태"에서 나온다면, 질서를 둘러싼 경쟁은 이러한 통제의 형태들을 강화하고 약화시키려는 노력을 중심으로 이루어진다. 따라서 이 책은 중국과 같은 신흥 국가들이 전쟁을 하지 않고 미국과 같은 패권 세력을 평화적으로 교체하는 데 사용할 수 있는, 일반적으로 차례차례 추구되는 두 가지 광범위한 전략에 초점을 맞췄다.

첫 번째는 패권국의 통제 형태, 특히 신흥국으로 확장되는 통제 형태를 약화시키는 것이다. 결국, 어떤 신흥국도 패권국에 휘둘리는 상태로 있어서는 패권국을 대체할 수 없다. 두 번째는 합의된 거래나 정통성을 위한 기반뿐 아니라 다른 나라들에 대한 영향력 또는 통제 형태를 구축하는 것이다. 실제로, 신흥국이 다른 국가들의 자율성을 제한하거나, 합의된 거래와 정통성으로 유인하여 신흥국의 선호를 따르도록 보장할 수 없다면 패권국이 될 수 없다. 약화시키기는 일반적으로 구축하기에 선행하며, 약화시키기와 구축하기 둘 다 일반적으로 글로벌 수준보다 지역적 수준에서 추구된다. 이 책에서 보여 주듯이 중국은 이 두 가지 전략을 상승의 수단으로 사용했다. 즉, 지역 및 글로벌 수준에서 미국의 질서에 도전하는 동시에 중국 질서의 기반을 마련한 것이다.

이 장은 기성 강대국들도 이러한 전략들을 사용할 수 있다고 주장하는 기반을 구축한다. 예를 들어, 미국은 자신의 질서를 구축하거나 재구축하면서 중국 질서를 약화시킬 수도 있다.

### 이해관계 정의하기

질서를 둘러싼 경쟁의 이해관계는 무엇일까? 미국은 종종 자체 질서의 기반을 부적절하게 진단한다. 미국인 대다수는 패권의 토대를 연구하는 대신, 국제 체제의 특징을 미국 권력의 산물이라기보다 당연한 것으로 여긴다. 예를 들어, 국가는 일반적으로 민주적이어야 하며 대량 학살, 핵 확산, 영토 정복, 생물학적 무기 사용 또는 (최소한 정통성의 망토로 개념적으로 포장된 반자유주의적 행동과 달리) 노골적인 반자유주의적 행동에 관여해서는 안 된다는 가정은 미국 질서가 그러한 행동에 관여하는 데 들어간 비용의 결과물이다. 미국 자신이 이러한 규범을 준수하거나 방어하는 게 불완전할지라도 말이다. 미국의 해외 기지나 기축통화로서의 달러가 상대적으로 논쟁의 여지없이 수용되듯이, 미국이 많은 경우들에서 동맹과 파트너들로부터 받는 존중 또한 질서의 산물이다. 이것은 수십 년 동안 국제 체제의 자유주의적 편향과 미국 패권의 근본적 측면에 대해 글을 써 온 중국 같은 반자유주의적 국가들은 외면할 수 없는 사실이다. 중국은 국제 체제가 미국의 구조적 우위를 전제로 하는 것을 그저 한탄하는 게 아니라, 그것을 심문하고, 왜 그런가를 묻고, 독자적인 질서를 구축해 체제를 좀 더 자기 취향대로 재편하려 한다.

중국 질서는 어떤 모습일 것인가? 중국이 이미 아시아 GDP의 절반 이상을 차지하고 아시아 전체 군사 지출의 절반을 차지하는 이 지역

472

의 차원에서는 영향권에 외부의 균형자가 없을 수도 있다. 완전히 실현된 중국 질서에는 궁극적으로 일본과 한국에서 미군의 철수, 미국 동맹의 종식, 미 해군을 서태평양에서 밀어내는 것, 중국의 역내 주변국들로부터의 존중, 대만과의 통일, 동중국해와 남중국해에서의 영토 분쟁 해결이 포함될 수 있다. 중국 질서는 현재의 질서보다 더 강압적일 것이며, 투표하는 대중을 희생시키면서 커넥션이 있는 엘리트에게 주로 이익이 되는 방식으로 합의에 이를 수 있고, 직접적으로 이익을 얻는 소수의 사람들에게는 정당한 것으로 간주될 수 있다. 중국은 지역 전체에 걸쳐 권위주의 바람이 더 강해지는 가운데 자유주의적 가치를 손상시키는 방식으로 이 질서를 전개할 것이다. 글로벌 질서는 종종 국내 질서의 반영이며, 중국의 질서 구축은 미국의 질서 구축에 비해 분명히 반자유주의적일 것이다.

지난 두 장에서 살펴보았듯, 글로벌 수준에서 중국 질서는 "100년만의 대변동"의 기회를 포착하고 세계 지도 국가로서의 미국을 대체하는 것을 포함할 것이다. 이를 위해서는 미국의 글로벌 질서를 지원하는 통제 형태를 약화시키면서 중국 질서를 지원하는 통제 형태를 강화함으로써 "대변동"—쇠퇴를 품위 있게 받아들이지 않으려는 미국의 태도—에서 비롯되는 주요 위험을 성공적으로 관리해야 한다. 정치적으로, 중국은 글로벌 거버넌스와 국제기구에 대한 리더십을 계획하고, 자유주의적 규범을 희생시키면서 독재적 규범을 발전시키고, 유럽과 아시아에서 미국의 동맹들을 분열시킬 것이다. 경제적으로, 미국이 "원자재, 부동산, 관광, 초국가적 탈세에 특화된 탈산업화되고 영어를 사용하는 라틴아메리카 공화국으로" 쇠퇴함에 따라, 미국 패권을 뒷받침하는 재정적 이점을 약화시키고 인공지능에서 양자컴퓨팅에 이르는 "4차 산업혁명"의 고지를 장악할 것이다.[7] 군사적으로, 인민해방군은 대부분의 지역과 심지어 우주, 극지방, 심해와 같은 새로운 영역에서도 중국의 이익을 방어할 수 있는 세계적 수준의 군대를 전 세계 기지에 배치할 것이다. 종합해 보면, 중국은 자국 지역에 "상위 영향력 지대"를 세우고, 결국 선진국들로도 확장될 수 있는 일대일로 구상에 묶인 개발도상국들에서 "부분적 패권"을 구축하려 할 것이다. 이 비전을 두고 일부 중국의 유명 필자들은 마오쩌둥의 혁명 지도를 사용하여 "농촌에서 도시를 포위하기"라고 묘사한다.[8]

이러한 질서들 중 어느 것도 미국에게 이익이 아니며, 동맹국과 파트너들에게도 유익하지 않다. 이제 중국의 부상에 대처하기 위한 두 가지 광범위한 전략—중국과 타협하기와 중국을 변화시키기—을 분석하고 그것들의 단점을 따져 보자.


## 중국과 타협하기

많은 분석가들이 타협이 중국의 힘을 약화시키고 긴장을 완화시킬 수 있다고 제시했다. 타협주의적 관점은 ① 완전히 일방적인 영토적 타협, ② "최대주의" 대타협, ③ 상호 타협을 단계적으로 진행하는 훨씬 더 신중한 "최소주의" 대타협, ④ 정치적·군사적 수준에서의 전술적 또는 작전상 재보장과 같은 몇 가지 광범위한 범주로 묶을 수 있다.

첫 번째 선택지인 일방적 타협은 중국에 대가 없이 영향력 영역을 제공함으로써 중국의 힘을 부드럽게 하려는 시도다. 타협을 지지하는 대부분의 사람들조차 일방적인 양보는 역효과를 낳을 수 있다고 우려한다. 한 대타협 옹호론자는 이에 대해 "중국의 과도한 자신감을 부추기고 미국 이익에 대한 도전을 심화시킬 수 있는 그 같은 미국 정책의

큰 변화는 중국이 잘못 해석할 가능성이 너무 높아 보인다"라고 쓴다.[9]

두 번째와 세 번째 선택지인 최대주의 및 최소주의 대타협은 일방적인 게 아니라 미국의 양보가 중국의 일부 양보와 연계되는 진정한 "협상"이다. 대타협을 옹호하는 "최대주의" 옹호론자들은 중국이 자기 생각대로 영토 분쟁을 해결하고 대만을 합병하도록 미국이 용인해야 할 수 있음에도, 미국 동맹을 끝내고 서태평양에서 미군을 철수하며 다양한 문제들에서 중국이 양보하는 대가로 중국에 영향력 영역을 부여할 것을 권장한다. 그러나 다시 말하지만, 배리 포센과 같은 대부분의 억제 지지자들조차도 그러한 접근 방식을 지지하지 않는다. 왜냐하면 확실하지 않은 약속에 대해 미국이 전면적이고 돌이킬 수 없는 양보를 해야 하고, 궁극적으로 시행할 수 없기 때문이다.[10] 이와 비슷하게, 퀸시 연구소 보고서는 중국과 덜 대립적인 노선을 취할 것을 주장하면서도 "동아시아에서 미군을 완전히 철수하고 중국이 동아시아에서 독점적인 영향권을 구축하도록 허용하는 것"은 반대한다.[11]

세 번째와 네 번째 선택지—최소주의 대타협 및 일종의 전략적 재보장—는 선택지들 중에서 가장 강력하고 방어 가능한 것이며, 확장해서 고려해 볼 가치가 있다.

## "최소주의" 단계적 대타협

"최소주의"와 단계적 대타협은 아시아에서 미국의 동맹이나 존재를 보호하고, 중국이 가장 원하는 대만 제공을 시도함으로써 표면적으로 일방적 양보나 "최대주의 대타협"보다는 미국이 중국에게 덜 손해를 보게 할 것이다. 찰스 글레이저와 같은 저명한 지지자들은 미국이 "중국의 침략으로부터 대만을 방어하겠다는 약속을 끝내는 대타협을 협상"해야 한다고 주장한다.[12] 같은 관점을 가진 해군전쟁대학의 라일 골드스타인은 "미중 관계가 1950년대 이후 볼 수 없던 새로운 바닥에 도달한 한 가지 중요한 이유는 대만을 둘러싼 긴장이 등장했기 때문"이라며, 단계적 양보를 포함하여 "대만 문제에 있어 군사적 비관여라는 건전한 정책"을 촉구한다.[13] 피터 바이나트는 이와 비슷하게, 대만에 대한 미국의 약속은 "파산"했기 때문에 "만약 중국이 무력 사용을 포기한다면 미국은 '일국양제' 원칙에 따라 대만과의 통일을 지지해야 한다"고 주장한다.[14] 채스 프리먼 전 대사도 비슷한 주장을 하는데, 그는 바이나트와 마찬가지로 중국이 일반적으로 대만의 자치를 존중할 것이라고 제안한다.[15] 브루스 길리는 그러한 존중은 별로 중요하지 않다면서 미국이 대만의 '핀란드화Finlandization'에 응할 것을 권장한다.[16]

대만에 대한 미중 대타협은 다음과 같은 논리를 통해 미국의 경쟁을 줄일 수 있을 것이다. 중국이 제한적인 목표를 갖고 있다면 중국을 "만족"시키고, 갈등 가능성이 높은 경로를 제거하며, 대만에 대한 양보가 얼마나 크고 비용이 많이 드는지를 고려해 "그 지역에서 미국의 목표가 제한적이라는 신호를 보내고", 이를 통해 미국의 의도에 대한 중국의 믿음을 바꾸는 것이다.[17] 또 다른 지지자는 대타협이 "친서방 테크노크라트를 소외시키고 민족주의 불을 때기 위해 대만 문제를 이용하는 강경한 군국주의자들을 약화"시키기 때문에, 중국의 내부 정치를 바꿀 수 있다고 지적한다.[18] 요컨대, 협상은 양보와 변화된 신념의 혼합을 통해 미중 안보 경쟁의 상당 부분을 제거할 것으로 추정되며, 또한 일련의 추가적 혜택을 제공할 것이다. 협상은 "수조 달러 군비 경쟁"을 피해 국내 재건이나 어쩌면 중국과의 다른 경쟁 영역을 위한 자원을 풀어줄 것이다.[19] 또한 다양한 가치 있는 양보를 이끌어 낼 것으로 보인다. 협상을 지지하는 이들은 협상의 일부가 될 수 있는 몇 가지 가능한 양보 방안으로 미국 부채의 탕감, 대만을 군사화하지 않고 정치적 자유를 존중한다는 약속, 남중국해 및 동중국해 분쟁의 평화적 해결, 아시아에서 미군 역할의 수용, 이란·북한·파키스탄에 대한 상당한 지원 중단, 그리고 전 세계적으로 덜 경쟁적인 관계 등을 꼽는다.

대만에 대한 "최소주의" 대타협은 실패할 가능성이 높다. 특히 이 제한된 접근 방식은 아시아에서 미국의 지위를 유지하기 위한 것이지만 결국 첫 번째 및 두 번째 선택지, 즉 아시아에서 미국의 효과적 탈출로 귀결될 수 있다. 미국에 대한 믿음이 때때로 과장될 수 있지만, 미국이 대만에 대한 약속을 자발적으로 종료하기로 결정한다면 일본, 한국, 호주와 같은 역내 미국 동맹국들이 놀랄 것이다. 동맹국들이 균형을 헛된 것이라고 믿게 될 경우 밴드웨건 행동까지 유발되어 미국의 역내 입지를 훼손시킬 수 있다. 더 광범위하게는, 중국이 그러한 협상에 따라 대만을 합병하고 그 섬이 주는 지정학적 이점을 얻을 수 있다는 점을 고려할 때, 동중국해와 남중국해에서 미국의 약속은 훨씬 신뢰가 낮아질 것이고 지켜내기가 어려워질 것이다. 이는 심지어 우위나 최고 지위를 점하려는 게 아니라 단지 중국의 모험주의를 어렵게 만들고자 하는 "거부 억제" 전략마저 좌절시킬 것이다. 미국의 지역적 군사 역할에 대한 관용이나 분쟁의 평화적 해결, 대만을 군사화하지 않거나 정치적 자유를 보장한다는 약속 등 미국이 요구하는 대부분의 약속을 중국이 준수할 것이라는 보장도 없다. 대타협은 법원 계약서처럼 기능하지 않으며 중국의 약속을 집행할 판사도 없다.

중국이 협상에서의 약속을 존중할 가능성을 극대화하기 위해 어떤 이들은 단계적 접근을 제안할 수도 있다. 단계적 접근이란 "대타협을 더 작고, 달성 가능한 증가분으로 나누는 길"로써, 중국이 조건을 준수하지 않을 것이 분명할 경우 미국이 대타협의 방향을 바꿀 수 있도록 한다.[20] 예를 들어, 라일 골드스타인은 중국이 동중국에서 미사일을 철수하고 대만에 더 많은 국제적 주둔을 허용하며 인민해방군의 수륙양용 능력 개발을 제한하기로 결정하는 대가로 괌에서 병력을 줄이고, 미국재대만협회AIT 군사 사무소를 폐쇄하며, 무기 판매를 중단할 것을 제안한다. 한 번에 하나씩 취해지는 이러한 각 단계는 궁극적으로 중국의 대만 흡수(아마도 연방으로)로 이어질 것이다.[21] 대만에 대한 단계적 접근은 언뜻 보기에는 실행 가능한 것처럼 보이지만 실제로는 매우 불안정하다. 양쪽이 어떤 순서로 양보를 제시하건 간에, 그것들에 관한 협상은 대만에 대한 미국의 약속이 올바른 양보와 보장을 위해 궁극적으로 폐기될 수 있다는 기대와 함께 진행될 것이다. 단순히 이런 신호를 내보내는 것만으로도 미국은 협상 초기부터 막대한 양보를 하고 중국이 그 약속을 시험하도록 초대하는 게 될 것이다. 미국이 협상된 "가격"을 위해 대만에 대한 값비싼 약속을 기꺼이 철회할 것이라고 선언하는 동시에, 만약 그 "가격"이 충분히 마음에 들지 않으면 여전히 훨씬 더 비용이 많이 드는 전쟁을 기꺼이 치를 용의가 있다고 선언하는 것은 신뢰하기 어려워진다. 따라서 단계적 접근은 중국이 합의를 깨는 것을 잘 막을 수 없을 것이고, 심지어 불안정성을 증가시킬 가능성이 높다.

### 전략적 재보장과 "협력 나선"

일부 관찰자들, 특히 마이크 오핸런, 짐 스타인버그, 라일 골드스타인은 지역 안보 문제와 관련하여 상호 재보장을 위한 세부적인 단계적 노력을 제시했다. 오핸런과 스타인버그가 주장하는 것처럼, 전략적 재보장의 목적은 "일방적인 안보정책과 관련된 모호함과 불확실성을 가능한 한 많이 줄임으로써 양쪽의 선의의 공언에 신뢰를 주는 것"이다.[22] 이러한 관점에서 미국과 중국은 상대방을 위협할 수 있는 특정 기술, 태세, 또는 원칙을 포기하는 것을 포함해 자발적인 자제를 실천해

478

야 하며, 이는 화답과 다른 상호 작용을 통해 강화될 것이다. 이러한 노력은 오해와 회복력의 위험을 감소시키는 투명성과 정보 공유에 의해 지속된다. 양쪽의 조처들은 한쪽이 속이면 조정할 수 있도록 순차적으로 실행할 수도 있다.

오핸런, 스타인버그, 골드스타인 및 다른 사람들이 연구한 여러 재보장 노력은 고려할 가치가 있으며 매우 영리하다. 그리고 "협력 나선"을 추구하려는 전반적인 아이디어는 건전하며 2000년대 초반 미국 헤게모니의 정점에서 작동했을 수 있다. 그러나 많은 경우 이러한 노력들은 장애물에 직면한다. 첫째, 동맹국 및 파트너에 대한 미국의 방위 공약을 줄이려는 협상 노력은 그것이 명시적이든 암시적이든 불안정할 수 있다. 앞서 논의한 바와 같이, 그러한 경우들에서 재보장은 미국이 가상의 중국 양보의 대가로 방위 약속을 제한하거나 종료할 용의가 있음을 보여 줌으로써 미국의 결의를 사실상 조기에 약화시킨다. 이는 협상 과정이 완료되기 전이나 협상이 교착 상태에 빠질 경우 시험에 들게 할 수 있다.

둘째, 라일 골드스타인이 말하는 "협력 나선", 즉 한 묶음의 재보장이 다른 묶음을 낳는 상황이 일어날 것이라는 전망을 무시해서는 안 되지만, 많은 경우에 낮은 수준의 양보(예: 오키나와 해병대 감축)에서 더 높은 수준의 상호 양보로 뛰어오르는 것은 매우 어려워 보인다. 모두가 동의하듯, 재보장은 정확히 가장 필요한 곳에서 가장 어렵다. 일부는 미국이 안전하게 장거리 정밀 타격 시스템의 "현대화 및 배치를 억제"하고 중국이 호혜적으로 "대함 탄도미사일의 개발과 배치를 제한"할 가능성은 낮다고 말한다.[23] 더구나 한 영역의 협력 나선에서 성공적인 노력은 다른 영역에서 행동이나 불일치로 인해 약화될 수 있다. 일부 학자들은 특정한 양보가 중국 군대의 구조를 장기적으로 억제(예: 대양해군 건설에 대한 중국의 관심 감소)할 수 있다고 제안한다. 그러나 많은 가상적 억제 사례들은 이제 무의미하고, 군사 현대화를 추구하는 데 있어 중국의 이익은 하나 이상의 지역 비상사태에 기반하고 있기에 가장 중요한 문제들에 대한 해법이 부족해진다.

셋째, 강한 위치에서 타협하는 것과 약한 위치에서 타협하는 것은 다르다. 많은 경우에, 논자들은 미국이 강한 위치에서 중국과 타협함으로써 중국을 안심시킬 것이라고 가정한다. 골드스타인이 썼듯이, "미국은 매우 강력하고 공격할 수 없는 전략적 위치에 있다. 평화를 위해 현명하고 합리적으로 타협할 수 있는 힘이 있다."[24] 이 글을 쓰던 당시에도 이런 평가는 부자연스러워 보였고, 몇 년이 지난 지금 더는 유효하지 않다. 11장에서 살펴보았듯, 중국은 미국이 돌이킬 수 없는 쇠퇴를 겪고 있다고 인식하고 있다. 따라서 중국은 안심시키려는 미국의 노력을 중국의 새로운 지위에 대한 묵인으로 간주할 가능성이 높고, 이에 따라 상응하는 조처를 하지 않거나 도발에 관여할 수 있다. 대조적으로, 중국이 진정으로 미국을 공격할 수 없는 지위로 인식했던 2000년대 초반에 미국이 일부 협력 나선을 향해 노력했다면 양쪽은 지속가능한 결과를 달성하는 데 더 많은 성공을 거둘 수 있었을 것이다. 미국에 불리한 추세가 계속된다면 이러한 노력은 성공하기 어렵다.

넷째, 중국은 다양한 전술적 양보를 반복적으로 어기거나, 궁극적인 적대감 또는 더 광범위한 주장으로 다른 국가들의 타협을 반납해왔다. 이는 중국이 약속의 신뢰 문제보다는 이익과 권력에 더 중점을 두고 있음을 시사한다. 이는 "협력 나선"이나 대타협 노력을 복잡하게 만든다. 인도가 중국공산당의 통제를 인정하고 티베트에 대한 주권 주장을 받아들였을 때—당시 인도 정부로서는 결정하기 어려웠던 복잡한 양보—이 제스처는 몇 년 뒤 중국이 중국-인도 국경 분쟁을 시작하기로 한 결정을 막지 못했다. 또 중국이 인도가 미국과 너무 밀접하게 발맞추고 지나치게 팽창주의적이라고 믿는 것을 막지도 못했다. 글로벌 금융위기 이후 대만에 무기 판매를 지연시키려는 미국의 노력과 중국의 "핵심 이익"에 대한 다소 양보적인 공동성명, 그리고 인권 분쟁을 일시적으로 제쳐 두려는 의지 등을 포함한 다른 재보장 노력은 오히려 중국 외교정책의 더 적극적인 전환을 막지 않았고, 오히려 그것을 장려했을 수 있다. 항공모함을 건조하지 않을 것이라던 중국의 제안은 나중에 근거 없는 것으로 판명 났다. 해외 기지 건설을 하지 않겠다는 약속도 지부티에 있는 시설을 인수하면서(그리고 다른 곳에서의 시설에 관한 계획) 거짓으로 밝혀졌다. 남중국해를 군사화하지 않겠다는 약속은 불과 몇 달 만에 부정해 버렸고, 2015년 사이버 문제에 대한 합의도 나중에 파기되었다.

더욱이 영토 문제에 있어서 중국의 주장은 때때로 확대되었다. 인도와 관련해 중국은 타왕에 대한 영유권을 주장했으나 결국 1980년대 중반 아루나찰프라데시 전체를 포함하도록 주장을 확대했다.[25] 일본에 대해서는 일부 민족주의자들은—정부의 암묵적 지원을 받아—중국이 센카쿠/댜오위다오뿐만 아니라 일본 오키나와섬과 류큐 제도 전체를 통제해야 한다고 제안했다.[26] 러시아에 관해서는 2020년 주요 관영 매체 인사들과 심지어 중국 외교관들조차 러시아가 블라디보스토크 건립을 기념하는 영상을 게재했다고 러시아를 공격했다. 이들은 블라디보스토크를 탈환하라는 주장까지는 하지 않았지만 원래는 중국 도시라는 점을 지적했다.[27] 홍콩에 관해서는, 중국이 그곳의 자치권을 유지하겠다는 약속을 조기에 종료하는 등 사정이 특히 안 좋다. 피터 바이나트와 같은 일부 학자들은 최근 미국이 중국에 "대만에 군대나 공산당 관리를 주둔하지 않고 대만이 국내 정치 문제를 스스로 관리하도록 공개적으로 약속"하도록 요청해야 한다고 주장한다. 이들은 중국이 그러한 약속을 존중하는 이유에 대한 "가장 좋은 선례"는 홍콩에 대한 대우라고 주장한다. 이와 유사하게 차스 프리먼은 2011년 중국이 대만에 자치권을 제공할 수 있다는 신호로 홍콩을 지목했다.[28] 이러한 희망적인 예측도 2020년에 "일국양제"가 끝날 무렵 대부분 거짓으로 입증되었다. 종합하면, 중국의 행동은 대타협과 지속가능한 협력 나선을 달성하려는 노력 모두에 좋지 않은 징조다.

### 재보장(안심시키기)의 어려움

대타협과 협력 나선에 대한 요구는 일반적으로 중국을 안심(재보장)시킬 수 있다는 개념에 기초하지만, 중국공산당의 레닌주의적 세계관이 그러한 재보장을 극도로 어렵게 만드는 방식을 무시하는 경향이 있다. 그 어려움은 충격적인 톈안먼 광장 대학살과 소련의 붕괴 이후 극적으로 증가하여, 당이 자신의 존속을 두려워하게 만들었다. 이후 중국 엘리트들은 꾸준히 서방이 당의 장악력을 약화시키려 한다고 여겼다. 중국이 세계 경제에 통합되면서 약간의 자유주의 사상이 유입되었고, 특정 사회 계층에 권한을 부여했으며, 장악력을 잃을 수 있다는 당의 두려움을 대체로 증폭시켰다.

2장과 3장에서 살펴봤듯이, 톈안먼 사건 이전에 중국은 미국을 준동맹국으로 보았다. 그 후, 덩샤오핑은 미국이 중국공산당의 전복을 모색하고 있다고 중국이 믿고 있다는 점을 분명히 했다. 덩샤오핑은 "제국주의자들이 사회주의 국가들이 본성을 바꾸기를 원한다는 데 의심의 여지가 없다. 이제 문제는 소련의 깃발이 내려지고 혼란이 벌어질 것인가가 아니라 중국의 깃발이 내려지게 될 것인가다"라고 선언했다.[29] 그는 "미국은 총성 없는 세계대전이라는 표현을 만들어 냈다"며 "우리는 이를 경계해야 한다. 자본주의자들은 장기적으로 사회주의자의 패배를 원한다. 과거에 그들은 무기와 원자폭탄, 수소폭탄을 사용했지만 전 세계 사람들이 반대하므로 지금은 화평연변을 시도하고 있다"고 주장했다.[30]

그의 후계자들도 같은 견해였다. 1990년대 초부터 장쩌민 행정부는 민주화 운동을 포함하여 당의 통치를 위협하는 "다섯 가지 독" 개념을 제시했다. 그리고 "애국 교육"을 강화함으로써 자유주의적 가치로부터 "영적 오염"을 방지하기 위해 노력했다. 또한 고위급 외교정책 연설(5~6년에 한 번 종종 중국 대전략의 조정을 선언하는 대사회의)을 활용해 미국의 이념적 위협을 되풀이했다. 장쩌민은 "미국의 대중국 정책은 항상 양면적이었다. 중국의 평화적인 발전은 일부 미국 사람들에게 장기적인 전략 목표"라면서, 나아가 미국을 중국의 주된 "적"이라고 덧붙였다.[31] 그의 후계자인 후진타오 또한 미국을 중국의 주적이라고 불렀다.[32] 더 나아가 유출된 문서에서 많은 상무위원들은 미국이 중국의 장기적 권력을 두려워하기 때문에 중국을 봉쇄하려 한다고 설득했다.[33]

시진핑 치하에서 중국은 이러한 이념적 노선을 계속 추진해 왔다. 시진핑은 사상적 강직함의 중요성을 반복적으로 강조하고 자유화를 경고했다. 유출된 유명한 "9호 문건" 지침—서방에 대한 많은 공개된 당 문헌을 반영하는—은 "화평연변"과 이념적 전복의 위협에 대해 명확히 하고 있다. 톈진대학 마르크스주의학부 학장인 옌샤오핑은 "이념은 국가의 정치 안보에 관한 것이다. 체제의 붕괴는 종종 이데올로기에서 시작한다. 이념적 방어선이 무너지면 다른 방어선도 방어하기 어렵다"고 주장했다.[34] 이것이 바로 2013년 10월 인민해방군이 미국이 자유주의적 가치를 사용하여 중국공산당과 중국의 국가 부흥을 훼손한다고 주장하는 군사적 세뇌를 목적으로 한 인기 다큐멘터리인 '조용한 경쟁'을 발표한 이유다. 이러한 감정은 매파적인 중국 관료 집단뿐만 아니라 미국에서 중국 외교의 든든한 얼굴로 역할하는 은퇴 외교관들 사이에서도 종종 표현된다. 현재 이 역할을 맡고 있는 전 중국 외교관 푸잉은 "중국 입장에서 미국이 중국공산당이 이끄는 사회주의 체제를 타도하려는 의도를 결코 포기하지 않았다"고 인정할 것 같지 않다.[35]

아마도 중국을 안심시키는 것이 매우 어렵다는 가장 강력한 증거는, 미국이 관여 정책 아래 중국에 대해 대체로 상냥하고 온화한 정책을 추구해 왔음에도 불구하고 중국이 실존적 위협을 지속적으로 인식했다는 점일 것이다. 수십 년 동안 미국 대통령들은 더 강한 중국을 공개적으로 환영했다. 경제 및 기술 수준에서 그들은 미국 대학을 중국 학생들에게 개방하고, 중국으로의 기술 이전과 미국 자본이 중국으로 흘러가는 것을 허용하고, 미국 산업의 중국 이전을 지원했다. 또한 중국의 세계무역기구WTO 가입을 촉진하여 중국에 항구적인 정상 무역 관계를 부여하고 중국에 대한 미국의 경제 레버리지를 자발적으로 줄였다. 역대 미국 대통령들은 정치적 수준에서 중국을 미국이 주도하는 지역 및 글로벌 기구들에 받아들였다. 군사적 차원에서는 중국 군대와 위험 감소 및 위기 관리 메커니즘을 모색했고, 대만의 독립에 암묵적으로 반대했으며, 중국과 영토 분쟁에 연루된 국가들의 주권 주장에 대해서는 공식적으로 중립을 유지했다. 미국 역사상 가장 호의적이었던 이 기간 동안에도 중국의 고위 관리들은 미국이 "화평연변"과 봉쇄 전략을 추구하고 있다고 당 문서에 지속적으로 기록했다. 실제로 장쩌민 중국 국가주석은 중국의 WTO 가입 이후 중국의 모든 성 당서기와 정부 장관들에게 미국이 중국공산당을 훼손하기 위해 중국의 WTO 가입을 어떻게 이용하려 했는지에 관해 사적이지만 중요한 연설을 했다.[36] 후진타오 또한 고위급 연설에서 이 주장을 되풀이했다.[37] 미국의 많은 사람들이 중국에 대한 일종의 양보로 본 것을, 중국공산당 엘리트들은 공개적으로 정부 체제를 "평화롭게 진화"시키려는 전술로 봤다. 그 당시 재보장(안심시키기)이 어려웠다면, 지금은 훨씬 더 어려울 것이다.

## 중국을 변화시키기

일련의 정책 처방은 중국을 변화시키는 것을 추구하는 광범위한 범주, 즉 중국을 경쟁자로 만드는 내부 구조를 제거하거나 완화하는 것에 속한다. 중국을 좀 더 자유주의적인 방향으로 "평화롭게 진화"시키려는 노력이나 자유주의로 추정되는 파벌을 지지하는 노력은 성공하지 못했고, 이제는 더욱 성공할 것 같지 않다. 반대로, 중국공산당을 전복시키려는 노력은 중국 정치를 조작하는 것의 어려움과 당의 힘을 무시하는 것이다. 정책 논쟁의 반대편들이 널리 뒷받침하는 두 가지 노력은 모두 궁극적으로 강력한 주권 국가의 정치에 영향을 미칠 수 있는 미국의 능력에 대한 부자연스럽고 이상적인 가정에서 비롯된다.

### 평화로운 진화

중국의 내부 정치를 긍정적인 방향으로 조성하려는 노력은 성공하기 어렵다. 중국은 이미 미국이 화평연변을 추구한다고 믿고 있다. 이는 관여를 통해 중국 사회의 일부를 자유화하려는 전략은 한때 이론적으로는 유망했지만, 궁극적으로는 늘 당의 탄압에 부딪혔음을 시사한다. 1990년대와 2000년대에 중국은 실제로 약간 더 개방된 인터넷, 더 많은 학계의 자유, 인권 변호사에 대한 약간의 관용, 당과 국가 사이의 약간의 한계 거리를 고려하려는 의지가 있었다. 그러나 이러한 상황이 당의 권력에 위협이 된다는 사실을 확인하자마자 경로를 뒤집었다. 그 과정은 2000년대 중반에 시작되어 해가 갈수록 심화되었다.

마찬가지로, 표면상으로 강력한 개혁가들조차 여전히 당에 헌신하고 미국을 의심하던 과거에는 미국이 "친개혁" 당원들을 지원해야 한다는 주장이 지지를 얻을 수 없었다. 서양의 관찰자들은 종종 잠재적 동맹을 알아내는 데 서툰 기록을 갖고 있다. 니콜라스 크리스토프와 같은 언론인들은 "새로운 최고 지도자 시진핑이 경제 개혁의 부활을 주도할 것이며, 아마도 일부 정치적 완화도 가능할 것이다. 마오쩌둥의 시신이 텐안먼 광장에서 끌려나오고, 노벨 평화상을 수상한 류샤오보는 감옥에서 풀려날 것"이라고 주장했다.[38] 이러한 예측은 모두 잘못된 것으로 판명 났다. 라일 골드스타인은 2014년 글에서 시진핑이 특별히 반자유주의적이거나 민족주의자도 아니라고 주장했다. "오히려 시진핑은 문화대혁명의 대중 히스테리와 급진주의 시대에 가족이 극심한 고통을 겪은 엔지니어다. … 그는 군대와 거의 관련이 없으며, 아이오와에서 잠시 살았다. 그는 자유주의적이고 심지어 친서구적인 세계관을 배신하고, 외동딸을 하버드에서 교육받도록 보냈다."[39] 이 역시 잘못된 주장이었다. 주룽지, 리루이환, 왕치산과 같은 자유주의적 개혁가로 여겨지는 이들도 마찬가지로 개혁주의적 정치적 대의를 옹호할 수 없거나 내켜 하지 않았다. 현재로서는 개혁가가 최고위층에 존재하거나 시진핑의 선택에 진지하게 영향을 미칠 가능성은 매우 낮다.

미국이 강경파나 민족주의자들을 확대시키는 것을 피하기 위해 화해 정책을 채택해야 한다는 주장도 마찬가지로 결함이 있다. 미중 역학 관계가 중국 민족주의에 영향을 미칠 수 있지만 민족주의 이데올로기의 힘을 설명하는 훨씬 더 큰 변수는 국내다. 당의 정보 시스템 통제와 수십 년에 걸친 "애국 교육"을 고려할 때, 미국이 중국의 국내 정보 환경을 형성하거나 미국의 정책이 일반 대중에게 큰 영향을 미칠 것이라고 믿을 이유가 없다.

마지막으로 변호사, 대학 교수, NGO 및 민간 부문처럼 자유화 과정에서 역할을 하는 것으로 여겨지는 중국의 특정 그룹에 권한을 부여하는 노력은 계속되어야 한다. 하지만 이러한 노력이 10년 이상 탄압받았고 중국의 억압적 분위기가 갈수록 심해진다는 점을 고려할 때 이 또한 성공할 가능성은 낮다.

### 전복과 타도

중국 정부를 전복하려는 시도는 특히 위험하며 성공할 가능성이 낮다. 첫째, 중국공산당을 타도하려는 노력은 전면적인 대립을 일으켜 질서에 관한 경쟁에서 근본적으로 실존적인 경쟁으로 바꿔 버릴 수 있다. 이는 전쟁의 위험을 극적으로 증가시키고 기후변화와 같은 공동의 위협에 대한 협력 전망을 거의 없애며, 미국 선거 정치에 중국의 상당한 간섭을 초래할 수 있다. 중국은 중대한 미국 선거 개입을 고려했지만 대만 선거에서 시행했던 종류의 캠페인을 포기하며 대체로 자제했다. 대신 중국에 대한 입장을 이유로 기관과 개인을 지원하거나 처벌하고, 미국의 전통 미디어와 새로운 미디어에서 영향력을 얻으려는 좀 더 재래식의 캠페인으로 노력을 국한시켰다.

둘째, 공산당의 회복력을 고려할 때 실패하거나 미국이 만들 수 없는 결과를 낳을 가능성이 있다. 중국은 상향식의 혁명이 무르익지 않았고, 정부의 디지털 권위주의로 국가가 반체제 인사를 감시하거나 처벌하는 비용이 줄어들면서 상향식 혁명 전망은 낮아졌다.[40] 게다가 중국 내에서 스스로를 서방에 우월한 모델로 보이게 하려는 노력은 특히 코로나19 이후 성공한 듯 보인다. 중국은 소련만큼 완고하고 무능하지 않을 것이며, 미국은 1980년대와 1990년대처럼 중국에서 매력적이지 않다.

엘리트들은 시진핑에 대해 대중보다 덜 만족하겠지만, 중국 또한 엘리트 반란이 무르익지는 않았다. 전 중앙당교 교수이자 현재는 반체제 인사인 차이샤가 분명히 밝혔듯이, 시진핑은 자신에 대한 집단행동을 막기 위해 고위 간부들을 면밀히 감시하고 있다. 그녀는 "첨단 감시 기술은 신장, 티베트 감시에 활용될 뿐만 아니라 중국공산당 당원과 중·고위급 관리 감시에도 적용된다"고 주장했다.[41] 당의 감시 기구와 정보 흐름 통제를 감안할 때 미국이 엘리트 수준에서 당에 대한 집단행동을 극적으로 자극할 수 있을 가능성은 낮다. 이 중 어느 것도 중국의 체제가 엘리트 수준에서 완벽하게 안정적이라고 말하는 것은 아니며, 독재적 정권 교체가 종종 그렇듯이 시진핑과 미래 지도자 사이의 평화로운 권력 이양은 위태로울 가능성이 있다. 그렇더라도 쉽사리 이해할 수 없는 불투명하고 철저히 감시받는 정치 체제의 엘리트 내부 긴장을 미국이 어떻게 악화시킬 수 있을지 상상하기 어렵다. 더구나 전략가인 할 브랜즈와 잭 쿠퍼가 지적하듯이, 미국의 제재는 더 약하고 덜 견고한 정권들을 무너뜨리는 데 실패했다. 그리고 성공하더라도 "공산당 지배의 붕괴는 안정적인 민주주의의 출현만큼이나 쉽게 급진적 민족주의 군사 파벌의 부상으로 이어질 수 있다."[42]

## 비대칭 전략

중국을 수용하거나 변화시키려는 노력이 성공하지 못할 경우 남아 있는 가장 논리적인 대안은 경쟁 전략이다. 이것은 광범위한 범주

488

이며, 여기서 제공하는 접근 방식과 대체로 일치하는 보다 경쟁력 있는 전략을 제안하는 여러 다른 작업이 있다.[43] 이들 작업은 공통된 논리를 공유하는데, 여기서는 두 가지 측면을 강조한다. 첫째, 중국과의 진정한 경쟁 전략이 완전히 대칭적일 수는 없음을 보여 준다. 미국의 노력은 종종 비대칭적이어야 하며 중국이 질서를 진전시키는 데 드는 비용보다 낮은 비용으로 중국의 질서 구축을 약화시키려고 노력해야 한다. 둘째, 모든 경쟁 전략은 미중 경쟁이 주로 지역 및 글로벌 질서뿐만 아니라 이를 뒷받침하는 "통제 형태"에 대한 것이라는 이해에서 시작해야 한다고 주장한다.[44] 따라서 중국 질서를 약화시키려는 노력뿐만 아니라 미국 질서의 기반을 재건하려는 노력을 포함할 것이다. 이러한 노력 중 일부는 대칭적이지만, 나머지는 중국의 약화시키기 노력보다 비용이 낮을 것이며, 다른 나라들과 협력하여 수행하면 질서를 강화하는 부담이 더 분산된다.

### 전략이 비대칭적이어야 하는 이유

미국은 순전히 중국의 상대적인 크기 때문에라도 중국과 달러 대 달러, 선박 대 선박, 대출 대 대출 식으로 대칭적으로 경쟁할 수 없다. 한 세기가 넘는 시간 동안 미국의 적대국이나 적대국 연합은 미국 GDP의 60퍼센트에 도달하지 못했다. 제1차 세계대전 당시의 빌헬름 독일, 제2차 세계대전 당시 일본 제국과 나치 독일의 연합, 경제력이 최고조에 달했던 소련 모두 이 문턱을 넘은 적 없다. 그러나 이것은 이미 2014년에 중국이 조용히 도달한 이정표다. 중국은 경제 규모에서도 미국을 추월하는 궤도에 올랐다. 상품의 상대적 가격(즉, 구매력 평가)을 조정했을 때, 중국의 경제 규모는 이미 25퍼센트 더 크다.[45] 1년 만에 미국 경제는 8퍼센트 위축시키고 중국 경제는 1~2퍼센트 성장시킨 코로나바이러스의 영향을 감안할 때, 2028년에는 중국이 미국을 따라잡을 것으로 예상된다.[46] 그렇다면 중국이 미국이 직면한 가장 강력한 경쟁자라는 점과, 이전의 미국 경쟁자보다 경쟁에서 더 많은 자원을 가져올 수 있다는 점이 분명하다.

미국과 중국 모두 전략적 경쟁을 위해 자원을 동원하는 데 다양한 이점을 갖고 있다. 중국의 시스템은 국유기업과 실제로 종종 국가를 대표하는 주요 민간 기업의 침투를 통해 경제에 상당한 영향을 미친다. 대조적으로, 미국은 경제 기반과 자원에 대한 통제력이 훨씬 낮고, 공공 부채 수준은 이미 높아, 이제는 2020년 팬데믹으로 인해 제2차 세계대전 이후 처음으로 전체 미국 경제 규모를 초과했다. 이자 지급액은 달러의 위상과 안전자산에 대한 열망 때문에 상대적으로 낮지만 결국에는 오를 수 있다. 그리고 이러한 이자 지급액이 의무적인 비재량 지출, GDP에서 공공정책으로 조정하기 어려운 몫의 증가와 결합되면 전략적 경쟁을 위한 재정적 여유는 더욱 축소된다. 중국이 인구 둔화, 중산층 함정, 높은 수준의 공공 부채, 문제적 금융 시스템 등 불리한 상황에 직면하고 있으며, 미국 시스템의 개방성이 달러 우위를 뒷받침하고 부채 시장에서 미국이 상당한 자원을 조달할 수 있도록 하는 것은 사실이다. 그러나 전반적으로 미국은 크고 젊으며 성장하는 국가이지만 여전히 중국보다 작은 나라이며, 상당한 재정 역풍뿐만 아니라 장기적인 경쟁을 위한 자원 동원의 민주적 한계에 직면한 나라이기도 하다. 이러한 현실을 무시하는 어떤 미국 전략도 지속가능하지 않으므로 모든 전략의 출발점은 비대칭적이어야 한다.

미국이 레버리지로 활용할 수 있는 강점은 무엇일까? 미국 민주주의와 그것이 만들어 낸 질서는 권위주의적 경쟁자에 비해 경쟁력을 제공한다. 권위주의 국가들은 제도적 견제나 여론의 제약을 받지 않으며,

따라서 종종 막대한 자원을 동원하고 장기 전략을 수립하면서 은밀하고 단호하고 무자비하게 행동할 수 있다는 게 기존의 통념이다. 그러나 그만큼 위험도 따른다. 독재 정권은 공개적 토론과 동의의 중재 효과 없이 올바른 방향으로 빠르게 움직일 수도 있지만 재앙적인 방향으로도 똑같이 빠르게 움직일 수 있다.

대조적으로, 미국의 개방성과 법치주의는 변함없는 이점을 제공한다. 그것들은 동맹국 그리고 심지어 적대국들이 질서 안에서 목소리를 낼 수 있는 기회를 제공하고, 미국의 의도와 야망을 널리 알리며, 종종 글로벌 물품 공급과 결합하여 미국 패권을 덜 위협적이고 더 수용 가능하게 만든다. 결정적으로 이러한 이점은 미국이 자유주의 질서, 기술 혁신, 군사력, 달러 우위를 뒷받침하는 동맹국과 이민자, 자본을 끌어모을 수 있게 해준다.

### 목적, 방법, 수단

미국 전략의 목적은 무엇인가? 미국은 근본적으로 지역 및 글로벌 질서와 이를 유지하는 다양한 "통제 형태"에 대한 경쟁 속에 있음을 인식해야 한다. 지역적 차원에서 미국은 역사적으로 해양과 유라시아 대륙에서 패권의 출현을 방지하기 위해 노력해 왔다.[47] 이는 미중 정책을 다시 한번 추동해야 하는 하나의 목표다. 왜냐하면 중국의 대전략과 글로벌 리더십 열망이 궁극적으로 아시아를 관통하여 인도-태평양을 미국의 노력을 집중시킬 가장 효율적인 지역으로 만들기 때문이다. 둘째, 글로벌 수준에서 미국은 특히 동맹·재정력·군사력·기술 리더십·글로벌 기구에서의 역할과 정보 흐름에 대한 영향력 등 미국 질서의 기본 요소를 강화하면서 세계 질서에서 미국을 대체하려는 중국의 노력을 약화시키는 방법을 모색해야 한다. 이러한 모든 목표를 위해서는 또한 초국가적 협력을 위한 어느 정도의 여유를 유지해야 한다.

특히 미국이 상당한 국내 정치적·경제적 역풍에 직면했고 경쟁자는 미국 경제 규모를 넘어섰다는 점을 고려할 때, 미국이 이러한 목표를 달성할 방법은 무엇일까? 미국과 중국이 질서를 놓고 경쟁한다는 사실을 받아들인다면, 경쟁 전략은 질서가 어떻게 작동하는지 분석하는 것에서 시작해야 한다. 앞서 논의한 바와 같이, 질서는 지배적 국가가 위계 안에서 종속 국가를 규제하기 위해 사용하는 "통제 형태"로 구성되며, 이러한 형태에는 (동의를 강요하기 위한) 강압, (그것을 장려하기 위한) 합의, (합법적으로 명령하기 위한) 정통성이 혼합되어 있다. 자유주의적 질서는 일반적으로 합의와 정통성에 더 많이 의존하고 비자유주의적 질서는 강압에 더 의존한다. 따라서 질서를 둘러싼 경쟁은 상대방의 "통제 형태"를 약화시키고 자신의 통제 형태를 구축하는 것이다. 중국과의 경쟁에서 이러한 약화시키기와 구축하기 전략은 중국의 경제적·군사적·정치적 구상에 대응하기 위한 각각의 미국 구상을 제시하는 대칭적인 방식으로 실행되어서는 안 된다. 대신 국제 체제 안에서 특정 국가, 지역, 하위 구조를 우선시하여 현명하게 경쟁하는 것이 목표다. 아이러니하게도, 1990년대 중국이 약한 국가였을 때의 경험은 비대칭적 접근이 경쟁자의 패권적 야심을 약화시키는 데 매우 효과적일 수 있음을 보여 준다. 그리고 이러한 방식은 여전히 강력한 미국이 휘두를 경우 훨씬 더 효과적일 것이다. 질서 구축은 매우 어렵지만 질서를 구축하려는 노력을 좌절시키는 것은 훨씬 덜 어렵다. 그러한 접근법의 논리는 비교적 간단하다. 중국이 패권적 야망을 진전시키는 데 발생하는 것보다 더 낮은 비용으로 그 야망을 약화시키는 것이다. 이와 유사하게 구축하기와 관련하여 대부분의 경우, 특히 이러한 노력이 중국의 약화시키기 노력보다 비용이 더 낮은 경우에 목표는 중국에 대한 통제 형태를 포함한 미국 질서를 재건하는 것이다.

통제 형태에는 상류와 하류 요소가 있다는 점에 주목할 필요가 있다. 예를 들어, 미국이 금융 국가전략을 사용할 때, 그 실행은 "하류" 효과(처벌받는 국가는 재정적 스트레스에 직면)를 흐르게 하는 "상류" 원천(미국 달러 우위)을 갖는다. 중국은 달러 지배력을 약화시키기 위해 "상류" 원천에 집중하거나, 제재 대상 국가에 재정 지원을 제공해 "하류" 효과를 의도함으로써 미국의 재정력을 약화시키려 할 수 있다. 비대칭적으로 약화시키기를 할 때, 하류 통제 형태를 겨냥하는 게 종종 비용이 덜 들 수 있다. 자신의 통제 형태를 구축하거나 보호할 때, 레버리지의 하류 효과에 대한 여러 도전보다 해당 레버리지의 상류 원천에 대한 경쟁자의 도전을 우선시하는 게 더 가치 있을 수 있다.

이는 마지막 질문으로 이어진다. 비대칭적 약화시키기와 구축 전략은 어떤 수단으로 구현될 수 있을까? 넓은 의미에서, 질서가 의존하는 "통제 형태"는 다양한 군사적·정치적·경제적 요소를 포함하므로 다면적이다. 질서를 약화하거나 구축하기 위한 대전략은 이와 같은 여러 운영 수단에 걸쳐 통합되고 조정되어야 하며, 기술, 금융, 공급망, 정보, 이데올로기 및 기타 영역에서의 경쟁을 포함하여 그것들 안의 좁은 영역도 다루어야 한다.

이어지는 두 섹션에서는 그러한 전략을 절충할 수 있는 몇 가지 개념적 처방을 제시한다. 그러나 경쟁을 깊이 연구하기 전에 협력 문제도 고려할 필요가 있다. 중국은 비확산부터 기후변화에 이르기까지 거의 모든 다국적 도전에 있어 미국의 필수적인 파트너다. 3장에서 설명했듯이 중국 지도자들은 때때로 이러한 문제들에 대한 미국의 협력 의지가 중국에 레버리지를 제공한다는 점을 인식했으며, 따라서 그들은 공동의 글로벌 이익에 대한 진전을 미중 양자 관계에서의 양보와 연결했다.

앞으로의 기간 동안 미국은 이 두 가지를 분리하고 미중 관계에는 협력과 경쟁이라는 두 가지 트랙이 있다는 규칙을 고수해야 한다. 그러한 원칙은 터무니없는 것처럼 보일 수 있지만, 미국과 소련이 오존부터 소아마비 백신 접종, 우주에 이르기까지 다양한 문제들에서 이 원칙보다 더 실존적인 경쟁에서 협력했다는 점에 주목할 필요가 있다. 미국과 중국도 그렇게 할 수 있지만, 그러려면 미국 지도자들은 열렬한 구혼자라는 인식을 버려야 하고, 중국 또한 협력으로 얻을 게 많다는 것을 인식해야 한다. 이제 우리는 약화시키기 및 구축 전략에 중점을 둔 양국 관계의 경쟁 경로로 눈을 돌린다.

## 중국 질서 약화시키기

중국 질서를 약화시키는 전략은 중국이 지역 및 글로벌 수준에서 구축하고 있는 주요 "통제 형태"에 초점을 맞춘 다음 그것들을 비대칭적으로 다루려고 한다. 일반적으로 미국의 전략은 부분적으로 중국의 권력 행사를 약화시키는 것뿐만 아니라, 중국 질서에 속할 수도 있는 국가들에 권한을 부여해서 그들이 중국으로부터 어떤 기구를 보유하게 함으로써 지역적 수준에서 중국의 질서 구축을 약화시키는 것이어야 한다. 글로벌 차원에서도 유사한 전략이 유용하겠지만 미국의 노력은 금융, 기술, 정보 및 다자기구 같은 영역을 포함하는 글로벌 시스템의 하부 구조를 둘러싼 경쟁으로 확장되어야 한다. 일반적으로 미국은 질서를 만들고 유지하는 것보다 질서를 약화시키는 것이 대체로 더 쉽다는 점에서 약화시키기 전략에서 이점을 갖고 있다.

중국의 질서 구축은 군사적·경제적·정치적 기초에 기반한다. 군사 기반과 관련하여, 중국은 지난 10년 동안 상륙 작전, 해양 통제 및 원양 임무를 수행할 수 있는 해군을 점점 더 추구해 왔다. 중국이 수많은 해외 시설을 구축함에 따라 점점 더 세계화되고 있는 이러한 종류의 해군은 중국이 다른 국가에 대한 군사적 레버리지를 제공함으로써 중국의 질서 구축을 돕는다. 그뿐만 아니라 해군은 중국이 먼 거리의 섬과 해역을 장악하거나 보유하고, 해상교통로를 보호하고, 안보 물자를 제공하며, 다른 나라들의 일에 개입할 수 있도록 함으로써 중국의 질서 구축을 돕는다. 경제적 수준에서, 중국은 인프라 지출(일대일로 구상이 대표적인 예)과 강압적인 경제적 운용전략을 통해 질서를 구축하려고 했다. 또한 시진핑이 서방 경쟁자들보다 비약적인 발전이라고 거듭 강조한 바를 달성하기를 희망하면서 이른바 글로벌 기술의 4차 산업혁명에 대한 리더십을 추구하고 있다. 마지막으로, 정치적 수준에서 중국은 자신의 이익에 봉사하는 기구들을 세워서 중국의 내러티브를 강화하는 방식으로 글로벌 정보 흐름을 형성하려 노력해 왔다. 즉, 중국은 자신의 권력을 합법화하거나 최소한 중국의 일부 비자유주의적 관행에 의한 평판 손상을 줄일 수 있는 기반을 구축해 왔다.

이어지는 권고사항들은 상대적으로 낮은 비용으로 중국의 질서 구축을 가장 잘 약화시키는 방법에 대한 제안이다. 때때로 1990년대와 2000년대 중국의 비대칭 전략 플레이북의 한 페이지를 직접 가져오기도 할 것이다.

## 군사적 약화시키기

### · 비대칭 거부 무기에 투자하라

걸프전 이후 중국은 값비싼 미국의 전력 투사 플랫폼에 도전하기 위해 더 저렴한 비대칭 무기를 추구하기 시작했다. 때때로 "반접근/지역 거부"라고 불리는 중국의 노력에는 동아시아에서 미국에 대한 "이동의 자유를 거부하도록 설계된 일련의 상호 연관된 미사일, 센서, 유도 및 기타 기술"을 사용하는 것이 포함된다.[48] 미국은 중국의 접근 방식을 모방하는 데 갈수록 개방적이며, 이러한 동일한 종류의 거부 능력을 추구함으로써 중국의 이동의 자유를 복잡하게 만든다. 어떤 이들은 이러한 접근 방식을 "거부에 의한 억제"를 추구하는 것이라거나, 어떤 행위자도 바다나 섬을 성공적으로 통제하거나 제1도련선에서 상륙 작전을 시작할 수 없는 일종의 "주인 없는 바다"를 달성하는 것이라고 말한다.[49] 미국은 이러한 능력을 개발할 수 있는 숙련된 기술을 보유하고 있으며, 이러한 접근법의 대략적인 개요에 대해 이미 공감대가 형성되어 있다. 여기에는 장거리 정밀 타격, 무인 항공모함 기반 타격항공기, 무인 수중 차량, 대형 미사일 탑재 잠수함, 고속 타격 무기, 기뢰전 등이 핵심 우선순위가 될 것이다. 이러한 능력은 중국 자체의 '반접근/지역 거부'에 덜 취약할 뿐만 아니라, 중국이 이를 탑재하는 데 의존하는 값비싼 자산보다 저렴한 비용으로 대만 해협 또는 동중국해, 남중국해에 걸쳐 중국의 상륙 작전을 복잡하게 만들 것이다.

#### · 동맹국 및 파트너의 반접근/지역 거부 능력 개발을 지원하라

미국은 또한 중국의 자기주장을 억제하기 위해 동맹국 및 파트너의 반접근/지역 거부 무기를 개발해야 한다. 이러한 노력은 대만, 일본, 베트남, 필리핀, 인도네시아, 말레이시아, 인도에 초점을 맞출 수 있다. 이들 국가는 중국이 미국 해군의 개입을 억제하는 데 사용한 것과 동일한 능력을 사용함으로써 이익을 얻을 수 있으며, 이는 상륙 작전이나 해양 통제에 대한 중국의 투자보다 비용이 적게 든다. 이러한 능력은 비용이 저렴할 수 있지만 주변 국가들은 미국의 지원 없이는 이를 신속하게 채택하지 않을 것이다. 미국은 주변국들이 "지역 거부, 장거리 사격, 사이버 공격, 전자전, 심층 이동 방어"에 초점을 맞출 수 있는 "전통적 기동 및 영토 방어"와 별개로 새로운 작전 개념을 제시할 수 있도록 도와야 하며,[50] 여기에는 합동 워게임, 연습, 개념 개발이 포함될 수 있다. 이는 경쟁 환경에서 표적을 지정하기 위한 지휘, 통제, 통신, 정보, 감시, 정찰C4ISR 능력의 개발과 실행을 지원하거나 기뢰, 이동식 공중 및 미사일 방어, 지상 발사 대함 순항 미사일, 잠수함, 무인 수상 및 수중 선박의 획득을 지원한다. 이러한 노력들은 중국을 비용 비율과 전쟁 추세의 잘못된 길로 몰아넣음으로써 군사적 강압과 전력 투사에서 중국의 고비용 투자를 복잡하게 만든다.

### · 해외 기지를 구축하려는 중국의 고비용 노력을 약화시켜라

미국은 중국이 해외 기지 및 병참 시설을 구축하려는 노력을 중국이 거기에 들이는 노력보다 낮은 한계 비용으로 약화시킬 수 있다. 여기에는 중국 전략의 요소를 빌려오는 것도 포함될 수 있다. 중국이 미국의 활동과 기지에 대한 규범을 설정하거나 우려를 제기하기 위해 지역 기구를 사용했던 것처럼, 미국 또한 캄보디아나 다른 지역에 있는 중국 시설에 대해 그렇게 할 수 있다. 그리고 미국은 특히 아시아에서 중국 시설 유치를 고려하는 국가들에게 그러한 타깃이 될 수 있음을 경고해야 한다. 미국 정책 입안자들과 외교관들은 해외 중국 기지의 미군에 대한 공격이 해당 시설을 위험에 빠뜨릴 것이라는 명백한 사실을 밝히기를 꺼린다. 마지막으로, 미국은 동맹 및 파트너와 협력하여 측면 보상이나 기반시설 지불을 통해 이들 국가가 중국 시설을 유치하지 못하게 할 수 있다. 이러한 보상의 총액이 중국의 투자를 초과할 수 있지만,

보상이 동맹과 파트너의 컨소시엄—아마도 인프라 지출로—에서 나온다는 사실은 이를 비대칭적 기회로 만든다.

## 경제적 약화시키기

· 일대일로 구상을 다자화·제도화하여 중국의 정치적 팔 비틀기를 좌절시킬 것을 촉구하라

중국이 명백한 경제적 강압을 방지하기 위해 미국과의 무역을 제도화한 것처럼, 다자화와 제도화는 중국이 다른 나라에 조건을 지시하는 능력을 대출 경쟁보다 낮은 비용으로 제한할 수 있다. 일대일로 구상의 위험은 불투명성과 그것이 생성하는 레버리지다. 반대로, 일대일로 구상의 다자화를 촉진하고 형평성 또는 높은 기준 및 주요 보고 요건 준수의 대가로 공동투자를 하는 것은 불행한 결과를 미연에 방지하고, 이러한 거래에서 지역 국가들에 목소리를 제공하며, 투명성을 가져오고, 중국의 정치적 팔 비틀기를 복잡하게 만들 수 있다. 예를 들어, 스리랑카가 함반토타 항만 프로젝트를 위해 중국에 대출한 10억 달러—지정학적 이해관계를 감안할 때 상대적으로 적은 금액—를 상환할 수 없었을 때 중국 국영기업은 그 항만을 99년 동안 임대했다. 다른 국가들에게 그 프로젝트에 대한 지분이나 그러한 결정에 대한 거부권이 있었다면 그런 종류의 결과는 막을 수 있었을 것이다. 더욱이 중국이 일대일로 구상 프로젝트를 다자화하기 위해 다른 국가들과 협력하기를 거부한다면, 이는 일대일로 구상의 신뢰성을 더욱 손상시키고 중국의 궁극적인 목표가 정치적이라는 미국의 주장을 강화할 것이다. 마지막으로, 더 나은 기반시설은 아시아 국가들이 혼자 힘으로 제조 강국이 되도록 돕고 중국에서 다른 개발도상국으로 공급망을 이전하는 것

을 가능하게 한다.

### · 파트너의 중국 자금 조달 평가를 지원하기 위한 교육을 제공하라

많은 개발도상국은 주요 기반시설 프로젝트에 대한 실사 경험이 거의 없기 때문에 대출 및 투자에 대해 중국과 협상할 때 불리한 위치에 놓일 수 있다. 미국은 이러한 관여 행위 중 일부를 탐색하고, 일반적인 함정을 피하고, 위험에 처한 안보 영향을 이해하는 방법에 대해 외국 정부 직원을 교육시켜야 한다. 여기에는 경제학자, 외교관, 특히 변호사와 개발 전문가로 구성된 전문가팀이 포함돼야 하고, 이 팀은 해외에 파견되어 "계약을 면밀히 검토하고, 나쁜 거래에 경고 신호를 보내고, 해당 국가가 중국 기관 및 회사에 더 좋은 조건을 요구할 수 있도록 권한을 부여"할 수 있다.[51]

### · 해외에서의 중국의 정치적 부패에 대응하기 위해 정보 공간을 활용하라

일대일로 구상의 일환으로 중국 국영기업과 투자 수단은 말레이시아, 지부티, 캄보디아, 스리랑카, 몰디브, 에콰도르, 적도기니, 솔로몬 제도 등 제3국들에서 정치적으로 영향력이 있는 행위자들과 때로는 대가로 자원이나 군사적 접근을 얻으면서 부패한 거래를 맺었다.[52] 중국의 정치적 영향력은 많은 경우 외국 지도자와 중국 기업 간의 부패한 협약으로 유지되기 때문에, 언론 보도는 때때로 저비용으로 해당 국가들에서 싹트는 중국의 영향력을 약화시키는 방법이다. 중국의 부패에 대한 폭로로 인해 스리랑카, 말레이시아, 몰디브를 비롯한 여러 국가들에서 중국이 도모한 프로젝트와 관계 형성이 약화되었다. 부패를 폭로하려는 미국의 비교적 온건한 노력은 비용이 많이 드는 일대일로 구상 프로젝트에 매우 큰 영향을 미칠 수 있다. 미국은 독립성을 유지하기 위해 이상적으로는 제3자 비영리 단체를 통해 해외의 현지 언론에 권한을 부여하거나 자금을 조달해서 세계의 "미디어 사막"에 대안을 제공해야 한다. 이들 국가에서 소셜 미디어 및 인터넷 접근을 보장하고, 〈미국의 소리〉와 〈자유아시아방송〉의 범위를 확장하며, (미국이 태평양 제도에서 한 것처럼) 〈웨스턴〉 통신 서비스에 대한 접근에 자금을 조달하고, 외국 미디어에 중국의 투자에 대한 제약을 개발하는 것을 지원하는 노력들은 차이를 만들 수 있다.

· **동맹국 및 파트너에게 대안적 자금을 조달하라**

미국은 중국이 지원하기로 한 모든 프로젝트에 대응책을 제공할 수 없고, 제공해서도 안 된다. 동맹국 및 파트너와 협력하여 미국은 전략적 잠재력이 가장 큰 프로젝트들(예: 이중 용도 항만 프로젝트, 해저 케이블, 비행장)의 대안에 자금을 지원하거나 중국 자금을 다자화하여 미국이 테이블에서 한 자리를 확보할 수 있도록 해야 한다.

· **중국의 기술 인수 및 절도에 대응하라**

중국은 서구의 기술을 따라잡기 위해 노력해 왔다. 이러한 노력 중 일부는 국내 투자 및 연구에 의해 주도되지만, 상당 부분은 중국의 기술 프로그램을 가속화하기 위해 미국 금융 시장, 대학, 기업의 개방성을 활용한다. 많은 사람들이 미국이 중국과의 경쟁에서 "더 빨리 달리기"만 하면 된다고 주장하지만, 중국이 결승선으로 가는 지름길을 택한다면 그렇게 하는 것은 소용이 없다. 첫째, 금융과 관련하여 미국은 기업에 대한 약탈적 투자를 제한하는 조처를 취해 왔다. 이러한 조처는 여전히 자발적인 미국외국인투자위원회CFIUS 절차를 넘어서 확장

될 수 있으며, 여기에는 외국 행위자들의 통과기업 및 페이퍼컴퍼니 사용을 복잡하게 만드는 기업 투명성에서의 더욱 야심 찬 노력이 포함돼야 한다. 둘째, 대학과 관련하여 미국은 미국에 머물기를 원하는 최고의 중국 연구자들을 계속 끌어들이고 유지하기 위해 노력하면서, 인민해방군과 밀접한 대학과 관련된 중국인들의 접근을 제한해야 한다. 이를 위해서는 법무부 자원의 대폭 확대, 연방수사국FBI 내부의 중국어 능력 격차 해소, 수사관을 위한 기술적 지식 증대, 비자 심사 강화, 오픈소스 이용 개선, 그리고 결정적으로는 간첩 위험에 대한 정부, 대학, 기업 간 협력 강화가 필요하다. 마지막으로, 미국은 미국 기업이 단기적인 분기 수익을 위해 미국 기술을 포기하는 것을 금지하고 선진 산업에서 보다 민첩하고 효과적인 수출 통제를 시행하기 위해 더 많은 제도적 자원이 필요하다. 또한 기술 절도로 혜택을 받는 기업에 제재를 가해야 한다.

## 정치적 약화시키기

· 중국이 주도하는 다자간 프로세스에 참여하여 개발을 형성하거나 지연시켜라

중국은 한때 아시아태평양경제협력체APEC 및 아세안지역안보포럼ARF과 같은 다자기구에 의석을 가짐으로써 이들 기구를 통해 규칙을 설정하려는 미국의 고비용 노력에 도전하여 그러한 노력을 형성하거나 지연시킬 수 있었다. 마찬가지로, 미국은 중국 주도의 기구들에 가입하여 그 기구들을 개선하거나, 중국이 그것을 구축하려는 노력보다 낮은 비용으로 이를 저지해야 한다. 아시아 내에서 이러한 노력은 아시아인프라투자은행AIIB과 아시아 교류 및 신뢰구축회의CICA에 초점을 맞출 수 있다. 중국은 아시아 전역에서 경제 및 안보 규범을 설정하

는 데 이 두 기구를 사용했다. 미국이 참가할 수 없거나 의회가 미국의 참가를 위한 자금 지원 승인을 거부하는 경우, 미국은 자문 또는 참관인 역할 또는 동맹 및 파트너의 참가를 권장할 수 있다(예: 일본은 두 기구 어디에도 참가하지 않았다).

### · 중국 주도 다자기구에 대한 대안을 격상시켜라

다양한 아세안 포럼 및 동아시아정상회의를 포함한 역내 다자기구를 강화하려는 노력은 중국 주도의 대안이 초점이 될 가능성을 줄이고, 그 지역의 미래에서 아시아 국가들에게 더 큰 역할을 제공한다. 미국은 중국 주도의 대안이 아닌 기구들이 아시아 지역 노력의 중심에 있도록 하기 위해 최고 수준에서 이러한 기구들에 정기적으로 참여해야 한다.

### · 유엔 시스템과 국제기구에서 중국의 영향력과 경쟁하라

"글로벌 거버넌스 시스템 개혁 주도"에 대한 중국의 관심은 유엔을 관통하고 있는데, 이는 2019년 외교 백서에서 분명히 밝혔듯이 "유엔이 글로벌 거버넌스 시스템의 핵심에 있기" 때문이다. 유엔에서의 영향력은 중국이 어느 정도 강압적이고 합의된 정통성을 구축할 수 있도록 하여 국제적 기본값으로서의 자유주의적 가치를 대체하고, 중국의 원칙과 프로그램을 격상하고 합법화하며 세계화할 수 있도록 해 준다. 국제 공무원들이 국가적 충성심을 가져선 안 되지만, 그럼에도 중국의 유엔 고위 관리들은 인권과 주권 같은 다양한 문제에서 자신들이 중국의 이익을 우선시한다는 점을 공공연하게 인정한다.[53] 중국은 현재 15개의 유엔 특수 기구들 중 어느 국가보다도 많은 4개를 이끌고 있는데, 이는 10년 이상에 걸친 미국의 무관심과 방치에 상당한 원인

502

이 있다. 중국의 리더십은 선거와 직원 임명을 통해 유엔 시스템 내에서 영향력을 키우려는 의식적인 전략의 산물이다. 예를 들어, 식량농업기구FAO 선거에서 중국은 지지를 얻기 위해 아르헨티나, 브라질, 우루과이로부터의 수출을 위협했고, 카메룬의 빚을 탕감하여 경쟁 후보에서 물러나도록 했다.[54] 미국 후보가 선거에서 항상 승리하는 것은 아니겠지만, 미국은 중국이 선호하는 후보를 내세우고 선거를 우호적인 후보 쪽으로 조종하려고 할 때에 스포일러 역할을 할 수 있다. 예를 들어, 2020년에 미국의 노력은 세계지적재산권기구WIPO 선거에서 선두주자였던 중국 후보에 투표하지 않도록 설득하는 데 도움이 되었다.

### · 중국의 글로벌 정보 영향력을 약화시키는 법적 표준을 촉진하라

중국 선전부 관리들이 서구의 "담론 패권"에 맞서 "담론 권력"을 위한 투쟁이라고 규정하는 것을 얻어 내기 위해, 중국은 사람(콘텐츠 제작자)에서 기구(언론 기관), 플랫폼(소셜 미디어), 정보 소비자에 이르기까지 정보 공급망의 여러 노드를 압박하는 데 막대한 투자를 해 왔다. 미국은 이러한 노력을 비대칭적으로 밀어낼 수 있다. 예를 들어, 중국은 대만과 호주에서 상대적으로 개방적인 명예훼손법을 사용하여 비판적인 언론인과 학자를 괴롭히지만, 간단한 규제 개혁으로 이러한 관행을 종식시킬 수 있다. 중국은 라틴아메리카, 유럽, 아시아의 언론 기관을 형성하기 위해 투자, 광고, 공동제작, 유료 삽입물을 사용하고 있다. 국가들이 중국의 투자와 외국 대리인 등록 및 외국 광고에 대한 규제를 채택하도록 지원하면 이러한 영향력 통로에 대처할 수 있다. 마지막으로, 중국의 고위 선전 관리들은 플랫폼이 정보 흐름의 "생명선"이며 "플랫폼을 소유한 자는 누구든지 관점을 퍼뜨리고 여론을 지배하는 주도권을 잡을 것"이라고 썼다.[55] 미국이 러시아의 페이스북 소유권에 대해 우려하는 것처럼, 틱톡TikTok과 같은 주요 플랫폼에 대한 중국의 소유권에 대해서도 똑같이 우려해야 한다. 그것들은 정보 흐름과 국내 정치를 조작할 수 있는 엄청난 기회를 제공하기 때문이다. 따라서 강제 매각이나 사실상의 금지를 포함하여 틱톡과 같은 독재국가 소유의 소셜 미디어 앱에 대한 제한을 장려하는 것은 비용이 많이 들지 않으며, 정보 공간에서 중국의 노력을 약화시키는 데 필요하다.

## 미국 질서 구축하기

낮은 비용으로 중국 질서 구축을 약화시키는 것은 많은 영역에서 효과적일 수 있지만, 동시에 미국 질서의 기반에 재투자하려는 노력 없이는 지속가능하지 않다. 중국도 지역 및 세계 수준에서 미국의 이점을 겨냥한 약화시키기 전략을 추구해 왔으며, 이러한 이점을 다시 얻기 위해서는 미국의 노력이 필요하다.

군사적 수준에서, 중국이 이른바 반접근/지역 거부 능력을 추구하는 것은 아시아에서 미국의 개입을 무디게 하고, 지역에서 미국의 영향력과 레버리지의 주요 원천을 약화시킨다. 경제적 수준에서, 중국은 일대일로 구상과 경제적 강압 두 가지 모두를 통해 경제적 국가전략을 사용하여 상대적인 미국의 경제적 영향력을 약화시킨다. 중국은 또한 새로운 디지털 주권 통화로 미국 금융력의 기반을 겨냥하고, 공격적인 산업정책으로 미국 기술 지배의 기반 또한 목표로 삼는다. 마지막으로, 정치적 수준에서 중국은 국제기구들이 제 기능을 못하게 만들거나 어떤 경우에는 중국 외교정책의 도구로 만드는 방식으로 갈수록 영향력을 확대하고 있으며, 이는 미국이 국제기구들 안에서 만들어 낸 이점을 약화시킨다.

　미국의 경우, 질서 구축은 질서 약화시키기보다 비용이 더 들기 때문에 이 전략의 측면들은 이전 섹션에서 설명한 노력들보다 더 대칭적이다. 그럼에도 불구하고 미국 강점의 핵심 기반에 현명하게 투자하고, 가능한 경우 동맹국과의 협력을 통해 질서를 구축하고 유지하는 비용을 분산시키면 자원을 보다 보수적으로 사용할 수 있다.

### 군사적 구축하기

#### · 중국의 반접근/지역 거부 노력에 대한 회복력을 구축하라

　중국은 서태평양에서 미국의 군사력을 약화시키려 노력해 왔다. 예를 들어, 중국의 공중발사 순항 미사일과 지상발사 탄도미사일은 괌에 있는 기지까지 공격해 활주로를 손상시키고 연료 시설을 파괴하며, 타맥에 있는 항공기를 무력화시킬 수 있다. 미국은 중국의 거부 능력에 대한 회복력을 구축하기 위해 투자를 해야 한다. 그중 많은 부분은 잘 알려져 있지만 적절한 자원이 부족하다. 여기에는 핵심 시설 강화, 연료 또는 정보 기간시설을 지하 깊은 곳에 매설하는 것, 기지 간 또는 제1, 제2 열도에 걸친 신속한 이동 능력 획득, 활주로 확장 및 활주로 수리 능력 향상, 중요 탄약 비축량의 대폭 확대, 위장·은폐·기만 사용 확대 등이 포함된다.

#### · 인도-태평양 지역에서 다양한 미국의 태세를 구축하라

　아시아의 미군 기지는 미사일 공격을 무력화하는 데 점점 더 취약해지고 있다. 회복력을 위해서는 그 지역에 더 분산된 태세와 함께, 그 지역을 가로질러 신속하게 이동할 수 있는 과시된 능력이 필요하다.

다른 국가들과 외딴 섬들의 여러 기지에 걸쳐 미국의 자산을 분배한다고 이 문제가 완전히 해결되지는 않지만, 몇몇 지역에서 미군을 통합함으로써 야기되는 위험을 어느 정도 완화할 것이다. 현재, 그리고 냉전의 유산으로 아시아에서 미국의 태세는 동북아시아에 과도하게 무게를 두고 있고 동남아시아·인도양·태평양 제도와 오세아니아에 대해서는 비중이 축소되고 있다. 이러한 조처들 중 일부는 이미 진행 중이지만, 다른 지역들에서도 팔라우와 야프의 시설을 포함하여 더 많은 조처를 취할 수 있다. 더욱이 미군의 태세는 영구 기지뿐만 아니라, 미국이 멀리 떨어진 지역 위기에 민첩하게 대응할 수 있는 능력을 제공하면서도 군사 태세를 "저비용, 소규모 주둔" 시설들로 다양화하는 데 유용한 여러 군사 접근 및 지위 협정을 점진적으로 포함해야 한다. 마지막으로, 보다 다양한 군사 태세는 인도적 지원 및 재난 구호에서 미국의 접근을 용이하게 하고, 인도·베트남·태평양 제도에 걸쳐 더 많은 군사 외교 기회를 제공하며, 정치적 위험으로부터 약간의 보험을 제공할 것이다.

### · 탄력적인 정보 인프라를 구축하라

아시아 및 전 세계에서 미군 작전은 특히 지휘·통제·통신·정보·감시·정찰C4ISR을 위한 탄력적인 정보 흐름에 의존한다. 예를 들어, 정밀 유도탄은 정보 접근 없이 목표물을 공격할 때 훨씬 덜 효과적이다. 이 정보 아키텍처의 대부분은 상대방이 효과적으로 도전할 수 없을 것이라고 생각했던 시절에 구축되었으므로 지금 중국이 제기하는 도전 과제를 해결하기 위해서는 재건되어야 한다. 많은 경우에 이것은 통신 또는 위치, 항법, 시각PNT을 위한 우주 자산의 대안에 대한 투자 등을 의미할 수 있다. 또한 경쟁 환경에서 센서를 대량으로 수집하고 협력하는 혁신적인 정보·감시·정찰ISR 시스템, 정보 흐름에 대한 의존도를 줄이는 인공지능 및 자율성 개선, 전자전에서의 지속적인 혁신, C4ISR이 저하될 수 있는 환경에서의 작전 교육 등을 의미할 수 있다.[56] 일부 분석가들은 "공격에 직면한 미국 C4ISR 아키텍처의 회복력을 개선하는 것이 미국이 재래식 억지력을 강화하기 위해 취할 수 있는 가장 효과적인 단일 조처가 될 수 있다"고 제안한다.[57]

## 경제적 구축하기

### · 중국과 신기술의 도전으로부터 달러 지배력을 유지하라

　　준비통화로서의 달러의 지위는 미국 글로벌 패권의 중추이며, 이는 미국이 적자 지출에 자금을 조달하고, 국경 간 금융 거래를 모니터링하고, 금융 제재를 이행하는 것을 용이하게 한다. 미국은 세계 GDP의 4분의 1에 불과하지만, 달러는 세계 준비통화의 60퍼센트를 차지한다. 미국이 개방되어 있고, 깊고 유동적인 금융 시장을 유지하고 있으며, 크고 다양한 경제를 보유하고 있다는 사실이 이 같은 이점을 증폭시킨다. 달러의 성공은 복잡한 문제들을 가져왔다. 즉 미국은 기관들이 횡재를 적절히 관리할 수 없는 경우 특정 수출에 대한 의존이 탈산업화를 초래할 수 있는 "네덜란드병"의 달러 주도 변종으로 고통받고 있다. 이러한 점에서 미국은 자산 가격이 치솟는 동안 제조 능력은 상당 부분이 위축된 "돈의 사우디아라비아"다.[58] 통화는 과거에 다른 나라들에서 네덜란드병을 일으켰다. 예를 들어 식민지 시대 스페인은 아메리카 대륙에서 금 횡재로 이익을 얻었지만 금 공급의 끝은 재앙적인 지정학적 몰락을 가져왔다. 달러의 입지는 강력하지만 현재 두 가지 추세가 그것을 위협하고 있으며, 이에 따라 미국 패권도 위협받고 있다. 첫 번째는 금융 제재의 남용으로, 이는 이미 일부 동맹과 적국이 달러 시스템을 우회하기 위한 (지금까지는 성공적이지 못한) 노력에 단합하도록 추동했다. 둘째, 더 중요한 것은 중국이 미국 달러와 경쟁하기 위해 미국 결제 인프라를 완전히 우회하는 디지털 위안화를 출시하고 있다는 점이다. 중국 관리들은 오랫동안 미국 주도의 디지털 화폐가 미국 달러 시스템을 강화할 가능성을 우려해 선도자 우위를 놓고 경쟁해 왔다. 중국인민은행 연구국장인 왕신은 "디지털 화폐가 미국 달러와 밀접하게 연관되어 있다면… 본질적으로 하나의 보스, 즉 미국 달러와 미국이 있을 것"이라면서 이는 지정학적 결과를 초래할 것이라고 말했다.[59] 미국은 재정적 이점을 보존하고 정확히 왕신이 우려했던 세계를 초래하는 디지털 화폐, 즉 미국 달러 시스템을 보완하고 거기에 고정된 디지털 화폐를 신중하게 연구한 다음에 출시하는 것을 고려해야 한다. 마지막으로, 마이크 오핸런이 말한 것처럼, 이러한 강점을 유지하는 것은 중국의 소규모 영토 도발을 억제하거나 대응할 수 있는 비활동적이고 치명적이지 않은 방법이다.[60]

- **기존 기관을 글로벌 인프라 투자에 불러들이고, 미국의 경제적 영향력 확대를 위해 새로운 기관을 구축하라**

미국은 내키지 않더라도 기존의 개발 기구들, 특히 세계은행이 글로벌 인프라 투자에서 더 중요한 역할을 하도록 강력하게 압박해야 한다. 동시에 미국은 특히 비용이 저렴하고 영향력은 큰 디지털 영역에서 글로벌 인프라를 지원하기 위한 새로운 수단을 고려해야 한다. 예를 들어, 정보 인프라에 대한 중국의 투자는 막대한 보조금을 받고 경쟁자도 없는 경우가 많으므로 미국은 동맹 및 파트너와 함께 디지털 개발 은행을 만들어 그러한 프로젝트를 위해 경쟁할 수 있다. 이는 개발도상국들이 자유주의적 또는 민주적 가치에 더 맞춰서 인프라 제공자와 운영자를 선택하도록 유도할 수 있다.

### · 미국 공급망을 감시할 기구를 만들어라

중국은 공급망에서 자국의 노드 위치를 다른 나라들에 대한 레버리지로 사용하려는 의지를 보여 왔다. 미국은 현재 이러한 연결에 대해 제대로 이해하지 못하고 있다. 실제로 팬데믹은 어떤 정부 기관도 미국이 의료 분야에서 중국에 얼마나 의존하고 있는지 알지 못했다는 점을, 그리고 희토류부터 마이크로일렉트로닉스에 이르기까지 미국이 계속 중국에 의존하고 있다는 점을 보여 주었다. 미국은 스스로의 안전을 지키고 동맹과 파트너들이 중국의 강압적인 경제 외교에 저항할 수 있도록 항구적인 노력을 시작해야 한다. 그 노력은 연방정부 기관에서 제도화되고, 대부분의 산업에 걸쳐 공급망을 감시하도록 하는 의무보고 요건을 통해 강화되어야 한다. 당국은 또한 미국 공급망의 스트레스 테스트를 진행할 것이다.[61]

### · 미국 혁신을 위한 인재 기반에 재투자하라

미국의 혁신성은 여러 토대를 갖고 있지만 현재 많은 토대가 침식되고 있다. 미국은 STEM(과학, 기술, 공학, 수학) 분야에서 최고의 인재를 유인하고 유지해야 한다. 전기공학 같은 분야에서는 대학원생의 약 80퍼센트가 외국인이며, 대다수는 미국에 있기를 선호하고 기회가 되면 그렇게 한다.[62] 다른 분야에도 유사한 데이터가 있다. 이러한 이점을 유지하기 위해 미국은 STEM 분야에 대한 H1-B 비자 한도를 인상하고, 대학원 STEM 학위 소지자에게 영주권을 부여하는 등 개혁을 해야 한다.[63]

· 미국 혁신을 위한 기초과학 연구에 재투자하라

GDP의 비율로, 미국 연방정부는 연구개발에 GDP의 0.61퍼센트만 지출한다. 이는 70년 만에 가장 낮은 비율이며, 다른 10개 과학강국보다 낮다. 심지어 스푸트니크 이전 시절의 자금보다 적으며, 그 제한된 금액의 절반이 생명과학에만 사용된다.[64] 기업은 미국의 연구개발 지출에 기여하지만 대부분 응용연구에 사용되는 반면, 기초연구는 일반적으로 연방정부에서 제공되고 역사적으로 레이더, 컴퓨팅, 원자력을 포함한 주요 돌파구의 기반을 형성했다.[65] 예를 들어, 의회는 1980년대에 산업계가 인간 게놈 지도를 꺼렸을 때, 그것을 작성하는 데 30억 달러를 지출했다. 이것은 결국 미국에서 28만 명의 사람들을 고용하고 연간 60억 달러의 세금을 창출하는 게놈 산업을 만드는 데 도움이 되었다.[66] 그러한 지출을 늘리고 생명과학을 넘어 다양화하는 것이 우선되어야 한다.


· 장기 기업 계획을 장려하기 위해 금융 시장과 세금 정책을 개혁하라

1980년대의 주주 혁명은 장기 계획을 희생하면서 자본 수익에 초점을 맞추는 데 도움이 되었다. 대부분의 주식은 1950년대의 8년에 비해 현재는 1년 미만으로 유지된다. 최고경영자의 임기는 이제 약 5년으로 역사적 최저치에 가깝다. 재정적 수익을 창출해야 한다는 압박은 종종 수익성이 더 높은 다른 경제 활동에 비해 제조업에 대한 인센티브를 감소시키며, 때로는 단기적 성과를 위해 기업이 중국에 기술을 이전하도록 권장하기도 한다. 미국 자본 시장의 제도화된 "단기주의"를 조정하려는 노력은 JP모건 체이스 최고경영자 제이미 다이먼과 버크셔 해서웨이 최고경영자 워렌 버핏과 같은 일부 저명한 경영자들의 지원을 받고 있다. 그 노력들에는 더 긴 기간을 포함하는 새로운 벤치마크

지표와 더 오랜 기간 동안 자산 포지션을 유지하도록 독려하는 세금 정책이 포함될 수 있다.[67]

- · 주요 산업 및 혁신을 유지하기 위한 경쟁력 있는 산업정책 아키텍처를 구축하라

선진 산업에서 중국의 산업정책 접근 방식과 경쟁하기 위해 미국은 자체적인 산업정책을 채택해야 할 수도 있다. 그렇게 하려면 보조금 이상의 것들이 필요하다. 핵심 분야에 인재를 교육하고 유치하기 위한 전략이 필요하다. 융자와 현지화 요건을 혼합해서 외국 제조업체와 미국 기업을 모두 미국으로 유인해야 한다. 그리고 국가의 힘을 사용해 공급망을 재구성하고, 혁신을 감소시키고 너무도 커서 미국의 경제적 회복력을 떨어뜨리는 독점체제를 해체해야 한다. 또한 불공정 무역 관행에 대한 일정 정도의 보호를 제공해야 한다. 이러한 접근 방식은 개별 기업이 아닌 산업을 지원하는 방향으로 이루어져야 한다. 이는 기업이 종종 유효하거나 유효하지 않을 수 있는 미래 기술의 발전(예: 슈퍼컴퓨팅 대 개인용 컴퓨터에 대한 투자)에 베팅해야 하는 기술 프론티어에서 특히 중요하다. 특정 산업에 국가의 챔피언이 하나뿐인 경우, 잘못된 베팅의 대가는 더 큰 경제와 국가의 기술 리더십에 치명적일 수 있다. 대조적으로, 중요한 산업 분야에 여러 기업이 운영될 경우, 한 회사가 올바른 베팅을 하고 해당 산업에서 국가의 리더십을 유지할 가능성은 훨씬 더 크다. 시장 구조가 때때로 경쟁을 보장하는 노력을 어렵게 만들 때, 의회는 경쟁력 있는 방위산업 기반을 보장하기 위해 과거에 사용했던 정책적 접근 방식으로 약한 경쟁자를 지원할 수 있다.[68] 그렇다면 지금처럼 이러한 필수 산업에서 선두 기업들 간의 경쟁은 더 낮은 가격, 더 높은 품질의 제품, 산업 탄력성, 더 큰 혁신을 생산할 가능

성이 더 높아진다. 이는 하나의 주도적인 국가 챔피언을 가진 노골적 중상주의 경쟁자들에 비해 미국을 더 유리하게 만든다.

### · 연구개발을 위한 연합 생태계를 구축하라

기초과학 연구는 이미 국제적으로 이루어지는 노력이며, 미중 과학 협력은 점차 보편화되고 있다. 그러나 미국과 중국은 현재 거의 동일한 연구개발 비용을 지출하고 있지만 일본, 독일, 한국, 인도, 프랑스, 영국의 지출 총합은 각각 미국과 중국을 뛰어넘는다. 의회는 동맹 및 파트너 협력 강화(예: 비자 정책)에 대한 인적 장애 요소를 일부 완화하는 동시에 기초과학 연구 기관들이 동맹 및 파트너와 더 많이 관여하도록 장려해야 한다. 동맹 및 파트너에 걸친 더 광범위한 확산은 미국의 기술 우위를 강화하는 데 도움이 되어 다른 나라들로부터 혜택을 얻을 수 있도록 해 준다. 더구나 조지타운대 안보유망기술센터CSET가 주장하듯이 공식적인 파트너십에는 "데이터 공유, 투명성, 재현성, 연구 무결성에 관한 표준과 가치를 설정"하기 위한 노력이 포함될 수 있다.[69]

### · 상업 표준 설정 기구에서 국가 개입과 조정 역량 강화를 구축하라

많은 표준 설정 기구들이 국가가 아닌 기업들로 구성되어 있지만, 표준을 만들려는 중국의 하향식 노력에는 미국 정부의 대응이 필요하다. 이는 미래를 형성할 수 있는 통신(예: 오픈랜 개념) 및 사물인터넷을 포함한 핵심 산업에서 표준 설정 프로세스의 새로운 패러다임이 시작되는 시기에 특히 시급하다. 첫째, 의회는 내부적으로 조율할 수 있는 표준에 대한 부처 간 실무그룹 설립을 지원할 수 있다. 예를 들어, 백악관 과학기술정책국은 국무부·상무부·법무부·국방부는 물론 미국 정보 커뮤니티를 아우르고 미국 산업계와도 협의하는 기술 표준에 관한 부처 간 실무그룹을 설립할 수 있다.[70] 둘째, 다양한 기업과 국가 간의 연합을 구축하기 위해, 의회는 같은 생각을 가진 이해관계자들과 미국의 접근 방식을 조율하는 데 상무부와 국무부 안에 사무소를 설립하는 것을 지원할 수 있다.[71]

## 정치적 구축하기

· 기술, 무역, 공급망, 표준에 이르는 거버넌스 문제에 대한 민주주의 연합 또는 동맹 연합을 구축하라

지난 3년 동안 일련의 강대국과 중견국들은 중국이 더 포괄적인 글로벌 포럼들에서 자국의 선호대로 지연시키거나 강요하려 하는 것을 저지하기 위해 민주주의 연합을 조직할 것을 제안해 왔다. G7 국가들, 그리고 영국이 5G를 위해 제안한 호주, 인도, 한국을 포함하는 "D10"과 같은 이러한 연합은 구성이 자유로우며, 자유주의 국가를 중심으로 국제 시스템의 요소들을 조직하기 위해 노력함으로써 질서 구축의 한 형태로 기능할 것이다. 미국은 공식 기구들에 압력을 가하거나 필요한 경우 대체 규칙을 조직하기 위해 이러한 접근 방식을 지지해야 한다. 이슈 영역 전반에 걸쳐 확산될 수 있는 이러한 연합들은, 회원에게는 "클럽 상품"을 제공하지만 그룹 외부에 머물기로 한 이들에게는 거의 혜택을 제공하지 않는 "카르텔"로서 효과적으로 기능할 수 있다. 예를 들어, TPP(환태평양경제동반자협정) 또는 TTIP(범대서양무역투자동반자협정)를 모델로 한 무역에 관한 연합 접근 방식은 중국이 영향력을 행사하는 WTO(세계무역기구)를 우회할 수 있다. 민주주의 카르텔은 또한 중국을 포함하는 ITU(국제전기통신연합)와 같은 국제기구를 우회하고 자유주의적 보호가 인터넷 아키텍처에 구축되도록 보장하면서 연합

내 국가들을 위한 표준 설정 기구를 세울 수 있다. 전체 산업—심지어 공급망—이 이러한 민주주의 또는 동맹 연합을 중심으로 조직될 수 있으며, 특히 중국이 오르고자 하는 바로 그 부문에서 그렇다. 중국의 학자들은 이러한 접근 방식에 대해 우려하며, 독재국가는 부와 기술적 영향력이 적고, 국제적 결과를 형성하기 위해 국제기구들의 형식적 평등에 더 많이 의존한다는 점을 알고 있다. 이러한 종류의 포용적 질서 구축은 비대칭적이다. 특히 중견국이 이를 제안할 때 미국은 거의 비용이 들지 않지만, 다른 포럼들에서 중국이 고집을 피울 때는 상당한 비용이 든다.

이 책에서 보여 주듯이, 중국은 지역적 리더십뿐만 아니라 글로벌 리더십에서 미국을 대체하려고 하며, 미국이 자체 질서를 유지하는 데 할애할 수 있는 것보다 더 많은 자원을 거기에 쏟을 수도 있다. 중국이 글로벌 야망을 가지고 있다는 생각에 회의적인 사람들조차도 중국공산당의 민족주의와 레닌주의 기반이 그 가능성을 완전히 무시하기 어렵게 만든다는 점을 인정해야 한다. 부흥에 대한 중국공산당의 수사는 미국을 대체하겠다는 목표가 현재 중국 전반에 내포되어 있으며, 중국은 미국 주도 질서, 특히 중국의 레닌주의 통치를 위협하는 자유주의적 성격을 지닌 질서를 영원히 수용할 것 같지 않다는 점을 강하게 암시한다. 이러한 상황에서 중국과 타협하거나 중국을 변화시키려는 전략은 유리한 결과를 가져오지 않을 것이다. 대신, 미국은 지역 및 글로벌 질서를 위한 경쟁에서 중국의 "통제 형태"를 약화시키는 동시에 자체 기반을 구축 또는 재구축해야 할 것이다. 대부분의 경우 이러한 노력은 비대칭적일 수 있다. 특히 약화시키기와 관련해, 질서를 약화시키는 것이 구축하는 것보다 비용이 덜 들 수 있기 때문에 비대칭적일 수 있다.

자체 질서 기반의 재구축과 관련하여 미국은 여러 장점을 갖고 있는데, 특히 질서 구축 비용을 분산시키는 데 도움이 되는 동맹 네트워크의 이점이 있다. 이러한 경쟁적 접근 방식이 중국의 전략을 바꿀 것이라고 장담할 수는 없지만 중국의 힘과 영향력의 일부 요소를 제한할 수는 있다. 즉 중국 정치의 내부 변화나 중국을 안심시키려는 노력을 통해서라기보다는 권력의 원천을 정치 질서로 전환하는 중국의 능력에 대한 외부적 제약을 통해 중국 힘의 "완화"를 달성하는 것이다.

# 결론

"미국은 이 나라 대중들이 자국이 쇠퇴할 것이라고 주기적으로 확신하는 한 쇠퇴하지 않을 것이다."

— 정치학자 새뮤얼 헌팅턴, 1998년

　　1970년 11월 28일, 해군 참모총장 엘모 줌왈트Elmo Zumwalt 제독과 국가안보 보좌관 헨리 키신저는 특별 군용 기차에 나란히 앉아 있었다. 두 사람은 육군 대 해군 축구 경기에 참석하기 위해 필라델피아로 가는 중이었다. 원래 느긋한 여행이 되어야 했으나, 그날 두 사람이 나누었던 대화는 6년 후 대통령 선거의 프라이머리 선거 운동이 한창이던 시기에 전국 언론에서 비난의 대상이 되었다.

　　비슷한 나이의 두 사람은 배경은 너무나도 달랐지만 같은 시기에 각자의 분야에서 정상에 도달했다. 줌왈트는 역대 최연소 해군 참모총장이었고, 키신저는 가장 젊은 국가안보보좌관 중 한 명이었다. 두 사람은 모두 미국이 세계를 주도하는 국가로 부상하는 것을 보면서 전문가로 성장했다. 두 사람 모두 제2차 세계대전에서 인생에 중요한 영향을 미치는 경험을 했는데 당시 젊은 나이에 지휘부의 위치에 올랐다. 이때의 경험은 두 사람이 원래는 고려하지 않았던 국가 안보와 관련된 경력으로 나아가게 했다.

태평양에서, 25살의 엘모 줌왈트 중위는 나포한 일본의 1,200톤급 하천 포함의 "프라이즈 크루 캡틴(나포 선박 책임자)"이 되었다. 그와 17명의 미국 선원은 나포한 함정과 거기에 타고 있던 190명의 일본인 선원을 상하이로 데려갔다. 그들은 몇 년 만에 미국 국기를 내걸고 양쯔강에 진입한 첫 선박으로서, 일본의 부두를 점령하고 미국의 게릴라 군대와 접촉했다. 이 경험으로 줌왈트가 농촌 의사가 되려던 꿈을 포기했다.[2] 한때 회계사를 꿈꾸었던 키신저는 줌왈트 같은 해군 장교가 아닌 징집된 육군 이등병이었다. 그는 한 연대의 방첩대CIC에 배치되었는데, 독일어에 능통했던 키신저는 과거 나치 당원이었던 사람들을 선별하고 체포하는 작업과 독일 점령지에서 미국 전력을 방해하는 임무를 맡은 게슈타포 비밀 스파이 조직을 해체하는 작업에서 두각을 나타냈다. 이런 업적으로 그는 병장으로 진급했고, 그 이후엔 청동성장Bronze Star을 받았다. 이후 하사로 진급한 뒤 "유럽 지역 방첩대의 최고 조사관" 후보가 되었다.[3]

두 사람을 만들어 낸 이 경험들은 미국이 상승세를 타던 시기에 이루어졌다. 하지만 25년이 흐른 뒤 기차 안에서의 그들의 대화는 정점을 달리던 전후 시기로부터 미국이 쇠퇴하고 있는 데 대한 것이었고, 그들은 군사적 균형에서 소련의 우위에 대해 초조해했다. 줌왈트는 키신저가 "미국은 이전의 많은 문명들처럼 이미 역사적 정점을 지났다"면서 미국인들은 "'우리 아테네에게 스파르타인' 소련에 대항해 버텨 낼 힘이 부족하다"고 믿고 있었다고 회고했다.[4] 이런 정세를 고려할 때, 키신저는 자신의 일이 "역사의 힘이 러시아인에게 유리하다는 것을 인정하고, 러시아인들을 설득해 우리가 얻어 낼 수 있는 최선의 거래를 하게 하는 것"이라고 말했다.[5] 줌왈트는 여기에 동의하지는 않았지만, 자신이 키신저가 하는 주장에 동요하고 있음을 발견했다.

6년 뒤, 이 대화는 전국적인 뉴스가 되었다. 줌왈트가 이 대화를 담은 회고록을 출판했고, 로널드 레이건은 대선 토론에서 이를 인용해 제럴드 포드 대통령을 공격하는 무기로 사용했다. 그리고 결국 키신저는 이 내용을 소리 높여 부인했다. "나는 훌륭한 제독님을 퓰리처상 픽션 부분 후보로 추천할 것"이라고 그가 말했다.[6] 줌왈트에게는 분명 이 대화를 과장할 이유가 있었는데, 그가 버지니아주 상원의원에 출마했기 때문이다. 하지만 키신저는 사실 1960년대 미국의 쇠퇴에 대해 공개적으로 저술한 적이 있었고 1970년대 내내 많은 인터뷰에서 그 내용을 자주 언급했다. 소련에 대한 미국의 상대적 위상에 대한 그의 암울한 평가는 오랫동안 잘 알려져 있었다.[7]

그 암울함은 많은 미국의 전략가들에게 되돌아왔고, 50년 전 키신저와 줌왈트가 나눴던 그 대화는 오늘날에도 쉽게 재현될 수 있다. 그 시기에도 지금처럼 부상하는 세력들이 수평선에 모습을 드러내는 동안 미국은 엄청난 국내의 압박에 직면하고 있었다. 그때도 지금과 마찬가지로, 일부는 미국의 정책이 덜 도발적이고 덜 경쟁적이어야 하고, "역사의 힘"이 미국에 불리해진 사실을 반영해야 하며, 떠오르는 라이벌과 가능한 한 최선의 거래를 해야 한다고 생각한다. 오늘날 다시 유행하는 키신저식 주장의 새로운 버전은 중국이 전 세계 제조업을 장악하고, 첨단 기술에서도 점점 미국의 라이벌이 되고 있으며, 구매력평가지수로는 미국보다 더 커진 경제를 자랑하고, 세계 최대의 해군을 보유하고, 100년 만의 팬데믹을 대부분의 다른 나라들보다 더 훌륭하게 헤쳐나갔고, 2020년 강대국 가운데 유일하게 경기 후퇴를 피한 것을 지적할 것이다. 이와 대조적으로, 중국의 많은 이들에게, 심지어 미국의 많은 이들에게 미국은 희망이 보이지 않을 정도로 분열되고 정체되어 있고, 통치와 제조들은 악화되어 가는 듯 보인다. 이 책이 출판되는 시점에, 미국은 몇 년 동안 지속되는 팬데믹을 겪으며 산업이 망가지고, 부채는 급증하였으며, 민주주의는 손상되고, 전지구적 명성은 감소하고 있다. 키신저의 비관주의는 정당화될 것인가?[8]

숙명론으로 빠져드는 것은 섣부르다. 미국 쇠퇴론은 풍부한 역사를 가지고 있지만 종종 부정확했다. 지난 세기에도 4번의 쇠퇴론 물결이 있었다. 그때마다 미국은 정치학자 새뮤얼 헌팅턴이 말한 "독특한 자체 교정 능력"을 보였는데, 쇠퇴론주의자들은 역설적으로 "그들이 예언하는 것을 방지하는 필수적인 역할"을 했다.[9]

미국 쇠퇴론의 첫 번째 물결은 1930년대 대공황 시기에 시작되었다. 키신저를 비롯한 많은 이들은 전후 시대를 미국의 전성기로 보겠지만, 바로 그 몇 년 전에 벌어진 경제적 재앙으로 독일과 일본이 미국보다 더 신속하게 부상하는 듯 보였고, 그로 인해 미국인들은 자국의 자치 시스템에 대해 의문을 가지게 되었다. 미국은 프랭클린 델라노 루스벨트 대통령이 미국의 경제를 개조하기 위해 활용한 혁신적인 뉴딜 New Deal 프로그램을 통해 회복했고, 전후 시기가 되자 한때 패배가 불가피해 보였던 미국은 전성기의 위치로 돌아왔다. 그리고 나서 1957년 소련은 스푸트니크 위성을 발사해 쇠퇴론주의의 제2의 물결을 일으켰다. 그러나 뉴딜의 체화된 기억이 남아 있었다. 미국은 수십 년 동안 자국을 기술 분야의 주도 국가로 만들 연방정부가 지원하는 연구와 교육 기관들을 설립했다.

쇠퇴론은 1960년대와 1970년대에 장기적인 제3의 물결에서 최고조에 달했다. 이는 키신저와 줌왈트를 비롯해 수많은 이들의 미국의 회복력에 대한 신념을 시험했다. 미국은 사회적 혼란과 정치적인 암살들,

브레튼우즈 체제의 붕괴, 스태그플레이션, 리처드 닉슨 대통령 탄핵, 사이공 함락을 겪었고, 이 모든 일들은 소련이 진보하는 상황에서 벌어졌다. 그러나 결국은 이런 상황이 조정과 재생이 일어나도록 했다. 사회적 혼란은 시민권 개혁을 촉진했고, 탄핵은 법치를 강화시켰고, 브레튼우즈 체제의 붕괴는 궁극적으로 달러의 지배를 가져왔다. 베트남에서의 패배는 징집제도를 끝냈으며, 소련의 아프가니스탄 침공은 소련 붕괴를 앞당겼다.

산업의 쇠퇴, 무역 적자, 불평등 확대로 나타난 4번째 쇠퇴론 물결은 1980년대와 1990년대 미국 지도자들을 뒤흔들었고, 매사추세츠 상원의원인 폴 송가스Paul Tsongas는 "냉전은 끝났고, 일본과 독일이 승리했다"고 선언하기도 했다. 그러나 이런 압력에도 불구하고, 미국은 정보 기술 혁명을 성공적으로 이용했다. 송가스의 발언이 있고 10년도 되기 전에, 미국은 적수가 없는 초강대국으로 거듭났다.

미국은 이제 5번째 쇠퇴론 물결 가운데 있다. 이것은 2008년 글로벌 금융위기와 함께 시작되었고, 트럼프의 규칙을 파괴하는 대통령직 수행, 코로나 팬데믹, 극단주의자들의 미 의사당 난입으로 가속화되었다. 이 모든 일들은 중국의 지속적인 부상을 배경으로 진행되었다. 그리고 이 책이 보여 주는 것처럼, 중국은 지역적 차원과 글로벌 차원에서 모두 미국식 질서를 대체하고, 중국 자신의 질서를 만들려는 대전략을 계속 가져왔다. 중국은 지금 세계를 주도하는 국가가 되려고 한다.

미국 쇠퇴론에 대한 내러티브가 중국에서 인기가 높기는 하지만, 이것은 불완전한 것이다. 쇠퇴론주의자들은 불평등, 양극화, 가짜 정보와 산업공동화 같은 요소들을 지적한다. 이것들은 미국에서 실제로 강력한 영향을 미치는 요소들이지만, 그들은 이 같은 요소들이 미국에만 유일한 것이 아니라 본질적으로 글로벌한 현상이라는 것을 망각하고 있다. 동시에 그들은 중국에 대한 미국의 우위를 간과한다. 바로 중국이 급속도로 고령화되는 인구, 막대한 부채, 성장 둔화 그리고 달러와 경쟁하기에는 한참 먼 통화를 가지고 있다는 것이다. 반면, 미국은 여전히 선망의 대상이 되는 우위를 가지고 있다. 즉 젊은 인구, 금융 지배력, 풍부한 자원, 평화로운 국경, 강력한 동맹, 혁신적인 경제 말이다. 게다가 중국의 40년에 걸친 부상이 진행되는 대부분의 시간 내내 미국은 지속적으로 세계 GDP의 4분의 1을 차지하고 있다는 사실도 부차적인 일이 아니다.[10]

쇠퇴론주의자들은 미국 파워의 호소력을 낮게 평가하고 있다. 미국의 개방성은 글로벌 자유주의 질서를 유지하는 동맹들, 미국 성장의 동력이 되는 이민자들, 달러 지배력을 유지하는 자본을 끌어들이고 있다. 미국의 소프트 파워는 국가가 아닌 열린 사회와 사회적 신뢰로부터 나온다. 조지 플로이드의 사망 이후 일어난 시위를 중국은 쇠퇴의 신호로 잘못 인식했지만, 실제로는 미국 건국의 가치를 실현하려는 공적인 투쟁을 반영한다. 이런 가치의 호소력은 매우 보편적이어서 이를 실현하려는 투쟁은 전 세계 대중들의 관심을 얻고 해외에서도 행진이 일어나도록 영감을 주었다. 미국은 다른 강대국들에 비해 더 많은 비판을 받는데, 이것은 "정확히 미국이 더 높은 기준을 유지하고 있기 때문이다"라고 남아프리카공화국에서 활동하는 언론인인 델레 올로조드 Dele Olojode는 주장한다. "누구도 중국에 대해 그런 기준을 요구하지 않는다."[11]

미국에게 쇠퇴는 그런 조건이 형성되어 있다기보다는 어떤 선택을 할 것이냐의 문제다. 아래로 향하는 길은 미국의 양극화된 정치 제도 안에서 진행되고 있다. 쇠퇴에서 벗어나는 길은 양당이 합의할 수 있는 드문 분야인, 미국이 중국의 도전에 맞설 필요성에 대한 합의 안에 있을 것이다.

이 책이 보여 준 것처럼, 이 도전 자체는 여러 측면에서 선택의 문제가 아니다. 중국의 규모와 점점 커지고 있는 글로벌 야망은 지정학적인 사실이며, 중국은 미국이 20세기에 했던 것과 같은 방식으로 21세기에 대한 규칙을 만들어 내려고 한다. 마지막 장에서 중국의 야망에 대한 정책적 대응을 논의했는데, 바로 미국의 질서가 기반을 두고 있는 "통제 형태"를 강화하고, 중국의 질서가 곧 필요로 하게 될 통제 형태는 약화시키는 것이다. 미국은 달러에는 달러, 선박에는 선박, 대출에는 대출식으로 경쟁하는 것을 피할 수 있고 또 피해야만 한다. 대신 미국은 중국이 쓰는 비용보다 더 낮은 비용으로 중국의 진격을 약화시킬 수 있는 비대칭적 접근법을 채택하면서 미국식 질서와 힘의 원천에 다시 투자할 수 있다.

재투자의 필요성은 특히 절실하다. 중국의 도전에 대응하려면 미국의 경쟁력과 혁신에 대한 재투자가 필요한데, 이것은 국내의 재생과 노동계급의 번영에도 중요하다. 정책 결정자들은 이 두 어젠다를 결합해 미국의 불안을 증폭시킬 것이 아니라, 반드시 미국의 가장 중요한 국내 과제들이 해외에서도 유익한 효과를 거두도록 실현해야 한다. 동시에 정책 결정자들은 미국의 경쟁자를 10피트의 거인처럼 보는 널리 퍼진 쇠퇴주의 경향에 저항해, 공포와 편견을 퍼트리지 않고 혁신을 일으킬 수 있는 대응을 정확히 조절해야 한다. 외부에 등장한 경쟁자는 신중하게 대응한다면 미국이 스스로 최고가 되도록 만든다. 다시 한번 그렇게 할 수 있다. 냉전 시기 동안, 미국 정치가들은 외교정책에 대한 이견을 "국경선에at the water's edge" 남겨 두려 노력했다. 이번에도 당파적인 교착 상태가 있지만, 국내적인 합의가 미국의 국경선 밖에서(외교 문제에 대해서-옮긴이) 다시 한번 시작될 수 있다.

국내에서는 미국을 강화하고 해외에서는 더 경쟁력 있게 만드는 건설적인 대중국 정책을 가지고 미국 지도자들은 미국이 쇠퇴하고 있다는 인상을 뒤집을 수 있다. 그렇지만 거기서 멈춰서는 안 된다. 그들은 민주주의가 제대로 작동할 수 있는 연대와 시민적 정체성을 재건하기 위한 긍정적인 방법들을 발견해야 한다. 공유할 수 있는 자유주의적 민족주의를 강조하려는 노력, 즉 역사가 질 레포어Jill Lepore가 말한 "새로운 미국주의New Americanism"는 우리의 시민 문화의 일부였고, 다시 그렇게 될 수 있다.[12]

미국이 여전히 스푸트니크 충격으로 동요하던 60년 전, 존 F 케네디는 대통령 후보로서 오하이오주 캔턴시의 강당에서 연설했다. 나라가 심각한 위기에 직면해 있었고 케네디는 그것을 열거했다. 바로 저임금, 높은 주택 비용, 고조되는 분쟁 위험, 점진적인 산업 쇠퇴, 미국이 멈춰 있는 동안 전진하는 듯 보이는 새로운 라이벌의 부상 등이었다. 그때 케네디는 말했다. "우리가 극복해야 할 것은 미국이 성숙기에 도달했고, 아마도 우리의 전성기는 지났고, 우리의 가장 좋았던 날들은 이미 과거가 되었고, 이제는 우리가 길고 느린 오후로 들어서고 있다는 심리적인 느낌이다. … 나는 그런 견해를 전혀 받아들이지 않는다. 이 나라의 국민들 또한 마찬가지다."[13]

## 감사의 말

어떤 책도 혼자만의 것은 아니다. 이 책이 빛을 보게 해 준 너무나 많은 이들에게 감사한다.

나에게 처음 중국 외교정책과 정치학을 가르쳐 준 스승들은 프린스턴대학에 있다. 그들이 없었다면 나는 이 책을 쓰지도, 이런 경력을 쌓을 수도 없었을 것이다. 길버트 로즈먼Gilbert Rozman은 아시아 지정학에 대한 수업으로 첫 번째 불씨를 주었다. 톰 크리스텐슨Tom Christensen은 그 불씨가 계속 타오르게 해 주었는데, 나는 지금도 그가 중국 외교정책과 공적인 업무의 중요성에 대해 강의한 말들을 인용할 수 있다. 로버트 코헤인Robert Keohane은 나에게 연구 방법을 가르쳐 주고 사회과학자가 될 수 있는 방법을 인내심을 가지고 보여 줌으로써 불쏘시개를 제공했다. 애런 프라이드버그Aaron Friedberg에게는 지적인 부분에서 직접적으로 큰 빚을 지고 있다. 그는 나를 연구 보조자로 채용하고 광범위한 전문가의 과제에 문을 열어 줌으로써 불꽃을 키워 주었다. 나는 그가 거의 15년 동안 꾸준히 나를 지원해 주고 사려 깊은 조언을 해 준 데 대해 감사한다.

이 책은 또한 나를 안내해 준, 직업에서의 여러 멘토들에게 빚지고 있다. 중국 인권에 대한 수전 오설리번Susan O'sullivan의 지치지 않는 조언은 내가 정부에서 일할 수 있는 첫 번째 기회를 주었고, 내가 중국과 외교정책을 이해하는 방식을 바꿨다. 조슈 볼턴Josh Bolten은 워싱턴에서 나에게 첫 정규직 일자리를 제공했다. 내가 일하던 초창기에 공직 수행과 인격의 모델이 되어 주고, 오랫동안 나에게 그토록 많은 것들을 가르쳐 준 멘토들인 댄 프라이스Dan Price, 마이크 스마트Mike Smart, 클레이 로어리Clay Lowery를 소개해 주었다. 재키 딜Jackie Deal과 스티브 로젠Steve Rosen은 나에게 국방 연구 분야의 첫 일자리를 제안해 주었고, 그 경험은 내가 대학원에 진학하고 중국과 외교정책을 아우르는 경력을 쌓을 수 있게 해 주었다.

　대학원에서는 운 좋게도 너무나 훌륭한 스승이자 논문의 조언자 세 분으로부터 큰 도움을 받았다. 스티브 로젠, 이에인 존스턴Iain Johnston 그리고 조슈 커저Josh Kerzer는 나에게 논문 쓰는 법을 가르쳐 주었고, 그들의 인내, 지도, 관대함이 이 책이 나올 수 있도록 해 주었다. 그들과 함께 대학원에서 공부하는 동안 나를 지도하고 지원해 준 테일러 프라벨Taylor Fravel, 비핀 나랑Vipin Narang, 베스 시몬스Beth Simmons, 주디스 켈리Judith Kelly, 베리 포젠Barry Posen, 오엔 코트Owen Cote를 비롯한 다른 많은 교수진에게도 감사한다. 또한 1년 동안 조지워싱턴대학에서 연구하고 쓰는 데 전념할 기회를 준 찰리 글레이저Chalie Glaser에게도 감사한다.

　나는 이 책의 많은 부분을 하버드대의 퀸시 하우스Quincy House(대학원생 기숙사)에서 조교로 있으면서 썼다. 나는 그곳에서 동료애와 공동체를 발견했고, 그들이 있었기에 연구와 집필 과정의 고독에서 벗어날 수 있었다. 학과장인 리 게커Lee Gehke와 퀸시의 활력 넘치고 열과 성을 다하는 그의 아내 뎁Deb에게 감사한다. 그들은 기숙사를 집처럼 만들어 주었다. 그녀에 대한 추억은 나처럼 그녀와 만났던 수천 명의 학생과 직원들의 마음에 남아 있다.

## 부록

    이 책은 몇 년간 도서관과 대만, 홍콩, 중국의 서점들, 그리고 중국의 전자상거래 사이트에서 발굴해 낸 중국어로 된 권위 있는 공산당 문서의 원본과 완전히 디지털화된 데이터베이스를 자료로 했다.

    이러한 자료들은 시진핑 시대에 들어 얻는 것이 매우 어려워졌다. 중국의 많은 기록 보관소들은 문을 닫거나 제한이 생겼다. 마찬가지로, 한때 광범위하게 당 또는 군사 관련 자료들을 팔았던 서점들은, 일부 경우에는 외국인에게 판매하는 책을 줄였다. 미국 일부 도서관들은 훌륭한 중국 관련 컬렉션을 자랑스럽게 여겼으나, 매우 많은 분량의 중국 자료들은 더는 구할 수 없게 되었다.

    이런 제한들을 고려하면, 이 책이 참고한 데이터베이스를 구축하기 위해서는 다양한 방법이 필요했다. 실제로 여기서 사용한 문헌 중 일부는 대만이나 홍콩에서 유통되고 있었다. 인용된 다른 문헌들은 몰래 유출되어 소수의 미국 도서관들에 은밀하게 보관되어 있었다. 일부는 관대한 학자들로부터 제공받았다. 그리고 놀라울 정도로 많은 자료들이 중국 정부 사이트에 부주의하게 게재되어 있었다.

    이 책의 자료 중 제일 많은 부분은 공산당 관련 출판사들의 공식 출판물에서 나왔고, 그중 많은 수는 그다지 주목을 받지 못한 상태였다. 이 출판물들 가운데 오래된 판본들은 정책의 종적인 변화를 이해하는 데 유용하지만 서점에서 찾는 것이 무척 어렵다. 이런 자료들은 온라인에서 구매하는 것도 어려운데, 외국 계정을 제한하거나 외국인에게 판매하는 데 제한이 있기도 하고, 물론 전자상거래 사기도 있다. 나는 더 많은 자료를 모으기 위해 패션 관련 상품을 취급하는 것으로 더 잘 알려진 현지의 중개인과 협력했다. 이를 통해 공개된 자료를 더 빠르게 모을 수 있었고, 풍부하고 완전하게 전자화된 당 문서들의 컬렉션을 수집할 수 있었다.

중국의 대전략에 대한 문서적인 접근은 여러 층위의 공개 자료를 구축하고, 중국어 자료들을 신뢰도에 따라 분류하고, 그에 따라 인용하는 데 의존한다. 이 가운데 가장 권위 있는 것은 지도자급의 회고록, 이론 문건, 공문서 자료, 공식 연설, 기밀 자료, 고위 지도자들의 에세이다. 이것들은 보통 더 자주 인용되지만 덜 신뢰할 만한 중국어 잡지 기사들이나 싱크탱크 보고서보다 당의 사상을 더 잘 반영하고 있다. 여기서 간단히 이 자료들을 검토해 볼 필요가 있다.

· 지도자급 연설

당과 지도자급의 문서는 그 문서의 대상과 목적에 기초해 신뢰도를 분류할 수 있다.

첫 번째 범주는 지도자급 당 연설이며 이는 노선과 방침을 정하거나 주요 당 기관들 앞에서 주요 이슈에 대한 정책을 정하기 위한 것들이다. 이 가운데 가장 권위 있는 것은 당 대회 보고서로, 5년에 한 번 열리는 당 대회에서 총서기가 발표한다. 이 행사는 공산당 내에서 가장 중요하고, 여기서 발표되는 3만 자의 정치 보고서는 외교정책을 비롯한 모든 중요한 정책 사안에 대한 노선을 정한다. 연설은 종종 국제 정세에 대해 당이 합의한 내용을 빠르게 개괄하면서 시작된다. 당 대회보다는 덜 중요하지만, 최고 지도자가 중요한 당 기구와 200명 정도의 중앙위원들을 상대로 한 연설 또한 중요하다. 이는 매년 열리고, 중앙위원회 전체회의라 불린다.

당 기구들에 대한 주요 연설에 이어, 중요 외교정책 연설을 하는 데, 이것은 대전략을 연구하는 데 유용한 권위 있는 지도자급 문서의 두 번째 범주다. 이 연설문은 당의 것일 수도 있고 국가 기관의 것일 수도 있다. 여기에는 평균 약 6년에 한 번씩 열리는 대사회의, 몇 차례밖에 열리지 않은 중앙외사공작회의(1976, 1991, 2006, 2014, 2018년), 그리고 2013년 열린 주변외교공작좌담회 같은 주요 외교정책 관련 비공개 회의나 심포지엄 등이 포함된다. 이런 종류의 연설은 매우 드물게 행해지고, 외교정책 기구들 앞에서 하는 연설인 경우가 많아서 특별히 중요하며, 이것을 검토해 보면 외교정책의 변화를 선포하기 위해 쓰이거나 새롭게 변화하는 환경에 대처하려 한 경우가 많다. 이 연설에 등장한 판단은 종종 중앙위원회, 중앙정치국, 정치국 상무위원회 수준에서 이뤄진 당의 합의에 명백하게 뿌리를 두고 있다. 외교정책 연설의 또 다른 범주는 중앙군사위원회나 외교부 같은 주요 기구의 지도자들이 정기적으로 한 연설인데, 이것은 당의 합의를 공고히 하거나 전달한다.

지도자급 연설의 마지막 범주는 외교와는 직접 관련이 없는 당과 국가의 기구들을 대상으로 한 연설이다. 놀라울 정도로 이런 연설 중 많은 부분이 상당히 자세하게 외교정책을 다루고 있거나 국제 정치와 중국의 전략에 대한 당의 합의 내용을 확산시키거나 강화하려는 시도로 볼 수 있다.

### · 외부를 향한 외교 정책 자료들

앞서 말한 연설들은 전반적으로 내부의 청중을 향한 것이고, 지도자의 주요 업적을 알리는 내용이 아닌 이상 대중에게 거의 공개되지 않고, 가끔 온라인에 요약본이 공개된다. 그에 비해 정부는 지도자급 연설이나 부서의 백서들을 출판했는데, 이는 세계 각지의 외부 청중을 위한 것이다. 여기에는 유엔이나 이웃 국가 방문 시의 연설과 정부

부처들이 공개한 중요한 문서들도 포함된다. 이 자료들은 고위급 중국 기구들이 세심한 고려와 숙고를 거쳐 공개했기 때문에 신뢰도가 높지만, 분명 외부의 시각을 형성하기 위한 의도도 담고 있다. 때문에 그 자료들은 어떤 경우에서는 쓸모 있지만, 언제나 중국 내부의 생각을 알아낼 수 있는 최고의 지표는 아니다. 예를 들면, 장쩌민과 후진타오 주석의 연설을 종합적으로 검토한 결과 나는 때로는 같은 해, 심지어 같은 달에 행해진 연설에서도 외부 관중에게는 세계가 다극체제로 이동하고 있다는 자신감 넘치는 평가를 하면서도 내부 관중을 향해서는 훨씬 절제된 평가를 하는 일관된 경향이 있음을 발견했다. 그렇다고 해도, 이들은 중국의 전략을 가늠할 수 있는 가장 유용한 문서들의 일부다.

· 당 언론

중국공산당은 중요 안건에 대한 자신들의 판단을 확산시키는 데 권위 있는 당 언론을 이용한다. 여기에는 당 기관지 〈인민일보〉 같은 일간지와 〈치우스〉와 〈학습시보〉 같은 저명한 당 잡지들이 포함된다. 이런 공간들은 당의 견해를 강조하기 위해서 이용될 뿐 아니라, 중요한 지도자급 연설에 대한 꽤 긴 분량의 논평을 제공하거나 당의 논쟁에 목소리를 내기 위해서도 쓰인다. 이 때문에, 글의 작성자나 필명, 발행 날짜에 주목하는 것이 특히 중요하다.

· 기능적 자료

앞서 살펴본 것처럼, 광범위한 공신력 있는 문서들은 정부 부처, 군 그리고 관련 출판사에서 발행한 것들이다. 이런 것들과 고위 관리들의 회고록과 선집 혹은 군 신문들은 국가 주요 기관의 방침 또는 정책을 이해하는 데 유용하다.

군사 문제와 관련해, 이 책은 1980년 이후 중국 군사 원칙의 변화에 주목하면서, 중국어로 된 정책 문서를 살펴보았다. 또 회고록, 전집, 일상 활동에 대한 기록, 1980년대 이후 출판된 중앙군사위원회 부주석들의 공식 전기도 참고했는데, 여기에는 예젠잉, 류화칭, 장전, 장완녠 그리고 츠하오톈 등이 포함되어 있다. 이와 함께 덩샤오핑, 장쩌민, 후진타오, 시진핑을 위해 출판된 군사 문제와 관련한 많은 귀중한 지도자급 개요서들도 참고했다. 마지막으로, 많은 유사 정책 출판물과 군사과학원, 국방대학, 다른 군사 싱크탱크들, 각종 군 관련 출판사에서 나온 역사들도 인용했다.

국제 정치적 결정과 관련해, 특히 국제기구와 관련하여 이 책은 출판된 회고록, 선집, 외교부 장과 외교 업무를 책임진 국무위원들의 자료들을 인용했는데, 우쉐첸, 첸치천, 탕쟈쉬안, 리자오싱, 다이빙궈, 양제츠, 왕이 등의 자료들이다. 이 책은 이런 기관과 긴밀하게 관련된 조금 더 직급이 낮은 외교관들과 관리들의 견해와 중국 외교정책을 수립했다고 알려진 학자들의 견해도 조심스럽게 인용했는데, 특히 국제기구에 대해서는 장윈링, 친야칭, 왕이저우 등을 인용했다. 이와 함께 여러 국제기구의 성명과 출판물이 특히 유용하다.

중국의 국제 경제 관련 행동에 대해서는 경제적 정책 결정의 측면을 재현하기 위해 주룽지와 리펑의 글에 의지했다. 또 상무부와 인민은행의 광범위한 관리들의 글을 포함해 지도자급과 외교적인 글과 연설 등을 인용하고 있다.

## · 싱크탱크 논평

많은 교수들, 연구 학자, 전직 관리들, 그리고 싱크탱크 분석가들 역시 중국 외교정책을 연구하는 학자들에 의해 정기적으로 인용된다. 많은 경우, 이런 자료들은 권위 있거나 당의 견해를 대변하지는 않는다. 그럼에도 특정한 상황에서 이런 자료들이 유용하게 사용된다. 첫째, 저명한 중국 싱크탱크와 비공식 외교정책 자문으로 활동하고 있거나 이전에 활동했던 학자들과 그들의 시각은 정책 결정의 맥락을 이해하는 데 도움을 준다. 일부 학자들은 중앙정치국의 주요 프로젝트와 관련해 일하도록 요청을 받는데, 이는 매달 당의 관심사인 주요 안건에 대해 "집체 학습"을 소집하는 것이다. 학자들은 이 모임을 준비하는 데 몇 달 심지어 몇 년을 쓰고, 발표 이후에는 연구를 지속하라는 과제가 주어지기도 한다(예를 들면 대국굴기大国崛起 시리즈). 이런 문서는 당의 합의에 대한 권위 있는 진술은 아닐 수 있지만, 당의 관심사를 보여 준다. 둘째, 많은 싱크탱크와 학자들이 당의 연구 우선순위와 관련되어 있다. 일부는 특정한 기능적 또는 지역적 주제에 맞춰 연구비 지원을 맞는 대학 센터에서 근무하고, 다른 이들은 특정 부처들과 연결된 싱크탱크에서 근무한다. 좀 더 광범위하게, 대부분 부서는 부처와 관련된 출판사에서 폭넓은 잡지와 서적을 출판하는데, 이런 출판물들은 현재 정책의 맥락과 과거 정책의 이유를 알게 해 준다. 셋째, 싱크탱크와 학술 자료는 때로는 외교정책 기구 내의 흥미로운 논쟁에 대한 인사이트를 제공해 줄 수 있다. 그것들은 (왕지쓰, 장원링 같은) 엘리트들의 다양한 외교정책 의견들을 보여 준다. 종합하면, 이런 문서들은 당의 생각과 그러한 생각이 시간에 따라 어떻게 변화해 왔는지를 포착할 수 있게 도와준다.

# 주석

## 서문

1   Harold James, Krupp: A History of the Legendary British Firm (Princeton: Princeton
    University Press, 2012), 51.

2   For this memo, see Li Hongzhang, "Memo on Not Abandoning the Manufacture of
    Ships," in The Complete Works of Li Wenzhong, vol. 19, 1872, 45.

3   Xi Jinping, "Xi Jinping Delivered an Important Speech at the Opening Ceremony of the
    Seminar on Learning and Implementing the Spirit of the Fifth Plenary Session of the 19th
    Central Committee of the Party," Xinhua, January 11, 2021.

4   Evan Osnos, "The Future of America's Contest with China," The New Yorker,
    January 13, 2020, https://www.newyorker.com/magazine/2020/01/13/the-future-of-
    americas-contest-with-china.

5   예를 들면, John Lewis Gaddis, Strategies of Containment: A Critical Appraisal of
    American National Security Policy during the Cold War (Oxford: Oxford University Press,
    2005).

6   Robert E. Kelly, "What Would Chinese Hegemony Look Like?," The Diplomat,
    February 10, 2014, https://thediplomat.com/2014/02/what-would-chinese-
    hegemony-look-like/; Nadège Rolland, "China's Vision for a New World Order"
    (Washington, DC: The National Bureau of Asian Research, 2020), https://www.nbr.org/
    publication/chinas-vision-for-anew-world-order/.

7   Yuan Peng, "The Coronavirus Pandemic and the Great Changes Unseen in a Century,"
    Contemporary International Relations, no. 5 ( June 2020): 1-6를 볼 것. 위안펑은 국가
    안전부 산하 싱크탱크인 현대국제관계 연구원 원장이다.

8   Michael Lind, "The China Question," Tablet, May 19, 2020, https://www.tabletmag.
    com/sections/news/articles/china-strategy-trade-lind.

9   Graham Allison and Robert Blackwill, "Interview: Lee Kuan Yew on the Future of
    U.S.-China Relations," The Atlantic, March 5, 2013, https://www.theatlantic.com/
    china/archive/2013/03/interview-lee-kuan-yew-on-the-future-of-us-china-
    relations/273657/.

10  Andrew F. Krepinevich, "Preserving the Balance: A U.S. Eurasia Defense
    Strategy" (Washington,DC: Center for Strategic and Budgetary Assessments, January
    19, 2017), https://csbaonline.org/uploads/documents/Preserving_the_

Balance_%2819Jan17%29HANDOUTS.pdf.

11 "GDP, (US$)," World Bank, 2019, https://data.worldbank.org/indicator/ny.gdp.mktp.cd.

12 Angela Stanzel et al., "Grand Designs: Does China Have a 'Grand Strategy'" (European Council on Foreign Relations, October 18, 2017), https://www.ecfr.eu/publications/summary/grands_designs_does_china_have_a_grand_strategy

13 Susan Shirk, "Course Correction: Toward an Effective and Sustainable China Policy" (National Press Club, Washington, DC, February 12, 2019), https://asiasociety.org/centerus-china-relations/events/course-correction-toward-effective-and-sustainable

14 Robert Sutter, Chinese Foreign Relations: Power and Policy since the Cold War, 3rd ed. (Lanham, MD: Rowman & Littlefield, 2012), 9-10에서 인용. Wang Jisi, "China's Search for a Grand Strategy: A Rising Great Power Finds Its Way," Foreign Affairs 90, no. 2 (2011): 68-79도 참조할 것.

15 Jeffrey A. Bader, "How Xi Jinping Sees the World, and Why" (Washington, DC: Brookings Institution, 2016), https://www.brookings.edu/wp-content/uploads/2016/07/xi_jinping_worldview_bader-1.pdf.

16 Michael Swaine, "The U.S. Can't Afford to Demonize China," Foreign Policy, June 29, 2018, https://foreignpolicy.com/2018/06/29/the-u-s-cant-afford-to-demonize-china/.

17 Jamie Tarabay, "CIA Official: China Wants to Replace US as World Superpower," CNN, July 21, 2018, https://www.cnn.com/2018/07/20/politics/china-cold-war-us-superpowerinfluence/index.html. Daniel Coates, "Annual Threat Assessment," § Senate Select Committee on Intelligence (2019), https://www.dni.gov/files/documents/Newsroom/Testimonies/2019-01-29-ATA-Opening-Statement_Final.pdf.

18 Alastair Iain Johnston, "Shaky Foundations: The 'Intellectual Architecture' of Trump's China Policy," Survival 61, no. 2 (2019): 189-202; Jude Blanchette, "The Devil Is in the Footnotes: On Reading Michael Pillsbury's The Hundred-Year Marathon" (La Jolla, CA: UC San Diego 21st Century China Program, 2018), https://china.ucsd.edu/_files/TheHundred-Year-Marathon.pdf

19 Jonathan Ward, China's Vision of Victory (Washington, DC: Atlas Publishing and Media Company, 2019); Martin Jacques, When China Rules the World: The Rise of the Middle Kingdom and the End of the Western World (New York: Penguin, 2012).

20 Sulmaan Wasif Khan, Haunted by Chaos: China's Grand Strategy from Mao Zedong to Xi Jinping (Cambridge, MA: Harvard University Press, 2018); Andrew Scobell et al., China's Grand Strategy Trends, Trajectories, and Long-Term Competition (Arlington, VA: RAND Corporation, 2020).

21 Avery Goldstein, Rising to the Challenge China's Grand Strategy and International Security (Stanford, CA: Stanford University Press, 2005); Aaron L. Friedberg, A Contest for Supremacy: China, America, and the Struggle for Mastery in Asia (New York: W. W. Norton, 2012); David Shambaugh, China Goes Global: The Partial Power (Oxford: Oxford University Press, 2013); Ashley J. Tellis, "Pursuing Global Reach: China's Not So Long March toward Preeminence," in Strategic Asia 2019: China's Expanding Strategic Ambitions Paperback, eds. Ashley J. Tellis, Alison Szalwinski, and Michael Wills (Washington, DC: National Bureau of Asian Research, 2019), 3－46를 참조할 것.

22 전문과 영국 외무성 내의 반응을 보려면, Eyre Crowe, "Memorandum on the Present State of British Relations with France and Germany," in British Documents on the Origins of the War, 1898－1914, eds. G. P. Gooch and Harold Temperley(London: His Majesty's Stationary Office, 1926), 397－420을 참조할 것.

23 Ibid., 417.

24 Ibid., 415.

25 Ibid., 415.

26 Ibid., 414.

27 Ibid., 414.

28 Interview.

29 Robert Jervis, Perception and Misperception in International Politics (Princeton: Princeton University Press, 1976).

## 1장

1 "Mike Wallace Interview with Henry Kissinger," Harry Ransom Center at the University of Texas at Austin, July 13, 1958, https://hrc.contentdm.oclc.org/digital/collection/p15878coll90/id/67/.

2 Beatrice Heuser, The Evolution of Strategy: Thinking War from Antiquity to the Present (Cambridge: Cambridge University Press, 2010), 4에서 인용.

3 Hal Brands, What Good Is Grand Strategy?: Power and Purpose in American Statecraft from Harry S. Truman to George W. Bush (Ithaca, NY: Cornell University Press, 2014), vii. 중국 자료들이 대전략을 어떻게 정의하느냐의 질문은 중요하다. 그러나 이 책은 대전략을 분석적 개념으로 사용하고 있기 때문에 다른 문화에서의 의미 차이는 덜 중요하다. 문제는 이 책이 대전략이라고 부르는 이런 현상이 중국의 사례에 존재하는 가이지, 다른 문화에서 이 용어가 어떤 의미인지는 문제가 아니다. 이 현상과 "대전략"이라는 용어를 연결시키는 것은 서구의 전략적 고전에서 유래했지만, 이러한 현상은 문화적 문맥과 관계 없이 존재하며 "서구적"으로 여겨질 필요는 없다.

4    Barry R. Posen, Restraint: A New Foundation for U.S. Grand Strategy (Ithaca, NY: Cornell University Press, 2014), 1.

5    19세기에 대전략이 처음으로 도입되었을 때 이것은 나폴레옹의 지휘술을 가리키는 군사적인 약어였다. 19세기 말 상호 연관성과 대서양 무역이 증가하면서 Alfred Thayer Mahan과 Julian Corbett과 같은 해양 전략가들이 이 개념을 경제적 의미까지 포함하는 것으로 확장시켰다. 제1차 세계대전 이후 John Fuller와 Basil Liddell Hart 같은 학자들은 국가 통치의 더 많은 의미를 포함시켰고, 전쟁에서의 승리뿐 아니라 평화 시기 경쟁의 성공까지로 그 목적을 확대시켰다. 마침내 제2차 세계대전 이후 Edward Meade Earle은 이런 맥락들을 하나로 통합해 이 책에서 사용된 대전략의 현대적 정의를 설립하는 데 도움을 주었다.

6    전문과 영국 외무성 내의 반응을 보려면 Eyre Crowe, "Memorandum on the Present State of British Relations with France and Germany," in British Documents on the Origins of the War, 1898 – 1914, eds. G. P. Gooch and Harold Temperley(London: His Majesty's Stationary Office, 1926), 397 – 420을 참조.

7    Brands, What Good Is Grand Strategy?, 6.

8    Daniel Drezner, "Does Obama Have a Grand Strategy?: Why We Need Doctrines in Uncertain Times," Foreign Affairs 90, no. 4 (2011): 59.

9    David A. Welch, Painful Choices: A Theory of Foreign Policy Change (Princeton: Princeton University Press, 2005), 37.

10   Ibid., 31 – 33.

11   Michael A. Glosny, "The Grand Strategies of Rising Powers: Reassurance, Coercion, and Balancing Responses" (PhD diss., Massachusetts Institute of Technology, 2012), 27.

12   패권적 질서의 정치와 특히 부상하는 강대국이 어떻게 거기에 도전하는지에 대한 이 책의 초점은 John Ikenberry와 Dan Nexon의 패권적 질서에 대한 연구에서 "third wave"라고 한 용어에 두었다.

13   Kenneth Waltz, Theory of International Politics, (Long Grove, IL: Waveland Press, 2010); David Lake, Hierarchy in International Relations (Ithaca, NY: Cornell University Press, 2009).

14   John G. Ikenberry, Liberal Leviathan: The Origins, Crisis, and Transformation of the American World Order (Princeton: Princeton University Press, 2011), 13. Kyle Lascurettes, Orders of Exclusion: Great Powers and the Strategic Sources of Foundational Rules in International Relations (Oxford: Oxford University Press, 2020).

15   Paul Musgrave and Dan Nexon, "Defending Hierarchy from the Moon to the Indian Ocean: Symbolic Capital and Political Dominance in Early Modern China and the Cold War," International Organization 73, no. 3 (2018): 531 – 626; Alex D. Barder, "International Hierarchy," in Oxford Research Encyclopedia of International Studies (Oxford: Oxford University Press, 2015).

**16** Robert Gilpin, War and Change in World Politics (Cambridge: Cambridge University Press, 1981), 26. This approach is also similar to the way that Robert Cox discusses hegemony, as involving economic, military, and political dominance backed by an ideology that secures a "measure of consent" from other states and publics. Robert W. Cox, "Gramsci, Hegemony, and International Relations: An Essay in Method," Millennium: Journal of International Studies 12, no. 2 (1983): 162–75. Others also emphasize the ideological content of order. See, for example, Bentley B. Allan, Srdjan Vucetic, and Ted Hopf, "The Distribution of Identity and the Future of International Order: China's Hegemonic Prospects," International Organization 72,no. 4 (2018): 839–69.

**17** Gilpin, who focuses on great power wars, also allows that evolution in order can take place gradually

**18** 신흥 강대국과 기존 강대국 전략과 상호 작용을 논의한 최근의 작업으로 Joshua R. Itzkowitz Shifrinson, Rising Titans, Falling Giants: How Great Powers Exploit Power Shifts (Ithaca, NY: Cornell University Press, 2018); 그리고 David M. Edelstein, Over the Horizon: Time, Uncertainty, and the Rise of Great Powers (Ithaca, NY: Cornell University Press, 2017)가 있다.

**19** John Mearsheimer, The Tragedy of Great Power Politics (New York: Norton, 2001).

**20** Gilpin calls this an "international system," but he acknowledges that in the modern world this system is global. See Chapter 1 of Gilpin, War and Change in World Politics.

**21** 위협 인식은 이데올로기적 차이로 증폭될 수 있다. 중국은 미국이 자유주의 세력이고, 중국공산당의 기준으로는 미국의 가치가 중국공산당의 권력 장악을 위협한다고 여기기 때문에, 그렇지 않은 경우보다 미국을 더욱 위협적으로 보고 있다. 이런 상황은 역사의 많은 부분에서 발견할 수 있다. Haas, The Ideological Origins of Great Power Politics, 1789–1989 (Ithaca, NY: Cornell University Press, 2005).

**22** James C. Scott, Weapons of the Weak: Everyday Forms of Peasant Resistance (New Haven: Yale University Press, 1987).

1   Zhao Ziyang, Prisoner of the State: The Secret Journal of Premier Zhao Ziyang, eds.
    Adi Ignatius, Bao Pu, and Renee Chiang (New York: Simon & Schuster, 2010), 252. 자오쯔
    양, 바오푸 지음. 장윤미, 이종화 옮김.《국가의 죄수》. 에버리치홀딩스, 2010.

2   Ibid.

3   Ibid.,252.

4   Ibid.,252.

5   Orville Schell and John Delury, Wealth and Power: China's Long March to the Twenty-
    First Century (New York: Random House, 2013), 263.

6   Alexander Pantsov and Stephen I. Levine, Deng Xiaoping: A Revolutionary Life (Oxford:
    Oxford University Press, 2015), 56.

7   Lucian Pye, "An Introductory Profile: Deng Xiaoping and China's Political Culture,"
    The China Quarterly, no. 135 (1993): 432.

8   "Resolution of the 19th National Congress of the Communist Party of China on the
    'Articles of Association of the Communist Party of China (Amendment)'," Xinhua,
    October 24, 2017, http://www.xinhuanet.com/politics/19cpcnc/2017-10/24/
    c_1121850042.htm..

9   Richard McGregor, The Party (New York: HarperCollins, 2010), 18. 리처드 맥그레거 지음.
    김규진 옮김.《중국공산당의 비밀》. 파이카, 2012.

10  Ibid.

11  David L. Shambaugh, China's Communist Party: Atrophy and Adaptation (Berkeley:
    University of California Press, 2008), 1.

12  David L. Shambaugh, China's Communist Party: Atrophy and Adaptation (Berkeley:
    University of California Press, 2008), 1.

13  Schell and Delury, Wealth and Power, 15. 존 델러리, 오빌 셸 지음. 이은주 옮김.《돈과
    힘》. 문학동네, 2013.

14  Ezra Vogel, Deng Xiaoping and the Transformation of China (Cambridge: Harvard
    University Press, 2011), 17. 에즈라 보겔 지음, 심규호 등 옮김.《덩샤오핑 평전》. 민음사,
    2014.

15  Schell and Delury, Wealth and Power, 263.

16  Jonathan Spence, Mao Zedong: A Life (New York: Penguin Books, 2006), 9.

17  Schell and Delury, Wealth and Power, 262.

18  Vogel, Deng Xiaoping and the Transformation of China, 11-12.

19　장쩌민 스스로도 15차 당 대회 연설에서 이를 인정했다. Jiang Zemin, Jiang Zemin
Selected Works, vol. 2 (Beijing: People's Press, 2006), 2. 중국공산당은 때로 부흥을 振兴과
复兴 모두로 표현한다.

20　Deng Xiaoping, Collection of Deng Xiaoping's Military Writings, vol. 1 (Beijing: Military
Science Press, 2004), 83; Zheng Wang, "The Chinese Dream from Mao to Xi," The
Diplomat, September 20, 2013, https://thediplomat.com/2013/09/the-chinese-dream-
from-mao-to-xi/. Interestingly, Jiang Zemin personally inscribed the cover for Deng's
military writings.

21　Jiang Zemin, Jiang Zemin Selected Works, vol. 1 (Beijing: People's Press, 2006), 37.

22　See Hu Yaobang, "Create a New Situation in All Fields of Socialist Modernization,"
in Literature Research Office of the Chinese Communist Party Central Committee,
Selection of Important Documents since the 12th Party Congress, vol. 1 (Beijing: Central
Party Literature Press, 1986), 6 – 62.

23　See Zhao Ziyang, "Advance along the Road of Socialism with Chinese Characteristics,"
in Literature Research Office of the Chinese Communist Party Central Committee,
Selection of Important Documents since the 13th Party Congress, vol. 1 (Beijing: People's
Publishing House, 1991), 4 – 61.

24　For Jiang's 14th Party Congress Address, see Jiang Zemin, "Accelerating the Reform,
the Opening to the Outside World and the Drive for Modernization, so as to Achieve
Greater Successes in Building Socialism with Chinese Characteristics," in Literature
Research Office of the Chinese Communist Party Central Committee, Selection of
Important Documents since the 14th Party Congress, vol. 1 (Beijing: People's Publishing
House, 1996), 1 – 47. For the 15th Party Congress address, see Jiang Zemin, "Hold
High the Great Banner of Deng Xiaoping Theory for an All-round Advancement of
the Cause of Building Socialism with Chinese Characteristics' into the 21st Century,"
in Literature Research Office of the Chinese Communist Party Central Committee,
Selection of Important Documents since the 15th Party Congress, vol. 1 (Beijing: People's
Publishing House, 2000), 1 – 51. For the 16th Party Congress address, see Jiang Zemin,
"Build a Well-off Society in an Allround Way and Create a New Situation in Building
Socialism with Chinese Characteristics," in Literature Research Office of the Chinese
Communist Party Central Committee, Selection of Important Documents since the 16th
Party Congress, vol. 1 (Beijing: Central Party Literature Press, 2005), 1 – 44.

25　17차 당 대회 보고에 대해서는 Hu Jintao, "Hold High the Great Banner of Socialism
with Chinese Characteristics and Strive for New Victories in Building a Moderately
Prosperous Society in All Respects," in Literature Research Office of the Chinese
Communist Party Central Committee, Selection of Important Documents since the
17th Party Congress, vol. 1 (Beijing: Central Party Literature Press, 2009), 1 – 44 등을 참조.

18차 당 대회 보고에 대해서는 Hu Jintao, "Firmly March on the Path of Socialism with Chinese Characteristics and Strive to Complete the Building of a Moderately Prosperous Society in All Respects," in Literature Research Office of the Chinese Communist Party Central Committee, Selection of Important Documents since the 18th Party Congress, vol. 1 (Beijing: Central Party Literature Press, 2014), 1 – 43 등을 참조.

26  Xi Jinping, "Secure a Decisive Victory in Building a Moderately Prosperous Society in All Respects and Strive for the Great Success of Socialism with Chinese Characteristics for a New Era", 19th Party Congress Political Report (Beijing, October 18, 2017).

27  Hu Jintao, Hu Jintao Selected Works , vol. 1 (Beijing: People's Press, 2016), 364, 556.

28  Ibid., vol. 1, 149.

29  Ibid., vol. 1, 149.

30  이는 자오쯔양의 13차 당 대회 연설과 장쩌민의 14차 당 대회 연설에서 뚜렷하다.

31  그의 모임은 당 대회와 별개이며 가끔 열렸다. Deng Xiaoping Selected Works, 2nd ed., vol. 3 (Beijing: People's Press,1993), 143.

32  Jiang Zemin, Jiang Zemin Selected Works, vol. 3 (Beijing: People's Press, 2006), 308.

33  Ibid., vol. 3, 299.

34  Deng Xiaoping Selected Works, vol. 3, 204 – 6.

35  Jiang Zemin, Jiang Zemin Selected Works, 2006, vol. 3, 127.

36  Ibid., vol. 2, 63. See also Jiang's 15th Party Congress address.

37  Ibid., vol. 3, 399.

38  Hu Jintao, Hu Jintao Selected Works, vol. 3 (Beijing: People's Press, 2016), , 560 – 61.

39  Ibid., vol. 3, 659.

40  Xi Jinping, "Secure a Decisive Victory in Building a Moderately Prosperous Society in All Respects and Strive for the Great Success of Socialism with Chinese Characteristics for a New Era."

41  Franz Schurmann, Ideology and Organization in Communist China (Berkeley: University of California Press, 1966), 22 – 26, 122.

42  Vladimir Lenin, "A Letter to a Comrade on Our Organisational Tasks, 1902," in Lenin Collected Works, vol. 6 (Moscow: Progress Publishers, 1964), 231 – 52.

43  McGregor, The Party, 12.

44  Ibid., 9

45  Kinling Lo, "The Military Unit That Connects China's Secret 'Red Phone' Calls," South China Morning Post, July 21, 2017, https://www.scmp.com/news/china/diplomacy-defence/article/2103499/call-duty-military-unit-connects-chinas-secret-red.

**46**  McGregor, The Party, 9.

**47**  Christopher K. Johnson and Scott Kennedy, "Xi's Signature Governance Innovation: The Rise of Leading Small Groups," CSIS, October 17, 2017, https://www.csis.org/analysis/xissignature-governance-innovation-rise-leading-small-groups; David M. Lampton, "Xi Jinping and the National Security Commission: Policy Coordination and Political Power" 24, no. 95 (2015): 772.

**48**  이 구조의 개혁에 대해 더 많은 내용을 알고 싶다면, Nis Grünberg and Katja Drinhausen, "The Party Leads on Everything China's Changing Governance in Xi Jinping's New Era" (Mercator Institute for China Studies, September 24, 2019), https://www.merics.org/de/chinamonitor/the-party-leads-on-everything

**49**  Alice Miller, "More Already on the Central Committee's Leading Small Groups," China Leadership Monitor, no. 4 (2014): 4, https://www.hoover.org/research/more-already-central-committees-leading-small-groups.

**50**  Ibid.; Johnson and Kennedy, "Xi's Signature Governance Innovation"; Grünberg and Drinhausen, "The Party Leads on Everything China's Changing Governance in Xi Jinping's New Era"; Scott Kennedy and Chris Johnson, https://www.csis.org/analysis/xis-signature-governance-innovation-rise-leading-small-groups.

**51**  Lampton, "Xi Jinping and the National Security Commission," 767.

**52**  Wen-Hsuan Tsai and Wang Zhou, "Integrated Fragmentation and the Role of Leading Small Groups in Chinese Politics," The China Journal 82 (2019): 22.

**53**  Ibid., 4.

**54**  Ibid.; Kjeld Erik Brødsgaard, ed., "'Fragmented Authoritarianism' or 'Integrated Fragmentation'?," in Chinese Politics as Fragmented Authoritarianism (New York: Routledge, 2017), 38–55.

**55**  Suisheng Zhao, "China's Foreign Policy Making Process: Players and Institutions," in China and the World, ed. David Shambaugh (Oxford: Oxford University Press, 2020), 94.

**56**  Li Yuan, "Coronavirus Crisis Shows China's Governance Failure," New York Times, February 4, 2020, https://www.nytimes.com/2020/02/04/business/china-coronavirus-government.html?action=click&module=Top%20Stories&pgtype=Homepage.

**57**  Quoted in Jerry F. Hough and Merle Fainsod, How the Soviet Union Is Governed (Cambridge, MA: Harvard University Press, 1979), 19.

**58**  See Shambaugh, China's Communist Party, 141–43.

**59**  Yun Sun, "Chinese Public Opinion: Shaping China's Foreign Policy, or Shaped by It?," Brookings Institution, December 13, 2011, https://www.brookings.edu/opinions/chinesepublic-opinion-shaping-chinas-foreign-policy-or-shaped

60 Andrew Chubb, "Assessing Public Opinion's Influence on Foreign Policy: The Case of China's Assertive Maritime Behavior," Asian Security 2 (2018): 159 – 79.

61 Jessica Chen Weiss, Powerful Patriots: Nationalist Protest in China's Foreign Relations(Oxford: Oxford University Press, 2014).

62 Joseph Fewsmith and Stanley Rosen, "The Domestic Context of Chinese Foreign Policy: Does 'Public Opinion' Matter," in The Making of Chinese Foreign and Security Policy, 1978 – 2000,ed. David M. Lampton (Stanford: Stanford University Press, 2001), 151 – 90; Peter Gries, "Nationalism, Social Influences, and Chinese Foreign Policy," in China and the World, ed. David Shambaugh (Oxford: Oxford University Press, 2020), 63 – 84.

63 Thomas J. Christensen, "More Actors, Less Coordination?: New Challenges for the Leaders of a Rising China," in China's Foreign Policy: Who Makes It, and How Is It Made?, ed. Gilbert Rozman (New York: Palgrave, 2011), 21 – 37; Linda Jakobson and Dean Knox, "New Foreign Policy Actors in China," SIPRI Policy Paper (Stockholm: Stockholm International Peace Research Institute, 2010).

64 Shambaugh, China's Communist Party; Minxin Pei, China's Crony Capitalism (Cambridge, MA: Harvard University Press, 2016).

65 Zhao, "China's Foreign Policy Making Process," 105 – 6.

66 Zhao Ziyang's Collected Works Editing Team, The Collected Works of Zhao Ziyang 1980– – 1989, vol. 3 (Hong Kong: The Chinese University Press, 2016), 218..

67 Ibid., vol. 3, 218.

68 Jiang Zemin, Jiang Zemin Selected Works, vol. 1, 315.

69 Ibid., vol. 1, 315.

70 Ibid., vol. 1, 315.

71 Hu Jintao, Hu Jintao Selected Works, vol. 2 (Beijing: People's Press, 2016), 98 – 99 .

72 Ibid., vol. 2, 98 – 99.

73 Xi Jinping, Xi Jinping: The Governance of China, vol. 1 (Beijing: Foreign Language Press, 2014), 299.

74 Xi Jinping, Xi Jinping: The Governance of China, Volume 2, vol. Volume 2 (Beijing: Foreign Language Press, 2014), 444.

75 Yang Jiechi, "Chinese Diplomatic Theory and Innovation in Practice in the New Situation," Qiushi 2013, no. 16 (August 16, 2013), http://www.qstheory.cn/zxdk/2013/201316/201308/t20130813_259197.htm.

76 Xi Jinping, "Xi Urges Breaking New Ground in Major Country Diplomacy with Chinese Characteristics," Xinhua, June 22, 2018, http://www.xinhuanet.com/politics/2018-06/23/c_1123025806.htm.

77 Ibid.

78 Ibid.

79 Ibid.

80 Ibid.

81 Ibid.

82 Richard Baum, China Watcher: Confessions of a Peking Tom (Seattle: University of Washington Press, 2014), 235.

83 Ibid.

84 Simon Leys, "The Art of Interpreting Nonexistent Inscriptions Written in Invisible Ink on a Blank Page," New York of Review Books, October 11, 1990, https://www.nybooks.com/articles/1990/10/11/the-art-of-interpreting-nonexistent-inscriptions-w/.

85 Alice Miller, "Valedictory: Analyzing the Chinese Leadership in an Era of Sex, Money, and Power," China Leadership Monitor, no. 57 (2018), https://www.hoover.org/sites/default/files/research/docs/clm57-am-final.pdf.

86 Geremie R. Barmé, "The China Expert and the Ten Commandements," China Heritage, January 5, 2018, http://chinaheritage.net/journal/the-china-expert-and-the-ten-commandments/.

87 Ibid., 16.

88 Samuel Wade, "On US-China Trade Tensions," China Digital Times, June 29, 2018, https://chinadigitaltimes.net/2018/06/minitrue-on-u-s-china-trade-tensions/.

## 3장

1 Deng Xiaoping Selected Works, 2nd ed., vol. 3 (Beijing: People's Press, 1993), 344–46.

2 이 설명은 1980년부터 2000년까지 많은 공개 자료들에 담겨 있다. Philip Taubman, "US and Peking Join in Tracking Missiles," New York Times, June 18, 1981, https://www.nytimes.com/1981/06/18/world/us-and-peking-join-in-tracking-missiles-in-soviet.html; John C. K. Daly, "US, China—Intel's Odd Couple," UPI, February 24, 2001, https://www.upi.com/Archives/2001/02/24/Feature-US-China-intels-odd-couple/6536982990800/.

3 Charles Hopper, "Going Nowhere Slowly: US-China Military Relations 1994–2001" (Cambridge, MA: Weatherhead Center for International Affairs, July 7, 2006), 5, https://scholarsprogram.wcfia.harvard.edu/files/fellows/files/hooper.pdf.

4 "Claims China Using HMAS Melbourne for Study," The Age, March 8, 2002, https://

www.theage.com.au/world/claims-china-using-hmas-melbourne-for-study-20020308-gdu178.html; Sebastien Roblin, "Meet the Australian Aircraft Carrier That Jump-Started China's Own Carrier Quest," The National Interest, December 10, 2018, https://nationalinterest.org/blog/buzz/meet-australian-aircraft-carrier-jump-started-chinas-own-carrier-quest-38387.

5   Deng Xiaoping Selected Works, vol. 3, 127–28.

6   이 전체 문장은 종종 冷静观察 站稳脚跟 , 沉着应付 , 韬光养晦, 善于守拙 , 绝不当头으로 표현되며, 때로는 변형되어 등장하기도 한다. 이 표현은 일찍이 덩샤오핑이 1989년 9월 중앙정부에 대해 한 발언에서 등장한다. Deng Xiaoping Selected Works, vol. 3, 321. 덩샤오핑이 처음으로 도광양회를 언급한 것 중 하나는 Leng Rong과 Wang Zuoling가 편집한 Deng Xiaoping Nianpu, vol. 2 (Beijing: China Central Document Press, 2006), 1346. 이 표현은 전 외교부장 탕자셴이 주요 외교정책 보고에서 여러 번 덩샤오핑을 인용해 언급했다. See Tang Jiaxuan, "The Glorious Course of China's CrossCentury Diplomacy," Foreign Ministry of the People's Republic of China, October 17, 2020, https://www.fmprc.gov.cn/web/ziliao_674904/zt_674979/ywzt_675099/zt2002_675989/2319_676055/t10827.shtml.

7   George H. W. Bush and Brent Scowcroft, A World Transformed: The Collapse of the Soviet Empire, The Unification of Germany, Tiananmen Square, The Gulf War (New York: Knopf, 1998), 195–96.

8   Ibid.

9   These documents are available at the George H. W. Bush Presidential Library and Museum and were provided to ChinaFile by George Washington University professor David Shambaugh. "U.S.-China Diplomacy after Tiananmen: Documents from the George H. W. Bush Presidential Library," ChinaFile, July 8, 2019, https://www.chinafile.com/conversation/other-tiananmen-papers.

10  Ibid.

11  Ibid.

12  Ibid.

13  Ibid.

14  "Brent Scowcroft Oral History Part I—Transcript," University of Virginia Miller Center, November 12, 1999, https://millercenter.org/the-presidency/presidential-oral-histories/brent-scowcroft-oral-history-part-i.

15  Bush and Scowcroft, A World Transformed, 204.

16  Ibid., 178.

17  Ibid., 179.

18　Ibid 179

19　Ibid., 180

20　Deng Xiaoping Selected Works, vol. 3, 294.

21　Hu Yaobang, "Report to the 12th National Congress of the Communist Party of China: Create a New Situation in All Fields of Socialist Modernization," Beijing Review, April 12, 2011, http://www.bjreview.com/90th/2011-04/12/content_357550_9.htm.

22　See The Science of Military Strategy (Beijing: Academy of Military Science Press, 1987); Taylor Fravel, "The Evolution of China's Military Strategy: Comparing the 1987 and 1999 Editions of Zhanluexue," in China's Revolution in Doctrinal Affairs: Emerging Trends in the Operational Art of the Chinese People's Liberation Army, eds. James Mulvenon and David Finkelstein (Alexandria, VA: Center for Naval Analyses, 2005), 79–99.

23　Deng Xiaoping Selected Works, vol. 3, 168.

24　Ibid., vol. 3, 320.

25　Ibid., vol. 3, 325.

26　Ibid., vol. 3, 325-26.

27　Ibid., vol. 3, 331.

28　Ibid., vol. 3, 344.

29　Ibid., vol. 3, 348.

30　Ibid., vol. 3, 348.

31　Harlan W. Jencks, "Chinese Evaluations of 'Desert Storm': Implications for PRC Security," Journal of East Asian Affairs 6, no. 2 (1992): 454.

32　Ibid.

33　David L. Shambaugh, China's Communist Party: Atrophy and Adaptation (Berkeley: University of California Press, 2008).

34　Gao Yu, "Xi Jinping the Man," DW.com, January 26, 2013, https:// www.dw.com/ zh/ 男儿习近平/ a- 16549520. https:// www.dw.com/ zh/ %E7%94%B7%E5 %84%BF%E 4%B9%A0%E8%BF%91%E5%B9%B3/ a- 16549520.

35　J. D. Frodsham, The Collected Poems of Li He (New York: Penguin, 2017). The introduction contains a compilation of biographical details.

36　Ibid.

37　Jiang Zemin, Jiang Zemin Selected Works, vol. 2 (Beijing: People's Press, 2006), 452.

38　对手라는 용어는 적수 또는 라이벌 관계의 의미로 쓰인다.

39　For Jiang's 8th Ambassadorial Conference address, see Jiang Zemin, Jiang Zemin Selected Works, vol. 1 (Beijing: People's Press, 2006), 311–17..

40   Ibid., vol. 1, 312

41   Ibid., vol. 1, 312.

42   Ibid., vol. 1, 312.

43   Ibid., vol. 1, 312

44   .Ibid., Jiang Zemin, Jiang Zemin Selected Works, 2006, vol. 2, 197.

45   Ibid., vol. 2, 197.

46   Ibid., vol. 2, 198.

47   Ibid., vol. 2, 202-3.

48   Ibid., vol. 2, 203.

49   Ibid., vol. 2, 203.

50   Ibid., vol. 2, 196.

51   Ibid., vol. 2, 451.

52   Ibid., vol. 2, 451.

53   Ibid., vol. 2, 452.

54   Ibid., vol. 2, 452..

55   Ibid., vol. 2, 353

56   Hu Jintao, Hu Jintao Selected Works, vol. 2 (Beijing: People's Press, 2016), 91.

57   Andrew Nathan and Bruce Gilley, China's New Rulers: The Secret Files (New York: New
     York Review of Books, 2002), 207 – 9.

58   Zong Hairen, China's New Leaders: The Fourth Generation(New York: Mirror Books,
     2002), 76 – 78.

59   Ibid.,, 76 – 78.

60   Ibid.,, 168. For a good translation for many of the quotes in Zong Hairen's compilation
     of leaked documents, see Nathan and Gilley, China's New Rulers, 207 – 9.

61   Zong Hairen, China's NewLeaders: The Fourth Generation, 322 – 26.

62   Ibid.,, 125.

63   Hu Jintao, Hu Jintao Selected Works, vol. 2, 503 – 4.

64   Ibid., vol. 2, 509.

65   Paul A. Cohen, Speaking to History: The Story of King Goujian in Twentieth-Century
     China(Berkeley: University of California Press, 2010).

66   Ibid.

67   Ibid.

68  Ibid.

69  "冷静观察，站稳脚跟，沉着应付，韬光养晦，善于守拙，绝不当头."

70  Xiao Feng, "Is Comrade Deng Xiaoping's 'Tao Guang Yang Hui' Thinking an 'Expedient Measure'?," Beijing Daily, April 6, 2010, http://dangshi.people.com.cn/GB/138903/141370/11297254.html; Zhang Xiangyi, "Observe Calmly, Calmly Cope with the Situation, Tao Guang Yang Hui, Do Not Take Leadership, Accomplish Something", People's Daily Online, October 28, 2012, http://theory.people.com.cn/n/2012/1028/c350803-19412863.html.

71  Zhu Weilie, "Tao Guang Yang Hui: A Commonsense Concept in the Global Cultural Mainstream," People's Daily Online, April 28, 2011, http://world.people.com.cn/GB/12439957.html. 주웨이리에는 상하이국제관계학원의 교수다.

72  For example, see Liu Huaqing, Memoirs of Liu Huaqing (Beijing: Revolutionary Army Press, 2004), 601.

73  Deng Xiaoping Selected Works, vol. 3, 321.

74  Chen Dingding and Wang Jianwei, "Lying Low No More?: China's New Thinking on the TaoGuang Yang Hui Strategy," China: An International Journal 9, no. 2 (September 2011): 197.

75  Leng Rong and Wang Zuoling, Deng Xiaoping Nianpu, vol. 2, 1346.

76  Jiang Zemin, "Jiang Zemin Discusses Opposing Peaceful Evolution," http://www.360doc.com/content/09/0203/23/97184_2452974.shtml. I was given this document, but it can be accessed at this link too.

77  Ibid.

78  Jiang Zemin, Jiang Zemin on Socialism with Chinese Characteristics (Special Excerpts) 江泽民论有中国特色社会主义【专题摘编】(Beijing: 中央文献出版社, 2002), 529 – 30.

79  Ibid., 529 – 30.

80  Jiang Zemin, Jiang Zemin Selected Works, 2006, vol. 1, 289.

81  Ibid., vol. 1, 315.

82  Ibid., vol. 2, 202. Emphasis added.

83  Hu Jintao, Hu Jintao Selected Works, vol. 2, 97. Emphasis added.

84  Ibid., vol. 2, 97

85  Ibid., vol. 2, 97.

86  Ibid., vol. 2, 97.

87  Ibid., vol. 2, 97. Emphasis added.

88  Zong Hairen, China'sNew Leaders: The Fourth Generation, 78.

89    Hu Jintao, Hu Jintao Selected Works, vol. 2, 518.

90    Ibid., vol. 2, 518.

91    Ibid., vol. 2, 518. Emphasis added.

92    Ibid., vol. 2, 510.

93    Ibid., vol. 2, 519.

94    Yang Wenchang, "My Views about 'Tao Guang Yang Hui,'" Foreign Affairs Journal, no. 102 (2011); Yang Wenchang, "Diplomatic Words of Wisdom," China Daily, October 29, 2011,http://usa.chinadaily.com.cn/opinion/2011-10/29/content_13999715.htm.

95    Michael D. Swaine, "Perceptions of an Assertive China," China Leadership Monitor, no. 32(2010): 7.

96    Yan Xuetong, "From Keeping a Low Profile to Striving for Achievement," Chinese Journal of International Politics 7, no. 2 (2014): 155 – 56.

97    Ibid., 156.

98    예를 들면 당중앙의 교재들도 이 개념을 이렇게 설명한다. Zhang Xiangyi, "Observe Calmly, Calmly Cope with the Situation, Tao Guang Yang Hui, Do Not Take Leadership, Accomplish Something."

99    This phrase is discussed in greater detail in Chapter 4.

100    This phrase is discussed in greater detail in Chapter 4.

101    This phrase is discussed in greater detail in Chapter 4.

102    Zhang Wannian Writing Group, Biography of Zhang Wannian, vol. 2 (Beijing: Revolutionary Army Press, 2011), 419.

103    Ibid., vol. 2, 419.

104    이 우려에 대한 논의를 보려면 5장을 참조할 것.

## 4장

1    Zhang Wannian Writing Group, Biography of Zhang Wannian, vol. 2 (Beijing: Revolutionary Army Press, 2011), 419.

2    Darrell Whitcomb, "The Night They Saved Vega 31," Air Force Magazine, December 1, 2006, https://www.airforcemag.com/article/1206vega/.

3    For a cursory summary of these events and tactics, see Paul F. Crickmore, Lockheed F-117 Nighthawk Stealth Fighter (Oxford: Osprey, 2014), 56 – 58.

4    Zhang Wannian Writing Group, Biography of Zhang Wannian, vol. 2, 415.

5    Ibid., vol. 2, 415.

6    Ibid., vol. 2, 417 – 18.

7    이 개념에 대한 서구의 저작으로는 Michael Pillsbury, China Debates the Future Security Environment (Washington, DC: National Defense University Press, 2000); Jason Bruzdzinski, "Demystifying Shashoujian: China's 'Assassin's Mace' Concept," in CivilMilitary Change in China: Elites, Institutions, and Ideas after the 16th Party Congress, eds. Andrew Scobell and Larry Wortzel (Carlisle: US Army War College, 2004), 309 – 64; Alastair Iain Johnston, "Toward Contextualizing the Concept of Shashoujian (Assassin's Mace)" (Unpublished Manuscript, August 2002)를 볼 것. 이 장에서는 새로운 자료들을 토대로 이 개념의 요소에 대해 약간 다른 방법론을 사용했다.

8    Zhang Wannian Writing Group, Biography of Zhang Wannian, vol. 2, 419.

9    Barry R. Posen, "Military Doctrine and the Management of Uncertainty," Journal of Strategic Studies 39, no. 2 (2016): 159.

10   Kenneth Waltz, Theory of International Politics (Long Grove: Waveland Press, 2010), 127.

11   João Resende-Santos, Neorealism, States, and the Modern Mass Army (New York: Cambridge University Press, 2007).

12   See Chapter 2 of Barry R. Posen, The Sources of Military Doctrine: France, Britain, and Germany between the World Wars (Ithaca, NY: Cornell University Press, 1984).

13   Kimberly Marten Zisk, Engaging the Enemy (Princeton: Princeton University Press, 1993), 3.

14   Taylor Fravel and Christopher P. Twomey, "Projecting Strategy: The Myth of Chinese Counter-Intervention," Washington Quarterly 37, no. 4 (2015): 171 – 87.

15   대만에 대한 분쟁에서 이 흐름의 의미와 제한에 대한 연구로는 Richard C. Bush and Michael E. O'Hanlon, A War Like No Other: The Truth about China's Challenge to America (New York: John Wiley & Sons, 2007)를 참조

16   중국의 정책 변화 특히 "지역 전쟁"에서 "첨단 기술 조건하에서의 지역 전쟁" 그리고 궁극적으로 "첨단 기술 정보화 조건 하에서의 지역 전쟁"으로의 진화에 대한 서구의 훌륭한 연구들은 다음과 같다. 매우 훌륭한 연구로는 Taylor Fravel, Active Defense: China's Military Strategy since 1949 (Princeton: Princeton University Press, 2019)이 있다. Dennis J. Blasko, "China's Evolving Approach to Strategic Deterrence," in China's Evolving Military Strategy, ed. Joe McReynolds (Washington, DC: Brookings Institution Press, 2018), 335 – 55; You Ji, China's Military Transformation (Malden, MA: Polity, 2016); Dennis J. Blasko, The Chinese Army Today: Tradition and Transformation for the 21st Century (New York: Routledge, 2006); Paul Godwin, "Change and Continuity in Chinese Military Doctrine: 1949 – 1999," in Chinese Warfighting: The PLA Experience since 1949, eds. David M. Finkelstein, Mark A. Ryan, and Michael A. McDevitt (Armonk: M.E. Sharpe, 2003), 23 – 55; and Ellis Joffe, The Chinese Army after Mao (Cambridge, MA:

Harvard University Press, 1987)도 참조.

17 Liu Huaqing, "Unswervingly Advance along the Road of Building a Modern Army with Chinese Characteristics," PLA Daily, August 6, 1993.

18 Ibid.

19 Zhang Zhen, Memoirs of Zhang Zhen, vol. 2 (下) (Beijing: Liberation Army Press, 2004), 359, 361.

20 Zhang Wannian Writing Group, Biography of Zhang Wannian, vol. 2,, 60.

21 Chi Haotian Writing Group, Biography of Chi Haotian (Beijing: Liberation Army Press, 2009), 352－354. Emphasis added.

22 Zhang Zhen, Memoirs of Zhang Zhen, vol. 2 (下), 361; Group, Biography of Zhang Wannian, vol. 2,, vol. 2, 59.

23 완전한 버전은 "中华复兴与世界未来." 주요한 인용은 Willy Wo-Lap Lam, "American Ties Are in the Firing Line," South China Morning Post, February 27, 1991에 포함되어 있다. 이 메모의 중요한 편집된 버전은 He Xin, Selected Works of Hexin on Political Economy (Beijing: Heilong Jiang Education Publishing House, 1995), 403－6에 포함되어 있다. Haarlan W. Jencks, "Chinese Evaluations of 'Desert Storm': Implications for PRC Security," Journal of East Asian Affairs 6, no. 2 (1992): 455－56; Lam, "American Ties Are in the Firing Line."도 참조할 것.

24 Johnston, "Toward Contextualizing the Concept of Shashoujian (Assassin's Mace)."

25 Ibid.

26 Cited in Andrew S. Erickson, Chinese Anti-Ship Ballistic Missile (ASBM) Development: Drivers, Trajectories, and Strategic Implications (Washington, DC: Jamestown Foundation, 2013), 36. Emphasis added.

27 Bruzdzinski, "Demystifying Shashoujian," 324에서 인용. 필자 강조.

28 Xi Jinping, "The Full Text of Xi Jinping's Speech at the Forum on Cybersecurity and Informatization Work-Xinhuanet," April 25, 2016, http://www.xinhuanet.com//politics/2016-04/25/c_1118731175.htm.

29 Pillsbury, China Debates the Future Security Environment; Johnston, "Toward Contextualizing the Concept of Shashoujian (Assassin's Mace)."

30 이 자료들은 Jencks, "Chinese Evaluations of 'Desert Storm,'" 454에 요약되어 있다. 걸프전쟁의 영향에 대한 훌륭한 다른 연구들은 Fravel, Active Defense; Pillsbury, China Debates the Future Security Environment; Ellis Joffe, "China after the Gulf War" (Kaohsiung: Sun Yatsen Center for Policy Studies, May 1991); David Shambaugh, Modernizing China's Military (Berkeley: University of California Press, 2003); Godwin, "Change and Continuity in Chinese Military Doctrine"; and Blasko, The Chinese Army Today. One

excellent volume explores how China studied other's conflicts: Andrew Scobell, David Lai, and Roy Kamphausen, eds. Chinese Lessons from Other People's Wars (Carlisle, PA: Strategic Studies Institute, 2011). 〈China Quarterly〉의 1996년 특집에도 이 주제를 다룬 연구들이 실려 있다. David Shambaugh, "China's Military in Transition: Politics, Professionalism, Procurement and PowerProjection," China Quarterly, no. 146 (1996): 265-98.

31  Chi Haotian, Chi Haotian Military Writings (Beijing: Liberation Army Press, 2009), 282.

32  Jencks, "Chinese Evaluations of 'Desert Storm,'" 454.

33  Zhang Wannian Writing Group, Biography of Zhang Wannian, vol. 2,, 59.

34  Chi Haotian Writing Group, Biography of Chi Haotian, 326. Emphasis added.

35  Zhang Zhen, Memoirs of Zhang Zhen, vol. 2, 361.

36  Ibid.

37  Chi Haotian, Chi Haotian Military Writings, 282.

38  Ibid., 282.

39  Ibid., 283. Emphasis added.

40  Ibid., 283. Emphasis added.

41  Ibid., 287.

42  Ibid., 287. Emphasis added.

43  Ibid., 326.

44  Ibid., 327.

45  Zhang Zhen, Memoirs of Zhang Zhen, vol. 2, (下), 394.

46  Zhang Wannian Writing Group, Biography of Zhang Wannian, vol. 2,, 63.

47  Chi Haotian Writing Group, Biography of Chi Haotian, 327; Zhang Zhen, Memoirs of Zhang Zhen, vol. 2, (下), 361.

48  Zhang Zhen, Memoirs of Zhang Zhen, vol. 2, (下), 362.

49  Ibid., vol. 2 (下), 364.

50  Ibid., vol. 2 (下), 364.

51  Ibid., vol. 2 (下), 364-65.

52  Liu Huaqing, "Unswervingly Advance along the Road of Building a Modern Army with Chinese Characteristics."

53  Ibid.

54  Ibid. Emphasis added.

55  Ibid. Emphasis added.

56  Ibid.

57  Zhang Wannian Writing Group, Biography of Zhang Wannian, vol. 2,,165 – 67. Emphasis added.

58  Liu Huaqing, "Unswervingly Advance along the Road of Building a Modern Army with Chinese Characteristics."."

59  Zhang Wannian Writing Group, Biography of Zhang Wannian, vol. 2, 164. Jiang Zemin, Jiang Zemin Selected Works, vol. 2 (Beijing: People's Press, 2006), 85, 161, 544.

60  Zhang Wannian Writing Group, Biography of Zhang Wannian, vol. 2,, 169 – 71.

61  Ibid., vol. 2, 165 – 67

62  Ibid., vol. 2, 170 – 71.

63  Zhang Wannian, Zhang Wannian Military Writings(Beijing: Liberation Army Press, 2008), 732.

64  Zhang Zhen, Memoirs of Zhang Zhen, vol. 2 (下), 390.

65  Ibid., vol. 2 (下), 390.

66  Ibid., vol. 2 (下), 391-93.

67  Ibid., vol. 2 (下), 391-93.

68  Zhang Wannian Writing Group, Biography of ZhangWannian,, vol. 2,165.

69  Ibid., vol. 2, 82.

70  Ibid., vol. 2, 169-70.

71  Ibid., vol. 2, 170.

72  Ibid., vol. 2, 81.

73  Ibid., vol. 2, 169.

74  Ibid., vol. 2, 415.

75  Ibid., vol. 2, 415 – 17.

76  Ibid., vol. 2, 420.

77  Ibid., vol. 2, 419.

78  Ibid., vol. 2, 419.

79  Zhang Wannian, Zhang Wannian Military Writings, 732.

80  〈군사과학전략〉의 2001년과 2005년의 영어 번역본은 동일하게 이 용어를 포함하고 있다. 비슷한 용어는 다른 버전에서도 발견할 수 있다. Peng Guangqian and Yao Youzhi, The Science of Military Strategy(Beijing: Military Science Press, 2005), 451.

81  "Establishing Party Command Capable of Creating a Style of a Victorious Army," People's Daily Online, July 14, 2014, http://opinion.people.com.cn/n/2014/0714/

c1003-25279852.html. This source was initially quoted in Timothy Heath and Andrew S. Erickson, "Is China Pursuing Counter-Intervention?," Washington Quarterly 38, no. 3 (2015): 149. See also Wang Wenrong, The Science of Military Strategy (Beijing: National Defense University Press, 1999), 308; Shou Xiaosong, The Science of Military Strategy (Beijing: Military Science Press, 2013), 100.

82     Li Yousheng, Joint Campaign Studies Guidebook(Beijing: Academy of Military Science, 2012), 199. Emphasis added

83     Li Yousheng, Joint Campaign Studies Guidebook, 269.

84     James Mulvenon, "The Crucible of Tragedy: SARS, the Ming 361 Accident, and Chinese Party-Army Relations," China Leadership Monitor, no. 8 (October 30, 2003): 1 - 12.

85     "Foreign Ministry Spokesperson's Answers to Journalists' Questions at the Press Conference on May 8, 2003," Foreign Ministry of the People's Republic of China, May 8, 2003, https://www.fmprc.gov.cn/web/fyrbt_673021/dhdw_673027/t24552.shtml.

86     Harvey B. Stockwin, "No Glasnost Yet for the Victims of Submarine 361," Jamestown China Brief 3, no. 12 ( June 17, 2003), https://jamestown.org/program/no-glasnost-yet-for-thevictims-of-submarine-361/.

87     Sebastien Roblin, "In 2003, a Chinese Submarine Was Lost at Sea," The National Interest, March 25, 2018, https://nationalinterest.org/blog/the-buzz/2003-chinese-submarine-was-lost-sea-how-the-crew-died-25072.

88     Yves-Heng Lim, China's Naval Power: An Offensive Realist Approach (Burlington: Ashgate,2014), 90; "The PLA Navy: New Capabilities and Missions for the 21st Century" (Washington, DC: Office of Naval Intelligence, 2015). See also Stephen Saunders, Jane's Fighting Ships 2015 - 2016 (Couldson: IHS Jane's, 2015).

89     "The PLA Navy."

90     Lim, China's Naval Power, 90; Liu Huaqing, Memoirs of Liu Huaqing (Beijing: Revolutionary Army Press, 2004), 477.

91     Lim, China's Naval Power, 90.

92     Andrew S. Erickson and Lyle J. Goldstein, "China's Future Nuclear Submarine Force: Insights from Chinese Writings," in China's Future Nuclear Submarine Force, eds. Andrew S. Erickson et al. (Annapolis, MD: Naval Institute Press, 2007), 199.

93     William S. Murray, "An Overview of the PLAN Submarine Force," in China's Future Nuclear Submarine Force, eds. Andrew S. Erickson et al. (Annapolis, MD: Naval Institute Press, 2007), 59.

94     Erickson and Goldstein, "China's Future Nuclear Submarine Force," 191.

95     "The PLA Navy," 19.

96  Erickson and Goldstein, "China's Future Nuclear Submarine Force," 188–91.

97  Murray, "An Overview of the PLAN Submarine Force," 65.

98  Erickson and Goldstein, "China's Future Nuclear Submarine Force," 192.

99  Ibid.

100 Andrew S. Erickson, Lyle J. Goldstein, and William S. Murray, Chinese Mine Warfare: A PLA Navy "Assassin's Mace" Capability (Newport, RI: Naval War College Press, 2009), 9.

101 R. W. Apple, "War in the Gulf: The Overview; 2 U.S. Ships Badly Damaged by Iraqi Mines in Persian Gulf," New York Times, February 19, 1991, https://www.nytimes.com/1991/02/19/world/war-gulf-overview-2-us-ships-badly-damaged-iraqi-mines-persian-gulf.html.

102 Richard Pyle, "Two Navy Ships Strike Mines in Persian Gulf, 7 Injured," Associated Press, February 18, 1991, https://apnews.com/article/f9c1f4aa006d0436adeaadf100fa6640.

103 Rod Thornton, Asymmetric Warfare: Threat and Response in the 21st Century (New York: Wiley, 2007), 117.

104 "The PLA Navy," 24.

105 Ibid.

106 Erickson, Goldstein, and Murray, Chinese Mine Warfare, 9.

107 "The PLA Navy," 24; Erickson, Goldstein, and Murray, Chinese Mine Warfare, 44.

108 Erickson, Goldstein, and Murray, Chinese Mine Warfare, 3–5.

109 Quoted in ibid., 5.

110 Ibid., 20.

111 Ibid., 21.

112 Ibid., 21.

113 Quoted in ibid., 44.

114 Ibid., 44.

115 Ibid., 41.

116 Ibid., 41.

117 Ibid., 43.

118 Bernard D. Cole, The Great Wall at Sea: China's Navy Enters the Twenty-First Century (Annapolis, MD: Naval Institute Press, 2001), 156.

119 Erickson, Goldstein, and Murray, Chinese Mine Warfare, 33.

120 Ibid., 33–34.

121 Ibid., 33 – 34.

122 Chi Haotian Writing Group, Biography of Chi Haotian, 357.

123 Ibid

124 Ibid

125 Ibid

126 Erickson, Chinese Anti-Ship Ballistic Missile (ASBM) Development, 71.

127 Ibid., 50.

128 "The 'Long Sword' Owes Its Sharpness to the Whetstone—A Witness's Account of the Build-Up of the Two Capabilities of a Certain New Type of Missile," in Glorious Era: Reflecting on the Second Artilery's Development and Advances during the Period of Reform and Opening (Beijing: CCP Central Committee Literature Publishing House, 2008), 681 – 82. Emphasis added.

129 Chi Haotian Writing Group, Biography of Chi Haotian, 357.

130 Erickson, Chinese Anti-Ship Ballistic Missile (ASBM) Development, 31.

131 Yu Jixun, The Science of Second Artillery Campaigns (Beijing: Liberation Army Press, 2004).

132 Quoted in Erickson, Chinese Anti-Ship Ballistic Missile (ASBM) Development, 27.

133 Quoted in ibid., 70.

134 Quoted in ibid., 70.

135 Ibid., 29 – 30.

136 Ron Christman, "Conventional Missions for China's Second Artillery Corps," Comparative Strategy 30, no. 3 (2011): 211 – 12, 216 – 20. See also endnote 91.

137 이 인용문은 다양한 자료들에 등장한다. Andrew Erickson, "China's Ministry of National Defense: 1st Aircraft Carrier 'Liaoning' Handed Over to PLA Navy," September 25, 2012, https://www.andrewerickson.com/2012/09/chinas-ministry-of-nationaldefense-1st-aircraft-carrier-liaoning-handed-over-to-pla-navy/; Huang Jingjing, "Chinese Public Eagerly Awaits Commissioning of Second Aircraft Carrier," Global Times, April 6, 2016, https://www.globaltimes.cn/content/977459.shtml.

138 Michael Horowitz, The Diffusion of Military Power (Princeton: Princeton University Press,2010), 68.

139 Ibid., 65.

140 Ian Storey and You Ji, "China's Aircraft Carrier Ambitions: Seeking Truth from Rumors," Naval War College Review 57, no. 1 (2004): 90.

141 Tai Ming Cheung, Growth of Chinese Naval Power (Singapore: Institute of Southeast Asian Studies, 1990), 27. John Wilson Lewis and Xue Litai, China Builds the Bomb (Stanford,

CA: Stanford University Press, 1988).

142  Liu Huaqing, Memoirs of Liu Huaqing, 480.

143  Ibid.

144  Storey and You Ji, "China's Aircraft Carrier Ambitions," 79.

145  Minnie Chan, "Mission Impossible: How One Man Bought China Its First Aircraft Carrier," South China Morning Post, January 18, 2015, http://www.scmp.com/news/china/article/1681710/sea-trials-how-one-man-bought-china-its-aircraft-carrier.

146  "Gorshkov Deal Finalised at USD 2.3 Billion," The Hindu, March 10, 2010, http://www.thehindu.com/news/national/gorshkov-deal-finalised-at-usd-23-billion/article228791.ece.

147  Zheng Dao, "Voyage of the Varyag," Caixin, July 27, 2011, http://english.caixin.com/2011-07-27/100284342.html?p2.

148  Ibid.

149  Minnie Chan, "PLA Brass 'Defied Beijing' over Plan to Buy China's First Aircraft Carrier Liaoning," South China Morning Post, April 29, 2015, https://www.scmp.com/news/china/diplomacy-defence/article/1779721/pla-brass-defied-beijing-over-plan-buyaircraft-carrier.

150  〈신화통신〉에 실린 류화칭 추모글을 볼 것. "현대해군의 아버지 류화칭"Liu Huaqing, Father of the Modern Navy," Xinhua, January 15, 2011, http://news.xinhuanet.com/mil/2011-01/15/c_12983881.htm.

151  You Ji, "The Supreme Leader and the Military," in The Nature of Chinese Politics, ed. Jonathan Unger (New York: M. E. Sharpe, 2002), 195.

152  이 표현은 여러 글들에 등장한다. Erickson, "China's Ministry of National Defense"; Huang Jingjing, "Chinese Public Eagerly Awaits Commissioning of Second Aircraft Carrier."를 볼 것.

153  Liu Huaqing, Memoirs of Liu Huaqing, 478.

154  Ibid., 479–80.

155  Liu Huaqing Chronicles 1916–2011, vol. 3 (Beijing: Liberation Army Press, 2016), 1195.

156  Minnie Chan, "The Inside Story of the Liaoning: How Xu Zengping Sealed the Deal for China's First Aircraft Carrier," South China Morning Post, January 19, 2015, https://www.scmp.com/news/china/article/1681755/how-xu-zengping-became-middleman-chinasdeal-buy-liaoning. Parentheticals are in the original.

157  Andrew S. Erickson and Andrew R. Wilson, "China's Aircraft Carrier Dilemma," Naval War College Review 59, no. 4 (2006): 19.

158 You Ji, "The Supreme Leader and the Military"; You Ji, China's Military Transformation, 194–95; Robert S. Ross, "China's Naval Nationalism Sources, Prospects, and the U.S. Response," International Security 34, no. 2 (2009): 46–81.

159 You Ji, China's Military Transformation, 195.

160 "The Significance of the Varyag Aircraft Carrier to China's National Strategy Is Something That Cannot Be Purchased with Money," Sina.com, March 24, 2015, http://mil.news.sina.com.cn/2015-03-24/1058825518.html; Liu Huaqing Chronicles 1916–2011, vol. 3 (Beijing: Liberation Army Press, 2016), 1195.

161 Liu Huaqing, Memoirs of Liu Huaqing, 480.

162 Tai Ming Cheung, Growth of Chinese Naval Power, 27.

163 Tai Ming Cheung, Growth of Chinese Naval Power, 40.

164 Erickson and Wilson, "China's Aircraft Carrier Dilemma," 27.

165 Ye Zicheng, "China's Sea Power Must Be Subordinate to Its Land Power," International Herald Leader, March 2, 2007, http://news.xinhuanet.com/herald/2007-03/02/content_5790944.htm.

166 예쯔청은 여러 플랫폼에 대해 언급했는데, 모두 거부 목적으로 사용될 수 있다. 그의 블로그는 더 이상 접속할 수 없지만, 그것을 인용한 부분은 여기서 볼 수 있다. Christopher Griffin and Joseph Lin, "Fighting Words," American Enterprise Institute, April 27, 2007, http://www.aei.org/publication/fighting-words-3/print/; Ye Zicheng 叶自成, "China's Sea Power Must Be Subordinate to Its Land Power."

167 Quoted in You Ji, China's Military Transformation, 195.

## 5장

1 Wang Yizhou, Global Politics and Chinese Diplomacy(Beijing: World Knowledge Press, 2003), 274.

2 Wang Yusheng, Personally Experiencing APEC: A Chinese Official's Observations and Experiences (Beijing: World Knowledge Press, 2000), 36.

3 Ibid., 36.

4 Ibid., 36.

5 Ibid., 168.

6 Ibid., 62.

7 Ibid., 62.

8 국제기구에 대한 중국의 참여에 대해서는 풍부한 글들이 있다. Scott L. Kastner,

Margaret M. Pearson, and Chad Rector, China's Strategic Multilateralism: Investing in Global Governance (Cambridge: Cambridge University Press, 2018); Hoo Tiang Boon, China's Global Identity: Considering the Responsibilities of Great Power (Washington, DC: Georgetown University Press, 2018); David Shambaugh, China Goes Global: The Partial Power (Oxford: Oxford University Press, 2013); Marc Lanteigne, China and International Institutions: Alternate Paths to Global Power (New York: Routledge, 2005); and Elizabeth Economy and Michael Oksenberg, China Joins the World: Progress and Prospects (New York: Council on Foreign Relations Press, 1999).

9  Kai He, Institutional Balancing in the Asia Pacific: Economic Interdependence and China's Rise (New York: Routledge, 2009), 36.

10  Wu Jiao, "The Multilateral Path," China Daily, June 1, 2011, http://www.chinadaily.com.cn/china/cd30thanniversary/2011-06/01/content_12620510.htm.

11  Ibid.

12  Wang Yusheng, Personally Experiencing APEC: A Chinese Official's Observations and Experiences, 30.

13  나는 이 보고서의 판본을 가지고 있지만 비공개 자료다. 하지만 이것은 장원링이 중국의 잡지에 발표한 글과 매우 비슷하다. 다른 이들이 이 자료를 참고할 수 있도록 여기에서는 보고서 대신 중국 잡지에 실린 글을 인용한다. Zhang Yunling, "The Comprehensive Security Concept and Reflecting on China's Security," Contemporary Asia-Pacific, no. 1 (2000): 4-16.

14  Ibid., 9.

15  Ibid., 11.

16  Ibid., 9.

17  Shi Yuanhua, "On the Historical Evolution of the Zhoubian Waijiao Policy of New China," Contemporary China History Studies 7, no. 5 (2000): 47.

18  장쩌민의 14차 당 대회 연설을 참조. Jiang Zemin, "Accelerating the Reform, the Opening to the Outside World and the Drive for Modernization, so as to Achieve Greater Successes in Building Socialism with Chinese Characteristics," 14th Party Congress Political Report (Beijing, October 12, 1992).

19  CNKI's Full Text Journal Database에서 중국 위협론은 "中国威胁论"으로 다원주의는 "多边主义"로 검색

20  Hu Jintao, Hu Jintao Selected Works, vol. 2 (Beijing: People's Press, 2016), 508.

21  Zhang Yunling and Tang Shiping, "China's Regional Strategy," in Power Shift: China and Asia's New Dynamics, ed. David L. Shambaugh (Berkeley: University of California Press, 2005), 52.

22  在和平,发展,合作的旗帜下: 中国战略机遇期的对外战略纵论 252, Quoted in Suisheng Zhao, "China and East Asian Regional Cooperation: Institution-Building Efforts, Strategic Calculations, and Preference for Informal Approach," in China and East Asian Strategic Dynamics: The Shaping of a New Regional Order, eds. Mingjiang Li and Dongmin Lee (Rowman & Littlefield, 2011), 152.

23  Zhang Yunling and Tang Shiping, "China's Regional Strategy," 50.

24  Susan Shirk, "Chinese Views on Asia-Pacific Regional Security Cooperation," NBR Analysis 5, no. 5 (1994): 8.

25  Nayan Chanda, "Gentle Giant," Far Eastern Economic Review, August 4, 1994.

26  Wu Xinbo, "Chinese Perspectives on Building an East Asian Community in the TwentyFirst Century," in Asia's New Multilateralism: Cooperation, Competition, and the Search for Community, eds. Michael J. Green and Bates Gill (New York: Columbia University Press,2009), 59.

27  Jiang Zemin, Jiang Zemin Selected Works, vol. 3 (Beijing: People's Press, 2006), 314 – 15.

28  Jiang Zemin, Jiang Zemin Selected Works, vol. 3, 314 – 15.

29  Ibid., vol. 3, 314 – 15.

30  Ibid., vol. 3, 314 – 15.

31  Ibid., vol. 3, 317.

32  Ibid., vol. 3, 313, 318.

33  Zhang Yunling, Rising China and World Order (New York: World Scientific, 2010), 8.

34  Ibid., 8.

35  Ibid., 19.

36  Zhang Yunling, "The Comprehensive Security Concept and Reflecting on China's Security," 11.

37  Zhang Yunling and Tang Shiping, "China's Regional Strategy," 54, 56.

38  Wang Yizhou, Global Politicsand Chinese Diplomacy, 274.

39  Jiang Zemin, "Hold High the Great Banner of Deng Xiaoping Theory for an AllRound Advancement of the Cause of Building Socialism with Chinese Characteristics into the 21st Century," 15th Party Congress Political Report (Beijing, September 12, 1997).

40  Jiang Zemin, Jiang Zemin Selected Works, vol. 2 (Beijing: People's Press, 2006), 205 – 6.

41  중국의 2000년과 2002년 국방백서를 비교하면 이 변화는 뚜렷히 보인다. Evan S. Medeiros, China's International Behavior: Activism, Opportunism, and Diversification (Santa Monica, CA: RAND, 2009), 169를 참고할 것

42  Jiang Zemin, Jiang Zemin Selected Works, 2006, vol. 2, 195.

43  Ibid., vol. 3, 355.

44  Ibid., vol. 3, 355.

45  Wang Yi, "Facilitating the Development of Multilateralism and Promoting World MultiPolarization," Foreign Ministry of the People's Republic of China, August 20, 2004, https://www.fmprc.gov.cn/mfa_eng/wjb_663304/zzjg_663340/gjs_665170/gjzzy hy_665174/2616_665220/2617_665222/t151077.shtml.

46  Hu Jintao, Hu Jintao Selected Works , vol. 2, 445.

47  Ibid., vol. 2, 516.

48  Jiang Zemin, Jiang Zemin Selected Works, 2006, vol. 2, 546 – 47.

49  Wu Xinbo, "Chinese Perspectives on Building an East Asian Community in the Twenty-First Century," 56.

50  Chien-peng Chung, China's Multilateral Co-Operation in Asia and the Pacific: Institutionalizing Beijing's "Good Neighbour Policy" (New York: Routledge, 2010), 30.

51  Ibid., 37.

52  Ibid., 15.

53  He, Institutional Balancing in the Asia Pacific, 33.

54  Wang Yusheng, Personally Experiencing APEC: A Chinese Official's Observations and Experiences, 29.

55  Ibid., 29.

56  Ibid., 4.

57  Ibid., 4-5.

58  William J. Clinton, "Remarks to the Seattle APEC Host Committee" (Seattle, November 19, 1993), http://www.presidency.ucsb.edu/ws/?pid=46137.

59  Wang Yusheng, Personally Experiencing APEC,, Personally Experiencing APEC: A Chinese Official's Observations and Experiences, 5

60  Ibid., 37. Emphasis added.

61  Ibid., 37. Emphasis added.

62  David E. Sanger, "Clinton's Goals for Pacific Trade Are Seen as a Hard Sell at Summit," New York Times, November 14, 1993.

63  Wu Jiao, "The Multilateral Path."

64  "Speech by President Jiang Zemin at the Informal APEC Leadership Conference, November 20, 1993," China Ministry of Foreign Affairs, http://www.fmprc.gov.cn/eng/wjdt/zyjh/t24903.htm.

65 Wang Yusheng, Personally Experiencing APEC,, Personally Experiencing APEC: A Chinese Official's Observations and Experiences, 166 – 67.

66 Ibid., 167.

67 Ibid., 103–6.

68 Ibid., 102–3.

69 Ibid., 116.

70 Clinton, "Remarks to the Seattle APEC Host Committee."

71 He, Institutional Balancing in the Asia Pacific, 70.

72 Frank Langdon and Brian L. Job, "APEC beyond Economics: The Politics of APEC" (University of Notre Dame, October 1997), 14, https://kellogg.nd.edu/sites/default/files/old_files/documents/243_0.pdf.

73 Wang Yusheng, Personally Experiencing APEC,, Personally Experiencing APEC: A Chinese Official's Observations and Experiences, 114 – 15.

74 Thomas G. Moore and Dixia Yang, "China, APEC, and Economic Regionalism in the AsiaPacific," Journal of East Asian Affairs 13, no. 2 (1999): 402.

75 Wang Yusheng, Personally Experiencing APEC,, Personally Experiencing APEC: A Chinese Official's Observations and Experiences, 63

76 Moore and Yang, "China, APEC, and Economic Regionalism in the Asia–Pacific," 390.

77 Wang Yusheng, Personally Experiencing APEC,, Personally Experiencing APEC: A Chinese Official's Observations and Experiences, 84.

78 예를 들면 Jiang Zemin, "Speech by President Jiang Zemin at the Sixth APEC Informal Leadership Meeting," Ministry of Foreign Affairs of the People's Republic of China, November 15, 2000, https://www.fmprc.gov.cn/mfa_eng/wjb_663304/zzjg_663340/gjs_665170/gjzzyhy_665174/2604_665196/2606_665200/t15276.shtml.

79 Wang Yusheng, Personally Experiencing APEC,, Personally Experiencing APEC: A Chinese Official's Observations and Experiences, 156

80 "Tiananmen: Another Bump in China's Road to WTO Accession," Association for Diplomatic Studies and Training, 2016, https://adst.org/2016/04/tiananmen-another-bump-in-chinasroad-to-wto-accession/.

81 Quoted in Moore and Yang, "China, APEC, and Economic Regionalism in the Asia-Pacific," 394.

82 Chris Buckley, "Qian Qichen, Pragmatic Chinese Envoy, Dies at 89," New York Times, May 11, 2017, http://www.nytimes.com/2017/05/11/world/asia/qian-qichen-dead-chinaforeign-minister.html.

83   "Qian Qichen," People's Daily, n.d., http://en.people.cn/data/people/qianqichen.shtml.

84   Chanda, "Gentle Giant."

85   Ibid.

86   Ibid.

87   Ibid.

88   Ibid.

89   Ibid.

90   Chien-peng Chung, "China's Policies towards the SCO and ARF: Implications for the AsiaPacific Region," in Rise of China: Beijing's Strategies and Implications for the Asia-Pacific, eds. Xinhuang Xiao and Zhengyi Lin (New York: Routledge, 2009), 170.

91   Bates Gill, Rising Star: China's New Security Diplomacy (Washington, DC: Brookings, 2007), 32.

92   Rosemary Foot, "China in the ASEAN Regional Forum: Organizational Processes and Domestic Modes of Thought," Asian Survey 38, no. 5 (1998): 426.

93   Zhang Yunling, "The Comprehensive Security Concept and Reflecting on China's Security," 11.

94   Wu Xinbo, "Chinese Perspectives on Building an East Asian Community in the TwentyFirst Century," 5

95   Chung, China's Multilateral Co-Operation in Asia and the Pacific, 51.

96   Ibid.

97   He, Institutional Balancing in the Asia Pacific, 36.

98   Ibid.

99   See Foot, "China in the ASEAN Regional Forum," 432; Alastair Iain Johnston, Social States: China in International Institutions, 1980 – 2000 (Princeton: Princeton University Press, 2008), 185 – 86; He, Institutional Balancing in the Asia Pacific, 37; Chung, China's Multilateral Co-Operation in Asia and the Pacific, 45.

100   Johnston, Social States, 183.

101   Chung, China's Multilateral Co-Operation in Asia and the Pacific, 52.

102   Ibid.

103   Ibid.

104   Ibid.

105   Takeshi Yuzawa, "The Fallacy of Socialization?: Rethinking the ASEAN Way of Institution-Building," in ASEAN and the Institutionalization of East Asia, ed. Ralf

562

Emmers (New York: Routledge, 2012), 79.

106 "Hu Jintao: Jointly Writing a New Chapter of Peace and Development in Asia," People's Daily Online, April 25, 2002, http://www.people.com.cn/GB/shizhe ng/252/7944/7952/20020425/716986. html; Lyall Breckon, "Former Tigers," Comparative Connections 4, no. 2 (2002), http://cc.csis.org/2002/07/former-tigers- dragons-spell/.Hu.

107 Zhu Rongji, "Address by Premier Zhu Rongji of the People's Republic of China at the Third ASEAN+3 Informal Summit" (Manila, November 28, 1999), http://asean.org/static_ post=address-by-premier-zhu-rongji-of-the-people-s-republic-of-china-at-the- third-asean3-informal-summit-28-november-1999. Zhu Rongji, "Strengthening East Asian Cooperation and Promoting Common Development—Statement by Premier Zhu Rongji of China at the 5th 10+3 Summit" (Bandar Seri Begawan, November 5, 2001), http://www.fmprc.gov.cn/mfa_eng/wjb_663304/zzjg_663340/gjs_665170/gjzzy hy_665174/2616_665220/2618_665224/t15364.shtml.

108 Chung, China's Multilateral Co-Operation in Asia and the Pacific, 74.

109 "Towards an East Asian Community Region of Peace, Prosperity and Progress" (East Asian Vision Group, ASEAN Plus Three, October 31, 2001), 14, https://www.asean.org/ wpcontent/uploads/images/archive/pdf/east_asia_vis

110 Robert Sutter, China's Rise in Asia: Promises and Perils (New York: Rowman & Littlefield, 2005), 82.

111 Brendan Taylor, "China's 'Unofficial' Diplomacy," in China's "New" Diplomacy: Tactical or Fundamental Change?, eds. Pauline Kerr, Stuart Harris, and Qin Yaqing (New York: Palgrave, 2008), 204 - 5.

112 He, Institutional Balancing in the Asia Pacific, 44.

113 Vinod K. Aggarwal, ed., Asia's New Institutional Architecture: Evolving Structures for Managing Trade, Financial, and Security Relations (Springer, 2008), 79.

114 Wen Jiabao, "Speech by Premier Wen Jiabao of the People's Republic of China at the Seventh China-ASEAN Summit" (Bali, October 13, 2003).

115 Cui Tiankai, "Speech of Assistant Foreign Minister Cui Tiankai at the Opening Ceremony of the East Asia Investment Forum" (Weihai, August 1, 2006), http://www. fmprc.gov.cn/mfa_eng/wjdt_665385/zyjh_665391/t265874.shtml.

116 Wu Xinbo, "Chinese Perspectives on Building an East Asian Community in the TwentyFirst Century," 60

117 He, Institutional Balancing in the Asia PacificI, 44.

118 Ibid., 45.

119 Wu Xinbo, "Chinese Perspectives on Building an East Asian Community in the TwentyFirst Century," 60.

120 Ibid.

121 "Chairman's Statement of the First East Asia Summit Kuala Lumpur" (East Asia Summit, Kuala Lumpur, 2005), http://asean.org/?static_post=chairman-s-statement-of-the-firsteast-asia-summit-kuala-lumpur-14-december-2005-2.

122 Wu Baiyi, "The Chinese Security Concept and Its Historical Evolution," Journal of Contemporary China 27, no. 10 (2001): 278.

123 Chu Shulong, "China and the U.S.-Japan and U.S.-Korea Alliances in a Changing Northeast Asia" (Stanford, CA: Shorenstein APARC, 1999), 10, https://fsi.stanford.edu/sites/default/files/Chu_S

124 Quoted in ibid.

125 Foot, "China in the ASEAN Regional Forum," 435; Chu Shulong, "China and the U.S.-Japan and U.S.-Korea Alliances in a Changing Northeast Asia," 8.

126 Chu Shulong, "China and the U.S.-Japan and U.S.-Korea Alliances in a Changing Northeast Asia," 6.

127 Qian Qichen, "Speech by Vice-Premier Qian Qichen at the Asia Society" (New York, March 20, 2001), http://wcm.fmprc.gov.cn/pub/eng/wjdt/zyjh/t25010.htm.

128 "China's Position Paper on the New Security Concept," Ministry of Foreign Affairs of the People's Republic of China, 2002, https://www.fmprc.gov.cn/ce/ceun/eng/xw/t27742.htm.

129 Lyall Breckon, "China Caps a Year of Gains," Comparative Connections 4, no. 4 (2002), http://cc.pacforum.org/2003/01/china-caps-year-gains/.

130 Johnston, Social States, 189.

131 Ibid., 189.

132 Ibid., 189.

133 Ibid., 136-37.

134 Yahuda, "China's Multilateralism and Regional Order."

135 Gill, Rising Star, 100.

136 Lijun Shen, "China and ASEAN in Asian Regional Integration," in China and the New International Order, eds. Gungwu Wang and Yongnian Zheng (New York: Routledge, 2008), 257.

137 Foot, "China in the ASEAN Regional Forum," 431.

138 Medeiros, China's International Behavior, 129 - 31.

139 Alice D. Ba, "Who's Socializing Whom?: Complex Engagement in Sino-ASEAN Relations," Pacific Review 19, no. 2 (2006): 172.

140 Chung, China's Multilateral Co-Operation in Asia and the Pacific, 73 – 74.

141 Chi Haotian Writing Group, Biography of Chi Haotian(Beijing: Liberation Army Press, 2009), 407.

142 Ibid.

143 Ibid.

144 Ibid.

145 Dai Bingguo, Strategic Dialogues: Dai Binguo's Memoirs (People's Press, 2016), 194.

146 Jianwei Wang, "China and SCO: Toward a New Type of Interstate Relation," in China Turns to Multilateralism: Foreign Policy and Regional Security, eds. Guoguang Wu and Helen Lansdowne (New York: Routledge, 2008), 104 – 15.

147 Richard Weitz, "The Shanghai Cooperation Organization (SCO): Rebirth and Regeneration?," Center for Security Studies, October 10, 2014, https://www.ethz.ch/content/specialinterest/gess/cis/center-for-securities-studies/en/services/digital-library/articles/article.html/184270

148 Thomas Wallace, "China and the Regional Counter-Terrorism Structure: An Organizational Analysis," Asian Security 10, no. 3 (2014): 205.

149 Ibid., 205 – 6.

150 Ibid., 200.

151 Ibid., 210.

152 "Russian-Chinese Joint Declaration on a Multipolar World and the Establishment of a New International Order," April 23, 1997, http://www.un.org/documents/ga/docs/52/plenary/a52-153.htm. Emphasis added.

153 "Joint Declaration by the Participants in the Almaty Meeting," July 3, 1998, http://repository. un.org/bitstream/handle/11176/177192/A_52_978-EN.pdf?sequence=3&isAllowed=y.

154 Michael Walker, "Russia and China Plug a 'Multipolar Order,'" The Straits Times, September 1, 1999.

155 Ibid.

156 Ibid.

157 See the SCO Charter and the 2001, 2002, 2003, 2006, 2009, 2011, 2012 declarations, all of which contain this language. Other declarations convey similar ideas in slightly different terms.

158 "Yekaterinburg Declaration, 2009," June 16, 2009.

159 Wang, "China and SCO," 110.

160 Ibid.

161 Olga Oliker and David A. Shlapak, U.S. Interests in Central Asia: Policy Priorities and Military Roles (Arlington, VA: RAND, 2005), 12.

162 Ibid., 11 – 16.

163 Weiqing Song, China's Approach to Central Asia: The Shanghai Co-Operation Organisation (New York: Routledge, 2016), 75.

164 Andrew Nathan and Bruce Gilley, China's New Rulers: The Secret Files (New York: New York Review of Books, 2002), 209.

165 Jiang Zemin, Jiang Zemin Selected Works, 2006, vol. 3, 355.

166 Wang, "China and SCO," 110.

167 Liwei Zhuang, "Zhongguo Guoji Zhanlue Zhongde Dongmeng Keti," Dangdai Yatai, no. 6 (2003): 22. 좡리웨이는 지난 대학 교수다.

168 Zhuang, "Zhongguo Guoji Zhanlue Zhongde Dongmeng Keti," 22.

169 Chung, "China's Policies towards the SCO and ARF," 178.

170 Wang, "China and SCO," 111.

171 Weiqing Song, "Feeling Safe, Being Strong: China's Strategy of Soft Balancing through the Shanghai Cooperation Organization," International Politics 50, no. 5 (2013): 678.

172 Song, "Feeling Safe, Being Strong," 678 – 79.

173 Anna Mateeva and Antonio Giustozzi, "The SCO: A Regional Organization in the Making" (LSE Crisis States Research Centre, 2008), 11.

174 Wang, "China and SCO," 118.

175 Mateeva and Giustozzi, "The SCO," 7.

176 Yu Bin, "Living with Russia in the Post 9/11 World," in Multidimensional Diplomacy of Contemporary China, eds. Simon Shen and Jean-Marc Blanchard (Lanham, MD: Lexington Books, 2009), 193.

177 "Central Asia Report: September 12, 2003," Radio Free Europe, September 12, 2003, https://www.rferl.org/a/1342224.html.

178 "Bishkek Declaration, 2007," August 16, 2007.

179 Yu Bin, "China-Russia Relations: The New World Order According to Moscow and Beijing," CSIS Comparative Connections, no. 3 (2005); Adrian Blomfield, "Russia Accuses Kyrgyzstan of Treachery over US Military Base," The Telegraph, June 24, 2009, http://www.telegraph.co.uk/news/worldnews/asia/kyrgyzstan/5624355/Russia-

accuses-Kyrgystan-oftreachery-over-US-military-base.html

180 Marcel de Haas, "War Games of the Shanghai Cooperation Organization and the Collective Security Treaty Organization: Drills on the Move!," Journal of Slavic Military Studies 29, no.3 (2016): 387 – 88.

181 Richard Weitz, Parsing Chinese-Russian Military Exercises (Carlisle, PA: Strategic Studies Institute, 2015), 6.

182 Ibid., 5 – 6.

183 Bin, "Living with Russia in the Post 9/11 World"; Wang, "China and SCO," 110.

184 Weitz, Parsing Chinese-Russian Military Exercises, 46.

185 Ibid., 45.

186 Stewart M. Patrick, "The SCO at 10: Growing, but Not into a Giant," Council on Foreign Relations, June 14, 2011, https://www.cfr.org/blog/sco-10-growing-not-giant.

187 See, for example, the SCO's 2002 and 2005 joint statements.

188 "Charter of the Shanghai Cooperation Organization" (Shanghai Cooperation Organization,June 7, 2002), http://eng.sectsco.org/load/203013/.

189 Sean Roberts, "Prepared Testimony on the SCO and Its Impact on U.S. Interests in Asia," Commission on Security and Cooperation in Europe (2006).

190 Chung, "China's Policies towards the SCO and ARF," 178.

191 Wang Yusheng, "SCO Shows the Shanghai Spirit," China Daily, September 12, 2013.

192 "Yekaterinburg Declaration, 2009."

193 Weitz, "The Shanghai Cooperation Organization (SCO)."

194 Robert Sutter, Chinese Foreign Relations: Power and Policy since the Cold War (Lanham,MD: Rowman & Littlefield, 2009), 265; Mateeva and Giustozzi, "The SCO," 5.

195 Gill, Rising Star, 39.

196 For example, "Astana Declaration, 2011" (Shanghai Cooperation Organization, June 15, 2011).

## 6장

1 He Xin, Selected Works of Hexin on Political Economy(Beijing: Heilong Jiang Education Publishing House, 1995), 17.

2 이 도착 장면의 비디오 영상은 "War and Peace in the Nuclear Age: Haves and Have-Nots: Deng Xiaoping Arrives at Andrews AFB,"를 볼 것 OpenVault from GBH Archives, July 29, 1979, http://openvault.wgbh.org/catalog/V_7F39E138353E4AB0997

C4B85BAB58307.

3 "Document 209—Memorandum of Conversation, President's Meeting with Vice Premier Deng," Foreign Relations of the United States, 1977–1980, Volume XIII, China, January 31, 1979, https://history.state.gov/historicaldocuments/frus1977–80v13/d209.

4 Vladimir N. Pregelj, "Most-Favored-Nation Status of the People's Republic of China," CRS Report for Congress (Congressional Research Service, n.d.), 1–3.

5 Don Oberdorfer, "Trade Benefits for China Are Approved by Carter," Washington Post, October 24, 1979, https://www.washingtonpost.com/archive/politics/1979/10/24/trade-benefits-for-china-are-approved-by-carter/febc46f2-2d39-430b-975f-6c121bf4fb42/?noredirect=on&utm_term=.e1efd858846c; Jimmy Carter, Public Papers of the Presidents of the United States: Jimmy Carter, 1979 (Washington, DC: US Government Printing Office, 1981), 359. Note that Foreign Relations of the United States offers a summary—not a transcript—of these remarks. For that reason, I've used Carter's recollection.

6 Harold K. Jacobson and Michel Oksenberg, China's Participation in the IMF, the World Bank, and GATT (Ann Arbor: University of Michigan Press, 1990).

7 Qian Qichen, Ten Episodes in China's Diplomacy (New York: HarperCollins, 2006), 299.

8 Deng Xiaoping, "The International Situation and Economic Problems: March 3, 1990," in Selected Works of Deng Xiaoping (Beijing: Renmin Press, 1993), 227. Excerpt from a talk with senior CCP members.

9 "Communiqué of the 3rd Plenary Session of the 11th Central Committee of the Chinese Communist Party," Digital Library of the Past Party Congresses of the Communist Party of China, December 22, 1978, http://cpc.people.com.cn/GB/64162/64168/64563/65371/4441902.html. Emphasis added.

10 Laurence A. Schneider, "Science, Technology and China's Four Modernizations," Technology in Society 3, no. 3 (1981): 291–303.

11 Richard P. Suttmeier, "Scientific Cooperation and Conflict Management in U.S.-China Relations from 1978 to the Present," Annals New York Academy of Sciences 866 (1998): 137–64; "Document 209—Memorandum of Conversation, President's Meeting with Vice Premier Deng."

12 "Document 209—Memorandum of Conversation, President's Meeting with Vice Premier Deng"; Leng Rong and Wang Zuoling, eds., Deng Xiaoping Nianpu, vol. 1 (Beijing: China Central Document Press, 2006), 498.

13 Deng Xiaoping, Collection of Deng Xiaoping's Military Writings, vol. 1 (Beijing: Military Science Press, 2004), 498.

14    Yangmin Wang, "The Politics of U.S.-China Economic Relations: MFN, Constructive Engagement, and the Trade Issue Proper," Asian Survey 33, no. 5 (1993): 442.

15    Li Peng, Peace and Development Cooperation: Li Peng Foreign Policy Diary, vol. 1 (Beijing: Xinhua Publishing House, 2008), 397.

16    Qian Qichen, Ten Episodes in China's Diplomacy, 142-43.

17    Ibid., 143-44. Emphasis added.

18    Li Peng, Peace and Development Cooperation: Li Peng Foreign Policy Diary, 2008, vol. 1, 215. Emphasis added.

19    See, for example, Qian Qichen, Ten Episodes in China's Diplomacy, 133-39.

20    Ibid., 127.

21    Li Peng, Peace and Development Cooperation: Li Peng Foreign Policy Diary, 2008, vol. 1, 209-10.

22    Ibid., vol. 1, 215.

23    Qian Qichen, Ten Episodes in China's Diplomacy, 140, 144, 150, 153, 156.

24    《《《REFO:BK》》》Li Peng, Peace and Development Cooperation: Li Peng Foreign Policy Diary, 2008, 397.

25    Ibid., vol. 1, 399.

26    Li Peng, Market and Regulation: Li Peng Economic Diary, vol. 2 (Beijing: Xinhua Publishing House, 2007), 926.

27    Vladimir N. Pregelj, "The Jackson-Vanik Amendment: A Survey" (Washington, DC: Congressional Research Service, August 1, 2005), 11. 표결은 하원에서는 357-61, 상원에서는 60-38이었다. Jim Mann, "Senate Fails to Override China Policy Veto," Los Angeles Times, March 19, 1992, http://articles.latimes.com/1992-03-19/news/mn-5919_1_china-policy.

28    Wang, "The Politics of U.S.-China Economic Relations," 449.

29    Suttmeier, "Scientific Cooperation and Conflict Management in U.S.-China Relations from 1978 to the Present."

30    Jiang Zemin, Jiang Zemin Selected Works, vol. 1 (Beijing: People's Press, 2006), 311.

31    Ibid., vol. 1, 312.

32    Ibid., vol. 1, 312.

33    Ibid., vol. 1, 332.

34    Ibid., vol. 2, 201.

35    Hu Jintao, Hu Jintao Selected Works, vol. 2 (Beijing: People's Press, 2016), 90.

36  Ibid., vol. 2, 91.

37  Ibid., vol. 2, 94.

38  Zong Hairen, China's New Leaders: The Fourth Generation (New York: Mirror Books, 2002), 167.

39  Hu Jintao, Hu Jintao Selected Works, vol. 2, 513.

40  Ibid., vol. 2, 514.

41  Ibid., vol. 2, 513 – 14.

42  Ibid., vol. 2, 504 – 5.

43  Ibid., vol. 2, 506.

44  Graham Norris, "AmCham China Legacy: Furthering US–China Relations," American Chamber of Commerce China, May 26, 2016, https://web.archive.org/web/20160803020436/https://www.amchamchina.org/news/amcham-china-legacymovingus-cn-relations-forward; Dai Yan, "Minister Urges Stronger Sino-US Trade," China Daily, December 10, 2005, http://www.chinadaily.com.cn/english/doc/2005-12/10/content_502259.htm.

45  Jiang Zemin, Jiang Zemin Selected Works, 2006, vol. 2, 442 – 60.

46  Joseph Fewsmith, "China and the WTO: The Politics behind the Agreement," NBR Analysis 10, no. 5 (December 1, 1999), https://www.iatp.org/sites/default/files/China_and_the_WTO_The_Politics_Behind_the_Agre.htm; Joseph Fewsmith and Stanley Rosen, "The Domestic Context of Chinese Foreign Policy: Does 'Public Opinion' Matter," in The Making of Chinese Foreign and Security Policy, 1978 – 2000, ed. David M. Lampton (Stanford, CA: Stanford University Press, 2001), 151 – 90.

47  Pearson, "The Case of China's Accession to the GATT/WTO," 357 – 62.

48  Li Zhaoxing, Shuo Bu Jin De Wai Jiao (Beijing: CITIC Publishing House, 2014), 51.

49  Li Peng, Market and Regulation: Li Peng Economic Diary, vol. 3 (Beijing: Xinhua Publishing House, 2007), 1534.

50  For an extremely useful overview of the domestic politics of the negotiation, see Fewsmith, "China and the WTO: The Politics Behind the Agreement."

51  Li Peng, Market and Regulation: Li Peng Economic Diary, 2007, vol. 3, 1536.

52  Ibid., vol. 3, 1546.

53  Ibid., vol. 3, 1579.

54  Jayetta Z. Hecker, "China Trade: WTO Membership and Most-Favored-Nation Status," Pub. L. No. GAO/T-NSIAD-98-209, § Subcommittee on Trade, Committee on Ways and Means, House of Representatives (1998), 14.

55  "Tiananmen: Another Bump in China's Road to WTO Accession," Association for Diplomatic Studies and Training, 2016, https://adst.org/2016/04/tiananmen-another-bump-in-chinasroad-to-wto-accession/.

56  "Tiananmen: Another Bump in China's Road to WTO Accession."

57  He Xin, Selected Works of Hexin on Political Economy, 17.

58  Li Zhaoxing, Shuo Bu Jin De Wai Jiao, 34 – 35; Qian Qichen, Ten Episodes in China's Diplomacy, 314 – 15.

59  Li Zhaoxing, Shuo Bu Jin De Wai Jiao, 47.

60  Ibid., 47 – 48.

61  Zhu Rongji, Zhu Rongji Meets the Press (Beijing: People's Press, 2009), 93.

62  Jiang Zemin, Jiang Zemin Selected Works, vol. 3 (Beijing: People's Press, 2006), 448 – 49.

63  Li Peng, Market and Regulation: Li Peng Economic Diary, 2007, vol. 3, 1546.

64  Li Peng, Peace and Development Cooperation: Li Peng Foreign Policy Diary, vol. 2 (Beijing: Xinhua Publishing House, 2008), 802 – 3.

65  Zhu Rongji, Zhu Rongji Meets the Press, 101 – 13.

66  For the whole speech, see Literature Research Office of the Chinese Communist Party Central Committee, Selection of Important Documents since the 15th Party Congress, vol. 2 (Beijing: People's Publishing House, 2001), 1205 – 27. Emphasis added.

67  Ibid., Literature Research Office of the Chinese Communist Party Central Committee, vol. 2, 1461 – 75.

68  Liu Huaqing, Memoirs of Liu Huaqing (Beijing: Revolutionary Army Press, 2004), 702 – 5.

69  Gary Klintworth, "China's Evolving Relationship with APEC," International Journal 50, no. 3 (1995): 497.

70  Wang Yusheng, Personally Experiencing APEC: A Chinese Official's Observations and Experiences (Beijing: World Knowledge Press, 2000), 14 – 15.

71  David E. Sanger, "Clinton's Goals for Pacific Trade Are Seen as a Hard Sell at Summit," New York Times, November 14, 1993.

72  Thomas G. Moore and Dixia Yang, "China, APEC, and Economic Regionalism in the AsiaPacific," Journal of East Asian Affairs 13, no. 2 (1999): 386.

73  Ibid., 394.

74  Ibid., 394.

75  Wang Yusheng, Personally Experiencing APEC: A Chinese Official's Observations and Experiences, 70.

76  Ibid., Wang Yusheng, 70.

77   Quoted in Moore and Yang, "China, APEC, and Economic Regionalism in the AsiaPacific," 394

78   Quoted in ibid., 396.

79   Ibid., 394.

80   Zhang Bin, "Core Interests: A WTO Memoir by China Chief Negotiator Long Yongtu," China Pictorial, 2002, http://www.chinapictorial.com.cn/en/features/txt/2011-11/01/content_402102.htm.

81   "Long Yongtu(龙永图): China's Chief Negotiator," CCTV.com, March 19, 2012, https://web.archive.org/web/20130119080612/http://english.cntv.cn/program/upclose/20120319/118542.shtml.

82   Li Zhaoxing, Shuo Bu Jin De Wai Jiao, 49 – 50.

83   Li Peng, Market and Regulation: Li Peng Economic Diary, 2007, vol. 3, 1585.

84   Ibid., vol. 3, 1529.

85   Li Peng, Peace and Development Cooperation: Li Peng Foreign Policy Diary, 2008, vol. 2, 803.

86   Paul Krugman, "Reckonings: A Symbol Issue," New York Times, May 10, 2000, https://www.nytimes.com/2000/05/10/opinion/reckonings-a-symbol-issue.html.

87   Sanger, "Clinton's Goals for Pacific Trade Are Seen as a Hard Sell at Summit."

88   Zhu Rongji, Zhu Rongji Meets the Press, 391.

## 7장

1   Yan Xuetong, "From Tao Guang Yang Hui to Striving for Achievement: China's Rise Is Unstoppable," People's Daily China Economic Weekly, November 11, 2013, http://www.ceweekly.cn/2013/1111/68562.shtml.

2   Interviews, Beijing, Kunming, Chengdu, 2011 – 2012.

3   Hu Jintao, Hu Jintao Selected Works, vol. 3 (Beijing: People's Press, 2016), 234.

4   Ibid., vol. 3, 236.

5   Ibid., vol. 3, 234 – 46.

6   CNKI 문서 검색.

7   Alastair Iain Johnston, "Is China a Status Quo Power?," International Security 27, no. 4 (2003): 5 – 56.

8   예를 들어, Jiang's 1998 9th Ambassadorial Conference Address, Jiang Zemin, Jiang Zemin Selected Works, vol. 2 (Beijing: People's Press, 2006), 195 – 206를 볼 것. 장쩌민의

1999 address to the Central Economic Work Forum, Jiang Zemin, vol. 2, 421 - 49도 볼 것.

9    Johnston, "Is China a Status Quo Power?," 30.

10   Jiang Zemin, Jiang Zemin Selected Works, 2006, vol. 2, 170.

11   Ibid., vol. 2, 422.

12   Ibid., vol. 2, 421.

13   Hu Jintao, Hu Jintao Selected Works, vol. 2 (Beijing: People's Press, 2016), 503 - 4.

14   Jiang Zemin, Jiang Zemin Selected Works, 2006, vol. 2, 202.

15   Hu Jintao, Hu Jintao Selected Works, 2016, vol. 2, 93.

16   Ibid., vol. 2, 92. Emphasis added.

17   Ibid., vol. 2, 93.

18   Ibid., vol. 3, 236. Emphasis added.

19   Jiang Zemin, "Accelerating the Reform, the Opening to the Outside World and the Drive for Modernization, so as to Achieve Greater Successes in Building Socialism With Chinese Characteristics," 14th Party Congress Political Report (Beijing, October 12, 1992).

20   Zemin, Jiang Zemin Selected Works, 2006, vol. 2, 195 - 96.

21   Ibid., vol. 2, 195 - 96.

22   Ibid., vol. 2, 195 - 96.

23   Ibid., vol. 2, 422.

24   Ibid., vol. 2, 422 - 23.

25   Ibid., vol. 2, 422 - 23.

26   Ibid., vol. 2, 422 - 23.

27   Ibid., vol. 3, 107.

28   Ibid., vol. 3, 7.

29   Ibid., vol. 2, 545.

30   Ibid., vol. 3, 125.

31   Ibid., vol. 3, 160.

32   Ibid., vol. 3, 258.

33   Ibid., vol. 3, 297; Jiang Zemin, "Build a Well-off Society in an AllRound Way and Create a New Situation in Building Socialism with Chinese Characteristics," 16th Party Congress Political Report (Beijing, November 28, 2002).

34   Hu Jintao, Hu Jintao Selected Works, 2016, vol. 2, 236.

35    Ibid., vol. 2, 152.

36    Ibid., vol. 2, 276.

37    Ibid., vol. 2, 352, 380, 444.

38    Ibid., vol. 2, 503 – 4.

39    Hu Jintao, "Hold High the Great Banner of Socialism with Chinese Characteristics and Strive for New Victories in Building a Moderately Prosperous Society in All Respects," 17th Party Congress Political Report (Beijing, October 15, 2007)

40    Hu Jintao, Hu Jintao Selected Works, 2016, vol. 3, 35.

41    Dai Bingguo, Strategic Dialogues: Dai Binguo's Memoirs (People's Press, 2016), 143.

42    Hu Jintao, Hu Jintao Selected Works, 2016, vol. 3, 234.

43    Ibid., vol. 3, 236.

44    Ibid., vol. 3, 234.

45    Ibid., vol. 3, 234.

46    Ibid., vol. 3, 457 – 58.

47    Ibid., vol. 3, 437.

48    Hu Jintao, "Firmly March on the Path of Socialism with Chinese Characteristics and Strive to Complete the Building of a Moderately Prosperous Society in All Respects," 18th Party Congress Political Report (Beijing, November 8, 2012).

49    Xi Jinping, Xi Jinping: The Governance of China, vol. 2 (Beijing: Foreign Language Press, 2014), 442

50    Peter Ford, "The New Face of Chinese Diplomacy: Who Is Wang Yi," Christian Science Monitor, March 18, 2013, https://www.csmonitor.com/World/Asia-Pacific/2013/0318/The-new-face-of-Chinese-diplomacy-Who-is-Wang-Yi.

51    Christian Shepherd, "China Makes 'Silver Fox' Top Diplomat, Promoted to State Councilor," Reuters, March 18, 2018, https://www.reuters.com/article/us-china-parliament-diplomacy/china-makes-silver-fox-top-diplomat-promoted-to-state-councilor-idUSKBN1GV044.

52    Ford, "The New Face of Chinese Diplomacy."

53    Ibid.

54    Avery Goldstein, "The Diplomatic Face of China's Grand Strategy: A Rising Power's Emerging Choice," The China Quarterly, no. 168 (2001): 835 – 64; David Shambaugh, ed., Power Shift: China and Asia's New Dynamics (Berkeley: University of California Press, 2005); David Shambaugh, "China Engages Asia: Reshaping the Regional Order," International Security 29, no. 3 (2004): 64 – 99.

55 The most cogent expression of this argument can be found in Timothy Heath, "China's Big Diplomacy Shift," The Diplomat, December 22, 2014, https://thediplomat. com/2014/12/chinas-big-diplomacy-shift/.

56 Hu Jintao, Hu Jintao Selected Works, 2016, vol. 3, 241.

57 Ibid., vol. 3, 241.

58 Ibid., vol. 3, 234.

59 Ibid., vol. 3, 241.

60 "China's Peaceful Development" (Beijing: Information Office of the State Council, September 2011), http://english.gov.cn/archive/white_paper/2014/09/09/ content_281474986284646.htm.

61 Hu Jintao, "Firmly March on the Path of Socialism with Chinese Characteristics and Strive to Complete the Building of a Moderately Prosperous Society in All Respects."

62 이것은 "우선순위 방향"이라고 그럴싸하게 번역될 수 있지만, 다른 맥락에서 사용될 때 분명히 중심성을 암시한다. Wang Yi, "Speech by Minister Wang Yi at the Luncheon of the Second World Peace Forum," Foreign Ministry of the People's Republic of China, June 27, 2013, https://www.fmprc.gov.cn/web/wjbz_673089/zyjh_673099/t1053901. shtml을 볼 것. Wang Yi, "Insist on Correct View of Righteousness and Benefits, Actively Play the Role of Responsible Great Powers: Deeply Comprehend the Spirit of Comrade Xi Jinping's Important Speech on Diplomatic Work," People's Daily Online, September 10, 2013, http://opinion.people.com.cn/n/2013/0910/c1003-22862978.html 도 볼 것.

63 "Xi Jinping: Let the Sense of a Community of Common Destiny Take Root in Peripheral Countries," Xinhua, October 25, 2013, http://www.xinhuanet.com/ politics/2013-10/25/c_117878944.htm.

64 Ibid.

65 Xi Jinping, Xi Jinping: The Governance of China, vol. 1, 296.

66 Ibid., vol. 1, 297.

67 Ibid., vol. 1, 296.

68 Ibid., vol. 1, 297.

69 "China's Peripheral Diplomacy: Advancing Grand Strategy," Renmin Wang, October 28, 2013, http://theory.people.com.cn/n/2013/1028/c136457-23344720.html.

70 Ibid.

71 Ibid.

72 Wang Yi, "Embark on a New Journey of China's Diplomacy," http://www.fmprc.gov.

cn/mfa_eng/wjb_663304/wjbz_663308/2461_663310/t1109943.shtml.

73  Ibid.

74  이 같은 우선순위화는 온라인 영문 자료와 공식 인쇄본에서 명확하다. "The Central Conference on Work Relating to Foreign Affairs Was Held in Beijing," Ministry of Foreign Affairs of the People's Republic of China, November 29, 2014, http://www. fmprc.gov.cn/mfa_eng/zxxx_662805/t1215680.shtml; Xi Jinping, Xi Jinping: The Governance of China, Volume 2, vol. 2, 444.

75  "The Central Conference on Work Relating to Foreign Affairs Was Held in Beijing"; 《《《REFO:BK》》》Xi Jinping, Xi Jinping: The Governance of China, Volume 2, vol. 2, 444.

76  Li Keqiang, "Full Text: Report on the Work of the Government (2014)," http://english. gov.cn/archive/publications/2014/08/23/content_281474982987826.htm.

77  Yang Jiechi, "Continue to Create New Prospects for Foreign Work Under the Guidance of General Secretary Xi Jinping's Diplomatic Thoughts," Foreign Ministry of the People's Republic of China, January 14, 2017, https://www.fmprc.gov.cn/ce/ceus/chn/zgyw/t1430589.htm.

78  《《《REFO:BK》》》Xi Jinping, Xi Jinping: The Governance of China, vol. 1, 296 – 99.

79  이 연설의 전문은 시진핑의 중국의 통치에 들어있지 않음에 유의할 것. 그것은 다음에서 찾을 수 있음. Xi Jinping, "Speech by Chinese President Xi Jinping to Indonesian Parliament" (Jakarta, October 2, 2013), http://www.asean-china-center.org/english/2013-10/03/c_133062675.htm

80  Ibid.

81  Xi Jinping, "New Asian Security Concept for New Progress in Security Cooperation" (4th Summit of the Conference on Interaction and Confidence Building Measures in Asia, Shanghai, May 21, 2014), http://www.s-cica.org/page.php?page_id=711&lang=1.

82  Xi Jinping, "Towards a Community of Common Destiny and a New Future for Asia" (Boao Forum for Asia, Boao, March 28, 2015), http://www.fmprc.gov.cn/mfa_eng/wjdt_665385/zyjh_665391/t1250690.shtml.

83  "China's White Paper on Asia-Pacific Security Cooperation Policies (Beijing: State Council Information Office," January 2017), http://www.scio.gov.cn/zfbps/32832/Document/1539907/1539907.htm.

84  Liu Zhenmin, "Insisting on Win-Win Cooperation and Forging the Asian Community of Common Destiny," China International Studies 45, no. 5 (2014), http://www.ciis.org.cn/english/2014-06/17/content_6987936.htm.

85  Ling Chen, "The Highest Level Sets Out a 'Top-Level Design' for Speeding Up the

Upgrade of China's Peripheral Diplomacy," Renmin Wang, October 27, 2013, http://
politics.people.com.cn/n/2013/1027/c1001-23339772.html.

86 "China's Peripheral Diplomacy: Advancing Grand Strategy."

87 Yan Xuetong, "Yan Xuetong: The Overall 'Periphery' Is More Important than
the United States," Global Times, January 13, 2015, http://opinion.huanqiu.
com/1152/2015-01/5392162.html.

88 Ibid.

89 Xu Jin and Du Zheyuan, "The Dominant Thinking Sets in Chinese Foreign Policy
Research: A Criticism," Chinese Journal of International Politics 8, no. 3 (April 13, 2015):
277.

90 Ibid.

91 Ibid.

92 Chen Xulong, "Xi Jinping Opens a New Era of China's Periphery Diplomacy," ChinaUS
Focus, November 9, 2013, https://www.chinausfocus.com/foreign-policy/xin-jinping-
opens-a-new-era-of-chinas-periphery-diplomacy.

93 Wang Yizhou, "China's New Foreign Policy: Transformations and Challenges Reflected
in Changing Discourse," The Asan Forum 6, no. 3 (March 21, 2014), http://www.
theasanforum.org/chinas-new-foreign-policy-transformations-and-challenges-
reflected-in-changingdiscourse/.

94 Yi Wang, "Yang Jiechi: Xi Jinping's Top Diplomat Back in His Element," China Brief 17,
no. 16 (2017), https://jamestown.org/program/yang-jiechi-xis-top-diplomat-back-
element/.

95 Jim Mann, "China's Tiger Is a Pussycat to Bushes," Los Angeles Times, December 20,
2000, https://www.latimes.com/archives/la-xpm-2000-dec-20-mn-2466-story.html.

96 James R. Lilley and Jeffrey Lilley, China Hands: Nine Decades of Adventure, Espionage,
and Diplomacy in Asia (New York: Public Affairs, 2005).

97 John Pomfret, "U.S. Takes a Tougher Tone with China," Washington Post, July 30,
2010, https://www.washingtonpost.com/wp-dyn/content/article/2010/07/29/
AR2010072906416.html.

98 Hu Jintao, Hu Jintao Selected Works, 2016, vol. 3, 234-46.

99 Chen Dingding and Wang Jianwei, "Lying Low No More?: China's New Thinking on
the Tao Guang Yang Hui Strategy," China: An International Journal 9, no. 2 (September
2011): 212.

100 1995년 연설은 Jiang Zemin, Jiang Zemin on Socialism with Chinese Characteristics
(Special Excerpts)(Beijing: 中央文献出版社, 2002), 529-30을 볼 것. 1998년 연설은 Jiang

Zemin, Jiang Zemin Selected Works, vol. 2, 202를 볼 것.

101 Li Zhaoxing, Shuo Bu Jin De Wai Jiao (Beijing: CITIC Publishing House, 2014), 295 – 96.

102 Jiang Zemin, Jiang Zemin on Socialism with Chinese Characteristics (Special Excerpts) 江泽民论有中国特色社会主义【专题摘编】, 529 – 30.

103 Ibid.

104 《《《REFO:BK》》》Jiang Zemin, Jiang Zemin Selected Works, 2006, vol. 2,, 202.

105 Hu Jintao, Hu Jintao Selected Works, 2016, vol. 2, 236.

106 Li Zongyang and Tu Yinsen, A Dictionary of Philosophical Concepts (Beijing: Central Party School Press, 1993), 94.

107 Hu Jintao, Hu Jintao Selected Works, 2016, vol. 2, 236.

108 Ibid., vol. 2, 236.

109 Ibid., vol. 2, 518.

110 Ibid., vol. 3, 237.

111 Wang Yi, "Exploring the Path of Major-Country Diplomacy with Chinese Characteristics" (Beijing, June 27, 2013), http://www.fmprc.gov.cn/mfa_eng/wjb_663304/wjbz_663308/2461_663310/t1053908.shtml.

112 Bonnie S. Glaser and Alison Szalwinski, "Major Country Diplomacy with Chinese Characteristics," China Brief 13, no. 16 (August 9, 2013), https://jamestown.org/program/major-country-diplomacy-with-chinese-characteristics/.

113 Xi Jinping, Xi Jinping: The Governance of China, vol. 1, 296.

114 Ibid., vol. 2, 443. 강조 추가함.

115 Yan Xuetong, "From Keeping a Low Profile to Striving for Achievement," Chinese Journal of International Politics 7, no. 2 (April 22, 2014): 168.

116 Xu Jin and Du Zheyuan, "The Dominant Thinking Sets in Chinese Foreign Policy Research," 277.

117 Hu Jintao, Hu Jintao Selected Works, 2016, vol. 3, 237.

118 Ibid., vol. 3, 237.

119 Ibid., vol. 3, 241.

120 Ibid., vol. 3, 236 – 37. 강조 추가함.

121 Ibid., vol. 2, 519.

122 Xi Jinping, "Chairman Xi Jinping's Opening Remarks at the Roundtable Summit of the 'Belt and Road' International Cooperation Summit Forum," Ministry of Commerce of the People's Republic of China, May 15, 2017, http://www.mofcom.gov.cn/article/i/

jyjl/l/201705/20170502576387.shtml.

123  Xi Jinping, Xi Jinping: The Governance of China, vol. 1, 296–99.

124  Ibid., vol. 1, 296–99.

125  Ibid., vol. 1, 296–99.

126  Ibid., vol. 1, 296–99.

127  Ibid., vol. 1, 296–99.

128  Ibid., vol. 1, 296–99.

129  Ibid., vol. 1, 296–99.

130  Ibid., vol. 1, 296–99.

131  심층 토론은 9장을 볼 것.

132  Xi Jinping, "Towards a Community of Common Destiny and a New Future for Asia."

133  Xi Jinping, "Secure a Decisive Victory in Building a Moderately Prosperous Society in All Respects and Strive for the Great Success of Socialism with Chinese Characteristics for a New Era," 19th Party Congress Political Report (Beijing, October 18, 2017).

134  Xi Jinping, Xi Jinping: The Governance of China, vol. Xi Jinping, Xi Jinping: The Governance of China, vol. 1, 297–98.

135  Wang Yi, "Exploring the Path of Major-Country Diplomacy with Chinese Characteristics."

136  "China Desires Consolidated Ties with Pakistan," Dawn, April 20, 2018, https://www.dawn.com/news/1402694/china-desires-consolidated-ties-with-pakistan.

137  Xi Jinping, "Speech at the First Meeting of the 13th National People's Congress" (2018 National People's Congress, Beijing, March 20, 2018), http://www.xinhuanet.com/politics/2018lh/2018-03/20/c_1122566452.htm.

## 8장

1  Research Group of the Institute of Ocean Development Strategy, State Oceanic Administration, China's Ocean Development Report 2010 2010 (Beijing: China Ocean Press, 2010), 482.

2  Liu Huaqing, Memoirs of Liu Huaqing (Beijing: Revolutionary Army Press, 2004), 252.

3  Ibid., 261–65.

4  류화칭에 관한 〈신화통신〉의 사망 기사를 볼 것. "Liu Huaqing, Father of the Modern Navy," Xinhua, January 15, 2011, http://news.xinhuanet.com/mil/2011-01/15/c_12983881.htm.

5    중국 해군에 관한 주요 서적들은 다음과 같다. Michael McDevitt, China as a Twenty-
     First-Century Naval Power: Theory Practice and Implications (Annapolis, MD: Naval
     Institute Press, 2020); Bernard D. Cole, The Great Wall at Sea: China's Navy in the
     TwentyFirst Century, 2nd ed. (Annapolis, MD: Naval Institute Press, 2010); Yves-Heng
     Lim, China's Naval Power: An Offensive Realist Approach (Burlington, VT: Ashgate, 2014).

6    Hu Jintao, Hu Jintao Selected Works , vol. 3 (Beijing: People's Press, 2016), 236 – 37. 강조
     추가함.

7    Ibid., vol. 2, 519.

8    John Pomfret, "U.S. Takes a Tougher Tone with China," Washington Post, July 30,
     2010, https://www.washingtonpost.com/wp-dyn/content/article/2010/07/29/
     AR2010072906416.html.

9    Central Party History and Literature Research Institute of the Chinese Communist
     Party, ed., Excerpts from Xi Jinping's Statements on the Concept of Comprehensive
     National Security Concept(Beijing: Central Party Literature Press, 2018), 259.

10   "Xi Jinping: Caring More about the Ocean, Understanding the Ocean, Planning and
     Controlling the Ocean, and Promoting the Construction of a Maritime Great Power and
     Constantly Acquiring New Achievements," Renmin Wang, August 1, 2013, http://cpc.
     people.com.cn/n/2013/0801/c64094-22402107.html.

11   Ibid.

12   Ibid.

13   "Foreign Minister Wang Yi Meets the Press," Foreign Ministry of the People's
     Republic of China, March 8, 2014, https://www.fmprc.gov.cn/mfa_eng/wjb_663304/
     wjbz_663308/2461_663310/t1135385.shtml.

14   Information Office of the State Council, "China's National Defense in 2008," January
     2009, http://english.gov.cn/official/2009-01/20/content_1210227_3.htm.

15   Hu Jintao, Hu Jintao Selected Works, 2016, vol. 3, 235.

16   Ibid., vol. 3, 243 – 44.

17   "The Diversified Employment of China's Armed Forces, 2013" (Information Office
     of the State Council, April 2013), http://eng.mod.gov.cn/TopNews/2013-04/16/
     content_4442750.htm.

18   "Xi Jinping: Join Hands to Pursue the Development Dream of China and Australia and
     Achieve Regional Prosperity and Stability : ," Renmin Wang, October 18, 2014, http://
     cpc.people.com.cn/n/2014/1118/c64094-26043313.html.

19   Pan Shanju, "Released White Paper on China's Military Strategy Is the First to Put
     Forward 'Overseas Interests Area' "," Jinghua Times, May 27, 2015, http://res.cssn.cn/

dybg/gqdy_zz/201505/t20150527_2011778_1.shtml.

20　특히 이 장의 후반부에 있는 항공모함과 수상함에 관한 논의를 볼 것.

21　Research Group of the Institute of Ocean Development Strategy, State Oceanic Administration, China's Ocean Development Report 2010 2010, 482.

22　Hu Jintao, "Firmly March on the Path of Socialism with Chinese Characteristics and Strive to Complete the Building of a Moderately Prosperous Society in All Respects ," 18th Party Congress Political Report (Beijing, November 8, 2012).

23　"Xi Jinping: Caring More about the Ocean, Understanding the Ocean, Planning and Controlling the Ocean, and Promoting the Construction of a Maritime Great Power and Constantly Acquiring New Achievements : ."

24　Literature Research Office of the Chinese Communist Party Central Committee, Selection of Important Documents since the 18th Party Congress, vol. 1 (Beijing: Central Party Literature Press, 2014), 844.

25　"Xi Jinping: Deeply Implementing the Innovation-Driven Development Strategy to Add Momentum to the Revitalization of the Old Industrial Base : ," Renmin Wang, September 2, 2013, http://cpc.people.com.cn/n/2013/0902/c64094-22768582.html.

26　Yu Miao, "Author of the Military Strategy White Paper: The First Time 'Overseas Interest Area' Was Put Forward : '," The Paper, May 26, 2015, https://www.thepaper.cn/newsDetail_forward_1335188.

27　Minnie Chan, "The Xu Family: From Basketball to the Aircraft Carrier," South China Morning Post, January 19, 2015, https://www.scmp.com/news/china/article/1681753/xu-family-basketball-aircraft-carrier-business.

28　Minnie Chan, "'Unlucky Guy' Tasked with Buying China's Aircraft Carrier: Xu Zengping," South China Morning Post, April 29, 2015, https://www.scmp.com/news/china/diplomacydefence/article/1779703/unlucky-guy-tasked-buying-chinas-aircraft-carrier-xu.

29　Ibid.

30　Zhang Tong, "Shandong Native Xu Zengping Bought the Varyag '," Jinan Times, September 30, 2011, http://jinantimes.com.cn/index.php?m=content&c=index&a=show&catid=8&id=14936; "Taiwan Stuntman Jumps China Waterfall," CNN World News, June 1, 1997, http://www.cnn.com/WORLD/9706/01/china.jump/.

31　Minnie Chan, "The Inside Story of the Liaoning: How Xu Zengping Sealed the Deal for China's First Aircraft Carrier," South China Morning Post, January 19, 2015, https://www.scmp.com/news/china/article/1681755/how-xu-zengping-became-middleman-chinas-deal-buy-liaoning.

32  Minnie Chan, "How a Luxury Hong Kong Home Was Used as Cover in Deal for China's First Aircraft Carrier," South China Morning Post, August 19, 2017, https://www.scmp.com/ news/ china/ diplomacy- defence/ article/ 2107370/how-hong-kong-luxury-home-was-used-cover-deal-chinas.

33  Ibid.

34  Ibid.

35  Yu Wei , "Through Twists and Turns, from the 'Varyag' to the Birth of China's First Aircraft Carrier "," Party History, November 23, 2012, http://dangshi.people.com.cn/n/2012/1123/c85037-19679177-1.html.

36  Chan, "The Inside Story of the Liaoning."

37  Chan, "'Unlucky Guy' Tasked with Buying China's Aircraft Carrier."

38  Ibid.

39  Chan, "The Inside Story of the Liaoning."

40  Ibid.

41  "How the 'Varyag' Came to China "," Chinese Community Party News, January 22, 2015, http://cpc.people.com.cn/n/2015/0122/c87228-26427625.html.

42  Chan, "How a Luxury Hong Kong Home Was Used as Cover in Deal for China's First Aircraft Carrier."

43  Minnie Chan, "Mission Impossible: How One Man Bought China Its First Aircraft Carrier," South China Morning Post, January 18, 2015, http://www.scmp.com/news/china/article/1681710/sea-trials-how-one-man-bought-china-its-aircraft-carrier.

44  Zhang Tong, "Shandong Native Xu Zengping Bought the Varyag ""; Minnie Chan, "Mission Impossible II: The Battle to Get China's Aircraft Carrier Home," South China Morning Post, January 20, 2015, https://www.scmp.com/news/china/article/1682731/mission-impossible-ii-battle-get-chinas-aircraft-carrier-home.

45  Yu Wei, "Through Twists and Turns, from the 'Varyag' to the Birth of China's First Aircraft Carrier""."

46  "The Significance of the Varyag Aircraft Carrier to China's National Strategy Is Something That Cannot Be Purchased with Money," Sina.com, March 24, 2015, http://mil.news.sina.com.cn/2015-03-24/1058825518.html.

47  Xiong Songce, "The 'Varyag' That Came All This Distance "," Science and Technology Review 30, no. 5 (2012): 15−17. This refers sometimes to the period 2002−2005 or also 2005−2008. Activity taken in 2005 mainly kept the hull usable.

48  "China Announced That It Has the Technology to Manufacture Modern Aircraft Carriers," Radio Free Asia, August 25, 2008, https://www.rfa.org/cantonese/news/

582

china_millitary-08252008112237.html.

49  Yu Wei, "Through Twists and Turns, from the 'Varyag' to the Birth of China's First Aircraft Carrier"."

50  Research Group of the Institute of Ocean Development Strategy, State Oceanic Administration, China's Ocean Development Report 2010 2010, 482.

51  Kenji Minemura, "Beijing Admits It Is Building an Aircraft Carrier," Asahi Shimbun, December 17, 2010

52  양레이는 후난위성TV의 창사저녁뉴스와 인터뷰를 했고, 녹취록은 여러 사이트에서 볼 수 있다. Xiao Yonggen, Yang Lei: I Supervised and Built an Aircraft Carrier for My Homeland : , Absolute Loyalty (Hunan: Hunan Satellite TV, 2014), http://tv.81.cn/2014/2014-08/01/content_6075529.htm; Yu Wei, "Through Twists and Turns, from the 'Varyag' to the Birth of China's First Aircraft Carrier"."

53  Chang Xuemei and Cheng Hongyi, "Our Military's Aircraft Carrier Construction: 30 Months of Work Completed in 15 Months : 1530 115," People's Daily Online, June 1, 2013, http://cpc.people.com.cn/n/2013/0601/c87228-21699891.html.

54  "China Launches Second Aircraft Carrier," Xinhua, April 26, 2017, http://www.xinhuanet.com/english/2017-04/26/c_136237552.htm.

55  Liu Zhen, "Three Catapult Launchers Spotted in Image of China's New Aircraft Carrier," South China Morning Post, June 20, 2018, https://www.scmp.com/news/china/diplomacydefence/article/2151703/chinas-newest-aircraft-carrier-likely-have-catapult.

56  Liu Zhen, "China Aims for Nuclear-Powered Aircraft Carrier by 2025," South China Morning Post, February 28, 2018, https://www.scmp.com/news/china/diplomacy-defence/article/2135151/china-aims-nuclear-powered-aircraft-carrier-2025; Jeffrey Lin and Peter

W. Swinger, "A Chinese Shipbuilder Accidentally Revealed Its Major Navy Plans," Popular Science, March 15, 2018, https://www.popsci.com/china-nuclear-submarine-aircraft-carrierleak/.

57  Chan, "How a Luxury Hong Kong Home Was Used as Cover in Deal for China's First Aircraft Carrier."

58  Yu Wei, "Through Twists and Turns, from the 'Varyag' to the Birth of China's First Aircraft Carrier"."

59  이 발언은 여러 군데 등장한다. Andrew Erickson, "China's Ministry of National Defense: 1st Aircraft Carrier 'Liaoning' Handed Over to PLA Navy," September 25, 2012, https://www.andrewerickson.com/2012/09/chinas-ministry-of-national-

defense-1staircraft-carrier-liaoning-handed-over-to-pla-navy/; Huang Jingjing, "Chinese Public Eagerly Awaits Commissioning of Second Aircraft Carrier," Global Times, April 6, 2016, https://www.globaltimes.cn/content/977459.shtml.

60   Liu Huaqing, Memoirs of Liu Huaqing, 478.

61   Ibid., 479-80.

62   Liu Huaqing Chronicles 1916-2011, vol. 3 (Beijing: Liberation Army Press, 2016), 1195.

63   Lim, China's Naval Power, 74.

64   Tai Ming Cheung, Growth of Chinese Naval Power (Singapore: Institute of Southeast Asian Studies, 1990), 40.

65   Dennis M. Gormley, Andrew S. Erickson, and Jingdong Yuan, A Low-Visibility Force Multiplier: Assessing China's Cruise Missile Ambitions (Washington, DC: NDU Press, 2014), 62에 인용됨.

66   Ibid., 79.

67   Ibid., 79.

68   Lim, China's Naval Power, 76.

69   Roger Cliff, China's Military Power: Assessing Current and Future Capabilities (New York: Cambridge University Press, 2015), 64.

70   Bernard D. Cole, The Great Wall at Sea: China's Navy Enters the Twenty-First Century (Annapolis, MD: Naval Institute Press, 2001), 99.

71   "The PLA Navy: New Capabilities and Missions for the 21st Century" (Washington, DC: Office of Naval Intelligence, 2015), 16.

72   Cole, The Great Wall at Sea, 102.

73   1980년대 후반의 루다 수리함은 일부 함정에 이러한 기능을 제공했을 수 있지만, 소음을 고려할 때 음파탐지기가 거의 작동하지 않았기 때문에 전혀 쓸모가 없었다.

74   Bernard D. Cole, "China's Carrier: The Basics," USNI News, November 27, 2012, https://news.usni.org/2012/11/27/chinas-carrier-basics.

75   The Science of Campaigns (Beijing: National Defense University Press, 2006), 316-30.

76   Li Yousheng, Joint Campaign Studies Guidebook (Beijing: Academy of Military Science, 2012), 259.

77   Cole, The Great Wall at Sea, 105.

78   Ibid., 102; Lim, China's Naval Power, 93.

79   "Jane's World Navies" (IHS Jane's, May 19, 2015).

80   "The PLA Navy: New Capabilities and Missions for the 21st Century," 24.

81  Cole, The Great Wall at Sea, 106.

82  You Ji, Armed Forces of China (Singapore: Allen & Unwin, 1999), 194.

83  Cole, The Great Wall at Sea, 106.

84  Ibid., 106 – 7.

85  "Jane's World Navies."

86  Tai Ming Cheung, Growth of Chinese Naval Power, 30 – 32; You Ji, Armed Forces of China, 193 – 94.

87  Minnie Chan, "As Overseas Ambitions Expand, China Plans 400 Per Cent Increase to Marine Corps Numbers, Sources Say," South China Morning Post, March 13, 2017, https://www.scmp.com/news/china/diplomacy-defence/article/2078245/overseas-ambitions-expand-china-plans-400pc-increase.

88  Ibid.

89  Guo Yuandan, "Chinese Navy Sees Broadened Horizon, Enhanced Ability through 10-Year Escort Missions," Global Times, December 30, 2018, https://www.globaltimes.cn/content/1134066.shtml.

90  Shaio H. Zerba, "China's Libya Evacuation Operation: A New Diplomatic Imperative—Overseas Citizen Protection," Journal of Contemporary China 23, no. 90 (2014): 1092 – 1112; Ernest Kao, "China Considered Drone Strike on Foreign Soil in Hunt for Drug Lord," South China Morning Post, February 19, 2013, https://www.scmp.com/news/china/article/1153901/drone-strike-was-option-hunt-mekong-drug-lord-says-top-narc.

91  "Djibouti and China Sign a Security and Defense Agreement," All Africa, February 27, 2014, https://allafrica.com/stories/201402280055.html.

92  약화시키기 국면 동안, 중국은 세 차례 무력에 의지했다. 1988년 남중국해에서 존슨 남초 통제권을 놓고 중국군과 베트남군이 충돌했고, 1994년에 중국은 필리핀으로부터 미스치프 암초를 점령했으며, 1995~1996년에는 대만 해역에 미사일을 발사했다. 그 이후로 중국은 2020년 인도 군대와의 국경 충돌로 약 20명의 인도 군인이 숨지게 한 예외를 빼고는 치명적 무력을 사용하려는 의지가 한참 줄어들었다. 그러나 글로벌 금융위기 이후, 중국은 그렇게 하겠다는 더 큰 의지를 보여 줬다.

93  이 인용과 번역은 다음에서 전문을 볼 수 있다. Murray Scott Tanner and Peter W. Mackenzie, "China's Emerging National Security Interests and Their Impact on the People's Liberation Army" (Arlington, VA: Center for Naval Analyses, 2015), 85 – 86.

94  예를 들어, 1995, 1998, 2000 China Defense White Papers를 볼 것.

95  Sun Jianguo , "Contributing Chinese Wisdom to Leading World Peaceful Development and Win-Win Cooperation—Deepen Study of Chairman Xi Jinping's Thoughts on

the Mankind's Common Destiny :," Qiushi, August 2016, http://web.archive.org/web/20160601120417/http://www.qstheory.cn/dukan/qs/2016-04/15/c_1118595597.htm.

96   Shou Xiaosong, The Science of Military Strategy (Beijing: Military Science Press, 2013).

97   Li Cigui, "Some Thinking on Developing Maritime Cooperative Partnership to Promote the Construction of the Twenty-First Century Maritime Silk Road21 ," Guoji Went Yanjiu, April 2014, http://intl.cssn.cn/zzx/gjzzx_zzx/201408/t20140819_1297241.shtml.

98   Ibid.

99   Tanner and Mackenzie, "China's Emerging National Security Interests and Their Impact on the People's Liberation Army," 87.

100  Conor Kennedy, "Strategic Strong Points and Chinese Naval Strategy," Jamestown China Brief, March 22, 2019, https://jamestown.org/program/strategic-strong-points-andchinese-naval-strategy/.

101  Liang Fang (), "What Are the Risks to the 'Maritime Silk Road' Sea Lanes? '' ? ," Defense Reference, March 13, 2015, http://www.globalview.cn/html/strategy/info_1707.html.

102  다음을 볼 것. Li Jian, Chen Wenwen, and Jin Chang, "Overall Situation of Sea Power in the Indian Ocean and the Expansion in the Indian Ocean of Chinese Seapower," Pacific Journal 22, no. 5 (2014): 74 – 75. Quoted in Erica Downs, Jeffrey Becker, and Patrick deGategno, "China's Military Support Facility in Djibouti: The Economic and Security Dimensions of China's First Overseas Base" (Arlington, VA: Center for Naval Analyses, 2017), 40.

103  Kennedy, "Strategic Strong Points and Chinese Naval Strategy."

104  Peter A. Dutton, Isaac B. Kardon, and Conor M. Kennedy, "China Maritime Report No. 6: Djibouti: China's First Overseas Strategic Strongpoint" (Newport, RI: US Naval War College China Maritime Studies Institute, April 1, 2020), 50 – 51, https://digital-commons.usnwc.edu/cgi/viewcontent.cgi?article=1005&context=cmsi-maritime-reports.

105  Isaac B Kardon, Conor M. Kennedy, and Peter A. Dutton, "China Maritime Report No. 7: Gwadar: China's Potential Strategic Strongpoint in Pakistan" (Newport, RI: US Naval War College China Maritime Studies Institute, August 1, 2020), https://digital-commons.usnwc.edu/cgi/viewcontent.cgi?article=1005&context=cmsi-maritime-reports

106  Shihar Aneez and Ranga Sirilal, "Chinese Submarine Docks in Sri Lanka Despite Indian Concerns," Reuters, November 2, 2014, https://www.reuters.com/article/sri-lankachina-submarine/chinese-submarine-docks-in-sri-lanka-despite-indian-concernsidINKBN0IM0LU20141102; Shihar Aneez and Ranga Sirilal, "Sri Lanka

586

Rejects Chinese Request for Submarine Visit: Sources," Reuters, May 11, 2017, https://www.reuters.com/article/us-sri-lanka-china-submarine/sri-lanka-rejects-chinese-request-for-submarinevisit-sources-idUSKBN1871P9; Maria Abi-Habib, "How China Got Sri Lanka to Cough Up a Port," New York Times, June 25, 2018, https://www.nytimes.com/2018/06/25/world/asia/china-sri-lanka-port.html.

## 9장

1   "CICA at 25: Review and Outlook" (Shanghai: Second Conference of the CICA Nongovernmental Forum, June 2017), http://www.cica-china.org/eng/xjzs/sa/.

2   Linda Jakobson, "Reflections from China on Xi Jinping's 'Asia for Asians,'" Asian Politics and Policy 8, no. 1 (2016): 219–23.

3   "Statement by H.E. Mr. Chen Guoping at CICA Meeting of Ministers of Foreign Affairs" (CICA Meeting of Ministers of Foreign Affairs, Ankara, 2012), http://www.s-cica.org/page.php?page_id=605&lang=1. Emphasis added.

4   Evan Medeiros and Taylor Fravel, "China's New Diplomacy," Foreign Affairs 82, no. 6 (2003): 22–35.

5   Hu Jintao, Hu Jintao Selected Works , vol. 3 (Beijing: People's Press, 2016), 234.

6   Ibid., vol. 3, 239–40.

7   Ibid., vol. 3, 240.

8   Ibid., vol. 3, 242.

9   Ibid., vol. 3, 241.

10   "China's Peaceful Development" (Beijing: Information Office of the State Council, September 2011), http://english.gov.cn/archive/white_paper/2014/09/09/content_281474986284646.htm.

11   "China's White Paper on Asia-Pacific Security Cooperation Policies" (Beijing: State Council Information Office, January 2017), http://www.scio.gov.cn/zfbps/32832/Document/1539907/1539907.htm.

12   Hu Jintao, Hu Jintao Selected Works, vol. 3, 241.

13   Hu Jintao, "Firmly March on the Path of Socialism with Chinese Characteristics and Strive to Complete the Building of a Moderately Prosperous Society in All Respects," 18th Party Congress Political Report (Beijing, November 8, 2012).

14   Xi Jinping, Xi Jinping: The Governance of China, vol. 1 (Beijing: Foreign Language Press, 2014), 343–52.

15   Ibid., vol. 1, 353–59.

16   "The AIIB Was Declared Open for Business on January 16, 2016, and Mr. Jin Liqun Was Elected as the Bank's First President," Asia Infrastructure Investment Bank, February 2, 2016, https://www.aiib.org/en/news-events/news/2016/The-AIIB-was-declared-open-forbusiness-on-January-16-2016-and-Mr-Jin-Liqun-was-elected-as-the-Banks-first-President.html.

17   Jamil Anderlini, "Lunch with the FT: Jin Liqun," Financial Times, April 21, 2016, https://www.ft.com/content/0564ce1e-06e3-11e6-a70d-4e39ac32c284.

18   Brian Bremmer and Miao Han, "China's Answer to the World Bank Wants Green, Clean Asian Infrastructure," Bloomberg, April 8, 2018, https://www.bloomberg.com/features/2018-asian-infrastructure-investment-bank-jin-liqun-interview/; Anderlini, "Lunch with the FT."

19   Bremmer and Han, "China's Answer to the World Bank Wants Green, Clean Asian Infrastructure."

20   Jane Perlez, "A Banker Inspired by Western Novelists Seeks to Build Asia," New York Times, January 13, 2017, https://www.nytimes.com/2017/01/13/world/asia/china-aiib-jin-liqun.html.

21   Ibid.; Jin Liqun, "Bretton Woods: The System and the Institution," in Bretton Woods: The Next Seventy Years, ed. Marc Uzan (New York: Reinventing Breton Woods Committee, 2015), 211 – 16.

22   Perlez, "A Banker Inspired by Western Novelists Seeks to Build Asia."

23   Jeffrey D. Wilson, "What Does China Want from the Asia Infrastructure Investment Bank?," Indo-Pacific Insights Series (Perth USAsia Centre, May 2017), 4.

24   David Dollar, "The AIIB and the 'One Belt, One Road,'" Brookings, 2015, https://www.brookings.edu/opinions/the-aiib-and-the-one-belt-one-road/.

25   Jin Liqun, "Building Asia's New Bank: An Address by Jin Liqun, President-Designate of the Asian Infrastructure Investment Bank" (Washington, DC: Brookings, October 21, 2015), 10 – 11, https://www.brookings.edu/wp-content/uploads/2015/10/20151021_asia_infrastructure_bank_transcript.pdf.

26   다음을 볼 것. Biswa Nath Bhattacharyay, "Estimating Demand for Infrastructure in Energy, Transport, Telecommunications, Water and Sanitation in Asia and the Pacific: 2010 – 2020," ADBI Working Paper Series (Asian Development Bank, September 2010); Biswa Nath Bhattacharyay and Prabir De, "Restoring the Asian Silk Route: Toward an Integrated Asia," ADBI Working Paper Series (Asian Development Bank, June 2009).

27   Xingqiang (Alex) He, "China in the International Financial System: A Study of the NDB and the AIIB" (Centre for International Governance Innovation, 2016), 4 – 5;Mike Callaghan and Paul Hubbard, "The Asian Infrastructure Investment Bank: Multilateralism on the

Silk Road," China Economic Journal 9, no. 2 (2016): 117.

28    Dani Rodrik, "Why Is There Multilateral Lending," in Annual World Bank Conference on Development Economics 1995, eds. Michael Bruno and Boris Pleskovic (Washington, DC: The World Bank, 1996).

29    Christopher Kilby, "Donor Influence in Multilateral Development Banks: The Case of the Asian Development Bank," Review of International Organizations 1, no. 2 (2006): 173 – 95.

30    Stephen D. Krasner, "Power Structure and Regional Development Banks," International Organization 35, no. 2 (1981): 314.

31    Christopher Kilby, "Donor Influence in Multilateral Development Banks" (Vassar College Economics Working Paper, 2006), http://economics.vassar.edu/docs/working-papers/VCEWP70.pdf; Daniel Lim and J. R. Vreeland, "Regional Organizations and International Politics: Japanese Influence over the Asian Development Bank and the UN Security Council," World Politics 65, no. 1 (2013): 34 – 72.

32    For the full text of Zheng Xinli's speech, see "Member Newsletter, 2009 Issue 2," China Center for International Economic Exchanges, June 3, 2009, http://www.cciee.org.cn/Detail.aspx?newsId=58&TId=106.

33    Cheng Li, "China's New Think Tanks: Where Officials, Entrepreneurs, and Scholars Interact," China Leadership Monitor, no. 29 (2009): 2.

34    "Zheng Xinli Author Introduction," China Center for International Economic Exchanges, May 4, 2011, http://english.cciee.org.cn/Detail.aspx?newsId=2479&TId=197.

35    "China's Transition at Home and Abroad" (Washington, DC: Brookings, July 21, 2015), 74 – 77, https://www.brookings.edu/wp-content/uploads/2015/07/20150721_china_transition_transcript.pdf. For the original Chinese, a recording is available on the Brookings website. Zheng's remarks begin at "02:34:00."

36    Wang Lin, "China Proposes to Build Asia Infrastructure Investment Bank," First Financial Daily, October 8, 2013, http://www.yicai.com/news/3036393.html.

37    Hua Shengdun, "AIIB 'Father' Tells of Bank's Birth," China Daily, July 24, 2015, http://usa.chinadaily.com.cn/epaper/2015-07/24/content_21395787.htm.

38    Jin Liqun, "Building Asia's New Bank," 6.

39    Jin Liqun, "Bretton Woods," 214 – 15.

40    Ibid., 216.

41    Xi Jinping, "Chinese President Xi Jinping's Address at AIIB Inauguration Ceremony" (AIIB Inauguration Ceremony, Beijing, January 16, 2016), http://www.xinhuanet.com/

english/china/2016-01/16/c_135015661.htm.

42　Jin Liqun, "Building Asia's New Bank," 4 – 5.

43　"China's Transition at Home and Abroad." 여기서의 인용문은 중국어 원문을 번역한 것이며, 원문은 Brookings 웹사이트에서 볼 수 있다. 쩡신리의 발언은 "02:34:00"에 시 작한다.

44　Lai-Ha Chan, "Soft Balancing against the US 'Pivot to Asia': China's Geostrategic Rationale for Establishing the Asian Infrastructure," Australian Journal of International Affairs 71, no. 6 (2017): 577.

45　Wilson, "What Does China Want from the Asia Infrastructure Investment Bank?," 7.

46　Jin Liqun, "Building Asia's New Bank" 5.

47　"China's $50 Billion Asia Bank Snubs Japan, India," Bloomberg, 2014, http://www. bloomberg.com/news/articles/2014-05-11/china-s-50-billion-asia-bank-snubs- japan-india-in-power.

48　Robert Wihtol, "Whither Multilateral Development Finance?" (Asia Development Bank Institute, 2014), http://www.adbi.org/files/2014.07.21.wp491.whither.multilateral. dev.finance.pdf; "China's $50 Billion Asia Bank Snubs Japan, India"; "Lou Jiwei Presided over the Preparatory Work for the Ministerial Dinner Meeting of the AIIB and Delivered a Speech," Ministry of Finance of the People's Republic of China, May 3, 2014, http://gss.mof.gov.cn/mofhome/guojisi/zhuantilanmu/yth/201506/ t20150617_1257643.html.

49　"Lou Jiwei Answers Reporters' Questions on the Establishment of AIIB," Ministry of Finance of the People's Republic of China, December 25, 2015, http://www.mof. gov.cn/zhengwuxinxi/zhengcejiedu/2015zcjd/201512/t20151225_1632389.htm. Quoted in Yun Sun, "China and the Evolving Asian Infrastructure Investment Bank," in Asian Infrastructure Investment Bank: China as Responsible Stakeholder, ed. Daniel Bob (Washington, DC: Sasakawa USA, 2015), 27 – 42, https://spfusa.org/wp-content/ uploads/2015/07/AIIB-Report_4web.pdf.

50　"Timeline," China Daily, October 27, 2014, http://usa.chinadaily.com.cn/ epaper/2014-10/27/content_18808521.htm.

51　Bangladesh, Brunei, Cambodia, China, India, Kazakhstan, Kuwait, Laos, Malaysia, Mongolia, Myanmar, Nepal, Oman, Pakistan, the Philippines, Qatar, Singapore, Sri Lanka, Thailand, Uzbekistan, and Vietnam.

52　Quoted in Yun Sun, "How the International Community Changed China's Asian Infrastructure Investment Bank," The Diplomat, July 31, 2015, https://thediplomat. com/2015/07/how-theinternational-community-changed-chinas-asian- infrastructure-investment-bank/. For full quote and original source, see "Lou Jiwei:

The Cutoff for Founding Members of AIIB Is in the End of March," Xinhua, March 6, 2015, http://www.xinhuanet.com/politics/2015lh/2015-03/06/c_1114552782.htm.

53 Jane Perlez, "Stampede to Join China's Development Bank Stuns Even Its Founder," New York Times, April 2, 2015.

54 Jin Liqun, "Building Asia's New Bank," 23.

55 Yun Sun, "China and the Evolving Asian Infrastructure Investment Bank," 38.

56 Lingling Wei and Bob Davis, "China Forgoes Veto Power at New Bank to Win Key European Nations' Support," Wall Street Journal, March 23, 2015, http://www.wsj.com/articles/china-forgoes-veto-power-at-new-bank-to-win-key-european-nations-support-1427131055; Xingqiang (Alex) He, "China in the International Financial System," 10.

57 Xingqiang (Alex) He, 10.

58 Martin A. Weiss, "Asian Infrastructure Investment Bank (AIIB)" (Congressional Research Service, February 3, 2017), 9; Callaghan and Hubbard, "The Asian Infrastructure Investment Bank," 129.

59 Callaghan and Hubbard, 130.

60 Ibid., 129.

61 Bin Gu, "Chinese Multilateralism in the AIIB," Journal of International Economic Law 20, no. 1 (2017): 150.

62 Callaghan and Hubbard, "The Asian Infrastructure Investment Bank," 132.

63 Xingqiang (Alex) He, "China in the International Financial System," 12.

64 Curtis S. Chin, "New Bank Launch Charts Path to Asian-Led Order," China US Focus, July 7, 2015, https://www.chinausfocus.com/finance-economy/beyond-the-signing-ceremony-ata-chinas-own-asian-development-bank/.

65 Weiss, "Asian Infrastructure Investment Bank (AIIB)," 9.

66 Quoted in Yun Sun, "China and the Evolving Asian Infrastructure Investment Bank," 30.

67 "Xi Stresses Implementing Central Economic Policies," Xinhua, February 2, 2015, http://www.xinhuanet.com/english/china/2015-02/10/c_127481077.htm. Emphasis added; Wang Lin, "Fu Ying: AIIB and the Silk Road Fund Support 'One Belt, One Road," Yicai Wang, March 4, 2015, http://www.yicai.com/news/4581546.html. Quoted in Yun Sun, "China and the Evolving Asian Infrastructure Investment Bank," 30.

68 Chan, "Soft Balancing against the US 'Pivot to Asia,'" 574; Zhong Nan and Cai Xiao, "AIIB Leads Support for Belt and Road Infrastructure Projects," China Daily, June 8, 2016, http://www.chinadaily.com.cn/business/2016-06/08/content_25645165.htm.

69  Xingqiang (Alex) He, "China in the International Financial System," 16.

70  Xi Jinping, "Chinese President Xi Jinping's Address at AIIB Inauguration Ceremony."

71  Callaghan and Hubbard, "The Asian Infrastructure Investment Bank," 129.

72  Victoria Ruan, "Former Deputy Finance Minister Jin Liqun Tipped to Become Head of China-Led AIIB," South China Morning Post, April 27, 2015, http://www.scmp.com/news/china/policies-politics/article/1754771/former-deputy-finance-minister-jin-liqun-tippedbecome; Wei and Davis, "China Forgoes Veto Power at New Bank to Win Key European Nations' Support"; Cary Huang, "Does China Have What It Takes to Lead the AIIB," South China Morning Post, May 16, 2015, http://www.scmp.com/news/china/policies-politics/article/1798724/does-china-have-what-it-takes-lead-aiib.

73  Yun Sun, "China and the Evolving Asian Infrastructure Investment Bank," 33.

74  Chan, "Soft Balancing against the US 'Pivot to Asia,'" 577에 인용.

75  Raphael Minder and Jamil Anderlini, "China Blocks ADB India Loan Plan," Financial Times, April 10, 2009.

76  Chan, "Soft Balancing against the US 'Pivot to Asia,'" 580.

77  Ibid., 578; Callaghan and Hubbard, "The Asian Infrastructure Investment Bank," 129.

78  Ren Xiao, "China as an Institution-Builder: The Case of the AIIB," The Pacific Review 29, no. 3 (2016): 440.

79  Chan, "Soft Balancing against the US 'Pivot to Asia,'" 578에 인용.

80  "Foreign Minister Wang Yi Meets the Press," Ministry of Foreign Affairs of the People's Republic of China, March 9, 2016, http://www.fmprc.gov.cn/mfa_eng/zxxx_662805/t1346238.shtml.

81  "Speech by Chinese President Xi Jinping to Indonesian Parliament," ASEAN-China Centre, October 2, 2013, http://www.asean-china-center.org/english/2013-10/03/c_133062675.htm; "Xi Jinping Delivered a Speech in Indonesia's Parliament," Sina.com, October 10, 2013, http://finance.sina.com.cn/china/20131003/132116904825.shtml. 번역은 중국어 원문과 약간 다르지만 영어판이 국제적으로 통용됐고, 여기서도 영어판을 인용함.

82  Robert Sutter, Chinese Foreign Relations: Power and Policy since the Cold War (Lanham, MD: Rowman & Littlefield, 2009), 297.

83  "China's $50 Billion Asia Bank Snubs Japan, India."

84  Ren Xiao, "China as an Institution-Builder," 436.

85  "China's $50 Billion Asia Bank Snubs Japan, India."

86 "China Finance Minister Raps ADB for Being Bureaucratic," Nikkei Asian Review, March 22, 2015, http://asia.nikkei.com/Politics-Economy/International-Relations/China-finance-minister-raps-ADB-for-being-bureaucratic.

87 Jane Perlez, "China Creates a World Bank of Its Own, and the U.S. Balks," New York Times, December 4, 2015

88 Jisi Wang, "One World One Dream?: China and International Order" (Harvard University, April 1, 2015).

89 "A Speech on the Establishment Progress of Asian Infrastructure Investment Bank by Mr. Jin Liqun, Head of the Working Group for Establishment of AIIB," Boao Forum for Asia, May 17, 2015, http://english.boaoforum.org/mtzxxwzxen/14301.jhtml.

90 Paul Pennay, "China Says Western Rules May Not Be Best for AIIB," Business Spectator, March 23, 2015, http://www.businessspectator.com.au/news/2015/3/23/china/china-says-western-rules-may-not-be-best-aiib.

91 "CICA Catalogue of Confidence Building Measures" (Conference on Interaction and Confidence-Building Measures in Asia, 2004), http://www.s-cica.org/admin/upload/files/CICA_CATALOGUE_(2004)_-_eng.doc.

92 "CICA Catalogue of Confidence Building Measures."

93 "Secretariat of the Conference on Interaction and Confidence Building Measures in Asia," CICA, n.d., http://www.s-cica.kz/page.php?page_id=9&lang=1.

94 이 문서들은 표면상 공동문서였지만 구두점 선택을 보면 중국에서 준비한 문서임을 분명히 알 수 있다. 예를 들어, 중국어 형식의 인용 부호는 서구 형식보다 전체에 사용된다.

95 "The Presentation on the Joint Russian-Chinese Initiative on Strengthening Security in the Asia Pacific Region," 1-2, http://www.s-cica.org/page.php?page_id=24&lang=1&year=2017&month=1&day=0.

96 Ibid., 4.

97 Ibid., 5.

98 "Dai Bingguo's Speech at the 3rd CICA Summit," Foreign Ministry of the People's Republic of China, 2010, http://www.fmprc.gov.cn/web/gjhdq_676201/gjhdqzz_681964/yzxhhy_683118/xgxw_683124/t707229.shtml.

99 Ibid.

100 "Statement by H.E. Mr. Chen Guoping at CICA Meeting of Ministers of Foreign Affairs."

101 Xi Jinping, "New Asian Security Concept for New Progress in Security Cooperation" (4th Summit of the Conference on Interaction and Confidence Building Measures in Asia, Shanghai, May

21, 2014), http://www.s-cica.org/page.php?page_id=711&lang=1.

102 "Statement by H.E. Mr. Chen Guoping at CICA Meeting of Ministers of Foreign Affairs."

103 "Xi Jinping Holds Talks with President Nursultan Nazarbayev of Kazakhstan," Ministry of Foreign Affairs of the People's Republic of China, September 7, 2013, http://www.fmprc.gov.cn/mfa_eng/topics_665678/xjpfwzysiesgjtfhshzzfh_665686/t1075414.shtml. http://www.fmprc.gov.cn/mfa_eng/topics_665678/xjpfwzysiesgjtfhshzzfh_665686/t1075414.shtml.

104 "China and Kazakhstan Joint Declaration on Further Deepening Comprehensive Strategic Partnership," Xinhua, September 9, 2013, http://www.xinhuanet.com/world/2013-09/08/c_117273076.htm.

105 See Article 29 of "Declaration of the Fourth CICA Ministerial Meeting" (Conference on Interaction and Confidence-Building Measures in Asia, September 12, 2012), http://www.cica-china.org/eng/zyhyhwj_1/yxhy/yxwzh/t1149048.htm.

106 "China Supports the Development of CICA into a Formal International Organization," China News, October 12, 2012, http://www.chinanews.com/gn/2012/10-12/4244549.shtml.

107 Xi Jinping, "New Asian Security Concept for New Progress in Security Cooperation."

108 Ibid.

109 예를 들어, 다음을 볼 것. "Keynote Address by H.E. Mr. Wang Yi at CICA 2016 Ministerial" (Conference on Interaction and Confidence-Building Measures in Asia, 2016), http://www.s-cica.org/page.php?page_id=6026&lang=1.

110 "Working Report on the CICA and Its Future Developments at the Fifth CICA Think Tank Roundtable" (Shanghai: CICA Think Tank Roundtable, April 22, 2016), http://www.cica-china.org/eng/xjzs/yxzglt/t1448504.htm.

111 Ibid.

112 Xi Jinping, "New Asian Security Concept for New Progress in Security Cooperation."

113 "Dai Bingguo's Speech at the 3rd CICA Summit"; "Statement by H.E. Mr. Chen Guoping at CICA Meeting of Ministers of Foreign Affairs"; Xi Jinping, "New Asian Security Concept for New Progress in Security Cooperation."

114 "Statement by H.E. Mr. Chen Guoping at CICA Meeting of Ministers of Foreign Affairs."

115 Xi Jinping, "New Asian Security Concept for New Progress in Security Cooperation."

116 Wang Tong, "Statement of Mr. Wang Tong, Counselor of the Embassy of the People's Republic of China at the 25th Anniversary of the CICA Process" (Astana, April 19, 2017),

http://www.s-cica.kz/page.php?page_id=6130&lang=1.

117 Xi Jinping, "New Asian Security Concept for New Progress in Security Cooperation."

118 Gong Jianwei, "CICA Day Reception 2014: Statement of Ambassador Gong Jianwei, Executive Director" (CICA, Astana, October 6, 2014), http://www.s-cica.kz/page. php?page_id=828&lang=1.

119 Xi Jinping, "Inaugural Statement by H.E. Mr. Xi Jinping at the 2016 CICA Ministerial" (CICA 2016 Ministerial, Beijing, 2016), http://www.s-cica.org/page.php?page_ id=6044&lang=1.

120 Xi Jinping, "New Asian Security Concept for New Progress in Security Cooperation"; "China's Policies on Asia-Pacific Security Cooperation" (State Council Information Affairs Office, January 2017), http://www.scio.gov.cn/32618/Document/1539667/1539667.htm.

121 "China's Policies on Asia-Pacific Security Cooperation."

122 Wang Yi, "Wang Yi Chairs Informal Meeting of Foreign Ministers of CICA Member Countries" (Informal Meeting of CICA Foreign Ministers at the UN General Assembly, New York, September 20, 2017), http://www.cica-china.org/chn/yxxw/t1495625.htm.

123 Gong Jianwei, "CICA Day Reception 2014: Statement of Ambassador Gong Jianwei, Executive Director"; Gong Jianwei, "Second Conference of CICA Non-Governmental Forum: Statement of Ambassador Gong Jianwei Executive Director, CICA Secretariat" (Beijing, June 28, 2017), http://www.s-cica.kz/page.php?page_id=6150&lang=1.

124 "The Statement of the Chairman of the Fourth CICA Think Tank Roundtable on Asian Security Cooperation: Contexts, Missions and Prospects" (Shanghai: CICA Think Tank Roundtable, December 17, 2015), http://www.cica-china.org/eng/xjzs/yxzglt/t1448497. htm.

125 Gong Jianwei, "Address by Ambassador Gong Jianwei at the 25th Anniversary of the CICA Process" (25th Anniversary of the CICA Process, Astana, April 19, 2017), http://www. scica.kz/page.php?page_id=6108&lang=1,2017.

126 Wang Yi, "Wang Yi Chairs Informal Meeting of Foreign Ministers of CICA Member Countries."

127 "China's Policies on Asia-Pacific Security Cooperation." 숫자 추가함.

128 Ma Chunshan, "What Is CICA (and Why Does China Care about It?)," The Diplomat, May 17, 2014

129 이전의 거의 모든 연설에서 뼈대를 대표하는 이 인용문은 천궈핑의 2012년 연설에서 가져온 것이다. "Statement by H.E. Mr. Chen Guoping at CICA Meeting of Ministers of Foreign Affairs."

130 Gong Jianwei, "Statement of Executive Director Gong Jianwei at the Xiangshan

Forum," http://www.s-cica.kz/page.php?page_id=843&lang=1.

131  "Keynote Address by H.E. Mr. Wang Yi at CICA 2016 Ministerial"; Wang Yi, "Wang Yi Chairs Informal Meeting of Foreign Ministers of CICA Member Countries."

132  "CICA at 25."

133  Chen Dongxiao, "Prospects and Paths of CICA's Transformation," China Quarterly of International Strategic Studies 1, no. 3 (2015): 453.

134  Chen Guoping, "Vice Minister Cheng Guoping's Speech at the Opening Ceremony of the Meeting of CICA Senior Officials Committee" (CICA Senior Officials Committee, Yangzhou, November 6, 2014), http://www.cica-china.org/eng/yxxw_1/t1212946.htm.

135  "Shanghai Declaration of the Launching of CICA Think Tank Roundtable" (Conference on Interaction and Confidence-Building Measures in Asia, March 22, 2014), http://www.cicachina.org/eng/xjzs/yxzglt/t1448473.htm.

136  "Keynote Address by H.E. Mr. Wang Yi at CICA 2016 Ministerial."

137  Xi Jinping, "New Asian Security Concept for New Progress in Security Cooperation."

138  Chen Dongxiao, "Prospects and Paths of CICA's Transformation," 459.

139  "CICA at 25."

## 10장

1  Hu Jintao, Hu Jintao Selected Works, vol. 3 (Beijing: People's Press, 2016), 241. 원본은 문맥상 제한이 있는 이 제명을 제외하고 책의 다른 부분에서는 주변부로 번역되는 주변(周边)이라는 문구를 사용한다.

2  Wang Jisi, "Wang Jisi: 'Marching Westward': The Rebalancing of China's Geostrategy" Global Times, October 17, 2012, http://opinion.huanqiu.com/opinion_world/2012-10/3193760.html.

3  Ibid.

4  Hu Jintao, Hu Jintao Selected Works, 2016, vol. 3, 241.

5  Ibid., vol. 2, 518. 강조 추가함.

6  Ibid., vol. 3, 234–46.

7  Ibid., vol. 2, 518.

8  Ibid., vol. 3, 241.

9  Ibid., vol. 3, 234.

10  Ibid., vol. 3, 239.

11  "China's Peaceful Development" (Beijing: Information Office of the State Council, September 2011), http://english.gov.cn/archive/white_paper/2014/09/09/content_281474986284646.htm.

12  다음을 볼 것. Wang Yi, "Speech by Minister Wang Yi at the Luncheon of the 2nd World Peace Forum," Foreign Ministry of the People's Republic of China, June 27, 2013, https://www.fmprc.gov.cn/web/wjbz_673089/zyjh_673099/t1053901.shtml.; Wang Yi, "Insist on Correct View of Righteousness and Benefits, Actively Play the Role of Responsible Great Powers: Deeply Comprehend the Spirit of Comrade Xi Jinping's Important Speech on Diplomatic Work 人民日报：坚持正确义利观 积极发挥负责任大国作用: 深刻领会习近平同志关于外交工作的重要讲话精神," People's Daily Online , September 10, 2013, http://opinion.people.com.cn/n/2013/0910/c1003-22862978.html.

13  Xi Jinping, Xi Jinping: The Governance of China, vol. 1 (Beijing: Foreign Language Press, 2014), 296.

14  Yan Xuetong, "Yan Xuetong: The Overall 'Periphery' Is More Important than the United States" Global Times, January 13, 2015, http://opinion.huanqiu.com/1152/2015-01/5392162.html.

15  "The Central Conference on Work Relating to Foreign Affairs Was Held in Beijing," Ministry of Foreign Affairs of the People's Republic of China, November 29, 2014, http://www.fmprc.gov.cn/mfa_eng/zxxx_662805/t1215680.shtml.

16  Li Keqiang, "Full Text: Report on the Work of the Government (2014)," http://english.gov.cn/archive/publications/2014/08/23/content_281474982987826.htm.

17  "China's White Paper on Asia-Pacific Security Cooperation Policies " (Beijing: State Council Information Office , January 2017), http://www.scio.gov.cn/zfbps/32832/Document/1539907/1539907.htm.

18  Hu Jintao, Hu Jintao Selected Works, 2016, vol. 3, 237.

19  Ibid., vol. 3, 237.

20  Ibid., vol. 3, 241.

21  Ibid., vol. 3, 241.

22  Ibid., vol. 3, 241.

23  Ibid., vol. 3, 242.

24  Ibid., vol. 3, 239, 241.

25  "China's Peaceful Development."

26  Ibid.

27  Xi Jinping, Xi Jinping: The Governance of China, vol. 1, 296 – 99.

28  Ibid., vol. 1, 296–99.

29  Ibid., vol. 1, 296–99.

30  Ibid., vol. 1, 296–99.

31  Ibid., vol. 1, 296–99.

32  Xi Jinping, "Chairman Xi Jinping's Opening Remarks at the Roundtable Summit of the 'Belt and Road' International Cooperation Summit Forum 习近平主席在'一带一路'国际合作高峰论坛圆桌峰会上的开幕辞," Ministry of Commerce of the People's Republic of China, May 15, 2017, http://www.mofcom.gov.cn/article/i/jyjl/l/201705/20170502576387.shtml.

33  Xi Jinping, "Jointly Shoulder Responsibility of Our Times, Promote Global Growth" (World Economic Forum, Davos, January 17, 2017), http://www.xinhuanet.com/english/2018-09/03/c_137441987.htm.

34  Devin Thorne and David Spevack, "Harbored Ambitions: How China's Port Investments Are Strategically Reshaping the Indo-Pacific" (Washington, DC: Center for Advanced Defense Studies, 2017), 65.

35  Maria Abi-Habib, "How China Got Sri Lanka to Cough Up a Port," New York Times, June 25, 2018, https://www.nytimes.com/2018/06/25/world/asia/china-sri-lanka-port.html.

36  David Dollar, "The AIIB and the 'One Belt, One Road,'" Brookings, 2015, https://www.brookings.edu/opinions/the-aiib-and-the-one-belt-one-road/.

37  Abi-Habib, "How China Got Sri Lanka to Cough Up a Port."

38  Ibid.

39  Ibid.

40  Xi Jinping, Xi Jinping: The Governance of China, vol. 1, 296–99.

41  9장을 볼 것.

42  Robert A. Manning and Bharath Gopalaswamy, "Is Abdulla Yameen Handing Over the Maldives to China?," Foreign Policy, March 21, 2018.

43  "China's Foreign Ports," The Economist, June 18, 2013, International edition, http://www.economist.com/news/international/21579039-chinas-growing-empire-ports-abroad-mainly-about-trade-not-aggression-new-masters.

44  Ibid.

45  Ibid.

46  Fumbuka Ng, "Tanzania Signs Port Deal with China Merchants Holdings," Reuters, May 30, 2013, http://www.reuters.com/article/2013/05/30/tanzania-china-infrastructureid

USL5N0EB3RU20130530.

47    이 점을 제안해 준 Tarun Chhabra에게 감사한다.

48    Abi-Habib, "How China Got Sri Lanka to Cough Up a Port."

49    Ibid.

50    He (合) Lian (联), "The Development of Plans for the Construction of the Maritime Silk Road of the 21st Century Is Accelerating" [21世纪海上丝绸之路建设规划正加快制定, China Securities Journal (中国证券报), April 16, 2014, http://www.cs.com.cn/app/ipad/ipad01/01/201404/t20140416_4364603.html.

51    "China Accelerates Planning to Re-Connect Maritime Silk Road," China Daily, April 16, 2014, http://www.chinadaily.com.cn/china/2014-04/16/content_17439523.htm.

52    일대일로에 관해 인민해방군 고위 관리들을 만난 아세안(ASEAN) 국가 고위급 외교관과의 개인적 인터뷰.

53    Abi-Habib, "How China Got Sri Lanka to Cough Up a Port."

54    Zhou Bo, "The String of Pearls and the Maritime Silk Road," China US Focus, February 11, 2014, http://www.chinausfocus.com/foreign-policy/the-string-of-pearls-and-the-maritimesilk-road/.

55    "East African Port Construction Expected to Be Chinese Supply Base" [东非建港口料华舰补给基地, Mingpao, March 25, 2013, http://www.mingpaovan.com/htm/News/20130325/vab1h.htm?m=0.

56    Ibid.

57    Henry Farrell, "Russia Is Hinting at a New Cold War over SWIFT. So What's SWIFT?," Washington Post, January 28, 2015, https://www.washingtonpost.com/news/monkeycage/wp/2015/01/28/russia-is-hinting-at-a-new-cold-war-over-swift-so-whats-swift/?noredirect=on&utm_term=.29c15baefc36.

58    Hongying Wang, "China and the International Monetary System: Does Beijing Really Want to Challenge the Dollar," Foreign Affairs, December 19, 2017, https://www.foreignaffairs.com/articles/asia/2017-12-19/china-and-international-monetary-system.

59    Gregory Chin, "China's Rising Monetary Power," in The Great Wall of Money: Power and Politics in China's International Monetary Relations, eds. Eric Helleiner and Jonathan Kirshner (Ithaca, NY: Cornell University Press, 2014), 190-92. See also Wang, "China and the International Monetary System."

60    Chin, "China's Rising Monetary Power," 192.

61    Hu Jintao [胡锦涛, Hu Jintao Selected Works [胡锦涛文选, 2016, vol. 3 [第三卷, 280.

62    Chin, "China's Rising Monetary Power," 192.

63 《《REFO:BK》》Hu Jintao [胡锦涛, Hu Jintao Selected Works [胡锦涛文选, 2016, vol. 3 [第三卷, 139.

64 Ibid., vol. 3 [第三卷, 281.

65 Ibid., vol. 3 [第三卷, 281 – 82.

66 Ibid., vol. 3 [第三卷, 218; Chin, "China's Rising Monetary Power," 196 – 98.

67 Chin, "China's Rising Monetary Power," 195.

68 Jonathan Kirshner, "Regional Hegemony and an Emerging RMB Zone," in The Great Wall of Money: Power and Politics in China's International Relations, eds. Eric Helleiner and Jonathan Kirshner (Ithaca, NY: Cornell University Press, 2014), 223.

69 같은 책 223쪽에 인용.

70 Ibid., 215.

71 Eswar Prasad, Gaining Currency: The Rise of the Renminbi (Oxford: Oxford University Press, 2017).

72 Ibid., 103.

73 Huileng Tan, "China's Currency Is Still Nowhere Near Overtaking the Dollar for Global Payments," CNBC, February 2, 2018, https://www.cnbc.com/2018/02/02/china-currency-yuan-the-rmb-isnt-near-overtaking-the-us-dollar.htm

74 James Kynge, "Renminbi Tops Currency Usage Table for China's Trade with Asia," Financial Times, May 27, 2015, https://www.ft.com/content/1e44915c-048d-11e5-adaf-00144feabdc0.

75 Kirshner, "Regional Hegemony and an Emerging RMB Zone," 214.

76 같은 책 236 – 37쪽을 볼 것.

77 "SWIFT History," SWIFT, 2018, https://www.swift.com/about-us/history.

78 Ibid.

79 Philip Blenkinsop and Rachel Younglai, "Banking's SWIFT Says Ready to Block Iran Transactions," Reuters, February 17, 2012, https://www.reuters.com/article/us-iran-sanctions-swift/bankings-swift-says-ready-to-block-iran-transactions-idUSTRE81G26820120217.

80 "Payments System SWIFT to Cut Off Iranian Banks," Reuters, March 15, 2012, https://www.reuters.com/article/us-eu-iran-sanctions/payments-system-swift-to-cut-off-iranian-banks-idUSBRE82E0VR20120315.

81 Jeremy Wagstaff and Tom Begin, "SWIFT Messaging System Bans North Korean Banks Blacklisted by UN," Reuters, March 8, 2017, https://www.reuters.com/article/usnorthkorea-banks-swift/swift-messaging-system-bans-north-korean-banks-

blacklisted-by-un-idUSKBN16F0NI.

82 Farrell, "Russia Is Hinting at a New Cold War over SWIFT."

83 "Russia's Banking System Has SWIFT Alternative Ready," RT, March 23, 2017, https://www.rt.com/business/382017-russia-swift-central-bank/.

84 Leonid Bershidsky, "How Europe Can Keep the Money Flowing to Iran," Bloomberg, May 18, 2018, https://www.bloomberg.com/view/articles/2018-05-18/how-europe-can-keepmoney-flowing-to-iran. See also "Iran nachal podgotovku predlozhenii po ispol'zovaniyu kriptovalyut v tovaroobmene s RF," Interfax, May 15, 2018, http://www.interfax.ru/business/612729. Natasha Turak, "Russia's Central Bank Governor Touts Moscow Alternative to SWIFT Transfer System as Protection from US Sanctions," CNBC, May 23, 2018, https://www.cnbc.com/2018/05/23/russias-central-bank-governor-touts-moscow-alternative-toswift-transfer-system-as-protection-from-us-sanctions.html.

85 Zhenhua Lu, "US House Committee Targets Major Chinese Banks' Lifeline to North Korea," South China Morning Post, September 13, 2017, https://www.scmp.com/news/china/policiespolitics/article/2110914/us-house-committee-targets-major-chinese-banks-lifelin

86 Michelle Chen and Koh Gui Qing, "China's International Payments System Ready, Could Launch by End-2015," Reuters, March 9, 2015, http://www.reuters.com/article/2015/03/09/us-china-yuan-payments-exclusive-idUSKBN0M50BV20150309.

87 Don Weinland, "China's Global Payment System CIPs Too Costly for Most Banks—For Now," South China Morning Post, October 17, 2015, https://www.scmp.com/business/banking-finance/article/1868749/chinas-global-payment-system-cips-too-costly-most-banks-now.

88 Gabriel Wildau, "China Launch of Renminbi Payments System Reflects SWIFT Spying Concerns," Financial Times, October 8, 2015, https://www.ft.com/content/84241292-66a1-11e5-a155-02b6f8af6a62.

89 Prasad, Gaining Currency, 116.

90 China and the Age of Strategic Rivalry (Ottawa: Canadian Security Intelligence Services, 2018), 113-22.

91 Stefania Palma, "SWIFT Dips into China with CIPS," The Banker, July 1, 2016, https://www.thebanker.com/Global-Transaction-Banking/Swift-dips-into-China-with-CIPS.

92 "Beijing's International Payments System Scaled Back for Launch," South China Morning Post, July 23, 2015, https://www.scmp.com/business/money/article/1838428/beijings-international-payments-system-scaled-back-launch.

93    Wildau, "China Launch of Renminbi Payments System Reflects SWIFT Spying Concerns."

94    China and the Age of Strategic Rivalry, 113 – 22.

95    Wildau, "China Launch of Renminbi Payments System Reflects SWIFT Spying Concerns."

96    Bershidsky, "How Europe Can Keep the Money Flowing to Iran."

97    "EU Criticizes Role of US Credit Rating Agencies in Debt Crisis," Deutsche Welle, July 11, 2011, https://www.dw.com/en/eu-criticizes-role-of-us-credit-rating-agencies-in-debtcrisis/a-15225330.

98    Huw Jones and Marc Jones, "EU Watchdog Tightens Grip over Use of Foreign Credit Ratings," Reuters, November 17, 2017, https://www.reuters.com/article/us-britaineu-creditratingagencies/eu-watchdog-tightens-grip-over-use-of-foreign-credit-ratingsidUSKBN1DH1J1.

99    "China's Finance Minister Accuses Credit Rating Agencies of Bias," South China Morning Post, April 16, 2016, https://www.scmp.com/news/china/economy/article/1936614/chinas-finance-minister-accuses-credit-rating-agencies-bias; Joe McDonald, "China Criticizes S&P Rating Cut as 'Wrong Decision,'" Associated Press, September 22, 2017, https://apnews.com/743f86862f5a4b85844dcc10f96e3f8c.

100    Guan Jianzhong, "The Strategic Choice of Chinese Credit Rating System," Dagong Global (via Internet Archive), 2012, https://web.archive.org/web/20160805110146/http://en.dagongcredit.com/content/details58_6631.html.

101    Ibid.

102    "Man in the Middle," South China Morning Post, April 26, 2014, https://www.scmp.com/business/china-business/article/1497241/man-middle.

103    Ibid.

104    Liz Mak, "China's Dagong Global Credit Mounts Challenge to 'Big Three' Rating Agencies," South China Morning Post, August 7, 2016, https://www.scmp.com/business/bankingfinance/article/2000489/chinas-dagong-global-credit-mounts-challenge-big-three.

105    Reports of Guan's government ties are discussed in Christopher Ricking, "US Rating Agencies Face Chinese Challenge," Deutsche Welle, November 19, 2012, https://www.dw.com/en/us-ratings-agencies-face-chinese-challenge/a-16389497; Guan Jianzhong, "The Strategic Choice of Chinese Credit Rating System."

106    Asit Ranjan Mishra, "China Not in Favor of BRICS Proposed Credit Rating Agency," Livemint, October 14, 2014, https://www.livemint.com/Politics/

btAFFggl1LoKBNZK0a45f J/China-not-in-favour-of-proposed-Brics-credit-rating-agency.html.

107 "Corporate Culture," Dagong Global (via Internet Archive), 2016, https://web.archive.org/web/20160704062906/http://en.dagongcredit.com:80/about/culture.html.

108 "About Us," Dagong Global (via Internet Archive), 2016, https://web.archive.org/web/20160326131607/http://en.dagongcredit.com/about/aboutDagong.html.

## 11장

1 Fu Ying, "The US World Order Is a Suit That No Longer Fits," Financial Times, January 6, 2016, https://www.ft.com/content/c09cbcb6-b3cb-11e5-b147-e5e5bba42e51.

2 Xi Jinping, "Xi Jinping Delivered an Important Speech at the Opening Ceremony of the Seminar on Learning and Implementing the Spirit of the Fifth Plenary Session of the 19th Central Committee of the Party 习近平在省部级主要领导干部学习贯彻党的十九届五中全会精神专题研讨班开班式上发表重要讲话," Xinhua, January 11, 2021, http://www.xinhuanet.com/politics/leaders/2021-01/11/c_1126970918.htm.

3 Zheping Huang, "Xi Jinping Just Showed His Power by Making China's Elite Sit through a Tortuously Long Speech," Quartz, October 10, 2017, https://qz.com/1105235/chinas19th-party-congress-xi-jinping-just-showed-his-power-by-making-chinas-elite-sit-through-a-tortuously-long-speech.

4 Xi Jinping, "Secure a Decisive Victory in Building a Moderately Prosperous Society in All Respects and Strive for the Great Success of Socialism with Chinese Characteristics for a New Era," 19th Party Congress Political Report (Beijing, October 18, 2017).

5 Ibid.

6 Fu Ying, "The US World Order Is a Suit That No Longer Fits."

7 Chen Xiangyang, "China Advances as the US Retreats," China US Focus, January 23, 2018, https://www.chinausfocus.com/foreign-policy/china-advances-as-the-us-retreats.

8 Yang Jiechi, "Promote the Construction of a Community of Common Destiny for Mankind," People's Daily, November 19, 2017, http://cpc.people.com.cn/n1/2017/1119/c64094-29654801.html.

9 "Xi Jinping's First Mention of the 'Two Guidances' Has Profound Meaning" Study China, February 21, 2017, https://web.archive.org/web/20171219140753/http://www.ccln.gov.cn/hotnews/230779.shtml. 시진핑 연설에 대한 이 논평은 당 간부들에게 회람자료를 출판하는 중국간부학습망 지도부에 의해 출판됐다.

10   Xi Jinping, Xi Jinping: The Governance of China, Volume 3, vol. 3 (Beijing: Foreign Language Press, 2020), 77. 강조 추가됨.

11   Robert E. Kelly, "What Would Chinese Hegemony Look Like?," The Diplomat, February 10, 2014, https://thediplomat.com/2014/02/what-would-chinese-hegemony-look-like/; Nadège Rolland, "China's Vision for a New World Order" (Washington, DC: National Bureau of Asian Research, 2020), https://www.nbr.org/publication/chinas-vision-for-a-new-world-order/.

12   Yuan Peng, "Financial Crisis and U.S. Economic Hegemony: An Interpretation of History and Politics" Contemporary International Relations, no. 5 (2009).

13   Yang Jiechi, "Continue to Create New Prospects for Foreign Work under the Guidance of General Secretary Xi Jinping's Diplomatic Thoughts ," Foreign Ministry of the People's Republic of China, January 14, 2017, https://www.fmprc.gov.cn/ce/ceus/chn/zgyw/t1430589.htm.

14   "Xi Jinping's First Mention of the 'Two Guidances' Has Profound Meaning." 이 사이트는 당 간부들을 위한 중국간부학습망의 일부다. 다른 부분이 포함된 〈신화통신〉 자료도 볼 것. Xi Jinping, "Xi Jinping Presided over the National Security Work Symposium," Xinhua, February 17, 2017, http://www.xinhuanet.com//politics/2017-02/17/c_1120486809.htm.

15   "Xi Jinping's First Mention of the 'Two Guidances' Has Profound Meaning." 이 사이트는 당 간부들을 위한 중국간부학습망의 일부다. 강조 추가됨.

16   이 논평은 중앙당교가 주요 이념 문제에 대한 통찰력을 제공하기 위해 조직한 웹사이트인 중국간부학습망의 편집자가 썼으며, 〈인민일보〉 홈페이지 등 중국 관영 매체에도 게재되었다.

17   "Xi Jinping's First Mention of the 'Two Guidances' Has Profound Meaning." 이 사이트는 당 간부들을 위한 중국간부학습망의 일부다.

18   Xi Jinping, "Secure a Decisive Victory in Building a Moderately Prosperous Society in All Respects and Strive for the Great Success of Socialism with Chinese Characteristics for a New Era. ."

19   Xi Jinping, "Xi Jinping Met the 2017 Ambassadorial Conference and Delivered an Important Speech 习近平接见2017年度驻外使节工作会议与会使节并发表重要讲话," Xinhua, December 28, 2017, http://www.xinhuanet.com/2017-12/28/c_1122181743.htm.

20   Ibid.

21   Ibid.

22   Ibid.

23   Zhu Feng, "A Summary of Recent Academic Research on 'Great Changes Unseen in a

Century." People's Forum - Academic Frontier, no. 4 (2019). Zhu Feng published this piece in a social science journal published by the Chinese Communist Party's flagship newspaper People's Daily.

24  Li Jie, "Deeply Understand and Grasp the World's 'Big Changes Unseen in a Century'," Study Times, September 3, 2018, https://web.archive.org/web/20200624172344/http://www.qstheory.cn/llwx/2018-09/03/c_1123369881.htm. 이 글은 처음에 당교 〈학습시보〉에 실렸으며, 이후 〈시구〉 사이트에 게재되었다.

25  Zhang Yuyan, "Understanding the Great Changes Unseen in a Century," International Economic Review, September 18, 2019, http://www.qstheory.cn/llwx/2019-09/18/c_1125010363.htm.

26  Du Qinghao, "Great Changes Unseen in a Century in Historical Perspective," Study Times, March 11, 2019, http://www.qstheory.cn/llwx/2019-03/11/c_1124218453.htm.

27  Wu Xinbo, "The Great Changes Unseen in a Century and Sino-Japanese Relations Have Bright Spots and Dark Spots," Liberation Daily, January 15, 2019.

28  Zhu Feng, "A Summary of Recent Academic Research on 'Great Changes Unseen in a Century'."

29  Luo Jianbo, "From the Overall Perspective, Understand and Grasp the World's Great Changes Unseen in a Century," Study Times, June 7, 2019, http://theory.people.com.cn/n1/2019/0607/c40531-31125044.html.

30  Gao Zugui, "The Rich Connotation of the Great Changes Unseen in a Century," Study Times, January 21, 2019, http://theory.people.com.cn/n1/2019/0121/c40531-30579611.html.

31  중국의 여러 주요 사상가를 포함해 이 개념에 대한 주목할 만한 원탁회의에 관해서는 다음을 볼 것. Zhang Yunling et al., "How to Recognize and Understand the Century's Great Changes," Asia-Pacific Security and Maritime Research, no. 2 (2019), http://www.charhar.org.cn/newsinfo.aspx?newsid=14706.

32  Ibid.

33  Nie Wenjuan, "US vs. China: Which System Is Superior?," China-US Focus, April 29, 2020, https://www.chinausfocus.com/society-culture/us-vs-china-which-system-is-superior.

34  Wu Baiyi, "American Illness," China-US Focus, June 17, 2020, https://www.chinausfocus.com/society-culture/american-illness.

35  Cui Hongjian, "What Does 'Populism,' Found in So Many Headlines, Actually Mean?," China Institute of International Studies, March 10, 2018, https://web.archive.org/web/20180325192425/http://www.ciis.org.cn/chinese/2018-03/12/content_40248594.htm. 저자는 중국국제문제연구소에서 일하기 전 외교관이었다.

36  Zhang Yunling et al., "How to Recognize and Understand the Century's Great Changes."

37  Zhu Feng, "A Summary of Recent Academic Research on 'Great Changes Unseen in a Century.'"

38  "Xi Jinping's First Mention of the 'Two Guidances' Has Profound Meaning."

39  Zhang Yuyan, "Understanding the Great Changes Unseen in a Century."

40  Zhang Yunling et al., "How to Recognize and Understand the Century's Great Changes."

41  Ibid.Zhang Yunling et al.

42  "Deeply Understand the Big Test of Epidemic Prevention and Control ," People's Daily, April 23, 2020.

43  Chen Qi, "The Impact of the Global Coronavirus Pandemic on the Great Changes Unseen in a Century," Ministry of Commerce of the People's Republic of China, April 22, 2020, http://chinawto.mofcom.gov.cn/article/br/bs/202004/20200402957839.shtml.

44  "Peking University Center for American Studies Successfully Held an Online Seminar on U.S. and China Relations under the Global Pandemic," School of International Studies, Peking University, April 13, 2020, https://www.sis.pku.edu.cn/news64/1324227.htm.

45  Chen Jimin, "COVID-19 Hits International System," China-US Focus, April 27, 2020, https://www.chinausfocus.com/foreign-policy/covid-19-hits-international-system.

46  Wu Baiyi, "American Illness."

47  "Deeply Understand the Big Test of Epidemic Prevention and Control."

48  Yuan Peng, "The Coronavirus Pandemic and the Great Changes Unseen in a Century," Contemporary International Relations, no. 5 ( June 2020): 1 – 6.

49  Shi Zehua, "Why Has American Populism Risen at This Time ," U.S.-China Perception Monitor, May 4, 2016, http://www.uscnpm.com/model_item.html?action=view&table=article&id=10182.

50  Cui Hongjian, "What Does 'Populism,' Found in So Many Headlines, Actually Mean? ."

51  Zhang Yunling et al., "How to Recognize and Understand the Century's Great Changes."

52  Jin Canrong, "Great Changes Unseen in a Century and China's Responsibility ," Liberation Army Daily, December 11, 2019, http://www.mod.gov.cn/jmsd/2019-12/11/content_4856573.htm. 이 글은 애초 〈해방군보〉에 실렸고, 국방부 공식 웹사이트에도 실렸다.

53  Nie Wenjuan, "US vs. China"

54 Wu Baiyi, "American Illness."

55 Ibid.

56 Jin Canrong, "Looking at the World Forum, Jin Canrong: Great Changes in the World in the Next Ten Years ," Guancha , August 1, 2017, https://www.guancha.cn/JinCanRong/2017_08_01_420867_s.shtml.

57 "The Central Economic Work Conference Was Held in Beijing Xi Jinping and Li Keqiang Delivered an Important Speech," Xinhua, December 21, 2018, http://www.xinhuanet.com/2018-12/21/c_1123887379.htm.

58 Xi Jinping, Xi Jinping: The Governance of China, vol. 3, , 294.

59 Ren Jingjing, "Strive to Realize the Great Rejuvenation of the Chinese Nation in the 'Great Changes Unseen in a Century' ," Journal of Northeast Asia Studies, 2019.

60 Zhang Yunling, "An Analysis of the 'Great Changes Unseen in a Century' ," Journal of Shandong University, no. 5 (2019): 1 – 15.

61 Ibid.

62 Lu Hui, "Commentary: Milestone Congress Points to New Era for China, The World," Xinhua, October 24, 2017, http://www.xinhuanet.com/english/2017-10/24/c_136702090.htm.

63 Li Jie, "Deeply Understand and Grasp the World's 'Big Changes Unseen in a Century.' ."

64 Ren Jingjing, "Strive to Realize the Great Rejuvenation of the Chinese Nation in the 'Great Changes Unseen in a Century.' ."

65 Ibid.

66 Ibid.

67 Xi Jinping, "Xi Jinping: Follow the Trend of the Times to Achieve Common Development " (Speech at the BRICS Business Forum, Johannesburg, South Africa, July 25, 2018), http://cpc.people.com.cn/n1/2018/0726/c64094-30170246.html.

68 Xi Jinping, "Xi Jinping Met the 2017 Ambassadorial Conference and Delivered an Important Speech ."

69 Xi Jinping, "Xi Jinping Delivered an Important Speech at the Opening Ceremony of the Training Class for Young and Middle-Aged Cadres at the Central Party School (National School of Administration)" (Central Party School, September 3, 2019), http://www.gov.cn/xinwen/2019-09/03/content_5426920.htm.

70 "The Central Economic Work Conference Was Held in Beijing Xi Jinping and Li Keqiang Delivered an Important Speech."

71 "China and the World in the New Era," White Paper (State Council Information Office, 2019).

72   Zheng Jialu, "This Is China's Best Strategic Opportunity Since the End of the Cold War—Interview with Professor Yan Xuetong, Dean of the Institute of International Relations, Tsinghua University," Window on the South, October 9, 2018, https://www.nfcmag.com/article/8372.html.

73   Ibid.

74   Ibid.

75   Ibid.

76   Wu Xinbo, "The Great Changes Unseen in a Century and Sino-Japanese Relations Have Bright Spots and Dark Spots ."

77   Xi Jinping, Xi Jinping: The Governance of China, vol. 3, , 294.

78   Liu Jianfei, "How Do Leading Cadres Recognize the World's 'Great Changes Unseen in a Century'," China Party and Government Cadres Tribune, October 25, 2019, https://www.ccps.gov.cn/zt/dxxylldlzt/202004/t20200424_139781.shtml.

79   Ren Jingjing, "Strive to Realize the Great Rejuvenation of the Chinese Nation in the 'Great Changes Unseen in a Century.' ."

80   Zhu Feng, "A Summary of Recent Academic Research on 'Great Changes Unseen in a Century.' ."

81   Fang Xiao, "Innovative Partnership Networks: To Create Growth Point for a Global Partnership Network ," International Studies, no. 6 (2019): 41 –55.

82   Liu Jianfei, "How Do Leading Cadres Recognize the World's Great Changes Unseen in a Century."

83   Ibid.

84   Xi Jinping, "Xi Jinping Delivered an Important Speech at the Opening Ceremony of the Training Class for Young and Middle-Aged Cadres at the Central Party School (National School of Administration)."

85   Xi Jinping, "Xi Jinping Delivered an Important Speech at the Opening Ceremony of the Seminar on Learning and Implementing the Spirit of the 5th Plenary Session of the 19th Central Committee of the Party." 강조 추가됨.

## 12장

1   "Woman Accused of Gross Slander—DN Spread the Story Using Metoo, China's Ambassador in Interview, Public Service Debates Public Service ," Sveriges Radio, November 30, 2019, https://sverigesradio.se/sida/avsnitt/1421039?programid=2795.

2   Stephen Chen, "China Launches Its First Fully Owned Overseas Satellite Ground

Station near North Pole," South China Morning Post, December 16, 2016, https://
www.scmp.com/news/china/policies-politics/article/2055224/china-launches-its-
first-fully-owned-overseas-satellite

3  녹음은 여기서 찾을 수 있다.: "Woman Accused of Gross Slander—DN Spread the
Story Using Metoo, China's Ambassador in Interview, Public Service Debates Public
Service."

4  Jonathan Kearsley, Eryk Bagshaw, and Anthony Galloway, "'If You Make China the
Enemy, China Will Be the Enemy': Beijing's Fresh Threat to Australia," Sydney Morning
Herald, November 18, 2020, https://www.smh.com.au/world/asia/if-you-make-
china-the-enemy-china-will-be-the-enemy-beijing-s-fresh-threat-to-australia-
20201118-p56fqs.html.

5  Hal Brands, "What Does China Really Want?: To Dominate the World," Japan Times,
May 22, 2020, https://www.japantimes.co.jp/opinion/2020/05/22/commentary/world-
commentary/china-really-want-dominate-world/

6  "Xi Jinping's First Mention of the 'Two Guidances' Has Profound Meaning ," Study
China, February 21, 2017, https://web.archive.org/web/20171219140753/http://www.
ccln.gov.cn/hotnews/230779.shtml. This commentary on Xi Jinping's speech was
published by the leadership of the China Cadre Learning Network, which publishes
material for circulation to Party cadres.

7  Xi Jinping, "Xi Urges Breaking New Ground in Major Country Diplomacy with
Chinese Characteristics," Xinhua, June 22, 2018, http://www.xinhuanet.com/
politics/2018-06/23/c_1123025806.htm.

8  "Xi Jinping: Promoting Belt and Road Cooperation to Deeply Benefit the People
," Xinhua, August 27, 2018, http://www.xinhuanet.com/politics/2018-08/27/
c_1123336562.htm.

9  "China and the World in the New Era," White Paper (State Council Information Office, 2019).

10  Wang Junsheng and Qin Sheng, "Seize the Opportunity from the 'Great Changes
Unseen in a Century' ," Red Flag Manuscripts, April 10, 2019, http://www.qstheory.
cn/dukan/hqwg/2019-04/10/c_1124344744.htm. Red Flag Manuscripts is published
biweekly by Qiushi, and this article appeared in print.

11  Zhang Yunling, "An Analysis of the 'Great Changes Unseen in a Century' ," Journal of
Shandong University, no. 5 (2019): 1-15.

12  Yuan Peng, "The Coronavirus Pandemic and the Great Changes Unseen in a Century,"
Contemporary International Relations, no. 5 (June 2020): 1-6.

13  Yang Jiechi, "Continue to Create New Prospects for Foreign Work under the Guidance
of General Secretary Xi Jinping's Diplomatic Thoughts ," Foreign Ministry of the

People's Republic of China, January 14, 2017, https://www.fmprc.gov.cn/ce/ceus/chn/zgyw/t1430589.htm.

14  "Xi Jinping's First Mention of the 'Two Guidances' Has Profound Meaning ." 강조 추가함.

15  Ibid. 강조 추가함.

16  즉, 그는 "인류를 위한 공동 운명체" 촉진, 중국 "글로벌 파트너십 네트워크" 확대, "국가의 우호 서클" 확장, 일대일로 구상 추진을 꼽았다.

17  Xi Jinping, "Xi Urges Breaking New Ground in Major Country Diplomacy with Chinese Characteristics."

18  Wang Yi, "Speech at the Opening Ceremony of the 2018 Symposium on the International Situation and China's Diplomacy," Foreign Ministry of the People's Republic of China, December 11, 2018, https://www.fmprc.gov.cn/web/wjbzhd/t1620761.shtml

19  Ibid.

20  "China and the World in the New Era."

21  Liu Jianfei, "How Do Leading Cadres Recognize the World's Great Changes Unseen in a Century," China Party and Government Cadres Tribune, October 25, 2019, https://www.ccps.gov.cn/zt/dxxylldlzt/202004/t20200424_139781.shtml.

22  Li Jie, "Deeply Understand and Grasp the World's 'Big Changes Unseen in a Century'," Study Times, September 3, 2018, https://web.archive.org/web/20200624172344/http://www.qstheory.cn/llwx/2018-09/03/c_1123369881.htm.

23  Zhang Yunling et al., "How to Recognize and Understand the Century's Great Changes," Asia-Pacific Security and Maritime Research, no. 2 (2019), http://www.charhar.org.cn/newsinfo.aspx?newsid=14706.

24  Jin Canrong, "Looking at the World Forum, Jin Canrong: Great Changes in the World in the Next Ten Years ," Guancha , August 1, 2017, https://www.guancha.cn/JinCanRong/2017_08_01_420867_s.shtml.

25  Jin Canrong, "Great Changes Unseen in a Century and China's Responsibility ," Liberation Army Daily, December 11, 2019, http://www.mod.gov.cn/jmsd/2019-12/11/content_4856573.htm.

26  Wang Junsheng and Qin Sheng, "Seize the Opportunity from the 'Great Changes Unseen in a Century.' ."

27  Ren Jingjing, "Strive to Realize the Great Rejuvenation of the Chinese Nation in the 'Great Changes Unseen in a Century'," Journal of Northeast Asia Studies, 2019.

28  "China and the World in the New Era."

29  Kristine Lee and Alexander Sullivan, "People's Republic of the United Nations: China's Emerging Revisionism in International Organizations" (Washington, DC: Center for a New American Security, May 2019).

30  "China and the World in the New Era."

31  Courtney Fung and Shing-Hon Lam, "China Already Leads 4 of the 15 U.N. Specialized Agencies—and Is Aiming for a 5th," Washington Post, March 3, 2020, https://www. washingtonpost.com/politics/2020/03/03/china-already-leads-4-15-un-specialized-agencies-is-aiming-5th/.

32  Ibid.

33  다음의 24분 대목을 볼 것. "Lectures" Former UN Deputy Secretary-General Wu Hongbo: Excellent Diplomats Must Have Strong Patriotism and Enterprising Spirit 2018-12-22 | CCTV "Lectures" Official Channel(CCTV, 2018), https://www.youtube. com/watch?v=pmrI2n6d6VU&t=24m56s.

34  Nicola Contessi, "Experiments in Soft Balancing: China-Led Multilateralism in Africa and the Arab World," Caucasian Review of International Affairs 3, no. 4 (2009): 404 – 34.

35  Jakub Jakóbowski, "Chinese-Led Regional Multilateralism in Central and Eastern Europe, Africa and Latin America: 16 + 1, FOCAC, and CCF," Journal of Contemporary China 27, no. 113 (April 11, 2018): 659 – 73.

36  예를 들어, 다음을 볼 것. "Joint Declaration of China-Latin America and the Caribbean Countries Leaders' Meeting in Brasilia" (Brasilia: China-Latin America and the Caribbean Countries, July 17, 2014), http://www.itamaraty.gov.br/images/ed_integracao/docs_ CELAC/DECLCHALC.2014ENG.pdf; "Declaration of Action on China-Arab States Cooperation under the Belt and Road Initiative" (Beijing: China-Arab States Cooperation, July 10, 2018), http://www.chinaarabcf.org/chn/lthyjwx/bzjhywj/dbjbzjhy/ P020180726404036530409.pdf; "Beijing Declaration of the First Ministerial Meeting of the CELAC-China Forum" (Beijing: China-CELAC Forum, January 23, 2015), http://www. chinacelacforum.org/eng/zywj_3/t1230938.htm.

37  "Joint Statement of the Extraordinary China-Africa Summit on Solidarity Against COVID-19," Ministry of Foreign Affairs of the People's Republic of China, June 17, 2020, https://www.fmprc.gov.cn/mfa_eng/zxxx_662805/t1789596.shtml.

38  중국 인권을 비판하고 지지하는 서명이 담긴 여러 서한과 관련해서는 다음을 볼 것. Nick Cumming-Bruce, "China Rebuked by 22 Nations Over Xinjiang Repression," New York Times, July 10, 2019, https://www.nytimes.com/2019/07/10/world/asia/china-xinjiang-rights.html; Catherine Putz, "Which Countries Are for or against China's Xinjiang Policies?," The Diplomat, July 15, 2019, https://thediplomat.com/2019/07/ which-countries-are-for-or-against-chinas-xinjiang-policies; Roie Yellinek and

Elizabeth Chen, "The '22 vs. 50' Diplomatic Split between the West and China over Xinjiang and Human Rights," China Brief 19, no. 22 (December 31, 2019), https://jamestown.org/program/the-22-vs-50-diplomatic-split-between-the-west-and-china-over-xinjiang-and-human-rights/; "Ambassadors from 37 Countries Issue Joint Letter to Support China on Its Human Rights Achievements," Xinhua, July 13, 2019, http://www.xinhuanet.com/english/2019-07/13/c_138222183.htm.

39   "The Overwhelming Majority of Countries Resolutely Oppose the United States and Other Countries Interfering in China's Internal Affairs with Xinjiang-Related Issues," People's Daily, October 31, 2019, http://world.people.com.cn/n1/2019/1031/c1002-31429458.html.

40   CNKI 자료.

41   Xi Jinping, "Secure a Decisive Victory in Building a Moderately Prosperous Society in All Respects and Strive for the Great Success of Socialism with Chinese Characteristics for a New Era ," 19th Party Congress Political Report (Beijing, October 18, 2017); "China and the World in the New Era."

42   "China and the World in the New Era."

43   Declaration, "Seize the Promising Period of Historical Opportunity," People's Daily, January 15, 2018, http://opinion.people.com.cn/n1/2018/0115/c1003-29763759.html.

44   Ren Jingjing, "Strive to Realize the Great Rejuvenation of the Chinese Nation in the 'Great Changes Unseen in a Century."

45   Nie Wenjuan, "US vs. China: Which System Is Superior?," China-US Focus, April 29, 2020, https://www.chinausfocus.com/society-culture/us-vs-china-which-system-is-superior.

46   이런 감정은 다음을 포함해 여러 글에서 발견된다. Zhang Yunling et al., "How to Recognize and Understand the Century's Great Changes." See also Ren Jingjing, "Strive to Realize the Great Rejuvenation of the Chinese Nation in the 'Great Changes Unseen in a Century'"; Zhang Yunling, "Zhang Yunling: Analysis and Thinking on the 'Great Changes Not Seen in a Century'," Qiushi Online, October 8, 2019, http://www.qstheory.cn/international/2019-10/08/c_1125078720.htm.

47   Yuan Peng, "The Coronavirus Pandemic and the Great Changes Unseen in a Century.."

48   Charles Rollet, "Ecuador's All-Seeing Eye Is Made in China," Foreign Policy, August 9, 2018, https://foreignpolicy.com/2018/08/09/ecuadors-all-seeing-eye-is-made-in china/; Josh Chin, "Huawei Technicians Helped African Governments Spy on Political Opponents," Wall Street Journal, August 15, 2019, https://www.wsj.com/articles/huaweitechnicians-helped-african-governments-spy-on-political-opponents-11565793017; Nick Bailey, "East African States Adopt China's Playbook

on Internet Censorship" (Washington, DC: Freedom House, October 24, 2017), https://
freedomhouse.org/article/east-african-states-adopt-chinas-playbook-internet-
censorship.

**49** 〈치우스〉는 제4차 산업혁명에 대한 시진핑 발언의 핵심 발췌본을 여기에 출간했다.
"What Is the Fourth Industrial Revolution?: Xi Jinping Described Its Blueprint Like
This," Qiushi Online, July 27, 2018, http://www.qstheory.cn/zhuanqu/2018-07/27/
c_1123186013.htm.

**50** Xi Jinping, "Xi Jinping: Follow the Trend of the Times to Achieve Common
Development" (Speech at the BRICS Business Forum, Johannesburg, South Africa, July 25, 2018),
http://cpc.people.com.cn/n1/2018/0726/c64094-30170246.html.

**51** Wang Junsheng and Qin Sheng, "Seize the Opportunity from the 'Great Changes
Unseen in a Century."

**52** Li Jie, "Deeply Understand and Grasp the World's 'Big Changes Unseen in a Century."

**53** Ibid.

**54** Ibid.

**55** Ibid.

**56** Julian Baird Gewirtz, "China's Long March to Technological Supremacy," Foreign
Affairs, August 7, 2019, https://www.foreignaffairs.com/articles/china/2019-08-27/
chinas-long-march-technological-supremacy.

**57** "China and the World in the New Era."

**58** Li Jie, "Deeply Understand and Grasp the World's 'Big Changes Unseen in a Century."

**59** Ibid.

**60** Ibid.

**61** Jin Canrong, "Jin Canrong: The Fourth Industrial Revolution Is Mainly a Competition
between China and the United States, and China Has a Greater Chance of Winning ,"
Guancha, July 29, 2019, https://www.guancha.cn/JinCanRong/2019_07_29_511347_
s.shtml.

**62** Zhang Yunling et al., "How to Recognize and Understand the Century's Great
Changes."

**63** Zhu Feng, "A Summary of Recent Academic Research on 'Great Changes Unseen in a
Century'," People's Forum—Academic Frontier , no. 4 (2019).

**64** Zhang Yuyan, "Understanding the Great Changes Unseen in a Century," International
Economic Review, September 18, 2019, http://www.qstheory.cn/llwx/2019-09/18/
c_1125010363.htm.

**65** Yuan Peng, "The Coronavirus Pandemic and the Great Changes Unseen in a Century."

**66** Ibid.

**67** Khan Beethika, Carol Robbins, and Abigail Okrent, "The State of U.S. Science and Engineering 2020" (Washington, DC: National Science Foundation, 2020), https://ncses.nsf.gov/pubs/nsb20201/global-r-d.

**68** Khan Beethika, Carol Robbins, and Abigail Okrent, "The State of U.S. Science and Engineering 2020" (Washington, DC: National Science Foundation, 2020), https://ncses.nsf.gov/pubs/nsb20201/global-r-d.

**69** Ashwin Acharya and Zachary Arnold, "Chinese Public AI R&D Spending: Provisional Findings" (Washington, DC: Center for Security and Emerging Technology, 2019), https://cset.georgetown.edu/wp-content/uploads/Chinese-Public-AI-RD-SpendingProvisional-Findings-1.pdf.

**70** Zhang Yunling et al., "How to Recognize and Understand the Century's Great Changes."

**71** "Li Keqiang: Internet + Double Innovation + Made in China 2025 Will Give Birth to a 'New Industrial Revolution'," Xinhua, October 15, 2015, http://www.xinhuanet.com/politics/2015-10/15/c_1116825589.htm.

**72** "Made in China 2025: Global Ambitions Built on Local Protections" (Washington, DC: United States Chamber of Commerce, 2017), https://www.uschamber.com/sites/default/files/final_made_in_china_2025_report_full.pdf.

**73** Anjani Trivedi, "China Is Winning the Trillion-Dollar 5G War," Washington Post, July 12, 2020, https://www.washingtonpost.com/business/china-is-winning-the-trillion-dollar-5gwar/2020/07/12/876cb2f6-c493-11ea-a825-8722004e4150_story.html.

**74** Jin Canrong, "Jin Canrong: The Fourth Industrial Revolution Is Mainly a Competition Between China and the United States, and China Has a Greater Chance of Winning."

**75** Ibid.

**76** Ibid.

**77** Ibid.

**78** Jin Canrong, "Great Change Unseen in a Century: In the Sino-American Chess Game, Who Controls the Ups and Downs," China Youth Daily, August 14, 2019, https://baijiahao.baidu.com/s?id=1641695768001946785&wfr=spider&for=pc. 게시물은 여기 제공된 링크에 다시 게재됐다.

**79** Joe McDonald, "Companies Prodded to Rely Less on China, but Few Respond," Associated Press, June 29, 2020, https://apnews.com/bc9f37e67745c046563234d1d2e3fe01; "Supply Chain Challenges for US Companies in China" (Beijing: AmCham China,

April 17, 2020), https://www.amchamchina.org/about/press-center/amcham-statement/supply-chain-challenges-for-us-companies-in-china.

80  Damien Ma (@damienics), Twitter Post, June 30, 2020, 4:54 p.m., https://twitter.com/damienics/status/1278114690871300101?s=20.

81  Lindsay Gorman, "The U.S. Needs to Get in the Standards Game—With LikeMinded Democracies," Lawfare, April 2, 2020, https://www.lawfareblog.com/us-needs-get-standards-game%E2%80%94-minded-democracies.

82  "Take action and fight to the death to win Lenovo's honor defense war!," WeChat Post, May 16, 2018, https://mp.weixin.qq.com/s/JDlmQbGFkxu-_D2jsqNz3w.

83  Frank Tang, "Facebook's Libra Forcing China to Step Up Plans for Its Own Cryptocurrency, Says Central Bank Official," South China Morning Post, July 8, 2019, https://www.scmp.com/economy/china-economy/article/3017716/facebooks-libra-forcing-china-step-plans-its-own.

84  Fung and Lam, "China Already Leads 4 of the 15 U.N. Specialized Agencies—and Is Aiming for a 5th"; Raphael Satter and Nick Carey, "China Threatened to Harm Czech Companies Over Taiwan Visit: Letter," Reuters, February 19, 2020, https://www.reuters.com/article/us-china-czech-taiwan/china-threatened-to-harm-czech-companies-over-taiwan-visit-letter-idUSKBN20D0G3.

85  Jack Nolan and Wendy Leutert, "Signing Up or Standing Aside: Disaggregating Participation in China's Belt and Road Initiative," Global China: Assessing China's Growing Role in the World(Washington, DC: Brookings Institution, 2020), https://www.brookings.edu/articles/signing-up-or-standing-aside-disaggregating-participation-in-chinas-belt-and-road-initiative/.

86  Xi Jinping, "Secure a Decisive Victory in Building a Moderately Prosperous Society in All Respects and Strive for the Great Success of Socialism with Chinese Characteristics for a New Era "; "China's National Defense in the New Era," White Paper (Beijing: 国务院新闻办公室, 2019).

87  Taylor Fravel, "China's 'World Class Military' Ambitions: Origins and Implications," Washington Quarterly 43, no. 1 (2020): 91–92.

88  Ibid. 96.

89  "China and the World in the New Era."

90  가장 최근 세 개의 국방백서를 볼 것. "The Diversified Employment of China's Armed Forces," White Paper (Beijing: State Council Information Office, 2013); "China's Military Strategy," White Paper (State Council Information Office, 2015); "China's National Defense in the New Era."

91  가장 최근 세 개의 국방백서를 볼 것. "The Diversified Employment of China's Armed

Forces"; "China's Military Strategy"; "China's National Defense in the New Era."

92  Xi Jinping, "To Prevent and Resolve Major Risks in Various Domains, Xi Jinping Has Clear Requirements ," Xinhua, January 22, 2019, http://www.xinhuanet.com/2019-01/22/c_1124024464.htm; "China's National Defense in the New Era."

93  Wang Yi, "Wang Yi Address to the CSIS Statesmen Forum" (Washington, DC, February 25, 2016), https://csis-prod.s3.amazonaws.com/s3fs-public/event/160225_statesmen_forum_wang_yi.pdf. See also Su Zhou, "Number of Chinese Immigrants in Africa Rapidly Increasing," China Daily, January 14, 2017, http://www.chinadaily.com.cn/world/2017-01/14/content_27952426.htm; Tom Hancock, "Chinese Return from Africa as Migrant Population Peaks," Financial Times, August 28, 2017, https://www.ft.com/content/7106ab42-80d1-11e7-a4ce-15b2513cb3f.

94  Murray Scott Tanner and Peter W. Mackenzie, "China's Emerging National Security Interests and Their Impact on the People's Liberation Army" (Arlington, VA: Center for Naval Analyses, 2015), 32.

95  Ibid., 36.

96  "How Is China's Energy Footprint Changing?," ChinaPower (blog), February 15, 2016, https://chinapower.csis.org/energy-footprint/.

97  Liang Fang (梁芳), "What Are the Risks to the 'Maritime Silk Road' Sea Lanes?," Defense Reference, March 13, 2015, http://www.globalview.cn/html/strategy/info_1707.html.

98  Wang Yi, "Wang Yi Address to the CSIS Statesmen Forum."

99  Xi Jinping, "Secure a Decisive Victory in Building a Moderately Prosperous Society in All Respects and Strive for the Great Success of Socialism with Chinese Characteristics for a New Era ."

100  "China's National Defense in the New Era."

101  "China's Military Strategy."

102  "China's National Defense in the New Era."

103  "Foreign Minister Wang Yi Meets the Press," Ministry of Foreign Affairs of the People's Republic of China, March 9, 2016, http://www.fmprc.gov.cn/mfa_eng/zxxx_662805/t1346238.shtml; Ankit Panda, "After Djibouti Base, China Eyes Additional Overseas Military Facilities,'" The Diplomat, March 9, 2016, https://thediplomat.com/2016/03/after-djibouti-base-china-eyes-additional-overseas-military-facilities/.

104  Adam Ni, Twitter post, April 20, 2019, 8:32 AM ET, https://twitter.com/adam_ni/status/1119579479087747072/photo/1.

105  Mathieu Duchâtel, "Overseas Military Operations in Belt and Road Countries: The

Normative Constraints and Legal Framework," in Securing the Belt and Road Initiative: China's Evolving Military Engagement along the Silk Roads (Washington, DC: National Bureau of Asian Research, 2019), 11.

106 Maria Abi-Habib, "How China Got Sri Lanka to Cough Up a Port," New York Times, June 25, 2018, https://www.nytimes.com/2018/06/25/world/asia/china-sri-lanka-port.html.

107 Saikiran Kannan, "How China Has Expanded Its Influence in the Arabian Sea," India Today, May 15, 2020, https://www.indiatoday.in/world/story/how-china-has-expanded-itsinfluence-in-the-arabian-sea-1678167-2020-05-15.

108 Jacob Gronholt-Pedersen, "China Withdraws Bid for Greenland Airport Projects: Sermitsiaq Newspaper," Reuters, June 4, 2019, https://www.reuters.com/article/us-china-silkroadgreenland/china-withdraws-bid-for-greenland-airport-projects-sermitsiaq-newspaperidUSKCN1T5191.

109 Jeremy Page, Gordon Lubold, and Rob Taylor, "Deal for Naval Outpost in Cambodia Furthers China's Quest for Military Network," Wall Street Journal, July 22, 2019, https://www.wsj.com/articles/secret-deal-for-chinese-naval-outpost-in-cambodia-raises-u-s-fears-of-beijings-ambitions-115637324.

110 Ben Blanchard, "China Downplays Solomon Island Lease Debacle, Tells U.S. to Stay Out," Reuters, October 29, 2019, https://www.reuters.com/article/us-china-solomonislands/china-downplays-solomon-island-lease-debacle-tells-u-s-to-stay-out-idUSKBN1X80YR.

111 Dennis J. Blasko and Roderick Lee, "The Chinese Navy's Marine Corps, Part 2: Chain-of-Command Reforms and Evolving Training," Jamestown China Brief 19, no. 4 (2019), https://jamestown.org/program/the-chinese-navys-marine-corps-part-2-chain-of-command-reforms-and-evolving-training/.

112 Minnie Chan, "Chinese Navy Set to Build Fourth Aircraft Carrier, but Plans for a More Advanced Ship Are Put on Hold," South China Morning Post, November 28, 2019, https://www.scmp.com/news/china/military/article/3039653/chinese-navy-set-build-fourth-aircraft-carrier-plans-more.

113 Christopher D. Yung, "'Building a World Class Expeditionary Force'" (The US-China Economic And Security Review Commission, Washington, DC, June 20, 2019), https://www.uscc.gov/sites/default/files/Yung_USCC%20Testimony_FINAL.pdf.

114 Christopher D. Yung, "'Building a World Class Expeditionary Force'" (The US-China Economic And Security Review Commission, Washington, DC, June 20, 2019), https://www.uscc.gov/sites/default/files/Yung_USCC%20Testimony_FINAL.pdf.

1     Harold Karan Jacobson and Michel Oksenberg, China's Participation in the IMF, the World Bank, and GATT: Toward a Global Economic Order (Ann Arbor: University of Michigan Press, 1990), 139.

2     Andrew W. Marshall, "Long-Term Competition with the Soviets: A Framework for Strategic Analysis" (Arlington, VA: RAND, 1972), viii.

3     Kenneth Waltz, Theory of International Politics (Long Grove, IL: Waveland Press, 2010 ); David Lake, Hierarchy in International Relations (Ithaca, NY: Cornell University Press, 2009).

4     Paul Musgrave and Dan Nexon, "Defending Hierarchy from the Moon to the Indian Ocean: Symbolic Capital and Political Dominance in Early Modern China and the Cold War," International Organization 73, no. 3 (2018): 531 – 626; Alex D. Barder, "International Hierarchy," in Oxford Research Encyclopedia of International Studies (Oxford: Oxford University Press, 2015).

5     Robert Gilpin, War and Change in World Politics (Cambridge: Cambridge University Press, 1981), 26.

6     Ibid., 44; Evan A. Feigenbaum, "Reluctant Stakeholder: Why China's Highly Strategic Brand of Revisionism Is More Challenging Than Washington Thinks," April 27, 2018, https://carnegieendowment.org/2018/04/27/reluctant-stakeholder-why-china-s-highly-strategic-brand-of-revisionism-is-more-challenging-than-washington-thinks-pub-76213.

7     Michael Lind, "The China Question," Tablet, May 19, 2020, https://www.tabletmag.com/sections/news/articles/china-strategy-trade-lind.

8     Yuan Peng, "The Coronavirus Pandemic and the Great Changes Unseen in a Century," Contemporary International Relations, no. 5 ( June 2020): 1 – 6; Robert E. Kelly, "What Would Chinese Hegemony Look Like?," The Diplomat, February 10, 2014, https://thediplomat.com/2014/02/what-would-chinese-hegemony-look-like/; Nadège Rolland, "China's Vision for a New World Order" (Washington, DC: National Bureau of Asian Research, 2020), https://www.nbr.org/publication/chinas-vision-for-a-new-world-order/.

9     Charles Glaser, "A U.S.-China Grand Bargain?: The Hard Choice between Military Competition and Accommodation," International Security 39, no. 4 (2015): 86, 49 – 90.

10     Barry R. Posen, "Pull Back: The Case for a Less Activist Foreign Policy," Foreign Affairs 92, no. 1 (2013).

11     Michael D. Swaine, Jessica J. Lee, and Rachel Esplin Odell, "Towards and Inclusive and Balanced Regional Order: A New U.S. Strategy in East Asia" (Washington, DC:

Quincy Institute, 2021), 8 – 9, https://quincyinst.org/wp-content/uploads/2021/01/A-NewStrategy-in-East-Asia.pdf.

12  Glaser, "A U.S.-China Grand Bargain?," 50.

13  Lyle Goldstein, "How Progressives and Restrainers Can Unite on Taiwan and Reduce the Potential for Conflict with China" (Washington, DC: Quincy Institute, April 17, 2020), https://responsiblestatecraft.org/2020/04/17/how-progressives-and-restrainers-can-unite-on-taiwan-and-reduce-the-potential-for-conflict-with-china/

14  Peter Beinart, "America Needs an Entirely New Foreign Policy for the Trump Age," The Atlantic, 2018, https://www.theatlantic.com/ideas/archive/2018/09/shield-of-therepublic-a-democratic-foreign-policy-for-the-trump-age/570010/.

15  Chas W. Freeman, "Beijing, Washington, and the Shifting Balance of Prestige" (Newport, RI: China Maritime Studies Institute, 2011), https://mepc.org/speeches/beijing-washington-and-shifting-balance-prestige.

16  Bruce Gilley, "Not So Dire Straits: How the Finlandization of Taiwan Benefits U.S. Security," Foreign Affairs (January/February 2010).

17  Glaser, "A U.S.-China Grand Bargain?," 57, 72.

18  Paul Kane, "To Save Our Economy, Ditch Taiwan," New York Times, November 10, 2011, https://www.nytimes.com/2011/11/11/opinion/to-save-our-economy-ditch-taiwan.html.

19  Goldstein, "How Progressives and Restrainers Can Unite on Taiwan and Reduce the Potential for Conflict with China."

20  Glaser, "A U.S.-China Grand Bargain?," 86; Goldstein, "How Progressives and Restrainers Can Unite on Taiwan and Reduce the Potential for Conflict with China," 61.

21  Lyle J. Goldstein, Meeting China Halfway: How to Defuse the Emerging US-China Rivalry(Washington, DC: Georgetown University Press, 2015), 61.

22  James Steinberg and Michael E. O'Hanlon, Strategic Reassurance and Resolve: U.S.-China Relations in the Twenty-First Century (Princeton: Princeton University Press, 2014), 5.

23  Michael O'Hanlon and James Steinberg, A Glass Half Full?: Rebalance, Reassurance, and Resolve in the U.S.-China Strategic Relationship (Washington, DC: Brookings Institution Press, 2017), 21 – 23.

24  Goldstein, Meeting China Halfway.

25  Ananth Krishnan, "From Tibet to Tawang, A Legacy of Suspicion," The Hindu, October 22, 2012, https://www.thehindu.com/opinion/op-ed/from-tibet-to-tawang-a-legacy-of-suspicions/article4019717.ece.

26  Jane Perlez, "Calls Grow in China to Press Claim for Okinawa," New York Times, June

13, 2013, https://www.nytimes.com/2013/06/14/world/asia/sentiment-builds-in-china-topress-claim-for-okinawa.html.

27  Eduardo Baptista, "Why Russia's Vladivostok Celebration Prompted a Nationalist Backlash in China," South China Morning Post, July 2, 2020, https://www.scmp.com/news/china/diplomacy/article/3091611/why-russias-vladivostok-celebration-prompted-nationalis.

28  Beinart, "America Needs an Entirely New Foreign Policy for the Trump Age."

29  Deng Xiaoping Selected Works, 2nd ed., vol. 3 (Beijing: People's Press, 1993), 320.

30  Ibid., Deng Xiaoping Selected Works, vol. 3, 324–27.

31  장쩌민의 8차 대사회의 연설 관련해, 다음을 볼 것. Jiang Zemin, Jiang Zemin Selected Works, vol. 1 (Beijing: People's Press, 2006), 311–17.

32  Hu Jintao, Hu Jintao Selected Works, vol. 2(Beijing: People's Press, 2016), 503–4.

33  Zong Hairen, China's New Leaders: The Fourth Generation (New York: Mirror Books, 2002).

34  Yan Xiaofeng, "Take the Strategic Initiative in the Great Changes Unseen in a Century," Qiushi Red Flag Manuscripts, February 26, 2019, http://www.qstheory.cn/dukan/hqwg/2019-02/26/c_1124163834.htm?spm=zm5062-001.0.0.1.CrOLbB. 〈홍기문고〉는 〈치우스〉가 격주로 출간하며, 이 기사는 인쇄본에 실려 있다.

35  Fu Ying, "Sino-American Relations after the Coronavirus," China-US Focus, June 26, 2020, http://cn.chinausfocus.com/foreign-policy/20200629/41939.html.

36  Jiang Zemin, Jiang Zemin Selected Works, vol. 3, 448–49.

37  후진타오 연설을 위해서는 다음을 볼 것. Literature Research Office of the Chinese Communist Party Central Committee, Selection of Important Documents since the 15th Party Congress, vol. 2 (Beijing: People's Publishing House, 2001), 1205–27.

38  Nicholas Kristof, "Looking for a Jump-Start in China," New York Times, January 5, 2013, https://www.nytimes.com/2013/01/06/opinion/sunday/kristof-looking-for-a-jump-startin-china.html.

39  Goldstein, Meeting China Halfway, 335–36.

40  Edward Cunningham, Tony Saich, and Jesse Turiel, "Understanding CCP Resilience: Surveying Chinese Public Opinion through Time" (Cambridge, MA: Ash Center for Democratic Governance and Innovation, Harvard Kennedy School, July 2020), https://ash.harvard.edu/publications/understanding-ccp-resilience-surveying-chinesepublic-opinion-through-time; Lei Guang et al., "Pandemic Sees Increase in Chinese Support for Regime" (San Diego: China Data Lab at University of California at San Diego, June 30, 2020), http://chinadatalab.ucsd.edu/viz-blog/pandemic-sees-increase-in-chinese-

supportfor-regime-decrease-in-views-towards-us/.

41  "Interview: 'You Can Criticize The CCP, but You Must Not Criticize Xi Jinping,'" Radio Free Asia, August 18, 2020, https://www.rfa.org/english/news/china/interview-caixia-08182020152449.html

42  Hal Brands and Zack Cooper, "After the Responsible Stakeholder, What?: Debating America's China Strategy," Texas National Security Review 2, no. 1 (2019), https://tnsr.org/2019/02/after-the-responsible-stakeholder-what-debating-americas-china-strategy-2/.

43  Aaron Friedberg, "An Answer to Aggression: How to Push Back Against Beijing," Foreign Affairs 99, no. 5 (2020): 150–64; Matthew Kroenig and Jeffrey Cimmino, "Global Strategy 2021: An Allied Strategy for China" (Washington, DC: Atlantic Council, 2020); Kurt M. Campbell and Jake Sullivan, "Competition without Catastrophe: How America Can Both Challenge and Coexist with China," Foreign Affairs 98, no. 5 (2019): 96–110; Melanie Hart and Kelly Magsamen, "Limit, Leverage, and Compete: A New Strategy on China" (Washington, DC: Center for American Progress, April 3, 2019); Orville Schell and Susan L. Shirk, "Course Correction: Toward an Effective and Sustainable China Policy" (New York and San Diego: Asia Society and UCSD 21st Century China Center, 2019); Ely Ratner et al., "Rising to the China Challenge: Renewing American Competitiveness in the Indo-Pacific" (Washington, DC: Center for a New American Security, 2019).

44  Andrew F. Krepinevich, "Preserving the Balance: A U.S. Eurasia Defense Strategy" (Washington, DC: Center for Strategic and Budgetary Assessments, January 19, 2017), https://csbaonline.org/uploads/documents/Preserving_the_Balance_%2819Jan17%29HANDOUTS.pdf.

45  "GDP, (Current US$)," World Bank Open Data, 2020, https://data.worldbank.org/indicator/ny.gdp.mktp.cd.

46  Ben Carter, "Is China's Economy Really the Largest in the World?," BBC, December 15, 2014, http://www.bbc.com/news/magazine-30483762.

47  Michael J. Green, By More than Providence: Grand Strategy and American Power in the Asia Pacific Since 1783 (New York: Columbia University Press, 2017).

48  Stephen Biddle and Ivan Oelrich, "Future Warfare in the Western Pacific: Chinese Antiaccess/Area Denial, U.S. AirSea Battle, and Command of the Commons in East Asia," International Security 41, no. 1 (2016): 7–48.

49  Michael Beckley, "Plausible Denial: How China's Neighbors Can Check Chinese Naval Expansion," International Security 42, no. 2 (2017); Eugene Gholz, Benjamin Friedman, and Enea Gjoza, "Defensive Defense: A Better Way to Protect US Allies in Asia,"

Washington Quarterly 42, no. 4 (2019): 171–89.

50    Ratner et al., "Rising to the China Challenge," 29.

51    Ben Kesling and Jon Emont, "U.S. Goes on the Offensive against China's EmpireBuilding Funding Plan," Wall Street Journal, April 9, 2019, https://www.wsj.com/articles/u-s-goes-on-the-offensive-against-chinas-empire-building-megaplan-11554809402.

52    이들 사례의 일부를 개관하기 위해서는 다음을 볼 것. Dan Kliman et al., "Grading China's Belt and Road" (Washington, DC: Center for a New American Security, 2019), https://s3.amazonaws.com/files.cnas.org/CNAS+Report_China+Belt+and+Road_final.pdf; Edward Cavanough, "When China Came Calling: Inside the Solomon Islands Switch," The Guardian, December 9, 2019, https://www.theguardian.com/world/2019/dec/08/when-china-came-callinginside-the-solomon-islands-switch; "Maldives' Defeated President, Abdulla Yameen, Accused of Receiving US$1.5 Million in Illicit Payments before Election," South China Morning Post, October 3, 2018, https://www.scmp.com/news/asia/south-asia/article/2166728/maldives-defeated-president-abdulla-yameen-accused-receiving.

53    "'Let's Talk'—Former UN Deputy Secretary-General Wu Hongbo: Excellent Diplomats Must Have Strong Patriotism and Enterprising Spirit, December 22, 2018 | CCTV 'Let's Talk' Official Channel ," YouTube, December 22, 2018,https://www.youtube.com/watch?v=pmrI2n6d6VU&t=24m56s.

54    Courtney Fung and Shing-Hon Lam, "China Already Leads 4 of the 15 U.N. Specialized Agencies—and Is Aiming for a 5th," Washington Post, March 3, 2020, https://www.washingtonpost.com/politics/2020/03/03/china-already-leads-4-15-un-specializedagencies-is-aiming-5th/.

55    Tian Yuhong, "China Radio International's Tian Yuhong: From Adding Together to Fusing Together to Restructure a New Type of International Media Structure ," Sohu, December 13, 2019, https://m.sohu.com/n/475699064/?wscrid=95360_6.

56    Ratner et al., "Rising to the China Challenge," 15–16.

57    Ibid., 15–16.

58    Brendan Greeley, "How to Diagnose Your Own Dutch Disease," Financial Times, 2019, https://ftalphaville.ft.com/2019/03/13/1552487003000/How-to-diagnose-your-ownDutch-disease/.

59    Frank Tang, "Facebook's Libra Forcing China to Step Up Plans for Its Own Cryptocurrency, Says Central Bank Official," South China Morning Post, July 8, 2019, https://www.scmp.com/economy/china-economy/article/3017716/facebooks-libra-forcing-china-step-plans-its-own.

60 Michael E. O'Hanlon, The Senkaku Paradox: Risking Great Power War Over Small Stakes (Washington, DC: Brookings Institution Press, 2019).

61 David Simchi-Levi and Edith Simchi-Levi, "We Need a Stress Test for Critical Supply Chains," Harvard Business Review, April 28, 2020, https://hbr-org.cdn.ampproject. org/c/s/hbr.org/amp/2020/04/we-need-a-stress-test-for-critical-supply-chains; Bill Gertz, "China Begins to Build Its Own Aircraft Carrier," Washington Times, August 1, 2011.

62 "The Importance of International Students to American Science and Engineering" (National Foundation for American Policy, October 2017), http://nfap.com/wp-content/ uploads/2017/10/The-Importance-of-International-Students.NFAP-Policy-Brief. October-20171.pdf. Boris Granovskiy and Jill H. Wilson, "Foreign STEM Students in the United States" (Washington, DC: Congressional Research Service, November 1, 2019), https://crsreports.congress.gov/product/pdf/IF/IF11347. 이 보고서는 다음과 같이 지적한다. "According to the National Science Foundation's 2017 survey of STEM doctorate recipients from U.S. IHEs, 72% of foreign doctorate recipients were still in the United States 10 years after receiving their degrees. This percentage varied by country of origin; for example, STEM graduates from China (90%) and India (83%) stayed at higher rates than European students (69%)."

63 Remco Zwetsloot, "Keeping Top AI Talent in the United States: Findings and Policy Options for International Graduate Student Retention" (Washington, DC: Center for Security and Emerging Technology, 2019), https://cset.georgetown.edu/wp-content/ uploads/KeepingTop-AI-Talent-in-the-United-States.pdf.

64 James Pethokoukis, "Jonathan Gruber on Jump-Starting Breakthrough Science and Reviving Economic Growth: A Long-Read Q&A," American Enterprise Institute, June 3, 2019, https://www.aei.org/economics/johnathan-gruber-on-jump-starting-breakthrough-science-and-reviving-economic-growth-a-long-read-qa/.

65 Anthony M. Mills and Mark P. Mills, "The Science before the War," The New Atlantis, 2020.

66 Pethokoukis, "Jonathan Gruber on Jump-Starting Breakthrough Science and Reviving Economic Growth."

67 Michael Brown, Eric Chewning, and Pavneet Singh, "Preparing the United States for the Superpower Marathon with China" (Washington, DC: Brookings Institution, 2020), https://www.brookings.edu/wp-content/uploads/2020/04/FP_20200427_superpower_ marathon_brown_chewning_singh.pdf.

68 Matt Stoller, Goliath: The 100-Year War between Monopoly Power and Democracy (New York: Simon & Schuster, 2019).

69  Alison Snyder, "Allies Could Shift U.S.-China Scientific Balance of Power," Axios, June 18, 2020, https://www.axios.com/scientific-research-expenditures-america-china-743755fe3e94-4cd3-92cf-ea9eb1268ec2.htm

70  Ratner et al., "Rising to the China Challenge."

71  Lindsay Gorman, "The U.S. Needs to Get in the Standards Game—With LikeMinded Democracies," Lawfare, April 2, 2020, https://www.lawfareblog.com/us-needs-get-standards-game%E2%80%94-minded-democracies.

## 결론

1  Samuel P. Huntington, "The U.S.—Decline or Renewal?," Foreign Affairs, 1988, https://www.foreignaffairs.com/articles/united-states/1988-12-01/us-decline-or-renewal.

2  Elmo R. Zumwalt, On Watch (New York: Quadrangle, 1976), 3–22.

3  Niall Ferguson, Kissinger, 1923–1968: The Idealist (New York: Penguin, 2015), 183.

4  Zumwalt, On Watch, 319.

5  Ibid.

6  Bernard Gwertzman, "The Gloomy Side of the Historian Henry A. Kissinger," New York Times, April 5, 1976, https://www.nytimes.com/1976/04/05/archives/the-gloomy-side-ofthe-historian-henry-a-kissinger.html

7  위와 같음; "Partial Transcript of an Interview with Kissinger on the State of Western World," New York Times, October 13, 1974, https://www.nytimes.com/1974/10/13/archives/partial-transcript-of-an-interview-with-kissinger-on-the-state-of.html; Henry A. Kissinger, The Necessity for Choice: Prospects of American Foreign Policy (New York: Harper, 1961), 2–3.

8  이 문장에 이어지는 많은 내용은 다음에서 인용함. Kurt M. Campbell, Rush Doshi, "The China Challenge Can Help America Avert Decline," Foreign Affairs, December 3, 2020, https://www.foreignaffairs.com/articles/china/2020-12-03/china-challenge-can-help-america-avert-decline.

9  Huntington, "The U.S.—Decline or Renewal?"

10  Ruchir Sharma, "The Comeback Nation," Foreign Affairs 99, no. 3 (2020): 70–81.

11  David Pilling, "'Everybody Has Their Eyes on America': Black Lives Matter Goes Global," Financial Times, June 21, 2020, https://www.ft.com/content/fda8c04a-7737-4b17-bc80-d0ed5fa57c6c.

12  Jill Lepore, "A New Americanism," Foreign Affairs 98, no. 2 (2019): 10–19.

13  John F. Kennedy, "Remarks of Senator John F. Kennedy at Municipal Auditorium, Canton, Ohio" (Canton, Ohio, September 27, 1960), https://www.jfklibrary.org/archives/ otherresources/john-f-kennedy-speeches/canton-oh-19600

# 찾아보기

# 롱 게임

미국을 대체하려는 중국의 대전략

1판 1쇄 펴냄 | 2022년  8월  5일
1판 3쇄 펴냄 | 2022년  12월  1일

지은이 | 러쉬 도시
옮긴이 | 박민희 · 황준범
발행인 | 김병준
편   집 | 김서영 · 정혜지
디자인 | 최초아
마케팅 | 정현우 · 차현지
발행처 | 생각의힘

등록 | 2011. 10. 27. 제406-2011-000127호
주소 | 서울시 마포구 독막로6길 11, 우대빌딩 2, 3층
전화 | 02-6925-4185(편집), 02-6925-4188(영업)
팩스 | 02-6925-4182
전자우편 | tpbook1@tpbook.co.kr
홈페이지 | www.tpbook.co.kr

ISBN  979-11-90955-64-5  03340